Gustav Freytag

Bilder aus der deutschen Vergangenheit

Aus neuer Zeit

Gustav Freytag

Bilder aus der deutschen Vergangenheit
Aus neuer Zeit

ISBN/EAN: 9783743303881

Hergestellt in Europa, USA, Kanada, Australien, Japan

Cover: Foto ©ninafisch / pixelio.de

Gustav Freytag

Bilder aus der deutschen Vergangenheit

Bilder

aus der

deutschen Vergangenheit.

Herausgegeben

von

Gustav Freytag.

Neunte Auflage.

Vierter Band.

Aus neuer Zeit.

(1700 — 1848.)

Leipzig

Verlag von S. Hirzel.

1876.

Aus neuer Zeit.

Bilder

von

Gustav Freytag.

Neuer Abdruck.

Leipzig

Verlag von S. Hirzel.

1876.

Einleitung.

Der Mann und das Volk! In dem unaufhörlichen Einwirken des Einzelnen auf das Volk und des Volkes auf den Einzelnen läuft das Leben einer Nation. Je kräftiger, vielseitiger und origineller die Individuen ihre Menschenkraft entwickeln, desto mehr vermögen sie zum Besten des Ganzen abzugeben, und je mächtiger der Einfluß ist, welchen das Leben des Volkes auf die Individuen ausübt, desto sicherer wird die Grundlage für die freie Bildung des Mannes. Nach unendlich vielen Richtungen äußert sich die schaffende Kraft des Menschen, aber die letzte Bedingung aller andern Tüchtigkeit ist die politische Bildung des Einzelnen und des Volkes durch den Staat. Geist, Gemüth, Charakter werden durch das Staatsleben beeinflußt und gerichtet, der Antheil, welchen der Einzelne am Staate hat, giebt ihm die höchste Ehre, das männlichste Glück.

Wenn der Deutsche zur Zeit unserer Väter und Großväter seine Stellung unter den Menschen der Erde betrachtete, so mochte er wol fragen, ob sein Leben arm oder reich war, ob Hoffnung, ob Trauer überwog. Denn ganz ungewöhnlich war seine Erdenstellung. Freudig empfand er sich im Genuß einer freien und schönen Bildung, und täglich drückte ihn die Härte und Willkür oder die Schwäche und Nichtigkeit seines Staates, in dem er wie ein rechtloser Fremdling lebte; stolz blickte er auf die Riesenarbeit deutscher Wissenschaft, und mit herbem Leid erkannte er, daß Millionen seiner Stammgenossen von den

höchsten Resultaten wissenschaftlicher Arbeit durch eine tiefe Kluft
geschieden waren. Er empfand um sich das Wirken einer Volkskraft, welche im Reiche des Geistes das Kühnste mit helden-
müthiger Consequenz wagte, und sah wieder rings um sich engherzige Ungelenkigkeit, wo es galt, Einfaches und Naheliegendes
consequent zu wollen; er fühlte mit Tausenden heiße Sehnsucht
nach einem Inhalt des Lebens, welcher erheben und begeistern
konnte, und wieder erkannte er sich und seine Umgebung überall
eingeengt durch kleinlichen Sinn, durch provinzielle und lokale
Abgeschlossenheit. Wer so fühlte, der durfte wohl fragen, ob
wir Deutsche alt oder jung sind, ob unser Schicksal sein soll,
die deutsche Natur nur in einzelnen Virtuositäten der Kunst und
Wissenschaft auszudrücken, oder ob eine harmonische Ausbildung
der Nation in ihren praktischen und idealen Richtungen, in
Arbeit und Genuß, Staat, Kirche, Wissenschaft, Kunst und
Industrie uns in Zukunft noch bevorstehe; und ob wir als
Männer eines großen Staates jemals wieder die Herrenrolle
in Europa spielen würden, welche, wie alte Ueberlieferungen verkünden, in grauer Vorzeit unsere Ahnherren durch ihr Schwert
und die Wucht ihrer Natur errungen haben. Noch in unserer
Erinnerung liegt eine Zeit, wo die Hoffnung so unsicher war,
daß man zweifelhafte Antwort auf solche Frage wenigstens entschuldigen konnte.

Während aber nach den Freiheitskriegen ein Ausklingen
alter Bildungsverhältnisse charakteristisch ist, schreiten wir jetzt
mit junger Kraft, neuen Ideen, frischem Willen einem neuen
Höhenpunkte zu. In den Charakteren der nächstvergangenen
Zeit nur zu häufig die Isolirung, Hoffnungslosigkeit, Mangel
an politischer Sittlichkeit, in der neuen Zeit schärferes Auge,
erhöhtes Interesse für das Ganze, Bedürfniß des Anschlusses
an Gleichgesinnte, praktische Gesichtspunkte. Der Realismus,
welchen man rühmend oder zürnend die Signatur der Gegenwart nennt, ist in Kunst, Wissenschaft, im Glauben wie im

Staate nichts als die erste Bildungsstufe einer aufsteigenden Generation, welche das Detail des gegenwärtigen Lebens nach allen Richtungen zu vergeistigen sucht, um dem Gemüth neuen Inhalt zu geben.

Aber wenn auch nicht mehr nöthig ist, der eigenen Seele Hoffnung zuzusprechen, so ist es doch eine holde Arbeit, sich deutlich zu machen, wie weit wir gekommen sind im Vergleich zur Vergangenheit, im Vergleich zu andern Culturvölkern: weshalb wir in Manchem zurückbleiben mußten, was unsere Nachbarn in reicher Fülle besitzen, warum wir anderes Eigenthümliche erwarben, das wir vor ihnen voraus haben. Es ist lehrreich für uns, so zu fragen, und die Antwort, die wir darauf finden, mag auch lehrreich für andere Völker sein. Zwar vermag kein Einzelner jedem genügende Lösung zu geben; auch dem Stärksten ist das Verständniß des großen Lebens seiner Nation sehr unvollständig; das beste Auge, das unbefangenste Urtheil ist gegenüber der größern Einheit des Volkes eng begrenzt. Aber wie unvollkommen das Abbild sei, welches der Einzelne vom Leben seines Volkes giebt, jeder der Zeitgenossen wird doch einige Hauptzüge des Bildes wiederfinden, welches in seiner Seele liegt, am liebsten freilich, wer mit dem Darsteller in gleicher Bildungsschicht steht.

Das Folgende soll einen Blick geben·auf einige Wege deutscher Charakterentwickelung durch das achtzehnte Jahrhundert bis zur Gegenwart. Wieder sollen Berichte Vergangener und Lebender die Zeit malen, in welcher sie arbeiteten. Aber je näher wir der Gegenwart kommen, desto weniger machen die Aufzeichnungen des Einzelnen den Eindruck des Gemeingiltigen; zunächst freilich, weil wir in der größern Nähe genauer das Individuelle von dem Gemeinsamen zu scheiden wissen, dann aber auch, weil die Mannigfaltigkeit der Charaktere und die Unterschiede der Bildung immer größer werden, je weiter der Vertiefungsproceß der deutschen Seele fortschreitet. Deshalb

verlieren die Beispiele für die Empfindung des Lesers wahrscheinlich Einiges von dem Reiz, welchen frühere Jahrhunderte
darbieten. Dazu kommt, daß Aufzeichnungen aus der letzten
Vergangenheit weit mehr gekannt und von unseren populären
Schriftstellern vielfach verwerthet sind. Endlich sind die politische Geschichte wie die Entwickelung des deutschen Geistes
seit Friedrich dem Großen durch ausführliche Werke Gemeingut
der Nation geworden. Es ist deshalb hier nicht die Absicht,
weder in eine Darstellung des wissenschaftlichen Geistes, noch
der politischen Verhältnisse hineinzugreifen; nur einige Seiten
des Gemüths und solche sociale Zustände, welche vorzugsweise
den Charakter des Volkes bestimmt haben, werden dargestellt.
Aus ihnen soll die Continuität und manche Eigenthümlichkeiten
unserer gegenwärtigen Bildung erklärt werden.

Die neue Zeit begann, wie in früheren Bänden dargestellt
wurde, durch einen gewaltigen Kampf, in welchem der
Deutsche die römische Kirche des Mittelalters sprengte und sich
aus dem Glauben an Autorität zu selbstkräftigem Suchen der
Wahrheit erhob. Es gelang den Deutschen aber nicht, zu
gleicher Zeit das Staatsleben aus den feudalen Unformen des
Mittelalters zu einer einheitlichen Monarchie herauszubilden.
Das Kaiserhaus der Habsburger wurde eifriger Gegner der
nationalen Entwickelung. Unter diesem Gegensatze erhob sich
die Macht der einzelnen Territorialherren, die politische Schwäche
Deutschlands wurde um so fühlbarer, je mehr die gesteigerte
Lebenskraft der Nation eine entsprechende politische Kraftent-
wickelung forderte. Sehr litt darunter der Charakter der
Deutschen. Das Pfaffengezänk wurde lange Zeit das einzige
nationale Interesse; aber Stolz und Freude am Vaterlande,
der ganze Kreis von sittlichen Empfindungen, welche politisches
Selbstgefühl auch in dem kleinen Mann lebendig macht, fehlte
den Deutschen nur zu sehr.

Seit der Reformation wurde es Schicksal des deutschen

Volkes, seinen Charakter unter Verhältnissen zu entwickeln, welche von denen anderer Culturvölker Europa's grundver= schieden waren. In Frankreich wurde die protestantische Partei durch das Königthum blutig niedergeschlagen, der despotische Staat Ludwig's XIV. und die Revolution wuchsen aus diesen Siegen heraus. In England kam die protestantische Partei durch die Tudor zur Herrschaft, die Kämpfe gegen die Stuart und die Ausbildung der englischen Verfassung waren die Folgen. In Deutschland folgte dem Gegensatze der Parteien kein Sieg und keine Versöhnung, das Resultat war der dreißigjährige Krieg und die politische Ohnmacht Deutschlands, aus welcher erst die letzte Vergangenheit erhoben hat.

Dieser dreißigjährige Krieg, seit der Völkerwanderung die ärgste Verwüstung eines menschenreichen Volkes, ist das zweite Moment deutscher Geschichte, welches dem Charakter des Volkes eigenthümliche Richtung gab. Der Krieg zerstörte die Volks= kraft bis auf Trümmer, er beseitigte allerdings auch die Ge= fahren, welche einer deutschen Bildung durch das Bündniß des Kaiserhauses mit den Romanen drohten. Er trennte den Kaiserstaat auch politisch von dem übrigen Deutschland; erst allmählich wurde, was durch die Habsburger im Westen an Frank= reich verloren wurde, im Osten durch ein anderes Fürstenge= schlecht dem deutschen Wesen wieder gewonnen. Der große Zer= störungsproceß des Krieges machte das gemeinsame Staatsleben der Deutschen zu einer hohlen Form, er warf die Deutschen in Wohlstand, Menschenzahl, politischer Gesittung gegenüber ihren Stammgenossen in England um fast zwei Jahrhunderte zurück. Immer wieder muß gesagt werden, daß er wenigstens zwei Drittheile, wahrscheinlich drei Viertheile der Menschen, einen noch größeren Theil ihrer Habe und Nutzthiere vernichtete, daß er Sitte, Kunst, Bildung, Kraft auch der Ueberlebenden verderbte. Aus den Ueberresten deutschen Lebens, welche er zurückließ, entwickelte sich langsam und unbehülflich der moderne

Charakter der Deutschen: Einzelleben unter despotischen Re=
gierungen.

Es ist die Zeit der langsamen Erhebung unserer Volks=
kraft aus tiefster Niederlage, welche durch Berichte der Zeitge=
nossen hier geschildert werden soll. Wieder eine große Zeit,
aber eine Periode deutscher Entwickelung, deren letzte und höchste
Resultate erst jetzt zur Geschichte werden.

Den Deutschen eigenthümlich ist auch der Weg, auf welchem
sich das Volk aus so tiefer Versunkenheit erhob. Seltsam, wie
die Zerstörung, wurde auch die Wiederbelebung. Mehr als
eine Nation ist durch äußere Feinde übermächtig bedrängt,
ja politisch unterdrückt worden, jede hatte besondere Ent=
wickelungskrankheiten durchzumachen, welche ihr zeitweise ein
hoffnungsloses Ansehen gaben; immer aber, so lange es Ge=
schichte giebt, hat sich eine neue Erhebung so vollzogen, daß
die Kräftigung des Staatskörpers und der geistige Fortschritt
Hand in Hand gingen. Als die Hellenen in dem Perserkriege
die politische Tüchtigkeit ihres Wesens empfanden, erblühte fast
gleichzeitig die griechische Wissenschaft und Kunst; als Augustus
der zerfallenden römischen Republik neue Stützen und eine neue
Verfassung gegeben hatte, begann sogleich in dem genußsüch=
tigen Rom eine neue kaiserliche Cultur; von Horaz und Virgil
bis Tacitus folgte das geistige Leben dem Geschicke des
Staates, jedesmal gab die erhöhte Expansivkraft des Reiches
auch den einzelnen Geistern stärkere Spannung und Selbstge=
fühl. Und wieder als in England der Krieg der weißen und
rothen Rose beendet war, als das Volk friedlich um den Mai=
baum tanzte und ein glänzendes Hofleben die wilden Barone
in höfliche Sitte zwängte, als kühne Kaufleute und Abenteurer
der spanischen Silberflotte auflauerten und die Gewürze Indiens
die Themse hinaufführten, da faßte sich die Volkskraft fröhlich
in der größten Dichterseele zusammen, welche den modernen
Völkern geworden ist. Selbst in Frankreich gab der glänzende

Despotismus Ludwig's XIV. nach den Kriegen der Hugenotten und der Fronde dem beruhigten Lande plötzlich eine glänzende höfische Blüthe der Kunst und Literatur. Ganz anders in Deutschland. Während überall der Staat einem Körper gleicht, dessen Kraftfülle die Werke des schöpferisch gestaltenden Geistes herauftreibt, entwickelt sich in Deutschland seit dem dreißig= jährigen Kriege in einem ganz zerrütteten, abgelebten Staats= wesen unter niederdrückenden, verderbenden, demüthigenden politischen Einwirkungen jeder Art allmählich aus der erwachen= den Volkskraft eine neue nationale Cultur, zuerst in Abhängig= keit von Fremden, dann selbständiger, freier, zuletzt ein leuch= tendes Vorbild für andere Völker, Blüthe der Poesie, Blüthe der Wissenschaft von der höchsten Schönheit, dem höchsten Adel und der größten innern Freiheit; sie entwickelt sich aus Indi= viduen, denen gerade die Zucht des Gemüthes und Charakters fehlte, welche dem Einzelnen nur vergönnt wird, wenn er Theil= nehmer an einem großen Staate ist. Die deutsche Bildung des achtzehnten Jahrhunderts war in der That die wundergleiche Schöpfung einer Seele ohne Leib.

Und was noch auffallender ist, diese neue nationale Bil= dung sollte auf Umwegen dazu helfen, die Deutschen zu poli= tischen Männern zu machen. Aus ihr sollte sich die Begeisterung für einen gefährdeten deutschen Staat, der Kampf dafür, Leiden= schaften, Parteien, endlich politische Institutionen entwickeln. Nie hat eine Literatur solche Rolle gespielt und so große Auf= gaben gelöst, als die deutsche von 1750 bis zur Gegenwart. Denn sie ist auch durchaus unähnlich den modernen Versuchen anderer Völkerschaften, welche aus Patriotismus, d. h. aus dem Bedürfniß eines staatlichen Fortschritts sich eine tendenziöse Literatur großziehen. In diesen Fällen dient Kunst und Poesie von Anfang an der Politik, sie wird vielleicht künstlich gepflegt, der wissenschaftliche und Kunstwerth der einzelnen Leistungen gilt wahrscheinlich weniger als der patriotische Zweck. In

Deutschland war die Wissenschaft, Literatur und Kunst nur um ihrer selbst willen vorhanden, die beste schöpferische Kraft, das wärmste Interesse der Gebildeten war allein auf sie gerichtet, sie war immer deutsch und patriotisch, im Gegensatz zu dem übermächtigen Französischen, aber sie hatte, wenige Ausbrüche politischen Zorns oder populärer Begeisterung abgerechnet, keinen andern Zweck, als der Wahrheit und Schönheit zu dienen. Ja, die größten Dichter und Gelehrten betrachteten die politischen Zustände, in denen sie lebten, noch als eine gemeine Wirklichkeit, aus welcher die Kunst herausheben müsse.

Gerade darum aber, weil Kunst und Wissenschaft der Deutschen nichts wollten als ehrliche Leistungen innerhalb ihrer Gebiete, durchglühten ihre lauteren Flammen das weiche Ge= müth der Deutschen, bis es für einen großen politischen Kampf gehärtet war.

Der Zweck des Buches aber ist zu zeigen, wie die Deutschen aus Privatmenschen allmählich durch den Staat der Hohenzol= lern politische Männer wurden, wie in die lyrischen Einzelleben dramatische Kraft und Spannung kam, wie mit der wachsenden Bildung das Bürgerthum erstarkte, Adel und Bauern seinem Einfluß unterwarf, zuletzt die Besonderheiten der Stände be= seitigte und die Charaktere nach seinen Bedürfnissen und Ge= sichtspunkten zu formen begann.

1.

Die Stillen im Lande.

Der Gegensatz zwischen der epischen Zeit des Mittelalters und einer neuen Periode, welche hier bereits öfter die lyrische genannt wurde, ist auf jedem Gebiete des deutschen Lebens sehr kenntlich, nicht am wenigsten im Reiche des Glaubens. Die katholische Kirche des Mittelalters hatte das Leben jedes Einzelnen durch eine Menge von frommen Bräuchen ge= weiht und in einen aristokratischen geistlichen Staat einge= schlossen, in dem das Individuum in starrer Gebundenheit mit geringer Selbstthätigkeit festgebannt lebte. Die Reformation zerschlug für den größten Theil Deutschlands diese Fesseln des Volksgeistes, sie setzte freie Selbstbestimmung dem äußeren Zwang, innerliche Thätigkeit des Einzelnen dem glänzenden Mechanismus der alten Kirche gegenüber. Der Protestantismus war aber sowol ein System von Lehren, als eine Befreiung und Vertiefung des deutschen Gemüthes. In der großen Seele Luther's waren beide Richtungen des neuen Glaubens im Gleichgewicht; je leidenschaftlicher er für seine Erklärung der heiligen Schrift und die Dogmen seiner Lehre kämpfte, desto stärker und origineller wurden auch die Gemüthsprocesse, durch welche er auf eigenen Wegen in freiem Gebet seinen Gott suchte. Es ist jedoch klar, daß der große Fortschritt, der für das Menschengeschlecht durch seine Lehre dargestellt wurde, sehr bald die Folge haben mußte, zwei entgegengesetzte Rich=

tungen im Protestantismus herauszubilden. Die beiden Pole jeder Religion, das Wissen und das Sehnen, das verständige Umgrenzen der religiösen Erkenntniß und das gemüthvolle Hingeben an das Göttliche mußten sich je nach dem Bedürfniß des Individuums und der Bildung der Zeit in den Seelen mit verschiedener Gewalt geltend machen; bald mußte das eine, bald das andere überwiegen, es konnte die Zeit kommen, wo beide Richtungen in Gegensatz und Streit geriethen. Zunächst war der Protestantismus auf Krieg gegen die alte Kirche angewiesen und gegen die Parteien, welche in ihm selbst auflebten als nothwendige Folge größerer Freiheit und Selbstbestimmung. Erbittert war der Kampf für die neubegrenzten Dogmen, vorzugsweise nach dieser Richtung wurde die Seele der Protestanten in der zweiten Hälfte des sechzehnten Jahrhunderts gezogen. Die unterscheidenden Lehrsätze der einzelnen Kirchen wurden mit einem Scharfsinn und einer Streitlust, welche uns oft bedauernswerth erscheint, immer subtiler und spitzfindiger herausgebildet. Es war nicht unnatürlich, daß derjenige seinen Parteigenossen für den besten Christen galt, der mit den Feinheiten der neuen Definitionen vertraut, vorzugsweise in ihnen das Wesen seiner Kirche suchte. Und die unvermeidliche Folge dieser Richtung war, daß gerade in den Theologen, welche sich für die gewissenhaftesten Nachfolger der großen Reformatoren hielten, am wenigsten von dem reichen Gemüthsleben zu finden war, welches die Stifter der neuen Lehre in der That zu Aposteln ihrer Zeit gemacht hat. Denn der Haß war in ihnen größer geworden als die Liebe; und während die Selbstthätigkeit der Geistlichen und Laien vorzugsweise für dialektische Processe und für sophistische Spielereien in Anspruch genommen wurde, verödete das Gemüth, verschlechterte sich die Sittlichkeit. Dagegen kam die Reaction. Sie begann schon bei Luther's Leben in Wittenberg selbst, sie regte sich in den Seelen einzelner Universitätsgenossen, welchen die Ansprüche der neuen Theologie peinlich wurden,

z. B. in den beiden Schurf, den alten Freunden Luther's, welche mit ihm zerfielen. Sie ist nach den Händeln der Flacianer und der Ausbreitung des Jesuitenordens in Deutschland überall erkennbar. Das letzte Drittel des sechzehnten Jahrhunderts und die ersten Jahrzehnte des siebenzehnten bis zu den Verwüstungen des großen Kriegs erhalten dadurch eine eigenthümliche Bedeutung. Die streitsüchtigen Theologen beherrschen die Höfe und die Landesregierungen, aber durchaus nicht mehr souverän das Gemüth des Volkes. Schon vor 1600 ist bei wohlwollenden und patriotischen Männern fast guter Ton, über das widerwärtige Gezänk der Geistlichen zu klagen, unterrichtete Laien sehen darin das Verderben der Nation. Wer über die Zustände Deutschlands spricht, verräth gern, daß er Unterschiede in den Dogmen nicht für die Hauptsache halte*). In den zahllosen Karrikaturen und Satiren des dreißigjährigen Krieges wird dieselbe Stimmung sehr auffallend; zwar der Haß gegen die Jesuiten und der Groll gegen den fanatischen Kaiser ist bei zwei Drittheilen des Volkes sehr lebendig, aber das Interesse an der eigenen Kirche keineswegs mehr eine Herzenssache, wie hundert Jahre früher; mit bitterer Laune werden einigemal lutherische, calvinistische und katholische Eiferer neben einander verspottet. — Aber auch würdige

---

*) Z. B. die Kriegsschriftsteller Junghans und Jacobi, beide verständige Männer. Ein Vers, der um 1602 bei den deutschen Heeren Geltung hatte und hier aus einer handschriftlichen Sammlung von Recepten und Wundsegen des Büchsenmeisters Theobald Zayer in Augsburg citirt wird, drückt eine damals weitverbreitete Volksauffassung in Süddeutschland aus:

 Ablasbriff thu ich nicht kauffen,
 Zu keiner Walfarth mag ich nit lauffen,
 Ich ehr aber Gottes Mutter
 Und glaub nicht an Doctor Luther.
 Dennoch bin ich kein Papist,
 Desgleichen auch kein Calvinist,
 Ich glaub an Herrn Jesum Christ,
 Der vor mich und mein Sündt gestorben ist.

Geistliche der protestantischen Kirche mahnten zum Frieden, immer wieder wurde eine Vereinigung der getrennten Confessionen versucht, immer lauter wurde von frommen Mystikern innigere selbstthätige Hingabe an Gott gefordert und ein göttliches Leben in der Natur und der Menschenseele gelehrt, welches mit den orthodoxen Lehren im innersten Gegensatze stand. In der That war diese Uneinigkeit und der beginnende Liberalismus die Schwäche des Protestantismus gegenüber seinen eifrigen Gegnern. Denn der Spott der Weltleute, die stille Arbeit der Naturforscher und der Glaube der Mystiker wirkten zunächst noch mehr zersetzend als neubildend und erhebend auf die Seele des Volkes.

Es ist schwer zu sagen, wohin solche liberale und versöhnliche Richtung des Protestantismus die Nation geführt hätte, wenn nicht das Elend über sie hereingebrochen wäre. Der große Krieg aber brachte eine eigenthümliche Abspannung in viele der besten Seelen. Fast jede der kriegführenden Parteien trug ein Glaubenszeichen auf ihrer Fahne, jede brachte unendliches Unglück über das Volk, an jeder wurde sichtbar, wie wenig Taufe und Abendmahl hinreiche, die Bekenner einer Confession zu guten Menschen zu machen. Als das Kriegsfeuer niederbrannte, war man sehr geneigt, den confessionellen Streitigkeiten einen Hauptantheil an dem eigenen Elende und dem des Landes zuzuschreiben. So war natürlich, daß die kälteren Weltkinder von aller Religion wenig hielten und sich achselzuckend abwendeten, als das alte Gezänk der Geistlichen, das während des Krieges niemals ganz geschwiegen hatte, jetzt wieder mit lautem Geräusch auf den Kanzeln und den Märkten zu toben begann. In vielen Landschaften aber war durch Dragonaden und die äußersten Zwangsmittel auch die Masse des Volkes drei=, viermal gezwungen worden die Confession zu wechseln, auch ihr waren die Bekenntnißformeln deshalb nicht werther geworden, weil sie mehre derselben herzusagen gelernt hatte. So war eine innere Leere und Verödung in das kirchliche Leben gekommen, die mit der Rohheit

und den Lastern, die der lange Krieg in die Menschen gebracht
hatte, dem ersten Jahrzehnt nach dem Kriege ein so besonders
trostloses Ansehen giebt. Es gab wenig zu lieben, sehr wenig
zu ehren auf Erden.

Und doch hatte gerade in dieser Zeit, wo der Einzelne immer
wieder von Todesgefahren umgeben war, ein günstiges Geschick
so oft vor dem äußersten Verderben bewahrt. Ueberraschend
und furchtbar, wie die Gefahren, ebenso überraschend und wun=
derbar erschien die Rettung. Daß die Kraft des Menschen nichts
sei in diesem ungeheuren Spiele übergewaltiger Kräfte, war
jedem tief in die Seele geschrieben worden. Wenn die Mutter
sich mit ihren Kindern, während ein Reiterhaufen in der Nähe
vorüberzog, zitternd im hohen Getreide barg und in den
Momenten der Todesgefahr die Gebete des Glaubens murmelte,
so war natürlich, daß sie ihre Rettung dem besondern Schutz
ihres gnädigen Gottes zuschrieb. Wenn der zerschlagene
Bürger in seinem Waldversteck die Hände faltete und feurig
betete, daß die Kroaten, welche die Stadt plünderten, seine
letzten versteckten Thaler nicht finden möchten, und wenn es
ihm später gelang, aus den Kohlen des verbrannten Hauses
die Silberstücke herauszuscharren, so war natürlich, daß auch er
an besondern göttlichen Schutz glaubte, welcher die gierigen
Augen der Feinde abgelenkt hatte. Ueberall, wo ungeheure
Schicksale in raschem Wechsel über den Einzelnen hereinbrechen,
bildet sich der Glaube an Ahnungen, Vorbedeutungen, natürliche
Warnungen. Während die Menge auf Nordlichter und Stern=
schnuppen, auf Gespenster, den Schrei des Käuzchens, ein
unerklärbares Anschlagen der Glocken mit banger Furcht achtete,
suchte der feinere Geist die Weisungen des Herrn aus Träumen
und himmlischen Offenbarungen zu erkennen. Es ist wahr,
der lange Krieg hatte die Seelen gegen das Elend Anderer
verhärtet, aber er hatte ihnen die sichere gleichmäßige Kraft
zu sehr genommen, und das gedankenlose Starren in eine

öde Welt und die kalte Gleichgiltigkeit wurde in den meisten durch Anfälle von plötzlicher Weichheit unterbrochen, die vielleicht bei unbedeutender Veranlassung hervorbrachen und einen rück= sichtslosen Sünder wie plötzlich in Schmerz und Zerknirschung auflösten. Es ist wahr, das Leben war sehr arm an Liebe und Größe, aber das Bedürfniß zu lieben und zu ehren, welches so tief in deutscher Natur begründet ist, suchte nach dem Frieden angstvoll ein Imponirendes, Hohes, Festes, um dem eigenen ver= armten und wankenden Dasein einen Inhalt und Interesse zu geben. So klammerte sich der Sinn an die heiligen Bilder des Glaubens, die man sich wieder in stiller Andacht herzlich, hold, vertraulich herzurichten bemüht war.

Aus solchen Herzensbedürfnissen des Volkes entwickelte sich ein neues Leben in der christlichen Kirche. Nicht bei den Nach= folgern Luther's allein, eben so sehr bei den Reformirten, fast eben so sehr bei den Katholiken, auch nicht mehr in Deutschland allein und in den Ländern, welche damals in Abhängigkeit von deutscher Bildung waren: Dänemark, Schweden, dem slavischen Osten und Ungarn, fast gleichzeitig in England, sogar früher in Frankreich und Holland, wo religiöse und politische Parteiung durch fast hundert Jahre die Seelen in scharfen Gegensätzen aus= einander gezogen hatte. Ja bis in die Ordenshäuser der Je= suiten wirkte dasselbe Bedürfniß eines neuen Idealismus im freudenarmen Leben. In der Geschichte der christlichen Kirche ist dieser Pietismus — wie die neue Richtung von den Gegnern seit 1674 genannt wird — ein vorübergehendes Moment, dessen Aufblühen und Hinwelken sich in wenig mehr als hundert Jahren vollendet. Die Einwirkungen aber, welche er auf Cultur, Sitte und Gemüth der Deutschen ausgeübt hat, sind zum Theil noch heut erkennbar. Einzelnes davon ist Erwerb der Nation ge= worden, und von dieser Einwirkung soll hier kurz die Rede sein.

Da der Pietismus oder der Glaube der Pietät, wie seine Anhänger ihn zuweilen nannten, keine neue Lehre war, welche

von einem großen Reformator verkündet wurde, sondern eine
Richtung des Gemüthes, welche zu gleicher Zeit in vielen
Tausenden aufbrach, so blieb die große Mehrzahl seiner Bekenner
in der ersten Zeit fest in den Dogmen ihrer Kirche stehen. In
der That sprach er anfänglich nur weitverbreitete Ueberzeugungen
aus, welchen die Besten schon vor dem dreißigjährigen Kriege
Ausdruck gegeben hatten: daß nicht die abweichenden Lehrmei=
nungen, sondern die Uebereinstimmung der religiösen Parteien
die Hauptsache des Glaubens sei; daß das persönliche Verhält=
niß zu Gott unabhängig sei von den Dogmen; es nütze wenig
die Predigt zu hören, das Sacrament zu nehmen, in der Beichte
zu erzählen, daß man ein großer Sünder sei, seine Hoffnung
auf das Verdienst Christi und nicht auf die eigenen Werke zu
setzen, sich allenfalls vor groben Sünden zu hüten und zu be=
stimmten Stunden ein gedankenloses Gebet zu sprechen. Und
doch sei dies das gewöhnliche Christenthum der Geistlichen und
Laien, ein toter Glaube, ein äußerlicher Gottesdienst, Buchstabe
ohne Geist. Wenig bedeute die Taufe des Kindes ohne die
Bekehrung der Erwachsenen, wenig gelte ein kirchliches Leben,
bei welchem der Laie die Güter des Heils fast nur passiv empfange,
jeder Einzelne müsse in seinem Herzen das Priesterthum des
Lammes aufrichten. So empfanden Tausende.

Von den vielen aber, welche diesem Zuge des Herzens folgten,
hat in Deutschland durch mehre Jahrzehnte keiner so großen
Einfluß ausgeübt als Philipp Jacob Spener (von 1635—1705).
Im Elsaß geboren, wo seit mehr als hundert Jahren die Lehre
Luther's und der schweizer Reformatoren einander bekämpften
und zusammenflossen, wo die Gelehrsamkeit der Niederländer,
ja die frommen Bücher der Engländer geschätzt wurden — war
sein frommes Herz durch ernste Schulbildung und unter dem
Schutze, welchen ihm vornehme Frauen in schwerer Zeit ge=
währten, früh im Glauben fest geworden. Schon als Knabe war
er strenge gegen sich selbst gewesen; als er einmal gewagt hatte

zum Tanz anzutreten, mußte er aus Gewissensangst den Reihen
verlassen. Dann war er Erzieher an einem Fürstenhofe gewesen,
hatte zu Basel weiter studirt, zu Genf mit Bewunderung gesehen,
wie Jean de Labadie durch seine Bußpredigten die Weinhäuser
leerte, die Spieler veranlaßte ihren Gewinn zurückzugeben, und
die Lehre von der innern Heiligung und der rücksichtslosen Nach=
folge Christi den verwilderten Kindern Calvin's in die Herzen
schlug. Von da war Spener nach Frankfurt a/M. als Seel=
sorger gegangen und hatte dort seit 1666 eine segensreiche Wirk=
samkeit geübt, welche immer größere Verhältnisse annahm und
ihm bald Anhänger durch ganz Deutschland verschaffte. In
glücklicher Ehe, in günstigen äußeren Verhältnissen, friedliebend
und vorsichtig, von ruhigem Gleichgewicht und zarter Empfindung,
ein liebevolles, bescheidenes Gemüth, war er vorzugsweise ge=
macht, Rathgeber und Vertrauter bedrängter Herzen zu werden.
Zumal auf weibliche Naturen übte der feine, gutherzige, würde=
volle Mann eine sehr große Anziehungskraft. Er richtete in
einer Privatwohnung Versammlungen frommer Christen ein,
die vielbesprochenen Collegia pietatis, in denen Bücher der
heiligen Schrift erklärt und von den Männern besprochen wurden;
die Frauen hörten in besonderem Raume schweigend zu. Als er
diese Vorträge später in die Kirche verlegen mußte, verloren sie
für Eifrige die Anziehungskraft, welche das Stille, Gewählte
der geschlossenen Gesellschaft ausgeübt hatte, es entstanden
Parteien, ein Theil seiner Schüler trennte sich von der
Kirchengemeinde. Er selbst wurde nach zwanzigjähriger Thätig=
keit von Frankfurt nach Dresden, bald darauf nach Berlin
gerufen.

Spener selbst war allem Sectirerwesen abhold, schon die
Mystik Arndt's, noch mehr die von Jacob Böhme stieß ihn
innerlich ab; er mißbilligte, wenn einzelne seiner Freunde die
Gemeinschaft der Kirche verließen, er kämpfte durch sein ganzes
Leben gegen die Feinde, welche ihn aus der Kirche herausdrängen

wollten, und in der letzten Hälfte seines Lebens einen stillen Kampf gegen die eigenen Anhänger, welche die Dogmen der Kirche öffentlich mit Nichtachtung behandelten. Er selbst war durchaus kein Schwärmer; daß die christliche Religion eine Lehre der Liebe sei, daß man Christi Leben durch das eigene Leben nachahmen und die vergänglichen Freuden der Welt gering achten müsse, daß man nach dem Beispiel des Erlösers seinen Mitmenschen Liebe beweisen müsse, das blieb immer der edle Kern seiner Lehre. Und doch wurde schon durch Einiges in seinem Wesen, ohne daß er es wollte, die Isolirung und der Separatismus begünstigt, in welchem das religiöse Leben der Pietisten im nächsten Jahrhundert verkümmern sollte. Das Gewicht, welches er auf Privaterbauung und auf das einsame Ringen der Seele nach Gott legte, und vor allem das kritische Mißtrauen, mit welchem er das Weltleben betrachtete, das mußte seine Anhänger sehr bald in einen Gegensatz zu dem Leben der Menge bringen. Bei der inneren Armuth und Dürftigkeit vieler Anspruchsvollen, welche sehnsüchtig sich an ihn klammerten, konnte nicht fehlen, daß die gleichmäßige Methode zu empfinden und das Leben zu beurtheilen in kurzem zur Manier wurde, welche sich in Sprache, Haltung, Tracht darstellte.

Immer noch war Gott der liebevolle Vater, welcher durch die Kraft des Gebetes bestürmt und wol bewogen werden konnte zu erhören. Aber das lebende Geschlecht hatte Resignation ge= lernt und ein leises Flüstern zu Gott war an die Stelle des starken Gebetkampfes getreten, in welchem Luther seinem Herr= gott „den Sack vor die Füße geworfen hatte". Die Unerforsch= lichkeit der Vorsehung war durch furchtbare Lehren tief in die Seele geprägt und die Fortschritte der Wissenschaft ließen bereits so viel von der Größe der Weltordnung ahnen, daß die Schwäche und Kleinheit des Menschen stärker betont werden mußte. Der Sünder war seinem Gott gegenüber schüchterner geworden, die naive Unbefangenheit der Reformationszeit verloren. Dafür hatte sich in dem lebenden Geschlecht die Wunderfucht gesteigert, eifrig bemühte man sich, auf Umwegen hinter den Willen des Herrn zu kommen. Träume wurden gedeutet, Vorzeichen er= kannt, jede schöne Empfindung der eigenen Seele, jeder schnelle Fund, welchen der combinirende Geift machte, wurde sehnsüchtig als eine directe Eingebung Gottes betrachtet. Es war ein volks= thümlicher Glaube, zufällige Worte, welche von außen in die Seele fielen, als bedeutsam zu betrachten; dieser Glaube ward jetzt in ein System gebracht. Wie der Jütländer Steno — jener katholische Bischof zu Hannover, der Bekannte von Leibniß — plötzlich zum katholischen Fanatiker wurde, weil eine Dame aus dem Fenster einige gleichgiltige Worte herunterrief, die der vor= übergehende für einen Befehl des Himmels hielt, ganz ebenso beherrschte das zufällige Wort auch den deutschen Pietisten. Der uralte Aberglaube, welcher schon im Jahre 506 auf dem Con= cilium von Agde den Christen verboten wurde, kam wieder in Aufnahme: man schlug die Bibel oder das Gesangbuch auf, um aus zufälligem Wortlaut die Entscheidung bei innerer Unsicher= heit zu finden, — der Spruch, auf welchen der rechte Daumen traf, war der bedeutsame; — ein Brauch, der noch heut fest in unserm Volke haftet und von den Gegnern schon um 1700 als „Däumeln" verhöhnt wurde. Kam von außen ein Ruf, ein Anerbieten, so war Methode, ein erstes Mal abzulehnen; wieder= holte sich die Aufforderung, dann rief der Herr. Es ist leicht einzusehen, daß die gläubige Seele, ohne sich dessen bewußt zu werden, bereits in der Form der ersten Ablehnung einer stillen Neigung des Herzens folgen konnte, welches heimlich ein Ja oder Nein empfahl.

Daß in einer zügellosen Zeit auch die Reaction der Besse= ren gegen das Gemeine und Wilde das Maß überschreitet, ist natürlich. Nach dem Kriege war ein wahnsinniger Kleiderluxus eingetreten, schamlos liebten die Frauen ihre Reize zu zeigen, frivol waren auch die Tänze, roh die Trinkgelage, die Komödien und Romane oft nur eine Sammlung von Unsauberkeiten. Da war natürlich, daß solche, die sich ärgerten, einfache, dunkle, verhüllende Gewänder wählten und daß die Frauen sich nonnen= haft von Tanz und Lustbarkeiten zurückzogen, das Weintrinken in Verruf kam, die Komödie nicht besucht wurde und jeder Tanz für eine gefährliche Frivolität galt. Aber der Eifer ging noch weiter. Auch die laute fröhliche Unterhaltung erschien bedenklich, die Menschenseele sollte immer beweisen, daß sie die vergäng= lichen Freuden der Welt gering achte. Selbst das Harmloseste, was die Natur dem offenen Sinn des Menschen entgegentrug, ihre lachenden Blüthen, das Singen der Vögel, das durfte nur mit Vorsicht bewundert werden, es galt für unerlaubt, wenig= stens am Sonntage, Blumen zu pflücken oder sie gar an Brust und Haar zu stecken. Daß auch ehrenwerthe Leistungen der schönen Künste vor solcher Richtung wenig Gnade fanden, ist natürlich. Malerei und weltliche Musik wurden ebenso gering geachtet, als die Arbeiten der Dichter, in denen die Sorgen einer irdischen Liebe anschaulich dargestellt wurden. Man sollte die Welt nicht dem Erlöser gleich stellen. Die nicht „der Pietät" folgten, lebten in „Gleichstellung der Welt".

Wer sich in solcher Weise gegen die Mehrzahl der Menschen abschließt, der mag sich selbst täglich sagen, daß er in Demuth und Resignation seinem Gott lebe, er wird nur selten geistlichen Hochmuth von sich fern halten. Es war natürlich, daß die Stillen im Lande, wie sie sich schon früh selbst nannten, ihr Leben für das bessere und würdigere hielten, aber es war ebenso natürlich, daß sich dabei eine geheime Eitelkeit und selbstgefälliges Wesen großzog. Sie hatten so oft den Versuchungen der Welt widerstanden, sie hatten so oft große und kleine Opfer gebracht; dafür erleuchtete sie die Gnade des Herrn, sie waren seine Aus= erwählten. Ja, ihr Glaube war menschenfreundlich, Christen= pflicht üben, Andern Gutes thun in der Wüste des Lebens, wie jener Samariter dem Reisenden. Aber es war doch natürlich,

2*

daß sie Theilnahme und Wohlwollen zumeist solchen zuwandten, welche dieselbe Glaubensrichtung hatten. Und ihr Zusammen= hang wurde durch mehre Umstände merkwürdig fest. Es waren zuerst nicht vorzugsweise gelehrte Geistliche, welche der Pietät anhingen, im Gegentheil, die große Mehrheit der Theologen stand bis etwa um 1700 vom orthodoxen Standpunkte gegen sie in Waffen. Sie aber lebten mehr dem Evangelium als dem Gesetz, sie suchten sorgfältig den Schein zu vermeiden, als dürfe der Prediger eine Herrschaft über das Gewissen der Gemeinde ausüben. Das fesselte vorzugsweise die Laien, strenge Geister und warme Herzen aus allen Ständen, Gelehrte, Beamte, Bürger, und wieder nicht wenige Vornehme, auch vom hohen Adel, vor allen aber die Frauen.

Zum ersten Mal seit der deutschen Urzeit — eine kurze Periode des ritterlichen Frauendienstes ausgenommen — wurden die deutschen Frauen über den Kreis der Familie und des Hauses herausgeführt, zum ersten Mal nahmen sie selbstthätig als Mitglieder einer großen Gesellschaft Theil an den höchsten Interessen der Menschheit. Gern wurde von den frommen Theologen der Pietät hervorgehoben, daß sich in ihren Gemeinden fast mehr Frauen als Männer befanden, wie fleißig und eifrig die Frauen alle Uebungen der Gottseligkeit durchmachten, daß die Frauen schon am Kreuze stehen geblieben waren, als die Apostel alle davon liefen*). Ihr inneres Leben, ihr Kampf mit der Welt, ihr Ringen nach Christi Liebe und Erleuchtung von oben wurde von den Vertrauten mit herzlicher Theilnahme beob= achtet, sie fanden treue Berather, liebevolle Freunde unter fein= fühlenden und ehrenwerthen Männern. Die neue Auffassung des Glaubens, welche viel weniger die Buchgelehrsamkeit betonte als die Empfindung eines reinen Herzens, mußte gerade auf sie wie ein Zauber wirken. Auch das Stille, Abschließende,

---

*) Joh. Heinrich Reitz, Historie der Wiedergebohrnen, in der Zuschrift.

Aristokratische der Richtung zog sie mächtig an, ja ihre größere
Weichheit, die Energie ihrer unmittelbaren Empfindung und ein
reizbares nervöses Leben machte sie besonders geeignet, Rührung,
Begeisterung und die wunderbaren Einwirkungen der Gottheit
zu empfinden. Schon war die geniale Anna Maria von Schur=
mann zu Utrecht, wol das gelehrteste aller Mädchen, lange Zeit
die Bewunderung der Reisenden, durch Jean Labadie von der
Kirche gelöst worden, und das fromme und liebenswürdige Herz
hatte (1670) alle ihre Schriften — die doch nichts Unchristliches
enthielten — in heiligem Eifer widerrufen. Wie sie, suchten
auch andere Frauen ihr Priesterthum vor dem Volke zu ver=
treten, mehre der frommen Theologen durften sich starker
Gattinnen rühmen, welche an ihrer Seite beteten, trösteten, sie
selbst bei Widerwärtigkeiten im Glauben stärkten und wie sie
Theil an den Erleuchtungen hatten. So kam es, daß Frauen
aus allen Ständen die eifrigsten Parteigänger der Pietät wurden.
Kaum eine erlauchte oder reiche Familie, welche nicht unter den
Damen ihres Hauses eine Fromme zählte und durch das ge=
haltene Wesen und die moralischen Ermahnungen derselben
zuerst geärgert, allmählich beeinflußt wurde. Gerade für solche
vornehme Frauen hatte es einen großen Reiz, den Talenten ihrer
Gemeinde Protection zu gewähren. Sie wurden die eifrigsten
Gönnerinnen, unermüdliche Proselytenmacher, zuverlässige Ver=
traute und Helfer bei Bedrängnissen Anderer. Während sie
aber für die Interessen ihres Glaubens arbeiteten, erfuhr auch
ihr eigenes Leben manche Einwirkung. Sie kamen in Verbin=
dung mit Männern aus verschiedenen Ständen, sie gewöhnten
sich mit den Abwesenden zu correspondiren, sie lernten sich über
Geheimnisse des Herzens, über zarte Empfindungen der Seele
aussprechen. Geschah das oft in den banalen Ausdrücken der
Gemeinde, es war doch für Viele eine Vertiefung des innern
Lebens. Ja es wurde dadurch einiges Neue herausgebildet in
dem Gemüth des Volkes.

Die Gewöhnung, über die eigenen Zustände zu reflectiren, auch noch bei starker innerer Bewegung sich selbst zu beobachten, war der deutschen Seele etwas ganz Neues. Oft rührt uns die kindliche Freude, mit welcher jene Frommen die Processe ihrer geistigen Thätigkeit, die Regungen ihres Herzens beobachten. Vieles ist ihnen erstaunlich und überraschend, was wir bei größerer Gewandtheit, das Leben in uns und Andern zu beob= achten, nur gewöhnlich finden. Jeder Kreis von Vorstellungen, welche schnell zu einem Bilde, einem Gedanken, einer Idee zu= sammenschießen, jedes schnelle Aufblitzen eines Gefühls, dessen leitende Fäden sie nicht übersehen, erscheint ihnen wunderbar. Der Bibelspruch, dessen Sinn sie nach längerem Grübeln ver= stehen, „wird ihnen aufgeschlossen". Ihre Traumbilder, welche bei der emsigen Beschäftigung mit der Schrift häufig biblische Gestalten zeigen, werden von ihnen nach dem Erwachen sorglich in verständigen Zusammenhang gebracht und ohne daß sie sich der erfindenden Zuthat bewußt werden, zu einer kleinen Dichtung abgerundet. Ihre lyrischen Stimmungen formen auch die Tage= bücher um, welche bis dahin in der Regel nur ein Verzeichniß der zufälligen Vorfälle gewesen waren, die vertrauten Blätter werden von jetzt mit unbehilflichen Versuchen, durch prächtige Worte ein leidenschaftliches Gefühl auszudrücken, und mit Be= trachtungen über das eigene Herz gefüllt. Wenn eine Pietistin kurz nach 1700 schreibt: „Es waren so viele tiefe Gedanken in meinem Herzen, daß ich's nicht ausdrücken kann", oder „Ich hatte große Empfindungen über diese Gedanken", so klingt der= gleichen für uns wie eine Aeußerung der jüngst vergangenen Zeit, etwa von Bettine Arnim, welche allerdings in mancher Hinsicht ein Nachklang jener erregten Frauen ist, die einst am Main unter Spener's Leitung beteten. Aus dem Leben drang dieselbe Fertigkeit einer staunenden Selbstbetrachtung in die Poesie: die Lyrik, später auch die Romane.

Ferner begann mit dem Pietismus in Deutschland auch ein

neuer gesellschaftlicher Verkehr. Selten war den Häuptern der frommen Gemeinden ein ruhiges Leben beschieden, sie wurden hin und her versetzt, verjagt, umhergetrieben. Die Jüngeren, welche Lehre, Trost, Erleuchtung suchten, thaten deßhalb Reisen oft in entfernte Landschaften. Ueberall fanden sie verwandte Seelen, Gönner, Bekannte, oft gute Aufnahme und Protection auch von Fremden. Wer nicht selbst reiste, liebte doch an Geistesverwandte über seine Stimmungen, über Versuchung und Erleuchtung zu schreiben. Auch das war neu. Solche Briefe wurden herumgetragen, abgeschrieben, weit verschickt. Es war der Anfang des Briefcultus. So entstand ein stiller Zusammenhang der frommen Seelen durch ganz Deutschland, eine neue menschliche Verbindung, welche zuerst die Vorurtheile des Standes durchbrach, die Frauen zu angesehenen Mitgliedern einer geistigen Genossenschaft machte, ein Verkehr, dessen Hauptinteresse das innere Leben der Einzelnen war. Und dieses gesellschaftliche Treiben der Frommen aus der Zeit von Spener hat noch hundert Jahre später Form und Methode des Verkehrs der schönen Seelen bestimmt; ja das menschliche Verhältniß unserer großen Dichter zu deutschen Fürsten und vornehmen Frauen ist vielleicht nur möglich geworden, weil die Stillen im Lande in ähnlicher Weise an den Höfen gelebt haben. Auch die Methode blieb dieselbe, die Besuche der Reisenden, die Briefe, die stillen Gemeinden der Feinfühlenden. Und die Empfindsamkeit der Wertherperiode ist nur eine Stieftochter von der Gefühlsseligkeit des alten Pietismus.

Auch die segensreiche Einwirkung, welche die Pietisten auf Sitte und Zucht des Volkes ausübten, ist nicht niedrig anzuschlagen; sie wurde allerdings dadurch beeinträchtigt, daß sie sehr geneigt waren, sich von der Menge abzuschließen. Ueberall aber, wo die Thätigkeit, welche Spener als Seelsorger geübt hatte, Nachahmung fand, vollends wo der Pietismus in der Landeskirche zur Anerkennung kam, wurde das praktische

Christenthum der neuen Lehre erkennbar. Wie Spener brachten seine Nachfolger die Kinderlehren in Ansehen, gern benutzten sie diese Stunden, wo die jungen Seelen der Gemeinde und die Herzen der Aeltern sich ihnen aufschlossen, um bedeutsame Tagesereignisse zu beurtheilen und praktische Anwendungen ihrer Lehre zu machen. Sie waren es, welche zuerst nach dem verwüstenden Kriege mit warmem Herzen für die Volksschulen sorgten, auf sie müssen die ersten Anfänge einer geordneten städtischen Armenpflege in größeren Städten zurückgeführt werden. Es ist bekannt, wie die deutschen Waisenhäuser durch sie eingerichtet wurden; dem Beispiel Franke's in Halle folgte man in vielen andern Städten, die großen Institute wurde von den Zeitgenossen wie ein Wunder angestaunt. Und für alle Zeit soll unser Volk mit besonderem Interesse auf diese Stiftungen unserer frommen Vorfahren sehen. Denn sie sind die ersten gemeinnützigen Unternehmungen, welche durch freie Privat=beiträge Einzelner aus ganz Deutschland gegründet werden. Zum ersten Mal wurde durch sie dem Volke in das Bewußtsein gebracht, wie Großes durch das Zusammenwirken vieler Kleinen geschaffen werden könne. Daß diese Erfahrung dem Volke damals wie ein Märchen erschien, ist nicht auffallend, wenn man erwägt, daß durch die Stillen in den Jahrzehnten vor und nach 1700 aus den Ländern deutscher Zunge weit mehr als eine Million Thaler für Waisenhäuser und ähnliche wohl=thätige Institute zusammengebracht worden sein muß, — allerdings nicht nur aus Privatkassen; — aber in dem armen noch dünn bevölkerten Lande haben solche Summen eine Bedeutung.

So bereitete der Pietismus nach vielen Richtungen große Fortschritte vor, und das Beste, was er seinen Gläubigen bot, eine Steigerung des Pflichtgefühls und eine größere Innigkeit der Empfindung, das ging aus den stillen Gemeinden auch in die Seelen von vielen tausend Weltkindern über; er trug kaum weniger als die Wissenschaft der beginnenden Aufklärungsperiode

dazu bei, das wilde und rohe Treiben, welches in der zweiten
Hälfte des siebenzehnten Jahrhunderts überall abstößt, zu
mildern und dem Familienleben der Deutschen wenigstens in
den Städten größere Einfachheit, Ordnung und Zucht zu geben.
Die Familien, aus denen unsere großen Gelehrten und Dichter
herausgewachsen sind, das Vaterhaus von Goethe, Schiller und
Kant, zeigen die Einwirkungen, welche die Pietät auf die letzten
Generationen der Vorfahren ausgeübt hatte.

Daß viele der Pietisten sich schnell in Wunderlichkeiten
und auf gefährlichen Abwegen verlieren mußten, ist freilich be-
greiflich.

Es war natürlich, daß denen, welche nach inneren Kämpfen
und langem Ringen die Kraft zu einem gottseligen Leben gewonnen hatten, die Erhebung des sündigen Menschen zur Hauptsache wurde; und da man überall sehnsüchtig eine directe Einwirkung Gottes auf das eigene Leben suchte, so lag nahe, auch
diese Erweckung einer besondern Begnadigung des Herrn zuzuschreiben und den Moment, in welchem die Erleuchtung und
Heiligung des eigenen Wesens durch Offenbarung des Göttlichen stattfand, angstvoll zu erflehen, und wenn nach starker
Spannung der Seele die Exaltation eintrat, diese als den Anfang eines neuen gottbegnadigten Lebens zu betrachten. Auch
Luther hatte nach der Erleuchtung gerungen, auch er hatte das
Entzücken der Erhebung, innern Frieden, Ruhe, Klarheit, Gefühl der Ueberlegenheit über die Welt empfunden. Aber es war
bei ihm und den kräftigen seiner Zeitgenossen ein immer-
während er Kampf und ein häufig wiederholter Sieg gewesen, ein
gemüthlicher starker Proceß, der ihm selbst zwar zuweilen wundervoll erschien, der aber bei seiner gesunden kräftigen Natur
nichts Kränkliches hatte und dessen besondere Formen, die
Kämpfe mit dem Teufel, nur die natürliche Folge des naiven
und treuherzigen Volksglaubens waren, welcher die alten Haus-
geister und Kobolde unserer heidnischen Ahnen in christliche Engel

und Teufel verwandelt hatte. Die neuen Frommen dagegen lebten in einer Zeit, in welcher das Leben der Natur und des Menschen bereits viel verständiger nach Ursache und Wirkung aufgefaßt wurde, wo eine Menge von wissenschaftlichen Vorstellungen populär war, wo ein praktischer weltlicher Sinn, der sich wenig Illusionen machte, überwog, wo Begeisterung und große Ideen selten das Menschenherz erhoben. Schon lagen die Anfänge des Rationalismus in den Seelen der Zeitgenossen. In solcher Zeit war die Wiedergeburt, der Moment der Erweckung keine Stimmung, welche leicht kam, kein Zustand, in den man sich bei gesundem Nervenleben ohne eine gewisse Gewaltsamkeit versetzen konnte. Man mußte lange darauf warten, sich angestrengt vorbereiten, Körper und Seele dazu forciren; mit einer Selbstbeschaulichkeit, in der schon etwas Ungesundes lag, belauerte man ängstlich die eigene Seele, ob der Moment nahe sei, ob man die Erweckung habe. Und dieser Moment der Erweckung selbst sollte ein durchaus von aller andern menschlichen Stimmung verschiedener sein. Um die Ueberzeugung hervorzubringen, daß er gekommen sei, reichte den meisten Naturen auch nicht mehr die Stimmung aus, welche die kräftigen Reformatoren nach schweren Gewissenskämpfen beglückt hatte, und welche zu allen Zeiten auf dem Menschenantlitz wie ein Abglanz des Göttlichen ruhen wird: der Friede und die Heiterkeit, wie sie nach starker schöpferischer Arbeit des Geistes, nach dem siegreichen Ende eines Kampfes zwischen Pflicht und Neigung kommen. Jener Durchbruch der Gnade bei den Pietisten war wenigstens häufig von Entzückungen, Visionen und ähnlichen pathologischen Erscheinungen begleitet, welche zu keiner Zeit gefehlt haben, die man aber damals als die höchsten Momente des Erdenlebens mit Leidenschaft aufsuchte, mit Bewunderung berichtete. Es sollte in kurzem klar werden, daß gerade die Erweckung die Klippe war, an welcher der Pietismus zu Grunde ging.

Auch die Lectüre der Schrift mußte bei solcher Richtung allerlei besondere Gefahren bereiten. Wer die heiligen Bücher deutete und die Ueberzeugung hatte, daß Gott ihn mit directen Einwirkungen begnadige, der war in der unglücklichen Lage, jeden zufälligen Einfall, der ihm bei einer Stelle kam, für eine unfehlbare Offenbarung zu halten. Nun machte aber die Sehnsucht der schwachen Zeit nach besseren Zuständen und die besondere Neigung der Frommen nach Erleuchtungen die prophetischen Bücher des Alten und Neuen Testaments besonders lockend. So kam, es daß die Pietisten aus ihnen eine Menge von Enthüllungen und Prophezeiungen herauslasen. Es ist fast zufällig und nicht von Wichtigkeit, zu welchen Resultaten sie gerade kamen. Die Beschäftigung aber mit den dunkleren Stellen der Propheten und vollends mit der Offenbarung Johannis, welche noch Luther eine Zeit lang vertraulich für ein verworrenes und unangenehmes Buch erklärt hatte, trug nicht dazu bei, ihr Urtheil klarer und ihre wissenschaftliche Bildung tüchtiger zu machen, denn noch hatte ihre Zeit den Schlüssel zum Verständniß dieser Aufzeichnungen nicht gefunden. Dazu kam, daß die Sprachkenntnisse auch der Gelehrten in der Regel ungenügend waren, obgleich nach dem Vorbilde der Schurmann bereits hier und da ein frommes Fräulein Hebräisch lernte. Nicht lange, und der Mehrzahl erschien alle weltliche Wissenschaft unnütz und schädlich.

So drohten dem Pietismus sofort nach seinem Aufkommen in Deutschland große Gefahren. Aber das Leben der älteren Pietisten, welche von Frankfurt aus sich über Deutschland verbreiteten, ist doch noch einfacher und harmloser, als das spätere Treiben zu Halle und unter den Separatisten des achtzehnten Jahrhunderts.

Uns sind zwei Selbstbiographien frommer Seelen aus der Schule Spener's erhalten, welche auch andere Richtungen des deutschen Lebens gut beleuchten. Beide gehören zusammen, es

ist Mann und Frau, welche sie uns hinterlassen haben, gut=
herzige Menschen von warmem Gemüth, einiger Gelehrsamkeit
und nicht vorzugsweise kräftigem Gefüge des Geistes, der Theo=
loge Johann Wilhelm Petersen und seine Gattin Johanna
Eleonore geb. von Merlau. Nachdem die Gatten sich nicht ohne
einen angenehmen Wink Gottes ehelich verbunden hatten, führ=
ten sie mit einander ein geistliches Leben; einträchtig, wie ein
Vogelpaar, flatterten sie durch Anfechtungen und Beschwerden
dieses Erdenthals. Gemeinsam kamen ihnen die himmlischen
Tröstungen und Offenbarungen, oft mußten sie von einem
Zweig auf den andern fliegen, weil das Lied, welches sie zu=
sammen eingeübt hatten, der Welt für schwärmerisch galt. Bei
den besten unter den Stillen 'aber blieben sie bis an ihr Lebens=
ende in Ansehen, zuverlässig wegen ihrer Herzensgüte, welche
auch durch die fromme Eitelkeit nicht erstickt wurde. Der Mann,
von Haus eine fleißige und pflichtgetreue Natur mit poetischer
Empfindung und dem Bedürfniß sich anzulehnen, von nicht un=
bedeutender philologischer Bildung, wird offenbar durch die
entschlossenere Frau, welcher ihr „weltlicher Adelsstand" auch
unter den Frommen Ansehen giebt, sehr beeinflußt. Erst seit
seiner Verheirathung ist unruhige Erregung, zuweilen eine Maß=
losigkeit des Eifers in ihm sichtbar. Die Frau aber, einige Jahre
älter als er, hatte einst an kleinem Fürstenhofe ihre strenge
Frömmigkeit im Kampfe gegen das Cavalierleben herausge=
bildet, man darf aus ihrer Biographie schließen, daß sie nicht
frei von Ehrgeiz und Herrschsucht, und nicht ohne einen Beisatz
von herber Strenge war. Ihr langer stiller Widerspruch hatte
sie übereifrig gemacht, und die fromme Frau Baur von Eyseneck,
bei welcher sie später in Frankfurt lebte, gehörte ebenfalls zu
den enthusiastischen Gemeindegliedern, welche Conventikel hielten
und ihrem Seelsorger Spener deshalb Kummer machten.
So ist anzunehmen, daß vorzugsweise der Einfluß der Frau
den Gatten auf dem Wege forttrieb, der ihn zuletzt aus

seinem Amte entfernte und als Schwärmer und Chiliasten in
Verruf brachte. Aber durch den Haß der Orthodoxen ist beiden
Unrecht geschehen, sie waren ehrlich, auch da, wo sie Auffallendes
verkündeten. Hier werden zuerst die Jugendjahre der Frau,
dann einige hierher gehörige Züge aus dem Leben des Mannes
mit ihren eigenen Worten berichtet. Johanna Eleonore Petersen,
geb. von und zu Merlau (geboren 1644, den 25. April), erzählt
von sich Folgendes *).

„Die Furcht des Herrn hat mich bewahret und seine Güte
und Treue hat mich geleitet.

Den Trieb seines guten Geistes habe ich von zarter Kind-
heit an empfunden, aber demselben guten Geist aus Unwissenheit oft widerstrebt. Ich habe ihm in meinem weltlichen Adelstand große Hindernisse bereitet, weil ich ihm die Welt gleichstellte,
bis mir das Verständniß kam und bis das heilbringende Wort
eine kräftige Ueberzeugung in mir gewirkt hat. Denn als ich
ungefähr vier Jahr alt war, traf es sich, daß meine lieben Eltern,
welche der Kriegsunruhe wegen in Frankfurt gewohnt hatten,
wieder auf's Land zogen, weil überall Friede war. Sie hatten
schon Vieles auf's Land bringen lassen, und die selige Mutter
war mit mir und meinen beiden Schwestern auf einem Gute bei
Hettersheim, Philippseck genannt, und besorgte nichts Uebels.
Da kam das Dienstvolk und berichtete, wie ein ganzer Trupp
Reiter käme, worauf denn jeder geschwind das Seine auf die
Seite brachte und die selige Mutter mit drei kleinen Kindern
allein ließ, von denen das älteste sieben, ich vier Jahr und das
dritte an der Brust war. Da nahm die selige Mutter das
jüngste an die Brust, uns beide an die Hand, und ging ohne
Magd nach Frankfurt, welches eine große halbe Meile entfernt

---

*) Lebens Beschreibung Johannis Wilhelmi Petersen. 1717; 2te Aufl.
1719. 8. — Leben Frauen Johannä Eleonorä Petersen. 1718; 2te Aufl.
1719. 8.

war. Es war aber im Sommer, die Frucht stand auf dem Felde, und man konnte den Schall der Soldaten hören, welche etwa einen Pistolenschuß von uns marschirten. Da wurde der seligen Mutter sehr bange und ermahnte uns zum Gebet. Als wir aber zum äußeren Schlage der Stadt kamen, wo wir in Sicherheit waren, setzte sich die selige Mutter mit uns nieder und vermahnte, dem höchsten Gott zu danken, der uns behütet. Da sprach meine älteste Schwester, die drei Jahr älter war als ich: „Warum sollen wir jetzt beten? Jetzt können sie ja nicht mehr zu uns kommen." Da habe ich in meinem Herzen einen rechten Schmerz über diese Rede gehabt, daß sie Gott nicht danken wollte, oder meinte, daß es nun nicht nöthig wäre. Das verwies ich ihr mit brünstiger Liebe gegen den Herrn, dem ich von Herzen dankte. — Item als ich beredet wurde, daß die Badmutter die Kinder aus dem Himmel holte, habe ich großes Verlangen gehabt mit der Badmutter zu reden, habe ihr anbefohlen, den Herrn Jesum herzlich zu grüßen, und von ihr zu wissen begehrt, ob der liebste Heiland mich auch lieb hätte. Das waren die ersten Kinderbe= wegungen, deren ich mich noch genau erinnern kann.

Als ich in das neunte Jahr ging, wurden wir mutterlose Waisen und erging es uns nicht zum besten. Denn der Vater hielt sich fünf Meilen von unserm Gute bei Hofe auf, und nahm zu uns Kindern eine Schulmeisterwittwe in's Haus. Diese hatte ihre eigenen Kinder im Flecken und wandte ihnen zu, was uns gebührt hätte, ließ es uns aber fehlen, so daß wir oft gern nahmen, was Andere nicht mochten. Auch geschah es durch ihre Praktiken, daß sie uns oft bei Abendzeit im Hause allein ließ. Dann kamen gewisse Leute, die sich in weiße Hemden ge= kleidet, ihre Gesichter mit Honig bestrichen und Mehl hineinge= streut hatten; sie gingen mit Lichtern im Hause herum, brachen Kisten und Kasten auf und nahmen daraus, was sie wollten. Darüber bekamen wir solche Furcht, daß wir uns zusammen hinter den Ofen setzten und vor Angst schwitzten. Solches

geschah so lange, bis das Haus sehr ausgeräumt wurde. Weil
aber der Vater sehr hart gegen uns war, hatten wir nicht das
Herz etwas zu klagen, wir waren nur froh, wenn er wieder fort=
gereist war, und litten das Unwesen so lange, bis einst der von
Praunheim, der nunmehr meine Schwester hat, uns besuchte,
welcher damals noch sehr jung war. Dem klagten wir unsere
Noth, und er nahm sich vor, im Hause verborgen zu bleiben bis
an den Abend und zu sehen, ob das Gespenst wieder kommen
wollte. Als es nun kam und gleich nach dem Schranke ging ihn
aufzubrechen, da sprang er hervor und wurde gewahr, daß es
Leute aus dem Flecken waren, Söhne eines Wagners, welche
gute Bekanntschaft mit der Wittwe hatten, die uns behüten sollte.
Aber weil er allein war, sprangen sie davon und wolltens nicht
zugeben, daß sie es gewesen wären. Doch kam das Gespenst
nicht wieder und wir erhielten auch Vieles zurück, was sie auf
den Boden über der Küche geschleppt hatten.

Diese Wittwe schaffte der selige Vater ab und wurde ihm
eine Capitänsfrau vorgeschlagen, welche in der Haushaltung
und andern Geschicklichkeiten berühmt war; da meinte der selige
Vater uns gar wohl versorgt zu haben, aber es war eine unchrist=
liche Frau, die ihre Soldatenstücke noch nicht vergessen hatte.
Denn als sie einst eine Menge fremder kalekutischer Hühner auf
dem Wege sah, ließ sie dieselben ins Haus treiben, griff das
beste und die andern ließ sie wieder fortjagen. Zu diesem ihren
gestohlenen Braten wollte sie trockenes Holz haben und schickte
mich um solches zu erlangen auf einen hohen Thurm, der fünf
Stockwerk hoch und viereckig gebaut war. Dort war unter dem
Dache ein Taubenhaus gewesen, wo lose dürre Bretter lagen,
von diesen Brettern sollte ich ihr holen. Und als ich einige
heruntergeworfen hatte und eins abreißen wollte, das noch an
einer Stelle fest war, schlug ich zurück, fiel zwei Stockwerke hoch
hinab und kam an eine Treppe zu liegen; hätte ich mich umge=
wendet, so wäre ich noch zwei Stockwerk tief gefallen. Ich lag

aber etwa eine halbe Stunde in Ohnmacht, und als ich wieder zu mir selbst kam, wußte ich im Anfang nicht, wie ich dorthin gekommen, stand auf und fühlte, daß ich sehr matt war, ging die Stiege hinunter und legte mich in das Bett, das in einem Gemache desselbe Thurmes stand, auf welchem der selige Vater zu schlafen pflegte, wenn er zu Hause war. Dort schlief ich etliche Stunden, und hernach stand ich auf und war frisch und gesund. Es war aber während der Zeit keine Nachfrage nach mir geschehen, und als ich sagte, daß ich gefallen wäre, bekam ich Scheltworte, warum ich mich nicht vorgesehn. Ich ging aber auf die Seite und wollte nichts von dem gestohlenen Braten essen; es erschien mir als eine rechte Schmach, und ich hatte doch nicht das Herz etwas zu sagen.

Als ich nun in das eilfte Jahr ging, wurde meine selige Schwester, die drei Jahr älter war, zum Pastor geschickt, daß sie wegen des heiligen Abendmahls unterrichtet werden sollte. Da bekam ich solche Lust und wollte gern mitgehen, der selige Vater aber wollte mich nicht dazu lassen, weil ich kürzlich erst zehn Jahr alt geworden. Ich aber hielt so lange an, bis der Vater darein willigte, wenn der Herr Pastor mich für tüchtig halten würde. Dieser kriegte mich vor und fragte mich nicht allein nach den Worten, sondern auch nach dem Verstande der Worte. Da gab mir Gott solche Gnade in den Antworten, daß der Herr Pastor vergnügt war und mich zuließ.

Etliche Zeit darnach kam meine Schwester nach Stuttgart, und ich mußte die Haushaltung über mich nehmen und von allem Rechenschaft geben, was mir sehr schwer war, weil der selige Vater, so oft er nach Hause kam, mir sehr hart begegnete, und alles, was zerbrochen oder sonst nicht recht nach seinem Sinne war, von mir forderte, und mich oft, wenn ich unschuldig war, hart strafte. Darüber bekam ich solche knechtische Furcht, daß ich zusammenfuhr, wo ich nur eine Stimme hörte, die der Stimme meines Vaters ähnlich war. Darüber habe ich manchen

Seufzer zu meinem Gotte geschickt; aber wenn er wieder weg war, wurde ich gutes Muths, sang und sprang und war sehr fröhlichen Geistes. Dabei hatte ich aber einen rechten Ekel vor allem, was nicht sittsam oder kindlich war, mochte auch nichts mit dem Hochzeit = oder Kindtaufspielen der Mädchen und dergleichen zu thun haben, denn ich schämte mich davor.

Mit zwölf Jahren wurde ich an den Hof gethan, zu der Gräfin von Solms = Rödelheim. Diese hatte es in den sechs Wochen bekommen, daß sie bisweilen nicht recht bei Sinnen war. Damals aber ging es noch ziemlich mit ihr. Als sie aber bald darauf entbunden wurde und zwei Kinder zugleich bekam, einen jungen Herrn und ein Fräulein, wurde es von Tag zu Tag schlechter mit ihr, so daß sie mich öfter für ihren Hund ansah, welcher ein kleines Löwenhündchen war, und mit seinem Namen nannte und mich schlug wie ihn. Auch geschah es oft, daß wir auf dem Wasser fuhren, denn in Winterszeit sind die Wiesen zwischen Frankfurt und Rödelheim ganz mit Wasser überlaufen, so daß das Wasser in die Kutschen ging; da fuhren die Kutschen ledig, wir aber auf einem Kahn, bis wir wieder am Ende des Wassers einstiegen. Wenn wir so fuhren, hat sie mich oft ins Wasser stürzen wollen, ich sollte als ihr Hündchen schwimmen, aber der Höchste hat mich bewahrt. Einmal wurde ich gewahr, daß sie aus ihrem Schranke ein Messer mit einer Scheide zu sich steckte; ich sagte es der Kammermagd, welche schon etwas ältlich war, diese aber wollte mir kein Gehör geben und meinte, die Gräfin hätte kein Messer, es wäre Kinderei von mir. Es ging aber aus der Gräfin Schlafkammer eine Thür in unsere Kammer und eine andere Thür in des Grafen Gemach. Als es nun Nacht war, wollte ich mich nicht niederlegen, weil mir das Messer im Sinne lag, die Kammerfrau aber zürnte mit mir und drohte dem Grafen zu sagen, daß ich mich so kindisch stellte, doch ich legte mich nur mit den Kleidern aufs Bett. In der Nacht aber hörte ich einen Tumult, ich

weckte alle auf und stieg aus dem Bett. Da hörten sie den
Grafen aus der Kammer laufen, und sofort kam die Gräfin und
hatte das Nachtlicht und das bloße Messer in der Hand. Als
sie uns nun alle wach sah, erschrak sie und ließ das Messer
fallen; da sprang ich zu, als wollt' ich ihr das Messer langen,
lief aber damit zur Thür hinaus und im Dunkeln die Treppe
hinab. Als ich auf der Treppe war, hörte ich den Grafen
rufen: „Wo ist meine Gemahlin?" Dem antwortete ich, daß
ich das Messer hätte. Ich war aber so furchtsam, daß ich mich
nicht wieder umzukehren getraute, sondern ich ging in einen
Saal, welcher der Riesensaal genannt ward und sehr unheimlich
ist, da blieb ich. Die Kammerfrau aber war eine Leibeigene
von der Frau Mutter der Gräfin aus Böhmen, die ging weg
und kam nicht wieder; da war ich etliche Wochen ganz allein
um die Gräfin, mußte sie aus- und ankleiden, was mir sehr
hart ankam.

Es erfuhr aber der selige Vater von Andern, daß ich in
solcher Gefahr war, und nahm mich da weg. Hernach kam ich
etwa fünfzehn Jahr alt zu der Herzogin von Holstein, einer
gebornen Landgräfin von Hessen, welche dem Herzog Philipp
Ludwig aus dem Suderburgischen Hause vermählt war. Der
Herzog hatte aus der ersten Ehe eine Prinzessin, welche gerade an
den kaiserlichen Kammerpräsidenten Grafen von Zinzendorf verheirathet wurde. Für diese fürstliche Braut wurde ich zur Hof-
jungfer angenommen, ihre Kammerjungfer war eine v. Steinling,
die schon an dreißig Jahr alt war. Gleich nach meiner Ankunft
wurde die Reise nach Linz angetreten, wo das Beilager sein
sollte. Wir fuhren auf der Donau und es ging sehr lustig zu,
die Pauken und Trompeten gaben einen schönen Ton auf dem
Wasser, und überall auf der ganzen Reise wurden wir sehr herr-
·lich empfangen auf Veranstaltung derer, die gesandt waren die
fürstliche Braut zu holen. Es kam mir auf meine vorige Angst
sehr fröhlich vor, und ich hatte keine Sorge, als daß ich dachte:

Wenn's nur der Seele nichts schadet, weil ich an einen papistischen
Ort kam. So oft wir nun in das Quartier kamen, suchte ich ein
Gemach, wo niemand war, fiel auf meine Knie und bat, Gott
möchte das alles hindern, was mir an meiner Seligkeit schädlich
sein könnte. Dies Beiseitgehen merkte das Kammermädchen
der Braut, schlich mir einst nach und wollte sehen, was ich doch
allein machte, da sie mich noch für sehr kindisch ansah, weil ich
sehr schmal war. Als sie mich aber auf den Knien betend fand,
ging sie still wieder zurück, ohne daß ich wußte, daß sie mich gesehen hatte. Aber als einst die fürstliche Braut mich fragte, ob
ich auch betete, antwortete die Kammerjungfer, man dürfe keine
Sorge um mich haben. Da merkte ich, daß sie mich im Gemach
wahrgenommen hatte. Als wir nun nach Linz kamen, war das
Beilager auf dem kaiserlichen Schlosse und ging alles sehr prächtig
zu. Am andern Tage mußte die fürstliche Braut in die Schloß-
capelle gehen, da ward ein Segen über sie gesprochen und ein
goldner Becher voll Wein gegeben, das nannten sie den Johannis-
segen, daraus mußte der Graf und sie trinken. Da geschah es,
daß nach dem Beilager, als jedes wieder an seinen Ort ziehen
wollte, unter der Herrschaft ein Disputat meinetwegen entstand.
Der Graf von Zinzendorf nämlich sagte, er könnte nur das
Kammerfräulein (wie man dort die abligen Jungfern nennt) an
seine Tafel nehmen, die andere müßte mit der Hofmeisterin
speisen. Das wollte der Herzog nicht zugeben, indem er sagte,
daß die Hofmeisterin nur bürgerlichen Standes wäre, ich aber
wäre von einem alten Hause und nicht geringer als die andere;
er könnte es nicht verantworten, daß ein so großer Unterschied
zwischen uns gemacht würde, ich wäre seiner Gemahlin Taufpathe.
Als aber das nicht helfen wollte, ward beschlossen, daß ich
wieder mit der Herzogin zurückkehren sollte, und als mir auch
die Ursache angesagt wurde, däuchte sie mir gar wunderlich, denn
es war mein Wunsch, allein mit der Hofmeisterin zu speisen,
lieber als an des Herrn Tafel. Aber ich mußte nicht, daß es

3*

die Barmherzigkeit Gottes so fügte, und daß mein armes Gebet so gnädig erhört wurde; denn nach Verlauf einiger Jahre fiel die Fürstin und alle Personen, die mit ihr gekommen waren, zur päpstlichen Religion. Damals aber war ich sehr betrübt, daß ich wieder zurücksollte, ich dachte, man könnte meinen, ich hätte mich nicht recht geschickt, auch war mir bange, wieder unter die harte Zucht des seligen Vaters zu kommen.

Da der Herzog von Holstein aber Wiesenburg von Kur=sachsen überkommen hatte, zehn Meilen von Leipzig, eine Meile von Zwickau, und dort wohnte, da beliebte der Herzogin, mich bei sich zu behalten. Ich übte mich in allerlei Geschicklichkeiten, so daß ich sehr beliebt wurde, auch im Tanzen hatte ich vor andern den Preis, was mir die Eitelkeit lieb und angenehm machte; auch zur Kleiderpracht und dergleichen Nichtigkeiten hatte ich rechtes Belieben, weil es mir wohl anstand und ich von jedermann gerühmt wurde. Niemals sagte mir jemand, daß es nicht recht wäre, man lobte solche Eitelkeiten an mir und hielt mich für gottselig, weil ich gern las und betete und zur Kirche ging und oft die Predigt in allen Punkten wieder erzählen konnte; ich wußte, was das vorige Jahr über denselben Text geprebigt worden. Ich warb von Geistlichen und Weltlichen für eine gottselige Jungfrau gehalten, und doch führte ich meinen Wandel noch mit weltlichen Gedanken und war in die wahre Nachfolge Christi noch nicht getreten.

Da fügte es die Barmherzigkeit Gottes, daß ein Oberst=lieutenantssohn vom Geschlecht Brettwitz in mich verliebt wurde, und als er durch seinen Vater bei meiner Herrschaft und nachher bei meinem seligen Vater um mich ansuchte, da hieß es auf allen Seiten: ja. Er sollte ein Jahr als Cornet hinausziehen, dann sollte er die Compagnie des Vaters haben, der Oberstlieutenant unter dem Kurfürsten von Sachsen war. Da er nun hinauskam in den Krieg, hörte ich oft von Andern, daß sein Leben nicht gottselig, sondern nach der Welt war; da betrübte ich mich heim=

lich und lag auf meinem Angesichte vor Gott und flehte, daß
entweder sein Gemüth oder unser Verlöbniß geändert werden
möchte. Ich wußte aber nicht, daß der Höchste solches geschehen
ließ, damit ich vor anderen abligen Heirathen behütet würde;
denn ich war damals noch sehr jung und es fiel manche Gelegen=
heit zu heirathen vor, denen allen ich durch diese Verlobung aus=
wich, obgleich auf seiner Seite schon an manche andere gedacht
worden war, da er in der Fremde sich bald hier, bald da engagirt
hatte. Das währte etliche Jahre, in denen ich viele heimliche
Betrübnisse hatte, welche die Freude der Welt sehr in mir
dämpften. In diesen Jahren geschah eine zehnmalige Ver=
änderung mit dem Brettwitz, daß er allemal anderes Sinnes
wurde und seinen Sinn auf Andere stellte; und wenn mit
solchen nichts wurde, kehrte er immer wieder um und schrieb
von Beständigkeit, welches ich alles dem Höchsten anheimstellte
und mich mit Gott näher zu vereinigen suchte. Dabei wurde
mir manche Erquickung durch die heilige Schrift mitgetheilt, zu=
weilen im Schlaf durch göttliche Träume, wo ich mit solcher
Kraft die Worte der Schrift redete und darüber aufwachte, daß
meine Gespielin, welche ein gottseliges Herz hatte, oft sehr dar=
über betrübt wurde, daß sie dergleichen nicht empfing. Diese
tröstete ich immer damit, daß sie mich als ein Kind ansehen
sollte, welches vom Vater mit Zucker gelockt würde, sie aber wäre
bewährt und hätte solche Lockungen nicht nöthig. Und das ging
mir von Herzen. Denn ich sah wol, daß die Welt mich an sich
zog wegen des freudigen Geistes, der in mir war, mein Gott
aber zog mich durch seine Freudigkeit und Liebe wieder zu sich.

Endlich kam die Person, welche sich so oft verändert hatte,
nach Hause und sprach an unserm Hofe vor. Da wollte ihm
mein geistlicher Zustand nicht anstehen, weil er meinte, es würde
sich für eine Soldatenfrau nicht schicken, so viel in der Bibel zu
lesen. Er hätte gern gesehen, daß ich ihm aufgesagt hätte, weil
sein Vater eine reiche Heirath in Dresden für ihn wußte, wenn

er mit Manier von mir abkommen könnte, und doch wollte er nicht gern untreu genannt werden; so hätte er es gern auf mich geschoben. Aber ich blieb still und kehrte mich an gar nichts, sondern vertraute meinem himmlischen Vater, der würde es wohl machen. Als nun einer, genannt von Fresen, mich gern gewarnt hätte, in der Meinung, ich merkte nicht, daß gedachter von Brett= witz nicht aufrichtig wäre, schrieb derselbe einen Brief an mich, denn er hatte keine Gelegenheit mit mir zu reden, da ich fast immer bei meiner Herzogin im Gemache war. Diesen Brief bekam gedachter Brettwitz in die Hände, und meinte großen Be= weis darin zu haben, um mich zu beschuldigen, daß ich gegen Andere Affectionen hätte oder mit Andern freite. Sein Vater, der damals gegenwärtig war, dachte auch, daß es eine gute Ge= legenheit für sie wäre und sie jetzt mit guter Manier die reiche Heirath antreten könnten, ging zum Herzoge und zeigte ihm den Brief vor, als wenn Andere mit mir freiten und deßhalb sein Sohn sich keine Hoffnung mit mir machen könnte noch wollte, sondern sein Glück weiter suchen müßte. Es verdroß zuerst den Herzog solches von mir zu hören, da ich bisher zu ihrer Ver= wunderung alle Gelegenheiten ausgeschlagen hatte. Mich aber wollte sehr schmerzen, daß die Herrschaft solches von mir denken sollte. Als ich nun mit Thränen in mein Gemach ging, fielen mir in meinem Herzen die Worte bei: „Was ich jetzt thue, das weißt du nicht, du wirst es aber hernach erfahren.“ Darauf gab ich mich zufrieden. Als nun am andern Tage der Brief recht gelesen ward, da fand sich, daß der Schreiber darin klagte, wie er nie eine Gelegenheit habe, mit mir zu reden und seine ehrliche Liebe zu offenbaren, und wie ich mich doch durch falsche Personen abhalten ließe, die Liebe Anderer anzunehmen. Da wurde erkannt, daß ich ja unschuldig wäre, und die Brettwitze konnten so nicht loskommen. Es fragten mich aber der Herzog und die Herzogin, wie ich gesinnt wäre, es müßte jetzt entschieden werden. Da bat ich, man möchte den Brettwitz nicht dazu

antreiben mich zu nehmen. Darauf sandte gedachter von Brett=
witz zween Cavaliers an mich, um zu hören, wie ich gegen ihn ge=
sinnt wäre, ob ich noch einige Zeit auf sein Glück warten wolle.
Ich aber gab ihm seine Freiheit, meinetwegen sein Glück zu suchen,
wo er wollte, denn ich fühlte mich nicht länger verpflichtet, mein
Gemüth an solch ein untreues Herz zu wenden, das womöglich
gern mich aller Untreue beschuldigt hätte. Darauf wurde ein
falsches Compliment ausgerichtet, das Mißverständniß wäre ihm
leid und es wäre dabei ausgemacht, daß er weiter keinen Anspruch
an mich haben sollte. Die reiche Heirath aber ging nicht vor sich,
er selbst ist auch später contract geworden.

So wurde ich die Last los, und ich war unterdeß so stark
geworden, daß andere Heirathsgedanken nicht bei mir stattfanden.
Immer lag mir im Sinn, daß unter Edelleuten so große Miß=
bräuche wären, die dem Christenthum ganz und gar zuwider sind.
Erstens, daß sie zum Trinken mehr Gelegenheit haben als andere
Standespersonen; zweitens, daß sie gleich um jedes unrechte
und leichtsinnige Wort Leib und Seele in Gefahr setzen müssen,
wenn sie nicht beschimpft sein wollen. Solche Dinge gaben mir
ein sehr tiefes Nachsinnen, daß man sich einbilden darf ein Christ
zu sein und doch ganz gegen die Lehre Christi leben darf; und
daß ihnen nicht einmal angesonnen wird, von solchem Vornehmen
abzustehen, das hat mir allen Muth benommen zu heirathen.
Denn obgleich ich einige seine Gemüther kannte, die einen Ab=
scheu gegen diese Laster hatten, so lag mir doch im Sinn, daß
die Nachkommen wieder in dieselbe Gefahr gesetzt würden. Eine
Mannsperson aus anderem Stande, dachte ich, dürfte ich doch
nicht nehmen, weil der selige Vater sehr auf sein altes Ge=
schlecht sah.

Da gab mir Gott immer mehr Gnade. Ich wurde mit
einem rechten Gottesmann in Frankfurt bekannt. Denn da meine
gnädigste Herrschaft nach dem Emser Bad reiste, war ein Frem=
der auf dem Schiff, in dem wir nach dem Wasserbad fuhren.

Er kam durch Gottes sonderbare Schickung neben mich zu sitzen und wir geriethen in einen geistlichen Discurs, welcher etliche Stunden währte, so daß die vier Meilen von Frankfurt bis Mainz, wo er ausstieg, mir nicht eine Viertelstunde däuchten. Wir redeten ohne Aufhören zusammen und es war nicht anders, als ob er in mein Herz sähe. Da kam alles heraus, worüber ich bis dahin noch in Zweifel gelebt. Ja ich fand in diesem Freunde das, was ich an einem Menschen in der Welt zu finden bezweifelt hatte; lange hatte ich mich darnach umgesehen, ob auch wahre Thäter des Wortes sein könnten, und hatte mich daran gestoßen, daß ich keinen fand. Aber als ich an diesem gewahr wurde, daß er so große Einsicht hatte und bis auf den Grund meines Herzens sehen konnte, auch solche Demuth, Sanftmuth, heilige Liebe und Ernst den Weg zur Wahrheit zu lehren, da wurde ich recht getröstet und sehr gestärkt, und suchte durchzubrechen *). Da kam eine göttliche Ueberzeugung in mein Herz, ich bekam immer mehr einen Abscheu vor der Welt. Und ich sprach bei mir selbst: „Soll ich mich um schnöde vergängliche Lust der göttlichen Natur berauben? Nein, ich will mit Gottes Hilfe durchbringen, es koste was es koste." Ich schrieb darauf an den Freund, der mir so göttliche Gabe mitgetheilt, daß ich ihn als einen Vater liebte, ich hätte vor, mich von allen Banden der Welt loszumachen. Der aber war in Sorgen, daß ich nicht möchte stark genug sein, alles zu ertragen, was mir dabei begegnen könnte. Mir aber waren das Gleichniß von den fünf thörichten Jungfrauen und andere dergleichen heilsame Oerter der heiligen Schrift immer im Herzen, sie trieben mich an, die Freuden der Welt von mir abzulegen; und doch hatte ich vor meiner Herrschaft eine Furcht, die ich nicht überwinden konnte. Da tanzte ich oft mit Thränen und wußte mir nicht zu helfen. „Ach," dachte ich oft, „daß ich doch eines Viehhirten Tochter

---

*) Der Fremde war Spener.

wäre, so würde mir nicht verdacht werden, in der einfältigen
Lehre Christi zu wandeln, niemand würde auf mich achten."
Als ich aber erkannte, daß mich kein Stand entschuldigen könnte,
wurde ich entschlossen mich weder durch Tod noch Leben auf=
halten zu lassen, ich ging darauf zu meiner seligen Herzogin und
begehrte meine Entlassung. Diese wurde mir durchaus ver=
weigert. Als sie aber wissen wollten, was mich dazu bewegte,
sagte ich frei heraus, daß mein Wandel, wie ich ihn bei Hofe
führen müßte, wider mein Gewissen stritte. Da wollte die liebe
selige Herzogin mir solches aus dem Sinne reden, sah es für
eine Melancholei an und sprach: „Ihr lebet ja als eine tugend=
same Jungfrau und leset und betet fleißig; sehet doch die und
die an, welche auch christliche Leute sind und solche Dinge mit=
thun, es ist ja nicht verboten, wenn man nur nicht das Herz
daran hängt." Ich aber zeigte ihr das einzige Exempel Christi
und sein Wort, ich wollte andere Menschen nicht beurtheilen,
aber mit ihrem Exempel könnte ich mich doch nicht beruhigen.
Da nun meine liebe Herzogin sah, daß ich mich nicht ändern
würde, versprach sie mir alles zu erlassen, was ich wider mein
Gewissen fände; ich sollte nur bei ihnen bleiben und im übrigen
meine Dienste verrichten wie früher. Ich aber stellte vor, daß
sie dadurch vieler Aufwartung beraubt sein würden, zumal wenn
Fremde kämen, wo es leicht kommen könnte, daß die andere
Jungfer krank würde; dann würden sie ganz ohne Aufwartung
sein, weil ich bei angestellten Fröhlichkeiten nicht gegenwärtig sein
wollte, und das würde den Fremden Anlaß zum Spotten geben.
Sie aber ließen sich nicht irren, sondern versprachen mir treulich,
daß ich aller Aufwartung bei Eitelkeiten überhoben sein solle.
Darauf sagte sie es dem Herzog; der kriegte mich hart vor und
sprach, es wäre vom Teufel, ich wäre eine junge Dame, bei
Hohen und Niedern beliebt, und wollte mich nun in eine solche
Verachtung stürzen, daß man mich für eine Thörin halten würde;
was denn die Meinen dazu sagen sollten? Als nun alles Zu=

reben nichts helfen wollte, wurben mir einige fogenannte Geift=
liche über ben Hals geschickt, die wollten mich bereben, baß ich
bie Worte ber Schrift nicht recht verftände. Aber ich fragte fie
auf ihr Gewiffen, welcher von biefen beiben Wegen ber ficherfte
wäre : in aller Einfalt ben Fußtapfen Chrifti nachzufolgen, ober
im Genuffe ber weltlichen Freuben bavon zu reben unb eine
Verehrung beffelben zu bezeigen unb boch anders zu thun. Da
fprachen fie, bas erftere wäre freilich beffer, wer vermöchte aber
fo zu leben, wir wären alle fünbige Menfchen. Da fprach ich :
„Mir ift befohlen bas Befte zu erwählen, um bas Können unb
Vermögen laffe ich meinen Gott forgen." Da ließen fie mich gehen.

Sie verfuchten's aber noch auf eine anbere Weife unb
bachten mich burch Hohn abzubringen. Denn über ber fürftlichen
Tafel fah oft einer ben anbern an unb bann mich unb lachten
gegeneinanber, auch rebeten fie oft, baß ben Frauenzimmern nicht
zieme, fo viel in ber Bibel zu lefen, fie würben fonft allzuflug.
Ich aber ließ fie fpotten. Als bas nun faft ein Jahr gewährt, unb
es fchien, baß mich auch ber Geringfte am Hofe, ausgenommen
etliche fromme Herzen, fpöttifch behanbelte, währenb ich es gering
achtete um Chrifti willen zu leiben, ba wendete fich's ganz um.
Unb ber große wunberbare Gott legte eine folche Furcht in Aller
Herzen, fowol Hohen als Niebern, baß fie fich fcheuten, in
meiner Gegenwart etwas Unrechtes zu reben ober zu thun ; ob
fie fich gleich nicht vor bem Hofprebiger fcheuten, fo war es boch
in meiner Gegenwart ganz ftill ; auch bie fonft wilbe Jugenb
ftellte fich ganz ftill unb ehrbar, wenn fie mich kommen fahen.
Da bachte ich oft mit Thränen bei mir felbft : „Du wunberbarer
Gott, mit welcherlei Macht habe ich's boch zu Wege gebracht,
baß Große unb Kleine fich in meiner Gegenwart fcheuen, Unrecht
zu thun?" Solches blähte nicht mein Herz auf, fonbern zog
mich zur Demuth ; ich zerfloß gleichfam vor meinem Gott, ba ich
feine Größe fühlte unb fah, baß er ber Fürften Herzen lenken
könnte wie Wafferbäche. In folchem Zuftanbe bin ich noch brei

Jahre am Hofe gewesen, und ich kann wol sagen, daß ich unge=
meine Güte, nicht allein von der lieben Herrschaft, sondern von
jedermann erfuhr; aber ich habe mich durch Gottes Gnade be=
wahrt, daß ich die Gnade der Hohen nicht im Ueberfluß annahm
noch zu etwas Zeitlichem verwendete.

Als ich nun drei Jahre in aller Einfalt meinen Wandel bei
Hofe geführt und alle vergängliche Lust von mir abgelehnt hatte,
wodurch nur das Fleisch und nicht der Geist erquickt wird, da
geschah es, daß mein seliger Vater mich verlangte, weil die
Stiefmutter im Kindbett gestorben und das Kind damals noch
am Leben war; da sollte ich dem Vater die Haushaltung führen,
und wurde so vom Hofe abgefordert. Es hielt aber sehr hart,
daß ich meine Entlassung bekam, weil meine liebe selige Her=
zogin mich liebte, als wenn ich ihr Kind wäre, auch mit vielen
Thränen meinen Abschied beklagte, so daß mir auch nachgesandt
wurde, ich möchte doch wiederkommen, und nicht nachgelassen,
bis ich versprach, daß, sofern ich wieder nach Hofe ginge, ich
ihnen vor allen verbunden sein wollte. Als ich aber nach Hause
kam, war unterdeß das Kind gestorben und der Vater hatte sich
resolvirt, Hofmeister bei der Fürstin von Philippseck zu werden.
So bekam ich Freiheit, mich bei einer vornehmen gottseligen
Wittwe, Baurin von Eiseneck, geb. Hinsbergin, in die Kost zu
begeben, deren Lebenswandel jedermann in Frankfurt bekannt
gewesen ist, und ihr Ende ist im Segen. Bei ihr bin ich sechs
Jahre gewesen und wir haben uns geliebt, wie ein Herz und
eine Seele.

In dieser Zeit hat mich der Herr in einer Wassergefahr so
mächtig gestärkt, daß ich mich freute, während Andere zitterten
und zagten. Denn es geschah, daß ich auf dem Marktschiff von
Frankfurt nach Hanau fuhr, meine Schwester zu besuchen; da
waren auf dem Schiff unterschiedliche Leute, auch einige Sol=
daten, die mit vier unkeuschen Weibspersonen sehr grobe und
unzüchtige Scherzreden führten. Ich wurde betrübt, daß die

Menschen ihre Seelen so ganz vergaßen, lehnte mich an das
Schiff und suchte einzuschlafen, daß ich solche Reden nicht länger
hören möchte. Im Schlafe träumte mir der Spruch Psalm 14:
„Der Herr schauet vom Himmel auf die Menschenkinder." Da=
mit erwachte ich, und schon im Wachen kam mir's vor, als ob
ein großer Sturmwind das Schiff umdrehe; da erschrak ich und
dachte: „Du wachst ja, wie ist dir denn zu Muthe?" Und es war
nicht eine Viertelstunde darauf, da kam ein mächtiger Wirbel=
wind, der das Schiff faßte. Wir waren in sehr großer Gefahr,
so daß sie alle vor Angst schrien und den Namen Jesu um Hilfe
anriefen, den sie zuvor in ihrem leichtfertigen Scherz oft so un=
nütz genannt. Da that mir Gott meinen Mund auf, daß ich
ihnen vorstellte, wie gut es sei in der Furcht des Herrn zu wan=
deln, auf daß man in aller Noth Zuflucht haben möchte. Als
nun der Höchste Gnade gab, daß sich der unvorhergesehene
Sturm legte, war eine von den Frauensleuten so frech, daß sie
scherzweis sagte, es wäre hier auch bald gegangen, daß unser
Schifflein wäre mit Wellen bedeckt worden, „aber weil ein
Heiliger hier ist, sind wir bewahrt worden", wobei sie laut lachte.
Worüber ich recht eifrig wurde und sagte: „Ihr freches Frauen=
zimmer, denkt Ihr nicht, daß uns die Hand des Herrn noch
finden könnte?" Und kaum hatte ich meinen Mund zugethan, da
erhob sich der vorige Wind, und in das Schiff wurde ein Loch
geschlagen, daß Alle ihr Leben aufgaben. Ich aber bekam eine
sehr ungewöhnliche Freude und dachte: „Soll ich nun meinen
Jesum sehen; was wird hier im Wasser bleiben? Nichts anderes
als das Sterbliche, das mich so oft beschwert hat; was in mir
Leben gewesen, stirbt nicht u. s. w." Schon hatte das Schiff
sehr viel Wasser, alles Zustopfen und Ausschöpfen wollte nichts
helfen, auch der Sturm hielt an, daß man weder zur Rechten
noch zur Linken ans Land konnte, und wir meinten schon, daß das
Schiff sinken wollte: da auf einmal wurde es ganz still in der
Luft, und der Schiffer drang an das Land. Da sprangen sie

aus dem Schiff, und die wilden Soldaten hatten meine Worte zu Herzen genommen, nahmen genau Acht auf mich, daß ich wohl an das Land kam, und dankten, daß ich ihnen zu Herzen geredet.

Als ich etwa ein Jahr bei der Bäurin war, hatte die liebe Herrschaft erfahren, daß der Vater mich nicht nöthig hätte; also schrieb meine liebe Herzogin selbst, daß ich doch wiederkommen sollte und meine Dienste antreten, sie wollten Kutsche und Pferde schicken und mir doppelte Besoldung geben, ich sollte auch den Namen einer Hofmeisterin haben; aber ich entschuldigte mich damit, daß ich die Aufsicht über des Vaters Güter führen und oft dort gegenwärtig sein müsse. Als ich aber sechs Jahr bei der lieben Frau Bäurin zugebracht hatte, fügte es der höchste Gott, daß mein lieber Mann, welcher mich etliche Jahr zuvor in Frankfurt gesehen, einige Gedanken bekam mich zu heirathen; er gab zu Lübeck einer gewissen Person die Commission mit mir zu reden, welche das erst nach einer geraumen Zeit that, aus Mangel an Gelegenheit. Als mir aber dies ausgerichtet wurde, konnten mir gar keine Gedanken zum Heirathen in den Sinn kommen, sondern als ich mit einem Gebet vor Gott ge= wesen, setzte ich mich nieder und schrieb es ab und schlug eine andere sehr tüchtige Person vor. Aber mein lieber Mann ließ sich nicht irren, sondern schrieb an meinen lieben Freund und vornehmen Geistlichen und auch an meinen seligen Vater. Den Brief an diesen behielt ich im Anfang zurück, bis ich in meinem Gewissen gedrungen wurde, die ganze Sache meinem Vater zu übergeben, weil sie keinen andern Zweck hatte, als der Ehre Gottes zu dienen. Da schrieb ich ihm und sandte ihm seinen Brief und war dabei so still, als ob mich's gar nicht anginge. Alles, was in diesem Briefe an meinen Vater stand, war mir unbekannt, ich dachte auch nicht, daß mein seliger Vater seine Einwilligung geben würde. Als ich aber seine Antwort bekam, worin er schrieb, er hätte viele Ursachen, mich jetzt in seinem

Alter nicht so weit von sich zu lassen, und hätte sich noch nie resolviren können, ein Kind außerhalb seinem Stande zu verheirathen, doch wüßte er nicht, wie er dem Willen Gottes widerstreben sollte: da ging es mir zu Herzen und ich dachte, es muß von Gott sein, weil meines Vaters Herz so gegen alles Vermuthen gerührt war. Er stellte die Sache in meinen Willen, was ich aber nicht annehmen wollte, sondern alles seinem Willen überließ. Mein Schwager, der von Dorfeld, Hofmeister am Hanauischen Hofe, war sehr dawider, aber mein seliger Vater antwortete ihm sehr christlich*): es wäre nicht sein, daß wir in der evangelischen Religion die Geistlichen so gering achteten, da die Päpstlichen ihre Geistlichen so hoch hielten; ferner: seine Tochter schickte sich für keinen Weltmann, sie heirathete nicht in Leichtsinn aus ihrem Stande, das wäre jedermann bekannt, Gott hätte mich zu solchem Werke berufen. Damit mußten sie stille sein, und mein seliger Vater gab das Ja.

Darauf reiste mein lieber Mann nach Frankfurt und unsere Trauung geschah am 7. September 1680 durch Dr. Spener in Beisein ihrer Durchlaucht der Fürstin von Philippseck, meines seligen Vaters und einiger vornehmen Leute, es waren ungefähr dreißig Personen, und alles ging so christlich und wohl ab, daß jedermann vergnügt war. Es konnte aber auch der Lästerteufel seine Tücke nicht lassen, sondern es verdroß seine Werkzeuge, daß die Hochzeit nicht mit Fressen, Saufen und wildem Wesen vollbracht wurde. Da erdachten sie die Lüge, der heilige Geist hätte sich in dem Gemach, wo wir getraut wurden, in Feuergestalt sehen lassen und wir hätten die Offenbarung Johannis ausgelegt. Solche Lügen wurden auch gegen Herrn Dr. Heiler erzählt, welcher aber selber auf unserer Hochzeit gewesen war. Als er aber widersprach und vermeldete, daß er

---

*) Der Vater war jetzt an einem frommen Hofe angestellt, die Fürstin, welcher er aufwartete, war selbst bei der Partie als Vermittlerin thätig.

selbst dabei gewesen, und daß es nicht anders als christlich und
recht zugegangen wäre, haben sie sich ihrer Lügen schämen
müssen."

So weit die Gattin. Eine Ergänzung ihrer Mittheilung
ist der Bericht ihres Mannes. Vorher soll auch er seine Jugend=
zeit und einige Erfahrungen, die er als Seelsorger gemacht,
erzählen. Dr. Johann Wilhelm Petersen beginnt:

„Ich bin in der berühmten Stadt Osnabrück nach ge=
schlossenem Frieden Anno 1649 den 1. Juli zur Welt geboren,
wohin mein Herr Vater seliger Georg Petersen wegen des
Friedensgeschäftes von Lübeck geschickt worden war. — Da ich
mit den Jahren zunahm, haben mich meine Eltern zu Lübeck in
die lateinische Schule gethan. Man hat mich nie zum Studiren
treiben dürfen, sondern ich habe alle Stunden wohl in Acht ge=
nommen, und die Lichter versteckt, auf daß ich dabei studiren
könnte, wenn Andere schliefen; wie ich denn auch unterschiedliche
Büchlein abgeschrieben habe, als ich sie gedruckt sobald nicht
kriegen konnte. Vornehmlich aber habe ich mich, wie ich's an
meiner Mutter sah, auf das Gebet gelegt, nachdem ich von ihr
gehört, daß man durch's Gebet Alles von Gott erlangen könne;
weßwegen ich vor dem Studiren allemal Gott angerufen habe,
daß er es doch segnen möchte. Und da es mir einst an einem
Buch, aber auch an Geld fehlte dasselbe zu kaufen, so ging ich
in die Marienkirche, setzte mich in die langen Stühle, die hinter
dem Altar sind, und bat Gott, er möchte mir doch was bescheren,
damit ich das verlangte Buch kaufen könnte. Als ich nun meine
Knie gebeugt und ausgebetet hatte, lag ein Häufchen Geld auf
der Bank, vor welcher ich gekniet hatte; das stärkte mich sehr.
Als ich aber eine Gewohnheit daraus machen und wieder durch's
Gebet etwas Geld erlangen wollte, da habe ich nichts gefunden,
nach der weisen Lenkung Gottes, der uns nur dann erhört, wenn

wir ohne Nebenabsicht einfältig und kindlich vor ihm erscheinen. Wenn ich aber doch einmal wegen irgend etwas bestraft werden sollte, so habe ich mich zu Gott im Gebet gewandt und manche Strafe abgebeten.

Als ich nun nach Tertia kam, bin ich sehr fleißig gewesen, weßhalb der Herr Conrector mit meinem Exempel die andern beschämte und dabei sagte, daß ich es allen vorthun und die Krone erlangen, und, wie er sich ausdrückte, ihnen den Sand in die Augen werfen würde. Das hat die Schüler sehr verdrossen und haben mich deswegen beneidet, in mein Buch eine Krone ge= malt und dick mit grobem Sande bestreut, mit der Unterschrift: „Dies ist Petersen's seine Krone und der Sand, den er uns in die Augen streuen soll." Ich fürchtete mich zuletzt sehr meine Lection fertig herzusagen, obgleich ich sie wohl gelernt hatte, damit ich nicht von den übrigen Schülern geschlagen würde. Als ich nach Prima versetzt wurde, waren dort köstliche Prä= ceptores. Ich habe in dieser Zeit viel Carmina drucken lassen, absonderlich auf den Tod meiner herzlieben Frau Mutter, habe auch zwei lateinische Orationes von Lübecks wiedererlangtem Frieden und vom Hercules am Scheidewege gehalten. Anno 1669 reiste ich nach der Universität Gießen. — —

Da ich nun in Gießen Magister geworden und bei denen Herren Professoribus beliebt war, auch mit jedermann, so viel an mir lag, aufrichtige Freundschaft hielt, da ward mir der Herr Dr. Spener in Frankfurt von einem sehr recommandirt, weß= halb ich mich resolvirte, nach Frankfurt zu ziehen und ihn zu be= suchen, um zu sehen, ob die That mit dem großen Lob überein= käme. Und ich fand viel mehr an ihm, als ich von ihm gehört hatte, ein ganz anderes Leben und Wesen, als ich insgemein gesehen. Zwar hatte ich nach meiner Art Gott gefürchtet und die heilige Schrift geliebt; aber bei meiner äußerlichen.Gelehr= samkeit kam mir diese sehr dunkel vor, so daß ich mich, während ich bei einer Disputation präsidirte, am meisten vor den Stellen der Schrift fürchtete, welche mir etwa einer entgegenwarf. Jetzt ward ich gewahr, was dazu gehört, den Sinn des Geistes in der Schrift recht zu verstehen, und daß an der Wissenschaft nicht viel wäre, die man sich durch bloßen natürlichen Fleiß erworben.

Es war auch damals eine adelige Person, die früher an einem Hofe Kammerfräulein gewesen, aber sich nach Frankfurt begeben hatte, um Freundschaft und Umgang des Herrn Dr. Spener zu genießen. Und weil ich gern einmal mit dieser mündlich sprechen wollte, so bat ich den Herrn Dr. Spener, er möchte mir doch durch ein Zettelchen Adresse an sie geben. Das geschah auch, und ich ging zu ihr und überreichte ihr meine neulich gehaltene Disputation, in der Meinung, es würde ihr, die hebräisch gelernt und auch sonst in der heiligen Schrift gute Erkenntniß hatte, nicht unangenehm sein. Sie antwortete mir aber, ich hätte den „Gott Petersen" darin geehrt, es würde weit mehr zur wahren Erkenntniß Gottes in Christo erfordert, als solche äußerliche Gelehrtheit, womit man sich insgemein brüste, und wodurch man schwerlich zu der göttlichen Einfalt der himmlischen Dinge gelangen könne. Diese Rede fiel tief in mein Herz und ich ward gleich überzeugt, daß dem so wäre. Darauf fing ich an mir ein Büchlein zu machen, worin ich das aufzeichnete, was ich von Frommen über den Weg zur wahren Gottseligkeit hörte, und ich begann zu prakticiren, was ich so gefaßt hatte; denn ohne dies lebendige Thun sollte alles Andere vergeblich sein.

Als ich nun darin bekräftigt war, reiste ich nach Gießen zurück, wo man bei mir eine Veränderung gewahr wurde und mich wegen der Pietät höhnte. Ich aber fragte wenig darnach." —

(Darauf kehrt Petersen in seine Heimath Lübeck zurück, wird dort Professor der Poesie, aber von Jesuiten sehr angefeindet, nimmt 1677 eine Vocation als Prediger nach Hannover an, wird von da 1678 nach Eutin als Hofprediger des Herzogs von Holstein gerufen.)

„Ich war aber nicht lange in meiner Hofpredigerstelle zu Eutin gewesen, da begab sich's, daß einem Kammerjunker an fünfhundert Thaler aus seiner Kammer gestohlen wurden. Damit er wieder zu seinem Gelde käme, ging er zu einem Erbschmied *) nach dem Dorfe Zernikow, um dem Diebe das Auge ausschlagen zu lassen; und damit es der Schmied desto eher thun möchte, ließ er ihm durch einen Einspänner **) sagen, daß der Bischof solches haben wollte, was doch nicht der Fall war. Wenn der Schmied solches Werk verrichten will, muß er drei Sonntage nacheinander einen Nagel verfertigen, und am letzten Sonntag diesen Nagel an einen dazu gemachten Kopf einschlagen, worauf dem Dieb, wie sie sagen, das Auge ausfallen muß. Er muß auch um Mitternacht nackend aufstehen und rücklings nach einer Hütte, die er neu im freien Felde aufgebaut hat, hingehen und zu einem neuen großen Blasebalg treten, ihn ziehen und das Feuer damit aufblasen, dazu finden sich zwei große höllische Hunde ein. Als solches am ersten Sonntag in der Nacht geschehen war, kamen die Leute aus dem Dorfe Zernikow zu mir und klagten, wie sie im ganzen Dorfe keine Ruhe gehabt vor dem erschrecklichen Geheul, das sie während dem Schmieden gehört hätten, ich sollte es doch dem Herzog kund thun, daß er das böse Werk störte. Ich sprach, das wären große Dinge, die sie sagten, und fragte sie ernstlich, ob es sich auch so verhielte. Sie antworteten, das ganze Dorf könne zeugen, der und der Einspänner hätte den Schmied dazu vermocht. Darauf ging ich zum Bischof ***), bei welchem gerade der Kammerjäger stand,

---

*) Der Aberglaube schrieb nicht nur vererbtem Metall besondere Kraft zu, auch vererbtem Wissen, zumal bei Schmieden, Schäfern, Nachrichtern.

**) Berittener Söldner, welcher keinen reisigen Knaben hatte. Die Einspänner verrichteten im Frieden Dienste der Gensdarmen.

***) Der Herzog von Holstein ist Bischof von Lübeck. Der Hofprediger

und sagte, ich hätte wohl etwas im geheimen zu reden. Als ich's nun ihm allein erzählte, entsetzte sich der Bischof, erkundigte sich weiter und erfuhr, daß der Einspänner solches in des Bischofs Namen dem Schmied anbefohlen hätte; da fragte mich mein Herr, was bei der Sache zu thun wäre? Ich antwortete, weil es öffentliche böse Dinge wären, wozu der Name des Bischofs gemißbraucht worden sei, so müßte die Hütte, die dem Teufel zu Ehren aufgebaut wäre, im Namen Gottes zerstört werden. Dies wurde auch applaudirt. Darauf fuhr ich hin, die Knaben aus der Schule und die Edelpagen und viele Edelleute ritten mit hin, das Werk des Teufels zu zerstören. Der Schmied war schon weggelaufen, seine Frau aber kam und bat um den neuen Blasebalg und um das eiserne Geräth. Ich aber sagte, sie sollte sich schämen solches zu begehren und was der Teufel in seiner Hand gehabt hätte, unter ihren Sachen zu dulden, worauf sie zu bitten aufhörte. Die Edelpagen aber und andere nahmen Feuer und verbrannten die Hütte und den Blasebalg und schmissen das Eisenwerk in ein tiefes Wasser. Es kamen aber einige Kaufleute von Hamburg gefahren, die dies mit ansahen und meine Rede mit anhörten. Es war eben in der Weihnachtszeit; deßhalb nahm ich den Spruch: „Siehe eine Hütte Gottes bei den Menschen", und erklärte ihn in Kürze, sagte aber gleich in der Application: „Siehe eine Hütte des Teufels bei den Zernikowern. Dies ist der Ort, wo vormals der Abgott der Holsteiner, Zernebog, geehrt worden ist, der wollte sich jetzt wieder einnisteln, ist aber doch auf Befehl des Bischofs verstört worden." Ich that auch bei der Katechismus= lehre, wohin der Herzog mit dem Hofstaat hinabzufahren pflegte, eine nachdrückliche Rede, und sagte, daß der Dieb bei Hofe sein müsse, auch wären einige Muthmaßungen, wer es sein müsse,

---

nennt ihn je nach Bedürfniß seinen Herzog und Bischof. Diese Doppel= stellung des schwachen Herrn und sein Benehmen sind bezeichnend für die hilflose Lage der protestantischen Kirche.

4*

vorhanden, der Dieb solle mir dieses Geld bringen, ich bezeugte hiermit vor Gott, daß ich ihn nicht verrathen wolle. Der Dieb hat auch des Nachts das Gestohlene bei meinem Hause auf den Kirchhof niederlegen wollen, hat aber nicht gekonnt, weil der Kammerjunker seine Leute zur Nacht aufgestellt hatte, den Dieb zu fangen. So hat er selbst das Wiederkriegen verwehrt. Der Bischof aber war auf den Kammerjunker zornig, und dieser mußte vom Hofe weichen. Zwar ließ er mir dräuen, ich hätte ihn in der Predigt beschimpft, weil ich sagte: sein Name, den der Schmied bei dem Actus nennen muß, wäre dem Teufel in der Hölle bekannt, er möchte zusehen, daß er nicht ganz und gar hineinkäme. Ich aber habe nach seinem Dräuen nichts gefragt, sondern mich auf meinen Gott und mein Amt verlassen.

Es suchten aber die Höflinge gegen mich Bande zu machen; sie hielten es fast alle mit dem Hofmarschall, einem Mecklen= burger. Der Marschall aber suchte allerhand Dinge gegen die Herzogin und gegen das Kammerfräulein Naundorfin hervor und bildete dem Herzoge ein, daß die Herzogin alles thäte, was die Naundorfin ihr riethe; dadurch kriegte der Herzog einen Widerwillen gegen die Herzogin. Mittlerweile hatten sie im trüben Wasser gut fischen. Weil ich aber nicht von ihren Banden war, so fragte mich der Hofmarschall auf öffentlichem Saal, mit welcher Partei ich's hielte, mit der großen oder mit der kleinen? Unter der großen Partei verstanden sie sich selbst. Ich antwortete, ich hielte es mit Gott und der Gerechtigkeit. Der Marschall sprach, man könnte mir wol den Mantel kürzer machen. Als ich nun merkte, daß der Widerwillen des Herzogs gegen die Herzogin immer größer ward, ging ich zu dem Herzoge und redete ihm beweglich zu, er solle sich nicht von der Gemahlin so abwendig machen lassen, die solches wollten, suchten ihr eigenes Interesse. Der Herzog ging darauf mit mir zur Herzogin und sie vertrugen sich in meiner Gegenwart, worauf ich sie gleichsam von neuem copulirte. Der Bischof sagte, ich solle dies geheim

halten, er aber merkte von da auf die Intriguen des Hofmar=
schalls und sagte ihm den Dienst auf.

Es war auch eine böse Action, da sich ein Edelmann des
hochfürstlichen Hofes von Plön mit einem Edelmann von unserm
Hofe entzweite und sie sich unter einander herausforderten.
Sobald ich dies vernahm, ging ich zu meinem Beichtkinde und
hielt ihm vor, was das für eine unchristliche Sache wäre, sich.
also zu duelliren, da Christus uns auch geboten die Feinde zu
lieben. Als er mir nun sagte, er wolle zusehen, daß der Handel
beigelegt würde, so war ich einigermaßen sicher. Da aber hörte
ich des Morgens früh in der Dämmerung einen Haufen Pferde
bei meinem Hause vorbeitraben, und mir fiel ein, daß der Teufel
doch mit meinem Beichtkinde sein Spiel haben wollte; ich stand
auf, erweckte meinen Diener, und weil ich in geschwinder Eil'
keinen Wagen kriegen konnte, ging ich mit meinem Diener ihnen
nach. Als ich eine Meile gegangen war, hörte ich von ferne
einige Schüsse, die Losung, daß die beiden Parteien jede von
ihrem Ort angekommen seien. Ich aber meinte, daß sie schon
Kugeln wechselten, fiel auf meine Knie und bat Gott, er möchte
sie doch bewahren, daß keiner den andern ermordete. Darauf
lief ich weiter, den Pferdefußtapfen nach, die ich wol sehen konnte,
weil viele der holsteinischen Junker mit meinem Beichtkinde ge=
zogen waren. Und da ich sie noch beiderseits vor dem Gefecht
antraf, ging ich zu meinem Beichtkinde hin und rieth ihm von
der bösen Action ab. Der Gegenpart aber meinte, daß mein
Beichtkind mich dazu bestellt hätte, was ich mit theuren Worten
verneinte; auch dem andern vom Plönischen Hofe redete ich be=
weglich zu. Sie wollten sich aber nicht vertragen. Da sprach
ich: „Nun, weil ihr nicht wollt, so gebe Gott ein solch Exempel,
daß er euch beide sammt den andern, die mit hierher zu dem
Duell gekommen sind, vor aller Welt Augen in seinem Zorn
hinnehme." Doch im Herzen wünschte ich, sie möchten bewahrt
bleiben. Da fügte Gott, daß die Secundanten ihnen beiderseits

zuredeten und sie sich unter einander vertrugen, und einen
Wagen kriegten, der mich wieder nach Hause führen mußte.
Wer war froher als ich, der ich dem Teufel einen Braten ent=
zogen hatte. Inzwischen war doch die holsteinische Noblesse in
ihrem Herzen gar übel darauf zu sprechen, und ließ sich bei
meinem Herrn merken, daß er in Zukunft keinen ehrlichen
Cavalier an seine Tafel bekommen würde. Auch mein Herr
war im Anfang übel auf mich zu sprechen, auch deßhalb, weil ich
ihnen zu Fuß nachgegangen war. So kam einer von den Hof=
junkern, der mir sagte, daß der Herr sich über meine üble Con=
duite so geärgert hätte, daß er auf dem Bett läge. Ich ant=
wortete, er würde nicht eher vom Lager aufstehen, bis er erkenne,
daß ich nichts anderes gethan, als was meine Hirtentreue er=
fordert hätte. Darauf ließ mich mein Herr zu sich fordern, dem
ich vorhielt, daß die seine Tafel nicht zieren könnten, die sich
gegen Christum setzten. Sei ich so wach und treu für einen Be=
dienten meines Herrn, wie viel mehr würde ich's für meinen
Herrn selbst sein. Da ward der Herr, der wahrlich Gott
fürchtete, besänftigt. Bald darauf besuchte unsern Hof der
Herzog von Plön, dessen Vorwürfe wegen meiner That mein
Herr gefürchtet hatte; dieser aber lobte mich, dagegen schalt er
seinen Hofprediger, der den Duellanten so nahe gewesen, die
Sache gewußt und doch keinen Fuß geregt hatte. Das gefiel
meinem Herrn sehr wohl und er ließ darauf ein sehr scharfes
Edict gegen alle Duelle publiciren.

Bisher war ich unverheirathet, wäre wol auch so geblieben,
wenn nicht mein lieber Vater mich zur Heirath angemahnt hätte.
Schon in Lübeck war mir eine vornehme Geschlechterin vorge=
schlagen worden, die mir in ihrem vollen Schmuck entgegenkam
und die mir der Vater gern gewünscht hätte. Aber sie war mir
zu prächtig vorgekommen und ich sagte, daß sich das schwerlich
zu einem Geistlichen schicken würde. Wenn ich heirathen solle,
wäre mir niemand besser, als das Fräulein von Merlau, die

mir in meinem Amte gar nicht hinderlich sein würde. Ich scheute mich aber sie deßwegen anzusprechen, damit sie nicht meinen möchte, ich hätte deßhalb in Frankfurt ihre Bekanntschaft gesucht. Aber jemand, der nach Frankfurt reisen wollte, übernahm es, ihr mündlich meine Werbung zu sagen. Meine Liebste aber wollte dem, welcher warb, nicht antworten, schrieb aber an mich, sie sei zwar durch kein Versprechen gehindert, habe aber noch keine Freiheit mir mit Ja zu antworten; sie schlug mir aber eine andere junge Doctorin in Frankfurt vor, die mehr Gaben habe als sie, und die sich für mich wohl schicken würde. Ich aber antwortete, entweder sie oder keine, und schrieb zugleich an den Herr Doctor Spener, er möchte sie doch dazu bereden, schrieb auch an ihren Herrn Vater, der mich kannte, weil ich einmal am Philippseckischen Hofe, wo er Hofmeister war, vor seiner Herzogin geprediget hatte. Er antwortete darauf: obgleich er nie gesinnt gewesen, seine Tochter einem zu geben, der nicht von Adel sei, so wüßte er doch nicht, wie es käme, daß er so beängstigt wäre, wenn er die Sache abschlagen wollte; er glaube deßwegen, daß es Gottes Wille sei, wenn seine Tochter dem Superintendenten Petersen anvertraut würde. Deßhalb überschriebe er hiermit sein väterliches Ja. Diesen Brief schickte mir meine liebe Johanna zu und Doctor Spener gratulirte mir auch. Wer war fröhlicher als ich, der ich merkte, daß mein Gebet erhört worden. Denn ich hatte meinen Gott auf den Knieen darum gebeten, er möchte die Heirath kräftiglich verhindern, wenn es sein Wille nicht wäre; wäre es aber sein Wille, so möchte er den Vater ängstigen, daß er nicht widerstehen könnte. Als ich nun die Worte in dem Briefe des Vaters las, daß er so geängstigt würde, so merkte ich daran, daß es die wäre, die mir Gott von Ewigkeit zugedacht hatte. So reiste ich fröhlich über Hamburg nach Frankfurt, und ließ mich durch Herrn Dr. Spener aufbieten und darauf von ihm trauen. —

Es ward aber 1685 mir und meiner Liebsten in wunder=

barer Weise die heilige Offenbarung aufgeschlossen, welche Gott dem Apostel und Evangelisten Johannes durch seinen Engel in gewissen Visionibus und Bildern bedeuten lassen. Sonst hatte ich mich immer 'gefürchtet solches Buch zu lesen, weil es ge= meiniglich dafür gehalten wird, es wäre ein versiegeltes Buch, welches niemand verstehen könnte. Aber an gewissem Tage hat mein Gott mich 'mächtiglich beweget und getrieben in solchem Buche zu lesen, und ohne mein Wissen hat meine Liebste an gleichem Tag und in gleicher Stunde denselben Trieb durch Gott empfunden und das Buch zu lesen angefangen, die gleich= falls nicht wußte, daß ich solchen Trieb empfangen. Als ich nun auf meine Studirstube hinaufging und mir einiges auf= notirte, da ich aus der Uebereinstimmung des Propheten Daniel mit dem dreizehnten Capitel der heiligen Offenbarung gefunden hatte, was das Thier und das kleine Horn wäre — siehe, da kam meine Liebste zu mir und erzählte mir, wie sie sich so ernst= haft vorgenommen das heilige Buch zu lesen, und was sie darin gefunden. Und das harmonirte mit dem meinigen, das ich ihr aufgeschrieben wies, und das noch naß war. Da haben wir uns über einander entsetzt und haben verabredet, wir wollten nach etwa vier Wochen mit einander conferiren, was wir weiter gefunden und bemerkt hätten. Aber wir konnten es nicht halten, wenn wir etwas Sonderliches und Wahrhaftes fanden, und es ergab sich, daß es immer genau dasselbe war, was sie und was ich fand. Darüber erfreuten wir uns sehr und dankten Gott kindlich, daß er uns beiderseits so mit seinem aufschließenden Geiste gewaffnet hatte, die künftigen Fata der Kirche zu erkennen und davon zu zeugen. Lange Zeit behielten wir es bei uns, bis wir mit dem Fräulein Rosamunda Juliana von der Asseburg bekannt wurden, welche in ihren Zeugnissen ebendavon gezeugt hatte, doch nicht nach Erforschung der heiligen Schrift, sondern aus einer extraordinären Gnade von oben herab. — Hierbei ist noch zu merken, was meiner Liebsten, als sie achtzehn Jahr alt

war, begegnete, und was ich mit ihren Worten hierher setze:
„Mir träumte, daß ich am Himmel mit großen goldenen Ziffern
die Zahl 1685 sah; zu meiner Rechten sah ich einen Menschen,
der deutete auf die Zahl und sprach zu mir: Siehe, zu der Zeit
werden anfangen große Dinge zu geschehen und dir soll etwas
eröffnet werden. Nun ist in diesem 1685sten Jahre die große
Verfolgung in Frankreich gewesen, und mir ist in demselben
Jahre das gesegnete tausendjährige Reich in der Apokalypse
eröffnet worden; mit meinem lieben Mann zugleich in e i n e r
Stunde und ohne daß eines von dem andern wußte, hat unser
beider Aufsatz darüber so zusammengestimmt, daß wir uns selbst
darüber entsetzten. Wir sind deßhalb unter uns göttlich über=
führt, daß das wahr sei, was wir in der heiligen Schrift von
dem Reich unseres Königs gefunden haben. Und wir haben
später unsern Fund einfältig Andern mitgetheilt und nichts
darnach gefragt, wenn ihm von Gelehrten und Ungelehrten
widersprochen wurde."

So weit die Erzählung von Petersen. — Die ersten Jahre
ihrer Ehe vergingen den Gatten in Frieden. Er hatte einst
zufällig den rechten Daumen auf den Spruch gelegt: Sara soll
einen Sohn haben; das Jahr darauf ward ihm die Freude, daß
Johanna Eleonora einen Sohn zur Welt brachte, der zwar bei
der Geburt sehr klein war, aber doch kurz darauf wunderbarer
Weise den Kopf aus seinem Bettchen in die Höhe hob und auch
sonst erfreuliche Anzeichen gab, daß er etwas Ungewöhnliches,
dem Herrn wohlgefälliges werden würde. In der That wurde
er später königlich preußischer Rath und konnte seine lieben
Eltern schützen, als das tausendjährige Reich ihr Leben sorgen=
voll machte. Denn leider war ihnen nicht vergönnt, das große
Licht, welches ihnen beiden zugleich angezündet worden war,
unter dem Scheffel zu halten. Es wäre für ihr irdisches Be=
hagen besser gewesen.

Was das Ehepaar aus der Offenbarung herausgelesen hatte vermittelst Combination zahlreicher Bibelstellen, bei denen sie durch fleißiges Gebet und Erleuchtungen gestützt wurden, war allerdings ein wenig seltsam, aber im Grunde sehr gutmüthig. Das tausendjährige Reich sei nicht bereits dagewesen, sondern stehe noch bevor, es werde mit einer Wiederkehr Christi in nicht ferner Zeit beginnen; bei dieser Gelegenheit werde ein Theil der Toten auferstehen, von da solle in großen tausendjährigen Phasen das ganze Menschengeschlecht, Lebendiges und Totes, zur Seligkeit kommen, die Reformirten und Lutheraner sollten vereinigt, alle Juden und Heiden bekehrt, dann alle, auch die ärgsten armen Sünder aus der Hölle erlöst, zu allerletzt der Teufel selbst aus seinem elenden Zustand herausgebracht und durch Reue und Buße wieder in einen Engel verwandelt werden, dieser alte Bösewicht allerdings erst nach 50,000 Jahren; von da ab sollte unaufhörliche Seligkeit, nur Liebe, Freude und Herzensgüte sein. — Sie waren merkwürdiger Weise geneigt anzunehmen, daß die Zeit von 1739 bis 1740 zum Anfang der Herrlichkeit bestimmt sei.

Es war viel Menschenfreundlichkeit in dieser Ueberzeugung, sie hatte kaum weniger Berechtigung, als manche andere Er= klärungen des Schrifttextes, welche in den Kirchen durch Jahr= hunderte fortgeschleppt worden sind. Denn bei der Methode, eine Schriftstelle aus der andern zu erklären, welche bis in die neue Zeit von unserer Theologie ertragen werden mußte, war es beinahe zufällig, worauf eine umherspürende Seele verfiel. Seit Luther den alten Zwang der Kirche gesprengt hatte, bis zu der Zeit, in welcher deutsche Gelehrte die Bibel allen Gesetzen der wissenschaftlichen Kritik unterwarfen, war in der That nicht das Wort der Schrift, sondern der gemeine gesunde Menschen= verstand der letzte Regulator der protestantischen Lehre; nur ein maßvoller Sinn, der sicher und unbefangen die Bedürfnisse seiner Zeit empfand und vorsichtig vermied auf dunklen Stellen zu verweilen, konnte vor arger Abgeschmacktheit geschützt bleiben. Mann und Frau Petersen besaßen nur ein wenig mehr Eifer und ein wenig mehr behagliche Eitelkeit, als vortheilhaft war. Bald sollten sie darunter leiden.

Im Jahre 1688 nahm Petersen einen Ruf als Superintendent nach Lüneburg an; die Gatten betrachteten es als eine Schickung des Herrn, daß er dorthin gerufen wurde, weil er einmal auf der Durchreise eine schöne Predigt gehalten und sehr gefallen hatte. Aber in Lüneburg fand er mehre orthodoxe Gegner, welche ihn ärgerten und reizten und einiges von dem tausendjährigen Reiche, was ihm entschlüpft war, aufmutzten. Ferner aber schadete den Gatten die Bekanntschaft des Fräulein Rosamunda von der Asseburg, deren starke Erweckung und nervöse Exaltation großes Aufsehen machte. Das zarte und unschuldige Wesen des Mädchens fesselte die beiden Petersen, sie nahmen die Göttlichkeit ihrer Offenbarungen in Schutz und vertraten sie in der Presse, zumal das liebe Mädchen ganz dasselbe von der bereits erwähnten Wiederkehr des Lammes offenbarte, was ihnen selbst aufgeschlossen war. Die Privaterbauungen, welche sie mit dem kranken Fräulein hielten, erregten bei den Weltlichgesinnten ihrer Stadt großen Anstoß und wurden bösartig verleumdet. Als Petersen nun vollends einmal auf der Elbe in Wassernoth gerieth, da erschien er sich wie der Prophet Jonas, der von dem Herrn in einen Walfisch gesteckt wurde, weil er das Geheimniß des Wortes nicht verkündigen wollte; er gelobte in der Todesgefahr, sein großes Geheimniß fortan nicht mehr der Welt zu verhüllen. Und er hielt redlich Wort. Das tausendjährige Reich und die Wiederkehr des Lammes brachen jetzt unaufhaltsam in seinen Predigten hervor. Die Zuhörer erstaunten, seine Gegner benuncirten, er wurde 1692 vom Amte entfernt. Die Gatten trugen auch dieses Unglück mit Liebe und Gottvertrauen.

Von da verlief ihr Leben in Umherreisen und Schriftstellerei, in Besuchen Gleichgesinnter und unaufhörlichen Händeln mit Orthodoxen. Sie wurden der Menge berüchtigte Personen, an welche sich Verleumdung und widerwärtiger Klatsch hing, sie beschieden sich ihre Namen auf Reisen in der Regel geheim zu halten. Niemals aber fehlte es ihnen an warmen Gönnern und Freunden. In den Fürstenschlössern, den Häusern des Land- adels, bei Stadtbehörden und in den Stuben der Handwerker fanden sie Bewunderer. Vor andern wurde der Kammergerichts- präsident Kniphausen in Berlin ihr Schützer, er wirkte noch im Jahre der Absetzung eine Pension des Berliner Hofes aus und räumte ihnen eine Wohnung in Magdeburg ein; auch andere Gönner sandten Geld und gewährten Fürsprache, so daß die Gatten im Stande waren, sich im Magdeburgischen ein kleines Landgut zu kaufen. Allerdings wurden sie auch dort durch die Bauern und den Ortspfarrer und durch Beschwerden und Denun- ciationen in Berlin geärgert, aber die Königin selbst unterhielt sich mit dem Verkünder einer Offenbarung, die so hoffnungsvoll war, und freute sich, daß er zuletzt allen Argen die Seligkeit gönnen wollte. So blieb er ungefährdet. Zuweilen freilich waren die arglosen Verkünder einer bevorstehenden Herrlichkeit in Gefahr, von Wölfen im Lammpelz betrogen zu werden. Denn unter den umherreisenden Frommen waren auch viele Betrüger. Da kam ein Haufe fechtender Studenten, behauptete, auch sie wären Pietisten, und forderten eine Unterstützung; ein Abenteurer begehrte Unterricht, weil er gehört hatte, daß jeder, der sich be- kehren lasse, zehn Thaler erhalte. Zuletzt kam gar ein falscher Oberst und schlich sich in Abwesenheit des Mannes unter dem Zeichen des Lammes bei der Frau Doctorin ein, welche wahrschein- lich durch eine unvertilgbare Erinnerung an ihren „weltlichen Adelstand" besonders wohlwollend gegen die distinguirten Gläu- bigen gestimmt wurde, und der Mann kehrte gerade noch zu rechter Zeit heim, um zu verhindern, daß der fremde Betrüger seiner arglosen Frau eine Vollmacht abschwatzte. Auf einer Reise nach

Nürnberg wurden die Gatten in den Pegnitzer Blumenorden aufgenommen, er als Petrophilus, sie als Phöbe. Solche Erfolge trösteten über den Schwall von Flugschriften, der gegen sie aufrauschte. Treuherzig klagte Petersen, daß jeder sich im Kampfe gegen ihn als orthodox erweisen und zum Doctor der Theologie machen wollte; resignirt trug er auch, wenn selbst die Frommen sich an seine Lehre von der siebenten Posaune stießen, oder wenn sie ihm einen Vorwurf daraus machten, daß er bei Gelegenheit einmal den alten Professor der Poesie herauskehrte und in lateinischen Versen, welche ihm wie Wasser flossen, die Krönung Friedrich's I. von Preußen und andere weltliche Ereignisse besang. Die letzten Jahre ihres Lebens wohnten die Gatten in der frommen Gegend von Zerbst zu Thymern, wo sie ein Gut erworben hatten, weil der frühere Besitz zu Nieder-Dodeleben ihnen zu unruhig und die Bauern zu aufsässig geworden waren. Im Jahre 1718 half Petersen noch den Herzog Moritz Wilhelm von Sachsen-Zeitz, den der Jesuit Schmeltzer katholisch gemacht, durch siegreiche Disputationen wieder evangelisch herstellen. Sie starben in hohen Jahren kurz hinter einander: sie 1724, er 1727.

Es war ihnen nicht beschieden, im Jahre 1740 durch den Schall der siebenten Posaune auferweckt zu werden, man hörte damals vielmehr den Klang preußischer Trompeten, welche die Thronbesteigung und den ersten Krieg Friedrich's II. anzeigten. Aber in der neuen durchaus nicht himmlischen Zeit, welche diese Fanfaren anmeldeten, sind doch bereits einige von den Prophezeiungen der beiden „Enthusiasten" in Erfüllung gegangen, die Union der protestantischen Kirche, Einfügung der Juden in die christliche Bildung, ja sogar die Beseitigung des unmoralischen Widersachers, welcher damals in Zernikaw am neuen Blasebalg so arg geheult hatte. Ludwig Zinzendorf aber widmete der Frau Doctor Petersen bei ihrem Eingange in die Freuden des Himmels ein herzliches Gedicht, in welchem er für sie und sich selbst folgendes Zeugniß ablegte:

Von ihren Meinungen, die sonderlich gewesen,
Hab' ich bis diesen Tag noch keinen Satz gelesen.
Was aber bauet ihr ein Denkmal bei uns auf?
Ihr eingekehrter Mensch in sanft- und stillem Geiste,
Damit sie unverrückt die Jesus-Liebe preiste,
Ihr vor der ganzen Welt untadelhafter Lauf.

Seit Spener nach Berlin versetzt war, wurde die Univer=
sität Halle der wissenschaftliche Mittelpunkt des Pietismus, dort
leitete der leidenschaftliche Francke mit seinen Gefährten Breit=
haupt und Anton das theologische Leben. Dort wurde die
Jugend systematisch zu dem Glauben der Pietät herangezogen;
ungeheuer war der Zulauf, nur Luther hatte zu Wittenberg mehr
Studenten um sich gesammelt. Freilich wurden zu Halle sofort
die Gefahren der neuen Richtung handgreiflich, die Collegien
erhielten den Charakter von Erbauungsstunden, die Erweckung
wurde zur Hauptsache, das emsige, geduldige Arbeiten in mensch=
licher Wissenschaft erschien fast überflüssig, nicht nur die Streit=
punkte der Orthodoxen, auch die Dogmen der Kirche wurden
von Vielen mit Gleichgiltigkeit und Verachtung behandelt. Die
massenhaften Gebete und geistlichen Uebungen führten zur Ueber=
spanntheit, statt der zügellosen Burschen, welche die Hieber an
den Steinen gewetzt und ungeheure Gläser Bier floriceos oder
haustices — in einem Guß oder in Schlucken — getrunken hatten,
schlichen oder hüpften jetzt bleiche Gesellen durch die Straßen
der Stadt, in sich gekehrt, mit heftigen Handbewegungen, mit
lautem Ausruf. Alle Gläubigen jubelten über die wundervollen
Offenbarungen göttlicher Gnade, die Gegner klagten über die zu=
nehmende Melancholie, über Geistesstörungen und Verrücktheiten
der schlimmsten Art. Vergebens warnte der gemäßigte Spener.

Von Halle verbreitete sich der Pietismus über die andern
Universitäten, am längsten widerstanden Wittenberg und Rostock,
durch Jahrzehnte die letzten Bollwerke der Orthodoxie. Auch
an den Höfen gewann der Glaube Einfluß, er drang in die

Regierungen und erfüllte nach 1700 die Landeskirchen der meisten deutschen Territorien. Und nicht auf Deutschland blieb seine Herrschaft beschränkt, ein lebhafter Verkehr mit den Frommen in Dänemark, Schweden, dem slavischen Osten trug dazu bei, die innige Verbindung dieser Länder mit dem geistigen Leben Deutschlands zu unterhalten, welche bis zum Ende des Jahr= hunderts gedauert hat. Selbst die orthodoxen Gegner wurden, ohne es zu wissen, durch die Pietät umgeformt, das alte schola= stische Gezänk verstummte, mit größerer Würde und besserer Gelehrsamkeit suchten sie ihren Standpunkt zu vertheidigen.

Unterdeß wurden in dem Glauben der Pietät die Schäden größer, das Verderben auffälliger. Seit jener Proceß der geist= lichen Erweckung ein geheimnißvoller Akt im Menschenleben ge= worden war, auf den die ganze Seele sich krankhaft spannte, sollte von ihm die Aufnahme in die Gemeinschaft der Frommen, alles Glück der Seligkeit abhängen. Wer durch einen besondern Gnadenakt Gottes zur Erweckung durchgebrochen war, der lebte als Wiedergeborner im Stande der Gnade, ihm wurde von dem Herrn der Welt die Seele versiegelt gegen alle Sünde, er athmete in einer reinern Gottesluft, der Gnade des Lammes sicher, schon hier von der Sünde gelöst. Da wurde es dem Gebildeten, der jemals in das ironische Antlitz des Thomasius geblickt oder etwas von dem Menschenverstand der nüchternen deutschen Rede Wolf's in sich aufgenommen hatte, immer schwerer, diesen Gemüthsproceß in sich durchzumachen. Nicht allen gewissenhaften Männern glückte es damit so gut wie dem Juristen Johann Jacob Moser; kläglich und erschütternd sind die Nachrichten, welche uns von dem Ringen Einzelner überliefert sind, von der Qual und Selbstpeinigung, in welcher sich Körper und Seele fruchtlos aufrieben. Bei den Schwächeren machte sich jede Art von Selbsttäuschung und unfreies Nachsprechen Anderer breit. Und nicht weniger die Heuchelei. Bald erschien es sehr zweifelhaft, ob der Wiedergeborne ein Schwärmer oder ein Betrüger sei, zuverlässig war er oft beides zugleich.

Seit der Pietismus die Gunst der Vornehmen und die
Herrschaft gewonnen hatte, war er aber auch ein lohnendes
Geschäft, eine Modesache, ein Hilfsmittel für sehr weltliche
Zwecke. Häufig waren solche, welche die heiligsten Offen=
barungen empfingen, zarte, schwächliche Naturen, denen man
ernste Dienste, welche zur menschlichen Ordnung gehörten, gar
nicht zumuthen konnte; sie gewöhnten sich auf Kosten ihrer
Gönner zu leben. Der Handwerker drängte sich in die Gesell=
schaft Vornehmer, um sein Fortkommen zu sichern, und zu den
Erbauungsstunden großer Herren, welche am liebsten nicht in
den Schloßkirchen, sondern in besonders eingerichteten Gemächern
gehalten wurden, eilte bußfertig, wer irgend Protection begehrte.
Seufzen, Stöhnen, die Hände ringen, von Erleuchtung schwatzen
wurde bald hier bald dort die einträglichste Speculation. An den
erweckten Geistlichen, welche die Seele schwacher Landesherren
in Händen hatten, wurden alle Fehler, welche herrschsüchtigen
Günstlingen eigen sind, bemerkt: Hochmuth und niederer Eigen=
nutz. Bald kam auch die Sittlichkeit Vieler in üblen Geruch,
und wenn irgendwo nach dem Tode eines devoten Landesherrn
eine Gesellschaft herrschlustiger Frommer ausgetrieben wurde,
so erregte es eine allgemeine Schadenfreude.

Aber es war für die Berather vornehmer Gewissen auch
aus anderen Gründen eine angenehme Sache, durch ihre
Wiedergeburt und Versiegelung Fürstinnen und Edelfrauen zur
Andacht hinzureißen. Es schmeichelte ihrem Stolze, dieselben
mit frommer Vertraulichkeit zu behandeln, ihnen jede Stunde
des Lebens zu beherrschen. Schon um 1700 wird geklagt, daß
wiedergeborne Seelsorger im Schlafrock ohne Rock und Kamisol
unter den vornehmen Frauen umhergehen und sehr bereit sind,
die Hände zu drücken, zu butzen und zu küssen. Zumal Frauen
von Stande wurden durch diese Verbindung mit Frommen zu=
weilen aus dem Geleise ihres Lebens gerissen: eine Gräfin von
Leiningen = Westerburg heirathete um 1700 den Pastor Vier=

brauer; vier Gräfinnen von Wittgenstein verbanden sich ebenso nicht ohne ärgerliche Zwischenfälle mit frommen Separatisten, mit bürgerlichen „Canaillen und Knipperdolling's", wie ihr empörter Bruder sie nannte *). In denselben Jahren flohen fünf Fräulein von Kallenberg aus Kassel zu der erweckten Eva von Buttlar, welche früher als Hofdame sehr weltlich gelebt hatte und jetzt in anstößiger Verbindung mit einigen Separatisten durch das Land zog, sich mit zweien ihrer Begleiter als Joseph, Maria und Jesus verehren ließ und in ihren Conventikeln arge Unsittlichkeit großzog; ihre „Rotte" vermochte sich, durch die Obrigkeiten verfolgt, nirgends zu halten.

Immer mehr nahm das Conventikelwesen überhand, neben maßlosen und verschrobenen zogen sich auch feiner organisirte Seelen mit höheren sittlichen Ansprüchen aus der Kirche.

So geschah es, daß sich von allen Seiten die Opposition gegen den Pietismus erhob, Orthodoxe, Weltkinder und Gelehrte, zuletzt der gesunde Menschenverstand des Volkes. Wie sich das Urtheil der Besonnenen gegen ihn in der ersten Hälfte des achtzehnten Jahrhunderts stellte, soll hier noch an einem kurzen Beispiel gezeigt werden.

In seinen Jugenderinnerungen erzählt der würdige Semler, von welchem später ausführlich die Rede sein wird, das traurige Geschick seines Bruders Ernst Johann, der von der Universität Jena aus dem erweckten Kreise des Magisters Brumhardt und des Professor Buddeus tief zerrüttet in's elterliche Haus zurückkehrte. Die Stelle giebt eine so gute Einsicht in die Periode des untergehenden Pietismus, daß sie hier mit wenigen Verkürzungen mitgetheilt werden soll.

---

*) Die standalösen Vorfälle, welche schon Thomasius mit großem Behagen dargelegt hatte, sind in dem fleißigen Werke: Max Göbel, Geschichte des christlichen Lebens in der rheinisch-westphälischen evangelischen Kirche, II, 2. und 3. Abtheil., ausführlich nach den Quellen dargestellt

„Mein Bruder war zur Rechtschaffenheit so sehr gewöhnt worden, daß er sie auch gegen sich selbst unverbrüchlich in Acht nahm. So leicht es also vielen Brüdern wurde, den Tag und die Stunde der Versiegelung anzugeben, von wo an sie in lauter geistlicher, himmlischer Fröhlichkeit zu leben alle Ursache hatten und in den Rang der Kinder Gottes, die zum Durchbruch gekommen waren, erhoben wurden: so wenig konnte mein Bruder dieses Nachsprechen und geistliche Lügen sich verzeihen; es traf nichts bei ihm ein, was Andere so leicht und so unzähligemal daher redeten. Er gerieth also über die Größe seiner Sünden, die ihn allein daran hinderten, in eine ungemessene Traurigkeit; er betete nicht nur, er winselte halbe Nächte vor dem Heilande, und es fand sich keine Veränderung in seinem Bewußtsein. Er aß selten Fleisch, kein Weißbrot oder Semmel; er hielt sich ganz unwerth seines Daseins. Alle Nächte, wenn ich eingeschlafen war, stahl er sich heimlich aus dem Bette, schlich sich in die anstoßende kleine Bücherkammer, kniete oder lag ganz auf der Erde und verlor im Affekt nach und nach die Vorsichtigkeit, sachte und leise zu reden; sein helles Winseln und Jammern weckte mich auf. Ich suchte ihn, und so wenig ich mir zutrauen konnte, als ein wenig bekehrter Schüler großen Eingang zu finden, so sagte ich ihm doch zuweilen solche schöne Zeilen und Verse, auch wohl griechisch und hebräisch vor, daß er mich oft umarmte und seufzete: „Ach, wenn das mich anginge!" Ich erwiederte zuweilen hastig, was dies für Verkehrung eines Menschen statt Bekehrung sei, wie dieser Weg unmöglich richtig und wahr sein könnte, worauf man allen Absichten Gottes entgegen handelte und eine absolut unnütze, recht anstößige Creatur aus sich selbst machte. „Ja", sagte er, „das bin ich, und kann es noch nicht genug erkennen." Ich sprach mit meiner Mutter; die weinte über ihren Sohn, der nun unsere Stütze sein könnte, wenn ihn nicht solche unwahre Einbildungen verdorben hätten. Mein Vater mißbilligte dies alles noch ernsthafter, und holete

aus. der Dogmatik und Polemik so weit aus, daß ich es wol
verstand, wofür er diese neuen Seelenanstalten hielt. Indeß
mußte er sich in Acht nehmen, denn der ganze Hof war für diese
Partei; viele waren ganz gewiß sehr gutmeinende Christen, aber
es waren auch ganz unleugbare Müßiggänger und bekannte Aben=
teurer, die in diese Anstalten eintraten und ihre gute sehr bequeme
Lebensart leicht fanden. Alle Beweise von ihrem Leben im
Fleische, — welche Beweise gar nicht selten oder unkenntlich
waren, — halfen nichts; wer konnte hier hindurchbringen! Hie
und da hatte ein solcher Bekehrter mit seiner Magd in Schande
gelebt; es wurde nicht untersucht, es war Calumnie, und
man setzte ihn zur Noth wo anders hin, wenn seine Bauern
hierin zu altlutherisch blieben. Mein Bruder gab nach und
nach zu verstehen, daß auch mein Vater den engen Weg noch
nicht selbst gegangen sei, es war ihm also nicht zu helfen. Man
lief sogar im Wald herum Tag und Nacht, so daß die Andacht
im Mondenlicht, welche jetzt Manche wieder anempfehlen, nichts
Neues ist; man sang die neuen Liederchen mit einander; der
Herzog gab freilich oft den Conversations=Wagen dazu her
nebst der leiblichen Bewirthung; ja er war oft selbst der Kutscher,
um etliche fromme Schusterweiber, die viel Glaubenskraft hatten,
um des Heilandes willen öffentlich zu ehren. Ich übertreibe
die Sache so wenig, daß ich hier noch nicht alles sage. Es
kam die Zeit der jährlichen Wallfahrten, denn auch diese alte
Kunst hatte man aus den Zeiten und Anstalten der Mönche
beibehalten; an manchen Orten sollte die Gnade des Heilands
ganz reichlich und fast sichtbar wohnen, da wallfahrteten Brüder
und Schwestern hin, in der That wider Christi Grundsatz, daß
weder Jerusalem noch Samaria den Gnadenort enthalte. Es
brachten wenigstens Viele ihre Zehrung mit. Mein Bruder
reiste gewiß nicht ohne Geld nach Ebersdorf, und brachte nichts
zurück, vielmehr hatte er dem und jenem Bruder zum Andenken
dies oder jenes Büchelchen abgekauft. Die Schwärmerei hatte

5 *

wirklich Absichten, die ins Große gingen, ob sie gleich nachher die Sache wieder ins Gemäßigte setzten, weil die philadel= phischen Rechnungen nicht eintrafen. Während einer solchen frommen Reise meines Bruders starb meine Mutter, eine Frau, deren Andenken ich vor Gott täglich segne. Mein Bruder fand sie eben im Sarge, als er wieder kam; er fühlte allen Schmerz eines Sohnes, legte sich lang auf ihr Gesicht und rief laut: „Ach, wäre ich unnützer Mensch an meiner Mutter Stelle ge= storben!" Nun hatten wir alle einigen Zugang zu seinem Her= zen, diese Reise zu Fuß hatte die Hypochondrie sehr geschwächet; das dortige Zureden der Brüder hatte einige Vorstellungen her= beigerufen, die er selbst sich nicht erwerben konnte, er war ziem= lich beruhiget oder fing an zu glauben. Wir stellten ihm vor, er müsse doch auch den Menschen mit seinen noch kleinen Gaben dienen; er nahm zuerst eine Stelle an als Präceptor in dem kleinen Waisenhause, und nachher bei einem Herrn von Dieskau, der auf dem sogenannten Schlößchen wohnte, in der aller= schönsten Gegend, die man sich wählen kann. Auf der Stadt= mauer stehet der eine Theil dieses alten Schlosses; unter der Mauer ist noch ein schmaler Fußsteig, den angepflanzte Hecken für das Ausglitschen beschützen; aber gerade unter diesen Bruch= stücken eines Felsen fließet die Saale, zuweilen sehr groß und breit, stets aber voll genug, daß Flöße und Kähne gebraucht werden können; vom Schlosse aus trug das Auge in einem halben Zirkel auf lauter Wald und Berge. Hier hätte sich mein Bruder vielleicht erholen können; aber er lebte nicht lange mehr."

So weit der Bericht Semler's. Er selbst wurde später von der herrschenden Gemüthsrichtung angesteckt, auch er rang noch als Knabe nach der Erweckung, aber das kräftigere Gefüge seines Geistes machte ihm die Heilung möglich.

Auch die Zeit half dazu.

Denn dieser frommen Richtung wurde das Jahr 1740 ver=

hängnißvoll. Der neue König von Preußen war den Pietisten eben so abhold, als sein Vater ihnen geneigt gewesen war. In seinen Landen wurde zuerst mit Bewußtsein und Energie das neue wissenschaftliche Leben der alten Gefühlsseligkeit gegenüber= gesetzt. Fast gleichzeitig verloren die Frommen an mehren sächsischen Höfen die Herrschaft; die Zeit der Aufklärung begann, das beste Leben der Nation ging seitdem in andern Bahnen, die Stillen im Lande erhielten sich nur als isolirte Gemeinden. — Auch die Brüdergemeinden des Grafen Zinzendorf entwickelten zwar durch längere Zeit eine achtenswerthe Missionsthätigkeit in fremden Ländern, sie blieben aber ohne Einfluß auf die Strömung des deutschen Lebens, welche jetzt tiefer und kräftiger dahin flutete.

Der Pietismus hatte eine Anzahl Einzelner zusammen= geschlossen, er hatte die Individuen aus dem Leben der Familien herausgehoben, in den Seelen die Sehnsucht nach einem stärkern Inhalt gesteigert; er hatte neue Formen des Verkehrs eingeführt, hier und da den starken Unterschied der Stände durchbrochen, er hatte in der ganzen Nation größern Ernst, äußerliche Zucht gefördert; aber den nationalen Zusammenhang der Deutschen hatte er nicht gekräftigt. Wer sich ihm eifrig hingab, gerade der war in der größten Gefahr, sich mit Gleichgesinnten aus der großen Strömung des Lebens zurückzuziehen und aus der Ein= samkeit wie ein Schiffbrüchiger von seiner Insel auf die große Wasserwüste hinabzusehen, die ihn umgab.

Auch die neue Wissenschaft schuf zunächst nur einzelne Gelehrte; dann eine freie Bildung, darauf eine Nation, welche für ihre Selbständigkeit zu kämpfen und zu sterben, endlich auch zu leben wagte.

2.

Der Wasunger Krieg.

(1747.)

Mit Blut und Kanonendonner begann das große Jahr=
hundert der Aufklärung. Der spanische Erbfolgekrieg tobte an
der Westgrenze, in dem zerrissenen Reich kämpften Baiern und
Cöln unter Reichsacht im Bunde mit Ludwig XIV. gegen das
Haus Habsburg.

Ohnmächtig war die Reichsverfassung geworden, ein Spott
des Auslandes; bald kam die Zeit, wo der Deutsche sich frug,
wie das Reich doch noch immer zusammenhalte. Im Osten
standen die Hohenzollern bereits mächtig neben den Habs=
burgern, auch die Hohenzollern seit dem Beginn des Jahr=
hunderts Könige außerhalb des Reiches, das Kurhaus Sachsen
kurz vorher im unsichern Besitze der polnischen Wahlkrone.

Noch brannten die Scheiterhaufen über verurtheilten
Hexen, noch haderten die Geistlichen der drei Confessionen in
unerquicklichem Streit, noch lag auf den Massen die Intoleranz
der Kirche, der Druck der Armseligkeit, der Mangel an großen
politischen Interessen, die Kläglichkeit der kleinen Souveräne
und ihrer Höfe.

Immer schroffer wurde die Trennung der Stände. Der
Edelmann, welcher nicht auf seinem Gut „verbauern" wollte,
regierte zuweilen als Beamter seines Fürsten in den Städten,
oder er suchte eine Officierstelle, oft noch in fremden Heeren;

am liebsten zog er sich an den Hof, wo er mit seinem Gebieter tafelte, jagte, und in der Aufregung kleiner Intriguen und dem Ceremoniel des Hofdienstes nicht weiser und nicht mannhafter wurde. Der Begriff von Hoffähigkeit und von den höfischen Rechten des Adels wurde immer einflußreicher. Noch waren zuweilen die bürgerlichen Rechtsgelehrten des Landesherrn seine Vertreter auch gegen einen andern Staat, aber doch nur aus Noth, weil im Adel die geschulten Kräfte fehlten. Die Person des Landesherrn war von der ersten Jugend an vom Hofadel umgeben, dem nur zuweilen noch der Geistliche oder ein bürger= licher Erzieher gegenüberstand. Die Etikette erlaubte dem Fürsten nur in einzelnen Fällen, in bestimmten Formen, mit dem Bürgerlichen zu verkehren. Es kam vor, daß ein guter Landesvater sich in einen Privatmann maskirte, in eine ent= legene Stube zurückzog, einen alten Schlafrock anzog und eine Pfeife in den Mund nahm, um mit seinen Bürgern direct ver= kehren zu können und aus ihrem eigenen Munde ihre Wünsche zu hören. Während solcher Stunden war seine fürstliche Würde gewissermaßen suspendirt; trat er aus dem Zimmer heraus, so umgab ihn der Bann des Hofes.

Und doch fanden gerade in dieser Zeit zahlreiche Mesalli= ancen statt. Noch durchbrach bei vielen vom hohen Adel eine wilde Natur den Zwang des Hofbrauches, und mehr als einmal wurde bürgerlichen Mädchen der zweifelhafte Vorzug, zur ange= feindeten Gemahlin eines Fürsten aus altem Geschlechte zu werden. Selten erhielt die Frau durch den Kaiser die Rechte der Ebenbürtigkeit, in der Regel wurde die Ehe morganatisch geschlossen, den Kindern die Succession versagt.

Zu den deutschen Fürsten, deren Leben durch eine solche Verbindung aus dem Geleis gebracht wurde, gehört Anton Ulrich, Herzog von Sachsen=Meiningen. Geboren 1687, der jüngste von drei Brüdern, wurde er nach dem alten Brauch seines Hauses Mitregent des Landes in der Art, daß der älteste

Bruder die höchsten Regierungsrechte ausübte, die jüngeren aber einen Antheil an den Landesrevenüen erhielten. Als junger Prinz hatte er Reisen gemacht, im Erbfolgekrieg durch einige Campagnen als kaiserlicher Officier gedient, beim Frieden von Rastatt war er als Generalmajor von der Armee geschieden. Ein feuriger Jüngling, höflich und gewandt, leutselig, wie jüngeren Prinzen ziemt, nicht ohne einige geistige Interessen, — er hat, der herrschenden Mode folgend, eifrig Kunstsachen und Naturmerkwürdigkeiten gesammelt — von lebhaftem Geist, ritter= licher Haltung, war er der Liebling des Landes, das er nur dem Namen nach beherrschte. Was ihn erfüllte, trieb er eigenwillig, rücksichtslos, mit einer eisernen Ausdauer, die ihn wol zu Großem gebracht hätte. Da wurde sein Geschick, daß er Philippine Cesar, die Tochter eines hessischen Hauptmanns, Kammerfrau seiner Schwester, der Aebtissin von Gandersheim, liebgewann; er führte sie nach Holland und ließ sich mit ihr trauen.

Mehre Jahre umhüllte er seine Ehe mit Geheimniß. Sein Leben wurde unstät, seine Gemahlin hatte er in Amsterdam ge= borgen, die Diener hatten strengen Befehl, seinen Wohnort zu verbergen, Briefe von Haus empfing er auf Umwegen, er selbst fuhr nur ab und zu in das Land seiner Väter. Als ihm aber seine Gemahlin immer werther wurde und einige Söhne geboren hatte, da erwachte die Hartnäckigkeit seiner Natur: er offenbarte seine Vermählung und verlangte von der Familie die Anerken= nung der Ehe, die Succession für seine Kinder.

Jetzt brach der Unwille seines stolzen Hauses aus. Die Anerkennung wurde verweigert. Nach Ansicht der deutschen Höfe war eine solche Ehe allerdings eine Monstrosität, aber es war immerhin zweifelhaft, ob die Bestimmungen des Lehnrechts genügten, gerade diese Ehe für ungiltig zu erklären. Deßhalb traten sämmtliche Herzöge von Sachsen 1717 zusammen und beschlossen, daß alle nicht ebenbürtigen Verbindungen in ihrem Hause nur als morganatische Ehen angesehen und den

Kindern daraus niemals Successionsrechte eingeräumt werden sollten *).

Anton Ulrich blieb fest. Er sollicitirte am kaiserlichen Hofe und kämpfte unermüdlich gegen die Räthe des Landes, welche den großen Zwist benutzten, auch die Revenüen des Herzogs zu verkürzen. Aber durch schmale Kost war seine Natur nicht zu beugen. Als 1722 der letzte Lehnsträger des Altensteins, ein Hund von Wenckheim, auf den Tod lag und die Commissäre der Regierung schon um das Sterbebett standen, das erledigte Lehen in Besitz zu nehmen, da ritt plötzlich Anton Ulrich in den Schloßhof, trat trotz dem Proteste der Räthe, die doch auch seine Diener waren, in das Zimmer des Sterbenden, sang das Abendlied und die Bußgesänge mit und übernachtete mit Gewehr und Pistolen im Schlosse. Sobald der Vasall die Augen zugedrückt hatte, trat er bewaffnet in das Totenzimmer und nahm nach altem Brauche Besitz von dem erledigten Lehen, indem er sich in einen rothsammtnen Lehnstuhl mit den Worten niedersetzte: „Hiermit ergreife ich Possession für meinen dritten Theil, unbeschadet der zwei Drittheile meiner Herren Gebrüder.“ Dabei rief er seine Begleiter zu Zeugen, rückte kräftig, wie der Brauch vorschrieb, mit der Hand an dem Tische, dem Symbol der beweglichen Habe, daß das Gießbecken umschlug, und ließ einen Span aus der Thür des Sterbezimmers und des Gastzimmers ausschneiden. Darauf nahm er die Anwesenden, welche sich nicht durch Flucht entzogen hatten, in Pflicht, ritt aus dem Schlosse, schnitt Splitter aus dem Eichwald und Rasenstücke aus den Wiesen als ferneres Zeichen der Besitzergreifung, und kehrte nach Meiningen zurück. Als er aber wiederkam, fand er das Burgthor verschlossen und mit Grenadieren besetzt; seine Drohungen und Protestationen hatten keinen Erfolg.

---

*) Es galt als besonders anstößig, daß eine ältere Schwester der Gemahlin Anton Ulrich's gerade in Meiningen an den herzoglichen Kapellmeister Schurmann verheirathet war.

Damals hatte er den Wunsch gehabt, mit Gemahlin und
Kindern ein friedliches Leben in einem eigenen Besitzthum der
Heimat zu führen. Es sollte ihm so gut nicht werden. Seine
Brüder brachten ein Conclusum des Reichshofraths aus, nach
welchem er Frau und Kinder gar nicht in das Land seiner
Väter führen, und wenn er es wagte, für diese niemals den
fürstlichen Titel usurpiren sollte. Er aber zog jetzt selbst nach
Wien und bewirkte dort durch große Geldsummen und durch
seine Kriegsbekanntschaften, — der spanische Minister Marquis
de Perlas war sein Beistand, — daß Kaiser Karl VI. Frau
Philippine in den Fürstenstand des heiligen römischen Reichs erhob, ihre Söhne und Töchter aber zu Herzogen und Herzoginnen
zu Sachsen mit allen Fähigkeiten und Gerechtigkeiten, also auch
der Erbfolge.

Dagegen aber erhob sich wieder das ganze Haus Sachsen
und die durch Erbverträge interessirten Hohenzollern und Hessen.
Zunächst jedoch war Anton Ulrich Sieger. Sein ältester Bruder
starb, der zweite war ein schwacher Mann. So wurde er im
Jahre 1729 wirklicher Mitregent des Landes; da führte er seine
Gemahlin und seinen ältesten Sohn unter dem Herzogshut in
Meiningen ein. Elf Jahre lang freute sich der trotzige Fürst,
seinen Willen durchgesetzt zu haben. Aber ihn selbst hatte der
Kampf gegen sein Haus verbittert, und zu der Unruhe und Gewaltsamkeit war ihm eine Streitsucht gekommen. Widerwärtig
und endlos war der Zwist um die Regierung, die Zerwürfnisse
mit seinem Bruder und dessen Günstlingen; das kleine Land war
in zwei Parteien getheilt, Minister und Beamte schlugen sich
auf die eine oder andere Seite, zuweilen stand die Regierungs-
maschine ganz still. Der Herzog lebte mit Gemahlin und Kindern
meist außer Landes, in Wien. Die Processe mit den Agnaten
um die Ebenbürtigkeit, welche immer noch fortliefen, ärgerliche
Händel mit den Nachbarn wurden ihm ein düsterer Genuß.
Er hatte sich nicht unbedeutende Kenntniß in den Formen des

öffentlichen Rechts erworben und führte alle seine Proceffe
selbst; sie scheinen einen großen Theil seiner Zeit in Anspruch
genommen zu haben.

Aber dem Siege sollte schmerzliche Niederlage folgen.
Der neue Kaiser aus dem Hause der Wittelsbacher, Karl VII.,
war bei seiner Erwählung in sehr bestimmter Rücksicht auf die
Angelegenheit Anton Ulrich's durch die Wahlcapitulation verpflichtet worden, keine notorischen Mißheirathen zu legitimiren,
und wo dies bereits früher geschehen sei, das Erbfolgerecht solcher
Kinder für null und nichtig zu erklären. Deßhalb ward die
Standeserhöhung der Herzogin von Meiningen und ihrer Kinder
widerrufen. Anton Ulrich recurrirte an den Reichstag. Vergebens. Auch dieser erklärte, daß der Herzog abzuweisen sei,
und Kaiser Franz I., der Lothringer, bestätigte diese Abweisung.

Es war ein grausames Spiel des Schicksals. Die Gemahlin
des Herzogs hatte das Glück, die letzte kaiserliche Entscheidung
nicht zu erleben: sie starb wenige Wochen vorher, während ihr
Gemahl in Frankfurt vergebens Himmel und Erde in Bewegung
setzte, das Geschick abzuwenden. Aber noch um ihren Sarg
haderten die Parteien. Der Bruder und Mitregent des Herzogs
verweigerte die Beisetzung des Leichnams im fürstlichen Erbbegräbniß, ja auch das fürstliche Trauergeläut. Anton Ulrich
stürmte von Frankfurt nach Meiningen und befahl Geläut und
Beisetzung; Gebot und Verbot kreuzten einander durch mehre
Wochen, bald wurde geläutet, bald wieder aufgehört. Da Anton
Ulrich, der wieder nach Frankfurt geeilt war, die Beisetzung des
Sarges an jedem andern Orte als im Erbbegräbniß verboten
hatte, so wurde der Sarg in einem Zimmer des Schlosses mit
Sand überdeckt; dort stand er anderthalb Jahre, bis im Jahre
1746 auch der letzte Bruder Anton Ulrich's starb. Da ließ
der Herzog, um seiner Gemahlin noch im Tode Satisfaction
zu verschaffen, die Leiche des Bruders in fürstlichem Trauer-
schmuck zur Schau ausstellen und dann in dasselbe Zimmer neben

den Sarg seiner Gemahlin stellen und wie diesen mit Sand überschütten. Dort standen die beiden Särge noch ein Jahr, dann wurden sie beide zugleich still im Erbbegräbniß beigesetzt.

Jetzt war Anton Ulrich, einst der jüngste seiner Familie, Alleinregent und Senior seines Geschlechts, aber Meiningen war ihm verleidet; er durfte seine geliebten Kinder daheim nicht als Herzöge einführen, darum zog er zu ihnen nach Frank= furt. Seine Agnaten verbargen kaum die Ungeduld, mit welcher sie auf seinen Tod warteten, um das Erbe des letzten Meiningers in Besitz zu nehmen. Der größte Theil seines Lebens war im Streit gegen sie verlaufen, jetzt übte er Rache. Er vermählte sich ihnen zum Possen, dreiundsechzig Jahre alt, mit einer Prinzessin von Hessen=Philippsthal. Aus der ersten Ehe waren ihm zehn Kinder geboren, aus der zweiten wurden ihm noch acht. Jede neue Geburt zeigte er den Agnaten auf einem Bogen im größten Royalfolio an.

Er starb 1763 zu Frankfurt am Main. Noch in seinem Testamente bricht der trotzige Wille aus, die beiden Söhne erster Ehe als Miterben in sein Land einzuführen. Alle Kinder der ersten Ehe starben unvermählt.

Es war ein verfehltes Leben, aber es verdient wol die Theilnahme einer spätern Generation. Eine starke Leidenschaft verstörte seine Tage bis zur letzten Stunde. Mit einer großen Liebe drang auch ein Strom von Galle in sein Herz, ohne Auf= hören rinnend; seine Zeit, sein Geld, alle seine Talente wurden in dem traurigsten aller Kämpfe, in Familienhändeln, verwendet. Großes versprach seine glänzende Jugend, und sein ganzes Mannesalter, wie fruchtlos wurde es für Andere, ja für ihn selbst! Noch als Greis saß er in einer fremden Stadt, getheilt zwischen seiner Vergangenheit und der neuen Häuslichkeit, in der er sich nicht mehr behaglich einleben konnte. Sein Geist, einst so lebhaft und rührig, sein unbeugsamer Wille, sie waren durch seine persönlichen Angelegenheiten so eingenommen, daß er als wirklicher Regent seines Landes nicht mehr das Interesse hatte, seine Pflicht zu thun.

Er war im Unrecht gewesen, als er die Tochter eines Bürgers geheirathet hatte; denn wenn auch noch kein Hausgesetz die nicht ebenbürtige Ehe verbot, er hatte seine Ehe heimlich, ohne Wissen seiner Mutter und des ältesten Bruders, des Seniors seiner Familie, geschlossen. Niemand soll sich so ohne offenes Aussprechen von seiner Familie lösen, am wenigsten der Regent eines Landes. Ja er hatte vielleicht im Anfange gar nicht die Absicht gehabt, seine Gemahlin zur Herzogin zu machen.

Aber auch das Verhalten seiner Verwandten ist nicht tadellos. Abgesehen von kleinen Ungerechtigkeiten und Chikanen, mit denen sie den reizbaren Fürsten quälten, auch wirkliche Rechte desselben verkürzten, waren die unförmlichen Klagschriften derselben, die zum Reichshofrath und zum Kaiser liefen, sogar öffentlich verbreitet wurden, in einem Tone gehalten, der den Fürsten mit Recht empörte. Die Cesarin wird darin eine gemeine Weibsperson genannt, ihre Kinder Bastarde, es wird bezweifelt, daß überhaupt eine Ehe geschlossen sei, und Aehnliches, was dem rabulistischen Stile der damaligen Streitschriften anzuhängen pflegte. Und vollends unerhört, — so viel uns bekannt, auch in der Fürstengeschichte, — ist der Widerruf einer bereits vollzogenen Standeserhöhung.

Es war nicht unnatürlich, daß Anton Ulrich durch eigene Erfahrung auch einen Widerwillen gegen die Standesprätensionen des niederen Adels am Hofe erhielt, und es lag ganz in seinem Wesen, daß er seinen Haß bei Gelegenheit mit rücksichtsloser Härte offenbarte. Das that er kurz nach dem Tode seiner Gemahlin dem verwaisten Hofe von Meiningen *).

---

*) Für diese Darstellung sind benutzt: Archiv für die Herzogl. Sächs. Meiningischen Lande II, 1834; darin: Biographie Anton Ulrich's. — Der wasunger Krieg von A. von Witzleben, 1855. — Ferner die als Manuscript gedruckten Beschwerdeschriften des Meininger Hofes gegen

Im Fürstenschloß zu Meiningen hatte unter den Hofchargen die Frau Landjägermeisterin Christiane Auguste von Gleichen den ersten Rang. Unter den andern hoffähigen Damen war auch eine Frau von Pfaffenrath, zwar eine geborene Gräfin Solms, aber doch nur Regierungsräthin und Frau eines eben erst geadelten Mannes, den sie noch dazu auf nicht regelmäßigem Wege geheirathet hatte. Denn ihr Mann war Hauslehrer in ihrem elterlichen Hause gewesen, sie war mit ihm entflohen und hatte, nach manchen Beschwerden, eine Versöhnung mit ihrer Frau Mutter und ein Adelsdiplom für ihren Gatten durchgesetzt. Jetzt wurde sie durch den Herzog Anton Ulrich von Frankfurt aus protegirt, wie der Hof raunte, weil ihre Schwester den Vorzug hatte, die Huldigungen des alten Herrn zu empfangen. Natürlich durfte sie nur nach dem Patent ihres Mannes rangirt werden, aber leider erhob sie Prätensionen, weil sie selbst vom hohen Adel wäre. Als sich nun im October 1746 die Thüren des Speisezimmers öffnen sollten und der Page schon zum Gebet bereit stand, da trat der Oberstallmeister an die Frau Landjägermeisterin und sagte: „Serenissimus haben befohlen, daß die Frau von Pfaffenrath den Rang vor allen Damens haben soll." Frau von Gleichen erwiederte, das werde sie sich nicht gefallen lassen, aber Frau von Pfaffenrath hatte eine günstige Aufstellung genommen und schnitt der Frau Landjägermeisterin den Vortritt ab, bevor diese es hindern konnte. Doch die entschlossene Frau Landjägermeisterin war weit entfernt von feiger Submission. Sie eilte um den Tisch zu dem herzoglichen Cabinetsminister und gab ihm die Erklärung ab, welche einer Dame von Charakter nach so unerhörter Beschimpfung ziemte: „Wenn Frau von Pfaffenrath mir nach der Tafel wieder vorgeht, so werde ich dieselbe mit Aufopferung ihres Reifrocks zurückziehen und ihr

---

Anton Ulrich von 1721, 1733, 1745, 1747. — Die Erzählung des Lieutenants Rauch selbst ist der Handschrift desselben entnommen, welche sich in der H. Bibliothek zu Gotha befindet.

ein Paar Worte sagen, welche sehr verdrießlich werden können." Der Cabinetsminister war in Verlegenheit, er kannte den resoluten Charakter der Frau von Gleichen. Endlich gab er ihr den Rath, sich vor dem Gebet vom Tische zu erheben, dann werde sie jedenfalls als erste hinausgehen und den Vortritt haben. So maintenirte die Frau Landjägermeisterin ihren Posten, aber sie hatte sich sehr alterirt; und alterirt war der ganze Hof, ja er spaltete sich in zwei Parteien. Dieser Streit der Damen setzte das ganze heilige römische Reich in Bewegung, verursachte einen Feldzug zwischen Gotha und Meiningen und wurde erst durch Friedrich den Großen in einer Weise beendigt, welche sehr an die Fabel von dem Löwen erinnert, welcher den Königsantheil für sich selbst in Anspruch nahm.

Frau von Gleichen wandte sich an den abwesenden Herzog um Reparation. Sie erhielt eine starke und ungnädige Antwort. Empört durchforschte sie das frühere Leben ihrer Feindin und ließ ein anonymes Schreiben verbreiten, in welchem die Liebesabenteuer der Comtesse mit mehr Energie als Zartgefühl dargestellt wurden. Ueber dies Pasquill oder „libellus famosus" beklagte sich wieder Frau von Pfaffenrath bei dem Landesherrn in Frankfurt, und seitdem begann ein Verfahren gegen die Frau Landjägermeisterin, welches selbst damals für hart und grausam galt. Sie sollte der Frau von Pfaffenrath knieend Abbitte thun und sie auf das bußfertigste um Vergebung bitten; und als sie sich mit den Worten weigerte: „Lieber sterben", wurde sie nach dem Rathhause in Arrest gebracht und dort von zwei Musketieren bewacht; auch ihr Mann ward in ein ungesundes Gefängniß gesteckt. Unerschüttert durch so große Leiden bat die Frau Landjägermeisterin in einem schönen Briefe voll Selbstgefühl und nobler Gesinnung den Herzog um die Befreiung ihres Gatten, um ihre Demission aus dem Hofdienst und die Erlaubniß einer gerichtlichen Defension gegen die Pfaffenrath. Alles wurde ihr abgeschlagen. Im Gegentheil wurde sie von zwei Musketieren in die Stube der Pfaffenrath getragen, um abzubitten, und als sie sich wieder weigerte, fuhr man sie auf den Markt von Meiningen, umschloß sie mit einem Kreis von Soldaten, und der Landrichter las ein Decret ab, in welchem dem Volke verkündet wurde, das Pasquill solle vor den Augen der Landjägermeisterin durch den Schinder verbrannt werden und einem jeden Menschen solle bei hundert Thaler Strafe und sechs Wochen Gefängniß verboten sein, noch von der Sache zu sprechen. Der Brief wurde von dem Henker verbrannt und Frau von Gleichen wieder in das Gefängniß zurückgeführt.

Jetzt aber erhoben die Freunde der Gleichen Klage beim Reichskammergericht. Dem wiederholten Mandat des Reichskammergerichts an den Herzog Anton Ulrich und seine Regierung, die Eheleute von Gleichen freizugeben und nach geschriebenem Rechte zu verfahren, wurde nicht gehorcht. Darauf erhielt der Herzog Friedrich III. von Gotha durch dasselbe Gericht das Commissoriale, die Frau von Gleichen und ihren Ehemann gegen alle fernere Gewalt zu schützen und selbige aus der Gefangenschaft in Meiningen in sichere, doch ohnnachtheilige Verwahrung zu bringen. Herzog Friedrich forderte von Meiningen die Auslieferung der Gefangenen; man ließ aber seinen Beauftragten nicht in die Stadt, nahm ihm seine Briefe nicht ab, sondern bedeutete ihn, wenn Gotha etwa die Befreiung mit Gewalt erzwingen wolle, so habe man auch zu Meiningen Pulver und Blei. Denn zwischen Gotha und Meiningen bestanden zahlreiche Händel und große Erbitterung.

Darauf rüstete Herzog Friedrich von Gotha zu bewaffneter Execution. Er war ein wehrhafter Herr, der in holländischem und in kaiserlichem Dienste gegen Subsidien sechstausend Mann Infanterie und fünfzehnhundert Mann Cavallerie unterhielt. Außerdem besaß er eine große Anzahl Geschütze und ein starkes Officiercorps mit mehren Generälen. Die Wehrkraft von Meiningen dagegen war gering, sie bestand fast nur aus dem

alten Defensionswerk, Milizen von geringem militärischem Geschick. Diese zog man zusammen und befestigte Meiningen, so
gut man in der Eile konnte. Es war aber vom Schlachtengott
nicht bestimmt, daß Meiningen selbst das Kampfobject werden
sollte; denn die losgelassene Kriegsfurie begnügte sich, um die
meiningensche Landstadt Wasungen zu rasen. Und zwar war es
ein verhängnißvoller Zufall, daß gerade dieser Ort Schauplatz
des Krieges werden mußte; denn bei Ohrenbläsern galt er für
das Schilda oder Schöppenstädt Meiningens, und im Lande
rollte eine lügenhafte Geschichte von seinen Rathsherrn und
einem großen Kürbis umher. Der Rath sollte den Kürbis verkannt und als ein fremdes Pferdeei betrachtet haben, welches
zum Wohl der Stadt durch vereinte Kraft der Rathsherrn aus-
zubrüten sei.

Die kriegerischen Händel, welche jetzt mitten in Deutschland zwischen den thüringischen Staaten Gotha und Meiningen
ausbrachen, sind unter dem Namen des Wasunger Krieges bekannt. Für die Kriegsgeschichte haben sie keine Wichtigkeit; um
so charakteristischer sind sie für Bildung und Zustände der
Periode, in deren Ende sie fallen. All das Misère im deutschen
Reich, die Verkommenheit des bürgerlichen Lebens, die rohe
Unsittlichkeit der damaligen Politik, Kleinlichkeit, Zopf und Unbehilflichkeit der Reichsarmee erscheinen dabei so massenhaft,
daß sie wol Heiterkeit erregen könnten, wenn nicht der bittere
Ernst, die Hilflosigkeit des deutschen Reiches, zu grell ans
Licht träte.

Von hier übernimmt der gothaische Lieutenant Rauch als
Theilnehmer am Kriege den Bericht. Er erzählt in seinem Tage-
buche, wie folgt.

„Den 15ten Februar früh Punkt ein Uhr brach unser
ganzes Commando von Tambach auf und marschirte mit
brennenden Flambeaux durch den Wald, über den sogenannten
Rosengarten, daß wir mit Anbruch des Tages bei dem heffischen

Dorfe Flohe eintrafen; unser Herr Gott wußte, wo wir hin wollten, aber wir nicht. Wir setzten unsern Marsch immer fort, durch Stadtschmalkalden durch und gerade auf Mittelschmal= kalben zu.

Als die Garde zu Pferde an dem meiningenschen Dorfe Niederschmalkalden ankam, stand ein Lieutenant mit ungefähr vierundzwanzig Mann Landmiliz uns quer vor dem Wege und ließ uns nicht passiren. Hier mußten alle drei Corps Halt machen. Der Major von Benkendorff nebst dem Oberlieutenant ritten auf den dastehenden commandirenden Lieutenant zu; der Herr Major fragte ihn: was das wäre, oder was das heißen sollte, daß er uns nicht wollte passiren lassen? ob dieses hier nicht eine offene Landstraße wäre? Der Lieutenant beantwortete mit Ja! es wäre eine Landstraße, aber er hätte Befehl, uns nicht passiren zu lassen. Der Herr Major von Benkendorff mochte ihm sagen, was er wollte, der Lieutenant gab ihm dennoch kein Gehör; der Major griff in seine Tasche und wollte ihm einen Brief zeigen, welchen er auch nicht annahm. Worauf der Major dem Lieutenant sagte: wenn er ihn mit seinem Volke nicht passiren ließe, so würde er durchsetzen.

Der Lieutenant gab kurze Antwort: das könnten wir thun, vor Gewalt könne er nicht. Der Herr Major ritt sogleich zur Garde, ließ das Seitengewehr ausziehen und rückte auf den Lieutenant zu und wollte sehen, ob er sich etwa sollte behandeln lassen, aber er wich nicht von der Stelle. Der Major fragte ihn noch einmal, ob er wollte Feld geben oder nicht? Er blieb bei seinem Worte: Nicht von der Stelle, er hätte Befehl von seinem Herrn. Darauf commandirte der Herr Major an die Garde: Marsch! Marsch! und setzte durch.

Bei diesem Durchjagen mochte wol ein Pferd dem meiningenschen Lieutenant einen Schub auf die Seite gegeben haben, daß er im Wege herumtaumelte. Der Lieutenant aber er= holte sich, ergriff sein Gewehr und schoß den Wachtmeister Starke

von der Garde, weil er hinten schloß, in den Hintersten, daß
sich auch sein Pferd mit ihm bäumte und er den Hals bald dazu
gebrochen, wenn nicht ein Reiter zugesprungen wäre und das
Pferd beim Zügel gefasset hätte. Mein guter alter Lieutenant
aber, als er Feuer gegeben, begab sich aufs Laufen. Der Reiter
aber, Namens Stähm, jaget ihm sogleich nach und will ihm den
Kopf entzweihauen; der Lieutenant aber hält sein Gewehr übern
Kopf quer vor, daß auch der Reiter Stähm den Pulversack an
dem Gewehrlauf halb durchgehauen hat. Mein alter Lieutenant
aber will weiter laufen und springt über einen Graben weg,
daß ihm der Reiter nicht kann nachfolgen, und denkt, er ist nun
fort. Der Grenadier Hellbich aber schlägt an, und schießt
meinen alten Lieutenant Zimmermann im Laufen hinter das
rechte Ohr, so daß er Knall und Fall zu Boden lag und keine
Ader zuckte. Die Landmilizen, so noch darum standen, sahen
das Spiel mit an. Die Grenadiers aber machten etliche Feuer
von den Granaten unter sie, daß sie sich rührten und über Zäune
und Felder hinwegsprangen. Da lag nun der alte Lieutenant
Zimmermann; ich sprang hinzu und gedachte, er möchte nur
eine Blessur haben, aber er war tot.

Unterdessen blieben wir immer in unserm Marsche hinter
der Garde her; im Augenblick, ehe wir es uns versahen, kam
der Major von Benkendorff mit der gesammten Garde wieder
zurück und konnte nicht durch, weil sie im Dorfe alle Straßen
mit Wagen und Karren versperrt hatten; er kam just noch zum
Lustfeuer der Granaten. Der Herr Major rief sogleich den
Bauern zu, sie sollten den Schulzen, oder wer ihre Obrigkeit im
Dorfe wäre, herauskommen lassen, wenn sie ihr Dorf nicht
wollten angesteckt haben.

Der Schulze und die Bauern, welche ihren alten Lieutenant
tot liegen sahen, den sie jederzeit für eine Landwehr gehalten
hatten und welche auch von weitem einige Granaten in ihren
Gärten gemerkt hatten, waren in Angst und stürmten an

die Glocke, daß alle Bauern in der Geschwindigkeit herbei mußten.

Augenblicklich waren alle Wagen und Karren aus dem Wege geräumt, daß wir konnten gerade durchmarschiren. Mittlerweile läuft die verjagte Landmiliz gerade auf das Dorf Schwallungen zu, welches wir wieder zu passiren hatten und wo wiederum ein Offizier mit dreißig Mann Landmiliz commandirt stand; sie verkündigte, was von uns in dem Dorfe Nieder= schmalkalden geschehen. Der Offizier aber, welcher ein Schuster seiner Profession war, als er von den geflüchteten Leuten einen solchen Rapport erhält, nimmt seine Mannschaft, die mit ihm gehen will, und reißt aus nach Wasungen zu, ehe er uns zu sehen bekommt. Wir aber wissen von dem ganzen Handel nichts, ob dort wieder Volk steht oder nicht. Unterwegs aber kommt ein Mann zu uns und erzählt uns, wie im Dorfe Schwallungen ein Offizier mit Volk da stände und das Thor besetzt hätte. Wir kehren uns aber an alles nicht, setzen unsern Marsch immer fort.

Als wir vor dem benannten Dorfe ankamen, setzten wir uns in Züge, machten die Bajonnetts wieder auf, und gedachten: wie wird es nun da zugehen! Wir marschirten fort; als wir ans Thor kamen, war Offizier und alles Volk davon gelaufen, und war nicht ein einziger Mensch, der uns einen Widerstand thun wollte. Wir marschirten mit unsern aufgepflanzten Bajo= netten gerade durch; da sahen wir die zurückgebliebenen Leute des ausgerissenen Schusterfähndrichs in der Montirung und den Patrontaschen aus den Bodenfenstern gucken.

Mein guter Schusterfähndrich war weg, und hatte sich mit der Mannschaft, so mit ihm gegangen, zu Wasungen in das Thor postirt, wo wieder ein Lieutenant, welcher ein guter Bartputzer war, — welches ich aus der Erfahrung nach diesem erkannte, weil er mich selbst barbieret, — sich postirt hatte und uns er= wartete. Das Thor von Wasungen war zweimal mit Block= thoren fest zugemacht, aber eine Schildwache stand außen, worauf der Major von Benkendorff dieser zurief: sie sollte aufmachen. Die Schildwache aber excusirte sich, sie könne es nicht; benannter Herr Major fragte sie: „wer sonsten?" sie antwortete: „der Lieutenant." Der Major sagte: er solle seinen Lieutenant rufen, worauf er eiligst lief und ihn herausholte. Da kam mein guter Bartputzer Lieutenant angestiegen, der Mann war vor Angst schon tot und im Gesicht weißer als sein Hemd. Der Herr Major redete ihn mit harten Worten an: was das wäre, daß die Thore zugemacht wären; ob hier nicht eine offene Land=straße durchginge? Er beantwortete es mit Ja! — Also, sagte der Major von Benkendorff, sollte er augenblicklich aufmachen, oder wir wollten es selbst thun. Als er dieses Compliment von dem Herrn Major solenniter bekam, war er vollends halbtot. Er bat um Pardon, er könne nicht aufmachen, sondern die Raths=herrn, die hätten das Thor verschlossen. Die Antwort war: er möge gleich die Rathsherren beischaffen. Mein Gott! wer war froher als der gute Barbier, der lief, als wenn ihm der Kopf brennte; unterdessen aber der Schusterfähndrich ließ sich nicht hören noch sehen.

Endlich kamen die Rathsherren herbei.

Als ich diese Männer zu dem kleinen Pförtchen heraus=triechen sah, dachte ich: was Teufel! sind das Rathsherren? das mögen wol schöne sein. Der Rathsherr sah doch noch ein bischen reputirlich aus, aber der Bürgermeister war bis in die Kniekehlen voller Kuhdünger, und mußte eben vom Stallaus=misten geholt worden sein. Hierauf fragte der Major von Benkendorff: ob sie die Rathsherrn wären? Sie antworteten: Ja; was unser Begehren wäre? Der Major fragte: ob das hier nicht eine Landstraße auf Nürnberg wäre? Sie sagten: Ja. Warum sie denn die Thore zumachten und versperrten, und uns nicht durchpassiren lassen wollten? Der Rathsmeister aber ant=wortete: sie hätten Befehl von ihrer Herrschaft, kein Volk durch=passiren zu lassen; deßwegen müßten sie das Thor zuhalten, und sie müßten thun, was ihnen ihr Herr beföhle. Der Major von Benkendorff aber wiederholte vorige Worte und sagte zu ihnen: sie müßten uns aufmachen und nur geschwind, denn wir müßten weiter marschiren, und wenn sie nicht aufmachten, so würden wir es selbst thun. Der Rathsmeister beantwortete dies und sagte: wir könnten machen, was wir wollten, er aber dürfe uns nicht aufmachen, noch viel weniger aufmachen lassen. Der mit Kuhmist beschmutzte Bürgermeister aber fing an: Ja! wenn wir weiter marschiren wollten, so könnten wir ja da hinten weg marschiren. Ich gedachte bei mir, wenn du nur solltest den verfluchten kothigen Kerl gleich umbringen. Der Herr Major rief mir sogleich zu, alle Zimmerleute vom ganzen Commando sollten hervorkommen, welches augenblicklich geschah. Hierauf fragte der Major nochmals, ob sie im guten aufmachen wollten, sonst ließ er die Thore gleich einhauen; sie thäten jetzt sehen, daß wir selbst aufmachen könnten, wenn sie ihre Thore nicht lieber ganz behalten wollten.

Der Herr Major gedachte, sie würden sich resolviren und aufmachen, aber sie sagten, sie machten nicht auf, und wir könnten thun, was wir wollten. Hierauf rief der Herr Major: „Allons Zimmerleute, hauet die Thore ein.“ Darauf fingen die Zimmer= leute an zu hauen. Wie sich das Pochen und Krachen anfing, hätte ein Mensch sehen sollen, wie die Rathsherren, worunter der Bürgermeister mit war, und der halbtote Bartputzer Lieute= nant anfingen zu laufen, als ob sie der Teufel fortführte. Augen= blicklich waren beide Thore eingehauen und marschirte das ganze Commando mit Trompeten, Trommeln und Pfeifen zur Stadt hinein.

Als wir nun zum Thore hineinmarschirten, standen der gute Barbierlieutenant und der Schusterfähndrich mit ihrer Mannschaft da, präsentirten ihr Gewehr und salutirten alle beide vor unsern Offizieren des Commandos.

Hier hielten wir nun alle, wie wir waren; ein jeder war

hungrig und durstig. Wir Offiziere selbst ließen uns was zu trinken von Bürgersleuten holen; wir standen und sahen einander an und fragten einer den andern. Es lag Schnee und war kalt, die Leute fingen an ungeduldig zu werden. Ich ging in den Gasthof, wo der Herr Obristlieutenant bei den Räthen war, sie deliberirten, ich konnte nicht mit ihnen zu sprechen kommen. Die Bürgersleute brannten schon Licht an, es wollte kein Ende daraus werden.

Endlich kam der Herr Obristlieutenant und schickte sogleich nach den Rathsherren, welche schon alle in ihrer Versammlung waren, wegen des eingehauenen Thors deliberirten und ihren Bericht nach Meiningen machten. Der Rathsmeister aber mußte den Braten wol merken, er machte sich auf die Seite und ließ die andern alle sitzen, denn alle Menschen mochten wol einsehen, daß wir nicht weiter konnten, da es Nacht war. Da nun der Rathsmeister weg war, wollte keiner zum Obristlieutenant hingehen und rief immer einer den andern. Endlich bequemte sich doch einer und sagte: „Einer muß hin, es mag passiren, was will." Als dieser zum Obristlieutenant kam, wurde ihm der Vortrag gethan, die Stadt müßte uns ein Nachtlager geben, sie wollte oder wollte nicht. Der Herr Obristlieutenant sagte noch: morgen mit dem Frühsten marschiren wir fort; die Bürger wären nicht schuldig, den Soldaten auch nur das Geringste zu geben, denn diese müßten für ihr Geld leben; wenn sie es aber bezahlten, könnte man ihnen alles geben; und er sollte sich nicht lange besinnen. Der Rathsherr bat um Vergebung und sagte: er könnte es für sich nicht thun, er wollte mit den andern Collegen darüber sprechen, wie sie gesinnt wären.

Darauf marschirte ich mit dem guten Rathsherrn wieder fort nach dem Schlundhause zu, wo die andern Rathsherren saßen. Als ich mit dem Bevollmächtigten in die Stube trat, brachte er des Herrn Obristlieutenant seine Worte vor und meldete, daß der Herr Commandant ein Nachtquartier für die

Völker haben wollte, denn Nacht wäre es, morgen mit dem Tage müßten sie wieder marschiren. Er könnte den Bürgern nicht helfen, sie wollten oder wollten nicht. Wenn sie es nicht thun wollten, sie sollten es dem Herrn Lieutenant Rauch nur sagen, so ließe er die Leute truppweise in die Häuser rücken, möchte sie bekommen, wer sie wollte; denn die Soldaten lebten für ihr Geld. Kein Bürger wäre schuldig ihnen etwas zu geben, als eine warme Stube und eine Lagerstatt.

Hier soll nun ein jeder hören, was bei den Rathsherrn für Dinge vorkamen. Der erste fing an und sagte: „Ich gebe mein Wort nicht dazu, wer hat sie geheißen so lange hier warten, sie hätten schon lange weiter marschiren können, wenn sie gewollt hätten." Der andere sagte: „Ihr habt Recht, Gevatter Kurtz, ich wollte mich lieber zerreißen, ehe ich das wollte mit einge= ständig sein." Der dritte fing an und sagte: „So! Erstlich haben sie uns die Thore eingehauen, und da sie nicht weiter kommen können, sollen wir auch noch Quartier geben; durchaus nicht." Der vierte sagte: „Der Herr Commandant scheint ein braver Herr zu sein, er mag aber sagen, was er will, es bleibet doch nicht dabei, man muß ihnen doch etwas zu essen geben, denn sie bringen ja nichts mit." Der fünfte fing an und sagte: „Das war recht, Herr Gevatter Hopf, weiß er noch, wie es uns ging, als die kaiserlichen Reiter kamen? die machten es ebenso. Darnach hatten wir sie, weg konnten wir sie wieder nicht bringen, wir mußten sie brav behalten." Der sechste sagte: „Das geht gar nicht an, wir können ihnen kein Quartier geben, wir müssen zuvor einen Befehl von unserer Herrschaft haben, sonst werden wir gestraft." Der siebente fing an: „Habe ich nicht gesagt, ihr Herren, daß es so würde kommen, was halten die Leute so lange draußen? Gelt, der Rathsmeister Herr Läufer hat sich aus dem Staube gemacht und ziehet seinen Kopf aus der Schlinge; da sitzen wir nun. Gebt Achtung, sie sprechen, sie wollen morgen wieder fort, ja, sie sind gestern und heute marschirt,

sie werden morgen brav liegen bleiben und morgen einen Rast=
tag halten. Meine Gedanken betrügen mich nicht; wie wäre
es denn, ihr Herren, wenn wir einen Mann zu Pferde nach
Meiningen schickten?"

Ich hatte den ganzen Rathschluß mit angehört; jetzt fing
ich an und sagte: „Ihr Herren, ihr kommt zu keinem Schluß,
es wird kein Ende und kein Stiel daraus, ich will das meinem
Commandanten wieder melden, es mag euch darnach gehen, wie
es will." Der aber, so mit mir beim Obristlieutenant gewesen,
bat mich, ich sollte nur noch ein klein wenig verziehen, sie wollten
nur zu dem Herrn Rentcommissarius Sachse und dem Herrn
Stadtschreiber schicken und diese befragen. Hier ging der Streit
wieder an, keiner wollte dahin gehen. Endlich ließ sich einer
bereden, kam aber gar bald wieder und sagte, sie wären alle
beide nach Meiningen geritten, als wir die Thore eingehauen
hätten. Da fing ich an: „Nun, ihr Herren, macht was ihr
wollt, ich warte keinen Augenblick mehr."

Darauf fing der achte und letzte an, welcher mit mir beim
Obristlieutenant gewesen war: „Ihr Herren, was wollen wir
thun, sie sind einmal hier; ihr habt gehört, was der Herr Com=
mandant gesagt, wenn wir ihnen kein Quartier gäben, ließe er
die Leute in die Häuser gehen, wohin sie wollten. Wenn ihr
das Haus voll kriegt, gebt nicht mir die Schuld, ich gehe heim
und mache mein Haus zu. So viel als auf mich kommen, will
ich nehmen, die andern weise ich wieder vor euer Haus. Ihr
habt das Unglück heut gehört. Unten bei Schmalkalden liegt
Gevatter Böhler's Schwager, der Lieutenant Zimmermann und
ist tot, die Thore sind eingehauen, unten stehen die Soldaten
und fluchen alle Donnerwetter; ihr Herren, laßt uns Billete
machen. Die Soldaten auf dem Markte sprechen, wenn sie nur
die Bauern, die beim Lieutenant gewesen, auch tot geschossen
hätten. Was wäre das für ein Unglück! und sie sprechen, es
werden noch mehr tot geschossen werden, das wäre der letzte

noch nicht. So könnte das Unglück über uns kommen. Ja, sagte er, ihr Herren, wenn wir auch so einen Herrn hätten, wie der gothaische Herr ist; aber unser Herr bekümmert sich um uns nicht, er sitzt oben in Frankfurt, es mag uns gehen, wie Gott will. Und wer weiß, worauf dies angefangen ist, die Leute kommen gewiß nicht für die lange Weile. Man kann kein Wort von ihnen erfahren. Und wie bald geht eine Nacht dahin, und wenn es auch zweie wären. Es sind doch unsere Grenznachbarn, warum sollten wir ihnen denn nicht ein Nacht- lager geben?"

Da bequemten sie sich und kriegten ihren alten Steuerfuß vor, worauf ich ihnen die Stärke von unserm ganzen Commando sagen mußte.

Darauf bekam ich den Befehl, dem Volke bei Ausgebung der Billete anzubefehlen, daß sich keiner auskleiden und jeder das Gewehr bei seiner Lagerstatt stehen haben sollte, und sobald ein Spiel gerührt würde, sollte jeder Soldat sich mit seinem Ober- und Untergewehr augenblicklich bei seinem Chef einfinden; und sofern einer besoffener Weise erscheinen würde, der sollte durch das ganze Commando bis auf den Tod mit Spießruthen bestraft werden, weßhalb auch dem präsenten Steckenknecht so- gleich Befehl ertheilt wurde, noch diesen Abend sechshundert Ruthen zu schneiden.

Alle Offiziere kleideten sich nicht aus, sie blieben meist in einer Gesellschaft zusammen, um den Morgen früh alert zu sein. Als der Morgen anrückte, hörten die Bürger so gut auf die Trommel als die Offiziere. Auch die Bürger hatten vermuthlich eine unruhige Nacht gehabt; warum? weil sie schlecht mit Betten versehen waren, und diese den Soldaten gegen ein nächtliches Douceur mochten untergelegt haben. Dies konnte man daraus schließen, daß die Nacht über alle Häuser mit Lichtern versehen waren. Am Morgen wurde statt der Vergatterung von der Stabsgrenadierwacht Reveille geschlagen. Nun ist jedem Sol-

daten wohl bekannt, daß Reveilleschlagen still liegen oder Rast=
tag bedeutet; da stießen wir unsere Köpfe zusammen; auch die
Bürger, als sie sahen, daß der Soldat nicht aufbrach und sich
zum Marsch bequemte, mudten und stießen ihre Köpfe zusammen,
es war ein heimliches Zischen unter ihnen, das vom Teufel war.
Mein Wirth selbst, ein Rathsherr, kam und frug mich, was das
zu bedeuten hätte, daß wir nicht weiter marschirten. Ich konnte
ihm keinen Bescheid sagen.

Nunmehro fing das Elend an, nun konnte essen, wer Brot
mit brachte. Die Bürger schlugen sich mit den Soldaten und
fingen an: warum wir nicht gestern oder heute früh hin marschirt
wären, wohin wir gesollt hätten. Geigten die Wahrheit. Es
war ein solcher Aufstand, daß ich ihn nicht genugsam beschreiben
kann. Was arme Bürger waren, die nichts an Vermögen und
Häusern hatten, die flüchteten, ihre Häuser wurden von Sol=
daten aufgebrochen. Diese waren nachgehends Wirthe und
Soldaten, und wurde ein Exceß auf den andern gemacht.

Mittlerweile wurden alle Rathsherren und Bürgermeisters
nach Meiningen berufen, allwo ihnen von ihrer Obrigkeit bei
vieler Strafe auferlegt wurde, den Bürgern anzudeuten, daß
sie keinem sächsisch=gothaischen Soldaten weder für Geld noch so,
etwas verabfolgen sollten. Die Bäcker sollten nicht backen, die
Fleischer nicht schlachten, die Wirthe nichts zu essen machen, die
Brauhöfe nicht brauen. Welches auch die Rathsherren den
Bürgern wirklich publicirten. Und wahrhaftig, ich war nicht
capabel, nur um drei Pfennige Käse zu bekommen. Die Bürger,
was vernünftige Leute waren, baten uns selbst, daß wir es ihnen
nicht übel nehmen sollten; hier mußten wir gute Worte geben,
anstatt daß sie uns welche hätten geben sollen. Wollte ich Brot
haben, so mußte ich nach Stadtschmalkalden schicken und mehr
Botenlohn geben, als ich Brot bekam.

So blieben wir liegen und warteten auf die Meininger,
welche noch immer nicht kamen. Unterdeß fanden wir ein

Mittel: wir ließen alle unsere Lebensmittel in Schmalkalden holen, das Bier wurde im hessischen Dorfe Tambach gekauft, die Juden aus dem Ritterschaftlichen trugen uns Fleisch zu. Endlich wurden die wasunger Bürger auch falsch, rückten ihrer Obrigkeit ins Haus und sagten: „Wir sollen haben den Verdruß und andere Herrschaften den Genuß, das gehen wir nicht ein; wir haben angelobt, allen Befehlen unserer Obrigkeit nachzuleben, aber sie soll uns auch schützen. Ist sie nicht vermögend, uns diese Leute vom Hals zu schaffen, so werden wir backen, brauen und kochen." Und von der Stunde an fingen sie alles an. In vielen Jahren hatten die Bürger nicht so viel Bier gebraut und ausgeschenkt als nachgehends, alle Wochen drei und vier Gebräue; Bäcker fingen an zu backen, die viele Jahre das Handwerk eingelegt, desgleichen Metzger. Da liefen die weisen Rathsherren wieder nach Meiningen und machten von alle dem Rapport, worauf die Bürger am andern Tage wieder aufs Rathhaus gerufen wurden bei zwanzig Gulden Strafe. Sie waren aber so widerhaarig und gingen nicht, sondern schickten ihre barfüßigen Jungen hin und kehrten sich an keinen Befehl mehr. Da das die weisen Rathsherren mit einsahen, fingen sie selbst an und brauten. — — ,

Den 22ten Mai, am zweiten Pfingsttage 1747, mußte vermuthlich beim Herrn Major S... ein Rapport eingelaufen sein, von dem wir Offiziers alle nichts erfuhren. Hierauf war ein Laufen und Rennen nach dem Bären, zu dem Geheimerath Flörcke, daß es ganz erstaunlich war; bald liefen sie hinein in den Bären, bald wieder heraus. Ich dachte: was Teufel ist das? Doch gedachte ich, wenn etwas passirt, mußt du es doch erfahren. Die Bürgersleute fingen selbst an und fragten: „Was läuft aber der Herr Commandant so in den Bären?" Ja, ich konnte keine Antwort darüber geben.

Während des vielen Laufens und Rennens ging ich mit dem Fähnbrich Köhler an die Thore, um die Schildwachen zu

vifitiren, und als wir an das Oberthor kamen, kamen uns die
Majors von S... und von B.. und der Capitän von W......
entgegen. Der Major von S... ging gerade auf mich los
und fragte mich insgeheim, ob ich etwas Neues wüßte? Ich
antwortete: Nein! worauf er mir sagte, ob ich wüßte, daß
uns die Meininger heute Nacht attaquiren wollten? Ich ant=
wortete: „Immerhin; wenn sie kommen, müssen sie anpochen,
wir wollen schon mit ihnen fertig werden." — Ob ich denn
meine Frau nicht wolle fortschicken? — „Nein, sagte ich, sie ist
am heiligen Abend erst gekommen und geht nicht eher wieder
weg als den Tag nach Pfingsten." — Ja, wenn aber die Mei=
ninger kommen? — „So hänge ich ihr auch einen Degen um,
war meine Antwort, so mag sie sich auch mit wehren."

Hier fing der Major S... an und sagte: ich sollte hier
meine Disposition machen, wie alle Thore und Posten besetzt
werden sollten. Da hieß es recht mit sichtlichen Augen betrogen
werden. Vor menschlichen Augen Disposition zu machen und
sie nicht zu halten! —

Alle Vorschläge, die ich nach meinem einfältigen Lieutenants=
verstand gethan, wurden gut acceptirt und kurz ausgezogen, um
sie bei der Parole auszugeben. —

Als ich nun hinunter kam, rief ich zum Volk: Richt euch!
und alles Plaudern hab' ein End'. — Darauf fing ich auf dem
rechten Flügel zu richten an; aber kaum hatte ich vier bis fünf
Rotten gerichtet, so kam der Capitän W...... gelaufen und sagte
mir: ob ich denn nicht gehört, ich sollte gleich mit ihm kommen.
Hier bricht der Anfang von ihrem geschlossenen Kriegsrath aus.
— Ich säumte nicht lange, sondern lief gleich zum Herrn
Major und fragte, was er zu befehlen hätte, worauf er mir
zur Antwort gab, ich sollte dreißig Dragoner nehmen und hin=
unter nach dem Bären marschiren und mich beim Geheimerath
Flörcke melden, um ihn nach Schwallungen in Sicherheit zu
bringen. Ich antwortete ihm sogleich: „Herr Major, bitte

um Vergebung, das kommt mir nicht zu und ich thue es nicht, es sind andere Offiziere da, die dazu zu commandiren sind, aber ich nicht." — Kurzum, ich hörte nun, daß mich der Herr Geheimerath haben wollte. Wer hätte sich einen solchen Streich träumen lassen sollen? ich hätte davon etwas wissen sollen! tausend Schwerenoth! ich hätte den Geheimerath aus Wasungen bringen wollen; lieber in die Werra hätte ich ihn geführt. — Hier half nun keine weitere Vorstellung, ich sollte und mußte fort. Das war der erste Streich! — Darauf ich dem Major zur Antwort gab: „So muß ich mir's für eine Ehre schätzen, da so viele Offiziers beim Commando sind und der Geheimerath so gutes Vertrauen auf mich setzt;" worauf ich noch die Ordre erhielt, daß ich dem Unteroffizier am untern Thor sagen solle, daß er es melden ließe, sobald ich mit dem Geheimerath hinaus wäre. Das war der zweite Streich. Wer hätte sich solche (ich will nicht schreiben, wie ich denke) Streiche einbilden können? Als ich hernach dahinter kam, da wünschte ich, daß alle Pferde vor dem Wagen krepirt wären, damit ich nicht durch solche List aus Wasungen wäre gebracht worden. —

Ich ging nun fort, nahm einen Corporal, Görlein, und neununzwanzig Dragoner, und marschirte vor den Bären, wo ich einen Wagen vor der Thür fand, den Kerl oder die Bedienung aber in der Thüre stehen sah. Ich rief ihm zu, er solle seinem Herrn melden, daß ich da wäre, worauf mir der Herr Geheimerath aus dem Wagen zurief: „Ich bin schon da." Ich detaschirte hierauf den Corporal mit vierzehn Mann hinter den Wagen und marschirte mit den übrigen vor demselben her.

Als ich nun an das Unterthor kam, rief ich den Unteroffizier und befahl ihm, dem Herrn Major melden zu lassen, daß ich und der Herr Geheimerath auspassirt wären. Mittlerweile steht das Volk in größter Confusion auf dem Sammelplatz; aber als der Gefreite gemeldet hat, daß ich mit dem Geheimerath hinauspassirt wäre, stellt der Major gleich die

Ordre, daß alles Volk die Gewehre ansetzen und in seine Quar=
tiere gehen sollte, um seine Bagage zu holen; als dieses weg
ist, schickt er nach den Wachen und läßt sagen, daß alles sogleich
abgehen und sich bei seinem Quartier versammeln sollte, welches
denn auch geschieht. Hier werden alle Vorposten vergessen.
Endlich durch Lärmen und Schreien werden solches auch die
außen stehenden Posten gewahr und gehen ohne Befehl weg.
Wie nun die Leute von den Wachen auf den Markt kommen, so
sehen sie schon einige Leute wieder mit ihrer Bagage aus den
Quartieren kommen, und nun setzen sie ihre Gewehre auch hin
und gehen auch fort, um ihre Bagage zu holen. Unterdessen
schickt der Major fort, läßt alle unsere Patente abreißen und in
den Pulverwagen schmeißen.

Doch noch nicht genug. — Die Zeit mochte ihm wol zu
lange werden, bevor die Leute wieder zusammenkamen, oder
hatte ihn die Todesangst schon strangulirt, oder wurde er von
seinen Herren Kameraden dazu animirt, kurzum: er beschließt
einstweilen den Aufbruch zu machen, geht hinunter zum Volk
und ruft: Allons! Marsch! obgleich das Volk noch lange nicht
zusammen gewesen. Hier fragte der Hauptmann Brandis,
welcher nicht mit in ihren Kriegsrath consentiret, was das
wäre? worauf ihm der Major von S... antwortet, sie mar=
schirten in das breitunger Amt. Der gute Mann, welcher vor
dem meininger Thore lag, läuft nun geschwind nach Hause, wirft
seine Sachen zusammen in den Mantelsack und läßt sie herein=
schleppen. Der hätte auch können verloren gehen. —

Als nun der Capitän Brandis mit dem Musketier, welchem
er seine Sachen aufgepackt hatte, wieder auf den Sammelplatz
kam, so war alles weg, und es standen nur noch einzelne Ge=
wehre da. Er schickte also seinen Kerl fort und wartete auf die
übrige Mannschaft. Nun muß jedermann wissen: erstlich hat
der Major von S... nicht gewartet, bis alles Volk wieder
beisammen gewesen, noch viel weniger hat er an die Artillerie

gedacht, daß solche aus einander genommen und in die verdeckten Wagen gepackt würde, sondern er hat blos Marsch! Marsch! gerufen, und die kranken Offiziers (den Capitän Ruprecht) und die kranken Soldaten vergessen; auch ist er ohne die Truppen aufgestellt zu haben, fortmarschirt, sowie der Hirte das Vieh zum Thore hinaustreibt, und ist solches ein so schändlicher An= blick gewesen, daß es nicht genugsam zu beschreiben. —

Hier kömmt nun der Capitän Brandis mit den noch ge= sammelten Leuten die Stadt hinunter marschirt, worauf die Bürger ihnen nachrufen: „Da laufen sie wie die Spitzbuben.; am Tage sind sie hereinmarschirt und des Nachts laufen sie wieder fort, wie die Schelme und Diebe." Mein guter Major von S... ist auf und davon; der Capitän Brandis verbeißt alles mit Geduld und marschirt immer mit seinem Trüppchen sachte nach. Als er heraus vor die Stadt auf eine Anhöhe kommt, machen einige Wasunger ein bischen Feuer hinter ihm her, welches wol so versteckte Leute gewesen sind; und als er eine Ecke weiter fortmarschirt, so findet er unsere Artillerie in einem Hohlwege liegen, ohne einen Mann zur Bedeckung dabei, und es liegen bald die Räder, bald die Lafetten oben, und bald bleibt gar ein Stück stehen; denn da es an Ketten fehlte, so hatten die Kanoniers die Kanonen mit Lunten an die Pulverwagen ge= bunden und diese zerrissen alle Augenblicke. Der Capitän Brandis bleibt aber mit seiner Mannschaft bei der Artillerie.

Nun muß ich meine gute Veranstaltung besorgen und in Richtigkeit bringen. Als ich an den Ort Schwallungen heran= kam, ließ ich mein Volk und den Wagen Halt machen, ging hin zu dem Geheimerath und fragte: „Wo soll ich Sie hinbringen lassen?" worauf er mir halbtot antwortete: „Ins obere Wirths= haus." Das wußte aber der Teufel nicht, bis sich ein Dragoner fand, der früher da gelegen und uns hinführte; denn ich wußte weder um das Dorf, noch wo das Wirthshaus lag; es war blind erdenfinster und regnete, als wenn man das Wasser mit Stützen

vom Himmel heruntergießen thäte. — Als ich nun an das be=
stimmte Wirthshaus kam, ließ ich das Thor öffnen und den
Wagen in den Hof fahren; der Geheimerath stieg mit seinem
Kanzlisten, der bei ihm war, aus und retirirte sich in eine obere
Stube, da er schon besser als ich da Bescheid wußte. Ich be=
setzte gleich den Wagen auf jeder Seite mit einer Schildwache,
weil die Kanzlei darin lag, die übrigen Leute ließ ich das Gewehr
an das Haus vor dem Regen sicher stellen und setzte noch eine
Schildwache dazu, damit Gewehr und Geheimerath zugleich be=
wacht würden. Ich bekümmerte mich auch nicht weiter um den
Geheimerath, denn ich hatte ihn auf Anordnung des Majors
von S... in Sicherheit gebracht, ungefähr so, wie die Küchlein
vor dem Ratz sicher sind, da es ein meiningensches Dorf war und
man nach der Beschreibung keine ärgeren Schelme im ganzen
Lande finden konnte, als die Bewohner von Schwallungen.

Ich hatte nun meiner Ordre nachgelebt, und schickte darauf
meinen Unterofficier zu dem Lieutenant Griesheim, der mit
vierzig oder fünfzig Dragonern in benanntem Dorfe lag, die
alle in guter Ruhe lagen und von unsern Händeln nichts wußten,
und ließ ihm sagen: es wäre Lärm im Brotsacke, ich hätte den
Herrn Geheimerath anhero gebracht, er möchte kommen und mich
ablösen. Eine kurze Weile darauf kam auch der Lieutenant, der
sich sehr verwunderte, daß ich als Adjutant mit einem Com=
mando hierher käme; es käme ihm ganz so à propos heraus.

Ich sagte: „Mir kommt es noch bedenklicher vor." Dieses
half nun alles nichts; ich bat ihn, er sollte nur machen und seine
Leute herbeischaffen, damit ich wieder mit meinem Commando
nach Wasungen abmarschiren könnte, worauf er sich alle Mühe
gab und selbst fortlief. Als er ungefähr fünfzehn Mann zu=
sammen hatte, sagte ich zu ihm, er sollte Posten fassen, ich wollte
mich einstweilen wieder auf den Marsch begeben, welches er denn
auch that und ablösen ließ. Nun mußte ich ja wol respectswegen
zum Herrn Geheimerath gehen und ihn fragen: ob er etwas

nach Wasungen zu befehlen habe, worauf mich der Mann an=
fuhr wie einen Scheundrescher, und mich fragte: ob ich keine
Disposition oder Ordre habe, hier zu bleiben? Ich war aber
auch geputzt und begegnete ihm mit der schönsten, unvergleich=
lichsten Antwort: „Nein, der Teufel hat mir weder Ordre noch
Disposition gegeben, hier zu bleiben. Und es ist auch meine
Function nicht gewesen, Sie hierher zu bringen." — Das sollte
ich mit dem Major von S... ausmachen. — Worauf ich ihm
wieder antwortete: „Das werde ich auch thun." — Darauf
redete er mir zu und fragte: was ich in Wasungen thun wollte?
das ganze Commando marschire ja aus und würde gleich kommen.
— „So," fing ich an, „ist die Karte so gemischt? Das ist recht
gut." — Als ich nun noch in der Stube des Herrn Geheime=
raths stand, hörte ich Pferde trappeln, und ich hinaus, die
Treppe hinunter, und fragte, wer da wäre. Da bekam ich die
Antwort: „Wir sind es." Da erschrak ich, daß mir fast Hören
und Sehen verging, da waren es die beiden Herren Majors,
die sogleich vom Pferde herab und die Treppe hinauf sprangen
nach des Kriegsraths Stube zu, und ich hinterdrein. .

Da wollten sie nun wol einander Rapport thun, daß sie
für ihre Person glücklich aus dem belagerten Wasungen ge=
kommen wären; aber ich ließ den Herrn Major von S... nicht
zu Worte kommen, sondern fragte ihn: „Herr Major, was für
eine Manier ist das, daß man mich mit einer solchen List aus
Wasungen schickt, auch mir nicht sagt, daß man ausmarschiren
will, und ich noch Frau und Kind und mein ganzes bischen Ver=
mögen darin habe? Ist das Kriegsgebrauch? Ich weiß nicht,
ob diese Dinge mit Geld erkauft sind, oder was ich denken soll.
Sind das die Projekte, die heut am Tage gemacht worden? Ins
Teufels Namen, ich bin heute nicht jung oder Soldat geworden,
vielleicht weiß ich so gut und besser als Sie, was zum Handwerk
gehört." Ich war in einer solchen Wuth, daß ich auch mein
Leben gleich mit ihm angesetzt hätte. —

Nun, mein lieber Leser, ist hier zu merken, daß bis dato noch nicht ein einziger Mann vom ganzen Commando weder zu hören noch zu sehen, und ich noch nicht wußte, wie der ganze Umstand war. Der Major von S... wollte mich trösten, ich sollte, sagte er, mir wegen meiner Sachen nicht leid sein lassen, er stände mir dafür; ich antwortete ihm aber gleich: „Herr Major, wie können Sie für meine Sachen stehen? Warum sind Sie denn nicht gestanden und haben mich mit einem solchen Betrug aus Wasungen geschickt? Das ist nicht erlaubt." Endlich wollte der Herr Geheimerath seine Worte auch dazu geben, und zwar mit einer solchen Bedingung, als der Herr Major sollte mich doch abführen; so viel war seine Meinung. Ich fing aber an und sagte: „Mord Sacrament, hier hat mir kein Schreiber etwas zu befehlen; wenn ich ein Commandant bin und etwas thun will, so muß ich auch meinen Untergebenen sagen, was geschehen soll und was sie thun sollen; aber so ist es wider die Ehre meines Herrn gehandelt."

Darauf ging ich aus der Stube fort, und als ich zur Wache hinunter in den Hof kam, so kam der gothaische Bürger Pleißner, ein Zinngießer, welcher zu eben der Zeit in Wasungen auf Besuch gewesen war, in den Hof eingetreten, und sagte von freien Stücken zu mir: „Daß Gott erbarme, Herr Lieutenant, was war das für ein Anblick in Wasungen; mir ist angst und bange geworden, als unsre Leute ausmarschirten, da ich doch ein gothaischer Bürger bin. Als unsre Leute zum Unterthor hinausmarschirten, so kam die Landmiliz zum Oberthor herein und visitirte alle Häuser; auch hat der Fähndrich Christ schon einen Mann von Capitän Brandis Compagnie, der auf Schildwache vergessen worden war und in sein Quartier gehen wollte, um seine Bagage zu holen, nach Meiningen führen lassen. Die Miliz ist ganz des Teufels, sie visitirt alle Häuser und sagt, sie wolle alles nach Meiningen bringen."

Einem jeden Menschen will ich zu überlegen geben, wie

7*

mir zu Muthe wurde. Der Hauptmann Ruprecht und viele Soldaten waren in Wasungen krank zurückgelassen worden, meine Frau und Kind und mein bischen Lumpen war auch noch darin, und als ich nun hörte, daß der Musketier Huthmann schon nach Meiningen abgeführt worden sei, da wurde es mir vollends schwarz vor den Augen. — Ich fragte den Bürger, wo denn unsere Leute wären? „Ach,“ sagte der, „draußen liegen sie alle truppweise unter den Bäumen, und der Hauptmann Brandis ist fast noch bei Wasungen. Die Stücke liegen alle im Wege, das unterste Theil zu oben, sie können gar nicht fort, denn sie haben keine Ketten, womit sie die Stücken anbinden, sondern sie haben Lunten dazu genommen und die reißen alle Minuten entzwei. Ich bin lange dabei geblieben, aber die Wasunger feuerten hinter uns her, daß es vom Teufel war, und weil es auch so stark regnete, wollte ich nur machen, daß ich unter Dach käme. Unsre Leute liegen so zerstreut auf der Straße umher, daß sie in zwei Stunden noch nicht alle da sind, und außer dem Capitän Brandis habe ich auch keinen Officier gesehen. Die Leute fluchen, daß der Himmel herunterfallen möchte; mir ist angst und bange geworden, und ich bin fortgelaufen.“

Da stand ich und wußte meines Leibes keinen Rath, und war auch noch immer kein Mann vom ganzen Commando zu hören noch zu sehen, und regnete ganz erstaunlich. Endlich kam der alte Grenadiercorporal Döhler mit ungefähr zehn Grena= dieren mitten durch das Dorf und den tiefsten Koth gewatet; ich erkannte seine Stimme von weitem, seine Leute fluchten ganz erstaunlich, und rief ihnen zu: „Was hilft das Fluchen, es ist doch nun nicht anders zu machen.“ „Ei Sapperment,“ sagte der Corporal, „ich habe zwei Campagnen mitgemacht, aber solch einen Haushalt habe ich noch nicht erlebt. Ist das erlaubt? unser Hauptmann liegt noch in Wasungen krank und unser Herr Major, der sich unsrer annehmen sollte, der ist mit dem Major von S . . . zum Teufel; wir sind verlassene Leute, aber hole mich der Teufel, ich will mit den paar Mann, die ich hier habe, gerade nach Gotha marschiren." Ich fragte ihn, wo denn die andern Grenadiers wären, aber er wußte nicht, ob sie voraus oder zurück waren. „Einen Officier", sagte er, „haben wir nicht, und es nimmt sich auch keiner unsrer an", und so ging ein jeder hin, wohin er wollte. — Er wußte nicht, daß die Majors im Wirthshause waren. Hatte aber der alte Corporal ein loses Maul gehabt, so hatten es die Grenadiere noch viel ärger.

Hier hatte ich nun genug zu thun, die Grenadiers zu besänftigen; und das ging so fort, alle viertel= oder halbe Stunden ein Trüppchen, und hatten die ersten gelärmt, waren die andern noch viel schlimmer. Endlich kam auch, ganz zuletzt, die Artillerie an, da es sonsten gebräuchlich, die Artillerie, in was für Umständen man auch marschire, entweder vorn oder in der Mitte zu bewahren, so wie ein Mensch seine Seele bewahrt. Hier konnte man sehen, daß dieser Commandant noch nie Artillerie bei einem Corps oder einer Armee hatte marschiren sehen, die doch nach Kriegsgebrauch jedes Mal be= deckt werden mußte.

Das Volk wurde aber immer wilder, und ich mußte ihm zureden, daß es sich vor den Bauern scheue, die zu ihren Boden= fenstern herausschauten, uns zuhörten und ihr Gespött darüber hatten. —

Endlich fügte Gott, daß es mit Regnen aufhörte. Ein Dragoner hatte uns auf eine Wiese geführt, welche hart am Wege lag, worauf ich den rechten Flügel an denselben stellte und das Commando richtete und nachgehends in Züge und halbe Divisionen eintheilte. Als ich im Abtheilen war, kamen einige Pferde, die ich von weitem wohl hörte, gejagt. So denke ich: es kömmt der Feind daher; ich rief und schrie sogleich nach dem rechten Flügel, es sollten einige Mann ausrücken und anrufen, und lief selbst zu und riß einem Grenadier sein Gewehr aus der Hand, weil ich meines während des Abtheilens weggegeben, und

feßte mich mit einigen Grenadieren mitten in den Weg und
rief: „Wer da?" — Darauf antwortete mir eine wohlbekannte
Stimme, welche ich sogleich für die des Herrn Majors von
Benkendorff erkannt hatte, wie er denn meine Stimme auch
beim Anrufen gleich erkannt hatte, und rief: „Kennt Ihr mich
nicht?" Ja, lieber Gott! an der Stimme erkannte ich ihn, aber
in der Finsterniß war das früher unmöglich. Hier sendete Gott
den Jacob zu den Kindern in der Wüste; hier traf das Wort
ein: Keinen hat Gott verlassen, der ihm vertraut allezeit.

Sein erstes Wort war: „Kinder, was macht Ihr da?"
Ich erwiederte: „Herr Major, das weiß unser Herr Gott,
aber ich nicht; wir sind herausgeführt worden, daß wir nicht
wissen, wie wir herausgekommen sind." Er fragte weiter:
„Seid ihr alle marschirt?" — „Ja, da ist niemand mehr
drinnen als die Kranken und was sie gefangen genommen."
— „O mon dieu!" sagte er, „wir müssen wieder hinein, und
sollten wir alle davor sitzen bleiben; wo sind eure Herren
Majors?" — „Im schwallunger Wirthshaus." — Darauf
rief er: „Allons Kinder! zumarschirt", und jagte, was er
konnte, nach dem Wirthshaus zu, wo er sie wol bei einer guten
Bouteille Wein angetroffen haben mochte; den guten Abend
aber und das Compliment, so er ihnen geboten haben mag,
habe ich nicht gehört." —

So weit der wackere Rauch. — In seinem weitern Ver=
laufe erzählt das Tagebuch, wie die gothaischen Truppen sich er=
mannten und wieder nach Wasungen zurückzogen. Dort hatten
sich unterdeß die feindlichen Milizen aus Meiningen festgesetzt.
Nicht gerade in der kriegerischen Bedeutung des Wortes. Sie
saßen vielmehr lustig im Wirthshause, höchst überrascht, daß
die Besatzungstruppen nicht einmal ihren Anblick ausgehalten
hatten. Deßhalb neigten sie zu der gefährlichen Ansicht, daß
ihre Gegner gar nicht zurückkehren würden, hatten aber doch,
um behaglicher zu sein, die Thore der wieder eroberten Stadt

zugeschlossen und feierten jetzt mit ihren wasunger Freunden ein Siegesfest in dem Getränk, welches Gotha verlassen. Aber geräuschlos nahte ihnen das Verderben. Nach ein Uhr in der Nacht nähert sich der erbitterte Rauch mit seinen Grenadieren der sorglosen Stadt; wieder donnern die Aexte, ein Thor wird gesprengt und die Regulären dringen wieder ein. Jetzt kommt an Meiningen die Reihe, der eigenen Rettung zu gedenken. Die Milizen sind eifrig die Stadt zu verlassen, nur zwischen Jägern aus Meiningen und den Eindringenden werden einige Schüsse gewechselt. Noch zieht ein Oberst von Meiningen mit Cavallerie und der Hauptcolonne heran, aber die Cavallerie flieht nach einem Schuß aus grobem Geschütz und die Haupt= colonne entfernt sich; zuletzt machen andere Milizen noch einen Schlußversuch anzugreifen, auch sie werden durch einige Schüsse verscheucht; die gothaischen Truppen behaupten Wasungen.

Sogleich nach der ersten Einnahme von Wasungen hatte man zu Meiningen selbst in größter Bestürzung Frau von Gleichen mit ihrem Manne in einen Wagen gesetzt und den gothaischen Truppen zugeschickt. Dort war man aber gar nicht erfreut, die Veranlassung der Händel beseitigt zu sehen, und die armen Hofchargen fanden einen sehr kalten Empfang. Beider Gesundheit war durch Aerger, Gram und die lange Kerkerhaft gebrochen, schon im Jahre 1748 starb Herr von Gleichen und bald darauf seine Frau. Unterdeß schwirrten die Flugschriften und die Promemorias, Mandate des Reichs= kammergerichts und ministerielle Sendschreiben über diese Affaire in Deutschland hin und her, die gothaischen Truppen hielten Wasungen besetzt, Anton Ulrich weigerte sich hartnäckig, die Entschädigungsansprüche Gotha's anzuerkennen, und zahl= reiche fürstliche Stimmen wurden laut, welche den Spruch des Reichskammergerichts und die Execution der Gothaer als eine Verletzung der Souveränitätsrechte eines deutschen Regenten verurtheilten. Das that auch Friedrich der Große.

Da, als der Herzog von Gotha gerade in zweifelhafter
Situation war, bot sich für ihn eine neue Aussicht und ein
neues Streitobject. Der Herzog von Weimar war gestorben
und hatte verfügt, daß sein Vetter in Gotha während der
Minderjährigkeit seines einzigen Sohnes die Vormundschaft
führen sollte. Schnell setzte sich der Herzog von Gotha in den
Besitz der Vormundschaft, ließ sich huldigen, und wieder ent=
brannte ein heftiger Zank mit Anton Ulrich und dem Herzog
von Koburg, welche das Recht der Gothaer auf die Vormund=
schaft bestritten. Da stellte Friedrich II. von Preußen dem
bedrängten Herzog von Gotha seine guten Dienste in Aus=
sicht, wenn dieser ihm die auserwählte Gardemannschaft von
Weimar, zweihundert Mann, als ein kleines Geschenk offeriren
und ihn dadurch obligiren wollte. Dies geschah. Mit zwei=
hundert Mann weimarischer Garde erkaufte sich der Herzog
von Gotha seine Bestätigung als Administrator dieses Landes
und die Beendigung des wasunger Streites. Zweihundert
Landeskinder von Weimar, welche der Streit gar nichts anging,
wurden in willkürlichster Weise weggegeben, wie eine Heerde
Schafe. Ein fremder Fürst verschacherte sie gegen alles Recht.

Die zweihundert aber zogen mit König Friedrich in den
siebenjährigen Krieg.

3.

Es wird Licht.

Aus den deutschen Städten, auf der Grenzscheide zwischen zünftiger Arbeit und freier Erfindung, war die Kunst des Bücherdrucks in die Welt gekommen, der größte Erwerb des Menschengeschlechts nach Entdeckung der Buchstabenschrift. Denn seit der Geist eines Mannes in Holz und Leder eingeschnürt zu gleicher Zeit auf tausend Straßen über die Erde ziehen konnte, hatte eine Entfaltung der Menschenkraft in Kirche und Staat, in Wissenschaft und Handwerk begonnen, nicht nur mächtiger, mannichfacher, reicher, auch grundverschieden von dem stillen Grübeln der Vergangenheit. Seitdem wurde in Jahrhunderten eine Wandlung der Völker hervorgebracht, welche sonst in Jahrtausenden nicht möglich gewesen war. Jeder Einzelne wird mit seinen Zeitgenossen, jedes Volk mit allen andern Culturvölkern zu einer großen geistigen Einheit zusammengeschlossen, erst jetzt ist ein regelmäßiger Zusammenhang in der geistigen Entwickelung des Menschengeschlechts gesichert; der Geist des Einzelnen erhält eine Erdendauer, die vielleicht Jahrtausende die Athemzüge seiner Brust überleben mag, die Seelen der einzelnen Völker aber gewinnen eine Fähigkeit sich zu verjüngen, welche ihr Ableben nach den alten Gesetzen der Natur, wie wir hoffen dürfen, in unberechenbare Ferne hinausschiebt.

Wenige Jahrzehnte war die schwarze Kunst erfunden, da begann ein Frühlingsstürmen in den Seelen. Aus den Schriften

der Römer verkündeten mit Entzücken die Humanisten, wie viel
Schönes und Großes in der antiken Welt gewesen war, zürnend
hielten sie den Schatz edler Empfindungen, welcher aus der ent=
fernten Vergangenheit in ihre Seelen fiel, gegen das rohe oder
verderbte Leben, das sie um sich erblickten. Das heilige Buch
in der Hand, stritten fromme Geistliche für das überlieferte
Wort der Schrift, gegen die römische Despotie und die ge=
fälschten Traditionen der Kirche. Und durch tausend Bücher,
die sie selbst geschrieben, erhoben sie das Gewissen der Völker
zu dem größten geistigen Kampfe, der seit dem Aufsteigen des
Sternes von Bethlehem über das Menschengeschlecht gekommen
war; und wieder durch tausend Bücher weihten sie nach den
ersten Siegen ihrem Volke alle irdischen Verhältnisse auf's
neue, die Pflichten und Rechte des Mannes, der Familie, der
Obrigkeit, als die ersten Erzieher, Lehrer, Bildner der großen
Menge.

Aber nicht die Freude an alten Dichtern und Statuen,
auch nicht der gewaltige Krieg, welcher jetzt um die Lehren der
Kirche geführt wurde, nicht Philologen und nicht Theologen des
sechzehnten Jahrhunderts haben den größten Segen der neuen
Kunst durch die Länder getragen, nicht sie allein haben die
Anschauung reicher, das Urtheil sicherer, Liebe und Haß größer
gemacht. Das geschah durch Lettern und Holzschnitt noch auf
anderm Wege, langsam, den Zeitgenossen unbemerkbar, für uns
staunenswerth.

Der Mensch lernte allmählig anders sehen, beobachten,
urtheilen. Wie scharf die Sinnenthätigkeit des Einzelnen im
Mittelalter gewesen war, die Bilder, welche aus der Außenwelt
in die Seele fielen, wurden ihm zu leicht verzogen durch die
hastige Thätigkeit der Phantasie, welche Träume und Ahnungen
und unzeitige Combination mit dem Objecte verband. Jetzt war
das deutliche Schwarz auf Weiß immer zur Hand, ein fester
unveränderlicher Bericht über das, was bereits Andere geschaut

und erfahren. Jeder konnte die eigene Auffassung an der fremden, das Urtheil der Andern an dem eignen prüfen. So begann die neue, nüchterne, klare Auffassung der Welt, so wuchs das Interesse und Bedürfniß zu beobachten. Man sammelte die Bilder der Thiere und Pflanzen, unterschied genauer die Formen und Arten; man verzeichnete Städte, Flüsse, Gebirge und schnitt sich ein Bild der Länder in Holz; man untersuchte die Gewalten der Natur, die Zugkraft des Magnets, Elasticität der Luft, Brechung des Lichtstrahls; man erfand immer neue Werkzeuge, welche die Sinne schärften und ergänzten. Schnell öffneten sich dem Auge neue Welten; wie der Mensch den Weg durch die geheimnißvolle Dämmerung des Oceans ahnend com= binirte, so fand er bald sichere Pfade durch die ungeheuren Räume des Aethers.

Und in der Fülle der neuen Eindrücke sucht die Seele vor= sichtig einen festen Halt. Auffallend schnell und allgemein ent= wickelt sich die Freude am Messen und Rechnen, an der streng gesetzlichen Entwickelung der Zahlen und Größen aus einander, an der absoluten Sicherheit ihrer Beweise. Die Zucht und strenge Methode der mathematischen Disciplinen zieht die suchende, ungeschulte Seele mit unwiderstehlicher Gewalt an. Während das Volk nicht müde wird, den wundervoll künstlichen Bau der Nürnberger Taschenuhren zu bewundern, und sich immer wieder nach den gedruckten Büchlein Sonnenuhren an die Mauern zeichnet, findet Copernicus die Bewegung unseres Sonnensystems, beobachtet Galilei die Trabanten des Jupiter, erkennt Kepler kurz vor den Schrecken des dreißigjährigen Krieges die großen Gesetze des Falles und des planetarischen Umlaufs.

Durch zwei Jahrhunderte wurden die mathematischen Dis= ciplinen Grundlage des geistigen Fortschritts. Mit ihnen das Studium der Natur, welches auf Wägen und Messen, auf Scheiden und Verbinden der einzelnen Stoffe beruhte, nächst der Astronomie die Chemie. Das Zusammengesetzte in Einheiten aufzulösen, durch Combination der Einheiten neue Bildungen hervorzubringen, das wurde erstrebt. Nichts ist so bezeichnend für die Herrschaft dieser Richtung, als der Traum, den noch der große Leibnitz hatte, sogar den Geist der Sprache, d. h. den gesammten geistigen Inhalt der Menschen in mathematischen Formeln darzustellen und so eine neue Methode zu schaffen, durch welche der geistige Inhalt eines Individuums und Volkes direct, ohne Vermittelung der verschiedenen Sprachen auf Andere übergehen könne.

Unterdeß waren auch die historischen Kenntnisse und die Kunde alter Sprachen in ähnlicher Weise fortgeschritten, überall ein emsiges Zählen, Messen, Zusammentragen der Einzelheiten, Aufsammeln eines ungeheuren Materials. Historische Urkunden, Diplome und alte Aufzeichnungen werden in großen Sammelwerken herausgegeben. Die Wörter und Bildungsgesetze der antiken Sprachen werden genauer beobachtet, in Grammatiken und Wörterbüchern immer zahlreicher verbunden. Ueber sehr viele Einzelheiten der Privatalterthümer, über Hüte und Schuhe, über Sänften, Schellen und Tintenfässer der Alten werden besondere Abhandlungen geschrieben. Wo ein Zusammenfassen des Stoffes versucht wird, bleibt es ganz äußerlich.

Aber nicht die einzelnen Kenntnisse, wie groß ihr Umfang sei, befriedigen den Menschen. Das Wissen soll ihm helfen, zunächst das eigene Leben auf Erden sicher und gedeihlich zu bilden, seine Pflichten und Rechte will er dadurch festigen. Und wieder dem großen Räthsel des Lebens, dem Verhältniß zu dem Ewigen, will er durch ihre Hilfe näher kommen. Auf sich selbst und auf seinen Gott bezieht der Mensch alles, was er weiß.

Die Bürgerkriege in Frankreich, die Freiheitskämpfe der Bataver, das dreißigjährige Elend Deutschlands und die Empörung des englischen Rechtsgefühls gegen die Stuart hatten dem Politiker und dem Privatmann eine Menge neuer Vorstellungen über das Verhältniß der Staaten zu einander, über die Stellung des Mannes im Staat in die Seele geschlagen. Wie verschieden waren die Gesetzgeber, welche das Leben jedes Einzelnen regierten: die jüdischen Priester, die Gemeinde der Apostel, die Juristenschulen des alten Roms, longobardische Könige, herrschlustige Päpste! Und neben Gesetzen, die aus vergangenen Jahrtausenden und verlebten Völkern stammten, galten Erinnerungen aus der deutschen Vorzeit: Weisthümer, Willküren, Rechtsspiegel, Ordnungen und Privilegien. Nach ihren Bestimmungen wurde dem Deutschen Haus und Hof, Weib und Kind, geerbtes und erworbenes Gut erhalten und genommen. Und grade nach dem großen Kriege hatte sich über allem Recht der Herrenwille des Einzelnen und die tyrannische Gewalt eines herzlosen Systems erhoben. In solchem Chaos von Gesetzen, in der Unterdrückung des Rechtes durch Staatsgewalt begehrte das Gemüth des Menschen neue Stützen. Und wie die Pietisten von der Kirche eine würdigere Auffassung menschlicher Rechte und Pflichten forderten, so begann auch der Jurist nach dem großen Kriege das natürliche Recht des Menschen dem Unrecht des despotischen Staates gegenüber zu setzen, das vernünftige Recht der Staaten gegen intrigante Politiker zu verfechten. Neben den mathematischen Disciplinen und der Naturwissenschaft wurde die Rechtswissenschaft die Werkstätte, in welcher sich die Geister zu idealen Forderungen an das Leben bildeten. Aus ihnen erblühte die neue Weltweisheit.

So oft in den einzelnen Kreisen des Wissens ein neuer massenhafter Stoff zusammengetragen ist, so oft Kenntniß und Urtheil nach vielen Richtungen erweitert sind, entsteht das unabweisbare Bedürfniß, die neugefundene Habe in eine innere Verbindung zu bringen. Alle höchsten und letzten Fragen des Menschen, das Verhältniß zwischen Körper und Seele, Natur und Gott, Tod und Unsterblichkeit fordern eine Antwort. Diese Antwort zu finden ist zu aller Zeit die Aufgabe der Philosophie.

Aber sehr unvollkommen ist jedem Jahrhundert das Geheimniß des Lebens aufgeschlossen; was der Mensch aus Natur und Geschichte erspäht, ist unendlich wenig im Vergleich zu dem unendlichen Reichthum dessen, was ist und war. Ja, alles Leben birgt ein letztes Geheimniß in sich, das sich der menschlichen Forschung immer wieder entzieht. Durch Beobachten der äußern Erscheinung und der Zahlenverhältnisse, durch Messen der Räume und Größen, durch Zerlegen des Zusammengesetzten in einfache Stoffe, durch das Erkennen vieler einzelner Eigenschaften wird der volle Inhalt des Lebenden niemals gewonnen. Endlos ist die Arbeit der Wissenschaft, neue Seiten, neue Lebensäußerungen des Vorhandenen zu erfassen, ohne Aufhören entstehen neue Disciplinen, jede Zeit gräbt neue Gänge nach dem großen Geheimniß, jede hat Ursache, mit freudigem Selbstgefühl auf die Vergangenheit zurückzusehen, welche so viel weniger Mittel hatte. Und deßhalb hat jede Zeit das Bedürfniß, aus dem Gewinn der einzelnen Wissenschaften sowie aus den sittlichen Forderungen, welche durch das neue Wissen und Können entstanden sind, ein neues Gebäude der Philosophie aufzuführen. Immer entspricht dieser Bau dem Verständniß und den Bedürfnissen seiner Zeit. Aber jedes philosophische System ist durch die Persönlichkeit der Zeit und seiner Erbauer beschränkt, jedes wird durch neue Fortschritte und neue Bedürfnisse überwachsen. Diese Arbeit des neuen Findens und des Zusammenfassens umspannt das geistige Leben des Volkes. Je reichlicher die Vorarbeit in den einzelnen Wissenschaften war, und je edler Geist und Charakter des combinirenden Denkers sind, welcher seiner Zeit das neue System erschafft, desto größer ist das Gefühl des Fortschritts und die begeisterte Freude der Zeitgenossen über einen idealen Inhalt, der die Einzelnen aus den egoistischen Zwecken ihres Lebens heraushebt. Die Voraussetzung aller Philosophie aber ist ein ewiges Sehnen und Suchen, ein unablässiges Prüfen der gewonnenen Wahrheiten, ein unaufhörliches Modificiren und Fortbilden der geistigen Habe. Die Bewegung ist es, welche die Wissenschaft lebendig erhält, unendlich die Arbeit, unendlich der Fortschritt, und in dieser Unendlichkeit der irdischen Arbeit liegt alles Glück, alles Leben des Menschengeschlechts und die Bürgschaft der Dauer.

Seit dem dreißigjährigen Kriege beginnt bei den großen Culturvölkern die systematische Darstellung der Ueberzeugungen, welche die Wissenschaft nach ihrem damaligen Standpunkte über Gott, die Schöpfung und Regierung der Welt geben konnte. Der Franzose Descartes, der Engländer Locke, der Holländer Spinoza, unter starkem Einfluß der Nachbarvölker die Deutschen Leibnitz, Thomasius, Wolf.

Sie alle, mit Ausnahme des freieren Spinoza, waren sorg= lich bemüht, ihre Systeme von der göttlichen Ordnung in der Natur und dem Menschengeiste mit den Lehren der christlichen Theologie in Einklang zu erhalten. Allerdings brach der innere Gegensatz bei jedem von ihnen hervor.

Denn seit Descartes den Satz aufgestellt, nichts dürfe dem forschenden Menschengeiste wahr und fest sein, als was ihm un= widerleglich bewiesen worden, — seitdem war es mit dem Autoritätsglauben vorbei. Freudig trat die Wissenschaft ihre neue Herrschaft an, indem sie Gott und die Welt, Seele und Leib, aber auch Pflichten und Rechte des Menschen zu erweisen suchte, als existirend, als vernünftig und nothwendig. Die sichtbare Welt wurde von großen Mathematikern in unendlich viele Einheiten zerlegt, aus deren Verbindung alles Leben her= vorgehe, und das Göttliche aus dem Leben des Geistes wie der Körperwelt als Ureinheit, als Weltseele begriffen. Der Gottesgelehrte aber, einst der strenge Herr der Wissenschaft, — auch Luther hatte noch das Wort der heiligen Schrift über alle Vernunft hinausgestellt, — erfand jetzt eine „natürliche" Theo= logie als Bundesgenossin zu der „offenbarten". Eifrig suchten junge Theologen in der Weltweisheit neue Stützen ihres

Glaubens. Aus der Bewegung der Sterne, aus dem vulka-
nischen Feuer, ja aus den Windungen der Schneckengehäuse
wurde Nothwendigkeit und Weisheit des Schöpfers mit vielem
Behagen demonstrirt. Und schon fehlen solche nicht, welche den
persönlichen Gott, seinen Actus der Schöpfung und die Unsterblichkeit der Seele leugneten. Gegen solche einzelne Deisten
und Atheisten erhob sich aber noch die Mehrzahl der Philosophen und die christliche Frömmigkeit des gesammten Volkes.
Die großen deutschen Gelehrten, welche um den Aufgang
des achtzehnten Jahrhunderts Führer dieser Bewegung wurden,
trugen das heilige Feuer in die verschiedenen Kreise des deutschen Lebens. Leibnitz, die große schöpferische Kraft seiner Zeit,
eine wundervolle Mischung von elastischer Schmiegsamkeit und
fester Ruhe, von souveräner Sicherheit und tolerantem, verbind-
lichem Wesen, wirkte durch seine zahlreichen Monographien und
seinen unendlichen Briefwechsel vorzugsweise auf die Führer
der Nation und das Ausland, auf Fürsten, Staatsmänner,
Gelehrte, nach allen Seiten Bahn brechend, vorauseilend, die
weitesten Aussichten eröffnend. Und wieder Thomasius, geist-
voll, leichtbewegt, kampflustig, beifallsbedürftig, regte auch die
Gleichgültigen und Kleinen durch seine geräuschvolle Thätigkeit
zu Parteien auf. Er kämpfte als der erste deutsche Journalist
in der Presse mit Spott und Ernst, bald Verbündeter der
Pietisten gegen die intolerante Orthodoxie, bald Gegner der
schwärmerischen Wiedererweckten, für Toleranz, reinere Moral,
gegen jede Art Aberglauben und Fanatismus. Endlich der
jüngere Christian Wolf, der große Professor, wurde ein regel-
rechter, klarer, nüchterner Lehrer, welcher in langjähriger, segens-
voller Wirksamkeit das System zusammenschloß und die Schule
gründete.

Solche Zeit, in welcher das Große, was der einzelne
Mann gefunden, zahlreiche Schüler begeistert, ist eine glückliche Periode für Millionen, welche an dem neuen Erwerb

vielleicht gar keinen unmittelbaren Theil haben. Immer liegt auf
der ersten Thätigkeit einer Schule etwas von der apostolischen
Weihe. Was in der Seele des Lehrers sich mühsam unter
innern Kämpfen herausgebildet hat, das wirkt auf die jungen
Seelen als etwas Großes, Festes, Erhebendes. Mit der Begeisterung und der Pietät verbindet sich der Drang, selbstschöpfe-
risch den neuen Erwerb fortzubilden. Schnell erfüllen die Lehrsätze das gesammte Leben des Volkes, sie wirken nicht nur in
den einzelnen Wissenschaften, auch in allen Richtungen des praktischen Geistes, auf Gesetzgebung und Staatsverwaltung, auf
Hausordnung und Familienzucht, in der Werkstätte des Künst-
lers und Handwerkers.

Zuerst flammt das neue Licht seit 1700 in allen Wissenschaften auf. Akademien, gelehrte Zeitschriften, Preisaufgaben
werden gestiftet. Durch die Führer wird die deutsche Sprache
als Sprache der Wissenschaft gleichberechtigt, bald siegreich neben
die lateinische gestellt, und diese glorreiche That wird der erste
Schritt, die gesammte Nation in eine ganz neue Verbindung
zu den Gelehrten zu setzen.

Aber das neue Leben bringt auch kurz nach 1700 mit
unwiderstehlicher Gewalt in die Häuser, in Schreibstube und
Werkstatt des Bürgers. Jeder Kreis menschlicher Thätigkeit
wird prüfend durchforscht. Landwirthschaft, Handel, die Tech-
nik der Gewerbe werden in handlichen Lehrbüchern zugänglich
gemacht, welche noch heute die Grundlagen unserer technologi-
schen Literatur sind. Ueber Rohstoffe und ihre Verarbeitung,
über Mineralien, Farben, Maschinen wird geschrieben, an
vielen Orten schießen populäre Zeitschriften auf, welche die
neuen Entdeckungen der Naturwissenschaft für den Handwerker
und Fabrikanten zu verwerthen suchen. Selbst in die Hütte
des armen Bauern fallen einzelne Strahlen des hellen Lichtes,
auch für ihn entsteht eine kleine menschenfreundliche Literatur.
Aber auch die sittliche Wirkung jedes irdischen Berufes wird

dargestellt, über die Tüchtigkeit und Bedeutung des Arbeiters,
des Beamten wird Erhebendes gesagt, der innige Zusammen=
hang der materiellen und geistigen Interessen der Nation wird
verkündet, unabläſſig wird auf die Nothwendigkeit hingewieſen,
den Schlendrian alter Bräuche zu verlaſſen, ſich um das vor=
geſchrittene Ausland zu kümmern, Bedürfniſſe deſſelben und
fremdes Weſen kennen zu lernen. Und wieder über Tracht
und Sitten wird in ganz neuer Weiſe geſchrieben, launig,
ſpöttiſch, tadelnd, immer mit dem Wunſche zu bilden, zu beſſern.
Sogar die beſondern Fehler der Stände und Berufsklaſſen, die
Schwäche der Frauen, die Roheit und Unredlichkeit der Männer
werden unabläſſig beurtheilt und gezüchtigt. Noch ungeſchickt,
zuweilen pedantiſch und kleinlich, aber doch mit eifrigem Sinn
und mit Redlichkeit.

So geräth das geſammte Privatleben der Deutſchen in
eine unruhige Bewegung, überall ringen neue Ideen mit alten
Vorurtheilen, überall ſieht der Bürger um ſich und in ſich eine
Wandlung, der er nur ſchwer widerſtehen kann. Noch iſt die
Zeit arm an einzelnen großen Erſcheinungen, aber überall in
den kleinen eine treibende Kraft erkennbar. Nur wenige Jahr=
zehnte, und die neue Aufklärung ſollte aller Welt zur Freude
ihre Blüthen tragen. Immer noch iſt die Weltweisheit und
die populäre Bildung des Volkes vorzugsweiſe abhängig von
Mathematik und Naturwiſſenſchaft, aber ſchon beginnt ſeit
Johann Matthias Gesner die Alterthumskunde, der zweite
Pol aller wiſſenſchaftlichen Bildung, die geſchichtliche Entwick=
lung der Völkerſeelen zu begreifen. Wenige Jahre nach 1750
reiſt Winckelmann nach Italien.

Und wie lebten die Bürger, aus deren Häuſern der größte
Theil unſerer Denker und Erfinder, der Gelehrten und Dichter
hervorging, welche die neue Bildung weiter führen ſollten,
kühner, ſchöner, freier?

Es ist eine mäßig große Stadt um 1750. Noch stehen die alten Ziegelmauern, Thürme nicht nur über den Thoren, auch hie und da über den Mauern. Manchem ist ein hölzernes Nothdach aufgesetzt, in den stärksten sind Gefängnisse eingerichtet, andre, baufällige, die vielleicht im großen Kriege zerschossen wurden, sind abgetragen. Auch die Stadtmauer ist geflickt, vorspringende Winkel und Basteien liegen noch in Trümmern, blühender Flieder und Gartenblumen sind dahinter gepflanzt und ragen über die Steine; der Stadtgraben auf der Außenseite liegt zum Theil trocken, dann weiden wol noch Kühe einzelner Bürger darin, oder die Tuchmacher haben ihre Rahmen mit Reihen eiserner Häkchen aufgestellt und spannen friedlich die Tücher daran auf; die gewöhnlichste Farbe ist seit den Pietisten „Pfeffer und Salz“, wie man schon damals sagte, und die alte Lieblingsfarbe der Deutschen, Blau, das nicht mehr aus deut=schem Waid, sondern aus dem fremden Indigo bereitet wird. Noch haben die engen Thoröffnungen hölzerne Bohlenthore, oft zwei hintereinander; sie werden zur Nachtzeit von der Stadt=wache geschlossen, welche dort auf Posten steht, aber erst durch Klopfer und Glocke geweckt werden muß, wenn jemand von außen Einlaß begehrt. Auf der innern Seite der Stadtmauer sind zuweilen noch Bruchstücke der Holzgallerien zu sehen, in denen einst die Bogen= und Hakenschützen standen, aber nicht überall ist der Wegs längs der Mauer frei, schon sind dürftige Häuser und Schuppen angeleimt.

Im Innern der Stadt stehen die schmucklosen Häuser noch nicht so zahlreich als in früheren Jahrhunderten, noch liegen einzelne wüste Stellen dazwischen, die meisten aber sind von Honoratioren gekauft und in Gärten verwandelt. Vielleicht ist schon ein Kaffeegarten nach dem Muster des berühmten Leip=ziger angelegt, dann stehen einige Baumreihen und Bänke darin, und in der Gaststube lehnen am Verschlage des Wirthes die Gipspfeifen der Stammgäste, aber seit kurzem ist neben dem

8*

Gips der Maserkopf und der theure Meerschaum aufgekommen.
In der Nähe des Hauptmarktes werden die Häuser stattlicher,
nicht überall sind die alten Lauben erhalten, bedeckte Gänge,
welche einst in einem großen Theile Deutschlands durch das
Unterstock der Markthäuser führten, die Gehenden in der Regenzeit schützten und das Leben des Hauses mit der Straße verbanden. An dem massiven Bau des Rathhauses sind die alten
Pfeiler und Gewölbe durch rohen Kalkanwurf und durch
Zwischenmauern verklebt, in den düstern lichtarmen Räumen
des Innern hängen Spinnengewebe, erheben sich graue Mauern
von Alten, lagert unendlicher Staub; in der Rathsstube stehen
die steifen Polsterstühle mit grünem Tuch und Messingnägeln
beschlagen im erhöhten Raum, dessen Schranke die Rathsherren
von den Bürgern trennt; alles schmucklos und lange nicht ge-
tüncht, alles dürftig und unschön, wie eine unfertige Einrichtung;
denn in dem neuen Staate fehlt Geld und Freude die öffentlichen
Gebäude zu schmücken, sie werden vom Bürger als ein nothwendiges Uebel betrachtet, ohne Theilnahme, ohne jedes Selbstgefühl. Noch sehen die Häuser des Marktes zum großen Theil
mit spitzem Giebel auf die Straße, und zwischen den Häusern
gießen weitvorspringende Dachrinnen ihr Wasser auf das schlechte
Pflaster, das aus Feldsteinen kunstlos zusammengesetzt ist. Viele
Giebel haben die schöne Gliederung des germanischen Stils
verloren, wer verschönern will, läßt die Dachlinie in Rococo-
schnörkeln, am liebsten gradlinig bis zur Spitze laufen. Unter
den Häusern stehen einzelne Kirchen oder verlassene Kloster-
gebäude mit Strebepfeilern und Spitzbögen. Gleichgiltig sieht
das Volk auf diese Ueberreste einer Vergangenheit, mit welcher
es kaum durch e i n e theure Erinnerung verbunden ist; für die
alte Kunst ist ihm das Verständniß ganz verschwunden; wie
Friedrich von Preußen das Marienburger Schloß, so zerstört
überall der nüchterne, verständige, lichtfordernde Sinn die Bauten
alter Zeit. Vorsorglich hat der Magistrat die leeren Räume

des Klosters zu einem Pfarrhaus oder zu Schulstuben eingerichtet, Fenster ausgeschlagen, Gipsdecken gezogen; dann schauen
die Knaben von ihrer lateinischen Grammatik verwundert auf
die Steinrosetten und die zierliche Arbeit des Meißels aus einer
Zeit, wo dergleichen Unnöthiges noch gebaut wurde, und in
dem verfallenen Kreuzgange, durch welchen einst Mönche ernsthaft schritten, werfen sie jetzt aus hölzernem Schlüssel ihren
Brummkreisel; denn der Circitor susurrans oder Mönch ist
ein Lieblingsspiel dieser Zeit, das auch vornehme Herren in
verkleinerter Form zuweilen in der Tasche führen.

Es ist bereits Ordnung in der Stadt, die Straßen müssen
gekehrt werden; Düngerhaufen, welche fünfzig Jahre früher in
ansehnlichen Mittelstädten vor den Häusern lagen, seit im Kriege
die alte Sauberkeit verschwunden war, sind wieder durch Verordnungen beseitigt, welche die Räthe des Landesherrn den Ober-
amtleuten, die Oberamtleute dem Rathscollegium zugeschickt
haben. Auch der Viehstand der Stadt hat sich sehr verringert,
die Schweine und Rinder, welche noch kurz vor 1700 zwischen
den spielenden Kindern im Straßenschmutze sich belustigten,
werden streng in Höfen und Hinterhäusern bewahrt, die Landes-
regierung sieht nicht gern, daß die Städter in den Ringmauern
Vieh halten, denn sie hat die Thoraccise eingeführt und ein
abgedankter Unterofficier treibt sich, den Rohrstock in der Hand,
in der Nähe des Thores umher, um die Karren und Körbe der
Landleute zu untersuchen. So hat sich die Viehzucht in die
dürftigen Vorstädte und die Vorwerke gezogen, nur in den
kleinen Landstädten hilft die Ackernahrung das Leben der Bürger
erhalten. Auch die Sicherheitspolizei thut ihre Pflicht, auf
Bettler und Vagabunden wird stark vigilirt, der Paßeport ist
dem anspruchslosen Reisenden unentbehrlich; Rathsdiener sind
in den Straßen sichtbar und spähen in die Wirthshäuser; zur
Nacht wird wol auch eine Brandwache in die Nähe des Rathhauses postirt, und der Thürmer giebt mit Fahne und großem

Sprachrohr das Nothzeichen. Auch das Spritzenhaus wird in Ordnung gehalten, plumpe Feuertonnen stehen an der Seite des Rathhauses unter offenem Schuppen, über ihnen hängen die eisenbeschlagenen Feuerleitern. Sogar die Nachtwächter sind ziemlich wachsam und modest, sie sangen nach dem großen Kriege hier und da anzügliche Reime, so oft sie die Stunden abriefen, jetzt hat ein frommer Pfarrer darauf bestanden, daß ihnen Text und Melodie geistlich sei.

Der Handwerker arbeitet in der alten Weise fort, fast jeder steht fest in seiner Zunft, sogar die Maler sind zünftig und fertigen als Meisterstück eine Kreuzigung mit einer Anzahl vorgeschriebener Figuren. In den katholischen Landschaften leben sie von massenhafter Anfertigung der Heiligenbilder, in den protestantischen malen sie Schilder und Scheiben und die Wappen der Landesherren, welche zahlreich an öffentlichen Gebäuden, sogar über den Thüren einzelner Handwerker zu sehen sind. Streng wird von der Mehrzahl der Handwerker auf alte Bräuche, am strengsten auf die Rechte der Zunft gehalten; wer nicht nach Handwerksrecht in die Zunft aufgenommen ist, der wird als Pfuscher oder Bönhase mit einem Hasse verfolgt, der ihn von der bürgerlichen Gesellschaft auszuschließen sucht. Noch wird ernsthaft vor der geöffneten Lade gehandelt, Lehrlinge angenommen, Gesellen freigesprochen, Händel geschlichtet, und die Formel „Mit Gunst", welche jede Rede einleitet, schallt endlos bei allen Zusammenkünften der Meister und der Gesellen; aber die alten Wechselreden und Sprüche des Mittelalters sind halb unverständlich geworden, rohe Scherze haben sich eingedrängt, und die Besseren beginnen bereits nicht viel darauf zu geben. Ja es fehlt nicht mehr an solchen, welche die alte Zunftverfassung für eine Last halten, weil sie ihrem Bestreben, sich zu Fabrikthätigkeit zu erweitern, hartnäckig widersteht, so die großen Tuchmacher und Eisenarbeiter. Und die lustigen Jahresfeste, welche einst Freude und Stolz fast jedes einzelnen Handwerks waren,

sie sind fast alle abgelebt. Die Aufzüge in Masken, eigen=
thümliche alte Tänze vertragen sich nicht mit der Bildung einer
Zeit, in welcher der Einzelne keine größere Furcht hat, als
seiner Würde zu vergeben, in der von der Kanzel geprebigt
wird, daß geräuschvolle weltliche Ergötzlichkeit sündhaft sei, in
welcher endlich auch die gelehrten Männer der Stadt keinen
zureichenden Grund für dergleichen Straßenlärm finden.

Geschieden durch Kleidung, Haartracht und Titel stehen die
Studirten und Beamten als Honoratioren der Stadt über den
Bürgern. Wie der Adel auf sie, blicken sie auf den Handwerker,
dieser auf den Bauer herab. Auch der Kaufmann, zumal wenn
er ein Stadtamt bekleidet oder Vermögen besitzt, hat unter den
Honoratioren eine Stellung. In den Familien der „vornehmen"
Kaufleute, wie die ersten Häuser „ins Große" genannt werden,
und der „ansehnlichen", wie die Besitzer großer Verkaufsläden
heißen, ist eine erfreuliche Aenderung des Lebens bemerkbar. Der
rohe Luxus einer früheren Generation ist gebändigt, bessere Zucht
im Hause und größere Redlichkeit im Geschäft sind überall zu
erkennen. Schon wird gerühmt, daß es nicht die alten und soliden
Häuser sind, deren Inhaber sich noch um Abelsbriefe bewerben,
ja daß solche eitle Neugeabelte von den besten ihrer Geschäfts=
genossen verachtet werden *). Und der vorurtheilsfreie Cavalier
fühlt sich zu der Erklärung veranlaßt, daß in der That kein Unter=
schied sei zwischen der Frau eines Gutsbesitzers, welche mit Ehren
in den Kuhstall geht und das Abrahmen der Milch beaufsichtigt,
und zwischen der Frau eines ansehnlichen Kaufmanns zu Frank=
furt, die während der Messe im Gewölbe sitzt, „sie ist wohl und
prächtig gekleidet, sie befiehlt ihren Leuten wie eine Fürstin, sie
weiß den Vornehmen, den Gemeinen und dem Pöbel, jedem nach
Stand und Würden zu begegnen, sie liest und versteht mehre
Sprachen, sie urtheilt vernünftig, weiß zu leben und erzieht ihre

---

*) J. M. von Loen: Der Abel. 1752. S. 133 u. 131.

Kinder wohl." — Zu dieser Kräftigung des deutschen Kaufmanns hatte außer den geistigen Gewalten der Zeit, welche auch ihm die Seele regierten, noch einiges Besondere beigetragen. Nicht nach jeder Richtung war der Einzug der vertriebenen Hugenotten unserer deutschen Art günstig gewesen, der Einfluß, den sie auf den deutschen Handel geübt, ist doch sehr hoch anzuschlagen. Ihre Familien saßen um 1750 in fast allen größeren Handels= städten, sie bildeten dort kleine aristokratische Gemeinden, schlossen sich gesellig immer noch ab und unterhielten sorgfältig ihre Be= ziehungen zu den verwandten Häusern in Frankreich, welche noch heute eine ernste, sittenstrenge, ein wenig altfränkische Aristokratie des französischen Großhandels bilden. Grade bei diesen deutschen Hugenotten hatte das puritanische Wesen der genfer und nieder= ländischen Separatisten großen Anhang gefunden, ihre gemessene Haltung hatte in Frankfurt wie längs dem Rhein auch andere Häuser beeinflußt. Aber auch der deutsche Handel war zu neuem Leben gekommen, und die gesündere Arbeit hatte auch die Redlichkeit gesteigert. Wieder nahm das arme Land ehren= werthen Antheil am Welthandel, schon führten Deutsche ihre Eisen= und Stahlwaaren aus der Grafschaft Mark, aus Solingen und Suhl, Tuche aus allen Landschaften, auch feine Tuche von portugiesischer und spanischer Wolle aus Aachen, Damastgewebe aus Westphalen, Leinwand und Schleier aus Schlesien nach Frankreich, England, Spanien, Portugal und in die Colonien über See, deren Produkte wieder in Deutschland den größten Markt hatten, weil das Binnenland des östlichen Europas bis zur türkischen Grenze und den Steppen Asiens durch deutsche Kauf= leute versorgt wurde. Grade die Armuth des Volkes, d. h. der niedrige Tagelohn machte die Anlage mancher Fabriken lohnend und leicht. Und wie in Hamburg und in den Städten des Rheins von Frankfurt bis Aachen der Großhandel aufblühte, ebenso in den Grenzländern gegen Polen, dort aber in den einfachsten Formen, als ein großartiger Tauschverkehr. Noch

fuhren Waaren und Reisende auf der Donau stromab in rohen
Holzkähnen, die für die einzelne Reise gezimmert und am Ende
der Fahrt auseinander geschlagen und als Bretter verkauft
wurden. Und in Breslau werden ebenso auf dem Salzring die
Karren und Steppenpferde verkauft, auf denen bärtige Händler
von Warschau und Nowgorod ihre Waaren in langem Kara-
wanenzuge zum Tausch gegen die Kostbarkeiten abendländischer
Cultur herzugefahren haben. Und schon beginnt die Klage der
schlesischen Kaufleute, daß die Karawanen seltener kommen und
die Fremden unzufrieden werden, weil sie sich mit der neuen preußischen Schreiberei und den Declarationsscheinen einer genauen
Regierung nicht befreunden wollen. Schon hat sich um 1750 in
den Familien der großen Kaufleute etwas von dem Weltbürger-
thum entwickelt, welches mit Verachtung auf die beschränkenden
Verhältnisse der Heimat herabsieht, und wie die Handlungs-
reisenden von Lennep und Burtscheid mit ihren Probekästen, mit
Messerklingen und Nadeln, bis zur Seine und Themse zogen,
so trafen auch die jüngeren Söhne dieser großen Fabrikanten
mit den Hamburgern in Paris, London, Lissabon, Cadix, Porto
zusammen, und gründeten dort zahlreiche Firmen als gewandte,
oft kühne Speculanten. Und von dem unternehmenden und
sicheren Wesen dieser Männer ging Einiges auf ihre Geschäfts-
freunde im Binnenlande über. Ein männlicher, fester, unabhängiger Sinn ist um 1750 außer bei den besten vom Abel und
bei wenigen Gelehrten zuweilen bei den größeren Kaufleuten
zu finden.

Die Mehrzahl der Honoratioren aber gehörte in jeder
Stadt dem Gelehrtenstande an: Theologen, Juristen, Aerzte.
Sie repräsentirten wahrscheinlich alle Schattirungen der Zeitbildung, und die stärksten Gegensätze lagen innerhalb jeder
größeren Stadtmauer in stillem Kriege. Noch waren die Geistlichen Orthodoxe oder Pietisten. Die ersteren, in der Regel
bequem zum geselligen Verkehr, nicht selten Lebemänner, dauer-

haft vor einer ehrbaren Flasche Wein und tolerant gegen die weltlichen Scherze ihrer Bekannten, hatten viel von ihrer alten Streitsucht und dem Inquisitorwesen verloren, sie ließen sich herab, zuweilen eine Stelle aus dem Horatius zu citiren, kümmerten sich um die Kirchen- und Schulgeschichte ihres Ortes und fingen bereits an, die Schriften des gefährlichen Wolf mit heimlichem Wohlwollen zu betrachten, weil er in so auffälligen Gegensatz zu ihren pietistischen Gegnern getreten war. Waren pietistische Geistliche angestellt, so standen diese wahrscheinlich in besserem Verhältniß zu anderen Confessionen, und wurden von den Frauen, den Juden und von den Armen der Stadt besonders verehrt. Auch ihre Gläubigkeit war milder geworden, sie waren zum großen Theil würdige, sittenreine Männer, treue Seelsorger mit einem weichen, herzgewinnenden Wesen, ihre Predigten waren allerdings sehr pathetisch und bilderreich, sie warnten gern vor der kalten Subtilität und riethen zu dem, was sie Saft und Kraft nannten, was aber die Gegner gezierte Tautologie schalten. Ihr Bestreben, sich und ihre Gemeinde von dem Geräusch der Welt zu isoliren, wurde bereits von einer großen Mehrzahl der Bürger mit Mißtrauen betrachtet; auf der Bierbank war ein gewöhnlicher Spott, daß die Frommen ächzend über Schurzfell, Leisten und Bügeleisen saßen und auf Erweckung lauerten.

Die Lehrer der Stadtschulen waren studirte Theologen, größtentheils arme Candidaten, der Rector vielleicht aus der großen Schule des Hallischen Waisenhauses berufen. Ein rührendes Geschlecht, an Entsagungen gewöhnt, häufig mit einem kränklichen Körper behaftet, Folge des harten entbehrungsvollen Lebens, durch welches sie sich heraufgearbeitet hatten. Es waren Originale jeder Art, verschrobene und widerwärtige Gesellen fehlten nicht, auch die bessere Mehrzahl war ohne umfangreiches Wissen. Aber in sehr vielen von ihnen lebte vielleicht hinter wunderlichen Formen etwas von der Freiheit, Größe und

Unbefangenheit der antiken Welt, sie waren seit der Reformation
die natürlichen Gegner aller frommen Zeloten gewesen, selbst die
aus dem großen Waisenhause, aus der Zucht der beiden Francke
und des Joachim Lange kamen, waren in der Regel gemäßigter,
als den pietistischen Pfarrern lieb sein mochte. Die Blätter
ihres Cornelius Nepos waren durch den vieljährigen Gebrauch
zum Erschrecken schwarz geworden, ihr Schicksal war, vom Sertus
oder Quintus langsam aufzusteigen, etwa bis zur Würde eines
Conrectors, mit einer geringen Steigerung ihrer spärlichen Einnahmen; die größte Freude ihres Lebens war, zuweilen einen
fähigen Schüler zu finden, dem sie neben den Feinheiten lateinischer Satzbildung und Prosodie auch eine und die andere freie
Lieblingsidee, eine heidnische Ansicht von Männergröße in die
Seele pflanzen konnten, Einwirkungen, auf welche doch der
Schüler in seinen Männerjahren mit Lächeln zurücksah. Aber
in dieser Thätigkeit, arm an Dank und Anerkennung, haben sie
rastlos gearbeitet, die Empfänglichkeit für Schönheit des Alterthums und die Fähigkeit, andere Menschenart zu begreifen, in
den Deutschen heranzubilden. Und der unablässige Einfluß,
den Tausende derselben auf das lebende Geschlecht ausübten,
war gerade jetzt gesteigert, seit Gesner die griechische Sprache in
den Schulen heimisch gemacht und für den Unterricht der Schüler
einen ganz neuen, revolutionären Grundsatz aufgestellt hatte,
welcher von den Lehrern mit Begeisterung verbreitet wurde:
der Geist des Alterthums, das Verständniß des Schriftstellers,
nicht der grammatische Kram sei die Hauptsache.

Denn die Schule einer ansehnlichen Stadt war eine lateinische Schule. Reichte sie so hoch, daß ihre oberen Klassen für
die Universität vorbereiteten, dann schieden aus der Quarta
die Knaben, welche ein Handwerk lernen sollten. Diese Einrichtung half dazu, auch den Bürgersmann in einer Abhängigkeit
von der gelehrten Bildung zu erhalten, welche wir jetzt zuweilen
vermissen. Es war allerdings an sich kein großer Gewinn,

wenn der Zunftmeister noch in spätern Jahren einige angenehme
Kenntnisse von Mavors, von Cupido und dem Taubenpaare der
Venus hatte, deren Gestalten aus allen Gedichten der Gebildeten
herausguckten und sogar die Kalender und Pfefferkuchen ver-
schönerten; aber mit diesen Vorstellungen aus alter Vergangenheit fielen auch einzelne Samenkörner der neuen Zeitideen in
seine Seele. Daß die Aufklärung von intelligenten Bürgern so
schnell aufgenommen wurde, ist dieser Art von Schulbildung zu
verdanken.

Strenge war die Schulzucht; eine gewöhnliche Ermunterung,
welche die armen Schüler einander damals in die Stammbücher
schrieben, war das Symbolum: „Geduldig, fröhlich immerdar.“
Aber die Strenge war nöthig, denn in den unteren Klassen saßen
neben den Kindern fast erwachsene Jünglinge, und die Unarten
von zwei verschiedenen Lebensaltern waren nebeneinander zu
bekämpfen. In einem großen Theile Deutschlands bestand der
Brauch, der sich hier und da bis zur Gegenwart erhalten hat,
daß die Knaben, welche Beneficien der Anstalt genossen, unter
Anführung eines Lehrers als Currentschüler singen mußten.
Wenn sie in ihren blauen Mänteln nicht nur bei „ganzen“, auch
bei „halben“ und „Viertelleichen“ hinter dem Kreuze daher zogen,
so war das eine arge Versäumniß, welche die Schulzucht sehr
störte und schon 1750 als ein Uebelstand beklagt wurde.

Ueberall standen unter den Honoratioren die Wolfianer,
die Schüler der neuen Weltweisheit als Verbreiter der Aufklärung, Wächter der Toleranz, Freunde jedes wissenschaftlichen
Fortschritts. Grade in diesem Jahr waren sie in angelegent-
licher Erörterung einiger alter Streitpunkte, denn so eben
hatte der Leipziger Crusius seine „Anleitung über natürliche
Begebenheiten vernünftig nachzudenken“ aus Licht treten lassen,
und mit diesem Werk, einem Kosmos des Jahres 1740 in
der Hand, überlegten sie wieder einmal, ob man einen vollen
oder leeren Raum anzunehmen habe und ob die letzte Ursache

der Bewegung in der thätigen Kraft elastischer Körper zu suchen sei. Finster sahen diese Fortschrittsmänner auf die theologische Facultät zu Rostock, welche grade jetzt einen jungen Herrn Rosegarten zu sehr auffälligem Widerruf gezwungen hatte, weil er die Behauptung gewagt, die menschliche Natur des Erlösers auf Erden sei von seiner göttlichen nur bis zu einem gewissen Grade unterstützt worden, er habe gelernt wie Andere, und gar nicht Alles vorausgesehen. Dagegen gönnten sie aber ein wohlwollendes Lächeln den physiko-theologischen Betrachtungen wackrer Theologen, wenn einer die Möglichkeit der Auferstehung nachwies, trotz dem fortwährenden Stoffwechsel — oder wie man damals sagen mußte — trotz dem Wechsel der Partikeln seines Körpers, oder wenn ein Anderer die Weisheit der Vorsehung aus dem weißen Fell der Hasen in Liefland zu erkennen bemüht war.

Auch die deutsche Dichtkunst und Beredtsamkeit wußten sie wohl zu schätzen. Da war zu Leipzig Herr Professor Gottsched und seine Frau. Die Leute hatten ihre Schwächen, aber es war doch ein großartiges Wesen in ihnen, Anstand, Würde und Wissenschaft, sie gehörten zuletzt auch zur Schule, und sie wollten durch die deutsche Dichtkunst feinere Bildung und einen bessern Geschmack in das Land bringen. Schon wurden sie sehr angefeindet, aber ihre Zeitschrift, den „Neuen Büchersaal", konnte schwerlich entbehren, wer dem poetischen Treiben der Belletristen nachkommen wollte. Neben den Aelteren, welche so sprachen, hatte sich in der Stadt aber bereits ein jüngeres Geschlecht eingefunden, welches die schönen Künste nicht mehr als eine angenehme Zierat betrachtete, sondern Aufregungen, edle Gefühle und eine freiere Sittlichkeit von ihrem Einfluß hoffte, worüber die gelehrte Partei mißbilligend den Kopf schüttelte. Und diese Jüngern — es war eine kleine Zahl — trieben es seit zwei Jahren mit einer Aufregung, die sie zu Ueberspanntheiten hinriß; sie trugen Bücher in der Tasche, sie steckten sie den Frauen ihrer Bekanntschaft zu, sie declamirten laut und drückten einander die Hände. Es war die erste Morgenröthe eines neuen Lebens, welche mit so herzinniger Freude begrüßt wurde. In der Monatschrift die „Bremer Beiträge" waren die ersten Gesänge des Messias von Herrn Klopstock erschienen; der Betroffenheit, mit der man anfänglich auf die fremde Form sah, war jetzt in einem kleinen Kreise rückhaltlose Bewunderung gefolgt. Und im vergangenen Jahr war ein anderes Gedicht eines Unbekannten, „Der Frühling," gedruckt worden, man wußte nicht, wer es gemacht, aber es sollte derselbe anmuthige Poet sein, welcher unter dem Wappenbild des Breitkopfischen Bären in der Monatschrift „Belustigungen des Verstandes und Witzes" Mitarbeiter gewesen war, zugleich mit Kästner, Gellert, Mylius. Und wieder grade jetzt hatte durch Weidmann ein anderer Unbekannter den Anfang eines andern Heldengedichts „Noah" ediren lassen; die Muthmaßung ging allerdings auf einen Schweizer, weil der Name Sipha darin vorkam, den Bodmer früher angewendet hatte. Alle diese Gedichte waren in dem Sylbenmaß der Römer gebildet, und diese neue Art bewerkstelligte eine ganz eigene Aufregung des Gemüths, welche man früher nicht gekannt hatte. Bereits schien sich eine förmliche Rebellion unter den Schöngeistern anzuzetteln. — Es sollte in kurzem noch wilder zugehen.

Noch entbehrte die Stadt solche Theatervorstellungen, welche einen Denker befriedigen konnten. Wer aber auf einer Reise die Schönemannsche Truppe in Norddeutschland gesehen hatte, der erinnerte sich um 1750, sicher einige Jahre darauf, an einen jungen Mann von unvortheilhafter Gestalt mit einem kurzen Hals und dem Namen Eckhof, welcher der feinste und kunstvollste Schauspieler Deutschlands wurde. Und grade in diesen Wochen war von der Messe ein neues Buch angekommen, „Beiträge zur Historie und Aufnahme des Theaters", welches zwei junge Leipziger Gelehrte verfaßt hatten, von denen der eine Lessing hieß. — In demselben Bücherballen lag der Roman

Richardson's „Pamela", wie das Jahr vorher die „Clarisse" desselben Autors.

Was aber damals in den Häusern der Bürger gelesen wurde, war von ganz anderer Beschaffenheit. Noch gab es keine Leihbibliotheken, nur die kleinen Antiquare verliehen zuweilen an zuverlässige Bekannte. Aber es wucherte doch eine bänderreiche Literatur von Romanen, welche von den Anspruchslosen eifrig gekauft wurden. Es waren flüchtig zusammengeschleuderte Erzählungen, in denen abenteuerliche Schicksale berichtet wurden.

Diese Abenteuer waren im siebenzehnten Jahrhundert in verschiedener Methode dargestellt worden, entweder in geistloser Nachahmung der alten Ritter- und Schäferromane, auf phantastischem Hintergrunde, ohne den Vorzug betaillirter Schilderungen, oder wieder mit einem derben Realismus, ein rohes Abbild des wirklichen Lebens, ohne Schönheit, oft gemein und schmutzig. Es war ein abgelebtes Wesen und ein Beginnen der neuen Zeit, die damals nebeneinander liefen. Schon seit 1700 ist die realistische Richtung die herrschende. Aus den Amadis-Romanen werden schlüpfrige Hof- und Touristenabenteuer, dem Simplicissimus folgen eine große Zahl von Kriegsromanen, Robinsonaden und Arenturiergeschichten, die große Mehrzahl ist sehr liederlich verfertigt, und deutsche Klatschgeschichten oder Zeitungsnachrichten von außerordentlichen Ereignissen in der Fremde, zum Theil Tagebücher, sind darin verarbeitet. Auch Faßmann's Gespräche aus dem Reiche der Todten sind in ähnlicher Weise zusammengeschrieben aus fliegenden Blättern und Geschichtsbüchern, die der unordentliche Mann, der damals in Franken saß, sich von den Pfarrern der Gegend zusammenborgte. Die so schrieben, wurden von den Gebildeten gründlich verachtet, aber sie übten doch eine sehr große, schwer zu schätzende Wirkung auf das Gemüth des Volkes. Es waren zwei getrennte Welten, die nebeneinander kreisten.

Und dieser Gegensatz zwischen der Lectüre des Volkes und der Gebildeten hat — wenn auch zuweilen versöhnt — zu sehr bis in die neueste Zeit bestanden.

Unter den Honoratioren der Stadt gab es aber im Jahr 1750 auch andere Gelehrte. Wol keiner mäßigen Stadt fehlte ein patriotischer Mann, welcher die alten Chroniken, die Kirchen- bücher und Urkunden des Rathsarchivs durchsucht hatte und zu einer Geschichte des Ortes und der Landschaft schätzens- werthe Beiträge zu geben wußte. Noch war das Verständniß der monumentalen Alterthümer gering, aber auch sie wurden mit alten Inschriften und unächten Götzen unserer Urahnen als Curiositäten fleißig abgebildet. Und gegen die unkritischen Märchen und das nackte Verzeichnen von Einzelheiten wurde ein siegreicher Kampf geführt. Auch auf die einseitigen Werke der letzten Jahrzehnte, die schwerfälligen „Kirch- und Schulstaaten", sah das jüngere Geschlecht herab. Schon galt es, mit ge- wissenhafter Benutzung der Documente eine zusammenhängende, Ursache und Wirkung deutlich auseinandersetzende Geschichts- erzählung hervorzubringen. Allerdings gehört das Beste, was in diesen Jahren geschrieben wurde, nur der Localhistorie an.

Größer war das Interesse, welches die Naturwissenschaften in Anspruch nahmen; sie sind in dem Kleinleben der Stadt die populärste Wissenschaft. Nicht gering ist die Zahl ehren- werther Zeitschriften, welche die neuen Entdeckungen der Wissen- schaft berichten. Mit Achtung haben wir auf sie zurückzu- sehen; Darstellung und Stil sind zuweilen, z. B. in Kästner's „Hamburgischem Magazin", musterhaft; und unermüdlich sind sie bemüht, die gelehrten Entdeckungen für Handel, Gewerbe, Ackerbau, jeden Kreis praktischer Interessen auszubeuten. Freilich ihre „vernünftige" Einwirkung hatte nicht alles Un- haltbare beseitigt. Die alte Neigung zur Alchemie war nicht besiegt. Noch immer wurde von verständigen und red- lichen Leuten laborirt, ernsthaft wurde das große Geheimniß gesucht, immer kam ihnen etwas dazwischen, was den letzten Erfolg hinderte. Geheimnißvoll wurde solche Arbeit betrieben, aber die Stadt wußte recht gut, daß der Herr Rath oder Secretarius den „faulen Heinz bediene" — den Ofen heize — um Gold zu machen. Die Freude an chemischen Prozessen, an den Destilla= tionen in der Retorte und den Solutionen auf kaltem Wege war Vielen gemein; kräftige Tincturen wurden an Bekannte vertheilt, die Hausfrauen liebten allerlei künstliche Wasser zu destilliren, und in den Frag= und Anzeigeblättern wurden häufig Medica= mente angepriesen, Pillen gegen Podagra, Pulver gegen Kröpfe, blaues Wasser gegen Viehsterben, die Charlatanerie ist verhältniß= mäßig größer als jetzt, die Lügen ebenso dreist. Der Eifer, für die Wissenschaft zu sammeln, war allgemein geworden, die Knaben begannen Schmetterlinge aufzuspannen, Käfer zusammenzutragen, Dendriten und Erzstufen mit dem Brennglase des Vaters zu be= trachten, die Wohlhabenden freuten sich über „Rösel's Insecten= belustigungen" und das erste Heft von „Frischens Vorstellung (Abbildung) der Vögel".

Eine Bibliothek zusammenzubringen wurde der Stolz des Gebildeten auch in bescheidener Lage. Zweimal im Jahre, zu Ostern und Michaelis, brachte der Buchhändler von der Leipziger Messe die „Novitäten", welche er dort für sein Geld erkauft oder gegen Werke seines Verlags eingetauscht hatte. Diese neuen Bücher legte er in seinem Laden zur Ansicht aus, wie jetzt ein Händler mit Schnittwaaren thut. Das war eine wichtige Zeit für die Liebhaber, der Laden wurde ein Mittelpunkt für literarische Unterhaltung, auf Stühlen saßen die Hauptkunden, begutachteten, wählten und verwarfen; sie erhielten die Pränumerationsbogen der neuen Werke, z. B. der Firma Breitkopf „Eröffnete Academie der Kaufleute", und ließen sich Neuigkeiten aus der gelehrten Welt erzählen: daß in Göttingen eine neue Societät der Wissen= schaften gestiftet werden solle; daß Professor Gottsched von Wien zurückgekehrt sei, und daß die Koch'sche Schauspielertruppe auf der Messe großen Zulauf gehabt; daß Herr Klopstock vom König von Dänemark eine Pension von 400 Thalern erhalten habe, ohne jede Gegenverpflichtung; daß Herr von Voltaire in Berlin zum Kammerherrn ernannt sei, und daß die Bibliothek des seligen Herrn Superintendent Löscher zu Dresden, 50,000 Bände stark, jetzo wirklich versteigert werden sei. In den Bücherballen wanderten um diese Zeit auch andere begehrenswerthe Einkäufe durch das Leben.

Es gab zuweilen Gelegenheit, neben den neuen Büchern alte zu erwerben. Das Interesse an den alten Drucken der Klassiker regte sich; nach den Albinen und Juntinen, den Elzeviren wurde mit besonderer Curiosität gesucht. Aber der antiquarische Handel war außer in Halle und Leipzig wenig in Aufnahme; nur der Zufall und eine Auction brachte dem Einzelnen leicht Bücher in die Hände, die in den letzten Jahrhunderten zu= sammengebracht waren, von Patriciern der Reichsstädte, deren Familien allmälig ausstarben, vielleicht aus Klosterbibliotheken, deren Werke von gewissenlosen Mönchen unter der Hand ver= kauft wurden. So kaufte ein Geistlicher in der Nähe von Gräfenthal in Franken für 25 Gulden, die nach und nach zu bezahlen waren, viele Ellen Folianten und Quartanten in schönen Einbänden; die Elle großen Formats war etwas theurer als die des kleinen, manche Werke waren unvollständig, weil genau gemessen wurde und die Elle eher zu Ende war als die Bändezahl; wählen durfte man nicht, die Rücken wurden nach der Reihe abgemessen. Doch war diese Barbarei eine Ausnahme.

Wer selbst Bücher schrieb, genoß davon ein Honorar durch den Buchhändler, das nicht ganz unbedeutend war, wenn der Schriftsteller in Ansehen stand. Sehr hatte sich dies Ver= hältniß seit dem Anfange des Jahrhunderts gebessert. Da eine Vorliebe für theologische und juristische Abhandlungen bestand, so wurden solche Tractate zuweilen höher honorirt, als jetzt möglich wäre. Wer freilich nicht als Universitätslehrer in einem Mittelpunkte der Wissenschaft stand, der erwarb nur geringe Einnahme. Als der hochehrwürdige Herr Leßer im Jahre 1737 mit seinem Verleger über den Druck der Chronik von Nordhausen übereinkam, wurde er zwar für den gedruckten Bogen der fleißigen Arbeit durch ein Honorar von sechzehn guten Groschen „vergnüget", — welche er in ihm anständigen Büchern zu entnehmen hatte, mußte jedoch versprechen, daß er den Verleger völlig schadlos halten wolle, wenn diesem der Inhalt des Buches irgend einen Verdruß bei der Obrigkeit zu= ziehen sollte.

Für das gesellige Leben der Honoratioren war in den späten Morgenstunden die Apotheke ein schätzenswerther Mittel= punkt. Dort wurden bei kleinem Glase Aquavit Politik und Stadtneuigkeiten besprochen, und von der Decke und den obern Gesimsen sah der alte Tröbelstaat überwundener Marktschreier und Wurmdoctoren: Gerippe von Haifischen, ausgestopfte Affen, Mißgeburten in Spiritus und anderes Entsetzliche, glotzäugig auf den eifrigen Disput der Gesellschaft herab. Schon wurde außer dem Stadtgeschwätz mit Vorliebe die Politik verhandelt, nicht mehr mit ruhigem Klugsprechen, sondern als Herzenssache. Ob König ob Kaiserin, ob Sachsen ob Preußen, wurde häufig erörtert, man wußte von jedem Gast, zu welcher Partei er gehörte. Wenige Jahre darauf sollte dieser Streit so leiden= schaftlich werden, daß er sogar das Familienleben und den Hausfrieden störte. — Unterdeß war dem kleinen Bürgersmann, den Dienstboten und Kindern die Phantasie mit andern Bildern erfüllt, ihnen hielt der alte Aberglaube ihr Leben umsponnen, und er war seit der neuen Frömmigkeit viel zudringlicher ge= worden. Kaum gab es ein altes Haus, welches nicht seine Polterstube hatte. Auf den Gräbern, in den Kirchthüren zeigte sich ein Gespenst, sogar im Spritzenhause spukte es, bevor ein Feuer ausbrach; zuweilen wurde die geheimnißvolle Wehklage

9*

gehört, eine Variation des Glaubens an das wilde Heer, welche durch den großen Krieg in die Seelen des Volkes gekommen war; alte Katzen wurden als Hexen betrachtet und die Er= scheinungen Verstorbener, Ahnungen und bedeutsame Träume wurden mit angstvoller Gläubigkeit erörtert. Immer noch war das Aufsuchen verborgener Schätze eine wichtige Angelegenheit, keiner Stadt fehlten glaubwürdige Berichte über Funde, die in der Nähe gemacht oder durch unzeitig gesprochene Wörter ver= eitelt waren. Aber der verständige Familienvater ist bereits eifrig bemüht, seine Kinder und Dienstboten über dergleichen aufzuklären. Es ist ein lebhafter Kampf, der fast in allen Familien geführt wird, von den Vertretern neuer Zeit mit der Ueberlegenheit und Schärfe, welche ein innerer Sieg über stille Erinnerungen des eigenen Lebens zu verleihen pflegt. Der Aufgeklärte leugnet gar nicht unbedingt die Möglichkeit eines geheimnißvollen Zusammenhanges mit dem Jenseits, aber er versteht jeden einzelnen Fall mit Mißtrauen und Ironie zu be= trachten; er nimmt allerdings an, daß hinter dem zerstörten Altar der alten Kirche, in den Ruinen des nahen Schlosses noch irgend etwas sehr Curioses verborgen sein könne, und daß es wol lohnen möge einmal nachzugraben; aber er nährt eine souveräne Verachtung gegen die Flämmchen und den schwarzen Hund, und zählt mit besonderer Freude zahlreiche Beispiele auf, wie dieser Glaube „alter Zeit" durch Betrüger gemißbraucht worden sei. Auch vergeht selten ein Vierteljahr, daß nicht eine gelesene Zeitschrift schöne Abhandlungen bringt, worin die Berg= männchen gänzlich geleugnet, die Feuerkugeln physikalisch erklärt und die Donnerkeile als Versteinerungen betrachtet werden. Zwar fehlen in keiner Stadt aufgeregte Leute, welche durch Erscheinungen gequält sind, und die Geistlichen beten mit der Gemeinde für diese Armen; aber schon behaupten nicht nur die Aerzte und weltlichen Gelehrten, auch klügere Bürger, daß solche Art Teufel nicht durch Gebet, sondern durch Fasten und

Purgiren auszutreiben seien, da sie nur in Hypochondriacis durch krankhafte Einbildungen erzeugt würden.

Unter den Tagesereignissen ist das interessanteste Ankunft und Abfahrt des Postwagens. Gern bewegt sich der Spazier= gänger um diese Zeit in die Nähe der Post. Die gewöhnliche Landpost ist ein sehr langsames, unbehilfliches Beförderungs= mittel, ihr Schneckengang ist noch fünfzig Jahr später berüchtigt; Kunststraßen giebt es nirgends in Deutschland, erst nach dem siebenjährigen Kriege werden die ersten Chausseen gebaut, auch diese schlecht. Wer bequem reisen will, nimmt Extrapost; sorg= fältig wird darauf gehalten zu größerer Gelbersparniß alle Plätze zu besetzen, und in den Localblättern, welche seit kurzer Zeit in den meisten größeren Städten und Residenzen existiren, wird zuweilen ein Reisegefährte gesucht. Zu weiten Reisen werden eigens Wagen gekauft, am Ende der Reise wieder verkauft; die schlechten Wege geben den Posthaltern das Recht, auch einem leichten Wagen vier Pferde vorzuspannen, dann ist es wol eine Bevorzugung des Reisenden, wenn ihm von der Regierung eine Licenz gegeben wird, nur zwei Pferde Extrapost nehmen zu dürfen. Wer nicht so wohlhabend ist, sucht einen Retourwagen, solche Reisegelegenheiten werden mehre Tage vorher angekündigt. Ist zwischen zwei Orten starke Verbindung, so gehen außer der ordinären Post und einer schnelleren Postkutsche auch concessionirte Landkutschen an bestimmten Tagen. Sie vorzugsweise vermitteln den Personenverkehr des Volkes. Von Dresden nach Berlin im Jahre 1750 alle vierzehn Tage, nach Altenburg, Chemnitz, Freiberg, Zwickau einmal wöchentlich; nach Bautzen und Görlitz war die Zahl der Passagiere nicht so sicher, daß der Kutscher jede Woche an bestimmtem Tage abgehen konnte; nach Meißen gingen das grüne und das rothe Marktschiff, jedes einmal wöchentlich hin und zurück. Man reiste auch mit der besten Fuhre sehr lang= sam. Fünf Meilen den Tag, zwei Stunden die Meile, scheint der gewöhnliche Fortschritt gewesen zu sein. Eine Entfernung

von zwanzig Meilen war zu Wagen nicht unter drei Tagen zu
durchmessen, in der Regel wurden vier dazu gebraucht. Als im
Juli des Jahres, welches hier geschildert wird, Klopstock mit
Gleim in leichtem Wagen, durch vier Pferde gezogen, von Halber=
stadt nach Magdeburg sechs Meilen in sechs Stunden fuhr, fand
er die Schnelligkeit so außerordentlich, daß er sie mit dem Wett=
lauf der olympischen Spiele verglich. Waren aber die Land=
straßen grade schlecht, was in der Regenzeit des Frühlings und
Herbstes regelmäßig eintrat, so vermied man die Reise, betrachtete
die unvermeidliche als ein Wagniß, bei dem es ohne schmerzliche
Abenteuer selten abging. Im Jahre 1764 war den Hannoveranern
merkwürdig, daß ihre Gesandtschaft zur Kaiserkrönung trotz der
schlechten Wege ohne allen Schaden, Umwerfen und Beinbruch,
nach Frankfurt a. M. durchgedrungen war, nur eine Achse war
zerbrochen. — So ist die Reise ein wohl zu überlegendes Unter=
nehmen, welches schwerlich ohne längere Vorbereitungen durch=
geführt wird; und das Eintreffen fremder Reisender in einer
Stadt ist ein Tagesereigniß, neugierig umsteht die Menge den
anhaltenden Wagen. Nur in den größeren Handelsstädten sind
die Gasthöfe modisch eingerichtet, Leipzig ist deßwegen berühmt.
Gern kehrte man bei Bekannten ein, in steter Rücksicht auf die
Kosten, denn auch wer reiste, der rechnete genau. Aber wer
irgend Ansprüche machte, scheute eine Fußreise, die Unsicherheit,
unsaubere Herbergen und rohe Begegnung; noch waren wohl=
gekleidete Fußreisende, welche die Landschaft bewunderten, ganz
unerhört.

Der Reisende wurde nicht nur durch die lebhafte Theil=
nahme seiner Freunde begleitet, er wurde auch für ihre Geschäfte
in Anspruch genommen, wie denn überall unter Bekannten das
Hingeben und Zumuthen weit unbefangener war als jetzt. Er
wurde reichlich mit warmen Kleidern, Empfehlungsbriefen, kalter
Küche und klugen Regeln ausgestattet, aber er wurde dafür mit
„Commissionen" belastet, mit Einkäufen jeder Art, auch zarteren

Angelegenheiten: Eintreiben von Schuldforderungen, Anwerben eines Hauslehrers, ja Kundschaften und Vermitteln in Herzens= sachen. Wer vollends zu einer großen Messe reiste, der mochte für besondere Koffer und Kisten sorgen, um die Wünsche seiner Bekannten zu befriedigen. Zu dergleichen Dienst und Gegen= dienst zwang die Noth; denn Geld= und Packetsendungen durch die Post waren sehr theuer, und nicht überall wurde das Institut für zuverlässig gehalten. Zwischen Nachbarstädten war deßhalb ein regelmäßiger Botendienst eingerichtet, wie er z. B. in Thüringen bis zur Gegenwart bestanden hat; solche Boten — nicht selten Frauen, trugen durch Schnee und Sonnenglut die Briefe und Aufträge an bestimmten Tagen hin und zurück, sie besorgten jede Art von Einkäufen, genossen als zuverlässige Leute sogar das Vertrauen der Behörde, welche ihnen Amtsbriefe und Acten übergab, und hatten am Zielpunkt ihrer Reise einen festen Stand, wo wieder Briefe und Rücksendungen an ihren Heimat= ort abgegeben wurden. War der Verkehr zweier Orte sehr lebhaft, so ging wol ein „Kästelwagen" hin und her, mit Schub= fächern, zu denen je zwei verbündete Familien in den beiden Orten die Schlüssel hatten.

Knapp und enge war der Haushalt des Städters, nur wenige waren so wohlhabend, daß sie die Einrichtung des Hauses und ihres Lebens mit einigem Glanz umgeben konnten; die Reichen waren in Gefahr, einem ungeschickten Luxus zu ver= fallen, wie er Höfe und anspruchsvolle Familien des Adels ver= darb. Auch wer wohlhäbig leben konnte, hatte in der Regel seinen Haushalt sehr einfach eingerichtet, und zeigte den Wohl= stand nur bei festlichen Gelegenheiten durch Geräth und Be= wirthung. Deßhalb waren Gastereien durchaus ungemüthliche Staatsactionen, für welche der ganze Haushalt umgekehrt wurde; in nichts unterschied sich der Mann von Welt mehr als in der leichteren Methode seiner Gesellschaft. — Streng war die Ordnung des Bürgerhauses, genau bis auf's Kleinste stand fest, was Anderen zu leisten und von ihnen zu empfangen war. Die Glückwünsche, die Complimente, d. h. die höflichen Anreden, sogar die Trinkgelder, alles hatte seine genau bestimmte Größe und vorgeschriebene Form. Durch diese zahllosen kleinen Regeln erhielt der Verkehr eine gewisse unveränderliche Festigkeit, welche sehr gegen die Ungebundenheit der Gegenwart absticht. Es war gebräuchlich, an bestimmten Tagen zur Ader zu lassen, zu purgiren, seine Rechnungen zu bezahlen, in festen Zwischenräumen seine Besuche zu machen. Eben so fest standen die Freuden des Jahres, das Gebäck, welches jedem Tage ziemte, die gebratene Gans, das Bleigießen, sogar, wenn möglich, das Schlittenfahren. Unverrückt dauerte die Ordnung des Haushaltes; die massiven Möbeln, welche das Brautpaar bei der Einrichtung erkauft hatte, der gepolsterte Lehnstuhl, den sich der Mann vielleicht schon als Student erstanden, der Klapptisch zum Schreiben, die Schränke wurden Gefährten mehrer Generationen. Aber schon begann unter diesem Netzgeflecht alten Herkommens ein leichterer Sinn die Flügel zu regen, schon rührte die lästige Frage Warum? auch an den kleinen Brauch. Und überall gab es Einzelne, welche sich mit philosophischem Selbstgefühl gegen die Gewohnheiten setzten, die ihnen nicht in Vernunft begründet erschienen; in mehren arbeitete ein dunkler Drang nach Freiheit, Selbständigkeit, einem neuen Inhalt des Lebens, der sie von der Menge und der Gesellschaft seitab auf Nebenwege führte, in der Regel zu wunderlichen Originalen machte, mit deren Eigenthümlichkeiten die Stadt sich unaufhörlich beschäftigte.

Die Räume des Hauses waren im ganzen schmucklos, die Fußböden von gehobelten Brettern hatten keine andere Zier, als die Reinheit der hellen Holzfarbe, welche durch unaufhörliches Waschen erhalten wurde, aber die Wohnung wenigstens allwöchentlich einmal durchaus feucht und unbehaglich machte. Treppe und Hausflur wurden häufig mit weißem Sand bestreut.

In den Zimmern schätzte man eine dauerhafte und gefällige Einrichtung, die Möbeln, unter denen die Commode eine neue Erfindung war, wurden sorgfältig gearbeitet und schön ausgelegt. An den Wänden war Malerei ungewöhnlich, doch war die gefärbte Kalkwand in größeren Städten gering geachtet, die Papiertapete beliebt. Die Wohlhabenden hielten auf gepreßte Ledertapeten, welche den Zimmern ein besonders behagliches Aussehen gaben; auch als Möbelüberzug war das Leder geschätzt. Die Freude der Hausfrau war kupfernes und zinnernes Geräth. Es wurde damit „Staat" gemacht, das neue vielbedeutende Wort hatte sich auch in die Küche gedrängt. In Nürnberg z. B. gab es in den wohlhabenden Familien Prunkküchen, welche sich kleineren Gesellschaften bei Morgencollationen — wo kalte Speisen aufgesetzt wurden — zu öffnen pflegten. In solcher Küche blitzte es ringsum von spiegelhellem Zinn und Kupfer, sogar das Brennholz, welches in großen Haufen regelmäßig aufgeschichtet dalag, war mit blankem Zinn beschlagen, alles nur zur Schau, eine Spielerei, wie jetzt die Kochstuben kleiner Mädchen. Aber bereits wurde neben dem Zinn das Porzellan aufgestellt, vornehmlich in dem eleganten Sachsen fehlte einer wohlhabenden Hausfrau selten der offene Porzellantisch mit Tassen, Krügen und Nippesfiguren. Und der modische Liebling der Frauen, der Mops, vermochte durch eine mürrische Bewegung ein Geklirr hervorzubringen, welches dem Hausfrieden gefährlich war. Grade damals stand das wunderliche Thier auf der Höhe seines Ansehns; es war in die Welt gekommen, niemand wußte woher, und ist eben so unvermerkt wieder von uns geschieden. Aber außer an Zinn und Porzellan hing das Herz der Hausfrau grade damals an seiner Weberarbeit. Die Linnendamaste wurden sehr schön gefertigt, mit künstlichen Mustern, die wir noch jetzt bewundern; solchen Damast zu Gedecken zu besitzen, war besondere Freude, auch auf seine Leibwäsche wurde großer Werth gelegt; das Manchettenhemd, welches Gellert von der Lucius zum Geschenk erhalten hat, wird in seiner Beschreibung einer Audienz nicht vergessen.

Die Kleidung, in welcher man sich vor Andern zeigte, galt auch dem ernsten Manne als eine Standesangelegenheit; durch die Frommen war der Bürger an dunkle oder matte Farbe gewöhnt worden, aber der feine Stoff, die Knöpfe, die bescheidene Stickerei, die Wäsche verriethen nicht minder als Perrücke und Degen den Mann von Erziehung. Das war jedoch die Tracht vor Menschen, sie mußte eigens angelegt werden, wenn man ausging, und da sie unbequem war und die Perrücke schwer ohne Hilfe Anderer aufzusetzen und zu pudern war, so wurde schon dadurch ein Gegensatz zwischen Häuslichkeit und Gesellschaft hervorgebracht, der den Verkehr des Tages in bestimmte Stunden bannte, ihn förmlich und weitläufig machte. Zu Hause wurde ein Schlafrock getragen, in welchem der Gelehrte Besuche annahm, die „gute" Kleidung aber sorgfältig geschont. Viele Bedürfnisse freilich, welche uns sehr geläufig sind, waren ganz unbekannt, manche Bequemlichkeit wurde lange entbehrt. Im Jahre 1745 bittet ein österreichischer Unterofficier einen gefangenen Officier, dem er die Uhr abgenommen hat, diese Uhr auch aufzuziehen; er hat noch keine in Händen gehabt. Der würdige Semler erwarb erst, als er bereits Professor war, durch Beihülfe eines Buchhändlers seine silberne Taschenuhr; er klagt um 1807, daß damals schon jeder Magister, ja jeder Student eine solche Uhr haben müsse; jetzt erhält in Familien von ähnlicher Lage der Quartaner eine silberne, der Student eine goldne.

Eigene Kutschen und Pferde hielten außer dem begüterten Adel, der sich nach der Stadt gezogen, nur die höchsten Staatsbeamten, und in großen Handelsstädten — seltner als vor fünfzig Jahren — die reichsten Kaufleute. Aber auch den Gelehrten wurde damals oft durch die Aerzte gerathen, sich den Gefahren

eines Reitpferdes nicht zu entziehen, bedeckte Reitbahnen und
Miethpferde wurden häufiger als jetzt von den Professoren in
Anspruch genommen. Freilich gelang es nicht jedem so, wie
dem kranken Gellert, dem als zweites Geschenk nach dem Tode
seines berühmten Schecken ein kurfürstliches Pferd mit Sammt-
sattel und goldbesetzter Schabracke in den Hof geführt wurde,
das der liebe Herr in seiner Weise, bewegt, aber mit dem
größten Mißtrauen gegen die Sanftmuth des Rosses annahm
und allen seinen Bekannten anzuzeigen nicht müde wurde,
während sein Stallknecht das Wunderthier den Leipzigern
um Geld vorwies. Da die Kleidung so empfindlich gegen
Nässe machte, war ein fast geschwundenes Transportmittel
sehr in Aufnahme gekommen: die Portechaisen, sie wurden
fast so häufig gebraucht wie jetzt die Droschken; die Träger,
durch eine Art Livree kenntlich, hatten ihre bestimmten Stationen
und fanden sich ein, wo Adel und Publicum zahlreich erschienen:
bei großen Tänzen, am Sonntag vor den Kirchthüren, am
Theater.

Streng war die Zucht des Hauses. Am Morgen war
auch in den Familien, welche nicht der Pietät anhingen, kurze
Hausandacht mit den Kindern und gewöhnlich mit den Dienst-
leuten: Gesang eines Verses, eine Ermahnung oder Gebet,
zuletzt wieder ein Liedervers. Früh wurde aufgestanden, bei
guter Zeit wieder das Lager gesucht. Auch der Umgang im
Hause war förmlich; von Kindern und Dienstboten wurde
äußere Ehrerbietung in devoten Formen gefordert, die Gatten
der Honoratioren redeten einander in der Regel mit Sie an.

Was sich einer Familie anschloß, gute Freunde, entferntere
Bekannte, das erhielt in dem einfachen, oft ärmlichen Leben
große Wichtigkeit. Durch die Hausfreunde wurde Beförderung,
Fürsprache und Begünstigung gesucht und erwartet. Protegiren
und Parteinehmen war eine Pflicht. Deßhalb galten vornehme
und einflußreiche Bekanntschaften für ein ausgezeichnetes Glück,

um das man zu werben hatte; jede Aufmerksamkeit, Gra=
tulation an Geburtstagen, das Carmen bei Familienfesten
durften nicht unterlassen werden. Durch solche Gunst Ein=
zelner suchte man sein Fortkommen in der fremden Welt.
Die Devotion gegen Höhere war groß, einem Gönner die
Hand zu küssen, war guter Ton. Als Graf Schwerin am
11. August 1741 zu Breslau im Fürstensaal die Eidesleistung
abnahm, wollte der protestantische Kircheninspector Burg bei
dem Handschlag, den er zu geben hatte, dem preußischen Feld=
marschall die Hand küssen. Nicht diese Ergebenheit ihres
ersten Geistlichen war den Breslauern auffällig, sondern
daß ein Feldmarschall den bürgerlichen Theologen umarmte
und küßte.

Zumal die Gevatterschaft begründete unter den Bürgern
ein näheres Verhältniß; der Taufpathe war verpflichtet, später
um das Fortkommen des Täuflings zu sorgen, und dies Pietäts=
verhältniß bestand bis an sein Lebensende. Gern wurde ihm,
wenn er vielvermögend war, von den Eltern eine entscheidende
Stimme über die Zukunft des Kindes eingeräumt, es wurde
aber auch erwartet, daß er sein Wohlwollen durch seinen letzten
Willen an den Tag legte.

Ein solches Leben des Stadtbürgers in mäßigen Verhält=
nissen entwickelte einiges Besondere in Charakter und Bildung.
Zunächst ein weiches und gefühlvolles Wesen, das man um 1750
zärtlich und empfindlich nannte. Die Anlage zu dieser Weich=
heit hatte der große Krieg und seine politischen Folgen in die
Seelen gelegt, die Pietät hatte diese Anlage auffällig entwickelt.
Eine gewisse Uebung, sich und andere aufzuregen und zu steigern,
besaß fast jeder. Das Familiengebet war im letzten Jahr=
hundert lange gedankenlos hergesagt worden, jetzt wurden die er=
baulichen Betrachtungen und Nutzanwendungen, welche der
Hausvater machte, Veranlassung zu dramatischen Scenen in der
Familie. Zumal das laute Gebet aus dem Stegreif gewöhnte

die Familienmitglieder hell auszusprechen, was ihnen grade auf dem Herzen lag. Häufig waren Gelübde und Versprechungen, feierliche Ermahnungen und gerührte Versöhnungen zwischen Gatten, Eltern und Kindern; Gefühlsscenen wurden ebensosehr gesucht und genossen, als sie jetzt vermieden werden. Sogar in der Schule kam die leichte Erregbarkeit des Geschlechtes zu Tage. Wenn ein ehrlicher Lehrer Kummer hatte, ließ er Verse, die sich auf seine Stimmung bezogen, durch die Schüler absingen; es wurde ihm nicht schwer, dabei traurig zu werden, und es war ihm angenehme Empfindung, wenn die Knaben ihn erriethen und durch Andacht ihre Theilnahme bezeigten. Ebenso liebte der Prediger auf der Kanzel die Gemeinde zum Vertrauten der eigenen Kämpfe zu machen, und seine Selbstbekenntnisse, Schmerz und Freude, Reue und innere Zufriedenheit wurden mit Achtung angehört und durch Gebete geweiht. Wenn noch heut Einzelne ihrer Umgebung das Behagen verringern, weil sie Kleinigkeiten mit einem Aufwande von Empfindung behandeln, und eine Verstimmung oder einen hervorbrechenden Gegensatz der Naturen weichlich und pathetisch zur Aussprache bringen, so darf man solche Persönlichkeiten als verspätete Blüthen älterer deutscher Art betrachten. Wie denn einem wohlwollenden Beobachter oft der Eindruck kommt, daß die Gemüthsanlagen und charakteristischen Züge der Menschen, welche sich mit uns zugleich tummeln, bisweilen aus sehr entlegenen Zeiten unserer Vergangenheit stammen, und daß das Leben der Gegenwart zu gleicher Zeit ein historischer Bildersaal ist, in welchem Bildungen und Charakterformen aus den verschiedensten Jahrhunderten unseres Volkslebens neben einander wirken. Vorzugsweise auf Rührung und wieder auf erhebende Empfindungen ging um 1750 die Sehnsucht des lebenden Geschlechts. Schnell wurde ein Gefühl, eine Handlung, ein Mann als groß gepriesen, glänzende Prädicate wurden bereitwillig gehäuft, einen Freund zu charakterisiren. Und wieder das eigene Leid und das

Unglück Anderer werden mit einem gewissen düstern Behagen
genossen. Leicht wird geweint, über das eigene und über das Leid
Anderer, aber auch aus Freude, aus Dankbarkeit, aus Andacht,
aus Bewunderung. Nicht durch fremde Literatur, nicht durch
Gellert oder die literarischen Verehrer Klopstock's ist diese Weich=
heit den Deutschen eingepflanzt worden, sie lag tief im Volke
selbst. Als der junge Magister Semler 1749 von der Universität
Halle schied, war er sehr traurig; er hatte in der Stille eine
Tochter seines theuren Lehrers, des Professor Baumgarten, ver=
ehrt — allerdings hatte er in seiner Heimat Saalfeld noch eine
andere Jugendliebe. Diese Trauer regte ihn in den letzten
Tagen außerordentlich auf und machte ihm schwer, seine Magister=
promotion durchzumachen. Doch gelang dies, und nach der Pro=
motion hielt er seinem Vorbild Baumgarten — der als Präses
auf dem obern Katheder stand — aus dem Stegreif eine so feu=
rige lateinische Dankrede, daß nicht nur er selbst, auch mehre Zu=
hörer weinten; zu Hause aber setzte sich Semler hin und weinte
wieder über sein Schicksal, und sein treuer Stubenbursch weinte
mit ihm fast den ganzen Nachmittag. Daß der Scheidende beim
Abschiede Thränen vergoß, war natürlich, aber er weinte noch,
als er auf der Reise in Merseburg ankam, — was damals
ziemlich lange währte, — und da er in der Heimat seinem Vater
den lobenden Brief Baumgarten's übergab, weinte dieser vor
Freude ebenfalls.

In diesem Falle ist die Rührung aufrichtig und die Thränen
sind wirklich geflossen. Aber es konnte nicht fehlen, daß die Ge=
wöhnung, den Blick in sich selbst zu kehren und die innern
Regungen zu belauschen, zur Schauspielerei, und die Bewun=
derung edler Affecte zur Affectation verführte.

Das stellte sich nicht zuletzt in der deutschen Sprache dar.
Noch war der Ausdruck für große Kreise der Empfindungen
ungelenk. Die Schriftsprache hatte die Herrschaft über die Seelen
gewonnen, in ihre Formen und Perioden mußte sich jede höhere

Empfindung des Menschen fügen; aber grade erst jetzt hatte
diese Sprache einige Gewandtheit gewonnen, die methodische
ruhige Arbeit des reflectirenden Geistes klar und einfach auszu=
drücken. Wo ein leidenschaftliches Gefühl in Worte ausbrechen
wollte, wurde es durch die abgenützten Bilder der alten Rhetorik
gebunden, und rauschte in den dürren Blättern alter Phrasen
dahin. Die Pietisten hatten für ihre Stimmungen eine eigene
Sprache erfinden müssen, die Ausdrücke derselben waren schnell
zur Manier geworden. Jetzt ging es ebenso mit den neuen
Wendungen, durch welche einzelne stärker Begabte die Sprache
des Gefühls zu bereichern suchten. Hatte ein Dichter die sanften
Schauer eines freundschaftlichen Kusses gefühlt, so sprachen
Hunderte das nach, in herzlicher Freude über den schwung=
vollen Ausdruck. Ebenso wurden die Thränen der Wehmuth
und des Dankes, die Süßigkeiten der Freundschaft sofort
stehende Phrasen, bei denen man zuletzt wenig dachte.

Und diese Armuth war allgemein. Fast überall, wo wir
den einfachen Ausdruck eines innigen Gefühls erwarten, stößt
uns ein Aufwand von Reflexion ab. In Briefen, Reden,
Gedichten. Unerträglich wird uns diese Besonderheit der alten
Zeit, wir mögen sie leicht Heuchelei, innere Kälte, Unwahrheit
schelten. Unsere Ahnen haben doch eine zureichende Entschul=
digung. Sie konnten nicht anders. Noch ist in ihren Seelen
etwas von der epischen Gebundenheit des Mittelalters. Die
Sehnsucht nach einem Strome großer Leidenschaft, nach Be=
geisterung, nach melodischen Tönen des Gefühls ist überall vor=
handen, ja sie ist bis ins Krankhafte gesteigert, überall ist der
Drang, Großes in sich herauszubilden, erkennbar, überall das
Suchen und Sehnen; aber der Empfindung fehlt die Kraft, dem
vermehrten Wissen die entsprechende freie Bildung des Charakters.
Auch den Dichtern, die doch nach dieser Richtung stets die Führer
ihres Volkes gewesen sind. Selbst bei der liebenswürdigsten
Gestalt aus jener Dämmerzeit, bei Ewald von Kleist, ist das

lyrische Ringen sehr merkwürdig. Schon sind seine Schilderungen reich an schönem Detail, eine Fülle von poetischen Anschauungen sammelt sich zwanglos um den Mittelpunkt seines Gedichtes, der fast immer in einer ehrlichen herzlichen Empfindung ruht. Aber bei allem Häufen poetischer Anschauungen vermag er nicht eine gehobene poetische Stimmung hervorzubringen, noch weniger den vollen Accord eines schönen Gefühls in dem Hörer erklingen zu machen. Es klang in ihm selbst nicht stark genug, und in keinem seiner ältern Zeitgenossen, die alle Schönheit und innern Adel so ängstlich suchten und sich so oft rühmten gefunden zu haben.

Aber die Selbstbeobachtung der Gebildeten erstreckte sich nicht nur auf das innere Gemüthsleben, es war ebensosehr ein Belauern der eigenen äußern Erscheinung und des Eindrucks, welchen man auf Andere machte. Nach dieser Richtung erscheint es uns oft noch unheimlicher raffinirt. Schon die knappe Kleidung und der Puder, das Bewußtsein in ungewöhnlichem „Staat" zu sein, versetzten den Menschen vor Andern in eine Aufregung und vorsichtige Munterkeit, welche leicht zur Ziererei wurde. Auch die stereotypen Formen des gesellschaftlichen Verkehrs, welche so künstlich waren, und die rhetorischen Complimente machten das Auftreten zu einer Action, die Deutschen von 1750 zu Schauspielern, die sich lächerlich machten, wenn sie nicht geschickt spielten. Wer einem Gönner gegenüber trat, hatte wohl zu bedenken, daß sein Schritt nicht zu schnell, nicht zu dreist und nicht zu scheu war, daß er seine Stimme richtig dämpfte, den Hut so im linken Arm hielt, daß der Arm den passenden Winkel bildete; er hatte sich vorher zu präpariren, daß die begrüßende Anrede nicht zu lang und nicht zu platt und grade ehrerbietig genug wurde, um Wohlwollen zu erwecken; er hatte sehr auf den Fall seiner Stimme zu achten, damit das vorher Ueberlegte einen gewissen Eindruck der Naturwahrheit machte. Wer einer Frau oder einem vornehmen Manne die

Hand küßte, der bemühte sich, auch in diesem Akte genau seine Stimmung und ein wohltemperirtes Gefühl auszubrücken, wie er sein Antlitz mit der Hand in Verbindung brachte, ob er als Zeichen vertraulicher Verehrung nicht nur den Mund, auch die Augen und die Stirne daran zu legen hatte, wie lange er die Hand halten, wie langsam er sie freigeben durfte, das alles war sehr wichtig, womöglich vorher überlegt; ein begangenes Ungeschick machte später dem Schuldigen wahrscheinlich großen Kummer. Wer vollends sich einem größeren Publicum darstellen mußte, der überdachte ernsthaft die Position und Haltung, durch die er wirken konnte. Wie betrübt auch der junge Semler war, als er bei der Magisterpromotion auf dem Katheder stand, er vergaß doch nicht „eine seltene, aber nicht anstößige Stellung zu nehmen", in welcher er seinen Opponenten die Antworten so geschwind gab, daß er kaum das Ende ihrer Rede abwartete, und er vergaß auch nicht zu erwähnen, wie gleichgiltig ihn die „weiche Bewegung seines Gemüths" gegen alle möglichen Ein- würfe der Gegner gemacht habe. Vollends den Frauen waren nicht nur die Bewegungen des Fächers, auch das Auf- und Niederschlagen der Augen und das Lächeln wohl einstudirte Handlungen; daß sie es ungezwungen, mit Anstand und Takt vollbrachten, wurde verlangt. Allerdings war es auch damals nicht das Einstudirte, welches liebenswürdig machte, sondern die in solchen Formen hervorbrechende gute Natur. Und auch diese Richtung war nicht eine französische Mode, welche durch die Zucht der Tanzmeister in das deutsche Leben kam, sondern eine innere Nothwendigkeit, welche bei allen Culturvölkern Europa's zu gleicher Zeit hervorbrach, sich bei jedem nach den Eigenthümlichkeiten seiner Natur modificirte; auch hier war der letzte Grund das Bedürfniß, innere Armuth durch äußern Schmuck zu verbessern.

Allerdings wurde solcher Zwang der Convenienz bei den Teutschen oft durch einen Zug von Geradheit und Derbheit unterbrochen. Aber die sichere und stolze Selbstachtung, welche wir von einem gebildeten und guten Manne fordern, war damals in Deutschland selten. Fester Wille war allerdings zu finden, beim Lernen und im Entbehren, bei der Arbeit und dem Ueben einer schweren Pflicht; dort kam er sogar mit überraschender Energie zu Tage. Aber dieser Tüchtigkeit fehlten zu sehr einige mannhafte Beigaben. Seit hundert Jahren bestand jetzt der Druck des despotischen Staates, er hatte den Bürger scheu, schwerfällig, oft furchtsam gemacht. Dieselbe Stimmung hatte der Pietismus befördert. Ein fortwährendes Beschauen der eigenen Unwürdigkeit verminderte vielen sein organisirten die Fähigkeit, sich recht herzlich zu freuen, dem eigenen Wesen offenen und sichern Ausdruck zu geben. Wer vollends Gelehrter wurde in der herben Zucht, der übermäßigen Anstrengung des Gedächtnisses und den vielen Nachtwachen, in tabakdurchräucherter enger Wohnung, dem wurde nur zu häufig ein Siechthum in den Körper gepflanzt. Aus vielen Beispielen dürfen wir schließen, wie oft damals Schwindsucht und Hypochondrie das Leben junger Gelehrter zerstörten. Und gewöhnliche Bilder aus den Bürgerhäusern jener Zeit sind weiche, reizbare, empfindliche Naturen, unbehilflich und rathlos dem Ungewohnten gegenüber. Bei den meisten wechselt übergroße Vorsicht mit leidenschaftlicher Unbesonnenheit. Aber das war nicht das Schlimmste. Nicht nur der Wille, auch die Sicherheit der Ueberzeugung und das Pflichtgefühl wurde zu leicht durch Einwirkung von außen zerstört. Geld und äußere Ehren übten auch auf den Redlichen übergroße Gewalt. Gellert, der für seine Zeitgenossen ein Musterbild von Zartgefühl und Uneigennützigkeit war, fühlte sich als Professor von Leipzig auf's freudigste überrascht, als ein fremder Edelmann aus Schlesien, den er gar nicht persönlich kannte, mit dem er erst wenige Briefe gewechselt hatte, seiner Mutter eine jährliche Pension von zwölf Ducaten anbot. In seiner Antwort fehlte die Versicherung der Dankesthräne nicht.

Er fand niemals Bedenken, Geldsummen, welche ihm von Un=
bekannten zugesandt wurden, anzunehmen. Und man darf be=
haupten, daß um 1750 in ganz Deutschland unter den Besten
kaum ein Mann war, der anonyme Geschenke abgelehnt hätte.
Als Friedrich Wilhelm I. den Professoren seiner Universität
Frankfurt zumuthete, öffentlich gegen seinen Vorleser Morgen=
stern, der in groteskem Aufzuge mit einem Fuchsschwanz an
der Seite auf dem Katheder stand, zu disputiren, da wagte
keiner der tyrannischen Laune zu widersprechen, als Johann
Jakob Moser, der sich den Brandenburgern gegenüber als
Fremder fühlte und das Bewußtsein bewahrte, am kaiserlichen
Hofe wohl angesehen zu sein. Und auch diesen regte die Be=
gebenheit so auf, daß er in eine gefährliche Krankheit verfiel. Wo
das Selbstvertrauen so sehr fehlt, wie vor hundert Jahren dem
aufstrebenden Manne, da wuchert die Eitelkeit. Sie umzieht
die meisten Seelen jener Zeit so sehr, daß uns nur wenige
einen behaglichen Eindruck hinterlassen. Gottsched und Gellert,
Gleim und Klopstock, Moser und Pütter, Dichter, Gelehrte
und Beamte leiden darunter. Und doch war diese Schwäche,
um gerecht zu sein, sehr zu entschuldigen, und es war kein
Wunder, daß nur die Stärksten darüberhinaus kamen. Man
war weich und empfindlich, es gehörte zum Anstand, Artigkeiten
zu sagen, die Rücksicht auf Wahrheit war geringer als jetzt,
der Zwang der Höflichkeit größer. Wer durch geistige Arbeit
auf Andre wirkte, wer sich durch eigne Kraft in seinem Kreise
zur Geltung durchgerungen hatte, der war gewöhnt, viel Lob
und Ehre zu empfangen, und kam in die Gefahr, das Gewohnte
lebhaft zu vermissen, wo es einmal ausblieb. Wer keinen
Rang und Titel, keinen Dienst im Staat erworben hatte, nicht
das Privilegium einer bevorzugten Stellung genoß, der wurde
rücksichtslos gedrückt, gestoßen, zertreten. Nicht das Verdienst,
sondern die Anerkennung durch Einflußreiche gaben Geltung,
nicht die Gelehrsamkeit allein vermittelte Verleger und Leser;

eine Stellung an einer Universität, ein großer Kreis von Zu=
hörern, welche die Werke des Lehrers kauften und verbreiteten,
gehörte dazu. Und jedes Amt wurde durch Belieben der Mäch=
tigen ertheilt und genommen, überall Willkür, stärkere Gewalt;
auch der größte Ruf stützte sich viel mehr auf die Kreise per=
sönlicher Verehrer, als auf die sichere Würdigung des Ver=
dienstes durch das gesammte Volk; so erhielt jede einzelne
Aeußerung von Lob und Tadel eine Wichtigkeit, die wir kaum
noch begreifen. Sorglich war daher jeder bemüht, Andere zu
verbinden, von Fremden anerkannt zu werden. Noch fehlte
dem deutschen Leben eine gebildete Tagespresse, den vielen
Einzelnen völlig die Zucht und Bändigung, welche durch eine
starke öffentliche Meinung hervorgebracht wird.

Nichts ist so schwer, als über die Moralität in den Fa=
milien einer weit abliegenden Zeit zu urtheilen. Denn es
genügt nicht, die Summe auffallender Verstöße zu schätzen, was
an sich schon mißlich ist, es kommt darauf an, das individuelle
Unrecht der einzelnen Fälle zu begreifen, was oft ganz un=
möglich ist. Nur weniges von unseren Sitten Abweichende ist
leicht erkennbar. Der Verkehr beider Geschlechter verlief beim
Bürger fast nur in den Familien; größere Gesellschaften am
dritten Orte waren selten. In befreundeten Häusern aber war
das Treiben der Jugend fröhlich und zwanglos, die Freundinnen
der Schwestern und die Kameraden des Bruders wurden Haus=
genossen. Es war alte Sitte, ihnen im Scherz Vertraulich=
keiten zu gestatten, die jetzt anstößig sein würden. Umhalsen
und Küssen wurde nicht nur beim Pfänderspiel geduldet. Solche
Gewöhnung, wie harmlos und unschuldig sie auch oft die Jung=
frau und den Jüngling ließ, brachte doch in das Jugendleben
ein Moment von heiterer Sinnlichkeit, die uns da am wenigsten
verletzt, wo sie sich in derber Naivetät zeigt. Häufig blieb von
solchem Verkehr auch ernsten gebildeten Männern eine feine
sinnliche Begehrlichkeit zurück, die man nicht grade Lüsternheit

nennen darf, den Mädchen aber eine gewisse dreiste Unbe=
fangenheit im Verkehr mit Männern. Schnell knüpften sich in
den Familien zwischen Unverheiratheten zarte Beziehungen, nie=
mand fand etwas Arges darin, sie wurden ebenso schnell wieder
gelöst. Diese flüchtigen Verhältnisse voll von Tändelei und
Empfindsamkeit flammten selten zu einer großen Leidenschaft
auf, ja in der Regel verglomm in ihnen die jugendliche Poesie.
Sie führten auch selten bis zu Brautstand und Vermählung.
Denn die Ehe war um 1750 noch eben so sehr Geschäft als
Herzenssache. Und der unendliche Segen von Liebe und Treue,
welcher in ihr grade damals zu Tage kam, ruhte in der Regel
auf anderem Grunde, als in der Glut einer holden Leiden=
schaft oder tiefsinnigem Einverständniß vor der Brautwerbung.

Sehr auffallend ist uns das Verhalten aller Betheiligten
beim Abschluß einer Ehe. Hatte der Mann die Aussicht auf
ein Amt, welches eine Familie zu nähren vermochte, so waren
seine Bekannten, Männer und Frauen, sofort bemüht, ihm eine
Frau auszudenken, vorzuschlagen, zu vermitteln. Ehen stiften
galt für eine Menschenpflicht, der sich nicht leicht jemand entzog.
Strenge Gelehrte, vornehme Beamte, Regenten und Fürstinnen
des Landes betrieben emsig dergleichen uneigennützige Geschäfte.
Ein heirathsfähiger Mann in ansehnlicher Stellung hatte zu=
verlässig viel von den Mahnungen seiner Freunde, von schalk=
haften Anspielungen und von zahlreichen Projecten zu leiden,
welche ihm seine Bekannten in das Haus trugen. Als Gellert
mit Demoiselle Caroline Lucius erst wenige Briefe gewechselt
hat, — er hat sie noch nie gesehen, — frägt er in dem ersten
längern Brief, den er ihr gönnt, ob sie nicht einen Bekannten
von ihm, den Cantor an der Thomasschule, heirathen wolle. Als
Herr von Ebner, Curator der Universität Altorf, den jungen
Professor Semler zum ersten Male spricht, macht er ihm wohl=
wollend das Anerbieten, durch eine reiche Heirath für ihn zu
sorgen. Dem jungen Professor Pütter, der als Reisender in Wien

ist, bietet gar ein fremder Graf, sein Tischnachbar, eine wohl=
habende Kaufmannstochter als eine gute Partie an. Allerdings
wird dieser Vorschlag abgelehnt. Und kühl wie das Angebot, ist
der Entschluß der Betheiligten. Mann und Frau entscheiden
sich für einander oft nach flüchtigem Ansehen, nachdem sie nur
wenige Worte gewechselt, niemals auch nur ein herzliches Ge=
spräch mit einander geführt. Beiderseitige gute Recommandation
ist die Hauptsache. Ein Beispiel solcher Brautwerbung, welche
den Betheiligten den Eindruck einer besonders stürmischen und
leidenschaftlichen machte: Der Assessor des Kammergerichts von
Summermann lernt (1754) im Bade Schwalbach ein Fräulein
von Bachellé, liebenswürdig, Hofdame einer unangenehmen
Landgräfin, kennen, er sieht sie öfter bei Landpartien, zu welchen
beide von einem verheiratheten Bekannten eingeladen werden.
Einige Wochen später entdeckt er in Wetzlar dem Bekannten
seinen Wunsch das Fräulein zu heirathen, nachdem er vorsichtig
Erkundigungen über den Charakter der jungen Dame eingezogen
hat. Der Vertraute — es ist Pütter — besucht die arglose
Hofdame; „nach einigen kurz abgethanen allgemeinen Unter=
redungen sagte ich gleich: ich hätte dem Fräulein noch einen
Antrag zu thun, worauf ich mir ihre Erklärung ausbitten müßte.
Sie ganz kurz: „Was denn vor einen Antrag?" Ich eben so kurz
und freimüthig: „Ob sie sich wol entschließen möchte, den Herrn
von Summermann zu heirathen?" — „Ach, Sie scherzen!"
war ihre Antwort. — Ich: „Nein, ohne allen Scherz, es ist
voller Ernst; hier habe ich schon einen Ring und noch etwas
zum Angebinde (einen seidenen Beutel mit hundert Carolinen),
womit ich meinen Auftrag rechtfertigen kann." — „Nun, wenn
das Ihr Ernst ist und Sie den Auftrag vom Herrn von Summer=
mann haben, so bedenke ich mich keinen Augenblick." — Sie
nahm also den Ring, verbat nur noch die Annahme der hundert
Carolinen „und bevollmächtigte uns ihr Jawort zu überbringen."
— Auch der weitere Verlauf dieses aufregenden Geschäftes war

außerordentlich und dramatisch. Der glückliche Liebende hatte ausgemacht, daß sein Freiwerber ihm sichere Nachricht zugehen lassen sollte. Nun wäre zwar eine geschriebene Zeile in jenem tintenkleckfenden Säculum möglich gewesen, aber es scheint, daß man die schriftliche Benachrichtigung für zu weitläufig hielt, und allerdings war damals schwer, dergleichen ohne Titulaturen und Glückwünsche in eine Zeile zusammenzuziehen; es wurde also beschlossen, wie in Tristan und Isolde durch ein schwarzes oder weißes Segel der Ausgang einer Unternehmung telegraphirt wird, so auch hier durch Uebersendung eines gewissen Bandes des geschätzten juristischen Werkes, der „Staatskanzlei", anzudeuten, daß der Antrag angenommen sei, ein anderer Band desselben Werkes hätte das Gegentheil insinuirt. Und der Unterschied der neuern gewissenhaften Zeit gegen jene alte der Königin Isolde bestand nur darin, daß kein falsches Signal gegeben wurde.

Aber wenn bei dieser Verbindung das Herz allerdings gewissermaßen stürmisch seine Rechte forderte, so war dies bei gebildeten und tüchtigen Menschen oft weniger der Fall. Der Professor Achenwall in Göttingen, ein angesehener Rechtslehrer, hielt um eine Tochter von Johann Jakob Moser an, ohne sie nur einmal gesehen zu haben, und sie gab ihm ebenso ihr Jawort; er heirathete nach ihrem Tode eine Demoiselle Jäger aus Gotha, der er seinen Antrag machte, nachdem er die Durchreisende zufällig einige Tage im Hause eines Bekannten gesehen hatte. So war es in der Regel die Stellung, der Haushalt, welche eine Frau suchten, wie jetzt noch in manchen Kreisen des Volkes. Die stillen Träume der Heirathscandidaten waren häufig genau so, wie sie der nüchterne Pütter schildert: das Mittag und Abendessen der Speisewirthe entspricht nicht ihren Wünschen, einsam zu essen ist nicht nach ihrem Sinn, auf Tischgenossen nicht zu rechnen, häusliche Besorgung von Wäsche, Bier, Kaffee, Zucker sind unangenehme Beschäftigungen, und

Abends müde von der Arbeit Andere zu besuchen, wo man nicht wissen kann, ob man gelegen kömmt, oder von Andern Besuche zu erwarten, die einem selbst vielleicht nicht gelegen sind: — „das alles werden Gegenstände von Ueberlegungen, Erfahrungen, Beobachtungen, welche zu überzeugen scheinen, daß man auf die Dauer in der bisherigen Lage nicht glücklich bleiben werde." Allerdings wird auch die Wichtigkeit dieses Schrittes durch= aus nicht verkannt, die stillen Erwägungen dauern lange, ein heimliches Schwanken zwischen mehren annehmbaren Partien ist häufig. Und eben deßhalb wird in der Regel die Sache einer wohlwollenden Vorsehung anheim gestellt, und ein zufälliges Begegnen, eindringliche Recommandation einer gewissen Person immer noch als ein Wink von oben betrachtet.

Und die so dachten, waren damals die geistigen Führer des Volkes, die Schüler und Nachfolger von Leibnitz, Thomasius, Wolf, ehrenwerthe, gute, vielleicht sehr gelehrte Männer, und wieder Mädchen und Frauen aus den besten Familien des Volkes. Freilich ist es eine uralte deutsche Sitte, welche den Einzelnen in dieser wichtigen Angelegenheit des Lebens dem Urtheil und Interesse seiner Familie unterordnet, denn die Ehe wurde von dem Deutschen als das große Amt des Lebens auf= gefaßt, das mit Pflichttreue zu verwalten und nicht nach den Einfällen gaukelnder Phantasie mit einer Gehilfin zu besetzen sei.

Aber diese strenge und verständige Auffassung lag schon um 1750 im Kampfe mit größeren Anforderungen, welche einzelne Persönlichkeiten machten. Bereits war man geneigt, einem reicheren Gemüthsleben und größerer Selbständigkeit, wo sie einmal auftrat, nachzugeben. Als Caroline Lucius den ange= botenen Cantor der Thomaskirche bescheiden aber fest zurück= weist, empfindet Gellert eine kleine Beschämung, daß er seine Correspondentin mit dem landesüblichen Maßstab gemessen, und in seinen Briefen ist seitdem eine wirkliche Hochachtung zu erkennen.

Wie häufig aber auch einer Bewerbung der Zauber der schönsten irdischen Leidenschaft fehlte, welche wir in dem Leben Anderer so gern voraussetzen, so waren doch die Ehen, soweit wir urtheilen können, deßhalb nicht weniger glücklich. Daß man sich ins Leben schicken müsse, war eine sehr populäre Weisheitsregel. Der Mann, welcher eine angesehene Stellung, ein sicheres Einkommen mit der Erwählten theilen wollte, bot ihr nach der Auffassung jener Zeit sehr viel; ihr Dank mußte sein, durch unablässigen treuen Dienst seine mühsamen, arbeitsvollen Tage gemächlicher zu machen. Ja bereits war in den Seelen der Frauen etwas Höheres lebendig geworden, welches wir wol die Poesie des Hauses nennen dürfen. Die Kenntnisse, welche eine deutsche Frau erwarb, waren im ganzen gering. Wenn Vornehme nicht orthographisch schreiben, so erklärt sich das aus dem Schwanken der Erziehung zwischen französisch und deutsch, aus einer Zwitterbildung, welche auch Männern den Stil verdarb, nicht nur Friedrich II. und andern Regenten, selbst hohen Beamten, wie jenem kaiserlichen Gesandten, der an Gellert schrieb und ihn bat, seine Briefe mit Correcturen zurückzusenden, damit er hinter die Geheimnisse der Rechtschreibung komme. Aber auch der deutsch erzogenen Tochter eines gebildeten Bürgerhauses fehlte es in der Regel an correcter Schrift und eigenem Stil. Etwas Französisch lernten aber viele Frauen, auch Italienisch wurde im protestantischen Deutschland wol häufiger getrieben als jetzt; ließen doch Studenten in Halle unter Anleitung ihres Sprachlehrers sogar italienische Abhandlungen drucken. Sonst scheint die Schule für die Frauen wenig gethan zu haben, der Musikunterricht bestand im Einüben leichter Lieder und Tanzweisen am Klavier.

Desto mehr that die Pflicht des Hauses. Für Wohl und Behagen ihrer Umgebung zu sorgen, der Eltern, Brüder, später des Gatten und der Kinder, das war die Aufgabe der heranwachsenden Töchter. Daß darin ihr Leben beruhe, wurde ihnen

unaufhörlich gesagt, es verstand sich nach jedermanns Ansicht
von selbst. Und diese Sorge beschränkte sich doch nicht, wie
im sechzehnten Jahrhundert, auf den Befehl in der Küche,
das Einkochen von Latwergen und das Ordnen der Wäsche;
unverkennbar war die Frau durch die letzten hundert Jahre in
eine würdigere Stellung zum Gatten gebracht, sie war seine
Freundin und Vertraute geworden; bei vielleicht dürftigem
Wissen ist ein fester Sinn, ein klares Urtheil, feine innige Em=
pfindung an sehr vielen zu rühmen, von denen uns zufällige
Kunde geblieben ist. Auch an Frauen einfacher Handwerker.
Wenn die Männer durch den Staat und die Pietät weicher, zag=
hafter, unselbständiger geworden sind, die Frauen sind durch
dieselbe Zeit offenbar gehoben. Der Vergleich mit früherer Ver=
gangenheit liegt nahe. Man denke an Käthe Bora, welche den
arbeitenden Luther bittet, sie neben sich zu dulden. Dann sitzt
sie stundenlang schweigend, hält ihm seine Schreibfedern und
starrt aus ihren großen Augen auf das geheimnißvolle Haupt des
Gatten; unterdeß sucht sie unruhig in der eigenen Seele all' ihr
armes Wissen zusammen, und bricht endlich in eine Frage aus,
welche in die Verhältnisse von 1750 umgesetzt, ungefähr so lauten
würde: „Ist der Kurfürst von Brandenburg ein Bruder des
Königs von Preußen?" Und wenn Luther ihr lachend erwidert:
„Es ist derselbe Mann", so ist seine Empfindung bei aller Zu=
neigung doch: „arme Einfalt." *)

---

*) Er hat die Geschichte später fröhlich erzählt, seine Frau war neben
ihm allerdings eine andere geworden. Die Frage Käthe's aber, ob der
deutsche Heermeister ein Bruder des preußischen Herzogs sei, war für Luther
so auffallend, weil gerade damals (1525) die Person Albrecht's von Preußen
mit allem Detail im Kreise der Wittenberger besprochen wurde. Und sie,
die Luthern am nächsten stand, wußte so gar nichts davon. Katharine hatte
übrigens damals schon zwei Jahre in befreundeter Familie zu Wittenberg
gelebt, nicht das Kloster allein trug die Schuld, daß die starke Frau so
still und hilflos im Haus des Gatten saß.

Dagegen um 1723 sitzt Elisabeth Gesner ihrem Mann in der Wohnstube des Conrectorats zu Weimar gegenüber, er arbeitet an seiner Chrestomathie des Cicero, schreibt mit der einen Hand und bewegt mit der andern die Wiege; unterdeß bessert Elisabeth fleißig an den Kleidern ihrer Kinder und verhandelt launig mit den Kleinen, welche sich gegen die aufgesetzten Flecke sträuben, bis ihnen die Mutter vorschlägt, die neuen Stücke als Sonne, Mond und Sterne auszuschneiden und in dieser prächtigen Gestalt aufzunähen. Das helle Licht, welches damals aus dem Herzen der Hausfrau in die dürftige Wohnung strahlte, und das fröhliche Lächeln, welches über das Antlitz des Gatten flog, ist aus seinem Bericht noch für uns zu erkennen. Als sie starb nach langer glücklicher Ehe, sprach der greise Gelehrte: „Eins mußte allein bleiben: da will ich lieber der Verlassene sein, als daß sie es wäre"; er folgte ihr wenig Monate später. Und wieder kurz nach 1750 sitzt die Frau Professorin Semlerin zu Halle neben ihrem arbeitenden Mann, eine weibliche Arbeit in der Hand; beide freuen sich so sehr, einander in der Nähe zu haben, daß er seine Studierstube nur als Aufenthalt für die Bücher benützt, und daß sie jede Gesellschaft als eine Trennung von ihrem Gatten betrachtet. Er hat sich so gewöhnt in ihrer Gegenwart zu arbeiten, daß ihn Spiel und Lachen seiner Kinder, selbst ein lautes Geräusch nicht mehr stört. Vor der Umsicht und dem Urtheil seiner Frau empfindet er eine unbegrenzte Hochachtung, im Haushalt herrscht sie uneingeschränkt; wenn den erregbaren Mann ein widriger Fall beunruhigt, weiß sie schnell in ihrer sanften Weise die rechte Abwehr zu finden; sie ist treue Freundin und die beste Rathgeberin in seinen Universitätsbeziehungen, seine feste Stütze, immer voll Liebe und Geduld; und sie hatte doch sehr wenig gelernt, und auch ihre Briefe litten an Schreibfehlern. Es wird noch später von ihr die Rede sein.

Dergleichen Frauen, einfach, innig, fromm, klar, fest, dabei kurz entschlossen, zuweilen von außerordentlicher Frische und Heiterkeit, sind in dieser Zeit so häufig, daß wir sie wol zu den charakteristischen Gestalten rechnen dürfen. Es sind die Mütter und Ahnfrauen, auf deren Tüchtigkeit fast alle Familien der Gelehrten, Dichter, Künstler, welche in den nächsten Generationen bis zur Gegenwart heraufkamen, einen Theil ihres Gedeihens zurückzuführen haben. Nicht starke Männer zog uns die erste Hälfte des vorigen Jahrhunderts, aber gute Hausfrauen, nicht die Poesie der Leidenschaft, aber ein innigeres Leben der Familie.

Und wenn wir, Enkel und Urenkel der Zeit, in welcher Goethe und Schiller zu Männer wuchsen, über die innere Unfreiheit lächeln, welche bei Bewerbung und Brautstand um 1750 zu Tage kam, über den Mangel an ächter Zärtlichkeit troß der allgemeinen Sehnsucht nach zarten rührenden Empfindungen, über die Unfähigkeit, der schönsten Leidenschaft in Sprache und Wesen vollen Ausdruck zu geben, so mögen wir auch gedenken, daß grade damals die Nation an den Pforten einer neuen Zeit stand, welche diesen Mangel in Reichthum verwandeln sollte. Die Periode der Frömmigkeit hatte eine milde Weichheit in das Volk gebracht, die Philosophie der Mathematiker hatte über Sprache und Leben eine ruhige Klarheit verbreitet, die folgenden fünfzig Jahre einer intensiven poetischen Thätigkeit und kräftiger Production in jedem Reiche der Wissenschaft sollten der Nation eine reichere Entfaltung des Gemüthslebens bringen. Nachdem dies geschehen, war der Deutsche von den guten Geistern seines Hauses nach grauser Verwüstung und Untergang wieder so weit heraufgebildet, daß seine Seele über die Interessen des Privatlebens heraus für größere Aufgaben und die männlichste Arbeit gestärkt war. Nach Spener, Wolf, Goethe kamen die Freiwilligen des Jahres 1813.

Hier aber soll durch die Aufzeichnung eines Zeitgenossen bestätigt werden, was oben über Zustände, Charakter und Brautwerbung der Deutschen vom Jahre 1750 gesagt wurde. Der hier sprechen soll, ward auf den vorhergehenden Blättern bereits einige Mal genannt, es ist ein Mann, welchem die Wissenschaft für immer wohlwollende Erinnerung bewahrt. Johann Salomo Semler (1725 bis 1791), Professor der Theologie zu Halle, war einer der ersten, welche sich von dem Autoritätsglauben der protestantischen Kirche losrangen und, dem Bedürfnisse nach eigener Forschung folgend, mit der wissenschaftlichen Bildung ihrer Zeit ein Urtheil über Ursprung und Wandelung der kirchlichen Dogmen wagten. Seine Jugend war im Kampf mit dem Pietismus, aber auch unter der Herrschaft desselben vergangen. Sein warmes Herz hielt, so lange es schlug, wie Luther und die Pietisten, das kindliche Verhältniß zu seinem Gott und Vater fest, als Gelehrter aber war der selbe Mann, den die Ereignisse des Tages so oft weich, unsicher und abhängig von seiner Umgebung fanden, kühn, entschieden, zuweilen radical. Mit ihm begann die Kritik der heiligen Traditionen, er war der erste, welcher planvoll die geschichtliche Entwickelung und Umwandlung des Christenthums zu begreifen wagte, und die Theologie als einen historischen Prozeß und als ein Moment in der allmäligen Entwickelung des Menschengeistes darstellte, nicht consequent, mit sehr mangelhaftem Verständniß alter Zeiten, aber doch nach den Gesetzen der Wissenschaft. Den innern Gegensatz zwischen seinem Glauben und Forschen verhüllte er sich noch dadurch, daß er wie die Pietisten strenge zwischen Religion und Theologie unterschied, zwischen dem ewigen Bedürfniß der Menschheit, welches ihm befriedigt wurde durch die alten ehrwürdigen Gestalten des überlieferten Glaubens, und zwischen dem ewigen Drange des Geistes, jede irdische Erscheinung zu verstehn. Man hat ihn deßhalb den Vater des Rationalismus genannt, in Wahrheit ist er ein aufgeklärter Pietist, eine der bedeutsamen Gestalten, welche dazu berufen sind, durch die Vereinigung entgegengesetzter Bildungen ein neues Leben vorzubereiten.

In Saalfeld geboren, Sohn eines Geistlichen, in Halle Schüler
des gelehrten Baumgarten, dann ein Jahr in Coburg Redacteur
der dortigen Zeitung, ein Jahr Professor der Geschichte und
Poesie auf der Nürnberger Universität Altorf, wurde er durch
Baumgarten nach Halle berufen, wo er fast vierzig Jahre sieg=
reich gegen die alten Pietisten kämpfte und als eines der wür=
digsten Häupter der großen Universität starb. Das Folgende
enthält den Bericht, welchen er selbst über seine Liebe und
Brautwerbung giebt. Er kann hier nicht ohne kleine sprachliche
Aenderungen mitgetheilt werden, denn Semler hat, was für
ihn charakteristisch ist, in seinem Stile nicht nur lateinische Satz=
bildung, auch viel von der undeutlichen Redeweise der alten
Pietisten. Er liebt, wie sie, ein geheimnißvolles Umschreiben,
Andeuten und halbes Verhüllen, das zuweilen den Sinn unver=
ständlich macht und zu langsamem Lesen nöthigt. Und noch eine
Erinnerung ist nicht unnütz, damit das Folgende nicht die Er=
wartung täusche: der hier erzählen soll, ist in der That ein fein
fühlender Mann gewesen, der mit Fug die volle Achtung und
Verehrung seiner Mitlebenden genoß.

Semler hat die Trennung von der Familie Baumgarten
durchgemacht, ist als Magister von Halle in sein Vaterhaus nach
Saalfeld zurückgekehrt, und hat dort die Bekanntschaft mit einer
Jugendfreundin erneuert. Er erzählt also.

„Mein Aufenthalt in Saalfeld dauerte nicht eben lange,
ganz vergnügt war er mir auch nicht. Ich sah zwar jene würdige
Freundin sehr oft, und wir vergnügten uns an einander, so sehr
wir in unserer tugendhaften Ernsthaftigkeit konnten; es war aber
dabei nichts von der Wonne oder großen Freude, welche unsere
neueren Zeitgenossen*) in so viel Romanen als übermenschlich

---

*) Dr. Johann Salomo Semler's Lebensbeschreibung von ihm selbst
abgefaßt, 2 Theile, erschien im Jahre 1781. Die hier erwähnte Freundin
ist nicht genannt, sie scheint von Adel oder aus dem höhern Beamtenstande
gewesen zu sein.

beschreiben, oder vielmehr p o e t i s ch malen und gar gefühlvoll
darstellen. Es war wirklich, als ob uns schon ahndete, daß diese
seltene Harmonie zweier Seelen und Charaktere etwas zu großes
war, als daß ihr eine Verbindung hätte zu Theil werden können.
Die Unwahrscheinlichkeit fand ich in ihrer, sie in meiner Lage,
aus sehr verschiedenen Gründen. Mit mir sah es sehr weitläufig
aus, da ich das große Glück nicht erreichen konnte, Conrector
zu werden, zu welcher Stelle sie sich sogar erniedrigen wollte;
auch sah ich die Anlage zu einigen Schulden wieder ganz nahe
vor mir, die ich einer so schätzbaren Person nicht ankündigen
konnte. Ich fand mich also jeder zufälligen Aussicht gleichsam
unvermeidlich unterworfen. Sie aber hatte ziemlich alte Eltern,
auch noch lauter unversorgte Geschwister, wie war ihr zu rathen,
daß sie aufs ungewisse sich mit mir verbinden und das bekannt
machen solle, und sich dadurch für glücklichere Verehrer ganz
unzugänglich machen? Wir versprachen indeß mit zärtlicher
Wehmuth alles, was möglich sein würde, und waren von unsrer
Rechtschaffenheit überzeugt, aber auch entschlossen, nichts zu
ertrotzen, was dem einen Theil sichtlichen Nachtheil bereiten
könnte.

Mein Vater hatte an einen alten Freund, Kammerrath Fick
in Coburg, geschrieben und den ersucht, für mein Unterkommen
einige freundschaftliche Speculation zu machen. Der that es,
ehrlich und recht gutmeinend." — — (Semler reist nach Coburg,
erhält dort den Titel Professor, aber keinen Gehalt, wird „Ver=
fasser" der Coburgischen Staats = und Gelehrten = Zeitung und
miethet sich bei einer verwittweten Doctorin Döbnerin ein, einer
muntern Frau, welche wohlhabend ist, sich gern mit ihm unter=
hält, und der er auf manche theologische und historische Frage
antworten muß. Sonst war es ein stiller ehrbarer Haushalt;
eine Tochter, die Demoiselle Döbnerin, war noch im Hause, um
welche sich der Professor, der sehr viel Arbeit findet aber geringe
Einnahme, wenig kümmert. So lebt er ein Jahr, da erhält er

durch einen Bekannten die Nachricht, daß an der Universität Altorf eine Professur erledigt sei, die er wol erhalten könne, er müsse sich aber selbst vorstellen. Diese Kunde regt ihn sehr auf, es zieht ihn mächtig nach einer Universität, er hat bis dahin keine Möglichkeit gesehen, jetzt öffnet sich eine Aussicht; aber ihm fehlt das Geld zur Reise, ja er ist seiner Hauswirthin noch Miethe und Kostgeld schuldig, er zergrämt sich lange in der Stille.)

„Die Frau Doctorin, meine Tischwirthin, bemerkte selbst, daß ich seit etlichen Tagen gar nicht die Munterkeit zum Sprechen äußerte, die ihr sonst so wohl gefiel, weil sie dadurch Gelegenheit zu ihren gewöhnlichen Klagen und alten Erzählungen erhielt; dazu schien ich jetzt nicht mehr die Hand zu bieten, vielmehr mich immer zu bald zu entfernen. Sie fragte mich also, was die Ursache wäre? Ich war so betroffen, daß ich gestand, ich hätte einen Vorschlag zur Professur in Altorf; es erforderte geschwinde Resolution, und ich hätte gar ernstliche Ueberlegungen zu machen. Diese Anzeige, daß ich bald wegkommen könnte, schien Mutter und Tochter in Aufregung zu bringen, und ich beobachtete nun schärfer, als ich sonst zu thun pflegte. Bis hieher hatte ich an die Tochter, die ohnehin alles im Hause besorgte, und nur selten zugegen blieb, wenn wir abgegessen hatten, weiter gar nicht gedacht, als es gerade die Gesetze der Höflichkeit mit sich brachten; zu dieser Höflichkeit rechnete ich aber weder Handküssen noch gefällige Plaudereien. Die Mutter hatte bei aller lustigen Lebhaftigkeit eine sehr strenge Ordnung für ihre Tochter eingeführt, weil sie mit der freiern Lebensart ihres Geschlechts, die schon damals ziemlich in Coburg herrschte, durchaus nicht zufrieden war. Sie behielt die alten Grundsätze, wornach sie selbst in Saalfeld erzogen worden war; und es gab also wenig Visiten in ihrem Hause; wozu sie auch wirklich nicht viel Zeit übrig hatten: so sehr ordentlich wurde diese Haushaltung von ihnen geführt. Man nannte es freilich Geiz und Genauigkeit; aber für eine Stadt sind solche Haushaltungen gewiß sehr nöthig; und jene Andern, die so gern Geld verthun, daß sie borgen müssen, sollten wenigstens nicht ihre unentbehr= lichen Wohlthäter, von denen sie leihen, so übel beurtheilen. Ich kannte das ungestörte tägliche Vergnügen, das in diesem Hause herrschte, und fand darin gewiß viel mehr glückliches menschliches Leben, als bei vielen Andern, wo Glanz oder Geräusch war.

Nun erneuerte sich in mir jede Erinnerung, daß Personen in Coburg mich schon zuweilen gewarnt hatten vor dieser Be= kanntschaft, die ich doch so gleichförmig untadelhaft fand. Meine Beobachtungen wurden zusammenhängender, mir schien, als ob ich gern gesehen wäre; nur wenn der Schluß herauskommen sollte: ich will mir durch diese so stille, so tugendhafte Tochter zu helfen suchen, dann entfiel mir das Herz. Wo sollte auf einmal die Wahrscheinlichkeit, dieses zu hoffen, herkommen, da ich fast ein Jahr lang bedächtige Unaufmerksamkeit mir hatte zu Schulden kommen lassen. Sie hatte schon einen Professor ausgeschlagen, und ich kannte noch andere Proben ihres selb= ständigen, gar nicht übereilten Nachdenkens, wo manche Andere durch den Hang zur Eitelkeit sich leicht würden haben bestimmen lassen. Um so weniger war es wahrscheinlich, daß sie mich nehmen würde, da ich außer mir selbst gar nichts von äußer= lichen Vortheilen zeigen oder versprechen konnte. Ich nahm jedoch eine größere Aufmerksamkeit gegen Mutter und Tochter an als bisher, ich kann sagen, immer noch in einer sehr großen Unentschlossenheit.

In dieser Zeit schrieb ich an meine Schwester nach Saal= feld; kläglich genug war der Inhalt dieses Briefes, der um einiger doch nicht sehr großer Schulden willen, blos weil ich kein Geld mir schaffen konnte, mich auf einmal von meiner dortigen Freundin lossagen sollte, die ich noch jetzt mit Grund verehre. Ich war freilich nicht im Stande, durch warme Wünsche meine Lage in eine bessere zu verwandeln. Sollte ich in Saalfeld Geld borgen, so hinderte es gewiß mein Vater; wie ich ohnehin nicht

unbeutlich gemerkt hatte, daß er immer meine Pläne mir auszu=
reden suchte, und mich ermahnte, ja der Vorsehung durch keine
Uebereilungen entgegenzutreten. Sehr viele trübe Stunden hatte
ich, ehe ich von Saalfeld Antwort erhielt, und noch mehre, als ich
sie bekam, und diese Trennung jetzt ganz richtig und abgemacht
war. Ein sehr ernstliches Nachdenken über viele ähnliche Fälle, die
meiner Lage entsprachen, beruhigte mich nach und nach, obgleich
die Hochachtung gegen jene würdige Person unauslöschlich blieb.

Desto mehr fühlte ich aber meine sehr geringe Stellung; ich
gerieth also in ein wirkliches Gefühl von Niedrigkeit, und machte
mir einen Vorwurf nach dem andern. Deßhalb also sollte diese
so folgsame, tugendhafte Tochter den Vorzug haben, damit sie so
oder so viel Geld für mich ausgeben könnte, woran sie gewiß so
wenig als ihre Mutter dachte; denn in dieser Absicht hatten sie
mir gewiß die vielen Gefälligkeiten nicht erwiesen; sie sahen mich
schon lange dafür an, daß ich meine Neigung für jemand be=
stimmt hätte; sie erinnerten mich oft so freundlich an Halle, von
wo ich den unvergleichlichen Charakter Dr. Baumgarten's so oft,
so sichtbar, mit ganzer Empfindung ihnen gepriesen hatte; und
gerade, weil ich ihnen gegenüber Bescheidenheit und ein leben=
diges Gefühl für Halle gezeigt, hatten sie vortheilhaft von mir
gedacht und ein dortiges Verhältniß als ausgemacht angenommen.
Wie sollte ich sie nun auf einmal von etwas Anderem über=
reden, ohne ihnen selbst offenes Feld für vielerlei mir nachtheilige
Gedanken und Betrachtungen zu bereiten? Ich allein weiß es,
wie mein Gemüth in dieser Zeit ganz darniederlag, wie ganz ohne
Muth und Ruhe ich Tage und Nächte zubrachte, bis ich mich
unter das allgemeine Gesetz der einzigen höchsten Regierung
Gottes bequemen lernte. Mehr als einmal verwirrte mich
wieder der starke Zweifel, ob ich auch so wichtig wäre, daß die
göttliche Providenz sich auf mich erstreckte, ob nicht alle meine
Sorge Folge meiner Fehler und meines unüberlegten Verhaltens
sei. Kurz, ich konnte diesen drückenden Zustand eben so wenig

länger aushalten, als ich in Klagen Zeit zu verlieren hatte. Ich mußte nach Nürnberg melden, daß ich so und so viel Tage vor **Petri Pauli** gewiß eintreffen würde.

Und nun schrieb ich zwei Briefe, einen an die Mutter, und an die Tochter den andern, in jenem eingeschlossen, worin ich meine Absicht, aber auch eben so deutlich meine jetzige Lage ent= deckte, mich auf ihre eigene Kenntniß und Beurtheilung meiner Grundsätze berief und verließ. Mündlich konnte ich unmöglich so überlegt und klar vortragen, was zusammengehörte. Diesen Brief nahm ich mit mir, da ich Abends zu Tische ging, und legte ihn in das gewöhnliche Gebetbuch der Mutter, das immer an seinem Orte lag, so daß der Brief ganz unfehlbar noch diesen Abend in ihre Hände kommen mußte. Ich ließ mir sonst nichts merken, ging aber doch etwas eher weg, als ich zeither immer that, damit desto mehr Zeit zu dieser Entdeckung und ihrer Beurtheilung übrig bleiben möchte. In dem Briefe an die Mutter hatte ich gebeten, wenn es ihr geradehin mißfällig wäre, was ich vortrüge, so möchte sie den Brief an die Tochter gar nicht aufbrechen lassen, sondern mir beide wieder zuschicken und alsdann die Sache meinem zu großen Zutrauen in ihre gute Denkungsart gefällig anrechnen. — Je einsamer ich mich zeither zu halten pflegte, desto tiefere Eindrücke hatten meine ängstlichen, ganz unstäten Wünsche in meiner Seele gemacht; mein Gemüth fing nun an sich ernst= licher zu Gott zu erheben, in einer tiefen, gänzlichen Unter= werfung, um der Unruhe, die aus einzelnen Dingen und ihrem uns unkenntlichen Zusammenhange entsteht, mehr und mehr durch Vorstellung des Unendlichen los zu werden. Ich empfand das Wachsthum meiner Gelassenheit und einer zufriedenen Ein= willigung in alle Schickungen, die ich lange Zeit mir selbst zu verschaffen so vergeblich unternommen hatte.

Es vergingen drei Tage, in denen wir Hausgenossen ein= ander ebenso begegneten, als wenn gar nichts unter uns vor= gekommen wäre, worüber Antwort erwartet würde; und ich

überredete mich schon, es sei eine gütige Schonung meiner
Empfindlichkeit, daß mein Antrag geradezu in Stillschweigen
begraben werden sollte, weil man mich der unangenehmen
Aufklärung überheben wollte. Wie ich mir auch sonst den Vorwurf machen kann, immer gar zu wenig Gutes für mich gehofft
zu haben. Den nächsten Sonntag, es war der 15. Junius
des Jahres 1751, wie ich Mittags von Tisch gehen wollte,
bat mich die Frau Doctorin, diesen Nachmittag eine Tasse
Kaffee bei ihr zu trinken. Noch hielt sie alle Mienen so richtig
in Ordnung, daß ich nicht viel Vortheilhaftes auch von dieser
Einladung mir versprechen konnte. Die nächsten zwei Stunden
brachte ich in freier Luft mit Spazierengehen zu, in einer sehr
gefaßten Stellung meines Gemüths, in Wiederholung vieler
schon vorübergeschwundener Vorstellungen und Wünsche, und
in ziemlich großer Betrübniß über meine zunächst schon bevor-
stehende Reise, die mich nun weit genug von Saalfeld und
Halle bringen mußte*). Ich kam also nicht eben zu bald
wieder zurück, und ging gerade in ihr Zimmer. Sogleich ent-
deckte ich eine so natürlich ausgedrückte beifallvolle Freundlichkeit
in den Augen der Mutter, die mir entgegenkam, daß ich nun
gar nicht mehr an dem Erfolge meines Antrags zweifelte, daß
aber auch meine ehrerbietige Empfindung sich eben so sichtbar an
den Tag legte, als ich zu reden anfing. Die Gleichheit der
Empfindungen, worin wir drei jetzt uns befanden, legte sich
gleich kenntlich in unsere Augen, eine Art von Feierlichkeit entstand, alle drei wandten wir uns sogleich dankend zu Gott. Die
Mutter legte mir nun die zwei Briefe vor, und fragte: „Ge-
stehen Sie, daß Sie dies geschrieben haben?“ „O ja“, sagte
ich, und küßte ihr die Hand. Sie küßte mich lebhaft und ver-
sicherte mich der zufriedensten Genehmhaltung.

---

*) Er sucht Fassung dadurch, daß er wieder an die beiden Demoisellen
in Halle und Saalfeld denkt.

Ihre Tochter verlor sehr bald die bisherige Schüchternheit und schlug jetzt die Augen angenehm auf, weil sie wußte, daß es der Mutter nicht mißfiel, und sie ein Recht hatte sich zu empfehlen. Wir hatten beide keine Romanen=Anleitung gehabt, sie hätte sonst nicht auf mich und die Erlaubniß der Mutter gewartet. Eine für mich so schwere und so wichtige Sache fand also ihren leichten Gang, ohne daß ich irgend einen anderen Menschen oder die Künste oder Ränke, womit Viele eine Braut berücken, zu Hilfe genommen hätte.

Es ist nicht nöthig, daß ich es erzähle, was mein Gemüth für heiligen schamvollen Dank gegen Gott einschloß, wie sehr ich mich bemühte, diese innere Stille und Ruhe zu behalten bei dem nun entstehenden Gerede über diesen meinen Entschluß.

Der Charakter meiner Braut war für mich gleichsam aus= gesucht. Sie hatte eine angenehme Bildung, obgleich die Pocken, die sie schon sehr erwachsen ausgestanden hatte, das übrige Lob der Haut merklich zerstört hatten. Ihre Erziehung war theils unter den Augen der Großmutter und einer vortrefflichen Tante, theils von der Mutter neben ihrem Bruder, durch gehaltene Hauslehrer, besorgt worden. Nach dem Tode des Vaters hatte die Mutter sich und diese Tochter wol etwas zu sehr in Ein= gezogenheit gehalten. Sie hatte aber desto mehr in jeder Geschicklichkeit, die ihrem Geschlechte wahre Vorzüge giebt, zu= genommen; ihr Urtheil war so richtig, daß es die Mutter gemeiniglich in häuslichen Einrichtungen ihrem eigenen vorzog. Sie schrieb einen gut ausgedrückten Brief, meist schön und gleich in Zügen, und mit sehr wenigen Fehlern gegen die Orthographie. Hierin übertraf sie alle ihre vielen Verwandten. Geldrechnung verstand sie viel besser als ihre Mutter, und hatte, da sie kaum fünfzehn Jahr alt war, bei langer Abwesenheit der Mutter, einzelne Einnahmen von mehr als 1800 Gulden so richtig berechnet, daß auch gar nichts daran fehlte. Ueber ihr bisheriges Eigenthum aus der Erbschaft eines Onkels in Coburg, das 4000

Gulben und mehr betrug, führte sie schon einige Jahre her ihre eigene Rechnung. Sie hatte tanzen gelernt und trug sich sehr gut, liebte es aber nicht sonderlich; ihren Putz machte sie sich selbst, sogar vieles von der Kleidung, und stets im Geschmack. Nur wurde diese Belustigung an eigener Hände Arbeit von Andern ihres Alters, die daran kein Vergnügen fanden, für eine Folge zu großer Genauigkeit angesehen. Sie war es gewiß nicht, wie ich bald erzählen werde.

Wir gingen nun freilich mehr mit einander um, auch die wenigen Tage, die ich noch übrig hatte, oft spazieren, zumal in ihrem großen Garten auf der Lossau. Da saßen wir zuweilen unter einem Baume, und übersahen die vor uns liegende Stadt. Sie war so aufrichtig, daß sie mir von selbst sagte: „Nun wenden Sie ja einige Bemühungen und Aufsicht auf mich, mir Mängel abzugewöhnen, die ich in der langen Einsamkeit mir zugezogen habe. Ich werde durch meine Ergebenheit vielleicht Ihnen mich empfehlen, und durch mein ganz reines gutes Herz; da wir aber unter viele Leute, zum Theil von der sogenannten großen Welt kommen, so helfen Sie mir auf, daß ich Ihnen alsdann nicht zum Nachtheil gereiche, bis ich selbst richtiger über das Aeußerliche urtheilen lerne. Denn Sie übertreffen mich an Verstand, an Artigkeit des Sprechens und des Umgangs." — Mir wurden die Augen naß über diese Redlichkeit. Sie weinte mit mir; „ob es mich nun reue? ob ich nicht schon lange diese ihre Mängel erkannt hätte?"

Ich hatte hier die beste Gelegenheit, sie von einer andern Seite zu erheben, indem ich antwortete: „Mit mehr Recht drückt mich die Sorge, daß es Sie selbst reuen möchte, einem Professor Ihre Hand und Herz gegeben zu haben, den Sie bald äußerlich ganz dürftig finden werden, ob er gleich arbeitsam sein wird. Und nun will ich auch Ihnen meine Sorge ganz ohne Rückhalt vorlegen. Sie wissen zwar, daß mein Vater mir nichts geben kann; Sie wissen aber wol nicht, daß ich Ihnen Haus-

und Tischschuld jetzt nicht bezahlen kann, daß ich auch noch manche kleine Schulden am Ende abmachen muß, wenn wir mit Ehren von Coburg wegkommen sollen."

Sie sah mir zärtlich in die Augen und sagte: „Wenn Sie wirklich keine andern Ursachen haben betrübt zu sein, so bin ich freilich sehr glücklich zu sagen, daß ich Ihnen gleich zu helfen im Stande bin. Denken Sie also an nichts weiter, als mich Ihrer immer mehr werth zu machen, damit ich in Gesellschaft Ihnen keinen Nachtheil bringe. Ich bin Herr über mein eigenes Vermögen, wozu ich bisher den Dr. Berger als meinen Curator zuweilen um Rath frage. Der hält Sie selbst zu hoch, als daß er mir das Geringste in den Weg legen wird, wenn ich Ihnen gern dienen will."

Und diese uneigennützige, ehrliche Denkungsart hat auch diese würdige Person stets behalten und mich aller Beschämung oder Betrübniß über meine Lage überhoben.

Nun dachte ich auf meine Reise, um nicht zu spät nach Nürnberg zu kommen. —

Zu Nürnberg giebt es noch sehr viele Merkmale eines hohen Alterthums, die einen großen Eindruck auf mich machten. Der Prediger Birkmann bei der Egidienkirche hatte mir gütig angeboten, bei ihm Quartier zu nehmen; ich wurde überaus liebreich aufgenommen und bekam eine Stube ganz oben, worin seine Bücher stunden; welche Nachbarschaft mir sehr nützlich war, indem ich des Abends einige Nachrichten von Nürnberg selbst aufsuchte, um nicht in allen Dingen so gar fremd zu sein. Sobald als möglich ließ ich mich den Herren des Raths auf dem ansehnlichen Saale des Rathhauses vorstellen, zu einer Stunde, da sie eben auf einige Minuten aus ihren besondern Zimmern auf den Saal traten. Der große Eindruck dieses sehr an= sehnlichen Gebäudes und viele mir ganz ungewohnte Umstände thaten eine gute Wirkung auf mich, daß ich mit Rührung und Modestie zum erstenmal eine Parrhesie zu meiner angelegent=

lichen Empfehlung anwendete, welche mir den gnädigen Beifall dieser sehr verehrungswürdigen Personen erwarb. Herr von Ebner, dessen eigene Gelehrsamkeit und große edle Denkungsart jedermann mit Hochachtung erfüllte, ließ mir nachher noch sagen, daß er mich des Nachmittags in seinem Hause erwarten würde. Ich suchte die Stille meines Gemüths wieder zu gewinnen, um durch das viele Unerwartete so wenig als möglich zerstreut zu sein und diese Aufwartung desto mehr zu meinem Vortheil zu benutzen. Da dieser Herr fast gar nicht sehen konnte, so entging mir schon viel Beistand, indem ich durch eine ungekünstelte modeste Stellung, die ich stets liebte, mir sonst manchen Eingang verschafft hatte, sogar bei Personen, die vorher wider mich eingenommen gewesen waren. Nachdem ich einige Minuten gestanden und meine wahre dankvolle Empfindung in den besten Sätzen meiner Rede ausgedrückt hatte, die wenigstens den Schwulst eben so sehr als das Alltägliche vermied, so sagte er: „Herr Professor, Ihre Stimme und Rede gefällt mir so wohl, daß ich es sehr bedaure, Sie nicht mit meinen Augen genauer anschauen zu können. Setzen Sie sich her zu mir; ich muß doch allerlei mit Ihnen reden. Der große Mann, den wir verloren haben, Professor.Schwarz, hat Sie insbesondere an mich recht vertraulich empfohlen, während es freilich an vielen Competenten der Stellen nicht fehlet, die durch ihn erledigt worden sind." Nun kam er auf meine Miscellaneas lectiones, davon er sich hatte vorlesen lassen, und fragte so viel Einzelnes, daß die Unterredung einem Examen sehr ähnlich war. Endlich sagte er mit kenntlicher Freude: „Sie sind grade mein Mann; wo ich hin will, da sind Sie schon. Ich wünsche herzlich viel Glück für Sie und für Altorf." Darauf ließ er Tridentiner Wein bringen, und der Diener mußte das Glas nicht leer stehen lassen. Nun wurde er so gnädig, da ich aufstand, daß er sagte: „Kann ich für Sie sorgen durch eine reiche Heirath, so sagen Sie es jetzt grade heraus." Ich küßte ihm die Hand sehr ehrerbietig, legte die

Augen darauf und sagte mit großer Empfindung gradehin:
„Ich danke." — „Um desto lieber ist es mir," sagte er, „wenn
Sie gar keine Unruhe des äußerlichen Lebens mehr haben."
Er befahl mir, wenn ich von Altorf zurückkäme, nochmals bei
ihm anzufragen, indem er mich in seinen Garten mitnehmen
und noch mehr mit mir verabreden wollte; was auch nachher
geschehen ist. Ich muß sagen, eine so edle Herablassung und
thätige Werthschätzung, als die Herren von Nürnberg ihren
Gelehrten stets erweisen, habe ich sonst nicht oft wieder angetroffen.

Der Prediger Birkmann reiste mit mir nach Altorf. Unter-
wegens fand ich für sehr gut, dem rechtschaffnen Manne zu erkennen zu geben, daß Herr von Ebner für meine gute Verheirathung habe sorgen wollen, daß ich aber schon in Coburg
nöthig gehabt hätte, mich dieser und anderer Sorgen zu ent-
ledigen, daß also alle andere gutmeinende Anstalten unnöthig
wären. Indeß hatte ich doch eine Menge neuer Gedanken zur
Begleitung.

Glücklich kam ich wieder nach Coburg und brachte die
Vocation mit. Den 26. August des Jahres 1751 wurde mir
die liebenswürdige Döbnerin in der Sacristei angetraut."

So weit der Bericht des Gatten, der im weitern Verlauf
seiner Lebensbeschreibung bei jeder Gelegenheit seine Liebe und
Bewunderung für die Frau seiner Wahl ausspricht, der Ge-
storbenen eine besondere Lobschrift verfaßte. Leider ist kein
Brief erhalten, welchen die Frau Professorin als Braut an
ihren künftigen Herrn richtete, und dessen Stil von dem Professor so gelobt wird. Aber aus demselben Jahre 1750, aus
dem Kreise ihrer Coburger Bekannten, kann ein Liebesbrief mitgetheilt werden *), der, wie man annehmen darf, ziemlich genau

---

*) Der Brief wird hier mitgetheilt, weil er fast denselben Inhalt hat,
wie ein Schreiben der schönen Ursula Freherin an ihren Bräutigam aus

ben Stil der Demoiselle Döbnerin wiedergiebt, dieselben her=
kömmlichen Formen und die künstliche Zärtlichkeit, hinter welcher
nur zuweilen die warme Empfindung eines Menschenherzens
fühlbar wird. Dieser Brief einer Braut an ihren Bräutigam
in Coburg lautet also:

„Mein auserwähltes Herz! Gleich wie ich nicht zweifle,
mein geliebtes Kind werden die heiligen Weihnachtsfeiertage in
allem erwünschten Wohlsein zurückgelegt haben, so hoffe, daß
der gütige Gott mein sehnliches Bitten in Gnaden erhören und
meinen Geliebten mit so viel Gesundheit, Segen und allem
Vergnügen in reichem Maß überschütten wird, daß beständig
Ursach haben möge, ihn dafür zu preisen. Zu dem bevorstehen=
den Jahreswechsel gratulire ebenfalls, und will meinen aufrich=
tigen Wunsch von Grund des Herzens in diesen wenigen Worten
ausdrücken: „Höchster, höre mein Gebet! nimm, mein liebstes
Kind zu sparen, doch die Hälfte meiner Zeit, lege sie zu seinen
Jahren; so wird auch mein zeitlich Wohl, das durch seine Güte
keimet, bald des Segens reife Frucht, obgleich Neid und Miß=
gunst schäumet.“

Mein Herz haben mir mit Deren angenehmem Schreiben
ein großes Vergnügen verursacht, da ich gesehen, daß sich Die=
selben Deren häufige Verrichtungen, welche mich leicht vergessend
machen können, nicht abhalten lassen, an mich gütigst zu ge=
benken, deßwegen Ihnen meinem Geliebten den allerverpflichtetsten
Dank abstatte. Dieselben beliebten in Deren Werthem zu er=
wähnen, daß die Ringe fertig, es stand aber nicht dabei, was ich
dafür zu bezahlen schuldig, ich erwarte daher mit nächstem eine
gefällige Nachricht sowol dieserwegen, als auch vornehmlich den
Herrn Schwager Consulenten betreffend.

---

dem Jahre 1598 in Bd. II, 2. der Bilder aus d. deutsch. Verg. 8. Aufl.
S. 239. Den hier abgedruckten Brief verdankt Herausgeber der Güte
des Baron Ernst von Stockmar.

Finden mein geliebtes Vergnügen sonsten etwas, das ich zu wissen oder besorgen nöthig habe, so belieben es Dieselben nur frei und aufrichtig zu melden, es soll mir Dero Befehl allzeit zu einer Vorschrift dienen. Bei der hochwerthesten Frau Mama und Frau Schwester machen mein Herz ׳ bei dieser Jahresveränderung meine gehorsame Gratulation, und bitten mir ohnschwer Deren geneigtes Wohlwollen ferner aus. Mein Papa und Mama lassen ebenfalls ihr Compliment vermelden und Ihnen alles beglückte Wohlergehen in ungestörter Zufrie- denheit zu genießen anwünschen. Wir erwarten mit größtem Verlangen eine gefällige Antwort, und mein Papa ist desto begieriger, solche zu erhalten, weil er das letzte Schreiben der Mama selber dictiret; mich plaget selbst die Neugierigkeit zu vernehmen, wie Dero Resolution diesfalls ausfallen wird. Anbei nehme mir die Erlaubniß, Ihnen, mein Herz, etwas Schlechtes von meiner Arbeit zu einem Leibchen beizulegen, mit der ergebensten Bitte, nicht auf den geringen Werth der Sache, sondern auf die aufrichtige Meinung zu sehen; denn ich ver- sichere, daß nicht so viel Stiche darin befindlich, als gute Wünsche für dieselben dabei abgeschicket. Schließlich bin mit beständig währender Hochachtung

meines Herzlichgeliebten

Hof, 29. Decbr. 1750.   treuergebene

A Monsieur, Monsieur . . . . à Coburg.   C. C. K.‟

So vorsichtig, förmlich und geschnörkelt war damals das geschriebene Liebeswort eines treuen fränkischen Mädchens, auch der lieben Frau Professor Semler.

Wenn man aber ihn, Johann Salomo Semler selbst, den Vater der modernen Theologie, lange Zeit ein hochgeehrtes Haupt seiner Universität, der in seiner Wissenschaft den ältern Zeitgenossen ein kühner, waghalsiger Mann war, wenn man ihn mit dem Maßstabe messen wollte, den unsere Zeit an die Hand giebt! Weil er kein Reisegeld und in Coburg einige Schulden hat, verfällt er in schweren innern Kampf, beschließt zu hei= rathen, kündigt seiner Freundin in Saalfeld das Verhältniß und bewirbt sich um die Tochter seiner wohlhabenden Hauswirthin, die ihm bis dahin ziemlich gleichgültig war. Dergleichen wäre in unserer Zeit, milb gesagt — kläglich. Und doch, als der bejahrte Professor der Theologie diesen Bericht der Oeffentlichkeit über= gab, da hat er offenbar vorausgesetzt, daß sein Verhalten ihm in den Augen der Zeitgenossen nicht zur Unehre gereichen werde. Es ist kein Grund, zu bezweifeln, daß die Freunde seiner Jugend genau eben so empfanden, vielleicht etwas weniger gewissen= haft. Welches Recht hatte, als er jung war, das Herz eines armen Gelehrten gegenüber der kalten tyrannischen Welt? Noch wenig. Was war der Zweck und Inhalt seines Lebens? Lernen und arbeiten vom frühen Morgen bis in die tiefe Nacht, um sein mühsam erworbenes Wissen in andere Seelen zu gießen, das Wichtige und Neue, was er ergrübelt, erspäht, erdacht, durch Schrift und Lehre auszubreiten. Darin lag seine höchste Pflicht und Ehre, der Zweck und Stolz seiner Erdentage; sein Privat= leben mußte sich dafür fügen und schicken, wie es gerade ging. So empfand nicht der brennende Ehrgeiz Weniger, es war eine allgemeine Empfindung wie bei Semler, in vielen Hunderten, welche hungerten, sich vor Mächtigen beugten und ihren Glauben wechselten, um für ihre Wissenschaft leben zu können. Das ist gar nicht groß, aber es ist immerhin Sehnsucht nach dem Größten, es ist das alte deutsche Bedürfniß, sich für etwas hinzugeben, was unendlich werthvoller ist als der Einzelne. Kommt zu solchem Sinne einmal sichere Manneskraft und das Gefühl, ein Herr auf der Erde zu sein, so mag wol etwas daraus entstehen, was alle Folgezeit groß und gut nennt.

4.

Aus der Garnison.

Ein Schuß aus der Lärmkanone! Scheu tritt der Bürger vom Fenster zurück, und blickt prüfend in die dunkeln Winkel seines Hauses, ob sich eine fremde Menschengestalt darin verborgen. Der Bauer auf dem Felde hält seine Pferde an und überlegt, ob er wünschen darf mit dem flüchtigen Manne zusammenzutreffen und das Fangegeld zu verdienen, oder ob er einen Verzweifelten fürchten und schonen soll, trotz der harten Strafe, welche jedem droht, der einen Deserteur entschlüpfen ließ. Wahrscheinlich wird er den Flüchtling entrinnen lassen, auch wenn er seiner Herr werden kann, denn in geheimer Seele regt sich ihm ein Mitgefühl, ja etwas wie Bewunderung des Verwegenen.

Kaum ein Kreis irdischer Interessen prägt so scharf die Besonderheiten der Zeitbildung aus, als das Heer und die Methode der Kriegführung. Die Armee entspricht zu jedem Jahrhundert merkwürdig genau der Verfassung und dem Charakter des Staates. Die fränkische Landwehr der Merovinger, welche von ihrem Märzfeld zu Fuß gegen Sachsen und Thüringen zog, das Heer der abligen Panzerreiter, welches unter Kaiser Rothbart seine Rosse in die Ebenen der Lombardei hinabführte, die Schweizer und Landsknechte der Reformationszeit, und wieder das Söldnerheer des dreißigjährigen Krieges, sie alle waren höchst charakteristische Bildungen ihrer Zeit, welche aus den socialen Zuständen des Volkes erblühten und sich wandelten, wie diese. So wurzelt das älteste Fußheer der Besitzenden in der alten Gemeinde- und Gauordnung, das reisige Ritterheer in dem feudalen Lehnwesen, die Fähnlein der Landsknechte in der aufblühenden Bürgerkraft, die Compagnien der fahrenden Söldner in dem Wachsthum der fürstlichen Territorialherrschaft. Ihnen folgte in den despotischen Staaten des achtzehnten Jahrhunderts das stehende Heer der dressirten Lohnsoldaten.

Aber keine der älteren Formen des Kriegsdienstes ist durch die späteren ganz beseitigt worden, wenigstens einzelne Erinnerungen daran sind überall bewahrt. Jene uralte Landfolge der freien Grundbesitzer hatte aufgehört, seit ein großer Theil der kräftigen Bauern in die Hörigkeit herabgesunken war; die starke Landwehr war zu einem Landesaufgebot von geringer Kriegstüchtigkeit geworden, aber ganz beseitigt war sie nicht, denn allen Landsassen blieb bis in das achtzehnte Jahrhundert die Verpflichtung, beim Klang der Sturmglocke zusammenzueilen, Kriegsgespann und Schanzgräber zu stellen. Ebenso war die Rittercavallerie der Hohenstaufen von dem Heer der freien Bauern und Bürger bei Sempach, Granson, Murten wie in den Niederungen der Ditmarschen zerschlagen worden; aber die Stellung der Ritterpferde blieb eine Last der abligen Güter, sie wurde allerdings seit dem Ende des sechzehnten Jahrhunderts — in Preußen erst unter Friedrich Wilhelm I. — in eine feste niedrige Geldabgabe verwandelt, und diese Abgabe war in den meisten Landschaften Deutschlands die einzige Steuer, welche auf den abligen Lehngütern lag*). Auch der fahrende Landsknecht, welcher sich selbst die Ausrüstung besorgt und jeden Sommer die

---

*) Sie betrug zur Zeit Friedrichs II. für das große Rittergut, welches ein ganzes Ritterpferd zu stellen hatte (es gab auch halbe und Viertelpferde), je nach den Landschaften 18—24 Thaler, ungewöhnlich viel in der Kurmark: 40 Thaler.

Fahne gewechselt hatte, war in einen montirten Söldner mit
bestimmter Dienstzeit verwandelt; aber in die neue Zeit erhielt
sich der Brauch freier Werbung, das Handgeld, das Heran-
locken der Ausländer, obgleich diese Gewohnheiten der Landsknechtzeit in einem seltsamen und unversöhnlichen Gegensatze zu
der furchtbaren Härte standen, mit welcher die neue Ordnung
der despotischen Staaten das ganze Leben der Angeworbenen
zusammenschnürte.

Die Mängel der stehenden Heere im achtzehnten Jahrhundert sind oft beurtheilt worden, und jedermann weiß Einiges
von der herben Zucht in den Compagnien, mit welchen der
alte Dessauer die Schanzen von Turin stürmte und Friedrich II.
den Besitz Schlesiens behauptete. Aber nicht ebenso bekannt,
selbst von Kriegsschriftstellern ganz vernachlässigt ist eine andere
Seite der alten Kriegsverfassung, und von dieser soll hier zunächst die Rede sein.

Die Regimenter, welche die deutschen Souveräne des achtzehnten Jahrhunderts in ihre Schlachten führten oder an fremde
Potentaten vermietheten, waren nicht die einzige bewaffnete
Organisation in Deutschland. Neben dem Söldnerheer bestand
in den meisten Staaten auch ein Volksheer, allerdings in sehr
mangelhafter Verfassung, aber doch keineswegs ganz nichtig und
einflußlos. Zu keiner Zeit war die alte Idee, daß jedermann
zur Vertheidigung des eigenen Landes verpflichtet sei, aus dem
Leben der Deutschen geschwunden. Das Recht des Landesherrn,
die Unterthanen zum Schutz der Heimat, zur Landesfolge zu
verwenden, war aber in der Empfindung der alten Zeit durchaus von einem andern Recht des Landesherrn unterschieden,
Kriegsvolk zu halten. Für seine Politik und den Kampf außerhalb der Landesgrenzen Kriegsdienste zu leisten, durfte er dem
Unterthan nicht befehlen. Im Kriege dienen war ein freies
Handwerk, dazu durfte er, seit seine Vasallen unbrauchbar geworden waren, nur Freiwillige einladen, d. h. werben. Es ist eine

der größten Umwandlungen in der Geschichte des deutschen Volkes, daß durch die despotischen Regierungen in dem vorigen Jahrhundert den Deutschen allmälig die Ueberzeugung aufgedrungen wurde, daß das Volk verpflichtet sei, dem Landesherrn wenigstens einen Theil seines Kriegsvolkes zu stellen. Und nicht minder lehrreich ist, daß erst in unserm Jahrhundert, seit das alte System zusammenbrach und neue Staatsformen vorbereitet wurden, die Idee der allgemeinen Wehrpflicht in die Seele des Volkes sank. Es lohnt, den Weg zu verfolgen, auf welchem es geschah.

Schon gegen Ende des sechzehnten Jahrhunderts, als die Landsknechte zu kostspielig und lüderlich wurden, war man auf den Gedanken gekommen, aus den wehrhaften Männern der Stadt und des flachen Landes eine Miliz zu bilden, das Defensionswerk, welche innerhalb der Landesgrenzen zur Vertheidigung verwendet werden sollte. Seit 1613 wurden die Defensioner in Kursachsen und den Nachbarländern, bald darauf in den andern Kreisen des Reiches organisirt, und Fähnlein geordnet, zuweilen zusammengezogen und militärisch geübt. Ihre Gesammtzahl ward festgestellt und auf die Ortschaften vertheilt, die Gemeinden bestimmten und rüsteten die Leute; waren sie im Dienste, so erhielten sie Sold vom Landesherrn.

Der dreißigjährige Krieg war zum größten Theil mit geworbenem Volke geführt worden, doch waren aus Noth die Defensioner hier und da in Kriegsvolk umgewandelt worden, indem man entweder ganze Regimenter für den Feldbienst bestimmte, oder mit den brauchbaren Leuten die Lücken der geworbenen Truppen ausfüllte. Im Ganzen aber hatte sich die lockere Errichtung dieser Miliz nicht bewährt. Nach dem Frieden war in dem menschenarmen Lande noch weniger möglich, darauf eine neue Kriegsverfassung zu gründen. Denn der Bürger und Bauer wurde für die Cultur des leeren Grundes wie als Steuerzahler unentbehrlich. Man behielt deßhalb die alte unvollkommene Einrichtung dieses Bürgerheeres bei. Nur machte sich

auch bei der Miliz die neue Zeit dadurch geltend, daß die Aus=
wahl der Mannschaft Officieren des Landesherrn übertragen,
und die Dienstzeit auf das erste Mannesalter beschränkt wurde;
die Gemeinden traten in den Hintergrund, der Souverain wurde
auch hier mächtiger. In solcher Weise wurden die ausgehobenen
Defensioner in Compagnien und Kreisregimenter zusammen=
gezogen, und ein oder mehre Male im Jahre einexercirt. Vor
dem Kriege hatten die Ortschaften Waffen und Ausrüstung be=
schafft, jetzt lieferte auch diese der Landesfürst, aber in den
Städten blieben die Officierstellen in den Händen der Bürger,
nur die Oberofficiere bestimmte der Kriegsherr. Die Mann=
schaft wurde in der Regel durch das Loos gewählt, und es ist
interessant, daß schon 1711 auf den sächsischen Loosen die Auf=
schrift stand: „Für das Vaterland". Aber unvollständig
war die militärische Ausbildung, zahlreich die Befreiungen, un=
geschickt der Ersatz des Abgangs.

Und doch haben diese Landtruppen mehr als einmal gute
Dienste gethan, auch in Preußen. Das bewaffnete Landvolk,
welches in den Schilderungen der Fehrbelliner Schlacht ge=
nannt wird, war kein zusammengelaufener Haufe, sondern die
alte organisirte Landesmiliz; sie hatte wesentlichen Antheil an
der ersten glorreichen Waffenthat, in welcher die Brandenburger
selbst für eigene Faust einen überlegenen Feind schlugen. Noch
1704 war das Volksheer im preußischen Staat für etwas
Werthvolles gehalten, denn wer bei ihm enrollirt war, wurde
von jedem anderen Kriegsdienst für den Landesherrn befreit*).
Zwar wurde dasselbe durch Friedrich Wilhelm I. aufgehoben,
aber im siebenjährigen Kriege wieder in Pommern und Preußen
eingerichtet; und dort hat diese Miliz gegen Schweden und
Russen vortreffliche Dienste gethan. Auch im Reich, in Sachsen

---

*) Die Stärke der Landmiliz unter Friedrich I. wird von Faßmann
(I. S. 720), wol zu hoch auf 60,000 Mann angegeben.

erhielt sie sich, kraftlos, unkriegerisch, mißgeachtet, bis ganz ver=
änderte Culturverhältnisse eine neue Organisation des Volks=
heeres möglich machten. Noch heut ist diese Neugestaltung nicht
zum völligen Abschluß gekommen.

Ganz getrennt von dieser Miliz stand das Kriegsvolk,
welches der Landesherr für sich hielt und ganz aus seinen Ein=
nahmen bezahlte. Es mochte nur eine Garde sein, zum Schutz
und Schmuck seines Hofes, es mochten viele Compagnien sein,
welche er sich erwarb, um seinen Status zu sichern, Einfluß und
Macht unter seinesgleichen zu gewinnen, Geld damit zu ver=
dienen. Das war sein Privatgeschäft, und wenn er sein Volk
nicht übermäßig dadurch belästigte, so war nichts dagegen ein=
zuwenden. Es war ein freies Geschäft auch für den, welcher
ihm dienen wollte, er mochte sich anwerben lassen, Inländer oder
Fremder, er mochte sehen, wie ihm der Vertrag gehalten wurde.
Kam das Land durch einen äußern Feind in Gefahr, so bewilligte
die Landschaft dem Herrn auch für dies Kriegsvolk Geld oder
einen besonderen Zuschuß, denn man wußte wol, daß es kriegs=
tüchtiger war als die Landesmiliz. So war es unter dem
großen Kurfürsten noch in Preußen, so blieb es in dem größten
Theile Deutschlands bis tief in das achtzehnte Jahrhundert.

Aber auch dies private Kriegsvolk, welches der Landesherr
sich warb, hatte eine neue Einrichtung erhalten.

Bis zum Ende des dreißigjährigen Krieges hatte bei den
meisten deutschen Heeren die Werbung nach Landsknechtbrauch
auf das Risico des Obersten stattgefunden. Der Oberst schloß
den Contract mit dem Fürsten, er besetzte und verkaufte die
Hauptmannsstellen, der Fürst zahlte dem Obersten das Geld,
welches von der Landschaft aufgebracht wurde. So waren die
Regimenter in gründlicher Abhängigkeit vom Obersten, und
dieser war eine Macht auch dem Landesherrn gegenüber. Die
Disciplin war locker, die Officierstellen von Creaturen des
Oberst besetzt, der Zusammenhalt des Regiments wurde durch

seinen Tod gelöst. Die Gaunereien der Obersten und Compagnieführer, schon um 1600 von militärischen Schriftstellern
beklagt, hatten eine gewisse virtuose Ausbildung erhalten.
Selten war die Mannschaft, welche auf dem Papiere stand,
vollständig unter der Fahne. Die Officiere bezogen den Sold
für eine große Anzahl von Fehlenden, welche man „Passevo=
lants" oder „Blinde" nannte; sie reihten ihre Knechte, Marke=
tender aus dem Troß in die untern Chargen ein. Auch bei der
kaiserlichen Armee hörten die Klagen nicht auf, von oben bis
unten der rücksichtsloseste Eigennutz, die Officiere plünderten
mitten im Frieden ihre Quartiere in den Erblanden aus, sie
fischten und jagten in der Umgegend, erhoben einen Aufschlag
von den Stadtzöllen, sie ließen Fleisch schlachten und verkaufen,
sie richteten Wein= und Bierschenken ein. Und wie die Officiere
raubten, so stahlen die Gemeinen. Das geschah z. B. noch 1677.
Und diese Landesplage drohte eine beständige zu werden. Die
Werbung der Rekruten aber war in dieser frühern Zeit noch
wenig organisirt, und die Gaunereien, welche dabei nicht fehlen
konnten, waren wenigstens nicht durch die höchsten irdischen
Autoritäten sanctionirt.

In Brandenburg reformirte der große Kurfürst gleich nach
seinem Regierungsantritt 1640 das Verhältniß der Regimenter
zum Landesherrn; die Werbung geschah fortan in seinem eigenen
Namen, er ernannte die Obersten und Officiere, welche ihre
Stellen nicht mehr kaufen durften. Dadurch erst wurden die
Söldnerschaaren zu einem stehenden Heere mit gleichmäßiger
Bekleidung, Bewaffnung und Ausrüstung, mit besserer Manns=
zucht, willenlose Werkzeuge in der Hand des Fürsten. Für das
Kriegswesen war dies der größte Fortschritt seit der Erfindung
des Feuergewehres, und Preußen verdankte der frühen und
energischen Durchführung des neuen Systems sein militärisches
Uebergewicht in Deutschland. Auch die Verpflegung der Mann=
schaft wurde neu geordnet; sie erhielten wenigstens im Kriege

ihre Tagesbedürfnisse in Rationen, der Unterhalt wurde aus großen Magazinen besorgt. Durch Montecuculi und später durch Prinz Eugen erhielt auch Oesterreich kurz vor 1700 ein besser disciplinirtes stehendes Heer.

Die Ergänzung dieser Truppen des Fürsten konnte in Deutschland bis vor 1700 fast ausschließlich durch freie Werbung beschafft werden: denn noch lange nach dem großen Kriege blieb dem Volke die Unruhe und ein abenteuerlicher Sinn, der das Kriegshandwerk lockend fand. Das wurde allmälig anders. Durch die kriegerische Zeit Ludwig's XIV. und die Vergrößerung der französischen Armee wurden die deutschen Fürsten zu immer neuer Vermehrung ihres Söldnerheeres gezwungen, der Menschen-verlust der unaufhörlichen Kriege rieb viel von dem unnützen und waghalsigen Gesindel auf, das sich um die Fahnen sammelte. Schon vor dem großen Erbfolgekriege wurde der Mangel an Mannschaft sehr fühlbar, die freiwillige Werbung wollte nirgend mehr ausreichen, die Klagen über Gewaltthätigkeiten der Werbe-officiere wurden zuletzt lästig. Da begann der Kriegsherr prüfend in das Volk zu sehen, das unter ihm arbeitete und zuweilen noch in Compagnien exercirte. Er fühlte einige Verlegenheit. Die Landesmiliz für seine Kriegszüge zu gebrauchen, war unthunlich, sie war viel zu wenig ausgebildet, und was wichtiger war, sie bestand vorzugsweise aus seßhaften Leuten, deren Arbeiten und Steuern er für seinen Staat. gar nicht entbehren konnte, da der Adel und in katholischen Ländern die Geistlichkeit fast nichts zu seinen Einnahmen beitrug. Außerdem war es eine unerhörte Sache, das Volk selbst durch Gewalt zum Kriegsdienste zu zwingen. Wie sehr er sich als Herr fühlte, diese Neuerung war zu sehr gegen die allgemeine Empfindung, die Leute trugen ja eben deßhalb ihre Steuern und Lasten, damit er für sie Krieg führe. Der Bauer leistete seinem Gutsherrn Frohnden und Dienste, weil dieser in alter Zeit für ihn zu Felde gezogen war, er leistete dann außerdem dem Landesherrn Steuern und Dienste, weil dieser mit geworbenen Leuten für ihn zu Felde zog, seit der Gutsherr die Last nicht mehr tragen wollte; jetzt aber sollte der Bauer dem Gutsherrn und dem Fürsten dieselben Dienste leisten und außerdem noch selbst in den Krieg marschiren. Das schien doch nicht ausführbar. Und wieder drängte die bittere Noth, man mußte sich zu helfen suchen. Nur das entbehrlichste Volk sollte genommen werden, Herumtreiber, müßige Hände; wer aber dem Staate durch Arbeit nützlich war, wer irgend wie aus der Masse hervorragte, durfte nicht gestört werden.

Vorsichtig und zögernd begann kurz vor 1700 die Heran= ziehung des Volkes zum Kriegsdienst seines Fürsten. Aber ohne Erfolg wurde das erstemal ausgesprochen, daß das Land Rekruten stellen müsse. Die Neuerung ward, wie es scheint, zuerst 1693 von den Brandenburgern versucht: die Provinzen sollten die fehlende Mannschaft werben und präsentiren, doch keine unter= thänige, der Compagnieführer sollte für den Mann zwei Thaler Handgeld zahlen. Bald ging man weiter und legte (1704) zuerst einzelnen Klassen von Steuerzahlern, dann (1705) den Gemeinden die Stellung der Ersatzmannschaft auf. Die Rekruten sollten zwei bis drei Jahre dienen, wer freiwillig auf sechs Jahr und darüber capitulirte, wurde bevorzugt. Ganz dasselbe wurde 1702 in Sachsen durch König August eingerichtet. Dort hatten die Gemeinden, wie für ihre Miliz, jetzt auch für den Landes= herrn eine bestimmte Zahl junger gesunder Leute zu liefern und über die Entbehrlichkeit der Einzelnen zu entscheiden, Ort der Gestellung das Rathhaus, Aufsicht übten die Kreis= und Amts= hauptleute, der Mann wurde ohne Montur geliefert, Handgeld vier Thaler, Dienstzeit zwei Jahr; verweigerte der Officier nach zwei Jahren den Abschied, so konnte der Ausgediente sich eigen= mächtig auf den Weg begeben. So furchtsam begann man einen neuen Anspruch geltend zu machen. Und trotz dieser Vorsicht war der Widerstand des Volkes zu erbittert und heftig, die neue Einrichtung verfiel, man kehrte wieder zur Werbung zurück,

schon 1708 wurde die Rekrutirung in Preußen wieder auf=
gehoben, „weil die Zumuthung zu groß war". Erst der eiserne
Wille Friedrich Wilhelm's I. gewöhnte sein Volk allmälig an
diesen Zwang. Seit 1720 wurden Verzeichnisse der kriegs=
pflichtigen Kinder angelegt, 1733 das Cantonsystem eingeführt.
Das Land ward unter die Regimenter vertheilt, der Bürger
und Bauer wurde mit einer Anzahl Ausnahmen für kriegs=
pflichtig erklärt, alljährlich wurde der Bedarf des Regiments
durch Aushebungen gedeckt, bei denen die größte Willkür der
Hauptleute ungestraft blieb. —

In Sachsen gelang es erst gegen Ende des Jahrhunderts,
die Rekrutirung neben der Werbung durchzuführen. In anderen,
zumal in kleinen Territorien, glückte das noch weniger.

So bietet das Heerwesen der Deutschen die merkwürdige
Erscheinung, daß in derselben Zeit, in welcher die Aufklärung
im Bürgerthume größere Ansprüche, Bildung und Sittlichkeit
heraufzieht, durch den Despotismus der Regenten allmälig ein
anderer großer politischer Fortschritt in das Leben des Volkes
geschlagen wird: die Anfänge unserer allgemeinen Wehrpflicht.
Aber ebenso merkwürdig ist, daß diese Neuerung nicht in der
Form einer großen und weisen Maßregel in's Leben tritt, sondern
unter Nebenumständen, welche sie ganz besonders widerwärtig
und abscheulich erscheinen ließen. Die größte Härte und Ge=
wissenlosigkeit des despotischen Staats kam gerade da zur Er=
scheinung, wo er den größten Fortschritt vorbereitete, nicht aber
durchführte. Denn auch das ist bedeutsam, daß die Staaten
des achtzehnten Jahrhunderts neben der Rekrutirung die alte
Werbung nicht entbehren konnten.

Zu roh und nichtswürdig war das Verhalten der Officiere,
welche die junge Mannschaft auszuheben hatten, zu heftig Wider=
stand und Abneigung des Volkes. Die jungen Leute wanderten
massenhaft aus, keine Drohung mit Galgen, Ohrabschneiden
und Confiscation ihrer Habe konnte die Flucht aufhalten, mehr

als einmal sah sich der fanatische Soldateneifer Friedrich Wilhelm's I. von Preußen gekreuzt durch die Nothwendigkeit seine Landschaften zu schonen, die sich zu leeren drohten. Niemals konnte mehr als etwa die Hälfte des Ersatzes durch die gezwungene Rekrutirung gedeckt, die andere Hälfte des Abganges mußte durch Werbung aufgebracht werden.

Auch die Werbung wurde in der ersten Hälfte des achtzehnten Jahrhunderts roher, als sie sonst gewesen war; die Landesherren waren weit gefährlichere Werber als die Hauptleute der alten Landsknechte. Und obgleich die Uebelstände dieses Systems offenkundig zu Tage lagen, man wußte sich durchaus nicht dagegen zu helfen. Zwar die große Unsittlichkeit, welche dabei stattfand, beunruhigte die Regierenden in der Regel viel zu wenig, wol aber die Unsicherheit, die Kostspieligkeit, die Reclamationen fremder Regierungen und die unaufhörlichen Händel und Schreibereien, welche damit verbunden waren. Die Werbeofficiere selbst waren oft unsichere, ja schlechte Menschen, deren Thätigkeit und Ausgaben nur ungenügend controlirt werden konnten. Nicht wenige lebten Jahre lang mit ihren Helfershelfern in der Fremde auf Kosten der Monarchen in Völlerei, berechneten theures Handgeld und fingen zuletzt doch nur wenige, oder konnten ihren Fang nicht unverkürzt in das Land schaffen. Dazu ergab sich bald, daß nicht die Hälfte der so geworbenen dem Heere zum Nutzen gereichte. Zunächst war die Mehrzahl davon das schlechteste Gesindel, in welches nicht immer militärische Eigenschaften hineingeprügelt werden konnten; ihre zerrütteten Körper und lasterhaften Gewohnheiten füllten die Spitäler und Gefängnisse, sie liefen davon, sobald sie konnten.

Schon die Werbungen im Inland wurden mit jeder Art von Gewaltthat geübt. Die Obersten und Werbeofficiere raubten und entführten einzige Söhne, welche frei sein sollten, Studenten von der Universität, ja ganze Colonien von unterthänigen Leuten, die sie auf ihren eigenen Gütern ansiedelten. Wer sich frei

machen wollte, mußte bestechen, und er war selbst dann noch
nicht sicher. Die Officiere wurden so sehr bei ihren gewalt=
thätigen Erpressungen geschützt, daß sie die gesetzlichen Be=
schränkungen offen verhöhnten. Trat vollends in Kriegszeiten
Mangel an Mannschaft ein, dann hörte jede Rücksicht auf das
Gesetz auf. Dann wurde eine förmliche Razzia angestellt, die
Stadtthore mit Wachen besetzt, und jeder Aus= und Eingehende
einer furchtbaren Untersuchung unterworfen, wer groß und stark
war, festgenommen, selbst in die Häuser wurde gebrochen, vom
Keller bis zum Bodenraum nach Rekruten gesucht, auch bei Fa=
milien, welche befreit sein sollten. Im siebenjährigen Kriege
wurde von den Preußen in Schlesien sogar auf die Knaben der
obern Gymnasialklassen gefahndet. Noch lebt in vielen Familien
die Erinnerung an Schreck und Gefahr, welche das Werbesystem
den Großeltern bereitet hat. Es war damals für den Sohn
eines Geistlichen oder Beamten ein großes Unglück, hoch auf=
zuschießen, und eine gewöhnliche Warnung der bekümmerten
Eltern: „Wachse nicht, dich fangen die Werber."

Fast noch schlimmer waren die Ungesetzlichkeiten, wenn die
Werber im Ausland nach Leuten suchten. Durch Annahme des
Handgeldes wurde der Rekrut verpflichtet. Das bekannte
Manöver war, arglose Burschen in lustiger Gesellschaft trunken
zu machen, den Berauschten das Geld aufzudrängen, sie in feste
Verwahrung zu nehmen, und, wenn sie ernüchtert widersprachen,
durch Fesseln und jedes Zwangsmittel festzuhalten. Unter
Bedeckung und Drohungen wurden die Gefangenen zur Fahne
geschleppt und durch barbarische Strafmittel zum Eide gezwungen.
Nächst dem Trunk wurde jede andere Verführung angewendet:
Spiel, Dirnen, Lüge und Betrug. Die einzelnen begehrungs=
werthen Subjekte wurden Tage lang durch Spione beobachtet.
Von den Werbeofficieren, welche für solchen Dienst angestellt
waren, wurde verlangt, daß sie besondere Gewandtheit im
Ueberlisten hatten; Beförderung und Geldgeschenke hingen daran,

ob sie viele Leute einzufangen wußten. Häufig vermieden sie, auch wo ihr Werbebureau erlaubt war, sich in Uniform zu zeigen, und suchten in jeder Art von Verkleidung ihr Opfer zu fassen. Greulich sind einzelne Schändlichkeiten, welche bei solcher Menschenjagd geübt und von den Regierungen nachgesehen wurden. Eine Sklavenjagd aber war es in der That, denn der geworbene Soldat konnte erst dann seine Dienste in der großen Maschine des Heeres verrichten, wenn er mit allen Hoffnungen und Neigungen seines früheren Lebens abgeschlossen hatte. Es ist eine trostlose Sache, sich die Gefühle zu vergegenwärtigen, welche in Tausenden der gepreßten Opfer gearbeitet haben, vernichtete Hoffnungen, ohnmächtige Wuth gegen die Gewalt= thätigen, herzzerreißender Schmerz über ein zerstörtes Leben. Es waren nicht immer die schlechtesten Männer, welche wegen wiederholter Desertion zwischen Spießruthen zu Tode gejagt oder wegen trotzigem Ungehorsam gefuchtelt wurden, bis sie bewußtlos am Boden lagen. Wer den Kampf in seinem Innern überstand und die rohen Formen des neuen Lebens gewohnt wurde, der war ein ausgearbeiteter Soldat, das heißt ein Mensch, der seinen Dienst pünktlich versah, bei der Attake ausdauernden Muth zeigte, nach Vorschrift verehrte und haßte und vielleicht sogar eine Anhänglichkeit an seine Fahne erhielt, und wahr= scheinlich eine größere Anhänglichkeit an den Freund, der ihm seine Lage auf Stunden vergessen machte, den Branntwein.

Die Werbungen im Ausland mußten mit Einwilligung der Landesregierungen geschehen. Dringend wurde von den kriege= rischen Fürsten bei ihren Nachbarn um die Erlaubniß nachgesucht, ein Werbebureau anlegen zu dürfen. Der Kaiser freilich war am besten daran, jedes seiner Regimenter hatte herkömmlich einen festen Werbebezirk im Reich. Die übrigen, vor andern die Preußen, mußten zusehen, wo sie eine günstige Stätte fanden. Die größeren Reichsstädte hatten häufig die Artigkeit, mächtigeren Herren die Erlaubniß zu ertheilen; dafür gelang ihnen nicht immer, ihre eigenen Söhne aus angesehenen Familien zu schützen. Außerdem waren die Grenzen gegen Frankreich, Holland, die Schweiz günstige Fangorte; dann die eigenen Enclaven, welche von fremdem Gebiet umgeben waren, zumal wenn eine fremde Festung mit lästigem Garnisondienst in der Nähe lag, dann gab es immer Ausreißer. Für die Preußen war lange Anspach und Baireuth, Dessau, Braunschweig ein guter Markt.

Nicht gleich war der Ruf, in welchem die Werber der einzelnen Regierungen standen. Den besten Leumund hatten die Oesterreicher, sie galten in der Soldatenwelt für plump, aber harmlos, nahmen nur, was sich gutwillig halten ließ, beobachteten aber die Capitulation genau. Es war nicht viel, was sie bieten konnten, täglich drei Kreuzer und zwei Pfund Brob, aber es fehlte ihnen doch niemals an Leuten. Dagegen waren die preußischen Werber, die Wahrheit zu sagen, am übelsten renommirt; sie lebten am großartigsten, waren sehr unverschämt und gewissenlos, und dabei waghalsige Teufel. Sie ersannen die verwegensten Streiche, um einen stattlichen Burschen zu fangen, sie setzten sich den größten Gefahren aus; man wußte, daß sie zuweilen gefährlich durchgeprügelt wurden, wenn sie in der Minderzahl blieben, daß sie von den fremden Regierungen eingesperrt waren, daß mehr als einer von ihnen erstochen war. Aber das alles schreckte sie nicht. Diese üble Nachrede dauerte, bis Friedrich Wilhelm II. sein menschliches Werbereglement erließ.

Im Reich war einer der besten Werbeplätze Frankfurt a. M. mit seinen großen Messen. Noch am Ende des Jahrhunderts saßen dort Preußen, Oesterreicher und Dänen neben einander; die Oesterreicher harrten seit alter Zeit phlegmatisch im Wirthshaus „zum rothen Ochsen", die Dänen hatten ihre Fahne „zum Tannenbaum" hinausgehängt, die unruhigen preußischen Werber wechselten, sie waren in dieser Zeit am ansehnlichsten und splendidesten. Es wurde ein diplomatischer Verkehr unter den

verschiedenen Parteien unterhalten, sie waren zwar eifersüchtig
auf einander und suchten sich gegenseitig die Kunden wegzufangen,
aber sie besuchten einander doch kamerabschaftlich zu Wein und
Tabak. Frankfurt aber war schon seit dem siebenzehnten Jahrhundert der Mittelpunkt für einen besondern Zweig des Geschäftes, für das Fangen der Reichstruppen. Denn nicht nur
Neulinge wurden von den Werbern gesucht, auch Deserteure;
und die schlechte Zucht und der Mangel an militärischem Stolz,
der in den kleinen süddeutschen Ländern zu beklagen war, so wie
die Leichtigkeit zu entrinnen, machten jedem Taugenichts lockend
ein neues Handgeld zu erhaschen. In den Werbestuben der
Preußen und des rothen Ochsen hing deßhalb eine völlige
Maskengarderobe von reichsständischen Uniformen, welche die
Ueberläufer zurückgelassen hatten. Außer dem Wunsche neues
Handgeld zu erhalten, gab es aber noch einen Grund, welcher
auch bessere Soldaten zur Desertion trieb, der Wunsch zu
heirathen. Es wurde allerdings von keiner Regierung gern
gesehen, wenn ihre Soldaten sich in der Garnison mit einer
Frau belasteten, aber die so rücksichtslose Gewalt der Kriegs-
herren war in diesem Punkt doch ohnmächtig. Denn es gab
eigentlich kein besseres Mittel, den geworbenen Mann wenigstens
für einige Zeit zu fesseln, als durch die Heirath. Wurde sie
verweigert, so war bei Garnisonen unweit der Grenze sicher,
daß der Soldat mit seinem Mädchen zum nächsten Wirthshaus
fremder Werber fliehen werde. Und eben so sicher war, daß er
dort auf der Stelle copulirt wurde, denn jedes Werbegeschäft
hielt für solche Fälle einen Geistlichen bei der Hand.

Diese Gefahr hatte zur Folge, daß ein unverhältnißmäßig
großer Theil der Soldaten verheirathet war, zumal in den
kleineren Staaten, wo man eine Grenze leicht erreichen konnte.
So zählte die sächsische Armee von etwa 30,000 Mann noch im
Jahre 1790 an 20,000 Soldatenkinder, auch bei dem Regiment
von Thadden in Halle war fast die Hälfte der Soldaten mit

Frauen versehen. Es ist belehrend, daß die barbarische Soldaten=
zucht jener Zeit das alte Leiden der Söldnerheere nicht zu bannen
vermochte. So durchaus hängen die einzelnen nothwendigsten
Verbesserungen von einer höhern Entwickelung des gesammten
Volkslebens ab. Die Soldaten=Frauen und Kinder zogen nicht
mehr, wie zur Landsknechtzeit, unter ihrem Waibel in's Feld,
aber sie waren eine schwere Last der Garnisonstädte. Die
Frauen nährten sich kümmerlich durch Waschen und andere Hand=
arbeiten, die Kinder wuchsen in wilder Umgebung ohne Unter=
richt auf. Fast überall waren ihnen die städtischen Schulen
verschlossen, sie wurden von dem Bürger wie Zigeuner verachtet.
Selbst in dem wohlhabenden Kursachsen war beim Beginn der
französischen Revolution nur in Annaburg eine Knabenschule
für Soldatenknaben, diese allerdings vortrefflich eingerichtet, aber
sie reichte nirgend aus. Für die Mädchen geschah gar nichts,
bei den Regimentern waren weder Prediger noch Schulen. Nur
in Preußen wurde für den Unterricht der Kinder und die Zucht
der Erwachsenen durch Prediger, Schulen und Waisenhäuser
ernste Sorge getragen.

Wem von dem Werbeofficier Handgeld aufgedrängt war,
dem war über sein Leben entschieden. Er war von der bürger=
lichen Gesellschaft durch eine Kluft getrennt, welche nur selten
ausdauernder Wille übersprang. In dem harten Zwange des
Dienstes, unter rohen Officieren und noch roheren Kameraden
verlief sein Leben, die ersten Jahre in unaufhörlichem Drillen,
die Folge unter einigen Erleichterungen, welche ihm erlaubten
einen kleinen Nebenverdienst zu suchen, als Tagelöhner oder
durch kleine Handarbeit. Galt er für sicher, so wurde er wol
auf Monate beurlaubt, er mochte wollen oder nicht; dann behielt
der Hauptmann seinen Sold, er mußte sehen, wie er sich unterdeß
forthalf. Mit Mißtrauen und Abneigung sah der Bürger auf
ihn, Ehrlichkeit und Sitten des Soldaten standen in so schlechtem
Ruf, daß der Civilist jede Berührung vermied; kehrte der Soldat

in ein Wirthshaus ein, so entfernte sich augenblicklich der Bürger und der Handwerksgesell, jeder, der auf sich selbst hielt, und dem Wirthe galt es für ein Unglück, von Soldaten besucht zu werden. So war der Mann auch in seinen Freistunden auf den Verkehr mit Schicksalsgenossen und mit entwürdigten Weibern angewiesen. Sehr hart war die Behandlung durch seine Officiere, er wurde gestoßen, geknufft, auf die Füße getreten, mit der Fuchtel bei geringer Veranlassung gezüchtigt, auf das scharfkantige hölzerne Pferd oder den Esel gesetzt, der auf freiem Platze in der Nähe der Hauptwache stand; für größere Vergehen in Ketten geschlossen, auf Latten gesetzt, mit Spießruthen, welche der Profoß abschnitt, von seinen Kameraden in langer Gasse gehauen, bei argen Verbrechen bis zum Tode.

Wenn im Preußischen die Vorliebe der Könige für die Montur, und unter Friedrich der Kriegsruhm des Heeres seine cantonpflichtigen Brandenburger mit des Königs Rock versöhnte, so war das im übrigen Deutschland viel weniger der Fall. Dem cantonpflichtigen Bürger= und Bauersohn im Preußischen war es ein Unglück dienen zu müssen, im übrigen Deutschland eine Schande. Zahlreich sind die Versuche, sich durch Verstümmelung untauglich zu machen, auch das Abhacken der Finger machte nicht frei, und wurde außerdem streng wie Desertion bestraft. Noch um 1790 schämte sich ein reicher Bauerbursch in Kursachsen, der durch den Haß des Amtmanns zum Dienst gezwungen worden war, sein Heimatdorf in der Montur zu betreten. So oft er Urlaub erhielt, machte er vor dem Dorfe Halt und ließ sich seine Bauerkleider herausbringen; die Montirungsstücke mußte eine Magd in verdecktem Korbe durch die Dorfgasse tragen.

Deßhalb hörten die Desertionen nie auf; sie waren das gewöhnliche Leiden aller Armeen und durch die furchtbaren Strafen — beim ersten und zweiten Mal Spießruthen, beim dritten die Kugel — nicht zu verhindern. In der Garnison war unablässiger Appell und stilles Spioniren nach der Stimmung der Einzelnen unzureichende Hilfe. Gab aber die Kanone das Zeichen, daß ein Mann entflohen, dann wurden die Dörfer der Umgebung alarmirt. Die Einspännigen oder Haiderreiter trabten auf allen Straßen, Commandos zu Fuß und Roß durch= zogen das Land bis an die Grenze, überall wurden die Dörfer benachrichtigt. Wer einen Deserteur einbrachte, erhielt im Preußischen zehn Thaler, wer ihn nicht anhielt, sollte das Doppelte als Strafe bezahlen. Jeder Soldat, der auf der Landstraße ging, mußte einen Paß haben; in Preußen hatte nach dem Befehl Friedrich Wilhelm's I. jeder Unterthan, vor= nehm oder gering, die Verpflichtung, jeden Soldaten, den er unterwegs traf, anzuhalten, nach seinem Ausweis zu fragen, zu arretiren und abzuliefern. Es war eine greuliche Sache für einen kleinen Handwerksburschen, auf einsamer Straße einen verzweifelten sechsfüßigen Grenadier mit Ober= und Untergewehr zum Stillstand zu bringen, und konnte durchaus nicht durchgesetzt werden. Noch schlimmer war es, wenn größere Trupps sich zur Flucht verabredeten, wie jene zwanzig Russen aus dem Re= giment des Dessauers zu Halle, welche im Jahre 1734 Urlaub erhalten hatten, den griechischen Gottesdienst in Brandenburg zu besuchen, wo der König für seine zahlreichen russischen Grenadiere einen Popen hielt. Die zwanzig aber beschlossen zu den goldnen Kreuzen des heiligen Moskau zurückzupilgern; sie schlugen sich mit großen Stangen durch die sächsischen Dörfer, wurden mit Mühe durch preußische Husaren aufgefangen und über Dresden in ihre Garnison zurückgebracht, dort mild behandelt. Weit schmerzlicher war dem König, daß sogar unter seinen großen Potsdamern eine Verschwörung ausbrach, als sich lange Grena= diere vom Serbenstamme verschworen hatten, die Stadt anzu= stecken und mit bewaffneter Hand zu desertiren. Es waren sehr große Leute darunter; die Hinrichtungen, das Nasenabschneiden und andere Zuchtmittel verursachten dem König einen Verlust von 30,000 Thalern. Vollends im Felde war ein System von

taktiſchen Vorſchriften nöthig, um die Deſertion zu bändigen.
Jeder Nachtmarſch, jedes Lager am Waldesſaume brachte Ver-
luſte, die Truppen auf der Straße und im Lager mußten durch
ſtarke Huſarenpatrouillen und Pikets umſchloſſen, bei jeder geheimen Expedition mußte das Heer durch Reiterſchwärme iſolirt
werden, damit nicht einzelne Ausreißer dem Feind Nachricht
zutrugen. Das befahl noch Friedrich II. ſeinen Generälen.
Trotz alledem war in jeder Compagnie, nach jedem verlorenen
Treffen, ſelbſt nach gewonnenen, die Zahl der Ausreißer zum
Erſchrecken groß. Nach unglücklichen Feldzügen waren ganze Armeen in Gefahr zu zerlaufen. Viele, die von einem Heer weg-
liefen, zogen ſpeculirend, wie die Söldner im dreißigjährigen
Kriege, dem andern zu; ja das Ausreißen und Wechſeln erhielt
für Abenteurer einen rohen, gemüthlichen Reiz. Ein aufge-
fangener Deſerteur war in der Meinung des großen Haufens
nichts weniger als ein Uebelthäter, — wir haben mehre Volks-
lieder, in denen ſich das volle Mitgefühl der Dorfſänger mit dem
Unglücklichen ausſpricht; der glückliche Deſerteur aber galt ſogar
für einen Helden, und in einigen Volksmärchen iſt der tapfere Ge-
ſell, welcher Ungeheuer bezwingt, dem Märchenkönige aus der Noth
hilft und zuletzt die Prinzeſſin heirathet, ein entſprungener Soldat.

Dieſes fürſtliche Kriegsvolk galt nach Auffaſſung der Zeit,
auch nachdem die Volksbewaffnung jener Landesmiliz ganz in
den Hintergrund gedrängt war, immer noch für einen Privat-
beſitz der Fürſten. Die deutſchen Landesherren hatten nach dem
dreißigjährigen Kriege wie einſt die italieniſchen Condottieri mit
ihrem Kriegsſtaat gehandelt, ſie hatten ihn an fremde Mächte
verpachtet, bald für eine, bald für die andere Partei verwerthet,
um ſich Geld zu machen und ihr Anſehen zu vergrößern. Zuweilen warben die kleinſten Territorialherren mehre Regimenter
im Dienſt des Kaiſers, der Holländer, des Königs von Frankreich. Seit die Truppen zahlreicher und zum großen Theil aus
Landeskindern ergänzt wurden, erſchien dieſer Mißbrauch der

Fürstengewalt dem Volke allmälig befremdlich. Aber erst seit durch die Kriege Friedrich's II. eine patriotische Wärme in das Volk gekommen war, wurde solche Verwendung ein Gegenstand lebhafter Erörterungen. Und als seit 1777 Braunschweig, Anspach, Waldeck, Zerbst, vor andern Hessen-Cassel und Hanau, eine Anzahl Regimenter an England zum Dienst gegen die Amerikaner vermietheten, wurde der Unwille im Volke laut. Noch war es nicht mehr als eine lyrische Klage, aber sie schallte vom Rheine bis zur Weichsel; die Erinnerung daran ist noch jetzt sehr lebendig, noch heute hängt über einer der Regenten- familien, die damals am frevelhaftesten das Leben ihrer Unter- thanen verschacherte, diese Unthat wie ein Fluch.

Unter den deutschen Staaten war es Preußen, in welchem sich die Tyrannei dieses Militärsystems am schärfsten, aber auch mit einer einseitigen Größe und Originalität ausbildete, durch welche das preußische Heer während eines halben Jahrhunderts zu der ersten Kriegsmacht der Welt geformt wurde, zu einem Muster, nach dem sich alle übrigen Armeen Europa's bildeten.

Wer kurz vor 1740 unter der Regierung König Friedrich Wilhelm's I. preußisches Land betrat, dem fiel in der ersten Stunde das eigenthümliche Wesen auf. Bei der Feldarbeit, in den Straßen der Städte sah er immer wieder schlanke Leute von soldatischem Aussehen, mit einer auffallenden rothen Hals- binde. Es waren Cantonisten, die schon als Kinder in die Soldatenregister eingetragen waren, zur Fahne geschworen hatten und eingezogen werden konnten, wenn der Staat des Königs ihrer bedurfte. Jedes Regiment hatte 5—800 dieser Ersatzleute, man nahm an, daß dadurch die Armee — 64,000 Mann — in drei Monaten um 30,000 Mann vermehrt werden konnte, denn alles lag für sie in den Montirungskammern bereit, Tuch und Gewehre. Und wer zuerst ein Regiment preußischen Fußvolks sah, dem wuchs das Erstaunen. Die Leute hatten eine Größe, wie sie an Soldaten nirgend in der Welt zu sehen war, sie schienen von einem fremden Stamme. Wenn das Regiment vier Glieder hoch in Linie stand — die Stellung in drei Glieder wurde grade damals erst eingeführt —, dann waren die kleinsten Leute des ersten Gliedes nur wenige Zoll unter sechs Fuß, fast eben so hoch das vierte, die mittleren wenig kleiner. Man nahm an, daß, wenn die ganze Armee in vier Reihen gestellt würde, die Köpfe vier schnurgerade Linien machen müßten; auch das Gewehr war etwas länger als anderswo. Und nicht weniger auf= fallend war das propre Aussehen der Mannschaft; wie Herren standen sie da, mit reiner guter Leibwäsche, den Kopf sauber gepudert mit einem Zopf, alle im blauen Rock, zu den hellen Kniehosen Stiefeletten von ungebleichter Leinwand, die Regi= menter durch Farbe der Westen, Aufschläge, Litzen und Schnüre unterschieden. Trug ein Regiment Bärte, wie z. B. das des alten Dessauers in Halle, so war der Bart sauber gewichst, jedem Mann wurde alljährlich vor der Revue eine neue Montur bis auf Hembe und Strümpfe geliefert, auch in das Feld nahm er zwei Anzüge mit. Noch stattlicher sahen die Officiere aus, mit gestickter Weste, um den Leib die Schärpe, am Degen „das Feldzeichen", alles von Gold und Silber, und am Halse den vergoldeten Ringkragen, in dessen Mitte auf weißem Feld der preußische Adler zu sehen war. In der Hand trugen Haupt= mann wie Lieutenant die Partisane, die man schon damals ein wenig verkleinert hatte und Sponton nannte, die Unterofficiere noch die kurze Pike. Es galt damals für schön, daß die Kleidung enge und gepreßt saß, und ebenso waren die Bewegungen der Leute kurz, gradlinig, die Haltung eine grade, straffe, der Kopf stand hoch in der Luft. Noch merkwürdiger waren ihre Be= wegungen. Denn sie marschirten zuerst von allen Kriegsvölkern in einem Gleichtritt, die ganze Linie nach der Schnur wie ein Mann den Fuß aufhebend und niedersetzend. Diese Neuerung hatte der Dessauer eingeführt; es war ein langsames und würdiges Tempo, das auch im ärgsten Kugelregen wenig beschleunigt wurde, derselbe majestätische Gleichtritt, welcher in der heißesten Stunde bei Mollwitz die Oesterreicher in Verwirrung brachte. Auch die Musik erschütterte den, der sie hörte. Die großen messingenen Trommeln der Preußen (sie sind leider jetzt zur Kleinheit einer Schachtel herabgekommen) regten ein ungeheures Getöse auf. Wenn in Berlin zur Wachtparade von einigen zwanzig Trommeln geschlagen wurde — kein Fremder versäumte das anzuhören —, dann zitterten alle Fenster. Und unter den Hautbois war sogar ein Trompeter, ebenfalls eine unerhörte Erfindung. Die Einführung dieses Instruments hatte überall in ganz Deutschland Staunen und Einwendung verursacht, denn die Trompeter und Pauker des heiligen römischen Reiches bildeten eine zünftige Genossenschaft, welche durch ein schönes kaiserliches Privilegium geschützt war und die unzünftigen Feldtrompeter nicht dulden wollte. Aber der König kehrte sich gar nicht daran. Und wenn vollends die Soldaten exercirten, luden und feuerten, so war die Präcision und Schnelligkeit einer Hexerei ähnlich*); denn seit 1740, wo der Dessauer den eisernen Ladestock eingeführt hatte, schoß der Preuße vier- bis fünfmal in der Minute, er lernte es später noch schneller, 1773 fünf- bis sechsmal, 1781 sechs- bis siebenmal. Das Feuer der ganzen langen Bataillonsfront war ein Blitz und ein Knall. Wenn die Salven der exercirenden Mannschaft früh am Morgen unter den Fenstern des Königsschlosses zu Potsdam dröhnten, war der Lärm so groß, daß alle kleinen Prinzen und Prinzessinnen aus den Betten sprangen.

Denn wer das Soldatenvolk recht sehen wollte, der mußte nach Potsdam reisen. Der Ort war ein ärmlicher Flecken gewesen zwischen Havel und Sumpf, der König hatte ein steinernes Soldatenlager daraus gemacht; kein Civilist durfte dort

---

*) Faßmann, Leben Friedrich Wilhelm I., und von Loen, Der Soldat, schildern ziemlich anschaulich.

einen Degen tragen, auch der Staatsminister nicht. Dort lagen um das königliche Schloß in kleinen Ziegelhäusern, die zum Theil auf holländische Art gebaut waren, die Riesen des Königs, das weltberühmte Grenadierregiment. Es waren drei Bataillone von 800 Mann, außerdem 6—800 unrangirte zum Ersatz. Wer von den Grenadieren mit Frau und Kindern behaftet war, der erhielt ein Haus für sich; von den andern Colossen hausten je vier bei einem Wirth, der ihnen aufwarten und Kost besorgen mußte, wofür er etliche Klaftern Holz erhielt. Die Leute dieses Regiments wurden nicht beurlaubt, durften keine öffentliche Handarbeit treiben, keinen Branntwein trinken; die meisten „lebten wie Studenten auf der hohen Schule, sie beschäftigten sich mit Büchern, mit Zeichnen, mit Musik, oder arbeiteten in ihren Häusern"*). Sie erhielten außergewöhnlichen Sold, die längsten von zehn bis zwanzig Thaler monatlich, schöne Leute in hohen blechbeschlagenen Grenadiermützen, wodurch sie noch um vier Hände breit höher wurden, und die Querpfeifer des Regiments waren gar Mohren. Wer zu der Leibcompagnie des Regiments gehörte, der war so merkwürdig, daß er abgemalt und im Corridor des Potsdamer Schlosses aufgehängt wurde. Diese Enaksöhne in Parade oder exerciren zu sehen, reisten viele distinguirte Leute nach Potsdam. Freilich wurde schon damals bemerkt, daß solche Colosse schwerlich zum Ernst des Krieges brauchbar wären, und daß noch niemand in der Welt darauf verfallen sei, den Vorzug des Soldaten in der außerordentlichen Größe zu suchen, das Wunder sei Preußen vorbehalten. Aber wer im Lande selbst weilte, that gut, dergleichen nicht laut auszusprechen. Denn die Grenadiere waren eine Leidenschaft des Königs, welche in den letzten Jahren fast bis zum Wahnsinn stieg, für die der König seine Familie, Recht, Ehre, Gewissen und was ihm sein Lebelang sonst am

---

*) v. Loen, Der Soldat, S. 312.

13*

höchsten stand, den Vortheil seines Staats vergaß. Sie waren seine lieben blauen Kinder, er kannte jeden Einzelnen genau, nahm an ihren persönlichen Angelegenheiten lebhaften Antheil, unterhielt sich, wenn er gnädig war, mit den Einzelnen, und ertrug lange Reden und dreiste Antworten. Es war schwer für einen Civilisten, gegen diese Lieblinge Recht zu behalten, und sie waren mit gutem Grund von dem Volk gefürchtet. Was irgendwo in Europa von großen Leuten zu finden war, ließ der König aufspüren und durch Güte oder Gewalt zu seiner Garde schaffen. Da stand der Riese Müller, der sich in Paris und London für Geld hatte sehen lassen — die Person zwei Groschen —, er war erst der vierte oder fünfte in der Reihe; noch größer war damals Jonas, ein Schmiedeknecht aus Norwegen, dann der Preuße Hohmann, dem der König August von Polen, der doch ein stattlicher Herr war, mit der ausgestreckten Hand nicht auf den Kopf reichen konnte; endlich später James Kirkland, ein Ire, den der preußische Gesandte von Borke mit Gewalt aus England entführt hatte, und wegen dem beinahe der diplomatische Verkehr abgebrochen wurde, er hatte dem König gegen neuntausend Thaler gekostet. Aus jeder Art von Lebensberuf waren sie zusammengeholt, Abenteurer der schlimmsten Art, Studenten, katholische Geistliche, Mönche, auch einzelne Edelleute standen in Reihe und Glied. Wer zu speculiren wußte, verkaufte seine Größe theuer. Der Kronprinz Friedrich sprach in den Briefen an seine Vertrauten oft mit Abneigung und Spott von der Leidenschaft des Königs; aber auch ihm ging etwas davon in das Blut über, und ganz ist die Freude daran noch heut nicht aus dem preußischen Heere geschwunden. Sie überkam auch andere Fürsten. Zunächst solche, welche zu den Hohenzollern hielten, die Dessauer, die Braunschweiger. Noch 1806 trieb der Herzog Ferdinand von Braunschweig, welcher bei Auerstädt tötlich verwundet wurde, bei seinem Regiment zu Halberstadt einen systematischen Menschenhandel;

in seiner Leibcompagnie ging das erste Glied mit 6 Fuß aus, der kleinste Mann hatte 5 Fuß 9 Zoll, alle Compagnien waren größer als jetzt das erste Garderegiment. Aber auch an andere Armeen hing sich etwas von dieser Vorliebe. Am Ende des vorigen Jahrhunderts bedauert ein tüchtiger sächsischer Officier, daß die schönsten und größten Regimenter der sächsischen Armee sich nicht mit den kleinsten der Preußen messen konnten.*)

Nicht weniger merkwürdig war das Verhältniß, in welchem König Friedrich Wilhelm I. zu seinen Officieren stand. Er haßte und fürchtete von Herzen die schlaue Klugheit der Diplo= maten und der höhern Beamten: dem einfachen, derben, graden Wesen seiner Officiere — das zuweilen eine Maske war — vertraute er leicht seine geheimsten Gedanken. Es war seine Lieblingsstimmung, sich als ihr Kamerad zu betrachten. Wer die Schärpe trug, den hielt er in vielen Stunden für seines= gleichen. Alle Oberofficiere bis zum Major herab, die er längere Zeit nicht gesehen hatte, pflegte er bei der Begrüßung zu küssen. Einst schimpfte er den Major von Jürgaß mit dem Schmähwort, womit der Officier damals einen studirten Mann bezeichnete; der trunkene Major erwiederte: „Das sagt ein Hundsfott", stand auf und verließ die Gesellschaft. Da erklärte der König, er könne das nicht auf sich sitzen lassen und sei bereit, für die Beleidigung mit Schwert oder Pistolen Revanche zu nehmen. Als die Anwesenden protestirten, frug der König zornig, wie er denn sonst Genugthuung für seine beleidigte Ehre erhalten könne. Man fand das Auskunftsmittel, daß sich Oberstlieutenant von Einsiedel, der des Königs Stelle beim Bataillon zu vertreten hatte, statt seiner duelliren müsse. Das Duell ging vor sich, Einsiedel wurde am Arm verwundet, der König füllte ihm dafür einen Tornister mit Thalern und befahl

---

*) G. v. Griesheim, Die Taktik, S. 75. — v. Liebenroth, Fragmente, S. 29.

ihm, die Last nach Hause zu tragen. — Und der König vergaß sein Leben nicht, daß er als Kronprinz im Dienst nur bis zum Obersten avancirt worden, und daß ein Feldmarschall eigentlich mehr war als er selbst. Deßhalb bedauerte er in dem Tabaks=collegium, daß er nicht bei König Wilhelm von England hatte bleiben können: „er hätte gewiß einen großen Mann aus mir gemacht; selbst zum Statthalter von Holland hätte er mich machen können." Und als ihm entgegen gehalten wurde, daß er ja selbst ein großer König sei, erwiederte er: „Ihr redet, wie ihr es versteht; er hätte mich das Handwerk gelehrt, die Armeen von ganz Europa zu commandiren. Wißt ihr etwas Größeres?" So sehr fühlte der wunderliche Herr, daß er kein Feldherr ge= worden war. Und als er sterbend in seinem Holzstuhl saß, alle Erdensorgen hinter sich geworfen hatte und neugierig an sich selbst den Prozeß des Sterbens beobachtete, da ließ er noch das Totenpferd aus dem Stalle holen, wie es nach altem Brauch von der Hinterlassenschaft eines Obersten dem commandirenden General übersandt wurde; er befahl das Roß von seinetwegen zu Leopold von Dessau zu führen und die Stallknechte zu prügeln, weil sie nicht die rechte Schabrake darauf gelegt hatten*). Ein solcher Fürst zog fast den gesammten Abel seines Landes nach seinem Bilde und in sein Heer. Roh und un= wissend, wie er selbst, war der größte Theil seiner Officiere. Schon unter dem großen Kurfürsten war in dem Heere eine souveräne Verachtung gegen alle Bildung nur zu häufig gewesen, schon damals war bei dem früh verstorbenen Kurprinzen Karl Emil, dem ältern Bruder des ersten Königs von Preußen, durch die Officiere seiner Umgebung ein solcher Widerwille gegen alles

---

*) Nicht die schlechte Zusammenstellung der Farben: blauer Sammt=sattel und gelbe Schabrake, ärgerte den sterbenden König, das waren die Farben seines Leibregiments, er wollte wahrscheinlich die Regimentsfarben des Dessauers darauf sehen: blau, roth und weiß.

Lernen großgezogen worden, daß der Prinz behauptete: wer studire und lateinisch lerne, sei ein Bärenhäuter. Im Tabakscollegium des Königs Friedrich Wilhelm waren im Anfange noch ärgere Be= zeichnungen dieser Menschenklasse gewöhnlich; beim König selbst wurde das allerdings in den letzten Jahres seines Lebens anders, aber der Mehrzahl der preußischen Officiere blieb der rauhe Ton, die Gleichgültigkeit gegen alles Wissen, das nicht zum Handwerk gehörte, trotz der Bemühungen Friedrich des Großen, bis in dieses Jahrhundert. Noch um 1790 bezeichnete das Volk durch das Wort: Friedrich=Wilhelm=Officier *) einen großen hageren Mann in kurzem blauen Rock mit langem Degen und zuge= schnürtem Hals, der alle seine Handlungen steif und ernst wie im Dienst verrichtete und wenig gelernt hatte. Und aus derselben Zeit klagt Lafontaine, Feldprediger im Regiment v. Thadden zu Halle, wie gering die Bildung der Officiere sei. Nach einer geschichtlichen Vorlesung, die er ihnen gehalten, nahm ihn ein wackerer Capitän bei Seite: „Sie erzählen Dinge, die vor vielen tausend Jahren geschehen sind, Gott weiß, wo. Machen Sie uns auch nicht etwas weiß? Woher wissen Sie das?" Und als der Feldprediger ihm eine Erklärung gab, ver= setzte der Officier: „Curios, ich habe gedacht, es sei immer so gewesen wie im Preußischen." Derselbe Capitän konnte nicht Geschriebenes lesen, war aber sonst ein braver zuverlässiger Mann **).

Aber König Friedrich Wilhelm I. wollte doch nicht, daß seine Officiere ganz unbehilflich bleiben sollten. Er ließ die Söhne armer Edelleute auf seine Kosten in der großen Kadetten= anstalt zu Berlin unterrichten und unter Aufsicht tüchtiger Officiere an den Dienst gewöhnen; die gewandteren brauchte er als Pagen, zu kleinen Dienstleistungen, zu Wachen im Schloß.

---

*) Von Schlesien vor und seit 1740. S. 22.
**) Lafontaine's Leben von Gruber. S. 126.

Es fiel auf, daß in Preußen kein armer Edelmann um das Fort=
kommen seiner Söhne sorgen durfte, der König that es für ihn;
der Adel Preußens, sagte man, sei die Pflanzschule für den
Sponton. Schon der Knabe von vierzehn Jahren trug ganz
denselben Rock von blauem Tuch, wie der König und seine
Prinzen. Denn Epauletten und Unterschiede in der Stickerei
gab es damals noch nicht, nur die Regimenter wurden durch
Abzeichen unterschieden. Jeder Prinz des preußischen Hauses
mußte dienen und Officier werden, wie der Sohn des armen
Edelmanns. Daß in der Schlacht bei Mollwitz zehn Prinzen
des preußischen Königshauses beim Heere gewesen waren, wurde
von den Zeitgenossen wohl bemerkt. Das war noch nirgend
und zu keiner Zeit da gewesen, daß die Könige sich als Offi=
ciere und den Officier als einen Fürsten und als ihresgleichen
betrachteten.

Durch diese kamerabschaftliche Zucht wurde ein Officier=
stand geschaffen, wie ihn bis dahin kein Volk gehabt hatte. Es
ist wahr, alle Fehler eines bevorzugten Standes wurden sehr
auffallend an ihm sichtbar. Außer seiner Rohheit, Trunkliebe
und Völlerei war auch die Duellwuth, das alte Leiden deutscher
Heere, nicht auszurotten, obwol derselbe Hohenzollern, der sich
selbst mit seinem Major schlagen wollte, unerbittlich jeden Offi=
cier mit dem Tode strafte, der im Duell einen andern getötet
hatte. Rettete sich aber ein solcher „braver Kerl" durch die
Flucht, dann freute sich wol der König, wenn ihn andere Regen=
ten beförderten. — Das Duell der Preußen hatte damals noch
fast ganz die Gebräuche des breißigjährigen Krieges: mehre
Secundanten, die Zahl der Gänge bestimmt, man kämpfte zu
Pferde auf ein Paar Pistolen, zu Fuß mit dem Degen; vor dem
Gefecht gaben die Gegner sich einander die Hand, ja sie umarm=
ten einander und verziehen im voraus ihren Tod; wer fromm
war, ging vorher zu Beichte und Abendmahl; kein Stoß durfte
geschehen, bevor der Gegner im Stande war, den Degen zu

gebrauchen; wenn der Gegner zu Boden stürzte oder entwaffnet wurde, war Großmuth Pflicht; noch kam vor, daß, wer tötlichen Ausgang wollte, seinen Mantel ausbreitete, oder wenn er — wie die Officiere seit 1710 — keinen Mantel trug, vielleicht mit dem Degen ein viereckiges Grab auf den Boden zeichnete. Der Versöhnung folgte sicher ein Gelage. Häufig und unbestraft war dem Officier Anmaßung gegen Beamte von Civil, brutale Gewaltthat gegen Schwächere. Auch die lebhafte Empfindung für Officiersehre, welche sich damals beim preußischen Heere ausbildete, hatte nicht grade hohe sittliche Berechtigung; sie war ein sehr unvollkommenes Surrogat für männliche Tugend, denn sie verzieh große Laster, sie privilegirte auch Gemeinheiten. Aber sie war doch für tausend verwilderte und zuchtlose Männer ein wichtiger Fortschritt.

Denn durch sie wurde zuerst in dem preußischen Heere eine, wenn auch einseitige Hingebung des Adels an die Idee des Staates hervorgebracht. Zuerst in der Armee der Hohenzollern wurde der Gedanke, daß der Mann sein Leben dem Vaterlande schuldig sei, in die harten Seelen der Officiere und der Gemeinen hineingeschlagen. Keinem Theile von Deutschland haben brave Soldaten gefehlt, welche für die Fahne zu sterben wußten, welcher sie dienten. Aber das Verdienst der Hohenzollern, der rauhen rücksichtslosen Führer eines wilden Heeres, war, daß, weil sie selbst mit einer unbegrenzten Hingebung für ihren Staat lebten, arbeiteten, Gutes und Böses thaten, sie auch ihrem Heere zu der Fahnenehre ein patriotisches Pflichtgefühl zu geben wußten. Aus der Schule Friedrich Wilhelm's I. wuchs die Armee, mit welcher Friedrich II. seine Schlachten gewann, die den preußischen Staat des vorigen Jahrhunderts zu der gefürchtetsten Macht Europa's machte, die durch ihr Blut und ihre Siege der ganzen Nation das begeisternde Gefühl verschaffte, daß auch in den deutschen Grenzen ein Vaterland sei, auf das der Einzelne stolz sein dürfe, für dessen Vortheil zu kämpfen und zu sterben jedem braven Landeskind die höchste Ehre und den höchsten Ruhm bereite.

Und zu diesem Fortschritt deutscher Bildung halfen nicht nur die Begünstigten, welche mit Ringkragen und Schärpe als Kameraden des Obersten Friedrich Wilhelm auf den Schemeln seines Collegiums saßen, auch die vielgeplagten Soldaten, die durch Zwang und Schläge genöthigt wurden, für denselben Staat ihres Königs die Muskete abzufeuern.

Zunächst aber, bevor von dem Segen der Regierung eines großen Königs die Rede ist, soll hier, wo das Leben der Einzelnen, Kleinen geschildert wird, ein preußischer Rekrut und Deserteur von den Leiden des alten Heerwesens erzählen.

Der Erzählende ist der Schweizer Ulrich Bräcker, der Mann von Toggenburg, dessen Selbstbiographie öfter gedruckt*) und einer der lehrreichsten Berichte aus dem Leben des Volkes ist, welche wir besitzen. Die Lebensbeschreibung enthält in ihrem ersten Theil eine Fülle von charakteristischen und liebenswürdigen Zügen: die Schilderung einer armen Familie im entlegenen Thal, den bittern Kampf mit der Noth des Lebens, das Treiben der Hirten, die erste Liebe des jungen Mannes, seine hinterlistige Entführung durch preußische Werber, den gezwungenen Kriegsdienst bis zur Schlacht bei Lowositz, die Flucht nach der Heimath und seit der Zeit einen mühsamen Kampf um die Existenz, die Beschreibung seines Haushaltes, zuletzt die Resignation einer weichen, enthusiastischen Natur, welche nicht ohne eigne Schuld durch Neigung zur Träumerei und durch leidenschaftliche Wallungen in der soliden Einrichtung des eigenen Lebens gestört wurde. Ueberall verräth der arme Mann von Toggenburg in seiner ausführlichen Darstellung ein poetisches Gemüth von oft rührender Kindlichkeit, einen leidenschaftlichen Trieb zu lesen,

*) Der arme Mann im Tockenburg, herausgegeben von Füßli. Zürich, 1789 und 1792. Zuletzt von E. Bülow. Leipzig, 1852.

nachzudenken und sich zu bilden, eine reizbare Organisation, welche durch Phantasieen und Stimmungen beherrscht wird.

Ulrich Bräcker war in Toggenburg, seiner Heimath, mit dem Vater beim Holzfällen beschäftigt, als ein Bekannter der Familie, ein umherziehender Müller, zu den Arbeitenden trat und der ehrlichen Einfalt Bräcker's den Rath gab, aus dem Thal in die Städte zu ziehen, um dort sein Glück zu machen. Unter den Segenswünschen der Eltern und Geschwister wandert der ehrliche Junge mit dem Hausfreunde nach Schafhausen; dort wird er in ein Wirthshaus gebracht, wo er einen fremden Officier kennen lernt. Als sein Begleiter sich zufällig auf kurze Zeit entfernt, wird er mit dem Officier Handels einig, als Bedienter bei ihm zu bleiben. Der Hausfreund kommt in das Zimmer zurück und ist auf's höchste entrüstet, nicht darüber, daß Ulrich in den Dienst getreten ist, sondern daß er dies ohne seine Vermittelung gethan hat, und daß ihm das Mäklergeld dadurch verkürzt wird. Es ergab sich später, daß er selbst den Sohn seines Landsmanns fortgeführt hatte, um ihn zu verkaufen, und daß er zwanzig Friedrichsdor für ihn hatte fordern wollen. Ulrich lebt eine Zeit lang lustig als Bedienter bei seinem lockern Herrn, dem Italiener Marconi, in neuer Livree, ohne sich sonderlich um die geheime Dienstthätigkeit desselben zu kümmern. Er fühlt sich in seinen neuen Verhältnissen sehr wohl und schreibt einen freudigen Brief nach dem andern an seine Eltern und seine Geliebte. Endlich wird er mit einer Lüge von seinem Herrn tiefer in das Reich und zuletzt bis Berlin geschickt, und erst dort erkennt er mit Schrecken, daß seine schöne Livree und sein ganzes lustiges Leben nichts als ein Betrug war, der mit ihm gespielt worden ist. Sein Herr ist ein Werbeofficier, er selbst ein preußischer Rekrut. Von hier an soll er selbst seine Schicksale erzählen:

„Es war den 8. April, da wir zu Berlin einmarschirten, und ich vergebens nach meinem Herrn fragte, der doch, wie ich

nachwärts erfuhr, schon acht Tage vor uns dort angelangt war
— als Labrot mich in die Krausenstraße in Friedrichstadt
transportirte, mir ein Quartier anwies, und mich dann kurz
mit den Worten verließ: „Da, Mußier, bleib' er, bis auf
fernere Ordre!" Der Henker! dacht' ich, was soll das? Ist ja
nicht einmal ein Wirthshaus. Wie ich so staunte, kam ein
Soldat, Christian Zittemann, und nahm mich mit sich auf seine
Stube, wo sich schon zwei andere Martissöhne befanden. Nun
ging's an ein Wundern und Ausfragen: wer ich sei, woher ich
komme, und dergleichen. Noch konnt' ich ihre Sprache nicht recht
verstehen. Ich antwortete kurz: ich komme aus der Schweiz,
und sei Sr. Excellenz, des Herrn Lieutenant Marconi, Lakai;
die Sergeanten hätten mich hierher gewiesen, ich möchte aber
lieber wissen, ob mein Herr schon in Berlin angekommen sei,
und wo er wohne. Hier fingen die Kerls ein Gelächter an,
dazu ich hätte weinen mögen, und keiner wollte das Geringste
von einer solchen Excellenz wissen. Mittlerweile trug man eine
stockdicke Erbsenkost auf. Ich aß mit wenigem Appetit davon.

Wir waren kaum fertig, als ein alter hagerer Kerl in's
Zimmer trat, dem ich doch bald ansah, daß er mehr als Ge=
meiner sein müsse. Es war ein Feldweibel. Er hatte eine
Soldatenmontur auf dem Arm, die er über den Tisch aus=
spreitete, ein Sechsgroschenstück dazu legte und sagte: „Das
ist vor dich, mein Sohn! Gleich werd' ich dir noch ein
Commisbrod bringen." „Was? vor mich?" versetzte ich,
„von wem? wozu?" „Ei! deine Montirung und Traktament,
Bursche! Was gilt's da Fragens? bist ja ein Rekrute."
„Wie, was? Rekrute?" erwiederte ich. „Behüte Gott, da ist
mir nie kein Sinn daran kommen. Nein! in meinem Leben
nicht. Marconi's Bedienter bin ich. So hab' ich gedungen
und anders nicht. Da wird mir kein Mensch anders sagen
können!" „Und ich sag' dir, du bist Soldat, Kerl! Ich steh
dir dafür. Da hilft itzt alles nichts." Ich: „Ach! wenn nur

mein Herr Marconi da wäre." Er: „Den wirst du sobald nicht
zu sehen kriegen. Wirst doch lieber wollen unsers Königs
Diener sein, als seines Lieutenants?" — Damit ging er weg.
„Um Gottes willen, Herr Zittemann," fuhr ich fort, „was
soll das werden?" „Nichts, Herr!" antwortete dieser, „als
daß er, wie ich und die andern Herrn da, Soldat, und wir
folglich alle Brüder sind; und daß ihm alles Widersetzen nichts
hilft, als daß man ihn auf Wasser und Brod nach der Hauptwache führt, kreuzweis schließt und ihn fuchtelt, daß ihm die
Rippen krachen, bis er content ist!" Ich: „Das wär' beim
Sacker unverschämt, gottlos!" Er: „Glaub' er mir's auf mein
Wort, anderst ist's nicht, und geht's nicht." Ich: „So will ich's
dem Herrn König klagen." — Hier lachten alle hoch auf. —
Er: „Da kömmt er sein Tag nicht hin." Ich: „Oder wo muß
ich mich sonst denn melden?" Er: „Bei unserm Major, wenn
er will. Aber das ist alles umsonst." Ich: „Nun, so will
ich's doch probiren, ob's so gelte!" — Die Bursche lachten
wieder. — (Der Major prügelt ihn zur Thüre hinaus.) —

Des Nachmittags brachte mir der Feldweibel mein Commisbrod nebst Unter- und Uebergewehr und so fort, und fragte:
ob ich mich nun eines Bessern bedacht? „Warum nicht?" antwortete Zittemann für mich, „er ist der beste Bursch von der
Welt." Itzt führte man mich in die Montirungskammer, und
paßte mir Hosen, Schuh und Stiefeletten an, gab mir einen
Hut, Halsbinde, Strümpfe und so fort. Dann mußte ich mit
noch etwa zwanzig anderen Rekruten zum Herrn Oberst Latorf.
Man führte uns in ein Gemach, so groß wie eine Kirche, brachte
etliche zerlöcherte Fahnen herbei, und befahl jedem einen Zipfel
anzufassen. Ein Adjutant, oder wer er war, las uns einen
ganzen Sack voll Kriegsartikel her, und sprach uns einige Worte
vor, welche die mehrsten nachmurmelten; ich regte mein Maul
nicht — dachte dafür, was ich gern wollte — ich glaube, an
Aennchen; er schwung dann die Fahne über unsre Köpfe und

entließ uns. Hierauf ging ich in eine Garküche, und ließ mir ein Mittagsessen nebst einem Krug Bier geben. Dafür mußt' ich zwei Groschen zahlen. Nun blieben mir von jenen sechsen noch viere übrig; mit diesen sollt' ich auf vier Tage wirthschaften, und sie reichten doch blos für zweene hin. Bei dieser Ueberrechnung fing ich gegen meine Kameraden schrecklich zu lamentiren an. Allein Cran, einer derselben, sagte mir mit Lachen: „Es wird dich schon lehren. Jtzt thut es nichts; hast ja noch allerlei zu verkaufen! per Exempel deine ganze Dienermontur. Dann bist du gar itzt doppelt armirt; das läßt sich alles versilbern. Und dann der Menage wegen, nur fein aufmerksam zugesehen, wie's die andern machen. Da heben's drei, vier bis fünf mit einander an, kaufen Dinkel, Erbsen, Erdbirn u. dergl. und kochen selbst. Des Morgens um en Dreier Jusel und en Stück Commisbrod; Mittags holen sie in der Garküche um en andern Dreier Suppe, und nehmen wieder en Stück Commis; des Abends um zwei Pfenning Kovent oder Dünnbier, und abermals Commis." „Aber, das ist beim Strehl ein verdammtes Leben", versetzt' ich; und er: „Ja! So kommt man aus, und anderst nicht. Ein Soldat muß das lernen; denn es braucht noch viel andre Waar: Kreide, Puder, Schuhwaar, Oel, Schmirgel, Seife, und was der hundert Siebensachen mehr sind." — Ich: „Und das muß einer alles aus den sechs Groschen bezahlen?" Er: „Ja! und noch viel mehr: wie z. B. den Lohn für die Wäsche, für das Gewehrputzen und so fort, wenn er solche Dinge nicht selber kann." — Damit gingen wir in unser Quartier, und ich machte alles, so gut ich konnte und mochte.

Die erste Woche indessen hatt' ich noch Vacanz, ging in der Stadt herum auf alle Exercirplätze, sah, wie die Officiere ihre Soldaten musterten und prügelten, daß mir schon zum voraus der Angstschweiß von der Stirne troff. Ich bat daher Zittemann, mir bei Haus die Handgriffe zu zeigen. „Die wirst du wohl lernen!" sagte er, „aber auf die Geschwindigkeit

kömmt's an. Da geht's dir wie en Blitz!" Indessen war er
so gut, mir wirklich alles zu weisen, wie ich das Gewehr rein
halten, die Montur anpressen, mich auf Soldatenmanier frisiren
sollte, und so fort. Nach Cran's Rath verkaufte ich meine
Stiefel, und kaufte dafür ein hölzernes Kästchen für meine
Wäsche. Im Quartier übte ich mich stets im Exerciren, las im
Hallischen Gesangbuch oder betete. Dann spaziert' ich etwa an
die Spree und sah da hundert Soldatenhände sich mit Aus- und
Einladen der Kaufmannswaaren beschäftigen; oder auf die
Zimmerplätze: da steckte wieder alles voll arbeitender Kriegs-
männer; ein andermal in die Kasernen und so fort. Da fand
ich überall auch dergleichen, die hunderterlei Handthierungen
trieben, von Kunstwerken an bis zum Spinnrocken. Kam ich
auf die Hauptwache, so gab's da deren, die spielten, soffen und
haselirten, andre, welche ruhig ihr Pfeifchen schmauchten und
discurirten, etwa auch einen, der in einem erbaulichen Buch las
und's den andern erklärte. In den Garküchen und Bier-
brauereien ging's eben so her. Kurz, in Berlin hat's unter
dem Militär — wie, denk' ich freilich, in großen Staaten überall — Leute aus allen vier Welttheilen, von allen Nationen und
Religionen, von allen Charakteren und von jedem Berufe, womit einer noch nebenzu sein Stücklein Brod gewinnen kann.

Die zweite Woche mußt' ich mich schon alle Tage auf dem
Paradeplatze stellen, wo ich unvermuthet drei meiner Landsleute,
Schärer, Bachmann und Gästli fand, die sich zumal alle mit
mir unter gleichem Regimente (Itzenplitz), die beiden erstern
vollends unter der nämlichen Compagnie (Lüberitz) befanden.
Da sollt' ich vor allen Dingen unter einem mürrischen Korporal
mit einer schiefen Nase (Mengke mit Namen) marschiren lernen.
Den Kerl nun mocht' ich vor den Tod nicht vertragen; wenn er
mich gar auf die Füße klopfte, schoß mir das Blut in den
Gipfel. Unter seinen Händen hätt' ich mein' Tage nichts begreifen können. Dies bemerkte einst Hevel, der mit seinen Leuten

auf dem gleichen Platze manövrirte, tauschte mich gegen einen andern aus und nahm mich unter sein Plouton. Das war mir eine Herzensfreude. Itzt capirt' ich in einer Stunde mehr als in zehn Tagen.

Schärer war eben so arm als ich; allein er bekam ein Paar Groschen Zulage und doppelte Portion Brod, der Major hielt ein gut Stück mehr auf ihm, als auf mir. Indessen waren wir Herzensbrüder; so lang einer etwas zu brechen hatte, konnte der andere mitbeißen. Bachmann hingegen, der ebenfalls mit uns hauste, war ein filziger Kerl und harmonirte nie recht mit uns; und doch schien immer die Stunde ein Tag lang, wo wir nicht beisammen sein konnten. G. mußten wir in lüderlichen Häusern suchen, wenn wir ihn haben wollten; er kam bald her= nach in's Lazareth. Ich und Schärer waren auch darin völlig gleichgesinnt, daß uns das Berliner Weibsvolk ekelhaft und abscheulich vorkam, und wollt' ich für ihn so gut wie für mich einen Eid schwören, daß wir keine mit einem Finger berührt. Sondern sobald das Exerciren vorbei war, flogen wir mit ein= ander in Schottmann's Keller, tranken unsern Krug Ruppiner= oder Kotbusser= Bier, schmauchten ein Pfeifchen und trillerten ein Schweizerlied. Immer horchten uns da die Brandenburger und Pommeraner mit Lust zu. Etliche Herren sogar ließen uns oft expreß in eine Garküche rufen, ihnen den Kuhreihen zu singen. Meist bestand der Spielerlohn blos in einer schmutzigen Suppe; aber in einer solchen Lage nimmt man mit noch weniger vorlieb.

Oft erzählten wir einander unsere Lebensart bei Hause, wie wohl's uns war, wie frei wir gewesen, was es hingegen hier vor ein verwünschtes Leben sei, u. dergl. Dann machten wir Plane zu unserer Entledigung. Bald hatten wir Hoffnung, daß uns heut oder morgens einer derselben gelingen möchte; bald hingegen sahen wir vor jedem einen unübersteiglichen Berg, und noch am meisten schreckte uns die Vorstellung der Folgen

eines allenfalls fehlschlagenden Versuches. Bald alle Wochen
hörten wir nämlich neue ängstigende Geschichten von eingebrachten
Deserteurs, die, wenn sie noch so viele List gebraucht, sich in
Schiffer und andere Handwerksleute, oder gar in Weibsbilder
verkleidet, in Tonnen und Fässer versteckt, u. dergl., dennoch
ertappt wurden. Da mußten wir zusehen, wie man sie durch
200 Mann, acht Mal die lange Gasse auf und ab Spießruthen
laufen ließ, bis sie athemlos hinsanken — und des folgenden
Tags auf's neue dran mußten; die Kleider ihnen vom zerhackten
Rücken herunter gerissen, und wieder frisch drauflos gehauen
wurde, bis Fetzen geronnenen Bluts ihnen über ihre Hosen
hinabhingen. Dann sahen Schärer und ich einander zitternd
und totblaß an, und flüsterten einander in die Ohren: „Die
verdammten Barbaren!" Was hiernächst auch auf dem Exercirplatz vorging, gab uns zu ähnlichen Betrachtungen Anlaß.
Auch da war des Fluchens und Karbatschens von prügelsüchtigen
Junkerlins, und hinwieder des Lamentirens der Geprügelten
kein Ende. Wir selber zwar waren immer von den ersten auf
der Stelle und tummelten uns wacker. Aber es that uns nicht
minder in der Seele weh, andre um jeder Kleinigkeit willen so
unbarmherzig behandelt und uns selber so, Jahr ein Jahr aus,
coujonirt zu sehen, oft ganzer fünf Stunden lang in unsrer
Montur eingeschnürt wie geschraubt stehn, in die Kreuz und
Quere pfahlgerad marschiren und ununterbrochen blitzschnelle
Handgriffe machen zu müssen; und das alles auf Geheiß eines
Officiers, der mit einem furiosen Gesicht und aufgehobenem
Stock vor uns stund und alle Augenblicke wie unter Kohlköpfe
drein zu hauen drohte. Bei einem solchen Traktament mußte
auch der starknervigste Kerl halb lahm, und der geduldigste
rasend werden. Und kamen wir dann todmüde ins Quartier,
so ging's schon wieder über Hals und Kopf, unsre Wäsche zurecht zu machen und jedes Fleckchen auszumustern; denn bis auf
den blauen Rock war unsre ganze Uniform weiß. Gewehr,

Patrontasche, Kuppel, jeder Knopf an der Montur, alles mußte
spiegelblank geputzt sein. Zeigte sich an einem dieser Stücke die
geringste Unthat, oder stand ein Haar in der Frisur nicht recht,
so war, wenn er auf den Platz kam, die erste Begrüßung eine
derbe Tracht Prügel. — Wahr ist's, unsere Officiere erhielten
damals die gemessenste Ordre, uns über Kopf und Hals zu
mustern; aber wir Rekruten wußten den Henker davon und
dachten halt, das sei sonst so Kriegsmanier.

Endlich kam der Zeitpunkt, wo es hieß: Allons, ins Feld!
Jetzt wurde Marsch geschlagen; Thränen von Bürgern, Soldaten-
weibern und dergleichen flossen zu Haufen. Auch die Kriegs-
leute selber, die Landeskinder nämlich, welche Weiber und Kinder
zurückließen, waren ganz niedergeschlagen, voll Wehmuth und
Kummers; die Fremden hingegen jauchzten heimlich vor Freuden
und riefen: Endlich Gott Lob ist unsere Erlösung da! Jeder
war bebündelt wie ein Esel, erst mit einem Degengurt um-
schnallt; dann die Patrontasche über die Schulter, mit einem
fünf Zoll langen Riemen; über die andre Achsel den Tornister
mit Wäsche u. s. f. gepackt; item der Habersack mit Brod und
andrer Fourage gestopft. Hiernächst mußte jeder noch ein Stück
Feldgeräth tragen: Flasche, Kessel, Hacke oder so was, alles
an Riemen; dann erst noch eine Flinte, auch an einem solchen.
So waren wir alle fünfmal über einander kreuzweis über die
Brust geschlossen, daß anfangs jeder glaubte unter solcher Last
ersticken zu müssen. Dazu kam die enge gepreßte Montur, und
eine solche Hundstagshitze, daß mir's manchmal däuchte, ich geh'
auf glühenden Kohlen, und wenn ich meiner Brust ein wenig
Luft machte, ein Dampf herauskam, wie von einem siebenden
Kessel. Oft hatt' ich keinen trockenen Faden mehr am Leib, und
verschmachtete bald vor Durst.

So marschirten wir den ersten Tag (22. Aug.) zum Köpe-
niker Thore aus, und machten noch vier Stunden bis zum
Städtchen Köpenik, wo wir zu dreißig bis fünfzig zu Bürgern

einquartirt waren, die uns vor einen Groschen traktiren mußten. Potz Plunder, wie ging's da her! Ha! da wurde gegessen. Aber denk' man sich nur so viele große hungrige Kerls! Immer hieß es da: Schaff her, Canaille, was b' im hintersten Winkel hast. Des Nachts wurde die Stube mit Stroh gefüllt; da lagen wir alle in Reihen, den Wänden nach. Wahrlich eine curiose Wirthschaft! In jedem Haus befand sich ein Officier, welcher auf gute Mannszucht halten sollte; sie waren aber oft die Fäulsten*). — —

Bis hieher hat der Herr geholfen! Diese Worte waren der erste Text unsers Feldpredigers bei Pirna. O ja! dacht' ich, das hat er und wird ferner helfen — und zwar hoffentlich mir in mein Vaterland — denn was gehen mich eure Kriege an?

Mittlerweile hatten wir alle Morgen die gemessene Ordre erhalten scharf zu laden; dieses veranlaßte unter den ältern Soldaten immer ein Gerede: „Heute giebt's was! Heut setzt's gewiß was ab!" Dann schwitzten wir jungen freilich an allen Fingern, wenn wir irgend bei einem Gebüsch oder Gehölz vorbei marschirten und uns verfaßt halten mußten. Da spitzte jeder stillschweigend die Ohren, erwartete einen feurigen Hagel und seinen Tod, und sah, sobald man wieder in's Freie kam, sich rechts und links um, wie er am schicklichsten entwischen konnte; denn wir hatten immer feindliche Küraffiers, Dragoner und Solpaten zu beiden Seiten. —

Endlich den 22. Septbr. war Allarm geschlagen, und erhielten wir Ordre aufzubrechen. Augenblicklich war alles in Bewegung, in etlichen Minuten ein stundenweites Lager — wie die allergrößte Stadt — zerstört, aufgepackt, und Allons, Marsch! Itzt zogen wir in's Thal hinab, schlugen bei Pirna eine Schiffbrücke, und formirten oberhalb dem Städtchen, dem sächsischen Lager en Front, eine Gasse, wie zum Spießruthen-

---

*) die Schlimmsten.

laufen, deren eines End' bis zum Pirnaer Thor ging, und durch welche nun die ganze sächsische Armee zu vieren hoch spazieren, vorher aber das Gewehr ablegen, und — man kann sich's einbilden, die ganze lange Straße durch Schimpf- und Stichelreden genug anhören mußte. Einige gingen traurig mit gesenktem Gesicht daher, andre trotzig und wild, und noch andre mit einem Lächeln, das den preußischen Spottvögeln gern nichts schuldig bleiben wollte. Weiter wußten ich und so viele tausend andre nichts von den Umständen der eigentlichen Uebergabe dieses großen Heeres. An dem nämlichen Tage marschirten wir noch ein Stück Wegs fort, und schlugen jetzt unser Lager bei Lilienstein auf.

Bei diesen Anlässen wurden wir oft von den kaiserlichen Panduren attakirt, oder es kam sonst aus einem Gebüsch ein Karabinerhagel auf uns los, so daß mancher tot auf der Stelle blieb und noch mehre blessirt wurden. Wenn denn aber unsre Artilleristen nur etliche Kanonen gegen das Gebüsch richteten, so flog der Feind über Hals und Kopf davon. Dieser Plunder hat mich nie erschreckt; ich wäre sein bald gewohnt worden, und dacht' ich oft: Pah! wenn's nur den Weg hergeht, ist's so übel nicht. —

Früh Morgens am 1. Oktober mußten wir uns rangiren und durch ein enges Thälchen gegen dem großen Thal hinunter marschiren. Vor dem dicken Nebel konnten wir nicht weit sehen. Als wir aber vollends in die Plaine hinunter kamen und zur großen Armee stießen, rückten wir in drei Treffen weiter vor und erblickten von ferne durch den Nebel, wie durch einen Flor, feindliche Truppen auf einer Ebene, oberhalb dem böhmischen Städtchen Lowositz. Es war kaiserliche Cavallerie; denn die Infanterie bekamen wir nie zu Gesicht, da sich dieselbe bei gedachtem Städtchen verschanzt hatte. Um 6 Uhr ging schon das Donnern der Artillerie sowol aus unserm Vordertreffen, als aus den kaiserlichen Batterien so gewaltig an, daß die Kanonenkugeln

bis zu unserm Regiment (das im mittlern Treffen stund) durch=
schnurrten. Bisher hatt' ich immer noch Hoffnung, vor einer
Bataille zu entwischen; jetzt sah ich keine Ausflucht mehr weder
vor noch hinter mir, weder zur Rechten noch zur Linken. Wir
rückten inzwischen immer vorwärts. Da fiel mir vollends aller
Muth in die Hosen, in den Bauch der Erde hätt' ich mich ver=
kriechen mögen, und eine ähnliche Angst, ja Todesbläſſe las man
bald auf allen Gesichtern, selbst deren, die sonst noch so viel
Herzhaftigkeit gleißneten. Die geleerten Branzfläschchen (wie
jeder Soldat eines hat) flogen unter den Kugeln durch die
Lüfte; die meisten soffen ihren kleinen Vorrath bis auf den
Grund aus, denn da hieß es: Heute braucht es Courage und
morgens vielleicht keinen Fusel mehr! Itzt avancirten wir bis
unter die Kanonen, wo wir mit dem ersten Treffen abwechseln
mußten. Potz Himmel! wie sausten da die Eisenbrocken ob
unsern Köpfen hinweg — fuhren bald vor bald hinter uns in
die Erde, daß Stein und Rasen hoch in die Luft sprang — bald
mitten ein und spickten uns die Leute aus den Gliedern weg,
als wenn's Strohhälme wären. Dicht vor uns sahen wir nichts
als feindliche Cavallerie, die allerhand Bewegungen machte, sich
bald in die Länge ausdehnte, bald in einen halben Mond, dann
in ein Drei= und Viereck sich wieder zusammenzog. Nun rückte
auch unfre Cavallerie an; wir machten Lücke und ließen sie vor,
auf die feindliche los galoppiren. Das war ein Gehagel, das
knarrte und blinkerte, als sie nun einhieben. Allein kaum währte
es eine Viertelstunde, so kam unsre Reiterei, von der öster=
reichischen geschlagen und bis nahe unter unsre Kanonen ver=
folgt, zurücke. Da hätte man das Spektakeln sehen sollen,
Pferde, die ihren Mann im Stegreif hängend, andere, die ihr
Gedärm der Erde nach schleppten. Inzwischen stunden wir noch
immer im feindlichen Kanonenfeuer bis gegen 11 Uhr, ohne daß
unser linker Flügel mit dem kleinen Gewehr zusammentraf, ob=
schon es auf dem rechten sehr hitzig zuging. Viele meinten, wir

müßten noch auf die kaiserlichen Schanzen Sturm laufen. Wir war's schon nicht mehr so bange wie anfangs, obgleich die Feld=schlangen Mannschaft zu beiden Seiten neben mir wegrafften, und der Walplatz bereits mit Toten und Verwundeten übersäet war — als mit eins ungefähr um zwölf Uhr die Ordre kam, unser Regiment nebst zwei andern (ich glaube Bevern und Kalk=stein) müßten zurückmarschiren. Nun dachten wir, es gehe dem Lager zu und alle Gefahr sei vorbei. Wir eilten darum mit muntern Schritten die jähen Weinberge hinauf, brachen unsre Hüte voll schöne rothe Trauben, aßen vor uns her nach Herzens=lust; und mir und denen, welche neben mir stunden, kam nichts Arges in den Sinn, obgleich wir von der Höhe herunter unsre Brüder noch in Feuer und Rauch stehen sahen, ein fürchterlich donnerndes Gelärm hörten und nicht entscheiden konnten, auf welcher Seite der Sieg war. Mittlerweile trieben unsre An=führer uns immer höher den Berg hinan, auf dessen Gipfel ein enger Paß zwischen Felsen durchging, der auf der andern Seite wieder hinunter führte. Sobald nun unsre Avantgarde den erwähnten Gipfel erreicht hatte, ging ein entsetzlicher Musketen=hagel an, und nun merkten wir erst, wo der Haas im Stroh lag. Etliche tausend kaiserliche Panduren waren nämlich auf der andern Seite den Berg hinauf beordert, um unsrer Armee in den Rücken zu fallen; dies muß unsern Anführern verrathen worden sein, und wir mußten ihnen darum zuvorkommen. Nur etliche Minuten später, so hatten sie uns die Höhe abgewonnen und wir wahrscheinlich den kürzern gezogen. Nun setzte es ein unbeschreibliches Blutbad ab, ehe man die Panduren aus jenem Gehölz vertreiben konnte. Unsre Vordertruppen litten stark, allein die hintern drangen ebenfalls über Kopf und Hals nach, bis zuletzt alle die Höhe gewonnen hatten.

Da mußten wir über Hügel von Toten und Verwundeten hinstolpern. Alsbann ging's hudri, hudri! mit den Panduren die Weinberge hinunter, sprungweise über eine Mauer nach der andern herab in die Ebene. Unsre gebornen Preußen und Brandenburger packten die Panduren wie Furien. Ich selber war in Faft und Hitze wie vertaumelt, und mir weder Furcht noch Schreckens bewußt schoß ich eines Schießens fast alle meine sechzig Patronen los, bis meine Flinte halb glühend war und ich sie am Riemen nachschleppen mußte; indessen glaub' ich nicht, daß ich eine lebendige Seele traf, sondern alles ging in die freie Luft. Auf der Ebene am Wasser vor dem Städtchen Lowofitz postirten sich die Panduren wieder, und pülverten tapfer in die Weinberge hinauf, daß noch mancher vor und neben mir in's Gras biß. Preußen und Panduren lagen überall durch einander; und wo sich einer von diesen letztern noch regte, wurde er mit der Kolbe vor den Kopf geschlagen, oder ihm ein Bajonett durch den Leib gestoßen. Und nun ging in der Ebene das Gefecht von neuem an. Aber wer wird das beschreiben wollen, wo jetzt Rauch und Dampf von Lowofitz ausging; wo es krachte und donnerte, als ob Himmel und Erde hätten zergehen wollen; wo das unaufhörliche Rumpeln vieler hundert Trommeln, das herzzerschneidende und herzerhebende Ertönen aller Art Feldmusik, das Rufen so vieler Commandeurs und das Brüllen ihrer Abjutanten, das Zeter- und Mordiogeheul so vieler tausend elenden, zerquetschten, halbtoten Opfer dieses Tages alle Sinne betäubte! Um diese Zeit — es mochte etwa drei Uhr sein — da Lowofitz schon im Feuer stand, viele hundert Panduren, auf welche unsere Vordertruppen wieder wie wilde Löwen einbrachen, in's Wasser sprangen, wo es dann auf das Städtchen selber los ging — um diese Zeit war ich freilich nicht der Vorderste, sondern unter dem Nachtrab noch etwas im Weinberg droben, von denen indessen mancher, wie gesagt, weit behender als ich von einer Mauer über die andere hinuntersprang, um seinen Brüdern zu Hilf' zu eilen. Da ich also noch ein wenig erhöht stand, und auf die Ebene wie in ein finsteres Donner- und Hagelwetter hineinsah — in diesem Augenblick

däucht' es mich Zeit, oder vielmehr mahnte mich mein Schutz=
engel, mich mit der Flucht zu retten. Ich sah mich deßwegen
nach allen Seiten um. Vor mir war alles Feuer, Rauch und
Dampf, hinter mir noch viele nachkommende auf die Feinde
los eilende Truppen, zur Rechten zwei Hauptarmeen in voller
Schlachtordnung. Zur Linken endlich sah ich Weinberge, Büsche,
Wäldchen, nur hie und da einzelne Menschen, Preußen, Pan=
duren, Husaren, und von diesen mehr Tote und Verwundete
als Lebende. Da, da, auf diese Seite, dacht' ich; sonst ist's
pur lautere Unmöglichkeit!

Ich schlich also zuerst mit langsamem Marsch ein wenig
auf diese linke Seite, die Reben durch. Noch eilten etliche
Preußen bei mir vorbei. „Komm, komm, Bruder!" sagten sie,
„Victoria!" Ich rispostirte kein Wort, that nur ein wenig
blessirt, und ging immer noch allgemach fort, freilich mit Furcht
und Zittern. Sobald ich mich indessen so weit entfernt hatte, daß
mich niemand mehr sehen mochte, verdoppelte, verdrei=, vier=,
fünf=, sechsfachte ich meine Schritte, blickte rechts und links wie
ein Jäger, sah noch von weitem — zum letzten Mal in meinem
Leben — Morden und Totschlagen; strich dann in vollem
Galopp ein Gehölze vorbei, das voll toter Husaren, Panduren
und Pferde lag; rannte eines Rennens gerade dem Flusse nach
herunter, und stand jetzt an einem Tobel. Jenseits desselben
kamen so eben auch etliche kaiserliche Soldaten angestochen, die
sich gleichfalls aus der Schlacht weggestohlen hatten, und
schlugen, als sie mich so daherlaufen sahen, zum drittenmal auf
mich an, ungeachtet ich immer das Gewehr streckte und ihnen
mit dem Hut den gewohnten Wink gab. Doch brannten sie
niemals los. Ich faßte also den Entschluß, gerad' auf sie zu
zu laufen. Hätt' ich einen andern Weg genommen, würden sie,
wie ich nachwärts erfuhr, unfehlbar auf mich gefeuert haben.
Ihr H***! dacht' ich, hättet ihr eure Courage bei Lowositz ge=
zeigt! Als ich nun zu ihnen kam und mich als Deserteur angab,

nahmen sie mir das Gewehr ab, unterm Versprechen, mir's nachwärts schon wieder zuzustellen. Aber der, welcher sich dessen impatronirt hatte, verlor sich bald darauf und nahm das Füsil mit sich. Nun so sei's! Alsdann führten sie mich in's nächste Dorf, Schenizeck (es mochte eine starke Stunde unter Lowositz sein). Hier war eine Fahrt über das Wasser, aber ein einziger Kahn zum Transporte. Da gab's ein Zetermordiogeschrei von Männern, Weibern und Kindern. Jedes wollte zuerst in dem Teich sein, aus Furcht vor den Preußen; denn alles glaubte sie schon auf der Haube zu haben. Auch ich war keiner von den letzten, der mitten unter eine Schaar von Weibern hinein=sprang. Wo nicht der Fährmann etliche derselben hinaus=geworfen, hätten wir alle ersaufen müssen. Jenseits des Flusses stand eine Panduren=Hauptwache. Meine Begleiter führten mich auf dieselbe zu, und diese rothen Schnurrbärte begegneten mir auf's manierlichste, gaben mir, ungeachtet ich sie und sie mich kein Wort verstunden, noch Tobak und Branntwein, und Geleit bis auf Leutmeritz, glaub' ich, wo ich unter lauter Stockböhmen übernachtete, und freilich nicht wußte, ob ich da mein Haupt sicher zur Ruhe legen konnte, — aber — und dies war das Beste — von dem Tumult des Tages noch einen so vertaumelten Kopf hatte, daß dieser Kapitalpunkt mir am allerminndesten betrug. Morgens darauf (2. Okt.) ging ich mit einem Trans=port in's kaiserliche Hauptlager nach Budin ab. Hier traf ich bei zweihundert andrer preußischer Deserteurs an, von denen, so zu reden, jeder seinen eigenen Weg und sein Tempo in Obacht genommen hatte. —

Wir hatten die Erlaubniß alles im Lager zu besichtigen. Officiers und Soldaten stunden dann bei Haufen um uns her, denen wir mehr erzählen sollten, als uns bekannt war. Etliche indessen wußten Winds genug zu machen und, ihren diesmaligen Wirthen zu schmeicheln, zur Verkleinerung der Preußen hundert Lügen auszuhecken. Da gab's denn auch unter den Kaiserlichen manchen Erzprahler, und der kleinste Zwerg rühmte sich, wer weiß wie manchen langbeinigten Brandenburger — auf seiner eigenen Flucht in die Flucht geschlagen zu haben. Drauf führte man uns zu etwa fünfzig Mann Gefangener von der preußischen Cavallerie; ein erbärmlich Spektakel! Da war kaum einer von Wunden und Beulen leer ausgegangen, etliche über's ganze Gesicht herunter gehauen, andre in's Genick, andre über die Ohren, über die Schultern, die Schenkel u. s. f. Da war alles ein Aechzen und Wehklagen! Wie priesen uns diese armen Wichte selig, einem ähnlichen Schicksal so glücklich entronnen zu sein, und wie dankten wir selber Gott dafür! Wir mußten im Lager übernachten, und bekamen jeder seinen Dukaten Reisgeld. Dann schickte man uns mit einem Cavallerietransport, es waren unser an die zweihundert, auf ein böhmisches Dorf, wo wir, nach einem kurzen Schlummer, folgenden Tags auf Prag abgingen. Dort vertheilten wir uns und bekamen Pässe, je zu sechs, zehn bis zwölf hoch, welche einen Weg gingen; denn wir waren ein wunderseltsames Gemengsel von Schweizern, Schwaben, Sachsen, Baiern, Tirolern, Welschen, Franzosen, Polacken und Türken. Einen solchen Paß bekamen unser sechs zusammen bis Regensburg." —

So weit Ulrich Bräcker. Er kam glücklich in der Heimat an, aber den schnauzbärtigen Soldaten in seiner Uniform erkannte niemand wieder. Seine Geschwister verkrochen sich, seine Geliebte war ihm untreu geworden und hatte einen Andern geheirathet, nur das Mutterherz fand aus der verwilderten Gestalt den Sohn heraus. Aber auch sein späteres Leben in dem einsamen Thal wurde durch die Abenteuer dieser Zeit gestört. Es war ein fremdes, unheimliches Element in ihn gekommen, reizbare Unruhe, Begehrlichkeit und Entwöhnung stetiger Arbeit.

Friedrich II. aber schrieb nach der Schlacht bei Lowositz an Schwerin: „Nie haben meine Truppen solche Wunder der Tapferkeit gethan, seit ich die Ehre habe sie zu commandiren." —

Der hier erzählt hat, war auch einer davon.

5.

Aus dem Staat Friedrich des Großen.

Was war es doch, das seit dem dreißigjährigen Kriege die Augen der Politiker auf den kleinen Staat heftete, der sich an der östlichen Nordgrenze Deutschlands gegen Schweden und Polen, gegen Habsburger und Bourbonen heraufrang? Das Erbe der Hohenzollern war kein reichgesegnetes Land, in dem der Bauer behaglich auf wohlbebauter Hufe saß, welchem reiche Kaufherren in schweren Galeonen die Seide Italiens, die Gewürze und Barren der neuen Welt zuführten. Ein armes, verwüstetes Sandland war's, die Städte ausgebrannt, die Hütten der Landleute niedergerissen, unbebaute Aecker, viele Quadratmeilen entblößt von Menschen und Nutzvieh, den Launen der Urnatur zurückgegeben. Als Friedrich Wilhelm 1640 unter den Kurhut trat, fand er nichts als bestrittene Ansprüche auf zerstreute Territorien von etwa 1450 Quadratmeilen, in allen festen Orten seines Stammlandes saßen übermächtige Eroberer. Auf einer unsichern Oede richtete der kluge, doppelzüngige Fürst seinen Staat ein, mit einer Schlauheit und Rücksichtslosigkeit gegen seine Nachbarn, welche sogar in jener gewissenlosen Zeit Aufsehen erregte, aber zugleich mit Heldenkraft und großem Sinn, der mehr als einmal die deutsche Ehre höher faßte, als der Kaiser oder ein anderer Fürst des Reiches. Und als der große Politiker 1688 starb, war was er hinterließ, doch nur ein geringes Volk, gar nicht zu rechnen unter den Mächten

Europa's. Denn seine Herrschaft umfaßte zwar 2034 Quadrat=
Meilen, aber höchstens 1,300,000 Menschen. Auch als
Friedrich II. hundert Jahr nach seinem Ahnherrn die Regierung
antrat, erbte er nicht mehr als 2,240,000 Seelen, weniger als
jetzt die eine Provinz Schlesien umfaßt*). Was war es also,
das sogleich nach den Schlachten des dreißigjährigen Krieges die
Eifersucht aller Regierungen, zumal des Kaiserhauses, erregte,
das seither dem brandenburgischen Wesen so warme Freunde,
so erbitterte Gegner zugeführt hat? Durch zwei Jahrhunderte
wurden Deutsche und Fremde nicht müde auf diesen neuen Staat
zu hoffen, ebenso lange haben Deutsche und Fremde nicht auf=
gehört ihn zuerst mit Spott, dann mit Haß einen künstlichen
Bau zu nennen, der starke Stürme nicht auszuhalten vermöge,
der ohne Berechtigung sich unter die Mächte Europa's eingedrängt
habe. Und wie kam es endlich, daß schon nach dem Tode Friedrich
des Großen unbefangene Beurtheiler ermahnten, man möge
doch aufhören, dem vielgehaßten den Untergang zu prophezeien?
Nach jeder Niederlage sei er um so kräftiger in die Höhe ge=
schnellt, alle Schäden und Kriegswunden würden dort schneller
geheilt als wo anders, Wohlstand und Intelligenz nehme dort

---

*) Kurfürst Friedrich Wilhelm erbte 1451 Quadrat=Meilen mit
vielleicht 700,000 Einwohnern, diese zum größten Theil im Ordensland
Preußen, welches durch die Verwüstungen des Krieges nicht so sehr
veröbet war.

		Quabr.=M.	Einw.
Im Jahr 1688 hinterließ der Kurfürst		2034 mit etwa	1,300,000
- - 1713 -	König Friedrich I.	2090 -	1,700,000
- - 1740 -	König Friedr. Wilh. I.	2201 -	2,240,000
- - 1786 -	König Friedrich II.	3490 -	6,000,000
- - 1805 waren		5563 -	9,800,000
(vor dem Eintausch von Hannover).			
- - 1807 blieben		2877 -	5,000,000
- - 1817 waren		5015 -	10,600,000

- - 1830 waren 13 Mill. Ew., im Jahre 1865 aber 19 Mill. Ew.
auf 5046 Quadrat=Meilen.

in größeren Verhältnissen zu, als in einem andern Theile von
Deutschland!

Allerdings war es ein eigenthümliches Wesen, eine neue
Schattirung des deutschen Charakters, was auf dem eroberten
Slavengrunde, in den Hohenzollern und ihrem Volke zu Tage
kam. Mit herausfordernder Schärfe erzwang sich dies Neue
Geltung. Es schien, daß die Charaktere dort größere Gegen-
sätze umschlossen; denn Tugenden und Fehler seiner Regenten,
Größe und Schwäche seiner Politik kamen in schneidenden
Contrasten zu Tage, die Beschränktheiten erschienen auffälliger,
das Widerwärtige massenhafter, das Bewunderungswerthe er-
staunlicher; es schien, daß dieser Staat das Seltsamste und
Ungewöhnlichste erzeugen, und nur die ruhige Mittelmäßigkeit,
die sonst so erträglich und förderlich sein mag, nicht ohne
Schaden vertragen könne.

Viel that die Lage des Landes. Es war ein Grenzland,
zugleich gegen Schweden, Slaven, Franzosen und Holländer.
Kaum eine Frage der europäischen Politik gab es, die nicht auf
Wohl und Wehe des Staats einwirkte, kaum eine Verwicklung,
welche thätigen Fürsten nicht Gelegenheit gab Ansprüche geltend
zu machen. Die sinkende Macht Schwedens, der beginnende
Auflösungsproceß in Polen erregten weitläufige Aussichten, die
Uebergewalt Frankreichs, die mißtrauische Freundschaft Hollands
zwangen zu schlagfertiger Vorsicht. Seit dem ersten Jahre, in
welchem Kürfürst Friedrich Wilhelm seine eigenen Festungen
durch List und Gewalt in Besitz nehmen mußte, wurde offenbar,
daß dort an der Ecke des deutschen Bodens ein kräftiges, um-
sichtiges, waffentüchtiges Regiment zur Rettung Deutschlands
nicht entbehrt werden könne. Seit dem Beginn des französischen
Krieges von 1674 erkannte Europa, daß die schlaue Politik,
welche von dieser kleinen Ecke ausging, auch das staunenswerthe
Wagniß unternahm, die Westgrenze Deutschlands gegen den
übermächtigen König von Frankreich heldenhaft zu vertheidigen.

Es lag vielleicht auch etwas Auffallendes in dem Stammcharakter des brandenburgischen Volkes, an dem Fürsten und
Unterthanen gleichen Theil hatten. Die preußischen Landschaften
hatten den Deutschen bis auf Friedrich den Großen verhältnißmäßig wenig von Gelehrten, Dichtern und Künstlern abgegeben.
Selbst der leidenschaftliche Eifer der Reformationszeit schien
dort abgedämpft. Die Leute, welche in dem Grenzlande saßen,
meist von niedersächsischem Stamme, mit geringer Beimischung
von Slavenblut, waren ein hartes, knorriges Geschlecht, nicht
vorzugsweise anmuthig in den Formen ihres Lebens, aber von
einem ungewöhnlich scharfen Verstande, nüchtern im Urtheil;
in der Hauptstadt schon seit alter Zeit spottlustig von beweg-
licher Zunge, in allen Landschaften großer Anstrengungen fähig,
arbeitsam, zäh, von dauerhafter Kraft.

Aber mehr als Lage und Stammcharakter des Volkes schuf
dort der Charakter der Fürsten. In anderer Weise, als irgendwo
seit den Tagen Karl des Großen geschah, haben sie ihren
Staat gebildet. Manches Fürstengeschlecht zählte eine Reihe
glücklicher Vergrößerer des Staats, auch die Bourbonen haben
weites Gebiet zu einem großen Staatskörper zusammengezogen;
manches Fürstengeschlecht hat einige Generationen tapferer Krieger
erzeugt, keines war tapferer als die Wasa und die protestantischen
Wittelsbacher in Schweden. Aber Erzieher des Volkes ist keins
gewesen, wie die alten Hohenzollern. Als große Gutsherren auf
verwüstetem Lande haben sie die Menschen geworben, die Cultur
geleitet, durch fast hundertfünfzig Jahre als strenge Hauswirthe
gearbeitet, gedacht, geduldet, gewagt und Unrecht gethan, um ein
Volk für ihren Staat zu schaffen, wie sie selbst: hart, sparsam,
gescheidt, keck, das Höchste für sich begehrend.

In solchem Sinne hat man Recht, den providentiellen
Charakter des preußischen Staats zu bewundern. Von den
vier Fürsten, welche ihn seit dem deutschen Kriege bis zu dem
Tage regierten, wo der greise Abt im Kloster Sanssouci die

müden Augen schloß, hat jeder mit seinen Tugenden und Fehlern wie eine nothwendige Ergänzung seines Vorgängers gelebt. Kurfürst Friedrich Wilhelm, der größte Staatsmann aus der Schule des deutschen Krieges, der prachtliebende erste König Friedrich, der sparsame Despot Friedrich Wilhelm I., zuletzt er, in welchem sich die Anlagen und großen Eigenschaften fast aller seiner Vorfahren zusammen fanden, im achtzehnten Jahrhundert die Blüthe des Geschlechts.

Es war ein freudeleeres Leben im Königsschloß zu Berlin, als Friedrich heranwuchs, so arm an Liebe und Sonnenschein, wie in wenig Bürgerhäusern jener rauhen Zeit. Man darf zweifeln, ob der König, sein Vater, oder die Königin größere Schuld an der Zerrüttung des Familienlebens hatten, beide nur durch Fehler ihres Naturells, welche in den unaufhörlichen Reibungen des Hauses immer größer wurden. Der König, ein wunderlicher Tyrann, mit weichem Herzen, aber einer rohen Heftigkeit, die mit dem Stocke Liebe und Vertrauen erzwingen wollte, von scharfem Menschenverstand, aber so unwissend, daß er immer in Gefahr kam, Opfer eines Schurken zu werden, und in dem dunklen Gefühl seiner Schwäche wieder mißtrauisch und von jäher Gewaltsamkeit; die Königin dagegen, keine bedeutende Frau, von kälterem Herzen, mit einem starken Gefühl ihrer fürstlichen Würde, dabei mit vieler Neigung zur Intrigue, ohne Vorsicht und Schweigsamkeit. Beide hatten den besten Willen und gaben sich ehrlich Mühe, ihre Kinder zu tüchtigen und guten Menschen zu machen, aber beide störten unverständig das gesunde Aufleben der Kinderseele. Die Mutter hatte die Taktlosigkeit, die Kinder schon im zarten Alter zu Vertrauten ihres Aergers und ihrer Intriguen zu machen; denn über die unholde Sparsamkeit des Königs, über die Schläge, die er so reichlich in seinen Zimmern austheilte, und über die einförmige Tagesordnung, die er ihr aufzwang, nahm in ihren Gemächern Klage, Groll, Spott kein Ende. Der Kronprinz Friedrich wuchs im

Spiel mit seiner älteren Schwester heran, ein zartes Kind mit leuchtenden Augen und wunderschönem blonden Haar. Pünktlich wurde ihm grade so viel gelehrt, als der König wollte, und das war wenig genug: kaum etwas lateinische Declination — der große König ist nie über die Schwierigkeiten des Genitivs und Dativs herausgekommen —, Französisch, etwas Geschichte und was einem Soldaten damals für nöthig galt. Die Frauen brachten dem Knaben, der sich gern gehen ließ und in Gegenwart des Königs scheu und trotzig aus den Kinderaugen sah, das erste Interesse an französischer Literatur bei; er selbst hat später seine Schwester darum gerühmt, aber auch seine Gouvernante war eine kluge Französin. Daß dem König das fremde Wesen verhaßt war, trug sicher dazu bei, es dem Sohne werth zu machen, denn fast systematisch wurde in den Appartements der Königin das gelobt, was dem strengen Hausherrn mißfiel. Und wenn der König in der Familie eine seiner polternden frommen Reden hielt, dann sahen die Prinzeß Wilhelmine und der junge Friedrich einander so lange bedeutsam an, bis das herausfordernde Gesicht, das eines der Kinder machte, die kindische Lachlust erregte und den Grimm des Königs zum Ausbruch brachte. Dadurch wurde der Sohn schon in frühen Jahren dem Vater ein Gegenstand des Aergers. Einen effeminirten Kerl schalt er ihn, der sich malpropre halte und eine unmännliche Freude an Putz und Spielereien habe.

Aber aus dem Bericht seiner Schwester, deren schonungslosem Urtheil der Tadel leichter wird als das Lob, ist auch zu sehen, wie die Liebenswürdigkeit des reichbegabten Knaben auf seine Umgebung wirkte. Wenn er mit der Schwester heimlich eine französische Geschichte las und den ganzen Hof in die komischen Charaktere des Romans umdeutete, wenn sie mit Flöte und Laute verpönte Musik machten, wenn er die Schwester verkleidet besuchte und sie die Rollen einer französischen Komödie gegen einander recitirten. Aber selbst bei diesen harmlosen

Freuden wurde der Prinz fortwährend in Lüge, Täuschung, Verstellung gedrängt. Er war stolz, hochgesinnt, großmüthig, von rücksichtsloser Wahrheitsliebe. Daß ihm die Verstellung innerlichst widerstand, daß er sich, wo sie verlangt wurde, nicht dazu herablassen wollte, und wo er es einmal that, ungeschickt heuchelte, das machte seine Stellung zum Vater immer schwieriger, größer wurde das Mißtrauen des Königs, immer wieder brach dem Sohn das verletzte Selbstgefühl als Trotz hervor.

So wuchs er auf von plumpen Spionen umgeben, welche dem König jedes Wort zutrugen. Ein Gemüth von den reichsten Anlagen, der feinsten geistigen Begehrlichkeit, ohne jede männliche Gesellschaft, die für ihn gepaßt hätte. Kein Wunder, daß der Jüngling auf Abwege gerieth. Der preußische Hof konnte im Vergleich zu den andern Höfen Deutschlands für einen sehr tugendhaften gelten; aber die Frivolität gegen Frauen und die Unbefangenheit, mit welcher die bedenklichsten Verhältnisse behandelt wurden, waren auch dort sehr groß. Seit einem Besuch an dem lüderlichen Hofe in Dresden begann es Prinz Friedrich zu treiben, wie andere Prinzen seiner Zeit, er fand gute Kameraden unter den jungen Officieren seines Vaters. Wir wissen aus dieser Zeit wenig von ihm, aber wir dürfen schließen, daß er dabei allerdings in einige Gefahr kam, nicht zu verderben, aber in Schulden und unbedeutenden Verhältnissen werthvolle Jahre zu verlieren. Es war sicher nicht der steigende Unwille des Vaters allein, der ihn in dieser Zeit verstimmte und rathlos umherwarf, eben so sehr ein inneres Mißbehagen, das den unfertigen Jüngling um so wilder in die Irre treibt, je größer die stillen Ansprüche sind, die sein Geist an das Leben macht.

Er beschloß nach England zu entfliehen. Wie die Flucht mißlang, wie der Zorn des Obristen Friedrich Wilhelm gegen den fahnenflüchtigen Officier aufbrannte, ist bekannt. Mit den Tagen seiner Gefangenschaft in Küstrin und dem Aufenthalt in

Ruppin begannen seine ernsten Lehrjahre. Das Fürchterliche, das er erfahren, hatte auch neue Kraft in ihm wach gerufen. Er hatte alle Schrecken des Todes, die greulichsten Demüthigungen mit fürstlichem Stolze ertragen. Er hatte über die größten Räthsel des Lebens, über den Tod und was darauf folgen soll, in der Einsamkeit seines Gefängnisses nachgedacht, er hatte erkannt, daß ihm nichts als Ergebung, Geduld, ruhiges Ausharren übrig bleibe. Aber das bittere, herzfressende Unglück ist doch keine Schule, welche nur das Gute herausbildet, auch manche Fehler wachsen dabei groß. Er lernte in stiller Seele seine Entschlüsse bewahren, mit Argwohn auf die Menschen sehn und sie als seine Werkzeuge gebrauchen, sie täuschen und mit einer kalten Klugheit liebkosen, von welcher sein Herz nichts wußte. Er mußte dem feigen, gemeinen Grumbkow schmeicheln, und froh sein, daß er ihn allmälig für sich gewann; er mußte sich Jahre lang immer wieder Mühe geben, den Widerwillen und das Mißtrauen des harten Vaters klug zu bekämpfen. Immer sträubte sich seine Natur gegen solche Demüthigung, durch bittern Spott suchte er sein geschädigtes Selbstgefühl geltend zu machen; sein Herz, das für alles Edle erglühte, bewahrte ihn davor, ein harter Egoist zu werden, aber milder, versöhnlicher wurde er nicht. Und als er längst ein großer Mensch, ein weiser Fürst geworden war, blieb ihm aus dieser Zeit der Knechtschaft doch eine Spur von kleinlicher Hinterlist zurück, der Löwe hat einigemal nicht verschmäht, in niedriger Rachsucht wie ein Kater zu kratzen.

Doch er lernte in diesen Jahren auch etwas Nützliches ehren: die strenge Wirthschaftlichkeit, mit welcher die beschränkte, aber tüchtige Kraft seines Vaters für das Wohl des Landes und seines Hauses sorgte. Wenn er, um dem König zu gefallen, Pachtanschläge machen mußte, wenn er sich Mühe gab, den Ertrag einer Domäne um einige hundert Thaler zu steigern, wenn er auch auf die Liebhabereien des Königs mehr als billig einging und ihm den Vorschlag machte, einen langen Schäfer aus Mecklenburg als Rekruten zu entführen, so war im Anfang allerdings diese Arbeit nur ein lästiges Mittel den König zu versöhnen; denn Grumbkow sollte ihm einen Mann schaffen, der die Taxe statt seiner machte, die Amtleute und Kammer=beamten selbst gaben ihm an die Hand, wie hie und da ein Plus zu gewinnen war, und über die Riesen spottete er immer noch, wo er das ungestraft konnte. Aber die neue Welt, in die er versetzt war, die praktischen Interessen des Volkes und des Staates zogen ihn doch allmälig an. Es war leicht einzusehen, daß auch die Wirthschaftlichkeit seines Vaters oft tyrannisch und wunderlich war. Der König hatte immer die Empfindung, daß er nichts als das Beste seines Landes wollte, und deßhalb nahm er sich die Freiheit mit der größten Willkür bis in das Einzelne in Besitz und Geschäft der Privatpersonen einzugreifen. Wenn er befahl, daß kein Ziegenbock mit den Schafen ausgetrieben werden dürfe, daß alle farbigen Schafe, graue, schwarze, melirte binnen drei Jahren gänzlich abgeschafft und nur seine weiße Wolle geduldet werden solle; wenn er genau vorschrieb, wie die kupfernen Probemaße des Berliner Scheffels, die er durch das ganze Land — auf Kosten der Unterthanen — verschicken ließ, aufbewahrt und verschlossen werden sollten, damit sie keine Beulen bekämen; wenn er, um die Linnen= und Wolleninduſtrie in die Höhe zu bringen, verordnete, seine Unterthanen sollten durchaus nicht den modischen Zitz und Kattun tragen, hundert Thaler Strafe und drei Tage Halseisen drohe jedem, der nach acht Monaten in seinem Hause noch einen Lappen Kattun an Schlaf=rock, Mütze, Möbelüberzug dulden würde, so erschien solche Methode zu regieren allerdings hart und kleinlich. Aber den klugen Sinn und die wohlwollende Absicht, die hinter solchen Erlassen erkennbar war, lernte der Sohn doch ehren, und er selbst eignete sich allmälig eine Menge von Detailkenntnissen an, die sonst einem Fürstensohn nicht geläufig werden: Werthe

15*

der Güter, Preise der Lebensmittel, Bedürfnisse des Volkes, Gewohnheiten, Rechte und Pflichten des kleinen Lebens. Es ging sogar auf ihn viel von dem Selbstgefühl über, womit der König sich dieser Geschäftskenntnisse rühmte. Und als er der allmächtige Hauswirth seines Staates geworden, da wurde der unermeßliche Segen offenbar, den seine Kenntniß des Volkes und des Verkehrs haben sollte. Nur dadurch wurde die weise Sparsamkeit möglich, mit welcher er sein eigenes Haus und die Finanzen verwaltete, seine unablässige Sorge für das Detail, wodurch er Landbau, Handel, Wohlstand, Bildung seines Volkes erhob. Wie die Tagesrechnungen seiner Köche, so mußte er die Anschläge zu prüfen, in denen die Einkünfte der Domänen, Forsten, der Accise berechnet waren. Daß er das Kleinste wie das Größte mit scharfem Auge übersah, das verdankte sein Volk zum größten Theil den Jahren, in denen er gezwungen als Assessor am grünen Tische zu Ruppin saß. Und zuweilen begegnete ihm selbst, was zu seines Vaters Zeit ärgerlich gewesen war, daß seine Kenntniß der geschäftlichen Einzelheiten doch nicht groß genug war, und daß er hier und da, grade wie sein Vater, befahl, was gewaltsam in das Leben seiner Preußen einschnitt und nicht durchgeführt werden konnte.

Kaum hatte Friedrich die Schläge der großen Katastrophe ein wenig verwunden, da traf ihn ein neues Unglück, seinem Herzen eben so schrecklich wie das erste, in seinen Folgen noch verhängnißvoller für sein Leben. Der König zwang ihm eine Gemahlin auf. Herzerschütternd ist das Weh, in dem er ringt, sich von der erwählten Braut loszumachen. „Sie soll frivol sein, so viel sie will, nur nicht einfältig, das ertrage ich nicht." Es war alles vergebens. Mit Bitterkeit und Zorn sah er auf diese Verbindung bis kurz vor der Vermählung. Nie hat er den Schmerz überwunden, daß der Vater dadurch sein inneres Leben zerstört habe. Seine reizbare Empfindung, das liebebedürftige Herz, sie waren in rohester Weise verkauft. Nicht

allein er wurde dadurch, unglücklich, auch eine gute Frau, die
des besten Schicksals werth gewesen wäre. Die Prinzessin
Elisabeth von Bevern hatte viele edle Eigenschaften des Herzens,
sie war nicht einfältig, sie war nicht häßlich und vermochte selbst
vor der herben Kritik der Fürstinnen des königlichen Hauses
erträglich zu bestehen. Aber wir fürchten, wäre sie ein Engel
gewesen, der Stolz des Sohnes, der im Kern seines Lebens
durch die unnöthige Barbarei des Zwanges empört war, hätte
dennoch gegen sie protestirt. Und doch war das Verhältniß
nicht zu jeder Zeit so kalt, wie man wol annimmt. Sechs Jahre
gelang es der Herzensgüte und dem Takt der Prinzessin, den
Kronprinzen immer wieder zu versöhnen. In der Zurückge-
zogenheit von Rheinsberg war sie in der That seine Hausfrau
und eine liebenswürdige Wirthin seiner Gäste, und schon wurde
von den österreichischen Agenten an den Wiener Hof berichtet,
daß ihr Einfluß im Steigen sei. Aber der bescheidenen Anhänglichkeit ihrer Seele fehlten zu sehr die Eigenschaften, welche einen
geistreichen Mann auf die Dauer zu fesseln vermögen. Die
aufgeweckten Kinder des Hauses Brandenburg hatten das Bedürfniß ihr leichtbewegtes Innere launig, schnell und scharf nach
außen zu kehren. Die Prinzessin wurde, wenn sie erregt war,
still, wie gelähmt, die leichte Grazie der Gesellschaft fehlte ihr.
Das paßte nicht zusammen. Auch die Art, wie sie den Gemahl
liebte, pflichtvoll, sich immer unterordnend, wie gebannt und
gedrückt von seinem großen Geiste, war dem Prinzen wenig
interessant, der mit der französischen geistreichen Bildung auch
nicht wenig von der Frivolität der französischen Gesellschaft angenommen hatte.

Als Friedrich König wurde, verlor die Fürstin schnell den
geringen Antheil, den sie sich am Herzen ihres Gemahls etwa
erworben hatte. Die lange Abwesenheit im ersten schlesischen
Kriege that das Letzte, den König von ihr zu enfernen. Immer
sparsamer wurden die Beziehungen der Gatten, es vergingen

Jahre, ohne daß sie einander sahen, eine eisige Kürze und Kälte ist in seinen Briefen erkennbar. Daß der König ihren Charakter so hoch achten mußte, erhielt sie in der äußeren Stellung. — Seine Verhältnisse mit Frauen waren seitdem wenig einfluß= reich auf sein inneres Empfinden; selbst seine Schwester von Baireuth, kränklich, nervös, verbittert durch Eifersucht auf einen ungetreuen Gemahl, wurde dem Bruder auf Jahre fremd, und erst, als sie sich für das eigene Leben resignirt hatte, suchte dies stolze Kind des Hauses Brandenburg alternd und unglücklich wieder das Herz des Bruders, dessen kleine Hand sie einst vor den Füßen des strengen Vaters gehalten hatte. Auch die Mutter, der König Friedrich immer ausgezeichnete kindliche Ver= ehrung bewies, konnte der Seele des Sohnes wenig sein. Seine andern Geschwister waren jünger und nur zu geneigt, im Haus stille Fronde gegen ihn zu machen; wenn der König sich herab= ließ, einmal einer Hofdame oder einer Sängerin Aufmerksam= keiten zu zeigen, so waren diese in der Regel für die Betroffenen ebenso angstvoll als schmeichelhaft. Wo er freilich Geist, Grazie und weibliche Würde zusammen fand, wie bei Frau von Camas, der Oberhofmeisterin seiner Gemahlin, da wurde die Liebens= würdigkeit seiner Natur in vielen herzlichen Aufmerksamkeiten laut. Im ganzen aber haben die Frauen seinem Leben wenig Licht und Glanz gegeben, kaum je hat die innige Herzlichkeit des Familienlebens sein Inneres erwärmt, nach dieser Seite ver= ödete sein Gemüth. Vielleicht wurde das ein Glück für seine Nation, sicher ein Verhängniß für sein Privatleben. Die volle Wärme seiner menschlichen Empfindung blieb fast ausschließlich dem kleinen Kreise der Vertrauten vorbehalten, mit denen er lachte, dichtete, philosophirte, Pläne für die Zukunft machte, später seine Kriegsoperationen und Gefahren besprach.

Seit er vermählt in Rheinsberg lebte, beginnt der beste Theil seiner Jugendzeit. Dort wußte er eine Anzahl gebildeter und heiterer Gesellschafter um sich zu vereinigen, die kleine Ge=

noſſenſchaft führte ein poetiſches Leben, von welchem Theilnehmer ein anmuthiges Bild hinterlaſſen haben. Ernſthaft begann Fried=rich an ſeiner Bildung zu arbeiten. Leicht fügte ſich ihm der Ausdruck erregter Empfindung in den Zwang franzöſiſcher Verſe, unabläſſig arbeitete er, ſich die Feinheiten des fremden Stils an=zueignen. Aber auch über Ernſterem arbeitete ſein Geiſt, für alle höchſten Fragen des Menſchen ſuchte er ſehnſüchtig Antwort bei den Encyclopädiſten, auch bei Chriſtian Wolf, er ſaß über Karten und Schlachtenpläne geneigt, und unter den Rollen des Lieb=habertheaters und den Bauriſſen wurden andere Projecte vor=bereitet, welche nach wenig Jahren die Welt aufregen ſollten.

Da kam der Tag, an welchem ſein ſterbender Vater der Regierung entſagte und den Officier, der die Tagesmeldung that, anwies, von dem neuen Kriegsherrn Preußens die Befehle ein=zuholen. Wie der Prinz von ſeinen politiſchen Zeitgenoſſen da=mals beurtheilt wurde, ſehen wir aus der Charakteriſtik, welche kurz vorher ein öſterreichiſcher Agent von ihm gemacht hatte: „Er iſt anmuthig, trägt eignes Haar, hat eine ſchlaffe Haltung, liebt ſchöne Künſte und gute Küche, er möchte ſeine Regierung gern mit einem Eclat anfangen, iſt ein ſoliderer Freund des Militärs als ſein Vater, hat die Religion eines honetten Mannes, glaubt an Gott und die Vergebung der Sünden, liebt Glanz und großartiges Weſen, er wird alle Hofchargen neu etabliren und vornehme Leute an ſeinen Hof ziehen.“*) Nicht ganz iſt dieſe Prophezeiung gerechtfertigt worden. Wir ſuchen in dieſer Zeit andre Seiten ſeines Weſens zu verſtehen. Der neue König war von feuriger enthuſiaſtiſcher Empfindung, ſchnell erregt, leicht kamen die Thränen in ſeine Augen. Wie ſeinen Zeit=genoſſen war ihm leidenſchaftliches Bedürfniß das Große zu bewundern, ſich weichen Stimmungen elegiſch hinzugeben. Zärt=lich blies er ſein Adagio auf der Flöte, wie andern ehrlichen

---

*) Journal de Seckendorf. 2. Jan. 1736.

Zeitgenossen ward auch ihm in Wort und Vers der volle Aus=
druck innigen Gefühls nicht leicht, aber die pathetische Phrase
rührte ihm Thränen und Empfindsamkeit auf. Trotz aller fran=
zösischen Sentenzen war die Anlage seines Wesens auch nach
dieser Richtung sehr deutsch.

Sehr ungerecht haben ihn die beurtheilt, welche ihm ein
kaltes Herz zuschrieben. Nicht die kalten Fürstenherzen sind es,
die am meisten durch ihre Härte verletzen. Solchen ist fast immer
vergönnt, durch gleichmäßige Huld und schicklichen Ausdruck ihre
Umgebung zu befriedigen. Die stärksten Aeußerungen der Nicht=
achtung liegen in der Regel dicht neben den herzgewinnenden
Lauten einer weichen Zärtlichkeit. Aber in Friedrich war, so scheint
uns, eine auffallende und seltsame Verbindung von zwei ganz
entgegengesetzten Richtungen des Gemüths, welche sonst auf Erden
in ewig unversöhntem Kampfe liegen. Er hatte ebenso sehr das
Bedürfniß sich das Leben zu idealisiren, als den Drang, sich und
Andern ideale Stimmungen unbarmherzig zu zerstören. Seine
erste Eigenschaft war vielleicht die schönste, vielleicht die leidvollste,
mit welcher ein Mensch für den Kampf der Erde ausgestattet wird.
Er war allerdings eine Dichternatur, er besaß in hohem Grade
jene eigenthümliche Kraft, welche die gemeine Wirklichkeit nach
idealen Forderungen des eigenen Wesens umzubilden strebt und
alles Nahe mit dem holden Schein eines neuen Lebens überzieht.
Es war ihm Bedürfniß, mit dem ganzen Zauber eines beweglichen
Gefühls, mit der Grazie seiner Phantasie das Bild seiner Lieben
sich zuzurichten und das Verhältniß, in das er sich frei zu ihnen
gesetzt hatte, auszuschmücken. Es war immer etwas Spiel dabei;
auch wo er am leidenschaftlichsten empfand, liebte er mehr sein
verschönertes Bild des Andern, das er in sich trug, als diesen
selbst. In solcher Stimmung hat er Voltaire's Hand geküßt.
Wurde ihm irgend einmal in empfindlicher Weise der Unter=
schied zwischen seinem Ideal und dem wirklichen Menschen
fühlbar, so ließ er den Menschen fallen und hielt sich an das

Bild. Wem die Natur diese Anlage gegeben hat, Liebe und Freundschaft vorzugsweise durch das bunte Glas poetischer Stimmungen zu empfinden, der wird nach dem Urtheil Anderer in der Wahl seiner Lieben immer Willkür zeigen; eine gewisse gleichmäßige Wärme, welche rücksichtsvoll alle bedenkt, scheint solchen Naturen versagt zu sein. Wem der König in seiner Weise Freund geworden war, gegen den war er von der größten Aufmerksamkeit und Ausdauer, wie sehr auch seine Stimmung in einzelnen Momenten wechselte. Er konnte dann in seiner Trauer über den Verlust einer solchen Gestalt sentimental werden, wie nur irgend ein Deutscher aus der Wertherperiode. Er hatte mit seiner Schwester von Baireuth viele Jahre in einiger Entfrem= dung gelebt, erst in den letzten Jahren vor ihrem Tode, unter den Schrecken des schweren Krieges, war ihm ihr Bild als das einer zärtlichen Schwester wieder lebendig aufgegangen. Nach ihrem Tode fand er einen düstern Genuß darin, das Herzliche dieses Verhältnisses sich und Andern vorzustellen, er baute ihr einen kleinen Tempel und wallfahrtete oft dahin. Wer seinem Herzen nicht durch Vermittlung poetischer Empfindungen nahe trat, nicht die liebespinnende Poesie ihm anregte, ja wer gar etwas in seinem reizbaren Wesen störte, gegen den war er kalt, nichtachtend, gleichgültig, ein König, der nur frug, wie weit der Andere ihm nütze, er warf ihn vielleicht weg, wenn er ihn nicht mehr brauchte. Solche Begabung vermag allerdings das Leben des jungen Mannes mit einem verklärenden Schimmer zu um= geben, sie verleiht bunten Schein und holde Farbe auch Gewöhn= lichem, aber sie wird mit viel guter Sitte, Pflichtgefühl und einem Sinn, der Höheres will als sich selbst, verbunden sein müssen, wenn sie denselben Mann in höherem Alter nicht isoliren und verdüstern soll. Sie wird auch im günstigsten Falle neben den wärmsten Verehrern bittere Feinde aufregen. Etwas von dieser Anlage hat der edlen Seele Goethe's schwere Schmerzen, dauer= lose Verhältnisse, viele Enttäuschungen und ein einsames Alter bereitet. Sie wird doppelt verhängnißvoll für einen König, dem Andere so selten sicher und gleichberechtigt gegenüber treten, dem die offenherzigsten Freunde immer noch bewundernde Schmeichler werden, ungleich in ihrem Verhalten, bald unfrei im höfischen Banne seiner Majestät, bald im Gefühl ihrer Rechte unzu= friedene Tadler.

Dem König- Friedrich aber wurde dieses Bedürfniß nach idealen Verhältnissen und die Sehnsucht nach Menschen, die seinem Herzen Gelegenheit gaben sich rückhaltslos aufzuschließen, zunächst durch seinen durchdringenden Scharfblick gekreuzt, und durch eine unbestechliche Wahrheitsliebe, welche allen Täuschungen todfeind war, sich gegen jede Illusion unwillig sträubte, den Schein überall verachtete, immer dem Kern der Dinge nachspürte. Diese prüfende Auffassung des Lebens und seiner Pflichten allein mochte ihm ein guter Schutz gegen die Täuschungen werden, welche den phantasievollen Fürsten, wo er Vertrauen schenkt, häufiger kränken als den Privatmann. Aber sein Scharfsinn zeigte sich auch als wilde Laune, welche schonungslos, sarkastisch und spottlustig verwüstete. Woher ihm diese Anlage kam? War es märkisches Blut? War es ein Erbtheil seiner Urgroßmutter, der Kurfürstin Sophie von Hannover, und seiner Großmutter, der Königin Sophie Charlotte, jener geistvollen Frauen, mit denen Leibnitz über die ewige Harmonie der Welt verhandelt hatte? Sicher hatte die rauhe Schule seiner Jugend dazu bei= getragen. Scharf ist sein Blick für die Schwächen Anderer; wo er eine Blöße erspäht, wo ihn fremde Art ärgert oder reizt, da rührt sich ihm die bewegliche Zunge. Freunde und Feinde trifft schonungslos sein Wort; auch wo Schweigen und Ertragen von jeder Vorsicht geboten ist, vermag er nicht sich zu beherrschen; dann ist seine Seele wie verwandelt, erbarmungslos, unendlich, übertreibend verzieht er sich das Bild des Andern zur Karrikatur. Sieht man näher zu, so ist freilich auch hierbei die Freude an der geistigen Production die Hauptsache, er befreit sich selbst von einem unholden Eindruck, indem er gegen sein Opfer improvisirt, er malt in's Groteske mit innerem Behagen, und er wundert sich wol, wenn der Betroffene tief verletzt auch wieder gegen ihn in Waffen tritt. Sehr auffallend ist darin seine Aehnlichkeit· mit Luther. Daß es nicht würdig ist und vielleicht nicht geziemend, kümmert den König so wenig als den Reformator, beide sind in einer Aufregung, wie auf der Jagd, beide vergessen über die Freude des Kampfes gänzlich die Folgen. Beide haben sich selbst und ihrer großen Sache dadurch ernsthaft geschadet und sich aufrichtig gewundert, wenn sie das einmal erkannten. Frei= lich sind die Keulenschläge oder die Streiche mit der Pritsche, welche der große Mönch des sechzehnten Jahrhunderts führt, bei weitem furchtbarer als die Stiche, welche der große Fürst im Zeitalter der Aufklärung austheilt. Aber wenn der König neckt und höhnt und vielleicht einmal boshaft zwickt, so wird ihm das unartige Wesen schwerer verziehen; denn es ist häufig kein gleicher Kampf, den er mit seinen Opfern führt. So hat der große Fürst alle seine politischen Gegner behandelt und tötliche Feindschaft gegen sich aufgeregt; über die Pompadour in Frank= reich, über Kaiserin Elisabeth und Kaiserin Maria Theresia hat er an der Tafel gescherzt, beißende Verse und Pamphlete in Umlauf gesetzt. So hat er sein Dichterideal Voltaire bald ge= streichelt, bald gescholten und gekratzt. So verfuhr er aber auch mit Menschen, welche er wirklich hoch schätzte, denen er das größte Vertrauen schenkte, die er in den Kreis seiner Freunde aufgenommen. Er hatte den Marquis d'Argens an seinen Hof gezogen, zum Kammerherrn gemacht, zum Mitglied der Akademie, zu einem seiner nächsten und liebsten Genossen. Die Briefe, welche er ihm aus den Feldlagern des siebenjährigen Krieges schrieb, gehören zu den schönsten und rührendsten Erinnerungen, die uns von dem Könige geblieben sind. Als Friedrich aus dem Kriege heimkehrt, ist ihm eine liebe Hoffnung, daß der Marquis bei ihm in Sanssouci wohnen soll. Und wenige Jahre

darauf ist dieses schöne Verhältniß in der peinlichsten Weise
gelöst. Wie war das doch möglich? Der Marquis war vielleicht
der beste Franzose, den der König an sich gefesselt, ein Mann
von Ehre, feinfühlend, gebildet, dem König in Wahrheit ergeben.
Aber er war weder ein bedeutender, noch ein besonders kräftiger
Mann. Lange Jahre hatte der König in ihm einen Gelehrten
bewundert, was er nicht war, einen weisen, klaren, sichern
Philosophen mit gefälligem Witz und frischer Laune, er hatte sich
sein Bild ganz gemüthlich und poetisch zugerichtet. Jetzt, bei dem
täglichen Zusammensein, fand der König sich getäuscht, ein weich-
liches Wesen des Franzosen, das mit der eigenen Kränklichkeit
hypochondrisch spielte, ärgerte ihn, er begann zu erkennen, daß
der gealterte Marquis weder ein großes Talent, noch von besonders starkem Geist war, das Ideal, das er sich von ihm
gemacht, war gestört. Da beginnt der König ihn wegen seiner
Weichlichkeit zu verspotten, der empfindliche Franzose erbittet
Urlaub, zur Herstellung seiner Gesundheit auf einige Monate
nach Frankreich zu reisen. Der König ist durch dies übellaunische
Wesen verletzt, und fährt fort, in den Freundesbriefen, welche
er ihm nachsendet, dies Krankthun zu höhnen. In Frankreich
solle sich jetzt ein Wärwolf zeigen, kein Zweifel, daß der Marquis
dies sei, als Preuße, und in seiner kläglichen Krankenhülle. Ob
er jetzt kleine Kinder esse? Die Unart habe er doch sonst nicht
gehabt, aber auf Reisen ändere sich Vieles am Menschen. Der
Marquis bleibt statt weniger Monate zwei Winter; als er zurückkehren will, sendet er Zeugnisse seiner Aerzte; wahrscheinlich
war der wackre Mann in der That krank gewesen, aber den
König verletzt diese unbehülfliche Legitimation eines alten Freundes im Innersten. Und wie dieser zurückkehrt, ist das alte Verhältniß verdorben. Noch will ihn der König nicht loslassen,
aber er gefällt sich darin, durch Stachelreden und starke Scherze
den Treulosen zu strafen. Da fordert der Franzose, in tiefster
Seele gekränkt, seine Entlassung. Er erhält sie, und man erkennt

ben Schmerz und Zorn des Königs aus dem Bescheide. Als
der Marquis in dem letzten Brief, den er vor seinem Tode dem
König schrieb, noch einmal nicht ohne Bitterkeit vorhielt, wie
höhnend und schlecht er einen uneigennützigen Verehrer behandelt,
da las der König schweigend den Brief. Aber an die Wittwe
des Toten schrieb er betrübt von seiner Freundschaft für ihren
Gatten, und ließ ihm in fremdem Land ein kostbares Denkmal
errichten. — Mit den meisten seiner Lieben ging es dem großen
Fürsten so, magisch wie seine Kraft, anzuziehen, ebenso dämonisch
war seine Fähigkeit, abzustoßen. Wer aber darin einen Fehler
des Mannes schelten will, dem sei die Antwort, daß es in der
Geschichte kaum einen andern König gegeben hat, der in so großartiger Weise sein geheimstes Seelenleben seinen Freunden aufgeschlossen hat, als Friedrich.

Wenige Monde trug Friedrich II. die Krone, da starb
Kaiser Karl VI. Jetzt trieb den jungen König alles, ein großes
Spiel zu wagen. Daß er solchen Entschluß faßte, war trotz der
augenblicklichen Schwäche Oesterreichs doch an sich Zeichen eines
tecken Muths. Die Länder, welche er regierte, zählten etwa ein
Siebentheil der Menschenmasse, welche in dem weiten Gebiet
der Maria Theresia lebte. Es ist wahr, sein Heer war vor-
läufig dem österreichischen an Zahl und Kriegstüchtigkeit weit
überlegen, und nach der Vorstellung der Zeit war die Masse des
Volkes nicht in der Weise zur Ergänzung des Heeres geeignet,
wie jetzt. Und wenig ahnte er die Größe Maria Theresia's.
Aber schon in den Vorbereitungen zum Einmarsch bewies der
König, daß er lange darauf gehofft, sich mit Oesterreich zu messen,
in gehobener Stimmung begann er einen Kampf, der für sein
Leben und das seines Staates entscheidend werden sollte. Wenig
kümmerte ihn im Grunde das Recht, welches er auf schlesische
Herzogthümer etwa noch hatte und durch seine Federn vor
Europa zu erweisen suchte. Die Politik der despotischen Staaten
des siebenzehnten und achtzehnten Jahrhunderts sorgte darum

überhaupt nicht. Wer seiner Sache einen guten Schein geben
konnte, benutzte auch dieses Mittel; im Nothfall war auch der
unwahrscheinlichste Beweis, der schalste Vorwand genug. So
hatte Ludwig XIV. gekriegt, so hatte der Kaiser gegen die Türken,
Italiener, Deutschen, Franzosen und Spanier sein Interesse
verfolgt, so war dem großen Kurfürsten ein Theil seiner Erfolge
durch Andere verdorben worden. Grade da, wo das Recht der
Hohenzollern am deutlichsten gesprochen hatte, — wie in
Pommern, — waren sie am meisten verkürzt worden. Durch
niemand mehr als durch den Kaiser und das Haus Habsburg.
Jetzt suchte ein Hohenzollern die Rache. „Sei mein Cicero und
beweise das Recht meiner Sache, ich werde dein Cäsar sein und
sie durchführen", schrieb Friedrich seinem Jordan nach dem Ein=
marsch in Schlesien. Leicht mit beflügeltem Schritt wie zum
Tanze betrat der König die Felder seiner Siege. Immer noch
war heiterer Lebensgenuß, das süße Tändeln mit Versen, geist=
volles Geplauder mit seinen Vertrauten über die Freuden des
Tages, über Gott, Natur und Unsterblichkeit, was er für das
Salz seines Lebens hielt. Aber die große Arbeit, in die er
getreten war, begann ihre Wirkungen auf seine Seele schon nach
den ersten Wochen, bevor er noch die Feuerprobe der ersten
großen Schlacht durchgemacht hatte. Und sie hat seitdem an
seiner Seele gehämmert und geschmiedet, bis sie sein Haar grau
färbte und das feurige Herz zu klingendem Metall verhärtete.
Mit der wundervollen Klarheit, die ihm eigen war, beobachtete
er den Beginn dieser Aenderungen. Wie ein Fremder sah er
schon damals auf sein eigenes Leben. „Du wirst mich philo=
sophischer finden, als du denkst," schreibt er dem Freunde,
„ich bin es immer gewesen, bald mehr bald weniger. Meine
Jugend, das Feuer der Leidenschaft, das Verlangen nach Ruhm,
ja, um dir nichts zu verbergen, auch die Neugierde, endlich
ein geheimer Instinkt haben mich aus der süßen Ruhe ge=
trieben, die ich genoß, und der Wunsch meinen Namen in den

Zeitungen und der Geschichte zu sehen, hat mich seitab geführt.
Komm her zu mir, die Philosophie behält ihre Rechte, und ich
versichere dich, wenn ich nicht diese verdammte Vorliebe für den
Ruhm hätte, ich würde nur an ruhiges Behagen denken."

Und als der treue Jordan in seine Nähe kommt und er den
Mann des frieblichen Genusses furchtsam und unbehaglich im
Felde sieht, da empfindet der König plötzlich, daß er ein Anderer
und Stärkerer geworden ist. Der Ankommende war von ihm
so lange als der Gelehrtere geehrt worden, er hatte ihm Verse
gebessert, Briefe stilisirt, in Kenntniß der griechischen Gelehrten=
schulen war er ihm weit überlegen gewesen. Und trotz aller
philosophischen Bildung machte er dem König jetzt den Eindruck
eines Mannes ohne Muth; mit herbem Spotte fuhr der König
gegen ihn los. Und in einer seiner besten Improvisationen
stellt er sich selbst als Krieger dem weichlichen Philosophen
gegenüber. So unbillig die Spottverse waren, mit denen er ihn
immer wieder überschüttete, so schnell war doch auch die Rückkehr
der alten herzlichen Empfindung. Aber es war auch der erste
leise Fingerzeig des Schicksals für den König selbst; noch oft
sollte ihm das Gleiche begegnen, er sollte werthe Männer, treue
Freunde einen nach dem andern verlieren, nicht nur durch den
Tod, noch mehr durch die Kälte und Entfremdung, welche
zwischen seinem und ihrem Wesen sich aufthat. Denn der Weg,
den er jetzt betreten hatte, sollte alle Größe, aber auch alle Ein=
seitigkeiten seiner Natur immer stärker ausbilden, bis an die
Grenze des Menschlichen; je höher er sich selbst über die Andern
erhob, desto kleiner mußte ihm ihr Wesen erscheinen; fast alle,
die er in späteren Jahren mit dem eigenen Maße maß, waren
wenig im Stande, dabei zu bestehen. Und das Mißbehagen
und die Enttäuschung, die er dann empfinden sollte, wurden
wieder schärfer und rücksichtsloser, bis er selbst auf einsamer
Höhe aus Augen, die wie Horn in dem versteinerten Antlitz
standen, auf das Treiben der Menschen zu seinen Füßen

herunterſah. Immer aber bis zu ſeinen letzten Stunden wurde der durchdringende Strahl ſeines prüfenden Blickes unterbrochen durch den hellen Glanz einer weichen menſchlichen Empfindung. Und daß dieſe ihm blieb, macht die große tragiſche Geſtalt für uns ſo rührend.

Jetzt freilich im erſten Kriege ſieht er auf die ſtille Ruhe ſeines „Remusberg" noch mit Sehnſucht zurück und tief fühlt er den Zwang eines ungeheuren Geſchicks, der ihn bereits umgiebt. „Es iſt ſchwer, mit Gleichmuth dies Glück und Unglück zu ertragen," ſchreibt er; „wol kann man kalt ſcheinen im Glück und unberührt bei Verluſten, die Züge des Geſichts können ſich verſtellen, aber der Mann, das Innere, die Falten des Herzens werden deshalb nicht weniger angegriffen." Und hoffnungsvoll ſchließt er: „Alles, was ich von mir wünſche, iſt doch nur, daß die Erfolge nicht meine menſchlichen Empfindungen und Tugenden verderben, zu denen ich mich immer bekannt habe. Möchten meine Freunde mich ſo finden, wie ich immer geweſen bin." Und am Ende des Krieges ſchreibt er: „Sieh, dein Freund iſt zum zweitenmal Sieger. Wer hätte vor einigen Jahren geſagt, daß dein Schüler in der Philoſophie eine militäriſche Rolle in der Welt ſpielen werde? daß die Vorſehung einen Dichter aus-erſehen würde, das politiſche Syſtem Europa's umzuſtürzen?"*) — So friſch und jung empfand Friedrich, als er aus dem erſten Kriege im Triumphzuge nach Berlin zurückkehrte.

Zum zweitenmal zieht er aus, Schleſien zu behaupten. Wieder iſt er Sieger, ſchon hat er das ruhige Selbſtgefühl eines erprobten Feldherrn, lebhaft iſt ſeine Freude über die Güte ſeiner Truppen. „Alles, was mir bei dieſem Siege ſchmeichelt", ſchreibt er an Frau von Camas**), „iſt, daß ich durch den ſchnellen Entſchluß und ein kühnes Manoeuvre zur Erhaltung ſo

---

*) Oeuvres T. XVII. Nr. 140, p. 213.
**) Oeuvres T. XVIII. Nr. 10.

vieler braven Leute beitragen konnte. Ich wollte nicht den geringsten meiner Soldaten um eitlen Ruhm, der mich nicht mehr täuscht, verwunden lassen." Aber mitten in den Kampf fiel der Tod von zwei seiner liebsten Freunde, Jordan und Kahserlingk. Rührend ist seine Klage. „In weniger als drei Monaten habe ich meine beiden treuesten Freunde verloren, Leute, mit denen ich täglich gelebt habe, anmuthige Gesellschafter, ehrenwerthe Männer und wahre Freunde. Es ist schwer für ein Herz, das so empfindsam geschaffen wurde wie das meine, den tiefen Schmerz zurückzudrängen. Kehre ich nach Berlin zurück, ich werde fast fremd in meinem eigenen Vaterlande, isolirt in meinem Hause sein. Auch Sie haben das Schicksal gehabt, auf einmal viele Personen zu verlieren, die Ihnen lieb waren; ich bewundere Ihren Muth, aber nachahmen kann ich ihn nicht. Meine einzige Hoffnung ist die Zeit, die mit allem zu Ende kommt, was es in der Natur giebt. Sie fängt an die Eindrücke in unserm Gehirn zu schwächen, und hört damit auf uns selbst zu vernichten. Ich fürchte mich jetzt vor allen den Orten, welche mir die traurige Erinnerung an Freunde, die ich für immer ver= loren habe, zurückrufen." — Und noch vier Wochen nach dem Tode schreibt er derselben Freundin, die ihn zu trösten versuchte: „Glauben Sie nicht, daß der Drang der Geschäfte und Gefahren in der Traurigkeit zerstreut, ich weiß aus Erfahrung, das ist ein schlechtes Mittel. Leider sind erst vier Wochen vergangen, seit meine Thränen und mein Schmerz begann, aber nach den heftigen Anfällen der ersten Tage fühle ich mich jetzt ebenso traurig, ebenso wenig getröstet, als im Anfang." Und als ihm sein würdiger Erzieher Duhan aus der Hinterlassenschaft Jordan's einige fran= zösische Bücher schickt, die der König begehrt hatte, schrieb der Fürst noch im Spätherbst desselben Jahres: „Mir kamen die Thränen in die Augen, als ich die Bücher meines armen ge= schiedenen Jordan öffnete; ich habe ihn so sehr geliebt und es wird mir sehr schwer zu denken, daß er nicht mehr ist." — Nicht lange und der König verlor auch den Vertrauten, an den dieser Brief gerichtet ist.

Der Verlust der Jugendfreunde im Jahre 1745 bildet einen wichtigen Abschnitt im innern Leben des Königs. Mit den uneigennützigen ehrlichen Männern starb ihm fast alles, was ihn im Verkehr mit Andern glücklich gemacht hatte. Die Verbindungen, in welche er jetzt als Mann trat, waren sämmtlich von anderer Art. Auch die besten der neuen Bekannten wurden vielleicht Vertraute einzelner Stunden, nicht die Freunde seines Herzens. Das Bedürfniß nach anregendem geistigen Verkehr blieb, ja es wurde stärker und anspruchsvoller. Denn er ist auch darin eine einzige Erscheinung, er konnte heitere und vertrauensvolle Verhältnisse niemals entbehren, nicht das leichte, fast rückhaltlose Geplauder, welches durch alle Schattirungen menschlicher Stimmung, tiefsinnig oder frivol, von den größten Fragen des Menschengeschlechts bis zu den kleinsten Tagesereignissen herabflatterte. Gleich nach seiner Thronbesteigung hatte er an Voltaire geschrieben und ihn zu sich eingeladen; er war mit dem Franzosen zuerst 1740 auf einer Reise bei Wesel zusammengetroffen, kurz darauf war Voltaire auf wenige Tage für schweres Geld nach Berlin gekommen, er hatte schon damals dem König den Eindruck eines Narren gemacht, aber Friedrich fühlte doch eine unendliche Verehrung vor dem Talent des Mannes; Voltaire war ihm der größte Dichter aller Zeiten, Hofmarschall des Parnasses, auf dem der König selbst so gern eine Rolle spielen wollte. Immer stärker wurde Friedrich's Wunsch, den Mann zu besitzen. Er betrachtete sich als seinen Schüler, er wünschte jeden seiner Verse durch den Meister gebilligt, er lechzte unter seinen märkischen Officieren nach dem Witz und Geist der eleganten Franzosen; endlich war auch die Eitelkeit eines Souveräns dabei, er wollte ein Fürst der schönen Geister und Philosophen werden, wie er ein ruhmgekrönter Heerführer geworden war. Seit dem zweiten schlesischen Kriege wurden zumeist die Fremden seine Vertrauten, seit 1750 ward ihm die Freude, auch den großen Voltaire als Mitglied seines Hofhaltes bei sich zu sehen. Es war kein Unglück, daß der schlechte Mann nur wenige Jahre unter den Barbaren aushielt.

Diese zehn Jahre von 1746 bis 1756 sind es, in denen Friedrich als Schriftsteller Selbstgefühl und eine Bedeutung gewann, welche noch heut in Deutschland nicht nach Gebühr gewürdigt wird. Ueber seine französischen Verse vermag der Deutsche nur unvollständig zu urtheilen. Er war ein behender Dichter, dem sich müheloß jede Stimmung in Reim und Vers fügte. Er hat aber in seiner Lyrik die Schwierigkeiten der fremden Sprache vor den Augen eines Franzosen niemals voll= ständig überwunden, wie fleißig auch seine Vertrauten durch= sahen; ja es fehlte ihm, wie uns scheint, immer an der gleich= mäßigen rhetorischen Stimmung, jenem Stil, der in der Zeit Voltaire's das erste Kennzeichen eines berufenen Dichters war; denn neben schönen und erhabenen Sätzen in prächtiger Phrase störten triviale Gedanken und banaler Ausdruck. Auch seine Geschmacksbildung war nicht sicher und selbständig genug; er war in seinem ästhetischen Urtheil schnell bewundernd, kurz absprechend, aber in der Stille weit abhängiger von der Meinung seiner französischen Bekannten, als sein Stolz ein= geräumt hätte. Das Beste, was in der französischen Poesie damals erblühte, die Rückkehr zur Natur und der Kampf schöner Wahrheit gegen die Fesseln der alten Convenienz, blieb dem König unverständlich; Rousseau war ihm lange Zeit ein excentrischer armer Teufel, und der gewissenhafte und lautere Geist Diderot's galt ihm gar für seicht. Und dennoch scheint uns, daß in seinen Gedichten und grade in den leichten Im= provisationen, die er seinen Freunden gönnt, nicht selten ein Reichthum an poetischem Detail und ein herzgewinnender Ton

16*

wahren Gefühls durchbricht, um den ihn wenigstens sein Vorbild
Voltaire beneiden könnte *). —

Wie die Commentare Cäsar's ist Friedrich's Geschichte
seiner Zeit eines der bedeutendsten Denkmale der historischen
Literatur **). Es ist wahr, er schrieb gleich dem römischen Feldherrn, gleich jedem handelnden Staatsmann die Thatsachen so,
wie sie in der Seele eines Betheiligten reflectiren, nicht alles
ist von ihm gleichmäßig gewürdigt, und nicht jeder Partei gönnt
er ihr bestes Recht; aber er weiß unendlich vieles, was jedem
Fernstehenden verborgen bleibt, und führt nicht unparteiisch,
aber auch gegen seine Gegner hochgesinnt in einige innerste
Motive der großen Ereignisse ein. Er schrieb zuweilen ohne
den großen Apparat, den ein Historiker von Fach um sich sammeln muß, es begegnete ihm daher, daß Erinnerung und Urtheil,
so zuverlässig beide sind, ihn an einzelnen Stellen im Stich
ließen; endlich schrieb er eine Apologie seines Hauses, seiner
Politik, seiner Feldzüge, und wie Cäsar verschweigt er einigemal
und legt die Thatsachen so zurecht, wie er sie auf die Folgezeit
gebracht wünscht. Aber die Wahrheitsliebe und Offenherzigkeit,

---

*) Es ist hier allerdings nicht der Ort, auf Einzelheiten einzugehen,
wozu auch seine dramatischen Versuche einladen. — Wir besitzen endlich
eine sorgfältige Ausgabe seiner Werke. Aber es wäre nicht minder
Pflicht, eine Auswahl seiner Poesien und sein größeres Geschichtswerk
in guter deutscher Uebertragung zu einem Gemeingut der Nation zu
machen, welcher diese Seite im Leben ihres Königs bis jetzt noch zu
fremd geblieben ist.

**) Die Theile seines Geschichtswerks erschienen bekanntlich unter
besondern Titeln, mit mehren Einleitungen. Die Memoiren des Hauses
Brandenburg (begonnen 1746), im größten Theil unbedeutend und zusammengeschrieben, dann Geschichte meiner Zeit (verf. 1746—75), sein
Meisterstück, dann die große Geschichte des siebenjährigen Krieges (beendet
1764), endlich die Memoiren seit dem Hubertusburger Frieden (verf. 1775
bis 1779): sie bilden trotz ungleichmäßiger Behandlung doch ein zu-
sammenhängendes Ganzes.

mit der er sein Haus und sein eignes Thun behandelt, ist dennoch nicht weniger bewundernswerth, als die souveräne Ruhe und Freiheit, in der er über den Begebenheiten schwebt, trotz der kleinen rhetorischen Schnörkel, welche im Geschmack der Zeit lagen.

Erstaunlich wie seine Fruchtbarkeit ist seine Vielseitigkeit. Einer der größten Militärschriftsteller, ein bedeutender Geschicht=schreiber, behender Dichter, und daneben populärer Philosoph, praktischer Staatsmann, ja sogar anonymer, sehr ausgelassener Pamphletschreiber und einigemal Journalist, ist er stets bereit, für alles, was ihn erfüllt, erwärmt, begeistert, mit der Feder in's Feld zu ziehen, und jeden anzugreifen in Versen und Prosa, der ihn reizt oder ärgert, nicht nur Papst und Kaiserin, Jesuiten und holländische Zeitungsschreiber, auch alte Freunde, wenn sie ihm lau erscheinen, was er nicht leiden kann, oder wenn sie gar von ihm abzufallen drohen. Nie hat es — seit Luther — einen so kampflustigen, rücksichtslosen, unermüdlichen Schreiber gegeben. Sobald er die Feder zum Schreiben ansetzt, ist er wie Proteus alles, Weiser oder Intrigant, Historiker oder Poet, wie es grade die Situation verlangt, immer ein bewegter, feuriger, geistvoller, zuweilen auch unartiger Mensch, an sein königliches Amt aber denkt er wenig. Alles was ihm lieb ist, feiert er durch Gedichte oder Lobreden: die erhabenen Lehren seiner Philosophie, seine Freunde, sein Heer, Freiheit des Glaubens, selbständige Forschung, Toleranz und Bildung des Volkes.

Erobernd hatte der Geist Friedrich's sich nach allen Rich=tungen ausgebreitet. Es gab, so schien es, kein Hinderniß, das ihn aufhielt, wo der Ehrgeiz antrieb zu siegen. Da kamen die Jahre der Prüfung, sieben Jahre furchtbarer, herzquälender Sorgen. Die große Periode, wo dem reichen hochfliegenden Geiste die schwersten Aufgaben, die je ein Mensch bestanden, auferlegt wurden, wo ihm fast alles unterging, was er für sich selbst an Freude und Glück, an Hoffnungen und egoistischem

Behagen besaß, wo auch Holdes und Anmuthiges in dem
Menschen sterben sollte, damit er der entsagende Fürst seines
Volkes, der große Beamte des Staates, der Held einer Nation
wurde. Nicht eroberungslustig zog er diesmal in den Kampf;
daß er um sein und seines Staates Leben zu kämpfen hatte, war
ihm lange vorher deutlich geworden. Aber um so höher wuchs
ihm der Entschluß. Wie der Sturmwind wollte er in die Wolken
brechen, die sich von allen Seiten um sein Haupt zusammenzogen.
Durch die Energie eines unwiderstehlichen Angriffs gedachte er
die Wetter zu zertheilen, bevor sie sich entluden. Er war bis
dahin nie besiegt worden, seine Feinde waren geschlagen, so oft
er, sein furchtbares Werkzeug, das Heer, in der Hand, auf sie
gestoßen war. Das war eine Hoffnung, die einzige. Wenn ihm
auch diesmal erprobte Gewalt nicht versagte, so mochte er seinen
Staat retten.

' Aber gleich bei dem ersten Zusammentreffen mit den
Oesterreichern, den alten Feinden, sah er, daß auch sie von ihm
gelernt hatten und Andere geworden waren. Bis zum Aeußersten
spannte er seine Kraft, und bei Collin versagte sie ihm. Der
18. Juni 1757 ist der verhängnißvollste Tag in Friedrich's
Leben. Dort begegnete, was ihm noch zweimal in diesem Kriege
den Sieg entriß: der Feldherr hatte seine Feinde zu gering
geachtet, er hatte seinem eigenen tapfern Heere das Ueber-
menschliche zugemuthet. Nach einer kurzen Betäubung hob
sich Friedrich in neuer Kraft. Aus dem Angriffskriege war er
auf eine verzweifelte Defensive angewiesen, von allen Seiten
brachen die Gegner gegen sein kleines Land, mit jeder großen
Macht des Festlandes trat er in tötlichen Kampf, er, der Herr
über nur vier Millionen Menschen und über ein geschlagenes
Heer. Jetzt bewährte er sein Feldherrntalent, wie er sich nach
Verlusten den Feinden entzog und sie wieder packte und schlug,
wo man ihn am wenigsten erwartete, wie er sich bald dem einen,
bald dem andern Heere entgegenwarf, unübertroffen in seinen

Dispositionen, unerschöpflich in seinen Hilfsmitteln, unerreicht als Führer und Schlachtenherr seiner Truppen. So stand er, einer gegen fünf, gegen Oesterreicher, Russen, Franzosen, von denen jeder einzelne der Stärkere war, zu gleicher Zeit noch gegen Schweden und die Reichstruppen. Fünf Jahre lang kämpfte er so gegen eine ungeheure Uebermacht, jedes Frühjahr in Gefahr, allein durch die Massen erdrückt zu werden, jeden Herbst wieder befreit. Ein lauter Ruf der Bewunderung und des Mitgefühls ging durch Europa. Und unter den ersten widerwilligen Lobrednern waren seine heftigsten Feinde. Grade jetzt, in diesen Jahren des wechselnden Geschickes, wo der König selbst so bittre Zufälle des Schlachtenglücks erlebte, wurde seine Kriegführung das Staunen aller Heere Europas. Wie er seine Linien gegen den Feind zu stellen wußte, immer als der Schnellere und Gewandtere, wie er so oft in schräger Stellung den schwächsten Flügel des Feindes überflügelte, zurückdrängte und zusammenwarf, wie seine Reiterei, die neu geschaffen zu der ersten der Welt geworden war, in Furie über den Feind stürzte, seine Reihen zerriß, seine Haufen zersprengte, das wurde überall als neuer Fortschritt der Kriegskunst, als die Erfindung des größten Genies gepriesen. Taktik und Strategie des preußischen Heeres wurde für alle Armeen Europa's fast ein halbes Jahrhundert Vorbild und Muster. Einstimmig wurde das Urtheil, daß Friedrich der größte Feldherr seiner Zeit sei, daß es vor ihm, so lange es eine Geschichte giebt, wenig Heerführer gegeben, die mit ihm zu vergleichen wären. Daß die kleinere Zahl so häufig gegen die Mehrzahl siegte, daß sie auch geschlagen nicht zerschmolz, sondern, wenn kaum der Feind seine Wunden geheilt, so drohend und gerüstet wie früher ihm gegenübertrat, das schien unglaublich. Wir aber rühmen nicht die Kriegführung des Königs allein, auch die kluge Bescheidenheit, mit welcher er seine Lineartaktik handhabte. Er wußte sehr gut, wie sehr ihn die Rücksicht auf Magazine und Verpflegung beengte und die Tausende von Karren, auf denen er Proviant und die Tagesbedürfnisse des Soldaten mit sich führen mußte. Aber er wußte auch, daß diese Methode für ihn die einzige Rettung war. Einmal, als er nach der Schlacht bei Roßbach den bewundernswerthen Marsch nach Schlesien machte, 41 Meilen in fünfzehn Tagen, da in der höchsten Gefahr verließ er seine alte Methode, er zog durch die Länder wie jetzt andere Armeen, er ließ die Leute von den Wirthen verpflegen. Aber sogleich kehrte er wieder weise zu dem alten Brauch zurück*). Denn sobald seine Feinde ihm diese freie Bewegung nachmachen lernten, war er sicher verloren. Wenn die alte Landesmiliz in seinen alten Provinzen wieder aufstand, die Schweden verjagen half und Colberg und Berlin tapfer vertheidigte, so ließ er sich das zwar gerne gefallen; aber er hütete sich sehr, den Volkskrieg zu ermuntern, und als sein ostfriesisches Landvolk sich selbstkräftig gegen die Franzosen erhob und von diesen dafür hart heimgesucht wurde, ließ er ihm rauh sagen, es sei selbst Schuld daran; denn der Krieg sollte für die Soldaten sein, für den Bauer und Bürger die ungestörte Arbeit, die Steuern, die Aushebung. Er wußte wol, daß er verloren war, wenn ein Volkskrieg in Sachsen und Böhmen gegen ihn aufgeregt wurde. Grade diese Beschränkung des umsichtigen Feldherrn auf die militärischen Formen, welche ihm allein den Kampf möglich machten, mag zu seinen größten Eigenschaften gerechnet werden.

Immer lauter wurde der Schrei der Trauer und Bewunderung, mit welcher Deutsche und Fremde diesem Todeskampfe des umstellten Löwen zusahen. Schon im Jahre 1740 war der junge König von den Protestanten als Parteigänger für Gewissensfreiheit und Aufklärung gegen Intoleranz und Jesuiten gefeiert worden. Seit er wenige Monate nach der Schlacht bei Collin die Franzosen bei Roßbach so gründlich geschlagen hatte,

---

*) v. Tempelhof, Siebenjähriger Krieg I. S. 282.

wurde er der Held Deutschlands, ein Jubelruf der Freude brach
überall aus. Durch zweihundert Jahre hatten die Franzosen
dem vielgetheilten Land große Unbill zugefügt, grade jetzt begann
das deutsche Wesen sich gegen den Einfluß französischer Bildung
zu setzen, und jetzt hatte der König, der selbst die pariser Verse
so sehr bewunderte, die pariser Generäle so unübertrefflich mit
deutschen Kugeln weggescheucht. Es war ein so glänzender Sieg,
eine so schmachvolle Niederlage der alten Feinde, es war eine
Herzensfreude überall im Reich; auch wo die Soldaten der
Landesherren gegen König Friedrich im Felde lagen, jubelten
daheim Bürger und Bauern über seine deutschen Hiebe. Und je
länger der Krieg dauerte, je lebhafter der Glaube an die Un-
überwindlichkeit des Königs wurde, desto mehr erhob sich das
Selbstgefühl der Deutschen. Seit langen, langen Jahren fanden
sie jetzt einen Held, auf dessen Kriegsruhm sie stolz sein durften,
einen Mann, der mehr als Menschliches leistete. Unzählige
Anekdoten liefen von ihm durch das Land, jeder kleine Zug von
seiner Ruhe, guten Laune, Freundlichkeit gegen einzelne Soldaten,
von der Treue seines Heeres flog Hunderte von Meilen; wie
er in Todesnoth die Flöte im Zelte blies, wie seine wunden
Soldaten nach der Schlacht Choral sangen, wie er den Hut vor
einem Regiment abnahm — es ist ihm seitdem öfter nachgemacht
worden — das wurde am Neckar und Rhein herumgetragen,
gedruckt, mit frohem Lachen und mit Thränen der Rührung
gehört. Es war natürlich, daß die Dichter sein Lob sangen,
waren doch drei von ihnen im preußischen Heere gewesen, Gleim
und Lessing als Secretäre commandirender Generäle, und
Ewald von Kleist, ein Liebling der jungen literarischen Kreise,
als Officier, bis ihn die Kugel bei Kunnersdorf traf. Aber noch
rührender für uns ist die treue Hingebung des preußischen
Volkes. Die alten Provinzen, Preußen, Pommern, die Marken,
Westphalen litten unsäglich durch den Krieg, aber die stolze
Freude, Antheil an dem Helden Europa's zu haben, hob auch

den kleinen Mann oft über das eigene Leiden heraus. Der bewaffnete Bürger und Bauer zog jahrelang immer wieder als Landmiliz in's Feld. Als eine Anzahl Rekruten aus dem Cleve'schen und der Grafschaft Ravensperg nach verlorenem Treffen fahnenflüchtig wurde und in die Heimat zurückkehrte, da wurden die Ausreißer von ihren eigenen Landsleuten und Verwandten für eidbrüchig erklärt, verbannt und aus den Dörfern zum Heere zurückgejagt.

Nicht anders war das Urtheil im Ausland. In den protestantischen Cantonen der Schweiz nahm man so warmen Theil an dem Geschick des Königs, als wären die Enkel der Rütlimänner nie vom deutschen Reich abgelöst worden. Es gab dort Leute, die vor Verdruß krank wurden, wenn die Sache des Königs schlecht stand*). Ebenso war es in England. Jeder Sieg des Königs erregte in London laute Freude, die Häuser wurden erleuchtet, Bildnisse und Lobgedichte feilgeboten, im Parlament verkündete Pitt bewundernd jede neue That des großen Alliirten. Selbst zu Paris war man im Theater, in den Gesellschaften mehr preußisch als französisch gesinnt. Die Franzosen spotteten über ihre eigenen Generäle und die Clique der Pompadour, wer dort für die französischen Waffen war, so berichtet Duclos, durfte kaum damit laut werden. In Petersburg war Großfürst Peter und sein Anhang so gut preußisch, daß dort bei jedem Nachtheil, den Friedrich erhalten, in der Stille getrauert wurde. Ja bis in die Türkei und zum Khan der Tartaren reichte der Enthusiasmus. Und diese Pietät eines ganzen Welttheils überdauerte den Krieg. Dem Maler Hackert wurde mitten in Sicilien bei der Durchreise durch eine kleine Stadt von dem Magistrat ein Ehrengeschenk von Wein und Früchten überreicht, weil sie gehört hätten, daß er ein Preuße sei, ein Unterthan des großen Königs, dem sie dadurch ihre Ehrfurcht

---

*) Sulzer an Gleim in: Briefe der Schweizer von Körte, S. 354.

erweisen wollten. Und Muley Ismael, Kaiser von Marokko, ließ die Schiffsmannschaft eines Bürgers von Emden, den die Barbaresken nach Mogador geschleppt, ohne Lösung frei, schickte die Mannschaft neugekleidet nach Lissabon und gab ihnen die Versicherung: ihr König sei der größte Mann der Welt, kein Preuße solle in seinen Ländern Gefangener sein, seine Kreuzer würden nie die preußische Flagge angreifen.

Arme gedrückte Seele des deutschen Volkes, wie lange war es doch her, seit die Männer zwischen Rhein und Oder nicht die Freude gefühlt hatten, unter den Nationen der Erde vor andern geachtet zu sein! Jetzt war durch den Zauber einer Manneskraft alles wie umgewandelt. Wie aus bangem Traum erwacht sah der Landsmann auf die Welt und in sein eigenes Herz. Lange hatten die Menschen still vor sich hin gelebt, ohne Vergangenheit, deren sie sich freuten, ohne eine große Zukunft, auf die sie hofften. Jetzt empfanden sie auf einmal, daß auch sie Theil hatten an der Ehre und Größe in der Welt, daß ein König und sein Volk, alle von ihrem Blute, dem deutschen Wesen eine goldne Fassung gegeben hatten, der Geschichte der civilisirten Menschheit einen neuen Inhalt. Jetzt durchlebten sie alle selbst, wie ein großer Mensch kämpfte, wagte und siegte. Jetzt arbeite in deiner Schreibstube, friedlicher Denker, phantasievoller Träumer, du hast über Nacht gelernt, mit Lächeln auf das Fremde herabzusehen und von deiner eigenen Anlage Großes zu hoffen. Versuche jetzt, was aus deinem Herzen quillt. —

Aber während die junge Kraft des Volkes in begeisterter Wärme die Flügel regte, wie empfand unterdeß der große Fürst, der ohne Ende gegen die Feinde rang? Als ein schwacher Ton klang der begeisternde Ruf des Volkes an sein Ohr, fast gleichgültig vernahm ihn der König. In ihm wurde es stiller und kälter. Zwar immer wieder kamen leidenschaftliche Stunden des Schmerzes und herzzerreißender Sorge. Er verschloß sie vor seinem Heere in sich, das ruhige Antlitz wurde härter, tiefer die Furchen, gespannter der Blick. Gegen wenige Vertraute öffnete er in einzelnen Stunden das Innere, dann bricht auf einige Augenblicke der Schmerz eines Mannes hervor, der an den Grenzen des Menschlichen angekommen ist.

Zehn Tage nach der Schlacht bei Collin starb seine Mutter; wenige Wochen darauf scheuchte er im Zorn seinen Bruder August Wilhelm vom Heere, das dieser zu führen nicht kräftig genug gewesen war; das Jahr darauf starb auch dieser, wie der meldende Officier dem König verkündete, durch Gram getötet. Kurz darauf erhielt er die Nachricht vom Tode seiner Schwester von Baireuth. Einer nach dem andern von seinen Generälen sank an seiner Seite oder verlor des Königs Vertrauen, weil er den übermenschlichen Aufgaben dieses Krieges nicht gewachsen war. Seine alten Soldaten, sein Stolz, eherne Krieger in drei harten Kriegen erprobt, sie, die sterbend noch die Hand nach ihm ausstreckten und seinen Namen riefen, wurden in Haufen um ihn zerschmettert, und was in die weiten Gassen eintrat, die der Tod unaufhörlich in sein Heer riß, das waren junge Leute, manche gute Kraft, viel schlechtes Volk. Der König gebrauchte sie, wie die andern auch, strenger, härter. Auch der schlechteren Masse gab sein Blick und Wort Bravour und Hingebung, aber er wußte doch, wie dies alles nicht retten würde; kurz und schneidend wurde sein Tadel, sparsam sein Lob. So lebte er fort, fünf Sommer und Winter kamen und gingen, riesig war die Arbeit, unermüdlich sein Denken und Combiniren, das Fernste und Kleinste übersah prüfend sein Adlerauge, und doch keine Aenderung, und doch nirgend eine Hoffnung. Der König las und schrieb in den Stunden der Ruhe, grade wie früher, er machte seine Verse und unterhielt die Correspondenz mit Voltaire und Algarotti, aber er war gefaßt, alles das werde nächstens für ihn ein Ende haben, ein kurzes, schnelles; er trug Tag und Nacht bei sich, was ihn von Daun und Laudon frei machte. Der ganze Handel wurde ihm zuweilen verächtlich.

Diese Stimmungen des Mannes, von welchem das geistige Leben Deutschlands seine neue Zeit datirt, verdienen wol, daß der Deutsche sie mit Ehrfurcht beachte. Es ist hier nur möglich Einzelnes herauszuheben, wie es vorzugsweise in den Briefen Friedrich's an den Marquis d'Argens und Frau von Camas hervorbricht. So spricht der große König von seinem Leben: (1757. Juni.) Das Mittel gegen meinen Schmerz liegt in der täglichen Arbeit, die ich zu thun verpflichtet bin, und in den fortgesetzten Zerstreuungen, die mir die Zahl meiner Feinde gewährt. Wenn ich bei Collin getötet wäre, ich würde jetzt in einem Hafen sein, wo ich keinen Sturm mehr zu fürchten hätte. Jetzt muß ich noch über das stürmische Meer schiffen, bis ein kleiner Winkel Erde mir das Gut gewährt, was ich auf dieser Welt nicht habe finden können. — Seit zwei Jahren stehe ich wie eine Mauer, in die das Unglück Bresche geschossen hat. Aber denken Sie nicht, daß ich weich werde. Man muß sich schützen in diesen unseligen Zeiten durch Eingeweide von Eisen und ein Herz von Erz, um alles Gefühl zu verlieren. Der nächste Monat wird entscheiden für mein armes Land. Meine Rechnung ist: ich werde es retten, oder mit ihm untergehen. Sie können sich keinen Begriff machen von der Gefahr, in der wir sind, und von den Schrecken, die uns umgeben. —

(1758. Dec.) Ich bin dies Leben sehr müde, der ewige Jude ist weniger hin= und hergezogen als ich, ich habe alles verloren, was ich auf dieser Welt geliebt und geehrt habe, ich sehe mich umgeben von Unglücklichen, deren Leiden ich nicht abhelfen kann. Meine Seele ist noch gefüllt mit den Eindrücken der Ruinen aus meinen besten Provinzen und der Schrecken, welche eine Horde mehr von unvernünftigen Thieren als von Menschen dort verübt hat. Auf meine alten Tage bin ich fast bis zu einem Theaterkönig herabgekommen; Sie werden mir zugeben, daß eine solche Lage nicht so reizvoll ist, um die Seele eines Philosophen an das Leben zu fesseln.

(1759. März.) Ich weiß nicht, was mein Schicksal sein wird. Ich werde alles thun, was von mir abhängen wird, um mich zu retten, und wenn ich unterliege, der Feind soll es theuer bezahlen. Ich habe mein Winterquartier als Klausner über=standen, ich speise allein, bringe mein Leben mit Lesen und Schreiben hin, und soupire nicht. Wenn man traurig ist, so kostet es auf die Länge zu viel, unaufhörlich seinen Verdruß zu verbergen, und es ist besser, sich allein zu betrüben, als seine Verstimmung in die Gesellschaft zu bringen. Nichts tröstet mich als die starke Anspannung, welche die Arbeit fordert; so lange sie dauert, verscheucht sie die traurigen Ideen.

Aber ach, wenn die Arbeit geendet ist, dann werden die Grabesgedanken wieder so lebendig, wie vorher. Maupertuis hat Recht, die Summe der Uebel ist größer als die des Guten. Aber mir ist es gleich, ich habe fast nichts mehr zu verlieren, und die wenigen Tage, die mir bleiben, beunruhigen mich nicht so sehr, daß ich mich lebhaft dafür interessiren sollte. —

(1759. 16. Aug.) Ich will mich auf ihren Weg stellen und mir den Hals abschneiden lassen, oder die Hauptstadt retten. Ich denke, das ist Ausdauer genug. Für den Erfolg will ich nicht stehen. Hätte ich mehr als ein Leben, ich wollte es für mein Vaterland hingeben. Wenn mir aber dieser Streich fehlschlägt, so halte ich mich für quitt gegen mein Land, und es wird mir erlaubt sein, für mich selbst zu sorgen. Es giebt Grenzen für alles. Ich ertrage mein Unglück, ohne daß es mir den Muth nimmt. Aber ich bin sehr entschlossen, wenn dies Unternehmen fehlschlägt, mir einen Ausweg zu machen, um nicht der Spielball von jeder Sorte von Zufall zu sein. — Glauben Sie mir, man braucht noch mehr als Festigkeit und Ausdauer, um sich in meiner Lage zu erhalten. Aber ich sage Ihnen frei heraus, wenn mir ein Unglück begegnet, so rechnen Sie nicht darauf, daß ich Ruin und Untergang meines Vater=landes überlebe. Ich habe meine eigne Art zu denken. Ich will weder Sertorius noch Cato nachahmen, ich denke gar nicht an meinen Ruhm, sondern an den Staat. —

(1760. Okt.) Der Tod ist süß im Vergleich mit solchem Leben. Haben Sie Mitgefühl mit meiner Lage, glauben Sie mir, daß ich noch vieles Traurige verberge, womit ich Andere nicht betrüben und beunruhigen will. — Ich betrachte als Stoiker den Tod. Niemals werde ich den Moment erleben, der mich verpflichten wird, einen nachtheiligen Frieden zu schließen. Keine Ueberredung, keine Beredtsamkeit werden mich bestimmen können, meine Schmach zu unterzeichnen. Entweder lasse ich mich unter den Trümmern meines Vaterlandes begraben, oder wenn dieser Trost bei dem Geschick, welches mich verfolgt, noch zu süß erscheint, so werde ich meinen Leiden ein Ende machen, sobald es nicht mehr möglich wird sie zu ertragen. Ich habe gehandelt und ich fahre fort zu handeln nach diesem innerlichen Ehrgefühl. Meine Jugend habe ich meinem Vater geopfert, mein Mannesalter meinem Vaterlande, ich glaube dadurch das Recht erlangt zu haben, über meine alten Jahre zu verfügen. Ich sage es und ich wiederhole es: nie wird meine Hand einen demüthigenden Frieden unterzeichnen. Ich habe einige Bemerkungen über die militärischen Talente Karl's XII. gemacht*), aber ich habe nicht darüber nachgedacht, ob er sich hätte töten sollen oder nicht. Ich denke, daß er nach der Einnahme von Stralsund weiser gethan hätte sich zu expediren; aber was er auch gethan oder gelassen hat, sein Beispiel ist keine Regel für mich. Es giebt Leute, welche sich vom Glück belehren lassen; ich gehöre nicht zu der Art. Ich habe für Andere gelebt, ich will für mich sterben. Ich bin sehr gleich-

---

*) Er hatte 1759, ein Jahr, bevor er vorstehende Worte an den Marquis d'Argens schrieb, durch diesen Vertrauten seinen Aufsatz: Réflexions sur les talents militaires et sur le caractère de Charles XII. roi de Suède drucken lassen, eine der merkwürdigsten Abhandlungen des Königs.

giltig über das, was man darüber sagen wird, und versichere Ihnen, ich werde es niemals hören. Heinrich IV. war ein jüngerer Sohn aus gutem Hause, der sein Glück machte, ihm kam es nicht darauf an; wozu hätte er sich im Unglück hängen sollen? Ludwig XIV. war ein großer König und hatte große Hilfsmittel, er zog sich wohl oder übel aus der Affaire. Was mich betrifft, ich habe nicht die Hilfsquellen dieses Mannes, aber die Ehre ist mir mehr werth als ihm, und wie ich Ihnen gesagt habe, ich richte mich nach niemand. Wir zählen, wenn mir recht ist, fünftausend Jahre seit Schöpfung der Welt, ich glaube, daß diese Rechnung viel zu niedrig für das Alter des Universums ist. Das Land Brandenburg hat gestanden diese ganze Zeit, bevor ich war, und wird fortbestehen nach meinem Tode. Die Staaten werden erhalten durch die Fortpflanzung der Racen, und so lange man mit Vergnügen daran arbeiten wird das Leben zu vervielfältigen, wird auch der Haufen durch Minister oder Souveräne regiert werden. Das bleibt sich fast gleich: ein wenig einfältiger, ein wenig klüger, die Unterschiede sind so gering, daß die Masse des Volkes kaum etwas davon wahrnimmt. Wiederholen Sie mir also nicht die alten Einwendungen der Hofleute, Eigenliebe und Eitelkeit vermögen durchaus nicht meine Empfindung zu ändern. Es ist kein Akt der Schwäche, so unglückliche Tage zu enden, es ist eine vorsichtige Politik. — Ich habe alle meine Freunde verloren, meine liebsten Verwandten, ich bin unglücklich nach allen Möglichkeiten,

---

Sein Blick für die Fehler Karl's XII. war geschärft durch die geheimen Erfahrungen, die er an sich selbst in den verlorenen Schlachten der letzten Jahre gemacht hatte, und indem er mit Achtung dem unglücklichen Eroberer das Urtheil sprach, stellte er dabei sich zugleich die höhere Berechtigung seiner eigenen maßvollen Politik fest. Die Schrift ist deßhalb nicht nur eine charakteristische Urkunde seiner weisen Mäßigung, sie ist auch ein Denkmal stiller Selbstbefreiung und eines innern Fortschritts.

ich habe nichts zu hoffen, meine Feinde behandeln mich mit Ver=
achtung, mit Hohnlachen, und ihr Stolz rüstet sich mich unter
ihre Füße zu treten. (1760. Nov.) Meine Arbeit ist schrecklich, der Krieg hat
fünf Feldzüge gedauert. Wir vernachlässigen nichts, was uns
Mittel des Widerstandes geben kann, und ich spanne den Bogen
mit meiner ganzen Kraft; aber eine Armee ist zusammengesetzt
aus Armen und Köpfen. Arme fehlen uns nicht, aber die Köpfe
sind bei uns nicht mehr vorhanden, wenn Sie sich nicht etwa die
Mühe geben wollen, mir einige beim Bildhauer Adam zu be=
stellen, und die würden grade so viel nützen, als was ich habe.
Meine Pflicht und Ehre halten mich fest. Aber trotz Stoicismus
und Ausdauer giebt es Augenblicke, wo man einige Lust verspürt,
sich dem Teufel zu ergeben. Adieu, mein lieber Marquis, lassen
Sie sich's gut gehen und machen Sie Ihre Gelübde für einen
armen Teufel, der sich von hinnen begeben wird, um nach jener
Wiese, die mit Asphodelos bepflanzt ist, zu reisen, wenn der
Frieden nicht zu Stande kommt.

(1761. Juni.) Zählen Sie dies Jahr nicht auf den Frieden.
Wenn das Glück mich nicht verläßt, so werde ich mich aus dem
Handel ziehen, so gut ich kann. Aber ich werde im nächsten Jahr
noch auf dem Seil tanzen und gefährliche Sprünge machen
müssen, wenn es Ihren sehr apostolischen, sehr christlichen und
sehr moskowitischen Majestäten gefällt zu rufen: „Springe,
Marquis!" — Ach, wie sind die Menschen doch hartherzig! Man
sagt mir: „Du hast Freunde." Ja schöne Freunde, die mit gekreuzten
Armen einem sagen: „Wirklich, ich wünsche dir alles Glück!"
— „Aber ich ertrinke, reicht mir einen Strick!" — „Nein, du
wirst nicht ertrinken."— „Doch, ich muß im nächsten Augenblick
untergehn." — „O, wir hoffen das Gegentheil. Aber wenn dir
das begegnete, so sei überzeugt, wir werden dir eine schöne
Grabschrift machen." — So ist die Welt, das sind die schönen
Complimente, womit man mich von allen Seiten bewillkommt.

(1762. Jän.) Ich bin so unglücklich in diesem ganzen
Kriege gewesen mit der Feder und mit dem Degen, daß ich ein
großes Mißtrauen gegen alle glücklichen Ereignisse erhalten habe.
Ja, die Erfahrung ist eine schöne Sache; in meiner Jugend war
ich ausgelassen wie ein Füllen, das ohne Zaum auf einer Wiese
umherspringt, jetzt bin ich vorsichtig geworden wie der alte Nestor.
Aber ich bin auch grau, runzelig aus Kummer, durch Körper=
leiden niedergedrückt und, mit einem Worte, nur noch gut vor die
Hunde geworfen zu werden. Sie haben mich immer ermahnt,
mich wohl zu befinden, geben Sie mir das Mittel, mein Lieber,
wenn man gezauft wird, wie ich. Die Vögel, welche man dem
Muthwillen der Kinder überläßt, die Kreisel, welche durch Meer=
katzen herumgepeitscht werden, sind nicht mehr umhergetrieben und
gemißhandelt, als ich bis jetzt durch drei wüthende Feinde war.

(1762. Mai.) Ich gehe durch eine Schule der Geburt,
sie ist hart, langwierig, grausam, ja barbarisch. Ich rette mich
daraus, indem ich das Universum im Ganzen ansehe, wie von
einem fremden Planeten. Da erscheinen mir alle Gegenstände
unendlich klein, und ich bemitleide meine Feinde, daß sie sich
so viel Mühe um so Geringes geben. Ist es das Alter, ist es
das Nachdenken, ist es die Vernunft? ich betrachte alle Ereignisse
des Lebens mit viel mehr Gleichgiltigkeit als sonst. Giebt es
etwas für das Wohl des Staats zu thun, so setze ich noch einige
Kraft daran, aber unter uns gesagt, es ist nicht mehr das feurige
Stürmen meiner Jugend, nicht der Enthusiasmus, der mich sonst
beseelte. Es ist Zeit, daß der Krieg zu Ende geht, denn meine
Predigten werden langweilig, und bald werden meine Zuhörer
sich über mich beklagen.

Und an Frau von Camas schreibt er: „Sie sprechen von
dem Tod des armen F... Ach, liebe Mama, seit sechs Jahren
beklage ich nicht mehr die Toten, sondern die Lebenden." —

So schrieb und trauerte der König, aber er hielt aus. Und
wer durch die finstere Energie seines Entschlusses erschüttert wird,

der möge sich vor der Meinung hüten, daß in ihr die Kraft dieses wunderbaren Geistes ihren höchsten Ausdruck finde. Es ist wahr, der König hatte einige Augenblicke der Betäubung, wo er die Kugel des Feindes für sich forderte, um nicht selbst den Tod in der Kapsel suchen zu müssen, welche er in den Kleidern trug; es ist wahr, er war fest entschlossen, den Staat nicht dadurch zu verderben, daß er als Gefangener Oesterreichs lebe; in so fern hat, was er schreibt, eine furchtbare Wahrheit. Aber er war auch von poetischer Anlage, war ein Kind aus dem Jahrhundert, welches sich so sehr nach großen Thaten sehnte und in dem Aussprechen erhabener Stimmungen so hohe Befriedigung fand; er war im Grund seines Herzens ein Deutscher mit denselben Herzensbedürfnissen, wie etwa der unendlich schwächere Klopstock und dessen Verehrer. Das Reflectiren und entschlossene Aussprechen seines letzten Plans machte ihn innerlich freier und heiterer. Auch seiner Schwester von Baireuth schrieb er darüber in dem unheimlichen zweiten Jahre des Krieges, und dieser Brief ist besonders charakteristisch.*) Denn auch die Schwester ist entschlossen, ihn und den Fall ihres Hauses nicht zu überleben, und er billigt diesen Entschluß, dem er übrigens in seinem düstern Behagen über die eigenen Betrachtungen wenig Beachtung gönnt. Einst hatten die beiden Königskinder im strengen Vaterhause heimlich die Rollen französischer Trauerspiele mit einander recitirt, jetzt schlugen ihre Herzen wieder in dem einmüthigen Gedanken, sich durch einen antiken Tod aus dem Leben voll Täuschung, Verirrung und Leiden zu befreien. Aber als die aufgeregte und nervöse Schwester gefährlich erkrankte, da vergaß Friedrich alle seine Philosophie aus der Schule der Stoa, und in leidenschaftlicher Zärtlichkeit, die noch fest im Leben hing, sorgte und grämte er sich um die, welche ihm die liebste seiner Familie war. Und als sie starb, da wurde sein lauter

---

*) Oeuvres XXVII. 1. Nr. 328 vom 17. September.

Jammer vielleicht noch durch die Empfindung geschärft, daß er zu tragisch in das zarte Leben der Frau gegriffen hatte. So mischt sich auch bei dem größten von allen Deutschen, welche aus der ersten Hälfte des achtzehnten Jahrhunderts heraufkamen, poetische Empfindung und der Wunsch, schön und groß zu erscheinen, seltsam in das ernsthafte Leben der Wirklichkeit. Der arme kleine Professor Semler, welcher in der tiefsten Rührung noch seine Attitude studirt und seine Complimente überlegt, und der große König, welcher in kalter Erwartung seiner Todesstunde noch über den Selbstmord in schöngeformten Perioden schreibt, beide sind die Söhne derselben Zeit, in welcher das Pathos, welches in der Kunst noch keinen würdigen Ausdruck findet, wie Schlingpflanze um das wirkliche Leben wuchert. Der König aber war größer als seine Philosophie. In der That verlor er gar nicht seinen Muth, die zähe, trotzige Kraft des Germanen, und nicht die stille Hoffnung, welche der Mensch bei jeder starken Arbeit bedarf.

Und er hielt aus. Die Kraft seiner Feinde wurde geringer, auch ihre Feldherren nutzten sich ab, auch ihre Heere wurden zerschmettert, endlich trat Rußland von der Coalition zurück. Dies und die letzten Siege des Königs gaben den Ausschlag. Er hatte überwunden, er hatte das eroberte Schlesien für Preußen gerettet, sein Volk frohlockte, die treuen Bürger seiner Hauptstadt bereiteten ihm den festlichsten Empfang, er aber mied die Freude der Menschen und kehrte allein und still nach Sanssouci zurück. Er wollte den Rest seiner Tage, wie er sagte, im Frieden für sein Volk leben.

Die ersten dreiundzwanzig Jahre seiner Regierung hatte er gerungen und gekriegt, seine Kraft gegen die Welt durchzusetzen; noch dreiundzwanzig Jahre sollte er friedlich über sein Volk herrschen als ein weiser und strenger Hausvater. Die Ideen, nach denen er den Staat leitete, mit größter Selbstverleugnung, aber selbstwillig, das Größte erstrebend und auch das Kleinste beherrschend, sind zum Theil durch höhere Bildungen der Gegenwart überwunden worden; sie entsprachen der Einsicht, welche seine Jugend und die Erfahrungen des ersten Mannesalters ihm gegeben hatten. Frei sollte der Geist sein, jeder denken, was er wollte, aber thun, was seine Bürgerpflicht war. Wie er selbst sein Behagen und seine Ausgaben dem Wohl des Staates unterordnete, mit etwa 200,000 Thalern den ganzen königlichen Haushalt bestritt, zuerst an den Vortheil des Volkes und zuletzt an sich dachte, so sollten alle seine Unterthanen bereit= willig das tragen, was er ihnen an Pflicht und Last auflegte. Jeder sollte in dem Kreise bleiben, in den ihn Geburt und Er= ziehung gesetzt, der Edelmann sollte Gutsherr und Officier sein, dem Bürger gehörte die Stadt, Handel, Industrie, Lehre und Erfindung, dem Bauer der Acker und die Dienste. Aber in seinem Stande sollte jeder gedeihen und sich wohl fühlen. Gleiches, strenges, schnelles Recht für jeden, keine Begünstigung des Vornehmen und Reichen, in zweifelhaftem Falle lieber des kleinen Mannes. Die Zahl der thätigen Menschen vermehren, jede Thätigkeit so lohnend als möglich machen und so hoch als möglich steigern, so wenig als möglich vom Auslande kaufen, alles selbst produciren, den Ueberschuß über die Grenzen fahren, das war der Hauptgrundsatz seiner Staatswirthschaft. Unablässig war er bemüht, die Morgenzahl des Ackerbodens zu vergrößern, neue Stellen für Ansiedler zu schaffen. Sümpfe wurden ausgetrocknet, Seen abgezapft, Deiche aufgeworfen; Kanäle wurden gegraben, Vorschüsse bei Anlagen neuer Fabriken gemacht, Städte und Dörfer auf Antrieb und mit Geldmitteln der Regierung massiver und gesünder wieder aufgebaut; das landschaftliche Creditsystem, die Feuersocietät, die königliche Bank wurden gegründet, überall wurden Volksschulen gestiftet, unterrichtete Leute angezogen, überall Bildung und Ordnung des regierenden Beamtenstandes durch Prüfungen und strenge Controle gefördert. Es ist Sache des Geschichtschreibers das aufzuzählen und zu rühmen, auch ein= zelne verfehlte Versuche des Königs hervorzuheben, die bei dem Bestreben, alles selbst zu leiten, nicht ausbleiben konnten.

Für alle seine Länder sorgte der König, nicht zuletzt für sein Schmerzenskind, das neuerworbene Schlesien. Als der König die große Landschaft eroberte, hatte sie wenig mehr als eine Million Einwohner*). Lebhaft wurde dort der Gegensatz empfunden, der zwischen der bequemen österreichischen Wirthschaft und dem knappen, rastlosen, alles aufregenden Regiment der Preußen war. In Wien war der Katalog verbotener Bücher größer gewesen als zu Rom, jetzt kamen unaufhörlich die Bücherballen aus Deutschland in die Provinz gewandert, das Lesen und Kaufen war zum Verwundern frei, sogar die gedruckten Angriffe auf den eigenen Landesherrn. In Oesterreich war es Privilegium der Vornehmen, ausländisches Tuch zu tragen; als in Preußen der Vater Friedrich's des Großen die Einfuhr von fremdem Tuch verboten hatte, kleidete er zuerst sich und seine Prinzen in Landtuch. In Wien hatte kein Amt für vornehm gegolten, wenn dazu noch etwas Anderes als Repräsentation erfordert wurde, alle Arbeit war Sache der Subalternen, der Kammerherr galt mehr als der verdiente General und Minister; in Preußen war auch der Vornehmste gering geachtet, wenn er dem Staat nichts nützte, und der König selbst war der allergenaueste Beamte, der über jedes Tausend Thaler, das erspart oder verausgabt wurde, sorgte und schalt. Wer in Oesterreich vom katholischen Glauben abfiel, wurde mit Confiscation und Verweisung bestraft, bei den Preußen konnte zu jedem Glauben ab- und zufallen, wer da wollte, das war seine Sache. Bei den Kaiserlichen war der Regierung im Ganzen lästig gewesen, wenn sie sich um etwas hatte bekümmern müssen, die preußischen Beamten hatten ihre Nase und ihre Hände überall. Trotz der

---

*) Im Jahre 1740: 1,100,000, im Jahre 1756: 1,300,000, 1763 war die Zahl auf 1,150,000 gesunken, 1779 waren 1,500,000. Man nahm damals an, daß das Land noch 2—300,000 Menschen mehr erhalten könne, — es zählt jetzt über 3,000,000.

drei schlesischen Kriege wurde die Provinz weit blühender als
zur Kaiserzeit. Einst hatten hundert Jahre nicht ausgereicht,
die handgreiflichen Spuren des dreißigjährigen Krieges zu
verwischen, die Leute erinnerten sich wol, wie überall in den
Städten die Schutthaufen aus der Schwedenzeit gelegen hatten,
überall neben den gebauten Häusern die wüsten Brandstellen.
Viele kleine Städte hatten noch Blockhäuser nach alter slavischer
Art mit Stroh= und Schindeldach, seit lange dürftig ausgeflickt.
Durch die Preußen waren die Spuren nicht nur alter Ver=
wüstung, auch der neuen des siebenjährigen Krieges nach wenigen
Jahrzehnten getilgt. Friedrich hatte einige hundert neue Dörfer
angelegt, hatte fünfzehn ansehnliche Städte zum großen Theil
auf königliche Kosten wieder in regelmäßigen Straßen aufmauern
lassen, er hatte den Gutsherrn den harten Zwang aufgelegt,
einige tausend eingezogene Bauerhöfe wieder aufzubauen und
mit erblichen Eigenthümern zu besetzen. Zur Kaiserzeit waren
die Abgaben weit geringer gewesen, aber sie waren ungleich
vertheilt und lasteten zumeist auf dem Armen, der Adel war vom
größten Theil derselben befreit, die Erhebung war ungeschickt,
viel wurde veruntreut und schlecht verwendet, es floß verhältniß=
mäßig wenig in die kaiserlichen Kassen. Die Preußen dagegen
hatten das Land in kleine Kreise getheilt, den Werth des gesammten
Bodens abgeschätzt, in wenig Jahren fast alle Steuerbefreiung
aufgehoben, das flache Land zahlte jetzt seine Grundsteuer, die
Städte ihre Accise. So trug die Provinz die doppelten Lasten
mit größerer Leichtigkeit, nur die Privilegirten murrten; und
dabei konnte sie noch 40,000 Soldaten unterhalten, während
sonst etwa 2000 im Lande gewesen waren. Vor 1740 hatten
die Edelleute die großen Herren gespielt, wer katholisch und reich
war, lebte in Wien, wer sonst das Geld aufbringen konnte, zog
sich nach Breslau; jetzt saß die Mehrzahl der Gutsherren auf
ihren Gütern, die Krippenreiterei hatte aufgehört, der Adel wußte,
daß es ihm beim König für eine Ehre galt, wenn er für die

Cultur des Bodens sorgte, und daß der neue Herr solchen kalte
Verachtung zeigte, die nicht Landwirthe, Beamte oder Officiere
waren. Früher waren die Processe unabsehbar und kostspielig
gewesen, ohne Bestechung und Geldopfer kaum durchzusetzen,
jetzt fiel auf, daß die Zahl der Advokaten geringer wurde, die
Urtheile so schnell kamen. Unter den Oesterreichern freilich war
der Karavanen-Handel mit dem Osten Europa's größer gewesen,
die Bukowiner und Ungarn, auch die Polen entfremdeten sich und
sahen bereits nach Triest, aber dafür erhoben sich neue Industrien:
Wolle und Tuch, und in den Gebirgsthälern ein großartiger
Leinwandhandel. Viele fanden die neue Zeit unbequem, mancher
wurde in der That durch ihre Härte gedrückt, wenige wagten zu
leugnen, daß es im ganzen weit besser geworden war.

Aber noch etwas Anderes fiel dem Schlesier an dem preußischen Wesen auf, und bald gewann dies Auffallende eine stille
Herrschaft über seine eigene Seele. Das war ein hingebender
spartanischer Geist der Diener des Königs, der bis in die niedern
Aemter so häufig zu Tage kam. Da waren die Acciseeinnehmer,
schon vor Einführung des französischen Systems wenig beliebt,
invalide Unterofficiere, alte Soldaten des Königs, die seine
Schlachten gewonnen hatten, im Pulverdampfe ergraut waren.
Sie saßen jetzt an den Thoren und rauchten aus ihrer Holzpfeife,
sie erhielten sehr geringen Gehalt, konnten sich gar nichts zu gute
thun, aber sie waren vom frühen Morgen bis späten Abend zur
Stelle, thaten ihre Pflichten gewandt, kurz, pünktlich, wie alte
Soldaten pflegen. Sie dachten immer an ihren Dienst, er war
ihre Ehre, ihr Stolz. Und noch lange erzählten alte Schlesier
aus der Zeit des großen Königs ihren Enkeln, wie ihnen auch
an andern preußischen Beamten die Pünktlichkeit, Strenge und
Ehrlichkeit aufgefallen war. Da war in jeder Kreisstadt ein
Einnehmer der Steuern, er hauste in seiner kleinen Dienststube,
die vielleicht zu gleicher Zeit sein Schlafzimmer war, und
sammelte in einer großen hölzernen Schüssel die Grundsteuer,

welche die Schulzen allmonatlich am bestimmten Tage in seine
Stube trugen. Viele tausend Thaler wurden auf langer Liste
verzeichnet und bis auf den letzten Pfennig in die großen Haupt=
kassen abgeliefert. Gering war die Besoldung auch eines solchen
Mannes, er saß, nahm ein und packte in Beutel, bis sein Haar
weiß wurde und die zitternde Hand nicht mehr die Zweigroschen=
stücke zu werfen vermochte. Und der Stolz seines Lebens war,
daß der König auch ihn persönlich kannte und wenn er einmal
durch den Ort fuhr, während dem Umspannen schweigend aus
seinen großen Augen nach ihm hinsah, oder wenn er sehr gnädig
war, ein wenig gegen ihn das Haupt neigte. Mit Achtung und
einer gewissen Scheu sah das Volk auch auf diese untergeordneten
Diener eines neuen Princips. Und nicht die Schlesier allein.
Es war damit überhaupt etwas Neues in die Welt gekommen.
Nicht aus Laune nannte Friedrich II. sich den ersten Diener
seines Staates. Wie er auf den Schlachtfeldern seinen wilden
Adel gelehrt hatte, daß es höchste Ehre sei für das Vater=
land zu sterben, so drückte sein unermüdliches pflichtgetreues
Sorgen auch dem kleinsten seiner Diener in entlegenem Grenz=
ort die große Idee in die Seele, daß er zuerst zum Besten
seines Königs und des Landes zu leben und zu arbeiten
habe.

Als die Provinz Preußen im siebenjährigen Kriege ge=
zwungen wurde der Kaiserin Elisabeth zu huldigen, und mehre
Jahre dem russischen Reich einverleibt blieb, da wagten die
Beamten der Landschaft dennoch unter der fremden Armee und
Regierung insgeheim für ihren König Geld und Getreide zu
erheben, große Kunst wurde angewendet die Transporte durch=
zubringen. Viele waren im Geheimniß, nicht ein Verräther
darunter, verkleidet stahlen sie sich mit Lebensgefahr durch die
russischen Heere. Und sie merkten, daß sie geringen Dank ernten
würden, denn der König mochte seine Ostpreußen überhaupt
nicht leiden, er sprach geringschätzig von ihnen, gönnte ihnen

ungern die Gnaden, die er andern Provinzen erwies, sein Antlitz wurde zu Stein, wenn er erfuhr, daß einer seiner jungen Officiere zwischen Weichsel und Memel geboren sei, und nie betrat er seit dem Kriege ostpreußisches Gebiet. Die Ostpreußen aber ließen sich dadurch in ihrer Verehrung gar nicht stören, sie hingen mit treuer Liebe an dem ungnädigen Herrn, und sein bester und begeisterter Lobredner war Immanuel Kant.

Wol war es ein ernstes, oft rauhes Leben in des Königs Dienst, unaufhörlich das Schaffen und Entbehren, auch dem Besten war es schwer dem strengen Herrn genug zu thun, auch der größten Hingebung wurde ein kurzer Dank; war eine Kraft abgenutzt, wurde sie vielleicht kalt bei Seite geworfen; ohne Ende war die Arbeit, überall Neues, Angefangenes, Gerüste an unfertigem Baue. Wer in das Land kam, dem erschien das Leben gar nicht anmuthig, es war so herb, einförmig, rauh, wenig Schönheit und sorglose Heiterkeit zu finden. Und wie der frauenlose Haushalt des Königs, die schweigsamen Diener, die unterwürfigen Vertrauten unter den Bäumen eines stillen Gartens dem fremden Gast den Eindruck eines Klosters machten, so fand er in dem ganzen preußischen Wesen etwas von der Entsagung und dem Gehorsam einer großen emsigen Ordensbrüderschaft.

Denn auch auf das Volk selbst war etwas von diesem Geiste übergegangen. Wir aber verehren darin ein unsterbliches Verdienst Friedrich's II., noch jetzt ist dieser Geist der Selbstverleugnung das Geheimniß der Größe des preußischen Staats, die letzte und beste Bürgschaft für seine Dauer. Die kunstvolle Maschine, welche der große König mit so viel Geist und Thatkraft eingerichtet hatte, sollte nicht ewig bestehen, schon zwanzig Jahre nach seinem Tode zerbrach sie; aber daß der Staat nicht zugleich mit ihr unterging, daß Intelligenz und Patriotismus der Bürger selbst im Stande waren, unter seinen Nachfolgern auf neuen Grundlagen ein neues Leben zu schaffen, das ist das Geheimniß von Friedrich's Größe.

Neun Jahre nach. dem Schluß des letzten Krieges, der um die Behauptung Schlesiens geführt wurde, vergrößerte Friedrich seinen Staat durch einen neuen Erwerb, an Meilen= zahl nicht viel geringer, leer an Menschen, durch die polnischen Landestheile, welche seitdem unter dem Namen Westpreußen deutsches Land geworden sind.

Waren schon die Ansprüche des Königs auf Schlesien zweifelhaft gewesen, so bedurfte es jetzt des ganzen Scharfsinns seiner Beamten, einige unsichere Rechte auf Theile des neuen Erwerbs auszuschmücken. Der König selbst frug wenig darnach. Er hatte mit fast übermenschlichem Heldenmuth die Besetzung Schlesiens vor der Welt vertheidigt, durch Ströme von Blut war die Provinz an Preußen gekittet. Hier that die Klugheit des Politikers fast allein das Werk. Und lange fehlte in der Meinung der Menschen dem Eroberer die Berechtigung, welche, wie es scheint, die Greuel des Krieges und das zufällige Glück des Schlachtfeldes verleihen. Aber dieser letzte Landgewinn des Königs, dem Kanonendonner und Siegesfanfare so sehr fehlten, war doch von allen großen Geschenken, welche das deutsche Volk Friedrich II. verdankt, das größte und segens= reichste. Mehre hundert Jahre hindurch waren die vielgetheilten Deutschen durch eroberungslustige Nachbarn eingeengt und ge= schädigt worden, der große König war der erste Eroberer, welcher wieder die deutschen Grenzen weiter nach Osten hinausschob. Hundert Jahre nachdem sein großer Ahnherr die Rheinfestungen gegen Ludwig XIV. vergebens vertheidigt hatte, gab er den Deutschen wieder die nachdrückliche Mahnung, daß sie die Auf= gabe haben, Gesetz, Bildung, Freiheit, Cultur und Industrie in den Osten Europa's hineinzutragen. Sein ganzes Land, einige altsächsische Territorien ausgenommen, war den Slaven durch Gewalt und Colonisation abgerungen, niemals seit der Völker= wanderung des Mittelalters hatte der Kampf um die weiten Ebenen im Osten der Oder aufgehört, nie hatte sein Haus ver=

gessen, daß es Verwalter der deutschen Grenze war. So oft die Waffen ruhten, stritten die Politiker. Kurfürst Friedrich Wilhelm hatte das Ordensland Preußen von der polnischen Lehnshoheit befreit, Friedrich I. hatte auf diese isolirte Colonie entschlossen die Königskrone gesetzt. Aber der Besitz Ostpreußens war unsicher, nicht die verfaulte Republik Polen drohte Gefahr, wol aber die aufsteigende Größe Rußlands. Friedrich hatte die Russen als Feinde achten gelernt, er kannte die hochfliegenden Plane der Kaiserin Katharina. Da griff der kluge Fürst im rechten Augenblick zu. Das neue Gebiet: Pommerellen, die Woiwodschaft Kulm und Marienburg, das Bisthum Erme= land, die Stadt Elbing, ein Theil von Kujavien, ein Theil von Posen, verband Ostpreußen mit Pommern und der Mark. Es war von je ein Grenzland gewesen, seit der Urzeit hatten sich Völker von verschiedenem Stamm an den Küsten der Ostsee gedrängt: Deutsche, Slaven, Lithauer, Finnen. Seit dem dreizehnten Jahrhundert waren die Deutschen als Städtegründer und Ackerbauer in dies Weichselland gedrungen: Ordensritter, Kaufleute, fromme Mönche, deutsche Edelleute und Bauern. Zu beiden Seiten des Weichselstroms erhoben sich Thürme und Grenzsteine der deutschen Colonien. Vor allen ragte das prächtige Danzig, das Venedig der Ostsee, der große Seemarkt der Slavenländer, mit seiner reichen Marienkirche und den Palästen seiner Kaufherren, dahinter am andern Arm der Weichsel sein bescheidener Rival Elbing, weiter aufwärts die stattlichen Thürme und weiten Laubengänge Marienburgs, dabei das große Fürstenschloß der deutschen Ritter, das schönste Bau= werk im deutschen Norden, und in dem Weichselthal auf üppigem Niederungsboden die alten blühenden Colonistengüter, eine der gesegneten Landschaften der Welt, durch mächtige Dämme aus der Ordenszeit gegen die Verwüstungen des Slavenstromes geschützt. Noch weiter aufwärts Marienwerder, Graudenz, Kulm, und an den Niederungen der Netze Bromberg, Mittel=

punkt des Grenzstriches unter polnischem Volk. Kleinere deutsche Städte und Dorfgemeinden waren durch das ganze Territorium zerstreut, eifrig hatten auch die reichen Cistercienserklöster Oliva und Peplin colonisirt. Aber die tyrannische Härte des deutschen Ordens trieb die deutschen Städte und Grundherren Westpreußens im fünfzehnten Jahrhundert zum Anschluß an Polen. Die Reformation des sechzehnten Jahrhunderts unterwarf sich nicht nur die Seelen der deutschen Colonisten, auch in der großen Republik Polen waren drei Viertheile des Adels protestantisch, in der slavischen Landschaft Pommerellen um 1590 von hundert Kirchspielen etwa siebenzig. Und es schien eine kurze Zeit, als sollte sich in dem slavischen Osten eine neue Volkskraft und neue Cultur entwickeln, ein großer polnischer Staat mit deutscher Städtekraft. Aber die Einführung der Jesuiten brachte eine unheilvolle Umwandlung. Der polnische Adel fiel zur katholischen Kirche zurück, in den Jesuitenschulen wurden seine Söhne zu bekehrungslustigen Fanatikern gezogen; von da an verfiel der polnische Staat, immer trostloser wurden die Zustände.

Nicht gleich war die Haltung der Deutschen in Westpreußen gegenüber bekehrenden Jesuiten und slavischer Tyrannei. Der eingewanderte deutsche Adel wurde katholisch und polnisch, die Bürger und Bauern blieben hartnäckig Protestanten. Zu dem Gegensatz der Sprache kam jetzt auch der Gegensatz der Confessionen, zu dem Stammhaß die Glaubenswuth. Grade in dem Jahrhundert der Aufklärung wurde in diesen Landschaften die Verfolgung der Deutschen fanatisch, eine protestantische Kirche nach der andern wurde eingezogen, niedergerissen, die hölzernen angezündet; war eine Kirche verbrannt, so hatten die Dörfer das Glockenrecht verloren, deutsche Prediger und Schullehrer wurden verjagt und schändlich mißhandelt. „Vexa Lutheranum dabit thalerum" wurde das gewöhnliche Sprüchwort der Polen gegen die Deutschen. Einer der größten Grundherren des Landes, ein

Unruh aus dem Hause Birnbaum, Starost von Gnesen, wurde zum Tode mit Zungenausreißen und Handabhauen verurtheilt, weil er aus deutschen Büchern beißende Bemerkungen gegen die Jesuiten in ein Notizbuch geschrieben hatte. Es gab kein Recht, es gab keinen Schutz mehr. Die nationale Partei des polnischen Adels verfolgte im Bunde mit fanatischen Pfaffen am leidenschaftlichsten die, welche sie als Deutsche und Protestanten haßte. Zu den Patrioten oder Conföderirten lief alles raublustige Gesindel; sie warben Haufen, zogen plündernd im Lande umher, überfielen kleinere Städte und deutsche Dörfer. Immer ärger ward dieses Wüthen gegen die Deutschen, nicht nur aus Glaubenseifer, noch mehr aus Habsucht. Der polnische Edelmann Roskowski zog einen rothen und einen schwarzen Stiefel an, der eine sollte Feuer, der andere Tod bedeuten; so ritt er brandschatzend von einem Ort zum andern, ließ endlich in Jastrow dem evangelischen Prediger Willich Hände, Füße und zuletzt den Kopf abhauen und die Glieder in einen Morast werfen. Das geschah 1768.

So sah es in dem Lande kurz vor der preußischen Besetzung aus. Es waren Zustände, wie sie jetzt etwa noch in Bosnien möglich, in dem elendesten Winkel des christlichen Europa's unerhört wären.

Zwar Danzig, den Polen unentbehrlich, erhielt sich durch diese Jahrzehnte der Auflösung in vornehmer Abgeschlossenheit, es blieb ein Freistaat unter slavischem Schutz, lange dem großen König ärgerlich und wenig geneigt. Aber dem Land und den meisten deutschen Städten war die energische Hilfe des Königs Rettung vom Untergange. Die preußischen Beamten, welche in das Land geschickt wurden, waren erstaunt über die Trostlosigkeit der unerhörten Verhältnisse, welche wenige Tagereisen von ihrer Hauptstadt bestanden. Nur einige größere Städte, in denen das deutsche Leben durch feste Mauern und den alten Marktverkehr unterhalten wurde, und geschützte Landstriche,

welche ausschließlich von Deutschen bewohnt wurden, wie die
Niederung bei Danzig, die Dörfer unter der milden Herrschaft
der Cistercienser von Oliva und die wohlhabenden deutschen
Ortschaften des katholischen Ermlands, lebten in erträglichen
Zuständen. Andere Städte lagen in Trümmern, wie die meisten
Höfe des Flachlandes. Bromberg, die deutsche Colonistenstadt,
fanden die Preußen in Schutt und Ruinen; es ist noch heute
nicht möglich genau zu ermitteln, wie die Stadt in diesen
Zustand gekommen ist*), ja die Schicksale, welche der ganze
Netzedistrikt in den letzten neun Jahren vor der preußischen
Besitznahme erduldet hat, sind völlig unbekannt, kein Geschichtschreiber, keine Urkunde, keine Aufzeichnung giebt Bericht über
die Zerstörung und das Gemetzel, welches dort verwüstet haben
muß. Offenbar haben die polnischen Factionen sich unter
einander geschlagen, Mißernten und Seuchen mögen das
Uebrige gethan haben. Kulm hatte aus alter Zeit seine wohl-
gefügten Mauern und die stattlichen Kirchen erhalten, aber in
den Straßen ragten die Hälse der Hauskeller über das morsche
Holz und die Ziegelbrocken der zerfallenen Gebäude hervor,
ganze Straßen bestanden nur aus solchen Kellerräumen, in
denen elende Bewohner hausten. Von den vierzig Häusern des
großen Marktplatzes hatten achtundzwanzig keine Thüren, keine
Dächer, keine Fenster und keine Eigenthümer. In ähnlicher
Verfassung waren andere Städte.

Auch die Mehrzahl des Landvolks lebte in Zuständen,
welche den Beamten des Königs jämmerlich schienen, zumal an
der Grenze Pommerns, wo die wendischen Kassuben saßen. Wer
dort einem Dorf nahte, der sah graue Hütten und zerrissene
Strohdächer auf kahler Fläche, ohne einen Baum, ohne einen
Garten — nur die Sauerkirschbäume waren altheimisch. Die
Häuser waren aus hölzernen Sprossen gebaut, mit Lehm aus-

---

*) Neue preußische Provinzialblätter, Jahrg. VI 1854. Nr. 4. S. 259.

gelebt; durch die Hausthür trat man in die Stube mit großem
Herd ohne Schornstein; Stubenöfen waren unbekannt, selten
wurde ein Licht angezündet, nur der Kienspahn erhellte das
Dunkel der langen Winterabende; das Hauptstück des elenden
Hausraths war das Crucifix, darunter der Napf mit Weih=
wasser. Das schmutzige und wüste Volk lebte von Brei aus
Roggenmehl, oft nur von Kräutern, die sie als Kohl zur Suppe
kochten, von Heringen und Branntwein, dem Frauen wie
Männer unterlagen. Brod wurde nur von den Reichsten ge=
backen. Viele hatten in ihrem Leben nie einen solchen Lecker=
bissen gegessen, in wenig Dörfern stand ein Backofen. Hielten
die Leute ja einmal Bienenstöcke, so verkauften sie den Honig
an die Städter, außerdem geschnitzte Löffel und gestohlne Rinde;
dafür erstanden sie auf den Jahrmärkten den groben blauen
Tuchrock, die schwarze Pelzmütze und das hellrothe Kopftuch für
ihre Frauen. Nicht häufig war ein Webestuhl, das Spinnrad
kannte man gar nicht. Die Preußen hörten dort kein Volkslied,
keinen Tanz, keine Musik, Freuden, denen auch der elendeste
Pole nicht entsagt; stumm und schwerfällig trank das Volk den
schlechten Branntwein, prügelte sich und taumelte in die Winkel.
Auch der Bauernadel unterschied sich kaum von den Bauern, er
führte seinen Hakenpflug selbst und klapperte in Holzpantoffeln
auf dem ungedielten Fußboden seiner Hütte. Schwer wurde es
auch dem Preußenkönig, diesem Volke zu nützen. Nur die
Kartoffeln verbreiteten sich schnell, aber noch lange wurden die
befohlenen Obstpflanzungen von dem Volke zerstört, und alle
anderen Kulturversuche fanden Widerstand.

Ebenso dürftig und verfallen waren die Grenzstriche mit
polnischer Bevölkerung, aber der polnische Bauer bewahrte in
seiner Armseligkeit und Unordnung wenigstens die größere
Regsamkeit seines Stammes. Selbst auf den Gütern der größern
Edelleute, der Starosten und der Krone waren alle Wirthschafts=
gebäude verfallen und unbrauchbar. Wer einen Brief befördern

wollte, mußte einen besonderen Boten schicken, denn es gab keine
Post im Lande; freilich fühlte man in den Dörfern auch nicht
das Bedürfniß darnach, denn ein großer Theil der Edelleute
konnte so wenig lesen und schreiben wie die Bauern. Wer
erkrankte, fand keine Hilfe als die Geheimmittel einer alten
Dorffrau, denn es gab im ganzen Lande keine Apotheken. Wer
einen Rock bedurfte, that wohl, selbst die Nadel in die Hand zu
nehmen, denn auf viele Meilen weit war kein Schneider zu
finden, wenn er nicht abenteuernd durch das Land zog *). Wer
ein Haus bauen wollte, der mochte zusehen, wo er von Westen
her Handwerker gewann. Noch lebte das Landvolk in ohn-
mächtigem Kampf mit den Heerden der Wölfe, wenig Dörfer,
welchen nicht in jedem Winter Menschen und Thiere decimirt
wurden **). Brachen die Pocken aus, kam eine ansteckende
Krankheit in's Land, dann sahen die Leute die weiße Gestalt der
Pest durch die Luft fliegen und sich auf ihren Hütten niederlassen; sie wußten, was solche Erscheinung bedeutete, es war
Verödung ihrer Hütten, Untergang ganzer Gemeinden, in
dumpfer Ergebenheit erwarteten sie dies Geschick. — Es gab
kaum eine Rechtspflege im Lande, nur die größeren Städte be-
wahrten unkräftige Gerichte; der Edelmann, der Starost ver-
fügten mit schrankenloser Willkür ihre Strafen, sie schlugen und
warfen in scheußlichen Kerker nicht nur den Bauer, auch den
Bürger der Landstädte, der unter ihnen saß oder in ihre Hände
fiel. In den Händeln, die sie unter einander hatten, kämpften
sie durch Bestechung bei den wenigen Gerichtshöfen, die über sie

*) v. Held, Gepriesenes Preußen. S. 41. — Roscius, West-
preußen. S. 21.
**) Als 1815 die gegenwärtige Provinz Posen an Preußen zurückfiel,
waren auch dort die Wölfe eine Landplage. Nach Angaben der Posener
Provinzialblätter wurden im Regierungsbezirk Posen vom 1. Sept. 1815
bis Ende Februar 1816 41 Wölfe erlegt, noch im Jahre 1819 im Kreise
Wongrowitz 16 Kinder und 3 Erwachsene von Wölfen gefressen.

urtheilen durften; in den letzten Jahren hatte auch das fast auf=
gehört, sie suchten ihre Rache auf eigne Faust durch Ueberfall
und blutige Hiebe. Es war in der That ein verlassenes Land, ohne Zucht, ohne
Gesetz, ohne Herrn; es war eine Einöde, auf 600 Quadrat=
meilen wohnten 500,000 Menschen, nicht 850 auf der Meile.
Und wie eine herrenlose Prairie behandelte auch der Preußen=
könig seinen Erwerb, fast nach Belieben setzte er sich die Grenz=
steine und rückte sie wieder einige Meilen hinaus. Bis zur
Gegenwart erhielt sich in Ermland, der Landschaft um Heilberg
und Braunsberg mit zwölf Städten und hundert Dörfern, die
Erinnerung, daß zwei preußische Tamboure mit zwölf Mann
das ganze Ermland durch vier Trommelschlägel erobert hatten.
Und darauf begann der König in seiner großartigen Weise die
Kultur des Landes, grade die verrotteten Zustände waren ihm
reizvoll, und „Westpreußen" wurde, wie bis dahin Schlesien,
fortan sein Lieblingskind, das er mit unendlicher Sorge, wie
eine treue Mutter, wusch und bürstete, neu kleidete, zu Schule
und Ordnung zwang und immer im Auge behielt. Noch dauerte
der diplomatische Streit um den Erwerb, da warf er schon eine
Schaar seiner besten Beamten in die Wildniß, wieder wurden
die Landschaften in kleine Kreise getheilt, die gesammte Boden=
fläche in kürzester Zeit abgeschätzt und gleichmäßig besteuert,
jeder Kreis mit einem Landrath, einem Gericht, mit Post und
Sanitätspolizei versehen. Neue Kirchengemeinden wurden wie
durch einen Zauber in's Leben gerufen, eine Compagnie von
187 Schullehrern wurde in das Land geführt — der würdige
Semler hatte einen Theil derselben ausgesucht und eingeübt, —
Haufen von deutschen Handwerkern wurden geworben, vom
Maschinenbauer bis zum Ziegelstreicher hinab. Ueberall begann
ein Graben, Hämmern, Bauen, die Städte wurden neu mit
Menschen besetzt, Straße auf Straße erhob sich aus den
Trümmerhaufen, die Starosteien wurden in Krongüter ver=

wandelt, neue Colonistendörfer ausgesteckt, neue Ackerkulturen
befohlen. Im ersten Jahre nach der Besitznahme wurde der
große Kanal gegraben, welcher in einem Lauf von drei Meilen
die Weichsel durch die Netze mit der Oder und Elbe verbindet,
ein Jahr, nachdem der König den Befehl ertheilt, sah er selbst
beladene Oberkähne von hundertundzwanzig Fuß Länge nach dem
Osten zur Weichsel einfahren. Durch die neue Wasseraber wurden
weite Strecken Land entsumpft, sofort durch deutsche Colonisten
besetzt. Unablässig trieb der König, er lobte und schalt; wie
groß der Eifer seiner Beamten war, sie vermochten selten ihm
genug zu thun. Dadurch geschah es, daß in wenig Jahrzehnten
das wilde slavische Unkraut, welches dort auch über deutschen
Ackerfurchen aufgeschossen war, gebändigt wurde, daß auch die
polnischen Landstriche sich an die Ordnung des neuen Lebens
gewöhnten, und daß Westpreußen in den Kriegen seit 1806 sich
fast ebenso preußisch bewährte, als die alten Provinzen. —

Während der greise König sorgte und schuf, zog ein Jahr
nach dem andern über sein sinnendes Haupt; stiller ward es um
ihn, leerer und einsamer, kleiner der Kreis von Menschen, denen
er sich öffnete. Die Flöte hatte er bei Seite gelegt, auch die
neue französische Literatur erschien ihm schaal und langweilig,
zuweilen war ihm, als ob ein neues Leben unter ihm in Deutsch=
land ergrüne, es blieb ihm fremd. Unermüdlich arbeitete er an
seinem Heer, an dem Wohlstand seines Volkes, immer weniger
galten ihm seine Werkzeuge, immer höher und leidenschaftlicher
wurde das Gefühl für die große Pflicht seiner Krone.

Aber wie man sein siebenjähriges Ringen im Kriege über=
menschlich nennen darf, so war auch jetzt in seiner Arbeit etwas
Ungeheures, was den Zeitgenossen zuweilen überirdisch und
zuweilen unmenschlich erschien. Es war groß, aber es war auch
furchtbar, daß ihm das Gedeihen des Ganzen in jedem Augen=
blick das Höchste war und das Behagen des Einzelnen so gar
nichts. Wenn er den Obersten, dessen Regiment bei der Revue

einen ärgerlichen Fehler gemacht hatte, vor der Front mit herbem
Scheltwort aus dem Dienst jagte; wenn er in dem Sumpfland
der Netze mehr die Stiche der zehntausend Spaten zählte, als
die Beschwerden der Arbeiter, welche am Sumpffieber in den
Lazarethen lagen, die er ihnen errichtet; wenn er ruhelos mit
seinem Fordern auch der schnellsten That voraneilte, so verband
sich mit der tiefen Ehrfurcht und Hingebung in seinem Volke
auch eine Scheu wie vor einem, dem nicht irdisches Leben die
Glieder bewegt. Als das Schicksal des Staates erschien er den
Preußen, unberechenbar, unerbittlich, allwissend, das Größte
wie das Kleine übersehend. Und wenn sie einander erzählten,
daß er auch die Natur hatte bezwingen wollen, und daß seine
Orangenbäume doch in den letzten Frösten des Frühlings erfroren waren, dann freuten sie sich in der Stille, daß es für
ihren König doch eine Schranke gab, aber noch mehr, daß er sich
mit so guter Laune darein gefunden und vor den kalten Tagen
des Mai den Hut abgenommen hatte.

Mit rührendem Antheil sammelte das Volk jede Lebensäußerung des Königs, in welcher eine menschliche Empfindung,
die sein Bild vertraulich machte, zu Tage kam. So einsam
sein Haus und Garten war, unablässig schwebte die Phantasie
seiner Preußen um den geweihten Raum. Wem es einmal
glückte, in warmer Mondnacht in die Nähe des Schlosses zu
kommen, der fand vielleicht offene Thüren, ohne Wache, und
er konnte in der Schlafstube den großen König auf seinem
Feldbett schlummern sehen. Der Duft der Blüthen, das Nacht-
lied der Vögel, das stille Mondlicht waren die einzigen Wächter
und fast der ganze Hofstaat des einsamen Mannes.

Noch vierzehnmal seit der Erwerbung von Westpreußen
blühten die Orangen von Sanssouci, da wurde die Natur
Meisterin auch des großen Königs. Er starb allein, nur von
seinen Dienern umgeben.

Mit ehrgeizigem Sinn war er in der Blüthe des Lebens

ausgezogen, alle hohen und prächtigen Kränze des Lebens hatte er dem Schicksal abgerungen, der Fürst von Dichtern und Philosophen, der Geschichtschreiber, der Feldherr. Kein Triumph, den er sich erkämpft, hatte ihn befriedigt. Zufällig, unsicher, nichtig war ihm aller Erdenruhm geworden; nur das Pflichtgefühl, das unabläffig wirkende, eiserne, war ihm geblieben. Aus dem gefährlichen Wechsel von warmer Begeisterung und nüchterner Schärfe war seine Seele heraufgewachsen. Mit Willkür hatte er sich poetisch einzelne Menschen verklärt, die Menge, die ihn umgab, verachtet. Aber in den Kämpfen seines Lebens verlor er den Egoismus, verlor er fast alles, was ihm persönlich lieb war, und er endigte damit, die Einzelnen gering zu achten, während sich ihm das Bedürfniß, für das Ganze zu leben, immer stärker erhob. Mit der feinsten Selbstsucht hatte er das Größte für sich begehrt und selbstlos gab er zuletzt sich selbst für das gemeine Wohl und das Glück der Kleinen. Als ein Idealist war er in das Leben getreten, auch durch die furchtbarsten Erfahrungen wurden ihm seine Ideale nicht zerrissen, sondern veredelt, gehoben, geläutert; viele Menschen hatte er seinem Staat zum Opfer gebracht, niemanden so sehr als sich selbst.

Ungewöhnlich und groß erschien das seinen Zeitgenossen, größer uns, die wir die Spuren seiner Wirksamkeit in dem Charakter unseres Volkes, unserem Staatsleben, unserer Kunst und Literatur bis zur Gegenwart verfolgen.

6.
Der erste Luftballon zu Nürnberg.

(1787.)

Mehre Geschlechter von Dichtern waren vergangen, sie
hatten nie in allen ihren Tagen von einem Heldenleben herz-
erschütternden Eindruck erhalten, sie feierten die Siege des
Alexander und den Tod des Cato durch zahlreiche Prädicate,
in frostiger Phrase, in kunstvoll gesponnenen Perioden. Jetzt
entzückte eine kleine Geschichte, die ein invalider Soldat an der
Hausthür erzählte, wie der große König von Preußen ihn bei
Hochkirch angesehen und fünf Worte zu ihm gesprochen. Die
Erzählung des einfachen Mannes zauberte auf einmal das er-
habene Menschenbild dem Hörer in die Seele, das Lager, das
Wachtfeuer, den Ruf der Wachen. Wie schwach war die
Wirkung, welche das kunstvolle Lob der langgezogenen Verse
hervorbrachte, gegen solche Anekdote, die man in wenig Zeilen
zusammenfassen konnte; sie regte Mitgefühl auf, Theilnahme
bis zu Thränen und Händeringen. Worin lag doch der Zauber
dieses kleinen Zuges aus dem Leben? Jene wenigen Worte des
Königs waren so charakteristisch, man konnte das ganze Wesen
des Helden darin erkennen, und der derbe treuherzige Ton des
Erzählers gab dem Bericht eine eigenthümliche Farbe, welche
die Wirkung so sehr erhöhte. Sicher lag in der Stimmung,
welche dadurch dem Hörer kam, eine Poesie, aber himmelweit
verschieden von der alten Kunst. Und diese Poesie empfand

seit den schlesischen Kriegen jedermann in Deutschland, sie war
so volksthümlich geworden, wie die Zeitungen und die Trommel-
wirbel der Soldaten. Wer jetzt noch wirken wollte in deutscher
Dichtkunst, der mußte ähnlich zu berichten wissen, wie jener
ehrliche Mann aus dem Volke, einfach, schlicht, grade wie's vom
Herzen kam, und es mußte ein Stoff sein, der das Herz schneller
schlagen machte. Goethe wußte wol, weßhalb er das ganze
jugendliche Geistesleben seiner Zeit auf Friedrich II. zurück-
führte, denn auch ihn hat die edle Poesie, welche aus dem Leben
jedes großen Mannes auf seine Zeitgenossen strahlt, im Vaterhause erwärmt. Der große König hat den Götz von Berlichingen
für ein abscheuliches Stück erklärt, er hat doch selbst daran recht-
fleißig mitgearbeitet, denn er war es, der dem Dichter den Muth
gab, alte Reiteranekdoten zu einem bezaubernden Drama zu-
sammenzuweben. Und als Goethe, selbst ein Greis, sein letztes
Drama schloß, da stieg ihm wieder die Gestalt des alten Königs
in sein Gedicht hernieder, und sein Faust verwandelte sich ihm
in den ruhelos schaffenden, rücksichtslos heischenden Herrn, der
an der Weichsel durch das Sumpfland seine Kanäle zieht. —
Und war es bei Lessing anders, von den kleinen Poeten ganz
zu schweigen? In Minna von Barnhelm sendet der König
einen entscheidenden Brief auf die Scene, und im Nathan
ist der Gegensatz zwischen Toleranz und Fanatismus, zwischen
Judenthum und Pfaffenwesen ein veredelter Abdruck der
Stimmungen aus d'Argens Judenbriefen.

Aber nicht nur das leicht bewegte Gemüth der Dichter
wurde durch die Gestalt des Königs aufgeregt, auch dem wissenschaftlichen Leben der Deutschen, der Philosophie und den sittlichen Forderungen, welche dieselbe an den Mann machte, kam
durch ihn eine Steigerung und Umwandlung.

Denn die Gewissensfreiheit, welche der König an die
Spitze seiner Regierungsgrundsätze gestellt hatte, löste mit einem
Schlage von dem Zwange, welchen die Landeskirche den

Gelehrten bis dahin auferlegt hatte. Die tiefe Abneigung, welche der König gegen Pfaffenregiment und gegen jede Bevormundung der Geister hatte, wirkte in weiten Kreisen. Auch die kühnste Lehre, der entschlossenste Angriff gegen Bestehendes war jetzt erlaubt, mit gleicher Waffe wurde gekämpft, die Wissenschaft bekam zuerst ein Gefühl der Herrschaft über die Seelen. Es war kein Zufall, daß Kant in Preußen heraufkam. Denn die ganze strenge Gewalt seiner Lehre, die hohe Steigerung des Pflichtgefühls, ja auch die stille Resignation, mit welcher sich der Einzelne dem kategorischen Imperativ zu unterwerfen hat, sie sind nichts Anderes als das ideale Gegenbild der Pflicht= treue, welche der König selbst übte und von seinen Preußen forderte. Niemand hat es edler ausgesprochen als der große Philosoph selbst, wie sehr der Staat Friedrich's II. die Grund= lage seiner Lehre sei.

Nicht zuletzt gewannen die historischen Wissenschaften. Große politische Thaten waren der Phantasie und dem Herzen der Deutschen so nahe gelegt, daß jeder Einzelne als Mitspieler hereingezogen wurde; menschliches Thun und Leiden war so verehrungswürdig erschienen, daß der Sinn für das Bedeutende und für das Charakteristische auch dem deutschen Geschichts= forscher in neuer Weise lebendig wurde, und seine Disciplinen der Nation eine höhere Bedeutung erhielten.

Nicht sofort freilich erwarben die Deutschen das sichere Urtheil und die politische Bildung, welche jedem Historiker nöthig ist, der das Leben seines Volkes darzustellen unternimmt; es war bedeutsam, daß der geschichtliche Sinn der Deutschen sich abweichend von Engländern und Franzosen auf einem Seiten= pfade entwickelte, welcher doch der Weg zu den größten geistigen Eroberungen aller Zeiten werden sollte.

Sehr auffallend ist zunächst der Gegensatz gegen die erste Hälfte des Jahrhunderts. Bis 1750 standen die Disciplinen, welche das Leben der Natur zu verstehen suchen, im Vordergrund des Interesses, ihre Resultate waren schnell verbreitet und allen Kulturvölkern gemeinsam. Jetzt erheben sich neben, ja über ihnen in Deutschland die Wissenschaften, deren Mittelpunkt das Leben des Menschen ist, nicht wie es sich in der politischen Geschichte, sondern wie es sich in idealen Bildungen, in der Sprache, der Poesie, der bildenden Kunst äußert. Während man sonst das Geheimniß des Lebens vorzugsweise durch Betrachten der Stoffe, durch Messen, Scheiden und Wägen gesucht hatte, so wagte man jetzt demselben Geheimen durch Untersuchung aller Gesetze des geistigen Schaffens nachzugehen. Die Lebensbedingungen, welche ein Gedicht schön machen, die Schöpfungsprocesse, unter denen Sprache und Poesie aus dem erfindenden Geiste herausströmen, die geheimnißvollen Grundgesetze, durch welche den Werken der bildenden Kunst in den verschiedenen Zeiträumen ein so verschiedenes Gepräge aufgedrückt wird, darnach wurde gespürt.

Und diese neuen Blüthen des geistigen Lebens in Deutschland, welche sich seit dem Jahre 1750 entfalten, tragen bereits einen durchaus nationalen Charakter, ja ihr höchster Gewinn ist bis zur Gegenwart fast den Deutschen allein geblieben. Man begann zu erkennen, daß das Leben eines Volkes sich wie das einer Persönlichkeit nach gewissen Naturgesetzen entwickelt, aufgehend und absteigend, daß sich durch die einzelnen Seelen der Erfinder und Denker ein Gemeinsames, Nationales von Geschlecht zu Geschlecht durchzieht, jeden zugleich beschränkend und belebend. Seit Winckelmann es unternahm, die Perioden der bildenden Kunst bei den Alten zu erkennen und festzustellen, wurde ein ähnlicher Fortschritt auch auf anderen Gebieten der Wissenschaft gewagt. Schon hatte Semler die historische Entwickelung des Christenthums innerhalb der ältesten Kirche zu erweisen versucht. Man begriff ebenso den Zusammenhang und eine innere Nothwendigkeit in der Fortbildung der Philosophie, man erhielt überraschende Einblicke in das Werden und Wandeln stiller

Gedanken. Wo früher nur der Zufall oder ein dürftiger äußerer Zusammenhang angenommen worden war, entfaltete sich jetzt ein reiches, vernünftiges, einheitliches Leben nationaler Kräfte. Der alte Homer wurde geleugnet und die Entstehung der epischen Gedichte in den Eigenthümlichkeiten eines Volkslebens gesucht, welches fast dreitausend Jahre von uns abliegt. Der Begriff von Mythe und Sage, auffallende Besonderheiten des Schaffens und Empfindens in der Jugendzeit der Völker wurden deutlich, bald sollten Romulus und die Tarquinier, endlich sogar die Urkunden der Bibel denselben Gesetzen einer Wahrheit suchenden rücksichtslosen Forschung unterliegen.

Einzig aber war, daß dies tiefsinnige Forschen so eng mit einem freien und kräftigen Erfinden verbunden blieb. Der den Laokoon und die Dramaturgie schrieb, war selbst ein Dichter; und Goethe und Schiller, dieselben Männer, denen der Born der Erfindung so voll und reich strömte, blickten auch mit der gespannten Aufmerksamkeit ruhiger Gelehrten in seine Fluth, die Lebensgesetze ihrer Dramen, Romane, Balladen untersuchend.

Unterdeß entzückten ihre Dichtungen alle Besten der Nation. Durch einen Gott war plötzlich das Schöne über die deutsche Erde ausgegossen. Mit einer Begeisterung, welche oft wie Andacht aussah, gab sich der Deutsche den „Reizungen" seiner einheimischen Poesie hin. Die Welt des schönen Scheins erhielt für ihn eine Bedeutung, welche ihn zuweilen gegen das verständige Leben, das ihn umgab, ungerecht machte. Fast alles Große, Edle, Erhebende lag ihm, der sich so oft als Bürger eines Volkes ohne Staat erschien, in dem goldenen Reiche der Poesie und Kunst; was wirklich um ihn war, das erschien ihm leicht gemein, niedrig, gleichgiltig.

Wie dadurch eine Aristokratie der Feinfühlenden großgezogen wurde, wie die großen Dichter selbst mit stolzer Resignation als Weltbürger aus heiterer Höhe auf die dämmerige deutsche Erde herabzusehen bemüht waren, ist oft dargestellt. Hier soll nur berichtet werden, wie die Zeit auf den bescheidenen Mann wirkte und seine Interessen umformte.

Wer in den ersten Jahren nach dem Tode Friedrich's des Großen die Straßen einer mäßigen Stadt betrat, die er im Jahr 1750 durchschritten hatte, der mußte die größere Kraft ihrer Bewohner überall erkennen. Noch stehn die alten Mauern und Thore, aber es wird darüber verhandelt, die Eingänge, welche für Menschen und Lastwagen zu enge sind, von dem alten Ziegeljoch zu befreien, mit leichtem Gitterwerk zu schließen, an anderen Stellen der Mauer neue Pforten zu öffnen. Der Wall um den Stadtgraben ist mit breitgegipfelten Bäumen bepflanzt, und in dem dichten Schatten der Linden und Kastanien halten jetzt die Städter ihren diätetischen Spaziergang, athmet das Kindervolk frische Sommerluft. Auch die kleinen Gärten an der Stadtmauer sind verschönert, neue fremde Blüthen glänzen zwischen den alten und umgeben das künstliche Fragment einer Säule, oder einen kleinen Genius von Holz, der mit weißer Oelfarbe überzogen ist; hier und da erhebt sich ein Sommerhaus entweder als antiker Tempel, oder auch als Hütte von bemooster Rinde zur Erinnerung an die unschuldsvollen Urzustände des Menschengeschlechts, in denen die Gefühle so unendlich reiner und der Zwang der Kleider und der Convenienz so viel geringer war.

Aber das Triebwerk der Stadt hat sich über die alten Mauern ausgedehnt; wo eine Landstraße zur Stadt führt, strecken die Vorstädte ihre Häuserreihen wieder weit in die Ebene hinaus. Viele neue Häuser mit rothen Ziegeldächern erfreuen dort unter tragenden Obstbäumen das Auge. Auch in der Stadt hat sich die Zahl der Häuser vermehrt; mit breiter Front, Giebel an Giebel gelehnt, stehen sie da, große Fenster, helle Treppen, weite Räume umschließend. Noch sind die Zierraten ihrer Front von Gips und Kalk nüchtern angeklebt, helle Kalkfarben in allen Schattirungen sind fast das einzige Charakteristische und geben

ben Straßen ein buntes Aussehen. Die Erbauer sind meist
Kaufleute und Fabrikanten, welche heraufgekommen sind, jetzt
fast überall die vermögenden Leute der Stadt.
Die Wunden, welche der siebenjährige Krieg dem Wohlstande der Bürger geschlagen, sind geheilt. Nicht umsonst hat
die Polizei seit mehr als fünfzig Jahren ermahnt und befohlen,
der Stadthaushalt ist geordnet, die Anfänge der Armenpflege
sind organisirt, Unterstützungskassen, Armenärzte, unentgeltliche
Arznei. In den größeren Städten geschah schon viel für Unterstützung der Hilflosen, in Dresden war 1790 der jährliche
Umsatz der Armenkasse 50,000 Thaler, auch in Berlin, wo schon
Friedrich Wilhelm I. für die Armen manches gethan hatte,
suchte die Regierung mit warmem Herzen zu helfen, es wurde
gerühmt, daß dort mehr geschehe als irgendwo anders. Aber
der warmen Humanität, welche die Gebildeten nach allen Richtungen dem Volke entgegentrugen, fehlte noch sehr die Einsicht,
man kam noch nicht über das Almosengeben heraus, es wurde
wenig Jahre später als besondere patriotische That begrüßt,
daß der Finanzminister von Struensee den Berliner Armen
jährlich einen bedeutenden Theil seines Gehaltes auszahlen
ließ. Aber zugleich wurde laut über zunehmende Sittenlosig-
keit geklagt, und daß die Zahl der Armen in großem Verhältnisse steige. Man bemerkte mit Schrecken, daß Berlin unter
Friedrich II. die einzige Hauptstadt der Welt gewesen sei, in
welcher jährlich mehr Menschen geboren wurden als starben,
und daß sich das jetzt zu ändern drohe. In Berlin, Dresden,
Leipzig sah man keinen Bettler mehr, in preußischen Städten
mit Ausnahme Schlesiens und Westpreußens, überhaupt wenig;
aber selbst in den kleineren Orten Kursachsens waren sie noch
eine Plage der Reisenden, sie lagen an Gasthöfen und Posthäusern und lauerten auf die ankommenden Fremden*).

*) v. Liebenroth, Fragmente. S. 95.

Ein großer herzerfreuender Fortschritt war aber durch die Anstrengung der Regierung für bessere Krankenpflege gemacht worden, die völkerverwüstende Pest und andere Seuchen waren — so durfte man annehmen — von den Grenzen Deutschlands ausgesperrt. Noch 1709—11 hatte in Polen die Pest furchtbar gehaust, ja noch um 1770 war dort ein Sterben gewesen, das ganze Dörfer geleert hatte, unsere Heimat war nur wenig geschädigt worden. Aber eine Krankheit verwüstete noch bei Reichen und Armen, die Pocken. Noch war sie ein Leiden Europa's, das Scheusal, welches die blühende Jugend am widerwärtigsten heimsuchte, ihr den Tod, Verstümmlung, Verunstaltung brachte. Jedem wurde entscheidend für das ganze Leben, wie er durch die Pocken gekommen war. Viel herzbrechendes Unglück ist geschwunden, die Schönheit unserer Frauen ist häufiger und sicherer geworden, die Zahl der Siechen und Hilflosen ist beträchtlich verringert, seit durch Jenner und seine Freunde 1799 zu London die erste öffentliche Impfanstalt angelegt wurde.

Ueberall beginnen in dieser Zeit die Klagen über Mangel an Sparsamkeit und unmäßige Vergnügungslust der arbeitenden Klassen, Klagen, welche gewiß in vielen Fällen berechtigt waren, die aber unvermeidlich immer wieder tönen, wo der größere Wohlstand vieler Einzelnen auch in den untern Schichten des Volkes die Bedürfnisse vermehrt. Nur mit Vorsicht darf man daraus auf eine Abnahme der Volkskraft schließen, häufiger ist die erwachende Begehrlichkeit der kleinen Leute das erste unholde Zeichen eines Fortschritts, den sie selbst machen. Im ganzen scheint es damit nicht so arg gewesen zu sein. Das Tabakrauchen freilich war allgemein, es nahm unaufhörlich zu, obgleich Friedrich II. seinen Preußen die Packete durch seinen Stempel vertheuert hatte, der weiße Porzellankopf begann den Meerschaum zu verdrängen. In Norddeutschland war das Weißbier ein neumodisches Getränk des Bürgers, ehrbare Meister tadelten kopfschüttelnd, daß ihr Bier schlechter werde und daß der

Verbrauch des Weins auch unter Bürgern übermäßig zunehme. In Sachsen war schon damals das massenhafte Kaffeetrinken auffallend, auch wie dünn und verfälscht der Trank sei, und doch sei er die einzige warme Kost der Armen. Allgemein ist die Klage der Reisenden, welche aus Süddeutschland kommen, daß die gewöhnliche Küche in Preußen, Sachsen, Thüringen schmal und dürftig sei.

Auch die öffentlichen Vergnügungen waren weder besonders zahlreich noch theuer. Immer noch waren Hinrichtungen eine große Angelegenheit, noch wurden die Bilder schwerer Verbrecher in Kupfer gestochen und mit ihrem Lebenslauf, den erbaulichen Betrachtungen der Seelsorger und warnenden Gedichten eifrig gekauft. Ein Seehund, Elephant, das erste Rhinoceros, ein Neger oder Albino, Kamschadale und Indianer, und was jetzt in unseren Meßbuden nur geringe Beachtung findet, wurde mit Erfolg einzeln auf öffentlichem Platz aufgestellt, ebenfalls durch Bilderbogen und kleine Flugschriften empfohlen. Und allerlei brodlose Künste, ein Mann, der mit abgerichteten Kanarienvögeln umherzog, ein anderer, der nur durch Handbewegungen ein Schattenspiel an der Wand hervorzubringen wußte, dazwischen Bauchredner, Feuerfresser und andere fahrende Leute gaben den besten Gesellschaften der Stadt für längere Zeit Unterhaltung.

Die alten festlichen Aufzüge und Schaustellungen der Städter selbst waren überall verkümmert, ihnen war die Zeit der seidenen Strümpfe, des Reifrocks und Puders sehr ungünstig. Die Schaugefechte der Fechterbanden hatten aufgehört, die Schützenfeste waren seit dem großen deutschen Kriege ein= geschrumpft; nur einzelne Handwerke: die Fleischer, Fischer, Faßbinder, unternahmen zuweilen einen öffentlichen Aufzug in hergebrachtem Costüm mit altem Cermoniel und Handwerks= zeichen, in seltenen Fällen mit einem alten Tanz. Obenan aber unter den städtischen Belustigungen stand das Theater. Es war die Leidenschaft des Bürgers, die Wandertruppen wurden besser

und zahlreicher, größer wurde auch die Zahl der stehenden
Bühnen, noch war das Parterre der Hauptraum, in welchem
Officiere oder Studenten und junge Beamte, nicht selten als
feindliche Parteien, den Ton angaben. Die Schauderdramen mit
Dolch, Gift, Kettengerassel entzückten den Anspruchslosen, die
rührenden Familienstücke mit ihren bösen Ministern und rasenden
Liebhabern füllten den Gebildeten mit Gefühlen, der schlechte
Geschmack der Stücke und dabei das gute Spiel der Darsteller
setzten den Fremden in Erstaunen. Der Einzug einer „Truppe"
in die Stadtmauern war ein Ereigniß von größter Wichtigkeit;
aus den Berichten vieler tüchtiger Männer sehen wir, wie wichtig
die Eindrücke solcher Vorstellungen für ihr Leben geworden sind.
Es wird uns schwer, den Enthusiasmus zu begreifen, mit welchem
die gebildete Jugend der Darstellung folgte, und die Heftigkeit
der Affekte, welche in ihnen aufgeregt wurden. Die Stücke
Iffland's: Verbrechen aus Ehrgeiz, der Spieler, lockten nicht
nur Thränen und Schluchzen hervor, auch Schwüre und heiße
Gelübde. Als einst in Lauchstädt nach dem Ende des „Spielers"
der Vorhang fiel, stürzte einer der wildesten Studenten aus
Halle auf einen andern Hallenser zu, den er kaum kannte, und
bat unter strömenden Thränen seinen Schwur anzunehmen, daß
er nie wieder eine Karte anrühren wolle. Und nach dem
Bericht dessen, der Schwur und Handschlag empfing, hielt der
Erregte auch Wort. Dergleichen war nichts Außerordentliches.
Arme Studenten sparten sich's wochenlang ab, um einmal von
Halle aus das Theater in Lauchstädt zu besuchen; sie liefen dann
in der Nacht zurück, die Collegien des nächsten Morgens nicht zu
versäumen. Aber wie lebendig die Theilnahme der Deutschen
am Drama war, es wurde dennoch einer Gesellschaft auch in
größerer Stadt nicht leicht, sich auf stehender Bühne zu erhalten.
In Berlin wurde grade damals das französische Schauspielhaus
auf dem Gensdarmenmarkte in eine deutsche Bühne unter dem
stolzen Titel Nationaltheater verwandelt, aber dies einzige

Schauspiel der Hauptstadt war wenig besucht, obgleich Fleck und die beiden Unzelmann darauf spielten. Desto mehr gefüllt war freilich die italienische Oper. Aber sie wurde auf königliche Kosten gegeben, jede Behörde hatte eigene Loge, noch saß der König mit seinem Hofstaat nach alter Sitte im Parterre hinter dem Orchester, und durch den Winter waren nur sechs Vor= stellungen, eine neue und eine alte Oper, jede dreimal. Da drängte sich freilich das Publicum herzu, die Pracht dieser Hof= feste zu sehen und im „Darius“ den großen Zug mit Elephanten und Löwen anzustaunen. Auch aus Dresden wird zu derselben Zeit gemeldet, daß dort die Kindertheater in den Familien weit mehr in Aufnahme seien, als das große Theater. — Und in jenem Berlin, das schon damals für besonders frivol und genuß= süchtig galt, war in demselben Winter auf der großen Redoute, von welcher im Lande so viel die Rede war, eine einzige Charaktermaske, sonst nur mißvergnügte Dominos, das Ganze dem fremden Beobachter sehr langweilig.*). — Das alles sieht nicht nach übermäßiger Verschwendung aus.

Auch das gewöhnliche gesellschaftliche Vergnügen war genügsam, es war der Besuch öffentlicher Kaffeegärten. Bei anspruchsloser Musik und einigen bunten Lampen drängten sich dort Adel, Officiere, Beamte und Kaufmannschaft. In Leipzig und Wien hatte sich diese Art der Unterhaltung etwa seit 1700 zuerst ausgebildet; oft wurde die große Ergötzlichkeit des schattigen Kaffeetrinkens in Versen und Prosa gefeiert, und von Frivolen gerühmt, wie bequem solches Zusammenströmen zur Einleitung zarter Verhältnisse sei. Und der Kaffeegarten blieb charakteristisch für die deutsche Geselligkeit durch fast 150 Jahre. Zwar saßen die Familien nach Tischen geschieden, aber man ließ sich sehen und konnte beobachten; auch die liebe Kinderwelt wurde zu sittsamer Haltung angestrengt, sparsame Hausfrauen

---

*) Nach handschriftlichen Aufzeichnungen aus dem Jahre 1790.

brachten wol auch in Düten Kaffee und Kuchen von Hause mit.
— In dem Hause des gebildeten Bürgers war die Gastlichkeit
zwar bequemer, die Bewirthung reichlicher geworden, aber in
dem Familienleben hatte sich noch Vieles von der strengen Zucht
der Ahnen erhalten. Die Gewalt des Gatten und Vaters trat
kräftig hervor, Hausherr und Hausfrau forderten behende Unter-
würfigkeit, Befehlende und Gehorchende waren schärfer geschieden.
Nur die Gatten hatten gelernt, einander das herzliche Du zu
geben, die Kinder der Honoratioren, oft auch der Handwerker
nannten die Eltern Sie; die Dienstboten wurden nur von ihrer
Herrschaft geduzt, von Fremden erhielten sie die dritte Person
des Singularis. Ebenso gab das „Er" ein Meister dem Gesellen, der Gutsherr dem Schulzen, der Gymnasiallehrer dem
Schüler der oberen Klassen. Der Schüler aber redete seinen
Herrn Director an vielen Orten mit „Ew. Hochedlen" an.

Häufiger als vor vierzig Jahren verließ der Teutsche Haus
und Stadt, ein bescheidenes Stück seines Vaterlandes zu durch-
reisen. Noch waren die Verkehrsmittel schlechter, als bei dem
Aufschwunge des Handels und der vermehrten Reiselust erträglich war. Es gab erst wenige und kurze Kunststraßen; als die
beste Chaussee Deutschlands wurde die Straße von Frankfurt
nach Mainz gerühmt, mit Baumalleen, Steinreihen und getrennten Seitenpfaden für Fußgänger; die großen alten Völker-
wege vom Rhein nach dem Osten waren breite Lehmpfade.
Wer irgend Ansprüche machte, reiste mit Lohnkutsche oder Extrapost, denn die Wagen der ordinären Post waren auf den Haupt-
straßen zwar bedeckt, aber ohne Federn, mehr für Lasten als
Personen berechnet, sie hatten keine Seitenthüren, man mußte
unter der Decke, oder über die Deichsel hineinkriechen. Im
Hintergrunde des Wagens wurden die Packete bis an die Decke
mit Stricken befestigt, Packete lagen auch unter den Sitzbänken,
Häringstönnchen, geräucherter Lachs und Wild kollerten unermüdlich auf die Bänke der Passagiere, welche eine fortdauernde

Beschäftigung darin fanden, die anspruchsvollen Begleiter zurückzudrängen; da man die Füße wegen des Gepäcks nicht ausstrecken konnte, hingen verzweifelte Passagiere wol gar die Beine zur Seite des Wagens heraus. Unerträglich war immer noch der lange Aufenthalt auf den Stationen, unter zwei Stunden wurde der Wagen nicht abgefertigt, von Cleve nach Berlin fuhr man eilf Tage und eilf Nächte in tötlicher Langeweile, zerstoßen und verlahmt. Besser gelang die Reise auf den großen Strömen. Zwar die Donau stromab fuhr noch das alterthümliche Bretter-schiff, ohne Mast und Segel, von Pferden gezogen; aber auf dem Rhein erfreute den sinnigen Freund der Natur schon die regelmäßige Fahrt der Rheinschiffe. Ihre vortreffliche Einrich-tung wird gerühmt, sie hatten Mast und Segel und gebrauchten die Pferde nur zur Aushülfe; sie hatten auch ein ebenes Ver-deck mit Geländer, so daß man förmlich darauf spazieren konnte, und Kajüten mit Fenstern und einigen Möbeln. Auf ihnen fand sich bereits eine wechselnde, oft anmuthige Reisegesellschaft zusammen. Und die solche Schiffe benutzten, waren nicht die Geschäftsreisenden allein. Denn einer der merkwürdigsten Fortschritte war von den Deutschen seit 1750 gemacht worden. Das Naturgefühl hatte eine sehr große Ausbildung erhalten. Den architektonischen Gärten der Italiener und Franzosen war der englische Landschaftsgarten, den alten Robinsonaden die Schilderung liebender Kinder oder Wilden in dem Zauber einer fremdartigen Landschaft gefolgt. Später als den ge-bildeten Engländer ergriff den Deutschen die Wanderlust in die blaue Ferne. Aber sie war seit kurzem lebendig geworden. Schon wird es Mode, auf der Alm die aufgehende Sonne, das Wogen des Nebels in den Schluchten zu bewundern, und das idyllische Leben bei Butter und Honig, Bergaussicht, Waldes-duft, Wiesenblumen, Ruinen wird mit höherem Bewußtsein den „Gemeinplätzen des Vergnügens": Spiel, Oper, Komödie, Ball gegenübergestellt. Schon hat die Sprache sehr reichen

Ausdruck in Schilderung der Naturschönheiten, der Bergformen,
Wasserfälle 2c., schon ziehen müßige Reisende nicht nur durch die
Alpen, auch auf die Apenninen und den Aetna, aber Tirol ist
noch kaum entdeckt.

Noch wurde der Gebildete einer Landschaft leicht an seinem
Dialekt erkannt, auch im mittlern Deutschland; denn die Sprache
der Familien, alle innigsten Laute menschlicher Empfindung waren
fast überall mit provinziellen Besonderheiten erfüllt. Und neu=
modisch und affectirt wurde genannt, wer seine Zunge nach
den Buchstaben der Schriftsprache gewöhnte. Ja im Norden
wie im Süden galt es für patriotisch und tapfer, die heimische
Sprechweise gegen das Eindringen fremder Klänge zu wahren;
es kam vor, daß junge Damen aus den besten Häusern einen
Bund schlossen, um den Dialekt ihrer Stadt gegen die dreisten
Eingriffe fremder Männer, welche zugezogen waren, zu ver=
theidigen*). Nur den Kursachsen wurde nachgerühmt, daß sie bis
in die untersten Schichten ein reines, verständliches Schriftdeutsch
sprächen; ein Lob, das bei der dreihundertjährigen Herrschaft
des meißnischen Dialekts in der Schriftsprache allerdings Be=
rechtigung hatte, und für uns auch deßhalb merkwürdig ist,
weil es ahnen läßt, wie die Andern sprachen. Aber es wurde
schon damals in den größeren Städten bemerkt, daß der Dialekt
schnell abnehme, und daß ein starkes Eindringen der Fremden
die Ursache sei.

Lebhaft und tief wurde das Geschlecht jener Tage durch
die Neuigkeiten des Tages angeregt. In den achtziger Jahren
zogen in eine größere Stadt des innern Deutschlands allerdings
jeden Tag Neuigkeiten aus der Fremde; denn das Posthorn
blies bereits täglich durch die Straßen, aber nicht jeden Tag
durch dasselbe Thor. Indeß erhielt man doch seine Post heut
von München, morgen von Dresden, den nächsten Tag vielleicht

---

*) Neue Preußische Provinzialblätter VIII. 3. 1849. S. 175.

von Hamburg. Auch hatte faſt jede größere Stadt ihre Zeitung,
aber auch dieſe kleinen Blätter wurden in der Regel nur dreimal wöchentlich ausgegeben, und die Anzeigeblätter, welche ſeit
etwa ſechzig Jahren eingerichtet waren, an vielen Orten nur
wöchentlich einmal. Und dieſe regelmäßigen Boten aus der
Welt deckten im ganzen das Bedürfniß ausreichend. Zwar wurde
viel über die ſchlechten Straßen und die langſamen Poſten des
Reiches geklagt, aber Waarenverkehr und Geſchäfte, Credit und
Kundſchaft waren darauf eingerichtet; die Abonnenten der
meiſten Blätter ſcheinen nicht ſo zahlreich geweſen zu ſein, daß
dieſe einen weſentlichen Ertrag gewährten; die Zahl derer,
welche politiſche Nachrichten aus andern Gegenden Deutſchlands
und aus fremden Ländern mit dauerndem Intereſſe laſen, war
verhältnißmäßig gering. Und ſolche ſuchten immer noch aus
einzelnen Hauptſtädten geſchriebene Zeitungen zu erhalten, deren
Abfaſſung bis gegen das Ende dieſes Jahrhunderts ein Induſtrie-
zweig war, der jetzt etwa in den lithographirten Correſpondenzen,
den Circularen einiger großen Handelshäuſer und hier und da
in Diplomatenbriefen fortdauert oder neu eingerichtet wird.

Dagegen war nach andern Richtungen der unverwüſtliche
Trieb der Seele, neue Nahrung einzunehmen, lebhafter angeregt
als jetzt. Die Neuigkeiten der Stadt ſelbſt und des Privatlebens
darin beſchäftigten große und kleine Leute immer noch ſo ernſthaft, ja leidenſchaftlich, daß es uns gar nicht leicht wird, dieſe
thätige Aufnahme zu begreifen. Der Klatſch war unaufhörlich,
erbittert und bösartig. Jedermann wurde durch ſolch Perſönliches
afficirt; was man mit angenehmem Schauder vom lieben Nächſten
hörte, trug man eifrig weiter. Und es war Freundespflicht, dergleichen den Angegriffenen ſelbſt mitzutheilen. Wie ſchwer
immer noch üble Nachrede überwunden wurde, erkennen wir
aus zahlreichen biographiſchen Aufzeichnungen jener Zeit. Außer
den mündlichen Angriffen wurden auch geſchriebene, oft in Verſen,
herumgetragen, zuweilen gedruckt; ſie waren natürlich anonym,

aber da die ganze Stadt den Verfasser suchte, gelang es ihm doch selten, unbekannt zu bleiben. Mehr als einmal wurde die Obrigkeit gegen dergleichen Pamphlete zu Hilfe gerufen, und strenge Edicte des Rathes waren nicht ungewöhnlich, in denen die Verfasser und Verbreiter von „Libellen" kräftig bedräut wurden. Denn ein strenger Rath und hohe Obrigkeit waren selbst darin äußerst empfindlich, auch die höchsten Autoritäten hatten viel von geheimer Schriftstellerei zu leiden, sie nimmt in der Literatur des vorigen Jahrhunderts — namentlich in Preußen — breiten Raum ein, und während die Klatschschriften auf größere Regenten als Bücher, häufig in Romanform, ausgegeben werden, halten sich die Angriffe auf kleinere Gebieter in dem bescheidenern Format der Flugschriften. Mehr als einmal gaben solche anonyme Anfälle Veranlassung zu ernsthaften Händeln innerhalb einer Stadtgemeinde, ja kaiserliche Commissäre wurden abgesandt, um die Verbreiter der „unwahrhaftigen, injuriösen, ehrabschneiderischen" Pasquille zu ermitteln und zu strafen.

Aber auch wo ein öffentliches Urtheil über einen Mitbürger oder eine Autorität unbefangene Würdigung erstrebt, ist sichtbar, wie schwer die innere Freiheit und Unparteilichkeit dem Schreiber wird, die conventionelle Höflichkeit und die Vorsicht des Verfassers wird nicht selten unangenehm gestört durch eine hypochondrische, kleinliche, vielleicht boshafte Auffassung des lieben Nächsten. Denn man war zwar immer noch furchtsam und rücksichtsvoll auch im Verkehr, ängstlich bedacht, jedem seinen gebührenden Antheil von Artigkeit zu ertheilen, aber man war ebenso reizbar, höchst empfindlich, und besaß in der Regel nicht den sicheren Maßstab für den Werth eines Mannes, welchen feste Selbstachtung verleiht.

Neben dem neuen Bildungsstoff, der die Gelehrten des vorigen Jahrhunderts beschäftigte, blieb die Naturwissenschaft immer noch populär. Sie hatte seit hundert Jahren in groß=

artiger Thätigkeit auf die Bildung des Volkes gewirkt, sie hatte den Kampf gegen Aberglauben und gegen Autoritätsglauben begonnen, hatte die Völker richtiger sehen und beobachten gelehrt, sie zumeist hatte auch dem Laien die Wißbegierde aufgeregt; nicht wenige kleine Zeitschriften waren bemüht, neue Entdeckungen auch in weitere Kreise zu tragen, Sammlungen von Naturgegenständen wurden häufig angelegt. Die Alchemie hatte ihre Gläubigen verloren, und die Adepten von Profession waren im Aussterben; aber in den Retorten und Schmelztiegeln wurden auch von Privatleuten häufig zur Freude ihres Kreises chemische Processe dargestellt, das cartesianische Teufelchen, der Heronsbrunnen, die Laterna magica und andere physikalische Schaustücke waren in gebildeten Familien heimisch und wurden immer wieder bewundert und erklärt.

Keine Entdeckung aber, welche man der Wissenschaft verdankte, hatte seit Menschengedenken das Publicum so aufgeregt, als die Erfindung des Luftballons. Im Jahre 1782 hatte Cavallo die ersten Papierballons steigen lassen, im Jahre 1783 erhoben sich die ersten Montgolfieren und Charlieren in die Luft. Schon im Januar 1785 flog der kecke Franzose Blanchard über den Kanal, zwei Jahre darauf erfand derselbe den Fallschirm, durch welchen der Mensch, wie man annahm, aus der größten Höhe gefahrlos auf die Erde herabgleiten konnte. Die kühnsten Träume der Phantasie waren plötzlich durch die Wirklichkeit übertroffen. Auf der deutschen Erde kroch die Schneckenpost im Tage etwa vier bis fünf Meilen durch die Schlagbäume und Grenzzeichen zahlloser Souveränetäten, jetzt flog der Wagende in geflochtener Gondel höher als der Adler über Wolken, Meer und Berge. Man erwartete von der neuen Erfindung die größte Ausbeute für die Wissenschaft, die stärkste Revolution in dem Verkehrsleben der Erde. Das Poetische der Idee, das Erstaunliche des Anblicks, der edle Triumph wissenschaftlicher Entdeckung hoben die Seelen nicht nur der Gebildeten; das ganze Volk nahm fast leidenschaftlichen Antheil an dem neuen Funde des Menschengeschlechts. In die Seelen Unzähliger kam es wie das Ahnen einer Befreiung von hundert beengenden Schranken der Erde, wie das Vorgefühl einer totalen Umwandlung des mensch= lichen Lebens. Es war ein Sehnen, das unmittelbar darauf durch ganz andere Kämpfe, Untersuchungen und Erfindungen zur Wahrheit werden sollte. Damals aber wurde der unter= nehmende Mann, welcher sich mit Erfolg dem Wagniß der neuen Entdeckung aussetzte, wie ein Held und Reformator angestaunt. Und der größte Dichter der Deutschen legte noch in späteren Jahren Zeugniß ab von der stillen Bewegung jener Jahre. Er sagt: „Wer die Entdeckung der Luftballone mit erlebt hat, wird ein Zeugniß geben, welche Weltbewegung daraus entstand, welcher Antheil die Luftschiffer begleitete, welche Sehnsucht in so viel tausend Gemüthern hervordrang, an solchen längst vorausge= setzten, vorausgesagten, immer geglaubten und immer unglaub= lichen, gefahrvollen Wanderungen Theil zu nehmen; wie frisch und umständlich jeder einzelne glückliche Versuch die Zeitungen füllte, zu Tageshesten und Kupfern Anlaß gab; welchen zarten Antheil man an den unglücklichen Opfern solcher Versuche ge= nommen. Dieß ist unmöglich selbst in der Erinnerung wieder= herzustellen, so wenig als wie lebhaft man sich für einen vor dreißig Jahren ausgebrochenen höchst bedeutenden Krieg interes= sirte." So sprach Goethe noch lange Jahre nachher*) in lebhafter Erinnerung an die großen Eindrücke, welche die neue Erfindung ihm selbst in seiner kräftigen Jugendzeit gemacht.

---

*) Zuerst 1836 im I. Band (S. 475) der Quartausgabe gedruckt. — Am Ende des Jahres 1783 schreibt Goethe an Lavater: „Ergötzen dich nicht auch die Luftfahrer? Ich mag den Menschen gar zu gerne so etwas gönnen, beiden den Erfindern und den Zuschauern"; und am 27. August 1784 schickt Goethe aus Braunschweig an Frau von Stein Pariser Zeitungen, worin die Luftreise von Blanchard beschrieben war.

Es ist deßhalb nicht nur unterhaltend, auch lehrreich zu sehen, wie eine solche Luftfahrt aus dem engen Horizont einer deutschen Reichsstadt von den Zeitgenossen aufgefaßt wurde. Ueber die Auffahrt des glücklichen Abenteurers Blanchard zu Nürnberg im Jahre 1787 ist uns eine hübsche Flugschrift erhalten.*) Aus ihr wird hier die Hauptsache mit den Worten des aufmerksamen Beobachters mitgetheilt.

„Herr Blanchard reiste nach seiner zu Straßburg voll= zogenen sechsundzwanzigsten Luftreise durch Nürnberg nach Leipzig, um seine siebenundzwanzigste Luftauffahrt allbort zu unternehmen. Viele vornehme Einwohner Nürnbergs schlugen ihm vor, nach seiner Auffahrt zu Leipzig zurückzukommen, um die achtundzwanzigste Luftreise in Nürnberg zu vollziehen; er versprach's, und während seinem Aufenthalt zu Leipzig wurde eine Subscription eröffnet. Es wurde der Preis der Pläze à vier, zwei und einen Laubthaler angesetzt und endlich der 5. November zur Auffahrt bestimmt. Herr Blanchard kam den 15. October von Leipzig in Nürnberg an, auch traf sein mit allen Füll= und Luftfahrt=Geräthschaften beladener und für dieselben besonders zugerichteter Wagen ein, welcher auf der Stadtheuwage gewogen und 43 Centner schwer befunden wurde.

Von alle den boshaften Erdichtungen und schändlichen Verläumbungen, welche wider Herrn Blanchard ausgestreut wurden, will ich nichts sagen. Ohne mich weder an das über=

*) Ausführliche Beschreibung der achtundzwanzigsten Luftreise, welche Herr Blanchard den 12. November 1787 zu Nürnberg unternahm und glücklich vollzog. Mit vier Kupfertafeln begleitet. Verfaßt und verlegt von Johann Mayer, Schriftstecher und Kupferdrucker in Regensburg 1787. 4. Auf dem Titel befindet sich Blanchard's Silhouette von Lorbeer und Rosen umgeben, mit der Unterschrift: Le plus célèbre Aéronaute. Die vier Kupfertafeln stellen dar: die Auffahrt selbst mit der staunenden Volksmenge, die triumphirende Rückfahrt des Ballons auf einem Wagen, die Maschinen zur Füllung und den Fallschirm, endlich sogar den Grund= riß des Platzes, von welchem die Luftfahrt ausging.

triebene Lob, noch den niedern Tadel zu kehren, womit Herr
Blanchard auf allen Seiten umringt war, nahm ich, von einigen
meiner Freunde aufgemuntert, mir vor, eine ausführliche Ge=
schichte und getreue Zeichnungen von allen Begebenheiten der
achtundzwanzigsten Aërostatischen Reise herauszugeben.

Auf dem Neuen=Bau wurde eine Hütte von Brettern er=
richtet, worin während drei Wochen, nämlich bis zum 11. No=
vember, der mit atmosphärischer Luft aufgeblasene Ballon und
alle andern zur Luftschifferey gehörigen Instrumente für 12 und
24 Kreuzer zu sehen waren.

Auch wurde auf dem sogenannten Judenbühl außerhalb
der Schanzen zwischen dem Lauffer und Vestner Thore ein
zur Auffahrt bequemer Plaz ausersehen, auf demselben eine
etwa 36 Fuß hohe und auf jeder Seite ins Viereck 40 Fuß
breite Hütte ohne Dach, oder ein Verschlag errichtet, und um
dieselbe ein ziemlicher Raum für die Subscribenten einzu=
fangen angeordnet. Zu Anfang des November wurden die
Pläze für die Subscribenten erweitert, die Preise erniedrigt,
und die Auffahrt selbst auf den 12. November festgesetzt.
Nun bezahlte man auf dem ersten Plaz zwei, auf dem zweiten
einen Laubthaler, auf dem britten einen Gulden und auf dem
vierten vierundzwanzig Kreuzer.

Es ergingen von Seiten der hohen Obrigkeit zur Sicher=
heit der Stadt und der Fremden vortreffliche Verordnungen,
sowie auch von Seiten der Entrepreneurs für die Bequemlichkeit
und das Vergnügen des Publikums alle nur ersinnliche Sorg=
falt getragen ward. Dennoch gab es boshafte Menschen, welche
ausstreuten, daß die Auffahrt später oder wohl gar nicht für sich
gehen würde; daß die Lebensmittel in unerhörten Preisen
wären; ja, was noch mehr ist, daß des Herrn Marggrafen von
Anspach=Bayreuth Durchlaucht die Anstalten am Tage der Auf=
fahrt durchs Militär würde ruiniren lassen; alles dies geschah
blos um die Fremden abzuhalten, die Stadt um den davon zu

ziehenden Nuzen und Ruhm wegen ihrer löblichen Anstalten zu
bringen und Herrn Blanchard und seine Freunde furchtsam und
lächerlich zu machen. Die Cabale gelang nicht; und ich kann
versichern, daß nicht nur der ohnehin bestimmte Preis der
Victualien gar nicht erhöhet, sondern die täglich zur Stadt
gebrachten im Ueberfluß, und wohlfeiler als sonst zu haben
waren. Zur Sicherheit und zum Vergnügen der Fremden
wurden von sehr vielen Einwohnern neue Laternen an die Häuser
angemacht, Pechpfannen ausgehängt, der so bekannte Kristkindels=
Markt aufgeschlagen, und auch bei Nacht erleuchtet; die Wachen
wurden verdoppelt, und von der Stadt besoldete Personen auf
verschiedene Pläze beordert. Kurz zu sagen: ein hoher Magistrat
und löbliche Bürgerschaft rechtfertigten durch vortreffliche Policey=
Anstalten zum Vergnügen der Fremden, gute Bewirthung und
höfliches Betragen gegen jedermann, die sowohl von In= als
Ausländern von denselben gehegte Meinung vollkommen.

Endlich kam der 12. November heran, es war ein festlicher
Tag. Schon ein paar Tage vorher wurde beschlossen, keine
Rathssession zu halten, welches sich niemand zu erinnern weiß.
Die mehrsten Gewölber und Läden wurden nur früh oder gar
nicht eröffnet. Bey den drei Kirchen zu St. St. St. Lorenz,
Sebald und Egidien wurden starke Wachen postirt, die be=
ständig mit Patrouilliren abwechselten, und drei Thore blieben
ganz verschlossen.

Schon um Thoraufschluß begaben sich eine Menge Menschen
auf den Ort des Schauspieles, auf welchem in gewisser Ent=
fernung viele Hütten und Zelte errichtet wurden, worin alle
Sorten von Getränken und Speisen zu haben waren; in einigen
derselben befanden sich auch Musikanten, und alles schien eine
große Feyerlichkeit anzukündigen.

Als gegen neun Uhr durch drei Böller das Zeichen zum
Füllen des Ballons gegeben wurde, befanden sich schon viele
tausend Menschen auf dem Judenbühl, und nun kamen durch

den Heroldsberger Schanz-Posten und durch jenen beim Schmausen-Garten ein solcher Strom von Fußgängern, reutenden und fahrenden Personen auf den Plaz zu, daß derselbe bis zum letzten Signal ein unabsehbares Feld von Menschen vorstellte.

Die Reutenden und Kutschen wurden durch reutende Dragoner an weit entfernte, für dieselben bestimmte Pläze angewiesen. Um zehn Uhr geschah das zweite Signal mit zwei Böllern, gegen elf Uhr aber das dritte, zum Zeichen, daß der Ballon gefüllt sey, mit einem Böllerschuß. Auſſer diesem, auf dem Plaze sich befindlichen Volke, welches sicher 50 — 60,000 Seelen betrug, befand sich noch eine Menge von vielen tausenden in und auf der Bestung, Pasteyen, Mauern und den darüberragenden Häusern, Thürmen, Schanzen, Gartenhäusern, ja sogar auf den an den Gartenmauern errichteten Bühnen u. s. w., und dennoch herrschte unter diesem unzählbaren Menschenhaufen eine bewundernswürdige Ordnung und Stille; kein Mensch drängte den andern, denn noch so viel Personen hätten auf diesem herrlichen Plaze Raum genug gehabt.

Die Witterung war erwünscht, die Luft bewegte sich kaum zum Bemerken südwestlich. Der Himmel war gegen Morgen und Mittag fast gar nicht, gegen Abend etwas mehr, gegen Mitternacht aber ziemlich bewölkt.

Herr Blanchard war bey dem Füllen des Ballons so thätig, und eilte um nachzusehen mit einer solchen Munterkeit umher, als ob er bei der vergnügtesten Gesellschaft im Tanz begriffen wäre. Man sagt, er wäre Morgens ein Uhr schon auf den Plaz hinaufgegangen, um zu visitiren, herzurichten, die Massen Spiauteros*) abzuwägen u. s. w., und alles in einen solchen Stand zu setzen, daß er aufs erste Signal zum Füllen in völliger Bereitschaft dazu seyn könnte, welches er auch pünktlich

---

*) Zink.

beobachtete, so daß alle zusehenden Subscribenten sogleich für
seine gute Sache eingenommen wurden. Er stieg mit aller
Gegenwart des Geistes, welche ihn nie zu verlassen scheint,
getrost nach höhern Regionen auf.

Man sagt, er habe, wie er vor jeder Auffahrt zu thun
pflege, den Tag vorher communicirt.

Bis Herr Blanchard sich zur Abreise fertig machte und
seine Gondel bestieg, warteten aller Augen auf das Aufsteigen
des schon seit einer halben Stunde etwas über den Verschlag
herausstehenden Ballons. Nun bewegte sich die große Maschine
um elf Uhr sechsundzwanzig Minuten aufwärts und zugleich
geschahen zum Zeichen der Abfahrt vier Böllerschüsse, schnell
auf einander, worein sich Trompeten= und Paukenschall mischte.

Majestätisch und sanftschnell war des Aëronauten Empor=
schweben über den Verschlag heraus; er winkte das an seine
Gondel befestigte Seil loszulassen, und erlitt dabey nicht die
geringste Erschütterung. Mit bangem Entzücken und frohem
Staunen über dies herrliche Schauspiel, war eine solche feyer=
liche Stille verbunden, als ob kein lebendiges Geschöpfe auf
dem großen Plaze sich befunden hätte. So wie bei der schönsten
Witterung der Rauch als eine Säule emporsteigt, so gerade stieg
auch die von des Tages Helle erleuchtete und durchsichtig scheinende
Kugel mit dem nach sich ziehenden Luftschiffer auf. Von der Höhe
eines Thurmes warf er Papiere auf die Zuschauer herab.

Als Herr Blanchard im Aufsteigen ein Sandsäckchen aus=
leerte, um höher zu steigen, bemerkten einige Personen mit mir,
daß er öfters die Seile des Netzes auf eine Seite zu anzog,
welches uns auf die Gedanken brachte, ob er nicht etwa dadurch
dem Ballon eine Richtung geben könnte, dieweil sein Ballon
vom Aufsteigen an bis zum Niederlassen den Weg eines um=
gekehrten Fragezeichens ¿ machte. Vielleicht ist's aber eine bloße
Muthmaßung, und seine Wendung dem höhern uns vielleicht
entgegengesetzten Luftzuge zuzuschreiben.

Gleich darauf salutirte er mit zwo Fahnen die ihm Nach-
sehenden und die Stadt; worauf ein allgemeines lauttönendes
Vivatrufen und Händeklatschen entstund. Herr Blanchard stieg
noch immer grade in die Höhe, wandte sich etwas südwestwärts
gegen die Vestung, als ob er über die Stadt wegfliegen wollte,
drehte sich aber immer mehr nach Westen, und endlich westnord-
wärts nach dem Dorfe Thon zu, so eine halbe Stunde vom
Orte der Auffahrt entfernt ist. Hier war er etwa zwölf Minuten
in der Luft und schien nur so groß als eine mittelmäßige Schieß-
scheibe zu seyn; auch hatte er nun die größte Höhe erreicht
und stund nach der Nürnberger Postzeitung 800 Klafter oder
4800 Fuß über der Meeresfläche.

Von dieser gewaltigen Höhe ließ der muthige Luftsegler
den Fallschirm mit dem Hündchen herab, welcher so langsam
herniedersank, daß darüber über fünf Minuten verflossen, bis
das aëronautische Thierchen bei Thon an der Erlanger Straße
auf ein Samenfeld wohlbehalten zur Erde kam.

Als Herrr Blanchard so gerade aufstieg, bewegte sich kein
Mensch von der Stelle; sobald er sich aber seitwärts wandte,
bewegte sich die ganze Masse von Menschen als ein Ameisen-
haufen, erst langsam nach der Seite seiner Richtung zu, und in
ein paar Minuten hernach lief alles was lauffen konnte. Es
ging zu Pferde und zu Fuß über Hecken und Gräben, über
Felder und Wiesen, wie mans ansah. Nichts war den Fußgängern, insonderheit dem Weibsvolk hinderlicher als Kraut-
felder und die sich noch befindlichen hohen starken Tobak-Stengel,
es gab ein beständiges Gelächter, weil alles im Laufen über
sich sah, und folglich viele drollige Fälle, Stöße und Wendungen
sich ereigneten; denn es sah just aus, als ob die Einwohner
einer volkreichen Stadt vor einem großen Unglück flöhen, und
wer einmal im Strom war, der mußte entweder mit fortlauffen
oder sich derb zerstoßen lassen.

Während dieser lächerlichen Jagd dem Dorfe Thon zu

ereignete sich's, daß ein Haas aufgejagt wurde, und ungeachtet aller seiner Eilfertigkeit und listigen Wendungen, gelang es ihm doch nicht das Freye zu erreichen, der Jäger waren zu viel, das arme Thier wurde erhascht, und da ein jeder an dieser merkwürdigen Luftfahrtshaasenjagd Antheil haben wollte, in einer Minute in hundert Stücke zerrissen. Der eine hatte ein Ohr, der andere einen halben Lauf, der dritte in seinen blutigen Händen ein paar Haare.

Herr Blanchard flog unterdessen immer nach der nördlichen Gegend zur linken Seite der Erlanger Chaussee weg, und schien eine Viertelstunde lang als an die Wolken geheftet, nur mit dem Unterschiede, daß sein Ballon immer kleiner und zuletzt so klein als ein Zwirnknäulchen wurde. Doch blieb er beständig sichtbar. Um zwölf Uhr zwölf Minuten bemerkte man, daß er ziemlich schnell herabsank, wie er denn auch ein Viertel auf ein Uhr, an dem Wege beym Boxdorfer Wäldchen nach Braunsbach zu, eine gute Meile von dem Ort der Auffahrt sich glücklich niederließ, und durch zween Studenten zu Pferde und einige herbeigeeilte Boxdorfer Bauern beym Seil ergriffen wurde.

Da der zur Erde niedergesunkene Aëronaute nicht deutsch, und die ihn zuerst ergriffen, nicht französisch verstunden, so gab es eine artige Scene: Er rief ihnen immer zu: en bas, en bas, sie sollten niederziehen, um die Gondel zur Erde zu bringen; die Bauern hingegen meinten, sie sollten das Seil auslassen, und waren just auf dem Punkt solches zu thun, als ihnen die anderen dazu kommenden Leute bedeuteten, sie müsten niederziehen und die Gondel mit den Händen ergreifen, sonst flöge das Ding wieder in die Höhe. In der That erstaunten sie über die Maßen, daß sie anstatt zu tragen, wie sie glaubten, unter sich drücken musten. „Da dieser Herr", sagten sie, „auf unserm Grund und Boden vom Himmel kam, so lassen wir uns auch das Recht nicht nehmen, ihn, wo er hergekommen ist, hinzubringen", und erhuben ein Freuden-Geschrey, worein die immer

mehr herbeygekommenen Reuter und Fußgänger treulich mit
einstimmten. Die Gondel wurde dergestalt umringt und be=
gleitet, daß Herr Blanchard kaum heraussehen konnte.

Herr Blanchard wurde stehend in seiner Gondel mit dem
über ihm schwebenden und noch nicht entkräfteten Ballon, welcher
jetzt, da etwa der vierte Theil Luft herausgelassen war, die
Gestalt einer Birn hatte, nach der Stadt gezogen. Sogleich
kamen auch Se. Hochfürstliche Durchlaucht von Anspach=Bayreuth
herbeygesprengt, und Herr Blanchard hatte das Glück Höchst=
dieselbe zu sprechen und sich Ihres vollkommenen Beyfalls und
zugesagten Douceurs zu erfreuen. Die Gondel wurde nun
niedergezogen, und der Luftsegler von dem sich immer mehr ver=
sammelten Volk, das ein beständiges Jubelgeschrey anstimmte,
und unter herbeygekommener Musik bis an den Ort des Auf=
steigens getragen. Herr Blanchard ließ sich um drei Uhr nach
einigen gespielten Tänzen und Märschen bei vierzig Fuß in die
Höhe, und sank wieder in den Verschlag, woraus er aufstieg,
hinab, welches den noch zu tausenden versammelten Zuschauern
ein ungemein herrliches Schauspiel war.

Als Herr Blanchard bald darauf zur Stadt in sein Logis
fuhr (es soll die Chaise einer Frau von N. gewesen sein,
denn seine mit vier Pferden bespannte englische Chaise fuhr
hinter ihm her), spannte das vom Freuden=Taumel frohlockende
Volk die Pferde aus, und zog nach englischer Sitte den kühnen
Aëronauten im Triumph daher durch die ganze Länge der
Stadt bis zum rothen Roß.

Herr Blanchard saß vorne und trug die Uniform seiner
Gondel, nemlich blau und weiß mit dergleichen Federbusch auf
dem Hut. Zwey herrlich gekleidete Frauenzimmer stunden hinter
ihm in der Chaise, sie trugen die Livrée seines Ballons, roth
und blaßgelb, und hinten auf stund anfangs Herr Blanchard's
Bedienter, und salutirte mit den zwo Fahnen gegen alle vor=
nehme Gebäude, worinn eine erstaunliche Anzahl Adelicher und

anderer distinguirter Personen dem Zuge zusahen und ein unauf=
hörliches Vive Blanchard! Vivat etc. und Händeklatschen hören
ließen. Aus vielen Häusern ertönten Musiken aller Arten.

Gegen vier Uhr kam endlich Herr Blanchard im rothen
Roß an, aus dessen Erker ihm Trompeten und Pauken entgegen=
schallten. Die Straße war von Menschen angepfropft; Herr
Blanchard erschien am Fenster und dankte mit dreimaligem
Compliment dem Volke seine Erkänntlichkeit zu, welches das Volk
mit lauttönenden Vivatrufen beantwortete.

Man sagt, Herr Blanchard habe, als er auf den Saler
kam, von zween Bürgern, welche mit einem Glas Wein sein
Vivat tranken, und ihm auch ein Glas zu trinken präsentirten,
dasselbe ausgetrunken, und gerührt über den lauten Jubel und
Beyfall und die ihm angethanen Ehrenbezeugungen, Thränen
der Freude und des Dankes vergossen.

Um fünf Uhr wurden unter Direction des Herrn Schopf
im Schauspielhause zwei Lustspiele, und nach diesen ein von
Herrn Rolland, auf die Feyer der Blanchardischen Luftreise,
verfertigtes Ballet, betittelt: „Das Fest der Winde" gegeben,
wobey das Opernhaus gedrängt voll war. Nach dem Schauspiel
giengs zur Tafel und Mascarade wieder ins rothe Roß, welche
sich früh den 13. endigte.

Auf diese Weise wurde der für Einheimische als Fremde
so frohe und merkwürdige Tag beschlossen, ohne daß nur einem
Menschen bey dem außerordentlichen Zusammenfluß von Leuten,
ein Unglück begegnet wäre."

Soweit der Wortlaut des Berichts. Die Festfeier aber
dauerte über den 12. November hinaus. Noch am Abend des
Tages wurde angezeigt, daß Herr Blanchard, gerührt vom Bei=
fall des Publikums, zur Bezeigung seiner Dankbarkeit und mit
hoher obrigkeitlicher Erlaubniß morgen ein neues aërostatisches
Experiment machen werde, Preis des Platzes 36 Kreuzer. An
diesem Tage ließ Herr Blanchard einen kleineren Ballon wieder

unter Böller= und Trompetenschall steigen, im Korbe befand sich ein kleiner „Seidenpudel" mit zwei Briefen. Im ersten stand: „Dieser Ballon gehört Herrn Blanchard; man bittet den Finder, denselben nach Nürnberg ins rothe Roß wieder zu bringen"; im zweiten Briefe: „Dieser Hund gehört der Frau Obristin, Freifrau von Redwitz, abzugeben gegen guten Recompens zu Nürnberg im rothen Roß." Der Ballon machte in fünfund= vierzig Minuten eine Reise von vierzehn Stunden und sank, wie ein erstaunter Bericht aus Creussen meldete, in der Nähe des Ortes als Etwas, das nicht Wolke, nicht Drache, nicht Vogel, erst klein und schwarz, dann groß und röthlich war, schnell aus den Wolken herab. Auch der Bologneser wurde nach einigen Tagen wohlbehalten seiner Herrin zurückgebracht. Herr Blanchard aber ward wieder in seinem Wagen unter Jubel und Vivatrufen vom Volke durch die Stadt zu einem Feuerwerk gezogen, dann in das Schauspielhaus, wo diesmal ein zur Feier der Luft= reise verfertigtes, großes allegorisch = musikalisches Concert auf= geführt wurde. Einige Tage darauf überreichte Blanchard dem hohen Magistrat die Fahnen zum Andenken, der Magistrat gab ihm dagegen ein solennes Souper im Schießgraben und beschenkte ihn mit sechs Medaillen, jede von acht Ducaten Werth.

Die Flugschrift enthält außerdem noch einen interessanten „Auszug über Herrn Blanchard's Leben, vornehmste Luftreisen und Charakter", nicht ohne tadelnde Bemerkungen über die Ver= kleinerer des Mannes. Denn es war leider auch in diesem Falle dem fremden Luftschiffer nicht vergönnt, ohne Neider und Mißgönner seinen Triumph zu feiern. Schon vor der Auffahrt war in Nürnberg eine andere Flugschrift erschienen, welche unter dem Titel: „Blanchard, Bürger von Calais", Leben und Thätigkeit des Mannes in einer kritischen Weise besprach, durch welche, der eitle Franzose so gekränkt ward, daß er beim Auf= steigen eine andere Flugschrift: „Abrégé de mes Avantures

terrestres" auf die Zuschauer herabwarf, worin er stolz und
erbittert gegen die frühere Brochüre loszog.

Und zuletzt ist Pflicht zu erwähnen, daß auch der hoch=
löbliche Rath von Nürnberg seinerseits alles Erdenkliche gethan
hatte, den Verlauf dieses außerordentlichen Festes sicher zu
stellen. Durch sehr ausführliche, eigens veröffentlichte Fahr=
und Gehordnungen, durch Vorsorge für Herbeischaffung der
Speisen und Getränke und durch billige Taxen derselben, durch
ausgestellte Wachen und Reiter, durch strenges Verbot jedes
Baumbesteigens, Verderbens der Felder und jedes unartigen
Geschreies, durch scharfe Patrouillen in der Stadt, durch Be=
stellung eines Chirurgus nebst Gesellen und Verbindezeug für
den Fall, daß jemand auf „diese oder jene Art" beschädigt
würde, durch die Böllersignale, „damit niemand ohne Noth der
freien Luft zu lange sich aussetzen dürfe", endlich durch Er=
mahnung zur Ordnung und Mäßigung, zumal für den Fall,
„wenn die Luftfahrt durch einen Zufall vereitelt werden oder
der gefaßten Meinung nicht entsprechen sollte". Auch den Fest=
platz hatten Rath und Unternehmer ganz meisterhaft eingerichtet.
Denn, wie die Flugschrift meldet: „der ganze Platz sah einer
kleinen Bestung ähnlich, welche durch die spanischen Reuter und
60—80 Soldaten hinlänglich bedeckt war, wenn ja wider Ver=
muthen der Pöbel hätte Unruhen anfangen wollen, wie es
manchmal bei dergleichen Gelegenheiten zu gehen pflegt. Man
muß es aber vom Größten bis zum Geringsten rühmen, daß
alles durch Bescheidenheit und Güte im Befehlen, und mit
Stille und Ordnung im Gehorchen glücklich vorüberging."

7.
Aus den Lehrjahren des deutschen Bürgers.

(1790.)

Es ist im Jahre 1790, vier Jahre nach dem Tode des großen Königs, das zweite Jahr, in welchem die Augen der Deutschen erstaunt auf die Zustände Frankreichs blickten. Aber nur Einzelne sind es, welche durch den Kampf zwischen Volk und Königthum in der Hauptstadt eines fremden Landes gewaltsam aufgeregt werden; die deutsche Bildung des Bürgers hat sich von der französischen frei gemacht, ja, Friedrich II. hat seine Landsleute gelehrt, die politischen Zustände des Nachbarlandes ohne Achtung anzusehen, man weiß sehr gut, wie nothwendig in Frankreich große Reformen sind, und die Gebildeten stehen auf Seiten der französischen Opposition. Doch die Deutschen sind vorzugsweise mit sich selbst beschäftigt. Ein langentbehrtes Behagen ist in der Nation erkennbar, verbreitet ist die Ansicht, daß man in gutem Fortschritt sei, ein wunderbarer Geist der Reform durchbringt das gesammte Leben, der Handel ist im Aufblühen, der Wohlstand mehrt sich, die neue Bildung beglückt und erhebt, gefühlvoll recitirt der Jüngling die Verse seiner Lieblingsdichter, freut sich vor der Schaubühne über die Darstellung großer Tugenden und Laster und lauscht den entzückenden Klängen deutscher Musik. — Es war ein heraufringendes neues Leben, aber es war auch das Ende der guten

20 *

Zeit. Noch mehre Jahrzehnte später sah der Deutsche mit Sehnsucht auf die Friedensjahre seit dem Ende des sieben= jährigen Krieges zurück.

Man durfte um 1790 annehmen, daß eine Stadtgemeinde, an welcher kräftiger Fortschritt gerühmt wurde, in protestantischer Gegend lag. Denn sehr ungleich stand Bildung und gesell= schaftlicher Zustand in den protestantischen und katholischen Landen, jedem Reisenden auffällig. Aber auch in derselben protestantischen Landschaft, innerhalb einer Stadtmauer sind die Gegensätze in der Bildung sehr auffallend. Der äußere Unter= schied der Stände beginnt sich zu verringern, ein innerer Gegen= satz ist fast größer geworden. Der Edelmann, der gebildete Bürger und wieder der Handwerker mit dem Bauer stehn in drei getrennten Kreisen, jedem sind die Quellen für Sittlichkeit und Thatkraft andere, so daß sie uns erscheinen wie aus ver= schiedenen Jahrhunderten zusammengesetzt.

Noch tummelte sich am leichtesten und sichersten der Adel. Auch in ihm war ernster Geist, ein reiches Wissen nicht mehr selten, aber die Masse lebte vorzugsweise einem behaglichen Genuß, die Frauen im ganzen mehr als die Männer durch die Poesie und die großen wissenschaftlichen Kämpfe der Zeit an= geregt. Schon waren die Gefahren, welche eine abschließende Stellung bereitet, grade in den anspruchsvollsten Kreisen der deutschen Grundbesitzer sehr sichtbar; der hohe und niedere Reichsadel war verhaßt und verspottet. Noch spielte er den kleinen Souverän in grotesken Formen, liebte sich mit einem Hofstaat zu umgeben, von Gesellschaftsherren und Damen herab bis zum Thürmer, dessen Horn oft bis über die engen Landes= grenzen die Kunde trug, daß der Herr sein Mittagsmahl einnehme, und bis zum Hofzwerg herab, der vielleicht in phantastischem Aufzug allabendlich sein unförmliches Haupt im Familienzimmer verneigte und anmeldete, es sei Zeit zu Bett zu gehen. Aber der Familienbesitz war nicht festzuhalten, ein Acker, ein Waldstück nach

dem andern fiel in die Hände der Gläubiger, die Geldverlegen=
heiten nahmen in vielen Familien kein Ende, und es nützte nichts,
die schadhafte Zugbrücke aufzuziehen, um sich vor den modernen
Feinden zu schützen, welche ein Erkenntniß des Reichskammer=
gerichts oder des Reichshofraths überbrachten. Viele vom Reichs=
adel zogen sich in die Hauptstädte der geistlichen Staaten. In den
fränkischen Bisthümern, am Rhein, im Münsterlande bildeten sie
eine Aristokratie, welche dem herben Urtheil der Zeitgenossen nicht
weniger reichen Stoff gab. Ihre Familien waren herkömmlich im
Besitz der reichen Domstifter und Prälaturen, sie vorzugsweise
blieben sklavische Nachahmer des französischen Geschmacks in
Tafel, Garderobe, Equipagen, aber ihr schlechtes Französisch,
Dünkel und fade Unwissenheit wurden ihnen häufig vorgeworfen.

Auch die ärmeren des landsässigen Adels waren in den
Händen der Juden, zumal im östlichen Deutschland. Aber noch
ging durch die Hände des Adels um 1790 der größte Theil des
Geldes, welches seinen Kreislauf im Lande machte. Auf ihren
Gütern herrschten sie wie Souveräne, als die gnädigen Herren
des Landes, die Gutswirthschaft aber besorgte gewöhnlich der
Amtmann. Selten bildete sich ein gutes menschliches Verhältniß
zwischen den Herren und den thatsächlichen Verwaltern ihres
Vermögens, deren Pflichttreue damals nicht in dem besten Rufe
stand. Zwischen den Gutsherrn und den frohnenden Bauer
gestellt, suchten die Verwalter häufig von beiden zu gewinnen,
nahmen Geld von den Landleuten und erließen ihnen Hofdienste,
und bedachten beim Verkauf der Producte sich nicht weniger als
den Herrn*).

Die Wintermonate verlebte der Landadel gern in der
Hauptstadt seiner Landschaft, im Sommer war das mobische
Vergnügen Besuch der großen und kleinen Bäder. Dort wurde

---

*) Die Klage ist besonders häufig. Vergl. v. Liebenroth, Fragmente,
S. 59.

alle Stattlichkeit, deren die Familie mächtig war, entfaltet. Viel wurde auf Pferde und glänzende Wagen geachtet, der Adel benutzte noch gern sein Vorrecht, vierspännig zu fahren, dann fehlten auch wol die Läufer nicht, welche vor den Rossen hertrabten, in bunter theatralischer Kleidung, mit Kasket, die große Knallpeitsche übergehängt, in Schuhen und weißen Strümpfen. Bei Abendgesellschaften oder nach dem Theater hielt eine lange Reihe glänzender Wagen, viele mit Vorreitern, in den Straßen, und achtungsvoll sah der kleine Mann auf den Glanz der Herren. Noch unterschieden sie sich auch in der Kleidung durch reichere Stickerei, die weiße Plüme rund um den Hut, auf Maskeraden schätzten sie immer noch vorzugsweise den rosafarbenen Domino, den Friedrich II. 1743 für ein Privilegium des Adels erklärt hatte. Manche der Reicheren unterhielten auch Kapellen, kleine Concerte waren häufig, und auf dem Gute wurde am Sonntag früh unter den Fenstern der Hausfrau der Morgengruß geblasen. Ein verhängnißvolles Vergnügen war das Spiel, zumal in den Bädern. Dort trafen die deutschen Gutsbesitzer damals am häufigsten mit Polen zusammen, den leidenschaftlichsten Hazardspielern Europa's. Aber auch deutschen Gutsbesitzern begegnete zuweilen, daß sie Wagen und Pferde im Spiel verloren und in einem Miethwagen, verschuldet, nach Hause reisten. Solches Unglück wurde mit gutem Anstand getragen, so bald als möglich vergessen. — Im Glauben war ein großer Theil des Landadels noch orthodox wie die Mehrzahl der Dorfpfarrer, die freieren Seelen aber hingen häufig in den Formen der alten französischen Aufklärung. Noch immer sandte Paris seine Modepuppen und Bilder, Hüte, Bänder und Roben durch das vergnügte Deutschland. Aber auch die Mode bereitete allmälig auf die große Umwandlung vor, die Fischbeinröcke und Wülste fielen von den eleganten Damen ab, sie erhielten sich nur an den Höfen bei großer Cour, die Schminke wurde stark angefochten, dem Puder war der Krieg erklärt, die Gestalten wurden schmäler und dünner, auf dem Haupt schwebte über kleinen krausen Locken der idyllische Strohhut. Auch den Männern war der gestickte Rock mit Kniehosen, seidenen Strümpfen, Schnallenschuhen und dem kleinen Galanteriedegen nur noch die Festtracht, schon hatte der deutsche Cavalier mit der Freude an englischen Pferden und Bereitern auch den Rundhut, Stiefeln und Sporen erworben und wagte mit der Reitgerte in das Damenzimmer zu treten *).

Häufig ist in den Familien des Adels ein unbefangener Lebensgenuß, fröhliche Sinnlichkeit ohne große Feinheit, viel höfliche Zuvorkommenheit und gute Laune, und die Virtuosität, welche jetzt immer weiter ostwärts zu weichen scheint, ein guter Erzähler zu sein, Anekdoten und zierliche Reden zwanglos der Unterhaltung einzuflechten, aber auch kleine Eulenspiegeleien geschickt zu wagen. Die Moral dieser Kreise, oft bitter ge= scholten, war doch, wie es scheint, nicht schlechter, als sie unter Genießenden zu sein pflegt. Die Naturen waren wenig zum Grübeln geneigt, in der Regel nicht durch schwere Gewissens= bisse beunruhigt, auch das Ehrgefühl war dehnbar, doch mußten gewisse Rücksichten beobachtet werden. Innerhalb dieser Grenzen war man tolerant, in Spiel, Wein und Herzenssachen durften sich Herren, ja auch Damen noch Manches erlauben, ohne streng verurtheilt zu werden, selten wurde dadurch ihr Leben gestört. Man ertrug, was nicht zu ändern war, mit Anstand, und fand sich auch nach leidenschaftlichen Verirrungen schnell wieder zurecht. Die Virtuosität, das Leben des Tages angenehm zu fassen, war damals gewöhnlicher als jetzt; ebenso dauerhaft war die Lebens= kraft, ein kräftiger, rühriger, unbefangener Sinn, der frische Laune bis in das späteste Alter zu bewahren weiß, und der

*) Ueber die gesellschaftlichen Zustände des nördlichen Deutschlands seit 1790 mehres Interessante in: Caroline de la Motte Fouqué, der Schreibtisch, S. 46 folg.

nach einem Leben reich an Vergnügen und nicht frei von Con=
flicten zwischen Pflicht und Neigung ein frohes und respectirtes
Alter durchsetzt. Noch jetzt sind ältere Bilder aus jener Zeit
nicht ganz unerhört, Männer und Frauen, deren naive Frische
und unbefangene Heiterkeit im höchsten Alter erfreuen.

Unter dem Adel saß das Landvolk und der kleine Bürger,
aber auch der niedere Beamte mit der Auffassung des Lebens,
welche im Anfange des Jahrhunderts über die Deutschen ge=
herrscht hatte. Noch war ihr Leben arm an Farben. Man
täuscht sich, wenn man meint, daß um das Ende des Jahr=
hunderts die Aufklärung bereits Vieles in den Hütten der Armen,
zumal auf dem Lande gebessert hatte. In den Dörfern waren
allerdings Schulen, aber häufig war der Lehrer ein früherer
Bedienter des Gutsherrn, ein armer Schneider oder Leinweber,
der sich so wenig als möglich von seinem Handwerk trennen
wollte, vielleicht seine Frau den Unterricht besorgen ließ. Sogar
die Polizei des flachen Landes war noch ohnmächtig, die Umher=
treiber auf dem Lande waren eine schwer zu tragende Last. Zwar
fehlte es nicht an den strengsten Verordnungen gegen das um=
laufende Gesindel: Dorfwachen auch bei Tage, Straßenreiter,
jeder Bettler sollte sofort angehalten und nach seinem Geburts=
ort geschafft werden; aber die Dorfwache wachte nicht, die Ge=
meinden scheuten die Unkosten des Transports oder fürchteten
gar die Rache der Aufgegriffenen, die Straßenreiter achteten
lieber auf die Fuhrleute, welche verbotene Wege fuhren, weil
diese Strafe bezahlen konnten. Sogar in Kursachsen wurde
darüber geklagt.

Noch hing der Landmann treu an seiner Kirche, in den
Hütten der Armen wurde viel gebetet und gesungen, häufig
war fromme Schwärmerei, immer noch erstanden Erweckte und
Propheten unter dem Landvolk. Zumal in den Gebirgsland=
schaften, wo die Industrie sich massenhaft in ärmlichen Hütten
festgesetzt hatte, unter Holzarbeitern, Webern und Spitzen=

klöpplern des Erzgebirges und der schlesischen Bergthäler war ein frommer, gottergebener Sinn lebendig. Wenige Jahre später, als die Continentalsperre die Industrie der Armen vernichtete, bewiesen sie unter Hunger und Entbehrungen, die oft an das Leben gingen, daß ihnen ihr Glaube die Fähigkeit zu dulden und zu entsagen gab.

Zwischen dem Adel und der Masse des Volks stand nach der Auffassung jener Jahre das höhere Bürgerthum: Gelehrte, Beamte, Geistliche, große Kaufleute und Industrielle. Auch sie waren von dem Volk durch ein Privilegium geschieden, dessen Bedeutung unsere Zeit nicht mehr versteht: sie waren militärfrei. Der härteste Druck, welcher auf den Söhnen des Volkes lastete, ihre Kinder empfanden ihn nicht. Auch der fähige Sohn des Bauern oder Handwerkers durfte studiren, aber dann lag ihm ob, vorher eine Prüfung zu bestehen, „das Genieexamen", ob sich auch seine Befreiung vom Heerdienste lohne. Dem Sohn des Studirten oder Kaufmanns aber galt es für besonders schmachvoll, wenn er nach gelehrter Schulbildung so weit herunterkam, daß er den Werbern in die Hände fiel. Sogar der menschenfreundliche Kant verweigerte einen Gelehrten zur Beförderung zu empfehlen, weil er die „Niederträchtigkeit" gehabt habe, seinen Soldatenstand so lange ruhig zu ertragen*).

In diesem Kreise, der sich auch äußerlich durch Tracht und Lebensweise vom Bürgersmann unterschied, war damals bereits der beste Theil der nationalen Kraft zu finden. Er war im Besitz der freisten Bildung jener Zeit. Er umschloß Dichter und Denker, erfindende Künstler und Gelehrte, alle, welche auf irgend einem Gebiet des geistigen Lebens als Führer und Bildner, als Belehrende und Beurtheilende Einfluß gewannen. Ihm hatten sich viele vom Adel angeschlossen, die selbst Beamte

---

*) Kant's Werke XI. 2. S. 80. Der Betroffene war ein Mensch von zweifelhaftem Ruf.

wurden oder ein reicheres Geistesleben hatten. Sie waren zu=
weilen Mitarbeiter, häufig geistvolle Begleiter und wohlthuende
Förderer der idealen Interessen.

In jeder Stadt bestanden jetzt die Honoratioren aus solchen
Gebildeten. Sie waren Schüler des großen Philosophen von
Königsberg, ihre Seele war angefüllt mit den poetischen Ge=
stalten der großen Dichter, mit den hohen Resultaten der Alter=
thumswissenschaft. Aber in ihrem Leben war noch ein Moment
von Strenge und Ernst, nicht leicht und fröhlich wurde die
Pflicht geübt. Die Auffassung der Wirklichkeit schwankte zwischen
idealen Forderungen und einer ängstlichen, oft kleinlichen
Pedanterie, welche sie auffallend und nicht immer zum Vor=
theil von dem Edelmann unterschied.

Es ist eine Eigenheit der modernen Bildung, daß die
treibende geistige Kraft sich in der Mitte der Nation, zwischen
der Masse und den erblich Privilegirten ausbreitet, nach beiden
Seiten belebend und umformend; je mehr sich ein Kreis irdischer
Interessen von dem gebildeten Bürgerthum isolirt, desto weiter
entfernt er sich von allem, was dem Leben Licht, Wärme und
sicheren Halt verleiht. Wer in Deutschland eine Geschichte der
Literatur, Kunst, Philosophie und Wissenschaft schreibt, der
behandelt in der That die Familiengeschichte des gebildeten
Bürgerthums.

Und sucht man das Besondere, was die Männer dieses
Kreises verbindet und von Anderen unterscheidet, so ist es nicht
zumeist ihre praktische Thätigkeit in glücklicher Mitte, sondern
ihre Bildung durch die lateinische Schule. Darin liegt der
unübertreffliche Vorzug, das letzte Geheimniß ihres Einflusses.
Niemand durfte das bereitwilliger anerkennen, als der Kauf=
mann und Industrielle, der sich von unten heraufgearbeitet
hatte und in ihren Kreis getreten war.

Mit Verwunderung erkannte er, wie seine Söhne unter
der Beschäftigung mit lateinischer und griechischer Grammatik

eine Schärfe und Präcision im Denken und Sprechen erhielten, die selten andere Thätigkeit dem heranwachsenden Manne ge= währt. Die naturwüchsige Logik, welche in dem kunstvollen Bau der alten Sprachen so ausgezeichnet zu Tage kommt, weckte schon früh den Scharffinn und förderte das Verständniß aller geiftigen Bildungen, die Maffe des frembartigen Sprach= ftoffs kräftigte unübertrefflich das Gedächtniß.

Noch mehr aber belebte der Inhalt jener entfernten Welt, welche dem Lernenden aufgeschloffen war. Noch immer stammte ein sehr großer Theil unserer geistigen Habe aus dem Alter= thum. Wer recht verstehen wollte, was um und in ihm lebendig wirkte, vielleicht längst Gemeingut aller Klaffen des Volkes geworden war, der mußte bis zu dem Quell hinabsteigen. Und die Bekanntschaft mit einem großen abgeschloffenen nationalen Leben, das Verständniß einiger Lebensgesetze, seiner Schönheiten und Beschränktheit verlieh eine Freiheit im Urtheil über Zu= ftände der Gegenwart, die durch nichts Anderes erfetzt werden konnte. Wem die Seele durch die Dialoge des Plato erwärmt worden war, der mußte mit Verachtung auf den Zelotismus der Mönche herabsehen, und wer mit Entzücken die Antigone in der Ursprache gelesen hatte, der durfte mit berechtigter Nicht= achtung „die Sonnenjungfrau" bei Seite legen.

Das Wichtigfte von allem aber war die besondere Methode des Lernens auf lateinischen Schulen und Univerfitäten. Nicht das gedankenlose Aufnehmen eines überlieferten Stoffes, sondern das Selbstfuchen und Selbstfinden ist das Lebenweckende in jedem Lernen. In den höheren Klaffen des Gymnafiums und auf der Univerfität wurde der Studirende der Vertraute des suchenden Gelehrten. Gerade die Streitfragen, welche seine Zeit am meiften bewegten, die Forschungen, welche als unbeendet am kräftigften anspannten, wurden ihm am liebften mitgetheilt. So drang der Jüngling als ein frei Suchender in den Mittel= punkt des grünenden Lebens ein, und wie sehr ihn sein späterer

Beruf von eigenem Forschen entfernt hielt, er hatte das beste und letzte Wissen, die höchsten Resultate seiner Zeit in sich aufgenommen und war sein ganzes Leben lang in den großen Fragen der Wissenschaft und des Glaubens zum Urtheil befähigt, indem er allen neuen Bildungsstoff nach den Gesichtspunkten, die er gewonnen, annahm oder abwies. Auch daß die gelehrte Schule für das praktische Leben so wenig vorbereite, war keine stichhaltige Klage. Der Kaufmann, der seine Söhne von der Universität auf den Stuhl des Comtoirs nahm, bemerkte sehr bald, daß sie Vieles nicht gelernt hatten, was jüngeren Lehrlingen sehr geläufig war, daß sie aber in der Regel mit spielender Leichtigkeit das Fehlende nachholten.

Dieser unendliche Segen der gelehrten Bildung war am Ende des achtzehnten Jahrhunderts, seit die Philosophie und die Alterthumswissenschaften hohe Bedeutung gewonnen hatten, der entscheidende Vorzug des deutschen Mittelstandes. In ihm liegt das Geheimniß der unsichtbaren Herrschaft, welche das gebildete Bürgerthum seit dieser Zeit über das nationale Leben ausgeübt hat, Fürsten und Volk umbildend, sich nachziehend.

Um 1790 hatte diese Methode der Bildung so großen Werth und Bedeutung gewonnen, daß man wol diese Jahre die fleißige Abiturientenzeit des deutschen Volkes nennen darf. Eifrig wurde gelernt, überall trat an die Stelle des alten Mechanismus anregende selbstthätige Arbeit. Menschenfreundlich rangen die Gelehrten danach, jedem Theil des Volkes Lehranstalten zu schaffen, welche seiner Bildungsstufe entsprachen, neue Methoden des Unterrichts zu erfinden, durch welche mit geringen Lehrerkräften die größten Resultate erreicht werden konnten. Belehren, bilden, aus der Unwissenheit herausheben, war der allgemeine Ruf. Nicht vorzugsweise, weil dies der gesammten Nation nützlich war. Denn in der frohen Empfindung eines idealen Inhalts standen die Gebildeten dem Volke gegenüber. Die Schönheit, welche sie genossen, die großen Gefühle,

durch welche sie erhoben wurden, sie waren dem armen Volke
versagt.

Freilich im stillen Herzen empfanden sie selbst ein Miß=
behagen. Die Thatsachen des Lebens, welches sie umgab, standen
oft in schneidendem Gegensatz zu den idealen Forderungen,
welche sie stellten. Wenn der Bauer wie ein Lastthier arbeitete,
der Soldat vor ihren Fenstern Spießruthen lief, dann blieb, so
schien es ihnen, nichts übrig, als das Studierzimmer zu schließen
und Auge und Sinn in Zeiten zu versenken, wo solche Barbarei
nicht verletzte. Denn noch war unerprobt, was die Vereinigung
Gleichgesinnter zu großen Genossenschaften im Staat, in den
Communen, in jedem Kreise praktischer Interessen umzuformen
vermöge.

So kam bei aller Menschenfreundlichkeit eine stille Ent=
sagung auch in die Besten. Sie waren stärker und tüchtiger
geworden als ihre Väter. Reiner waren die Quellen ihrer
Sittlichkeit, strenger die Anforderungen, welche sie an das eigne
Leben machten. Aber sie waren immer noch Privatmenschen.
Das Interesse an dem Staat, an den höchsten Angelegenheiten
der Nation war noch nicht ausgebildet. Sie hatten gelernt in
großem Sinne ihre Menschenpflicht zu thun, und sie stellten
zuweilen grübelnd die natürlichen Rechte, welche der Mensch im
Staate haben sollte, den Zuständen, unter denen sie lebten,
gegenüber. Sie waren ehrenwerthe, sittenstrenge Menschen ge=
worden, mit einer Aengstlichkeit, die uns wol rührt, suchten sie
Gemeines von ihrer Seele fern zu halten; aber die Manneskraft,
welche sich im Zusammenwirken mit vielen Gleichgesinnten unter
dem Einfluß großer praktischer Fragen entwickelt, fehlte ihnen
noch zu sehr. Die Edelsten waren in der Gefahr, wo sie sich
nicht in sich selbst zurückziehen konnten, mehr Opfer als Helden
in politischem und socialem Kampfe zu werden. Sehr auffallend
wird diese Eigenschaft sogar in den Gebilden der Poesie. Fast
alle Charaktere, welche die größten Dichter in ihren höchsten

Kunstwerken frei erfanden, leiden an einem Mangel von That=
kraft, von eroberndem Mannesmuth und politischem Scharfblick;
sogar durch die Helden des Dramas, welches dergleichen am
wenigsten verträgt, geht ein elegischer Zug, von Galotti, Götz
und Egmont bis zum Wallenstein und Faust. Dasselbe Geschlecht,
welches grade damals mit bewunderungswerther Kühnheit und
Freiheit den geheimen Gesetzen seines geistigen Lebens nach=
forschte, war noch unbehilflich und unsicher vor den Anfor=
derungen der Realität, wie ein Jüngling, der aus der Schul=
stube unter die Menschen tritt.

Noch war die Weichheit der Empfindung und das Be=
dürfniß, auch bei unbedeutender Veranlassung große Gefühle zu
haben, nicht aus den Seelen geschwunden. Aber diese herrschende
Anlage des achtzehnten Jahrhunderts, welche ihre Absenker bis
auf die Gegenwart fortgetrieben hat, war um 1790 bereits durch
einen stärkeren Gehalt des geistigen Lebens gebändigt. Auch die
Empfindsamkeit hatte seit der Zeit, wo sie aus dem Pietismus
in das Leben kroch, ihre kleine Geschichte gehabt. Zuerst war
die arme deutsche Seele von Allem stark afficirt worden, sie hatte
sich leicht jämmerlich gefühlt und einen anspruchslosen Genuß
darin gefunden, die Thränen auf der eigenen Wange zu be=
obachten. Dann wurde ihr die Gefühlsseligkeit burschikoser und
herzhafter.

Wenn lustige Gefährten im Jahre 1750 mit der Extrapost
durch ein Dorf kamen, wo die Einwohner vielleicht den Kirchhof
mit Rosenstöcken bepflanzt hatten, so regte der Gegensatz zwischen
dieser Blume der Liebe und dem Grabe die Phantasie der
Reisenden so auf, daß sie eine Flasche Wein kauften, auf den
Kirchhof gingen und in dem Vergleich von Gräbern und Rosen
schwelgend, ihren Wein austranken*). Die studentenhafte
Rohheit, welche in solchem Behagen lag, wurde überwunden,

---

*) Der Zecher war Klopstock mit seinen Freunden.

als die Sitte seiner, das Leben nachdenklicher geworden war. Wenn um 1770 zwei Brüder in sonnigem Thal unter blühenden Obstbäumen durch die Landschaft des Rheins fahren, dann ergreift wol der eine die Hand des andern, um ihm durch einen sanften Druck seinen Dank für die vielen Freuden zu bezeugen, die er in seiner Begleitung genießt; die beiden blicken einander voll zärtlicher Rührung an, eine selige Thräne der ruhigen Empfindung steigt in beider Augen und sie fallen einander um den Hals, oder wie man damals sagte, sie segnen die Gegend mit dem heiligen Kusse der Freundschaft*). — Und wenn zu derselben Zeit eine Gesellschaft einen lieben Freund erwartet, — nebenbei bemerkt, einen glücklichen Gatten und Familienvater, — so sind auch hier die Empfindungen weit mannigfaltiger und die Beschaulichkeit, mit welcher sie genossen werden, weit größer als bei uns. Der Hausherr eilt mit einem andern Gast dem an= rollenden Wagen an die Hausthür entgegen, der ankommende Freund steigt bewegt und etwas betäubt ab. Unterdeß kömmt die liebenswürdige Hausfrau, welche allerdings von dem neuen Gast in früherer Zeit bewundert worden ist, ebenfalls die Treppe herab. Der Angekommene hat sich bereits mit einer Art von Unruhe nach ihr erkundigt und scheint äußerst ungeduldig sie zu sehen; jetzt erblickt er sie und schauert vor Erregung zurück, kehrt sich dann zur Seite, wirft mit einer zitternden und zugleich heftigen Bewegung seinen Hut hinter sich auf die Erde und schwankt zu der Hausfrau hin. Alles dieses wird von einem so außerordent= lichen Ausdrucke begleitet, daß die Umstehenden sich an allen Nerven davon erschüttert fühlen. — Die Hausfrau geht ihrem Freunde mit ausgebreiteten Armen entgegen; er aber, anstatt ihre Umarmung anzunehmen, ergreift ihre Hände und bückt sich, um sein Gesicht darein zu verbergen; die Dame neigt sich mit einer himmlischen Miene über ihn und sagt mit einem Tone, den

---

*) Die Reisenden sind Fritz Jakobi und sein Bruder.

keine Clairon und keine Dübois nachzuahmen fähig sind: „O ja, Sie sind es — Sie sind noch immer mein lieber Freund!" — Der Freund, von dieser rührenden Stimme geweckt, richtet sich etwas in die Höhe, blickt in die weinenden Augen seiner Freundin und läßt dann sein Gesicht auf ihren Arm zurücksinken. Keiner von den Umstehenden kann sich der Thränen enthalten: dem unbetheiligten Berichterstatter strömen sie die Wangen hinunter, er schluchzt und ist außer sich*). — Und nachdem dies hervor= sprudelnde Gefühl sich etwas gelegt hat, fühlen sich alle un= aussprechlich glücklich, drücken einander oft die Hände und er= klären die Stunden solchen Beisammenseins für die schönsten des Lebens. Und die sich so geberdeten, waren immer noch maßvolle Menschen, sie sahen mit Verachtung auf die Affectation herab, der die Schwächeren verfielen, welche über ein Nichts weinten und aus Thränen und Gefühlen einen Lebensberuf machten, wie der verschrobene Leuchsenring.

Aber kurz darauf erhielt das gefühlvolle Wesen einen harten Stoß. Goethe hatte im Werther das traurige Schicksal eines Jünglings dargestellt, der in diesen Stimmungen unterging; er hatte die Empfindsamkeit selbst weit edler und mäßiger gefaßt, als sie in seinen Zeitgenossen lebte. Zunächst freilich wurde seine Erzählung für die weicheren Naturen ein bildendes Buch, nach welchem sich ihre Gefühlsseligkeit in's Hohe und Poetische hineinzog. Ungeheuer war die Wirkung, Thränen flossen strom= weise, die Werthertracht wurde ein beliebtes Costüm empfind= samer Herren, Lotte der berühmteste Frauencharakter jener Jahre. In demselben Jahre 1774 beredete sich zu Wetzlar eine Anzahl zarter Seelen, Männer in hohen Aemtern und Damen, eine Feierlichkeit am Grabe des armen Jerusalem's anzustellen. Sie versammelten sich des Abends, lasen den Werther, sangen die

---

*) Der Ankommende ist Wieland, die Wirthe Sophie Laroche und ihr Gatte, der Erzähler wieder Fritz Jakobi.

klagenden Arien und Gesänge auf den Toten. Man weinte tapfer, endlich um Mitternacht ging der Zug nach dem Kirchhof. Jeder war schwarz gekleidet, mit dunklem Flor im Gesicht, ein Wachslicht in der Hand. Wer dem Zug begegnete, hielt ihn für eine Procession des höllischen Satans. Auf dem Kirchhof schloß man einen Kreis um das Grab des Toten, sang, wie berichtet wird, das Lied: „Ausgelitten hast du, ausgerungen", ein Redner hielt dem Verblichenen eine Lobrede und sprach davon, daß Selbstmord aus Liebe erlaubt sei. Zuletzt wurde das Grab mit Blumen bestreut. Die Wiederholung wurde durch eine prosaische Obrigkeit verhindert*).

Aber der tragische Ausgang der Goethe'schen Erzählung erschreckte auch den gesunden Menschenverstand. Das war kein Spiel mehr mit Blumen und Täubchen, es war erschütternder Ernst. Wenn ein anständiger Beamtensohn zu solcher Aus= schweifung, wie Selbstmord, kommen konnte, dann hörte der Spaß auf. So wurde dasselbe Werk für kräftigere Naturen der Anfang einer Reaction und leidenschaftlichen literarischen Polemik, wobei der Deutsche allmählich mit Ironie auf diesen Kreis von Stimmungen blicken lernte, ohne freilich ganz frei davon zu werden.

Denn es war allerdings nur eine Variation derselben Grundstimmung, wenn die Seelen, welche der Thränen und Seufzer müde geworden waren, sich zur Erhabenheit hinauf= stimmten. Auch das Ungeheure erschien bewundernswerth: in Hyperbeln sprechen, das Gemeinste mit einem Aufwand von Kraft sagen, das Unbedeutende mit der Miene thun, als ob es etwas Unerhörtes sei, wurde eine Zeit lang Modethorheit der literarischen Kreise. Aber auch die Kraftmänner verloren sich. Um 1790 sah man wieder mit Lächeln auf die nächste

---

*) Der Erzähler ist Lautharbt in seiner Lebensbeschreibung; es ist kein Grund, solchen Mittheilungen des unordentlichen Mannes zu mißtrauen.

Vergangenheit zurück und befriedigte sein Gemüth bei der hausbackenen und nüchternen Weise, in welcher Lafontaine und Iffland die Rührung handhabten.

Aus dieser Zeit soll hier das Aufwachsen einer Kinderseele dargestellt werden. Es ist ein — nicht gedruckter — Bericht über die eigne früheste Jugend, den ein besonders kräftiger Mann seiner Familie hinterlassen hat. Er enthält durchaus nichts Ungewöhnliches, nur anspruchslose Erzählung über die Entwicklung eines Knaben durch Lehre und Haus, wie sie in tausend Familien jener Jahre stattfand. Aber gerade das Gemeingiltige der Mittheilung macht sie besonders geeignet, den Antheil des Lesers zu erwerben. Sie giebt zugleich einen belehrenden Einblick in das Leben einer Familie von aufsteigender Lebenskraft.

In den ersten Regierungsjahren Friedrich's des Großen lag zu Kleuden bei Leipzig ein armer Lehrer auf dem Totenbett, langer Aerger und Verfolgungen, die er durch seinen Vorgesetzten, einen heftigen Pfarrherrn, erdulbet, hatten ihn auf das Krankenlager geworfen. Der geistliche Gegner suchte die Versöhnung mit dem Sterbenden; er gelobte dem Lehrer Haupt, für seine unerzogenen Kinder Sorge zu tragen, und er hielt Wort. Er brachte einen Sohn in das große Handelshaus Frege, welches damals im Aufblühen war. Der junge Haupt erwarb sich das Vertrauen seines Chefs; als er selbst eine Handlung in Zittau begründen wollte, machte das Haus Frege dem Vermögenslosen ein Darlehen von 10,000 Thalern. Das Jahr darauf schrieb der neue Kaufmann seinem Gläubiger, wie energisch der Aufschwung seines Geschäfts sei, und daß er, um nicht in größte Verlegenheit zu kommen, dieselbe Summe noch einmal bedürfe. Der frühere Principal sandte ihm das Doppelte. Nach acht Jahren hatte der Zittauer Kaufmann das ganze Darlehn zurückgezahlt, an dem Tage, wo er die letzte Summe absandte, trank er in seinem Haus die erste Flasche Wein. Der Sohn dieses

Mannes, Ernst Friedrich Haupt, — er, welcher hier von seiner
Schulzeit im Vaterhause erzählen soll, — studirte die Rechte
und wurde Syndicus, später Bürgermeister in seiner Vaterstadt
Zittau, ein Mann von gewaltigem Wesen und tiefem Sinn, und
selbst Gelehrter von umfangreichem Wissen; eine kleine Sammlung lateinischer Gedichte — Uebersetzungen goethe'scher —
welche von ihm gedruckt sind, gehört zu den feinsten und ele-
gantesten Mustern dieser Gattung von Poesie. Ernst war auch
sein Leben. Seine großartige Kraft arbeitete unter immerhin
beschränkten Verhältnissen mit einem Eifer, welcher sich selbst nie
genug that. Aber die Wucht seines energischen Wesens wurde
bei den Anfängen der politischen Bewegungen im Jahre 1830
der jungen Demokratie unter den Bürgern lästig. Grade in
seiner Heimat fiel die Agitation in die Hände eines unholden
Mannes, der später sich selbst durch schlechte Thaten ein klägliches
Ende bereitete. In dem Taumel der ersten Bewegung ließ sich
die Bürgerschaft das treue Verhältniß, in dem sie durch dreißig
Jahre zu ihrem Vorstande gestanden hatte, verderben. Der
stolze und strenge Mann wurde durch Lieblosigkeiten und Undank
in tiefster Seele erschüttert, er zog sich von jeder öffentlichen
Thätigkeit zurück, und keine Bitten und nicht die aufrichtige
Reue, die seinen Mitbürgern nach kurzer Zeit kam, vermochten
ihn, die herbe Kränkung jener Jahre zu vergessen, die sein Leben
bis in das Mark ergriffen hatte. Wenn er still vor sich hinsehend
durch die Straßen ging, eine schöne finstere Greisengestalt, dann
— so erzählen Augenzeugen — zogen die Leute mit scheuer
Ehrfurcht von allen Seiten die Mützen, er aber schritt, ohne
rechts und links zu sehen, durch den Haufen. Von da lebte er
als Privatmann seiner Wissenschaft. Sein Sohn aber, Moritz
Haupt, Professor an der Universität zu Berlin, wurde einer
unsrer größten Philologen, einer unsrer reinsten Männer.

. So beginnt ein tüchtiger Mann aus der Zeit der Väter
den Bericht über seine ersten Lehrjahre:

„Meine frühesten Erinnerungen fallen in den Herbst des
Jahres 1776, als ich zwei und ein halb Jahr alt war. Wir
fuhren auf das Familiengut, ich saß auf meiner Mutter Schoß,
und die sanfte Röthe, die ihr Gesicht überzog, gefiel mir so wohl.
Ich freute mich der Bäume, wie sie so schnell bei dem Wagen
vorbeiliefen. Noch jetzt — dieselben Bäume stehen noch jenseits
der Brücke — noch jetzt weht mich bei ihrem Anblicke diese
Erinnerung aus der Unschuldswelt an.

Schon vierunddreißig Jahre deckt die Gruft deinen heiligen
Staub, Vollendete, uns so früh Entrissene! Sanft wie dein
freundliches Gesicht mußte deine Seele sein! — Ich kannte dich
nicht. — Nur leise heilige Erinnerung ist mir geblieben, kein
Gemälde von dir, kein Schattenriß, „nicht ein süß erinnernd
Pfand". Doch stand ich kurz vorher, ehe man mich, den noch
nicht Siebenzehnjährigen, nach Leipzig sandte, an der heiligen
Stätte, die deine Asche birgt, und gelobte dir schluchzend, gut
zu sein!

Wol entsinne ich mich des Sonntag-Morgens, an welchem
meine Schwester Rieckchen geboren ward. Eilenden Laufs —
ich war eher aufgestanden als mein Bruder, und ungebeten in
der Mutter Stube gelaufen — verkündete ich's jedem, den ich
fand. Einige Tage nachher sah ich, daß Alles um mich her
weinte: „Die Mama geht weg", rief händeringend unsere alte
Pflegerin. Weg? wohin denn? so fragte ich staunend. „In
den Himmel!" war die Antwort, die ich nicht verstand.

Meine Mutter hatte uns Kinder noch einmal um sich ver=
sammelt, zum letztenmal uns zu küssen, uns zu segnen. Meine
Stiefschwester Jettchen, damals fast zehn Jahr alt, und mein
vierjähriger Bruder Ernst hatten geweint: ich — so erzählte
man mir oft zu meinem Grame — hatte den Kuß kaum ab=
gewartet und mich schäkernd hinter meine Geschwister versteckt.
„Fritz, Fritz," hatte meine Mutter lächelnd gesprochen, „du bist
und bleibst ein loser Junge! nun, lauf nur, lauf!"

Was ich vom Himmel und von der Auferstehung gehört, gab mir verworrene Gedanken, als werde die Mutter wol bald erwachen und wieder bei uns sein. Einige Zeit nachher sagte mir mein sehr viel verständigerer Bruder, als wir auf einem Stuhle knieend dem abendlichen Zuge der Wolken nachsahen und von der Mutter sprachen: „Nein! die Auferstehung ist etwas ganz Anderes!“ Aber bald nach ihrem Begräbnißtage — es war Sonntag — spielte ich Abends vor der Hinterthür des Hauses, und ein Bettler sprach mich an. „Die Mama ist gestorben“, rief ich, und entlief der Wärterin durch beide Höfe, um meinen Vater aufzusuchen, den ich traurig in seiner Stube sitzend fand. Er nahm mich und meinen Bruder bei der Hand und weinte. Das war mir fremd. „Also auch der Vater kann weinen, der doch so alt ist.“ — Ueberhaupt kam mir mein Vater, der doch damals kaum siebenundvierzig Jahre alt war, immer alt vor, weit älter, als z. B. ich in jetzt fast gleichem Alter auszusehen glaube. Aber in dem frühen Alter sehen Kinderaugen das Meiste anders, und überdem hatte mein Vater finstre Augenbrauen, wie mir denn auch etwas Aehnliches zu Theil worden ist.

Sechs Monate nach meiner Mutter Tode nahm mein Vater seine Schwester zu sich, und hierdurch änderte sich Manches in unserm Thun und Treiben. Es war nicht mehr so stille bei uns als vorher. Süß ist mir noch jetzt die Erinnerung an die Erzählungen, mit welchen unsre Tante — von uns und aller Welt „Frau Muhme“ genannt — uns in den Abend= stunden unterhielt. Sobald es dämmerte, zerrten wir sie mit Gewalt in ihren Stuhl, ringsum auf Stühlchen saßen wir Kinder und horchten auf. Von der Heimat unsres Vaters, von Leipzig, von unsern Groß= und Urgroßeltern ward hundertmal erzählt, und damals schon sehnte ich mich Leipzig zu sehen, dessen Messen ich mir, sonderbar genug, wie eine große Treppe mit Papier behangen vorstellte.

Unbeschreibliches Vergnügen genossen wir, wenn wir Abends bei Mondschein den Zug der Wolken betrachteten. Ein Fenster hatte die Aussicht auf den Berg und Gehölz. In jeder Wolkenform erblickten wir Menschen= oder Thiergestalten. Das Halbschauerliche erhöhte den Reiz; — und als ich im sechzehnten Jahre zum ersten Male Offian las, und seine düstre Welt mit ihren Geistern, Nebeln und Gebilden vor mir vorüberging, da war ich wieder im Geist an jenem Fenster. So auch, wenn ich das Gedicht las: „Jetzt zieh'n die Wolken, Lotte, Lotte! x."

Oft wurden auch von Besuchenden, wie ehedem fast in jeder Kinderstube, Geister= und Gespenstergeschichten erzählt, an denen wir uns nicht satt hören konnten. Dennoch und ungeachtet mancher Erzählende selbst daran glaubte, ist zu keiner Zeit meinem Bruder und mir ein Gedanke auch nur von Wahr= scheinlichkeit des Erzählten beigegangen. Nie glaubten wir an Außernatürliches, schon als fünfjährige Knaben stritten wir gegen Aberglauben. Dies verdankten wir unsrer Stiefschwester Jettchen, einem Mädchen von seltenen Geistesgaben. Sie stellte uns in einfachen Worten die lächerliche Seite der Märchen dar. Nichtsdestoweniger hatte das Schauerliche große Macht über uns, und wir waren oft in Angst, wenn wir genöthigt wurden, im Finstern den langen Gang auf dem Vordersaal zu durchwandern.

Drei und ein halbes Jahr alt erhielt ich den ersten Unter= richt. Mein Bruder konnte fast schon lesen, indeß brachte ich es bald so weit, mit ihm ziemlich gleichen Schritt zu halten.

Ich wüßte nicht zu sagen, daß wir M. Kretzschmar, unsern ersten Lehrer, geliebt hätten, denn er war zum Theil bizarr und theilte reichlich Kopfstücke aus. Es ist kaum glaublich, aber ich betheure es, daß ich im fünften Jahre schon mechanisch las, und dabei an etwas ganz Anderes dachte: z. B. an die Blumen in unserm Garten, an unsern kleinen Hund u. s. w. Meine eigenen Worte hallten mir wie fremd in meine Ohren. Daher war ich auch oft im Traume, wenn eine Frage an mich erging.

Nun folgte das Kopfstück, aber dann dachte ich wieder über das Kopfstück nach u. s. w. Woran lag es also? Daran unstreitig, daß unser Lehrer die jugendliche Seele nicht für den Gegenstand zu gewinnen wußte. Mein Bruder war eine höchst seltene Ausnahme stillen Ernstes, und wer weiß, wie oft er dennoch, wenn ich auf die Schraube gebracht ward, ebenfalls zerstreut gewesen sein mag? —

Im fünften Jahre fingen wir auch an das Lateinische zu lernen. Jettchen übersetzte schon flink den Cornelius und Phädrus, auch aus dem französischen neuen Testamente. Wir Jungen lernten frisch weg nach Langen's und Raussendorf's Grammatik, und längst schon machte ich, so nannten wir's, „kleine Exercitia", ehe ich klar wußte, was ich trieb. Deutlich erinnere ich mich, daß es mir wie Schuppen von den Augen fiel, als ich, bald sechs Jahr alt, erfuhr, „es sei die Sprache der alten Römer, die wir erlernten". So war damals der Unterricht fast allgemein damals beschaffen! —

Dennoch bin ich auch diesem Lehrer in mehrfacher Hinsicht Dank schuldig. Er lehrte uns richtig und gut lesen, und durch öfteres Recitiren schöner Verse — er dichtete selbst nicht übel — flößte er uns frühzeitig Geschmack an Wohlklang und Harmonie ein. Viel, sehr viel Lieder, Fabeln 2c. lernten wir auswendig. Auswendiglernen! ein jetzt veraltetes Wort, stand damals häufig in den Lectionsplänen, und hierdurch ist mein Gedächtniß so stark geworden. Wir wurden geübt, in einer Viertelstunde ganze Seiten zu memoriren, und oft lernte ich später beim Anziehen acht, zehn, auch zwölf Strophen. Kurz, im Ganzen genommen nach damaligem Standpunkte der Pädagogik, war bei allen Mängeln nicht übel für uns gesorgt. — Auch das Herz blieb nicht unbedacht. Fedderssen's Leben Jesu war eine unserer Lieblingslectionen: dem Religionsunterricht lag Feder's Lehrbuch zum Grunde, welches noch heut unter die guten gehört. — Unser Gefühl für das Anmuthige und Schöne warb noch auf andre Weise erweckt und erzogen. Damals machten die Weißischen Operetten mit Hiller's Composition großes Aufsehen. Kretzschmar spielte fertig das Clavier, und noch fertiger Violine. Meine Schwester Jettchen spielte ganz leiblich vom Blatte. So wurden nach und nach fast alle Weißischen Opern durchgespielt und durchgesungen, in die leichtern Arien stimmten wir Jüngeren nach dem Gehör ein. Mein Vater selbst hörte, bisweilen einstimmend, mit Vergnügen zu.

So verging mancher Herbst= und Winterabend. Traute Scenen der Häuslichkeit, wo seid ihr geblieben in den meisten Familien? Jammerlectüre, Ressource, Spiel tauschte man gegen euch ein!

Was wir von Gedichten lernten, declamirten wir Abends dem Vater, der Muhme, ja im Nothfall den Mägden vor: Stellen, die man uns erklärt hatte, erklärten wir dann wieder. Dies alles vereint erregte in mir die ersten Gedanken, mich den Studien zu weihen und anfangs den Wunsch, Prediger zu werden.

Der Gespielen hatten wir mehre. Es war allgemeine Sitte, daß Kinder zu Kindern Sonntags gebeten wurden, oder sich anmelden ließen. Man blieb Abends zu Tisch und gewöhnte sich an Artigkeit gegen Erwachsene. Mich, als den Kleinsten unter allen, nahmen gewöhnlich die Hausväter und Mütter an ihre Seite. Ueberall herzliche Freundlichkeit. Auch diese Sitte ist — wenigstens in dieser Form — fast verschwunden. Den Alten mochten wir vielleicht bisweilen nicht ganz gelegen erscheinen, aber gewiß selten! Auch mein Vater sah es gern, wenn Kinder, oft sechs bis acht an der Zahl, zu uns kamen. Und damals blühte überall die Handlung. Gern gaben die Alten dem fröh= lichen Völkchen ein Abendbrod, sie spielten auch wol selbst mit. So freuten wir uns Montags sehr auf den nächsten Sonntag. Ist es ein Wunder, wenn ich noch jetzt mit Wonne an jene seligen Tage denke, deren Erinnerung mich anweht wie ein lebender Blumenduft!

Bei aller jugendlichen Fröhlichkeit war ich doch oft sehr ernst gestimmt. Von unsrer Mutter, die damals drei Jahre tot war, ward oft gesprochen. Sterbelieder hatten wir in Menge gelernt, und ich dachte sechs Jahre alt gewiß öfter an Tod und Unsterblichkeit, als mancher Jüngling, mancher Mann. Was aus dem Thiere nach dem Tode werde, daran hatte ich bis zu meinem fünften Jahre nicht gedacht. Da sah ich einen kleinen toten Hund im Stadtgraben und fragte unsern Lehrer. „Mit den Thieren ist's aus", erwiderte er, welches mich unbeschreiblich traurig machte. Es war ein Sonntagabend, ich erzählte es unserer Pflegerin und weinte bitterlich.

Zu Ostern 1780 kam unser neuer Lehrer. Er besaß gute Kenntnisse und lebte sehr still und eingezogen, da er sich im Geheim zu den Herrnhutern zählte. Wir hingen mit inniger Liebe an ihm, denn er widmete sich uns ganz. Mit keinem Menschen gingen wir lieber spazieren, und alle seine Gespräche waren belehrend, meist religiös. Das Streben, uns seinen Hang zu jener Sekte, die mein Vater haßte, zu verbergen, gab seinen Worten etwas Geheimnißvolles. Unsre Sitten gewannen viel durch ihn. So entwöhnte er uns, leichtsinnig Gott oder Jesum zu nennen, und bei seinem Abgange nach zwei Jahren waren wir hierin so fest begründet, daß wol Monate vergingen, ehe uns jener Mißbrauch einmal entschlüpfte. Geschah es dennoch, so büßten wir es im Stillen durch bittere Reue ab. Das fröhlichste Spiel verließen wir und beteten recht herzlich. — Freilich neigten wir uns endlich selbst zur Frömmelei hin, denn alle Weltlust ward verdammt, oder man sah schädliche Zerstreuung. Sogenannte Lesebücher, die an Romane auch nur angrenzten, taugten nichts. Selbst Gellert wurden seine Schauspiele als Jugendsünde angerechnet. Spiel — Bälle — weltliche Concerts — Werkstätte des Teufels! Nur Oratorien passirten. Komödien waren nun vollends die Sünde wider den heiligen Geist. Mein Bruder, ohnehin zur Schwermuth geneigt, ward weit stärker von diesen Meinungen ergriffen, er weinte oft im Stillen um seine Sünden, wie er sagte. Ich beneidete ihn deshalb, hielt mich für einen Unwürdigen, ihn für ein Kind Gottes: aber mit allen Anstrengungen wollte es mir nicht gelingen „so correct zu sein"! — Stets freute ich mich schon wehmüthiger Rührungen, die mein weiches Herz oft ergriffen.

Dennoch, dennoch bleibt dir mein Dank geweiht, du guter, redlicher Lehrer! Du warst der treueste Hirte deiner kleinen Heerde! Er lebt noch, den Achtzigen nahe. Seit dreißig Jahren sah ich ihn nur einmal, er schrieb mir aber im vorigen Jahre, als mein Bruder entschlafen war, voll Treue und Frömmigkeit. Ein Traum, auf Träume hielt er viel, hatte ihn am Sterbetage meines Bruders, „seines Ernst's", in unser Haus geführt. Rührend ist es zu lesen, wie er mir versichert, seine Ueber= zeugungen seien dieselben noch, wie vor vierzig Jahren. —

Noch erinnere ich mich einer seligen Stunde. Er ging mit uns um die Stadt spazieren und der Abendstern blinkte freund= lich. „Was mögen die Leute dort oben wol machen?" sagte der Lehrer. Das war uns neu! Wir staunten freudig bewegt, als er uns sagte: es sei möglich, wahrscheinlich sogar, daß Gottes Güte auch andere Sterne lebenden, denkenden, ihn an= betenden Geschöpfen zum Wohnplatz angewiesen habe. Erfreut, erhoben, getröstet kehrten wir zurück. Es war das Gegenstück zu jener Traurigkeit, die mich befiel, als ich hörte, mit den Thieren sei's aus! —

Am Weihnachtsabende 1750 starb unsere geliebte Schwester Jettchen im vierzehnten Jahre. Neun Tage vorher spielten wir fröhlich, als sie plötzlich über Leibschmerz klagte. Der Arzt nahm es leicht, und wahrscheinlich ward die wahre Ursache verkannt. Nach sieben Tagen verfiel sie sichtlich und ward toten= bleich und matt. Sie verließ zum letzten Mal ihr Lager, um uns unsere Schreibbücher zuzureichen. Dennoch schien man ihren Tod nicht zu ahnen. Ach! er erfolgte am Weihnachts=

abend früh um vier Uhr. Man weckte uns, sie noch einmal zu sehen. Laut weinend stürzten wir auf sie zu. Sie kannte uns nicht. „Gute Nacht! Jettchen!" riefen wir, und mein Vater betete weinend. Unser Lehrer stand neben der Sterbenden und betete: „Nun nimm mein Herz und alles, was ich bin, von mir zu dir, du liebster Jesu hin!" (Aus dem Kottbuser Gesangbuch.)

Sie verschied unter diesem Flehen und lag da in himmlischer Heiterkeit. Meine kleine dreiundeinhalbjährige Schwester Riekchen kam hinzu und sagte zur Leichenfrau: „Wenn ich sterbe, so lege sie mich auch in solch ein weißes Tuch, wie meine Jettel." Und siebenzehn Jahre nachher that es dieselbe Frau!

Abends sollten wir nun die Weihnachtswünsche sagen. Jettchens Wunsch übergab mein Bruder, wie sie ihn — sehr schön — geschrieben. „Euer Vordermann fehlt", sagte weinend mein Vater. Am dritten Feiertag ward sie begraben. Sie lag im weißen Gewande mit blaßrothen Schleifen, einen Kranz im braunen Haar, ein kleines Krucifix in der Hand. „Schlaf wohl," rief unsere alte Pflegerin, „bis dein Heiland dich weckt!" Wir konnten nicht sprechen, wir schluchzten nur. Oft erschien mir mein heißgeliebtes Jettchen im Traume, immer geschmückt, still und ernst. Einst bot sie mir einen Kranz. Dies nahm man als Zeichen, daß ich sterben würde, als ich bald nachher ernsthaft krank ward. Aber seit meinen Kinderjahren ist mir's nur einmal so gut geworden, von ihr zu träumen! Sie liebte mich zärtlich! Vorzugsweise sogar!

Unsern Schmerz milderte die Zerstreuung, die uns ein neuer Bau meines Vaters gewährte. Ein neues Gartenhaus, Erweiterung und gänzliche Umgestaltung des Gartens, hatte mein Vater schon längst gewünscht. In weniger als zwei Jahren war alles vollendet, und nun wurden die meisten Sommerabende dort zugebracht. Der Garten war früher schon unser Tummel= platz, und nun ward er vergrößert. Welche Lust, als wir beim

Heben des neuen Gebäudes zum ersten Mal im Freien das
Abendbrod aßen! Und wenn wir vollends bis zehn Uhr draußen
blieben und unter dem Sternhimmel umherzogen, oder mein
Vater kleine Feuerwerke abbrannte! —

Im Mai 1782 verließ uns unser guter Lehrer, der das
Rectorat in Seidenberg erhalten hatte. Unser Schmerz war
groß, sehr groß! Er segnete uns: „Haltet ernst an der Lehre,
die ich Euch gegeben habe! fürchtet Gott und es wird Euch wohl
gehen!" Dies waren seine letzten Worte. Ich warf mich auf's
Bette und weinte ins Kissen.

Mein Vater war ein streng rechtlicher Ehrenmann. Aus
bitterer Armuth hatte er sich durch eigene Anstrengung zum
Wohlstande erhoben. Rastlos thätig, dachte er nur darauf, seine
Handlung zu behaupten, zu erweitern, vielen hundert Fabrikanten
Erwerb zu verschaffen, und uns, seinen Kindern, ein unab=
hängiges Leben zu sichern. Er arbeitete täglich zehn, oft wol
auch eilf Stunden, nur seine Baue zogen ihn bisweilen auf
einzelne Stunden ab, sonst nichts in der Welt. Er war zum
Kaufmann geboren, aber in einem bessern Sinn: kleinliche
Nebenvortheile verschmähte er, und ich glaube, es wäre ihm
unmöglich gewesen Detailhändler zu sein. Nie benutzte er die
häufige Gelegenheit, durch Concursvermittelung reicher zu
werden; er wandelte stets auf grader Bahn, und konnte zürnen,
wenn seine Diener auf den Messen in seiner Abwesenheit die
Käufer übertheuerten. — Einfach, wie die Grundsätze seines
Lebens, war sein Aeußeres. Die Mobilien blieben fast un=
verändert: das ererbte Silberzeug behielt seine Form: nur auf
feines Tuch hielt er und auf guten Rheinwein. Frugal war sein
Tisch: die hohen Festtage abgerechnet, stets nur ein Gericht;
Abends oft nur Kartoffeln oder Rettig. Wein nur Sonntags,
außer im Sommer Abends auf dem Garten. Tractamente etwa
jährlich eins, dann ließ sich aber Vater Haupt nicht schimpfen.
Champagner konnte er nicht leiden, dieser kam sehr selten.

Dagegen alter Rheinwein, Ungar und Bischof von Burgunder. Sonntägliche Spaziergänge ins Feld, dann und wann eine Spazierfahrt unterbrachen die sich immer gleiche Lebensweise. Uebrigens war er gastfrei; sehr oft kamen auswärtige Handels= freunde, und die Lieblingsfactors nahm er von der Schreibstube nicht selten zum Mittagsmahl mit. Er sah es gern, wenn Bekannte ihn Abends auf dem Garten besuchten. Er politisirte gern und hatte oft einen richtigen Blick in die Zukunft. So ernst er war, konnte er doch sehr heiter sein und scherzte oft mit uns. Er war freigebig in hohem Grade, gab auch den Armen viel und unterstützte gern thätige Leute. Bisweilen überraschte ihn eine große Abneigung gegen den Gelehrtenstand, daher er nicht selten gegen das Stammbuchtragen der Schüler eiferte; dennoch gab er nie unter 1 Thlr. 8 Ngr., oft das Doppelte, ja Drei= und Vier= fache. Alles Großthun war ihm fremd, verhaßt jede Prahlerei mit Reichthum. Hörte er, daß seine Zunftgenossen eine solche Ostentation zeigten, so lächelte er höchstens satirisch; und nur selten, wenn es die Prahler allzutoll machten, konnte er sagen: „Es ist noch nicht aller Tage Abend“, oder: „Was der Mann nicht alles hat!“ allenfalls höchstens: „Nun, so ganz klein bin ich doch auch nicht!“ — Er war streng religiös, doch ohne Aber= glauben, gegen den er, sowie gegen Pfaffenthum, Priesterstolz und Gleisnerei laut eifern konnte. Er dachte über die wichtigsten Dinge heller, als er selbst wußte, ja er erschrak gleichsam, wenn er sich selbst auf zu freien Ansichten, wie er meinte, ertappte. Rührend war mir's, als er einst in Leipzig während meiner Studienzeit über das Beichtwesen sich freimüthig äußerte, und einlenkend mit großer Bescheidenheit sagte: „Doch, ich rede wol zu viel, Fritz? ich weiß, daß ich kein tiefdenkender Mann bin.“ Er hatte als Jüngling selbst in Wolf's philosophischen Schriften gelesen, aber ihre Trockenheit nicht überwinden können. In seinen Urtheilen über Menschen traf er, wie man sagt, den Nagel auf den Kopf; doch war er, wie alle rechtlichen Seelen, oft kauſtiſch, oft ſcharf und bitter. Hatte er einmal geſagt: „Der Kerl taugt nichts!" ſo blieb es auch hierbei.

Bei ſeinen übergroßen Geſchäften, wobei ihm kein In-telligenter, ſondern nur Maſchinenmenſchen aſſiſtirten, ſahen wir ihn freilich wenig. Er mußte uns dem Hauslehrer und dem weiblichen Perſonal anvertrauen. Daher kam es auch, daß wir mehr Ehrfurcht für ihn empfanden als trauliche Zärt-lichkeit. Doch liebten wir ihn von Grund der Seele, und ſeine Grundſätze, ſeine Lehren, ſein einfaches Leben wirkten wohlthätig auf uns.

Unſre Tante hatte zwar ihre guten Stunden, doch gelang es ihr nie, ſich unſre volle Liebe zu erwerben. Die Zänkerei mit den Mägden widerte uns um ſo mehr an, je mehr die abwechſelnde Vertraulichkeit dagegen abſtach: ſie war Meiſterin darin, die verbrüßlichen Augenblicke des Vaters zu ihren Zwecken zu benutzen. Aber alles dieſes wandte ihr unſer Herz doch nicht ab, da ſie uns eigentlich kein Leid anthat, oft ſogar ſich unſer gegen Mißhandlung des neuen Lehrers annahm. — Es lag nur daran, daß ſie nicht geeignet war, kindliche Herzen zu feſſeln. Hierzu kam ihr Haß gegen unſere Pflegerin, an der wir mit voller Seele hingen, da ſie uns vier mutterloſen Waiſen ohne irgend einigen Beiſtand auferzog. Aus einem beſſern Stande, — ihr Mann hatte große Rittergüter bei Wernigerode in Pacht gehabt, — war dieſe durch Krieg, Plünderung und eine Kette von Unfällen verarmt, ihr Mann war geſtorben und ihre Kinder waren theils in die Welt gegangen, theils bei Verwandten unter-gebracht. Sie war ein vorzüglicher Weiberkopf, hatte klaren Verſtand, unendliche Gutmüthigkeit, Heiterkeit und treffenden Witz. Wenn es wahr ſein ſollte, daß auch ich bisweilen launige Einfälle habe, ſo gebührt ihr an der Ausbildung der Anlage beſtimmter Antheil. Wol erinnere ich mich, daß ich halbe Stunden lang mit ihr bonmotiſirte, ganze Allegorien wurden durchgeführt. „Mit dir kann man doch ſpaßen", mit dieſer

Censur warb ich oft belohnt. Dabei war sie anstellig zu tausenderlei Dingen und wußte stets Rath. Sie war den Stillen im Lande ebenfalls nicht abgeneigt, welches durch ihre großen Leiden, deren Kelch sie in vollem Maße leeren mußte, erklärbar warb. Aber ihr Herz war rein und fromm, und sie erhielt in uns noch den Eindruck von unseres früheren Lehrers Er= mahnungen, als sein Nachfolger durch Lehre und Wandel sie fast ausgerottet hätte. Mehre ihrer Verwandten, auch ein Schwieger= sohn, waren Wundärzte gewesen, und sie hatte als Mädchen schon hierin Beistand geleistet. Daher besaß sie mehr als ge= wöhnliche Kenntnisse, und ein Chirurg erstaunte, als sie meines Bruders Fuß, den er sich ausgefallen, geschickt wieder einrichtete. Die Osteologie verstand sie vollständig. Freilich mochte sie sich bisweilen zu viel zutrauen; indeß heilten doch ihre Mittel sehr bald, und als die Chirurgen vier Monate an einer Quetschung, die meines Bruders Fuß bei jenem Unfall erlitten, vergeblich kurirten und vom Knochenfraß sprachen, schüttelte sie den Kopf. Jene wurden fortgeschickt, und in vier Wochen war der Fuß geheilt.

Das Publicum traute ihr sogar Schwarzkünstelei zu; aber wir wußten, woran wir waren. „Ich hab' es meiner Frau ge= schworen (unserer Mutter), für euch mein Leben zu lassen, wenn ich euch nützen kann, und ich werde halten, was ich an ihrem Sterbebette gelobte!" Friede sei mit ihrer Asche! ihr Wunsch, unfern ihrer Frau zu ruhn, ist erfüllt worden! „Kinder! wenn ich sterbe, nur eine Bitte! legt mich in die Nähe eurer Mutter; ach, wenn ich unter die Dachtraufe der Gruft komme, ich bin zufrieden!"

So sah es aus in unserm Hause, als der neue Lehrer auftrat — in Allem des früheren Gegenbild. Dieser einfach, schlicht und recht, das Böse meidend, jener ein leichter, luftiger Zierbengel, der — damals ein Wichtiges — mit der Lorguette spielte und steife Glanzstiefeln trug, selbst wenn er predigte.

Im Wiffen unter dem früheren, im Glauben felbft nicht wiffend, was er wollte. Jener wog die Worte, diefer fluchte fogar je und je ein wenig, und bald folgten feine Eleven ihm nach. Er tanzte, ritt, fpielte in der Karte rc. Summa ein ganz gewöhnlicher Magifter! Aufbraufend, hart, tyrannifch bei unfern Fehlern, oder vielmehr — denn in der Sittlichkeit arbeitete er nicht fonderlich — tyrannifch bei kleinen Verfehen in der Schule. Und wir lernten alle fehr gut, wußten mehr als alle unfere Gefpielen, deß bin ich ganz gewiß!

Viel fehlte nicht, daß er mir — den er vorzüglich hart behandelte, weil er meinen feurigen Sinn nicht verftand — die Wiffenfchaft verleidet hätte; indeß aus jener Härte fog meine Natur Honig. Ich hatte oft Unrecht erlitten, hieraus fchied fich das Gefühl für Recht in meiner Seele. „Beffer Unrecht leiden als Unrecht thun!" dies rief mir unfere Pflegerin oft zu. Und hieraus erblühte mein Eifer gegen Bedrückung, Gewaltthaten und Unrecht aller Art. Früh fchon empörte es alle Tiefen meiner Seele, wenn ich Schuldlofe mißhandeln, Leidende noch tiefer kränken fah von gefühllofem Uebermuth! Selbft der Schuldige war mir und meinem Bruder heilig, wenn er bereute. Alfo war es heilfam, unverfchuldet Härte zu erfahren! Und dennoch — fo verföhnlich ift die reine Seele des Kindes — haßten wir den Mann nur auf Augenblicke. Ein freundliches Wort von ihm, ein Lob und alles war vergeffen! —

Da mein Vater das ftille Wefen nicht ganz billigte, fo galt der neue Lehrer anfangs mehr bei ihm. Aber bald lernte er feinen Mann kennen, und Gott mag wiffen, wie mein Vater felbft fich von diefem werthlofen Menfchen fünf Jahre lang mißhandeln laffen konnte; denn er fchrieb ihm grobe Briefe, wenn etwa der Vater fich beigehen ließ, etwas zu tadeln! Zu klagen wagten wir nicht, und der Vater ftand doch nicht in eigentlich traulichem Verhältniß mit uns. Wir litten alfo im

Stillen, und oft nicht wenig! Oft hab' ich, im eigentlichsten Sinne, mein Brod mit Thränen im bittersten Genuß gegessen! Nachholen muß ich, daß mein erster Entschluß, Prediger zu werden, durch diesen Lehrer ausgerottet ward. „Jura, Jura!" rief er oft. Was das heiße, schwebte mir nur dunkel vor. Endlich auf einmal kam mir der Gedanke, als ich hörte, daß es auch juristische Professoren gebe. Nun blieb es dabei; mich zog also doch nur das Lehramt oder der Wunsch, öffentlich zu sprechen, an. Giebt es einen Beruf, so hätte ich also diesen gehabt! — Gehabt!

So flossen die Jahre 1782 bis 1786 hin. Im Anfang des Jahres 1787 ward mein Bruder, noch nicht vierzehn Jahr alt, nach Chemnitz auf ein Comtoir gebracht. Unaussprechlich schmerzlich war die Trennung. Wir liebten uns als Brüder, und so oft wir auch kleine Fehden hatten, woran ich mehr die Schuld trug als er, so ging doch nie die Sonne vor der Ver- söhnung unter. Nun folgt aber ein Hauptabschnitt meines Knabenalters.

Wol ist es schön, das Bild eines vollendeten Hauslehrers! Mehr als Vater und Mutter leisten können, bewirkt ein edler, frommer, einfach lebender Lehrer voll Einsicht und sittlicher Kraft; nur daß unter Hunderten kaum einer ein solches Ideal darstellt.

Eine Last sank von meiner Brust, als ich mich frei fühlte von dieses Lehrers Zuchtzwang! Ein nie empfundenes Gefühl klopfte in mir! ich ward halb schon zum Jüngling! War es Drang nach aufsichtslosem Herumtreiben? Zerstreuungssucht? oder jugendliche Ueberklugheit, die des Führers nicht zu bedürfen wähnt? Wahrlich, von allem diesem kam keine Gedanke in meine Seele! Es war das reine Bewußtsein erlittenen Unrechts, es war das treue Selbstgefühl, daß ich so schlecht nicht sei, als er in toller Laune mir oft vorgesagt hatte, es war die frohe Aussicht, selbstthätig anstreben zu können, es war die Begierde, zu zeigen, daß ich eines beengenden Gängelbandes nicht bedürfe. Noch erinnere ich mich des Abends vom 5. April 1787 — am grünen Donnerstage, — wie so schön die Sonne unterging und ich mit einem Gespielen aus freier Brust von dem neuen Leben sprach, das mir aufging.

Mein Vater übergab mich dem Unterrichte des Conrector Müller, und seines alten Hausfreundes, des Subrector Jary, und er that wohl daran.

Dem Conrector Müller danke ich das Meiste! — Aus tyrannischem Zwange trat ich in seine liberale Geistespflege. Seine Freundlichkeit, sein offenes, edles Auge, aus dem reine Herzensgüte sprach, zog mich beim ersten Gespräch an. Er verstand es, den Sinn für das Wissenschaftliche zu erhöhen. Gründlich war sein Wissen. Der römischen Sprache war er mächtig, in dem Griechischen nicht unerfahren, deutsche Reichs= geschichte, Staatengeschichte — und vor Allem Literaturgeschichte waren nebst der Geographie seine Lieblingsstudien. Er hatte wol nicht einen Feind.

Jary war nicht zum Schulmann geboren — aber nicht ohne Kenntnisse. Er hatte durch Fleiß errungen, was er besaß. Seine Methode war fehlerhaft, aber er meinte es treu mit seinen Schülern und sorgte für sie. Seine religiöse Ansicht war streng orthodox; ich weinte, als er sich über Sokrates' und Cicero's Seligkeit zweifelhaft ausließ! — Dennoch bin ich auch ihm Dank schuldig; er behandelte mich mit ernster Güte, und als er mich 1791 entließ, sagte der alte Mann weinend, im Vorgefühl, daß seine Laufbahn bald vollendet sei: „Leben Sie wohl! ich werde Sie nicht wieder sehen, leben Sie wohl, Sie der Einzige fast, der mich nicht gekränkt hat!"

Im August 1788 nahm ich zum ersten Mal an der Abend= mahlsfeier Antheil. Ernst blickte ich in die Höhe und sagte mir wiederholt Kretzschmar's Ode: „Laßt uns des Tempels heiliges Gewölbe jubelnd mit Hymnen unseres Dankes erfüllen! Unsicht=

bar schwebt hier Gottes Wohlgefallen, aber uns fühlbar!"
Freudig, den Himmel im Herzen, trat ich zum Altare! —
Dennoch, als ich Nachmittags auf einem einsamen Spazier=
gange mich prüfte, war ich unzufrieden mit mir. Was man
mir vom Verdienst Christi vordocirt hatte, blieb mir undeutlich,
das Grübeln hierüber schwächte also den Eindruck jenes Tages.
Ich plagte mich mit dem Begriffe des Versöhnungstodes, und
kein Lichtstrahl fiel in meine Seele. Dabei liebte ich die alten
Heiden Cicero, Plinius, Sokrates ꝛc. mehr wie manchen Christen
zusammt den Aposteln, mehr als alle Juden des alten Testa=
ments, da mir das Volk Gottes nie sonderlich gefiel. Und
doch sollte es zweifelhaft sein, ob Gott den Sokrates zum Erben
des Lichtes annehme? Was in aller Welt, dachte ich, konnte
mein armer Cicero dafür, daß er nicht später, nicht in Judäa
lebte?

So mühete ich mich ab — und war mehr traurig als
heiter.

Zur Michaelismesse 1788 nahm mich mein Vater mit nach
Leipzig, wohin auch mein Bruder kommen sollte. Freuden des
Wiedersehens! Kein Ausdruck vermag sie zu schildern! Meines
Bruders Principal gestattete ihm alle Nachmittage, auch manchen
Vormittag. Wir konnten uns daher satt sprechen. Bald nahm
ich wahr, daß mein Bruder viele freigedachte Schriften über
Religion gelesen hatte, vornehmlich auch Manches von Bahrdt.
Sein eignes Forschen führte ihn noch weiter. Mir machte
dies Kummer, denn Jary's strenge Orthodoxie hielt mich ge=
fangen. Doch war ich der Glücklichere. Denn bald nachher
gelangte ich auf wissenschaftlichem Wege zu hellerem Denken,
mein Bruder, sich selbst überlassen, schwankte hin und her,
welches noch in seinem reifen Alter wahrzunehmen war. Die
Frage: warum die Vernunft die Vernunft sei? die unlösbare,
hat meinem armen Bruder unsägliche Leiden bereitet. — Freilich
half mir mein leichterer Sinn, meine Phantasie, die mich zu den

Dichtern hinzog, auch überhaupt mein Gemüth über die dornen-
vollen Stellen der Grübelei hinweg. Bei meinem Bruder war
der Verstand überwiegend.

Drei selige Wochen verschwanden uns. Mir selbst ward
ein Vorgenuß der Akademie zu Theil, da studirende Zittauer
sich bemühten, mir den Aufenthalt angenehm zu machen. Das
Theater ward fleißig besucht; wir liebten Schauspiele leidenschaftlich, und hatten, wenn Schauspieler in Zittau waren, unter
Leitung des letzten Lehrers einen gewissen kritischen Blick üben
gelernt. Don Carlos ward gegeben — Agnes Bernauer —
Kaspar der Thorringer, tief blieben die Eindrücke in mir zurück,
und ich gestand mir nur leise, daß ich mich als Schauspieler gar
nicht übel befinden würde. Auch hier übte das öffentliche
Sprechen seinen Zauberreiz an mir aus. Wol hundert Mal
haben wir in jenen Jahren Komödie gespielt, oft aus dem Stegreif. Sonderbar, daß mich die alten Rollen, wie wir sie nannten,
vornehmlich ansprachen. Nur mit komischen mochte ich nichts
zu schaffen haben, die sich, sonderbar genug, mein Bruder nicht
selten wählte, obwohl er zu ernsten Rollen mehr Anlage hatte
und ihm, nach meinem Urtheile, die komischen sogar oft miß-
langen. Ein Freund spielte Soldaten-Rollen, an denen ich
einen Greuel hatte.

Heil dem öffentlichen Unterricht! Auch er hat bisweilen
Mängel, und leider sind oft Schulen Werkstätten der Ver-
führung! Aber wie wahr ist das Wort Quintilian's, daß die
Kinder die Fehler in die Schule aus dem Hause hineintragen!.
Groß ist wenigstens der Vorzug, daß öffentliche Anstalten unter
Aufsicht stehen, und daß Geistesfreiheit in ihnen mehr gedeiht
als bei Privatbildung, des durch Wetteifer geweckten und ge-
nährten Aufstrebens eigner Kraft nicht zu gedenken.

Die Wonnestunde schlug. Montags nach Oculi 1789
ward ich nach wohlüberstandener Prüfung durch den Director
Sintenis eingeführt. Ich wurde sogleich Oberprimaner —

Superior — an der dritten Tafel. Das erregte gewaltigen Neid und bereitete mir viel bittere Stunden. Ich, der ohne Falsch und Arges mit jedem es wohlmeinte, verstand nicht, was viele Primaner wollten. Endlich siegte mein gutes Benehmen, ich blieb mir immer gleich und verschmerzte viel. Ueberhaupt, lange währte es, ehe ich fassen konnte, was Neid sei, da kein Anflug davon in meine Seele kam. Mein klügerer Bruder, dem ich mein Leid klagte, schrieb mir: „Lies Gustav Lindau, oder der Mann, der keinen Neid vertragen will, von Meißner." Er hatte Recht und dennoch war ich fünfundbreißig Jahre alt, ehe mir das wahre Licht aufging.

Als jene Neidperiode überwunden war — und Müller sagte: „Sie sitzen, wo Sie hingehören, aber behaupten Sie auch Ihren Platz", — öffnete sich eine Reihe glücklicher Tage. —

Ostern rückte heran, ich prüfte mich und fand, daß ich fleißig gewesen war. Besonders bei Müller hatte ich in dem letzten Jahre viel gethan. Nur im Griechischen war ich, wie fast alle, zurückgeblieben, indeß konnt' ich mir doch forthelfen. In der Reichs= und sächsischen Geschichte war ich fest, in der Literaturkenntniß für einen noch nicht Siebenzehnjährigen stark; dagegen in Naturwissenschaften schwach, Physik ward nicht gelesen seit Jahren. In der außereuropäischen Geographie hatte ich Lücken. Am meisten wußte ich Lateinisch. Bogenlange Extemporalien schrieben die Fertigeren von uns fehlerlos nach, in zwei, drei Minuten ward hie und da an der Zierlichkeit gebessert, dann ward sofort vorgelesen. Diesen Uebungen verdankte ich die Fertigkeit im Lateinsprechen, die ich mir auf der Akademie sogleich aneignen mußte.

Die Zeit meines Abgangs auf die Akademie war gekommen.

Bei aller Fröhlichkeit hatte ich doch auch viel ernste, fast melancholische Stunden. Schon die Trennung von meinen Geschwistern, die ich alle mit inniger Liebe umfaßte, stimmte mich oft traurig. Besonders liebte ich die jüngste Schwester Friederike, so wie sie an mir hing. Zumal im letzten Winter waren wir unzertrennlich, es war, als ahnte ihr, daß wir frühzeitig getrennt werden würden für immer!

Mein Herz war rein, unangetastet von Lockungen, denen wie ich wol wußte, mehre Mitschüler sich hingaben. Schon damals beschloß ich, auf gleiche Weise auszubauern, dies darf ich jetzt nach dreißig Jahren wol sagen. Mein Hauptfehler war Jähzorn bis zur Schlagfertigkeit. Und aufbrausende Hitze ist ja noch die Kehrseite an mir! — Dabei war ich schon damals bitter in der Rüge fremder Fehler! Alles dieses und noch mehr sagte mir treue Selbstprüfung. Versöhnlich war ich immer, und mich zu rächen wäre mir unmöglich gewesen.

Mein Herz glühte für Freundschaft, Undank schien mir, wie noch heute, ein schwarzes Laster. — Um endlich auch ein Wort von Jünglingsgefühlen zu sagen, — für Mädchen-Anmuth war ich sehr empfänglich, aber nie überschritt ein verrätherisches Wort meine Lippen. Die Liebeleien der Schüler waren mir widerlich, wol aber konnte ich mich im Stillen dem Wunsche überlassen, daß weibliche Herzen mir hold sein möchten. Blaß und hager, wie ich war, zweifelte ich zwar oft ernstlich an der Möglichkeit.

Die stille Schwermuth, die aus dem Auge L. v. D. blickte, zog mich früher schon an; am liebsten sprach ich mit ihr, führte von den Gespielen meiner Schwester nur sie, wenn wir im Garten herumgingen. Aber sie verließ Zittau bald, und nie ist ein Wort meinen Lippen entflohen — und wie sollt' es auch? Im Jahre 1788 sah ich sie noch ein Mal, seitdem nie wieder.

Die ernsten Schulbeschäftigungen verdrängten jeden ähnlichen Gedanken, obwol man mich so gut als Andere vexirte, wenn ich mit einem Mädchen mehr als mit andern auf den Schulbällen getanzt hatte. Manchmal gab es freilich Augenblicke, wo ich aus Großthuerei mich stellte, als läge mir etwas an der Sache, wo doch ganz gewiß nichts war.

Aber bald vor meinem Abgange — auf einem Schulballe — kam ich mit Lorchen L., die mir mein Stern zur Begleiterin meines Lebens bestimmte, zum ersten Mal in's Gespräch. Schon damals gefiel sie mir so wohl! mit keinem Mädchen tanzte ich lieber und öfter. Es ward mir unheimlich, daß ich in einigen Monaten fort sollte! Auch der Klasse blieb der Eindruck nicht verborgen, man neckte mich. Ich sah finster vor mich hin. Selbst während mehr als sechsjähriger Abwesenheit trat ihr Bild oft vor meine Seele. Giebt es innere Stimmen, — so sprach hier eine!

Der Tag brach an, wo ich von Zittau Abschied nehmen sollte. Meine Geschwister sollten mich bis Leipzig begleiten. Mit Thränen schied ich von Müller, gerührt von allen Lehrern. Abends ging ich noch einsam in's Freie, der Abendhimmel glänzte, der Widerschein fiel auf die Gruft meiner Mutter. Thränen entstürzten mir: „Ja, Mutter! ich gelobe dir, gut zu sein!" — Schnellen Schrittes ging ich nach Hause. „Nun werden wir", sagte mein Bruder, „nicht mehr" — mit einander wandern, wollte er sagen, aber Thränen erstickten seine Stimme.

Wir schliefen wenig, sprachen fast die Nacht hindurch — und früh um vier Uhr rollten unsere Reisewagen aus Zittau."

So erzählt ein tüchtiger Mann aus der Zeit unserer Väter und Großväter von dem Knabenleben in Bürgerhäusern, ehrbar und ernsthaft mit strenger Sittlichkeit und nicht gemeiner Geisteskraft. Noch ist die Innigkeit des Gefühls mit einer Weichheit verbunden, die uns vielleicht einmal lächeln macht, vielleicht rührt. Es ist ein geschütztes Familienleben in sicherem Wohlstand, aber wie ernst ist dennoch die Empfindung des Kindes, wie arbeitvoll seine Tage! Schon dem jungen Knaben liegt in dem Lernen der größte Genuß, in dem Wissen, das er einsaugt, ein unversiegbarer Quell der Erhebung und Begeisterung.

Auch der hier erzählt hat, suchte den Inhalt seines Lebens in dem Familienleben, das er gründete, in seiner Amtspflicht, in Wissenschaft und Kunst. Großartig und tiefsinnig hat er alles erfaßt. Die Politik hat ihn nur verstimmt und erschüttert. Erst der nächsten Generation regte die Idee des Vaterlandes Leidenschaften auf, neue Kräfte weckend, Neues im Charakter herausbildend.

8.

Aus der Zeit der Zerstörung.

Wieder kam von Frankreich das Unheil, und wieder wuchs aus dem Kampfe gegen das Fremde ein neues Leben.

Es war nicht zum ersten Mal, daß der Nachbar im Westen der deutschen Volkskraft die tiefsten Wunden schlug und wider Willen neue Gewalt erweckte, welche ihn siegreich bändigte. Die Politik Richelieu's war der gefährlichste Gegner des deutschen Reichs gewesen, aber sie hatte mit der protestantischen Faction der Deutschen zugleich die Partei unterstützen müssen, in welcher der Lebensquell für alle spätern Neubildungen lag. Nach ihm beherrschte die französische Literatur durch hundert Jahre den deutschen Geist, und es schien eine lange Zeit, als ob die Akademie von Paris und die Dramen der Classiker unseren Geschmack ebenso unterjochen sollten, wie die Schneider und Perrückenmacher der Seine. Aber gegen die französische Kunst arbeitete sich in Zorn und Scham eine Poesie und Wissenschaft herauf, welche trotz ihrer weltbürgerlichen Tendenz echt national war. Jetzt sollte der Erbe der französischen Revolution gewalt-thätig das verfallene Haus des Reiches zerstören und auf den Trümmern als tyrannischer Gebieter schalten, bis die Deutschen den Entschluß faßten ihn wegzuschlagen, um selbst ihre irdischen Angelegenheiten in die Hand zu nehmen.

Schutzlos lag die Grenze gegen die andringenden Fremden. Nur am Nordrhein war preußisches Gebiet. Sonst den Strom

entlang grabe die geistlichen Fürsten und kleine Territorien ohne
jede Kraft des Widerstandes. Die vier westlichen Kreise des
Reiches, der oberrheinische, schwäbische, fränkische, bairische
waren es, welche der Norddeutsche spöttisch das Reich nannte.
Auch im Reich waren die geistlichen Territorien und Baiern
gegenüber Baden und Schwaben sehr zurückgeblieben. Das
Beispiel Friedrich's II. in Preußen und der Segen der Auf=
klärung hatte die meisten protestantischen Fürstenhöfe, — auch
der kursächsische gehörte dazu, — seit dem siebenjährigen Kriege
umgeformt. Häufig war größere Sparsamkeit, Ordnung im
Haushalt, ernste Sorge um das Wohl der Unterthanen sichtbar.
Mehre Regierungen konnten für Muster guter Wirthschaft
gelten, wie Weimar und Gotha, auch in den Familien einer der
großen Frauen des achtzehnten Jahrhunderts, der Herzogin
Karoline von Hessen, in Darmstadt und Baden war ein haus=
hälterisches mildes Regiment. Ja auch am Hofe des Herzogs
Karl von Würtemberg war es besser geworden. Er, der Seen
auf Bergen grub und durch seine Frohnbauern mit Wasser füllte,
der die Wälder mit bengalischer Flamme beleuchten und halb=
nackte Faune und Satyre darin tanzen ließ, hatte nach empfind=
lichen Lehren seit 1778, dem fünfzigsten Geburtstage, seinem
Volk versprochen sparsam zu werden, er hatte sich sogar seitdem
in einen sorfältigen Hausherrn umgeformt, unter welchem das
Land aufblühte. Selbst an den geistlichen Höfen war dieser
philosophische Sinn lebendig geworden; freilich wurde die
Thätigkeit eines aufgeklärten Herrn in Würzburg oder Münster
durch die unvertilgbare Herrschaft der geistlichen Aristokratie und
das wuchernde Pfaffenwesen sehr beschränkt.

Aber die Reichsstädte des Südens waren mit Ausnahme
Frankfurts in unaufhaltsamem Verfall, sie waren tief verschuldet,
ein verrottetes Patricierregiment verhinderte das Aufblühen
moderner Industrie. Noch erließ der Rath hochtönende De=
crete, aber der Senatus populusque Bopfingensis oder Nord-

lingensis, wie er sich in heroischem Stil nannte, war den Nachbarn eine Carricatur geworden. Das berühmte Ulm, die südliche Hauptstadt Schwabens, einst die Herrin des italienischen Speditionshandels, war so heruntergekommen, daß man annahm, sie müsse ihr Gebiet verkaufen, um sich vor dem Bankerott zu retten; auch Augsburg war nur ein Schatten früherer Größe, aus den fürstlichen Kaufleuten waren schwache Commissions-händler und kleine Wechsler geworden, es wurde behauptet, daß die Stadt nicht sechs Firmen enthalte, die mehr als 200,000 Gulden vermochten; die Kunstakademie der Stadt war nichts als eine Handwerkerschule, die berühmten Kupferstecher ver-fertigten schlechte Heiligenbilder für den Dorfhandel; unter den Einwohnern selbst brannte der alte confessionelle Haß immer noch auf, denn zweigetheilt umstand die Gemeinde ihr berühmtes Rathhaus, nirgend hatten die Parteien Friedrich und Maria Theresia so erbittert gefochten als dort. Selbst Nürnberg, einst die Blüthe und der Stolz des deutschen Volkes, krankte schwer an der alten bösen Zeit; mit ihren 30,000 Einwohnern war sie sehr unähnlich der alten Gemeinde, welche dreihundert Jahre früher ihre furchtbare Heeresmacht gemustert hatte; aber die Stadt war doch auf dem Wege, eine bescheidene Stellung unter den deutschen Märkten zu gewinnen, nicht mehr durch die Waffen und schönen Kunstsachen des alten Nürnbergs, aber durch aus-gedehnten Handel mit kleinen Waaren aus Holz und Metall, in denen immer noch etwas von der guten Laune und dem Kunst-sinn des alten Handwerks zu Tage kam.

Nicht besser stand es am Rhein, der großen Pfaffengasse des Reichs; dort lagen die Residenzen der drei geistlichen Kur-fürsten der Reihe nach stromab hinter einander. Im Kurfürsten-thum Mainz, welches seit alter Zeit nicht selten eine größere Selbständigkeit innerhalb der Kirche behauptete, hatten zwei aufgeklärte Regenten zwar einem Theil ihrer Geistlichkeit und den neueren Stadttheilen ein modernes Ansehn geben können;

aber an der alten Stadt und dem Handwerk war wenig von der neuen Zeit zu erkennen, und die Domherren, welche in Voltaire und Rousseau lasen, waren wenigstens für die Sittlichkeit der Bürger kein unbedingter Gewinn. Im schlechtesten Rufe aber stand das große Cöln; dort lagen die Düngerhaufen tagelang in den Straßen, es gab keine Straßenbeleuchtung, das Pflaster war elend, an finsteren Abenden war Gefahr für Hals und Beine, auch unsicher waren die Wege, mit lungerndem Lumpen-volk angefüllt. Denn die Bettler bildeten eine große Gilde, welche auf fünftausend Köpfe geschätzt wurde; bis zu Mittage saßen und lagen sie an den Kirchthüren, reihenweise, viele auf Stühlen, der Besitz eines solchen Stuhles wurde als eine sichere Rente betrachtet und dem Bettlerkinde als Aussteuer angewiesen; wenn sie ihre Stellen verließen, dann zogen sie in die Häuser, Mittagskost zu fordern, eine grobe, bösartige Bande*). Im Ganzen wußte man, daß die geistlichen Herrschaften den Bürger und Bauer verhältnißmäßig milt behandelten, auch der Militär-zwang belästigte dort wenig, daß sie aber für Industrie und die Bildung des Volkes wenig thaten.

Nach dieser Richtung war nächst ihnen Baiern berüchtigt, kein anderes Volk hat seitdem so große Fortschritte gemacht. Es war, wie um 1790 behauptet wurde, am meisten in Wohlstand und Sitte zurückgeblieben, die Städte sahen mit Ausnahme Münchens schadhaft aus und waren schwach bevölkert, Müßig-gang und Bettelei breitete sich überall, außer Brauern, Bäckern, Wirthen sollte es dort keine wohlhabenden Leute geben. Auch in München lungerten unzählige Bettler, dazwischen Haufen modisch geputzter Beamten, eine nationale Industrie fehlte, nur einige Luxusfabriken wurden durch die Regierung begünstigt.

---

*) Reise von Mainz nach Cöln im Jahre 1794, S. 222. — Briefe eines reisenden Franzosen 1784, II. S. 253. Beide Bücher find nur mit Vorsicht zu benutzen.

Es sei für Baiern, hatte vor kurzem eine bairische Monats-
schrift behauptet, Fabrikthätigkeit und dergleichen überhaupt
nicht wohl thunlich, weil der Strom des Landes auf Oesterreich
zu gehe, und eine Concurrenz mit den kaiserlichen Erblanden doch
nicht möglich sei. — Die blühendsten Länder in Deutschland waren
nächst kleinen Territorien an der Nordsee, damals Kursachsen
und die Gegend des Unterrheins bis zur westfälischen Grafschaft
Mark; noch jetzt hat sich dies Verhältniß nicht sehr geändert.

Wer im Reich wohnte, dem waren die im Norden ein ent-
legenes Volk, und es war ihm geläufig, Preußen und Oesterreich
als fremde Mächte zu betrachten.

Vom Volk in Oesterreich wußte der Bürger im Reiche
wenig. Selbst der Baier, dem der Lauf seiner Donau die
Augen nach Wien zog, verkehrte nicht gern mit den Nachbarn,
denn der Haß, welcher Grenzleute so leicht trennt, stand zwischen
Baiern und Oesterreichern in voller Blüthe, lieber blickte er noch
über die Berge nach Tirol; der Sachse handelte angelegentlich
mit den Deutschen im nördlichen Böhmen, was darüber hinaus-
lag, kümmerte ihn nicht, es war ein fremdes Geschlecht, noch von
alten Kriegen her übel berüchtigt. Anderen Deutschen waren
„böhmische Berge" und unbekanntes Land gleichbedeutend. Die
Landsleute aber, welche die Donau entlang zwischen Czechen
und Mähren, Italienern und Slovenen, Magyaren und Slovaken
saßen, waren von kräftigem Stamm, altes Germanenblut; ihnen
hatte der dreißigjährige Krieg ihre stattliche Haltung und die
Schönheit des Leibes wenig beeinträchtigt, aber ihre eigenen
Landesherren hatten sie von Deutschland entfremdet. Mit den
Ketzern, welche dort getötet und verjagt wurden, war auch die
Rührigkeit und Bildung der Zurückbleibenden verscheucht. In
der großen Hauptstadt Wien pulsirte ein reiches genußfrohes
Leben. Wer sich lustig machen wollte, zog dorthin, Ungarn,
Böhmen, Adel aus dem Reich. Den Wienern lag Deutschland
außerhalb, sie dachten wenig daran.

Freilich der Herr von Oesterreich war auch deutscher Kaiser. An den Posthäusern im Reich hing der Doppeladler, und wenn der Kaiser starb, wurde nach altem Herkommen von den Kirch=thürmen die Trauer geläutet. Wer ein Wappen suchte oder um Standesrechte haberte, lief nach der Hofburg. Sonst sah das Reich nichts vom Kaiser und seiner Herrschaft. Wenn die Soldaten der Reichsfürsten mit den Oesterreichern und Preußen zusammenkamen, wurden sie als schlechteres Volk verhöhnt, die „österreichischen Kostbeutel" und der „schwäbische Kragen" haßten einander grünblich; wenn die Oesterreicher eine Schlappe erhielten, so freute sich niemand mehr, als die Contingente aus dem Reich.

Auch unter einander lebten die Unterthanen der kleinen Herren nicht im guten Frieden. Bei Messen und Jahrmärkten, wo mehre Grenznachbarn zusammenstießen, waren Schmähworte und Schläge gewöhnlich; der Mainzer schlug auf den Pfälzer, und als die Franzosen in Kur=Mainz hausten, freuten sich schlechte Pfälzer und Darmstädter über das Leid der Nachbarn*).

Die Masse des Volkes im Reich lebte still vor sich hin. Der Bauer that seine Dienste, der Bürger arbeitete. Beiden war es ärger gegangen als grade jetzt, es war kein schlechter Verdienst im Lande. Kam ihnen ein milder Herr, so dienten sie ihm williger; die Städter hingen an ihrer Stadt, an der Landschaft, deren Mundart sie sprachen, sie hatten häufig auch Anhänglichkeit an ihren kleinen Staat, der fast alles umschloß, was sie kannten, und dessen Hilflosigkeit sie nur unvollkommen verstanden. Als er ein Nichts wurde, wußten sie nicht mehr, was sie waren, und frugen einander neugierig und bekümmert,

---

*) Schilderung der jetzigen Reichsarmee. 1796. 8. — Die interessante Schilderung ist oft benutzt, aber sie ist nicht grade zuverlässig. Verfasser ist jener Laukhart, ein zuchtloser Theologe, der als Musketier im Regiment Thabben die Rheincampagne mitmachte. Seine Selbstbiographie ist ebenso lehrreich als widerwärtig.

was sie jetzt werden sollten. Es war ein altes, stilles Elend! — Allerdings durch die neuen Ideen, welche von Frankreich herüberkamen, wurden sie etwas unruhig, es war dort Vieles besser als bei ihnen, sie hörten wohlgefällig auf fremde Emissäre, sie steckten die Köpfe zusammen, sie beschlossen vielleicht des Abends einmal abzuschaffen, was sie ärgerte, sie setzten auch Bittschreiben an ihren gnädigen Landesherrn auf. Die Bauern wurden hier und da schwieriger. Aber so lange die Franzosen nicht selbst kamen, war die Bewegung doch nur ein leichtes Wellengekräusel. Und als der Franzose Custine Mainz erhalten hatte, ließ er die Zünfte zusammenrufen, jede sollte einen Constitutionsentwurf einreichen. Das geschah. Die Perrücken= macher reichten ein: „Wir wollen aussterben bis auf fünfund= dreißig, und der Krebs (so hieß ein Meister) soll unser Rathsherr sein." Die Lohnkutscher erklärten: „Kein Brückengeld wollen wir mehr bezahlen, dann mag unsertwegen Kurfürst sein, wer da will!" Einer Republik und Verfassung hatte keine Zunft gedacht. Das war der Standpunkt der Kleinen aus dem Reich im Jahr= hundert der Aufklärung.

Die Leute im Reich wußten wol, daß ihre geringe Kriegs= tüchtigkeit ein Spott der Größern war. Und es war natürlich, daß in den kleinen Staaten sich kein kriegerischer Geist regen konnte. Widerwillig setzen sie ihre Regimenter aus fünf, zehn und mehr winzigen Contingenten zusammen, Soldaten und Officiere in demselben Regiment zankten feindselig mit einander, kaum daß die Uniformen dieselbe Farbe hatten, das Commando gleichlautend wurde. Der Bürger selbst verachtete seine Soldaten. Mit Hohn wurde erzählt, daß die Mainzer Soldaten auf ihren Posten Pflöcke für die Schuster schnitten, daß die Wache zu Gmünd vor jedem gutgekleideten Spaziergänger, Mann oder Frau, präsentire und dann den Hut ausstrecke und um eine Gabe bitte, daß die Uniform auch der Officiere höchlich verachtet sei und von jeder Gesellschaft ausschließe, daß die Frauen und Liebchen der

Officiere mit Kind und Kegel in das Feld zögen, dann wie elend Waffen und Disciplin und wie unvollständig das Kriegsmaterial sei. Es war allerdings ein großes Elend, und es lag aller Welt sichtbar zu Tage. Unter den Regimentern des Reichs waren die schlechtesten Truppen der Welt. Aber es waren auch bessere Compagnien darunter, überall einzelne tüchtige Officiere. Und selbst aus dem schlechten Material vermochte ein fremder Sieger kurz darauf gutes Kriegsvolk zu bilden, denn der Deutsche hat sich immer brav geschlagen, wo er gut geführt wurde. Auch standen außer den Preußen noch andere kleinere Heerkörper in wohl-verdientem Ansehen: Sachsen, Braunschweiger, Hannoveraner, Hessen.

Im ganzen war die Heereskraft Deutschlands gar nicht ungenügend, sie konnte wol die einzelnen schlechten Bestandtheile übertragen, und sie vermochte es nach Zahl und Tapferkeit mit jedem Heere der Welt aufzunehmen. Was damals verdorben hat, war nicht die Reichsarmee, sondern Zwietracht und schlechte Führung.

Seit 1790 brach das Verderben über das Reich hinein, Welle schlug auf Welle von Westen nach Osten.

Zuerst fielen die weißen Möven der Bourbonen, Vorboten des Sturmes, in das Land: die Emigranten. Mancher wackere Mann war darunter, die große Mehrzahl, welche dieser ganzen Menschengattung Farbe und Ruf gab, nichtswürdiges und ruch-loses Gesindel. Wie eine Pest verdarben sie die Zucht der Städte, in denen sie sich niederließen, die Höfe der einfältigen kleinen Souveräne, welche sich geehrt fühlten die vornehmen Abenteurer aufzunehmen. In Coblenz, der Residenz von Kur-Trier, wurde ihr Hauptlager. Dort drang zuerst ihre Sitten-losigkeit Verderben bringend in die Familien, auflösend in alle Fugen des kleinen Staates. Sie waren Flüchtlinge, welche die Gastfreundschaft eines fremden Landes genossen, aber mit buben-hafter Frechheit mißhandelten sie, wo sie die Stärkeren waren,

den deutschen Bürger und Bauer, wie den thörichten Edelmann,
der in ihnen das galante Paris verehrte. Als Veit Weber, der
wackere Verfasser der „Sagen der Vorzeit“, auf einem Rhein=
schiff ein französisches Lied über die Genügsamkeit summte mit
dem Refrain: „Vive la liberté“, zogen Emigranten, welche die
Reise mitmachten, gegen ihn und seine unbewaffneten Begleiter
die Degen, mißhandelten sie mit der flachen Klinge, legten ihnen
Stricke um den Hals und zogen sie nach Coblenz, wo sie des
Geldes, der Pässe beraubt, und mit ihren Wunden, ohne Verhör,
eingesperrt wurden, bis ihnen die ankommenden Preußen Be=
freiung brachten*). Und neben solcher brutalen Gewalt schleppten
die Emigranten auch Laster, welche bis dahin dem Volke fast
unbekannt waren, ekle Krankheiten, vornehme Niederträchtigkeit
jeder Art in die Kreise, welche sich ihnen öffneten. Ihre Gegen=
wart erfüllte das ganze Rheinthal mit Haß und Abscheu, nichts
arbeitete so günstig der französischen Partei in die Hände, all=
gemein war im Volk die Empfindung, daß ein Kampf, der
Frankreich von so viel Missethat und Erbärmlichkeit befreie,
gerecht sein müsse. Sie wurden denn auch von den Stärkeren,
den Preußen und Oesterreichern, verachtet. Zu den Truppen,
welche sie warben, lief nur das schlechteste Gesindel, selbst die
armen Reichsvölker sahen mit Widerwillen auf die Banden der
Emigranten.

Und hinter dem verdorbenen Adel flogen die Reden der
Nationalversammlung und die Beschlüsse des Convents. Nur
wenige der Gebildeten entzogen sich ganz ihrem Einfluß. Es
waren zum Theil dieselben Ideen und Wünsche, welche der
Deutsche auch hatte. Mehr als ein enthusiastischer Geist wurde

*) Daß diese Schilderung nicht zu viel sagt, dafür bürgen viele Be=
richte jener Zeit, z. B. Reise von Mainz nach Cöln im Frühjahr 1794.
Lafontaine Leben, S. 154. Auch die Beschreibung, welche Laudhart
(Selbstbiographie) von den Emigranten macht, mag verglichen werden,
selbst ihm erregte das celtische Treiben Ekel und Abscheu.

so stark angezogen, daß er sein Vaterland aufgab und nach Westen zog, zum eigenen Verderben. Nicht der letzte solcher Männer war Georg Forster, den der Deutsche bedauern, nicht rühmen soll. Und dennoch rührten die ungeheuren Ereignisse auch lebhaften Geistern nur kleine Wirbel auf. Es war eine warme Theilnahme, aber es war doch nur der wohlwollende Antheil an einer fremden Sache. Denn wie trostlos die politischen Zustände Deutschlands waren, wie unvollkommen und drückend die Einrichtungen auch der größeren Staaten, weit verbreitet war damals die Empfindung, daß man mitten in socialen Reformen lebe, die sich im Gegensatz zu Frankreich friedlich durch Lehre und gutes Beispiel ausbreiten müßten. An mehren Fürsten wurde arge Verkehrtheit oder Unfähigkeit bitter beklagt, im ganzen war nicht zu verkennen, daß die Regierungen von gutem Willen erfüllt waren. Auch hatte Deutschland keine Aristokratie wie Frankreich. Der kleine Adel lebte trotz seiner Vorurtheile und Unarten doch im ganzen schlecht und recht mitten im Volke, grade jetzt wurden viele wackere Männer des Standes zu den Leitern der Aufklärung gezählt. Was die gebildeten Deutschen drückte, waren nicht vorzugsweise die Laster des alten Feudalstaates, es war ihre politische Nichtigkeit, die Unbehilflichkeit der Reichsverfassung, die Empfindung, wie sehr der Deutsche durch ein vielgetheiltes Regiment zum Philister geworden sei.

Auch war es damals weit von Paris nach Deutschland, die Charaktere, welche dort gegen einander arbeiteten, die letzten Ziele der Parteien, Gutes und Schlechtes war viel weniger bekannt, als es zu unserer Zeit sein würde. Größere Zeitungen brachten dreimal in der Woche dürre Notizen, selten eine längere Correspondenz, noch seltener ein selbständiges Urtheil. Nur die Flugschriften arbeiteten, im ganzen war auch ihr Urtheil gemäßigt, wohlwollend für die Bewegung, dreister in Besprechung der heimischen Verhältnisse.

Deßhalb hatte die französische Revolution, während in Paris schon auf den Straßen gemetzelt wurde und die Guillotine unermüdlich arbeitete, in Deutschland gar nicht die Wirkung, politische Parteien gegen einander zu schaaren. Und als die Nachricht durch das Land flog, daß der französische König gefangen, gemißhandelt, hingerichtet sei, da wurde auch bei den Entschlossenen das Mißtrauen allgemein.

So war es möglich, daß deutsche Officiercorps, ja sogar die Gardes du Corps in Potsdam eine Zeit lang das Ça ira gemüthlich blasen ließen, während die Straßenjungen einen rohen übersetzten Text dazu sangen. Die Damen der deutschen Aristokratie trugen tricolore Bänder und Kopfzeuge à la carmagnole. Neugierig schloß das Volk einen Kreis, in welchem die kriegsgefangenen Patrioten, trotzige zerlumpte Gestalten, ihre wilden Rundtänze tanzten und dazu den Text und die Pantomime aufführten, welche das Waschen der Hände in Aristokratenblut ausdrückten, und arglos kaufte man ihnen das Spielzeug ab, das sie auf dem Marsche verfertigt hatten, kleine hölzerne Guillotinen*). — Es war doch eine unheimliche Unbefangenheit der Gebildeten.

Und noch seltsamer erscheint uns ein Anderes. Während Sturm und Donner in Frankreich markerschütternd tobten und den Schaum der heranstürzenden Fluth mit jedem Jahr wilder über das deutsche Land jagten, hing Auge und Herz der Gebildeten an einem kleinen Fürstenthum in der Mitte Deutschlands, wo die großen Dichter der Nation wie im tiefsten Frieden sannen und schufen, sich die finsteren Ahnungen durch Vers und Prosa von den Häuptern scheuchend. König und Königin guillotinirt und Reineke Fuchs gedichtet — Robespierre mit der Schreckensherrschaft und Briefe über die ästhetische Erziehung des Menschen — die Schlachten Lodi und Arcole und Wilhelm Meister, Horen, Xenien — Belgien französisch und Hermann und Dorothea

---

*) Caroline de la Motte Fouqué, Der Schreibtisch S. 58.

23*

— Schweiz und Kirchenstaat französisch und Wallenstein — das
linke Rheinufer französisch und die natürliche Tochter, die Jungfrau von Orleans — Hannover von Napoleon besetzt und die
Braut von Messina — Napoleon Kaiser und Wilhelm Tell.
Die zehn Jahre, in welchen Schiller und Goethe durch innige
Freundschaft verbunden zusammen lebten, die zehn großen Jahre
der deutschen Poesie, auf welche der Deutsche noch in fernen
Jahrhunderten mit Rührung und weicher Zärtlichkeit zurück-
blicken wird, es sind dieselben Jahre, in denen laut ein Weheruf
durch die Lüfte flog, in denen die Dämonen der Vernichtung
von allen Seiten heranzogen, die Gewänder in Blut getaucht,
die Scorpionengeißel in den Händen, um ein Ende zu machen
mit dem unnatürlichen Leben eines Volkes ohne Staat. Fürwahr,
erst siebzig Jahre sind seitdem vergangen, und doch sind die
Jahre, in welchen unsere Väter aufwuchsen, für uns in mancher
Richtung schon so fremd wie die Zeit, in welcher, der Sage
nach, Archimedes geometrische Aufgaben rechnete, während die
Römer seine Stadt erstürmten.

In anderer Art wirkte diese Zeit der Bewegung auf den
preußischen Staat. Es war nicht mehr das Preußen Friedrich's II.
Im Innern freilich waren seine Einrichtungen nur zu treu bewahrt worden. Seine Nachfolger milderten überall einzelne
Schärfen des alten Systems, doch die großen Reformen, welche
die Zeit bringend erheischte, wurden kaum begonnen.

Aber grade in den Jahren bis zum Kriege von 1806 nahm
der äußere Umfang des Staates in riesigem Maßstabe zu.
Friedrich hatte immer noch ein kleines Reich zurückgelassen;
wenige Jahre darauf mußte Preußen zu den großen Länder-
massen Europa's gerechnet werden. Auch in der Schnelle dieses
Wachsthums war etwas Unheimliches. Durch die beiden letzten
Theilungen Polens wurden 1772 Quadratmeilen slavisches
Land angefügt. Kurz vorher waren die Fürstenthümer der
fränkischen Hohenzollern, Anspach und Baireuth, erworben,

115 Quabratmeilen. Dann mußten nach dem Frieden von
Luneville 47 Meilen des überrheinischen Cleve abgetreten und
dafür 222 Quabratmeilen deutscher Territorien eingetauscht
werden, Stücke von Thüringen, darunter Erfurt, das halbe
Münster, ferner Hildesheim und Paderborn. Endlich wurde
gar wieder Anspach gegen Hannover umgesetzt. Seitdem umfaßte
Preußen einige Monate hindurch ein Ländergebiet von 6047
Quabratmeilen, fast das Doppelte seines Umfanges vom Jahr
1786. Und in diesem Jahr war Preußen überall in Deutschland so reichlich angesiedelt, daß man wol sagen durfte, es fehle
ihm nicht viel mehr dazu, Deutschland zu werden. Seine Abler
schwebten über den Ländern der alten Sachsen bis zur Nordsee,
im Maingebiet der alten Franken wie im Herzen Thüringens;
es beherrschte die Elbmündung, es griff auf zwei entgegengesetzten
Seiten um Böhmen und konnte nach kurzen Tagemärschen seine
Kriegsrosse in der Donau tränken. Im Osten aber reichte es
bis tief in das Weichselthal und bis zum Bug, und seine Beamten regierten in der Hauptstadt des untergegangenen Polens.
Zuverlässig wäre so schnelle Vergrößerung auch in friedlicheren
Zeiten nicht ohne Bedenken gewesen, denn der Ueberschuß an
bildender Kraft, welchen Preußen aufwenden konnte, so ver-
schiedenartigen Erwerb sich innerlich anzufügen, war schwerlich
groß genug. Und doch hat sich die vortreffliche Schule des altpreußischen Beamtenthums grade damals bewährt. Ueberall wurde
mit Eifer und Erfolg organisirt, schöne Talente, große Kräfte
entfalteten sich in dieser Arbeit. Es fehlte auch nicht an halben und
falschen Schritten, im ganzen aber erfüllt die Betrachtung jener
Arbeit, ihre Ehrlichkeit, Intelligenz und der rüstige Wille, welchen
die Preußen damals in Deutschland bewiesen, mit hoher Achtung,
zumal wenn man die spätere französische Herrschaft damit vergleicht, welche zwar behender und gründlicher reformirte, —
meist durch deutsche Kräfte, — aber zugleich einen Wust von
Gemeinheit und roher Thrannei in die Landschaften trug.

Auch der polnische Erwerb war an sich ein großer Gewinn für Deutschland, denn erst durch ihn wurde ein Schutz gegen das ungeheure Anwachsen Rußlands gewonnen, die Ostgrenze Preußens militärisch gesichert. War es hart für die Polen, so war es nothwendig für die Deutschen. Die wüsten Zustände der halbwilden Länder nahmen allerdings eine unverhältniß= mäßige Kraft in Anspruch, wenn sie nutzbar gemacht, das heißt in deutsches Gebiet umgewandelt werden sollten. Und zu ruhiger Colonisation war die Zeit nicht angethan. Doch geschah auch hier nicht wenig.

Aber verhängnißvoll war ein anderer Umstand. Alle diese Vergrößerungen waren nicht unter den Impulsen einer starken treibenden Kraft gemacht, sie waren zum Theil widerwillig, nach ruhmlosen Feldzügen von einem übermächtigen Feinde aufgedrängt. Und Deutschland machte die merkwürdige Er= fahrung, daß Preußen unter fortgesetzten Demüthigungen und diplomatischen Niederlagen anschwoll, und daß seine Zunahme an Landgebiet und die Abnahme seines Ansehns in Europa gleichen Schritt hielten. Dadurch erhielt der weitläufige Staat zuletzt nur zu sehr das Aussehen eines zusammengeschwemmten Insellandes, welches der nächste Orkan wieder in den Fluthen begraben mochte.

Das Terrain war so groß, Leben und Interesse seiner Bürger so mannigfaltig geworden, daß die Kraft eines Einzelnen die ungeheure Maschine nicht mehr selbstwillig in der alten Weise leiten konnte. Und doch fehlte noch die große Hilfe, der letzte Regulator für Fürsten und Beamte, eine öffentliche Meinung, welche unablässig, ehrlich, männlich das Thun der Regierenden begleitete, ihre Erlasse prüfte, den aufsteigenden Wünschen Ausdruck gab, die Bedürfnisse des Volkes an's Herz legte. Die Tagespresse war ängstlich bevormundet, gelegentliche Flugschriften verletzten tief und wurden gewaltthätig unterdrückt. Der König war ein Herr von strenger bürgerlicher Red=

lichkeit und von maßvollem Sinn, aber wie er kein Feldherr und kein Mann der großen Politik war, so blieb er auch sein Lebelang scharfschneidendem und energischem Entschluß zu sehr abhold. Und damals war er jung, mißtrauisch gegen seine eigene Kraft, lebhaft empfand er, daß er das Detail der Ge= schäfte zu wenig übersah; die Intriguen der Begehrlichen in seiner Nähe verstimmten ihn, ohne daß er sie zu brechen wußte, sein Bestreben, die eigene Selbständigkeit zu bewahren, über= mächtigen Einfluß von sich abzuhalten, setzte ihn in Gefahr, unbedeutende und gefügige Gehilfen festen Charakteren vorzu= ziehen. Offenbar war der Staat schon damals in die Lage gekommen, wo eine Selbstthätigkeit der Unterthanen und die Anfänge eines Verfassungslebens nicht mehr entbehrt werden konnten. Aber wieder war die Möglichkeit dafür noch so wenig vorhanden, daß kaum die Mißvergnügtesten davon zu murmeln wagten. Noch fehlte alles Material dazu, die alten Stände waren in Preußen gründlicher beseitigt als irgendwo, die Communen wurden durch Beamte regiert, sogar das Interesse an Politik und dem Leben des Staates war fast auf den Kreis der Beamten beschränkt. Und was der König unter Mitwirkung des Volkes in fremdem Lande entstehen sah, Nationalversamm= lungen und Convente, das hatte ihm einen so tiefen Abscheu gegen jede Betheiligung seiner Preußen an der Arbeit des Staates eingeflößt, daß er den Widerwillen — zum Verhängniß für sein Volk und seine Nachfolger — so lange er lebte, nicht überwinden konnte. Vor 1806 wurde von ihm daran gar nicht gedacht.

Sehr lebhaft empfand er aber, daß es unmöglich war, in der alten Weise Friedrich's II. fortzuregieren. Dieser große König hatte trotz der ungeheuren Arbeitskraft und seiner Kenntniß aller Verhältnisse doch nur dadurch das Ganze in rascher Be= wegung erhalten können, daß er seiner Eigenmacht im Nothfall auch Unschuldige opferte. Da er in der Lage war, selbst

und kurz über Alles zu entscheiden, so war auch ihm nicht selten
begegnet, daß sein Entscheid von Stimmung und zufälliger
Nebenrücksicht abhing. Es durfte ihm nicht darauf ankommen,
einen Officier wegen eines unbedeutenden Versehens zu cassiren,
Kammergerichtsräthe, die doch nur ihre Pflicht gethan hatten,
wegzujagen. Und wenn er erkannte, daß er ein Unrecht gethan,
während er leidenschaftlich das Rechte wollte, so durfte er sein
Unrecht nicht einmal zugeben, denn er mußte den Glauben an
sich erhalten, in seinen Beamten die Behendigkeit des Gehorsams,
und im Volk das unbedingte Vertrauen zu seinem letzten
Entscheid. Es war nicht nur eine Eigenschaft seines Charakters,
auch Politik, daß er nichts zurücknehmen wollte, keine Ueber=
eilung, keinen Irrthum, daß er selbst offenbares Unrecht nur
unter der Hand bei Gelegenheit gut zu machen suchte. Der
starke und weise Fürst hatte das wagen können; seine Nachfolger
scheuten mit Recht solches Herrschen; der Enkel jenes Prinzen
von Preußen, den Friedrich II. mitten im Kriege zornig von dem
Commando entfernt hatte, fühlte tief die Härte der schnellen
Entscheide.

Er mußte also, wie schon sein Vorgänger gethan hatte, die
Controle seiner Beamten in den Beamten selbst suchen. So
begann in Preußen die Herrschaft der Bureaukratie. Die Zahl
der Aemter wurde größer, unnütze Zwischenbehörden wurden
eingeschaltet, die Aktenschreiberei wurde arg, das Geschäfts=
verfahren weitläufig. Es war die erste Folge des Bestrebens,
gerecht, gründlich, sicher zu verfahren und die straffe Eigen=
mächtigkeit der alten Zeit human umzubilden. Dem Volke
erschien das aber als ein Verlust. So lange keine Presse und
keine Tribune dem unterdrückten Mann zu seinem Recht verhilft,
da haben Bittschriften eine weit andere Bedeutung als jetzt, wo
auch der kleine Mann durch ein Zeitungsinserat von wenigen
Zeilen das Mitgefühl eines ganzen Landes für sich gewinnen,
Minister und Volksvertreter tagelang in Bewegung versetzen

kann. Friedrich II. hatte deßhalb jede Bittschrift angenommen, in der Regel selbst darauf verfügt, allerdings war auch dabei königliche Willkür zu Tage gekommen; Friedrich Wilhelm III. mochte gar nicht leiden, wenn ihm selbst Bittschriften überreicht wurden, er wies sie stets den Instanzen zu. Das war an sich in der Ordnung. Da aber die Behörden noch nicht zu besorgen hatten, daß solcher Klageschrei Einzelner in die Oeffentlichkeit drang, so wurde er nur zu häufig in den Akten begraben, und die Leute riefen, daß es gegen Uebergriffe der Landräthe, gegen Bestechlichkeit der Acciseeinnehmer keine Hilfe mehr gebe. Auch die Majestät des Königs litt darunter; nicht sein guter Wille, aber seine Kraft, gegen die Beamten zu helfen, wurde bezweifelt.

Zu diesen Uebelständen kamen andere. Die Beamten der Verwaltung waren zahlreicher geworden, aber nicht stärker. Das Leben war reichlicher, alle Preise hatten sich auffällig gesteigert, ihr Gehalt, seit alter Zeit sehr knapp, war nicht im Verhältniß erhöht worden. In den Städten waren Justiz und Verwaltung noch nicht getrennt, bis in das Kleinste wurde bevormundet, die Selbstthätigkeit der Bürger fehlte, die „Directoren" der Stadt waren königliche Beamte, häufig verabschiedete Auditeure und Quartiermeister der Regimenter. Das war im Jahr 1740 ein großer Fortschritt gewesen, im Jahr 1806 war Bildung und Fachkenntniß solcher Männer ungenügend. Zu den Kriegs= und Domänenkammern aber — welche jetzt Regierungen heißen — drängte sich bereits der junge Adel, nicht wenige bedeutende Männer darunter, welche später zu den größten Namen Preußens gezählt wurden, die Mehrzahl, um ohne viele Anstrengung schnell ihr Glück zu machen. Es wurde geklagt, daß bei einigen Kammern die Arbeit fast ganz durch Secretäre gethan werde. Das galt in Wahrheit aber nur von Schlesien, welches einen eigenen Minister hatte. Seit dem großen polnischen Erwerb hatte Graf Hoym zu Schlesien noch auf einige Jahre die oberste Leitung des neu erworbenen Polen=

landes erhalten. Es war eine heillose Maßregel, ein Unterthan erhielt fast schrankenlose Macht in dem ungeheuren Terrain, sie wurde ihm und dem Staat zum Unsegen. Wie ein König saß er in Breslau, am Hofe seines Landesherrn unterhielt er Spione, welche ihm alle Stimmungen zutragen mußten; um ihn drängte sich der arme Abel Schlesiens, er brachte seine Günstlinge zu Amt, Grundbesitz, Vermögen. Die Redlichkeit der Beamten in den neuen Ländern wurde durch dies ungeschickte Verhältniß beeinträchtigt, Domänen wurden verschleudert, niedrige Taxen gemacht, Generäle und Geheimräthe bewarben sich darnach, für kleines Geld großen Grundbesitz zu erwerben.

Es ist interessant, daß sich der erste laute Widerstand dagegen unter den Beamten selbst erhob, zugleich die erste politische Opposition in Preußen, welche durch die moderne Waffe der Presse zu wirken suchte. Der heftigste Kläger war der Oberzollrath v. Held; er beschuldigte den Grafen Hoym, den Kanzler Goldbeck, den General Rüchel und mehre Andere des Betrugs, und verglich die Gegenwart Preußens mit der gerechten Zeit Friedrich's II. Die Angriffe machten ungeheures Aufsehen, gegen ihn und seine Freunde wurden Untersuchungen eingeleitet, sie wurden als Mitglieder eines geheimen Ordens, als Dema= gogen und Denuncianten verfolgt, Held's Schriften wurden confiscirt, er selbst verhaftet, verurtheilt, endlich freigelassen. In seiner Haft griff der gereizte und verbitterte Mann den König selbst an *), er beschuldigte ihn zu großer Sparsamkeit — welche wir für die erste Tugend der alten Könige von Preußen halten, der Härte — was unbegründet war, und des Soldaten=

---

*) Von Held's Schriften wurden „Das schwarze Buch" — jetzt sehr selten zu finden, — „Die preußischen Jakobiner", „Das gepriesene Preußen" die berüchtigtsten; sie und ihre Widerlegungen machen den Eindruck, daß der Verfasser, wie häufig in solchem Falle, Manches richtig, Anderes ungenau, im ganzen ehrlich berichtet, daß er aber kein zuverlässiger Beurtheiler seiner Gegner ist. Varnhagen hat auch ihn gekannt und auch sein Leben beschrieben.

spiels — dies leider mit gutem Grunde; er klagte: „wenn der
Fürst keine Wahrheiten mehr hören, wenn er redliche Männer,
wahre Patrioten in den Kerker werfen und die angezeigten Betrüger zu Dirigenten einer gegen sie niedergesetzten Commission
ernennen will, dann kann der biedere, ruhige, aber nichts desto
weniger warme Vaterlandsfreund nichts als — seufzen. Indeß
begnügte er sich nicht zu seufzen, sondern wurde recht ausfällig.
Bei diesem Haber, der sich doch fast nur um einzelne
Anekdoten drehte, ist uns lehrreich, wie dreist und rücksichtslos die
Sprache der politischen Kritik in dem alten Preußen war, und
wie niedrig und hilflos die Stellung der Fürsten gegenüber
solchen Angriffen. Wie der König die ganze Herrschaft auf
seinen Schultern trug, so traf ihn auch die ganze Verantwortung,
wie seine Person allein die ganze Maschine des Staates leiten
sollte, so war auch jeder Angriff auf einzelne Einrichtungen und
Beamte des Staats ein persönlicher Angriff auf ihn. Was auch
irgendwo versehen wurde, der König trug die letzte Schuld,
entweder weil er etwas versäumt, oder weil er die Schuldigen
nicht bestraft hatte. Jede Bauerfrau, welcher die Accisebeamten
am Stadtthor ein Hühnerei zerdrückten, fühlte die Härte des
Königs, und wenn eine neue Steuer das Stadtvolk ärgerte,
so schrieen und höhnten die Gassenbuben hinter dem Pferde des
Königs her, und es war gar nicht unmöglich, daß eine Handvoll
Straßenschmutz gegen sein hohes Haupt flog. Immer wieder
brach der stille Krieg zwischen den Königen Preußens und der
fremden Presse aus. Sogar Friedrich Wilhelm I. hatte im
Tabakscollegium seine Erfindungskraft bemüht und gegen die
holländischen Zeitungsschreiber, welche ihn bitter kränkten, einen
kurzen Artikel verfertigt; auch sein großer Sohn wurde durch
ihre Federn geärgert, er freilich wußte sie mit gleicher Münze
zu bezahlen. Und vollends gegen Friedrich Wilhelm II. hatte
ein Heckenfeuer von Hohn und Groll in ungezählten Romanen,
Satiren, Pasquillen gesprüht. Was halfen dagegen Gewalt-

mittel, Brieferbrechen und geheimes Nachspüren, was half die
Confiscation? Die verbotenen Schriften wurden dennoch ge=
lesen, auch die plumpe Lüge wurde geglaubt. — Was half es
vollends, wenn der neue König durch loyale Federn sich ver=
theidigen ließ, wenn eine wohlgesinnte Replik dem Publicum
erzählte, daß Friedrich Wilhelm III. gegen die Lichtenau keine
Härte bewiesen habe, daß er ein sehr guter Gatte und Vater,
ein redlicher Mann sei und das Beste wolle?*) Das Volk
mochte das glauben oder nicht. Es wurde jedenfalls in einer
Weise zum Richter über das Leben seines Fürsten gemacht,
welche für die Majestät der Krone, wie wir sie fassen, höchst
unwürdig war.

Und noch war die Zeit eine ruhige, Bildung und Gemüth
der Nation von der Politik geradezu abgewandt. Was sollte
werden, wenn politische Leidenschaft in das Volk kam? Das
Königthum mußte sich in dieser niedrigen Stellung völlig ruiniren,
und wenn die Hohenzollern noch so sehr das Gute wollten.
Denn sie waren nicht mehr, wie im achtzehnten Jahrhundert,
wie noch Friedrich II. gewesen war, große Landbesitzer auf
menschenleerem Grunde, sie waren in der That Könige eines
ansehnlichen Volkes, sie waren gar nicht mehr in der Lage, jede
Verkehrtheit in der ungeheuren Beamtenschaar zu erfahren und
selbstwillig die große Verwaltung zu beherrschen. Jetzt wirth=
schafteten die Beamten, geschah Gutes, so war es Schuldigkeit,
jedes Ungeschick fiel auf des Königs Haupt. — Wie da zu helfen
war, das wußten freilich vor 1806 kaum die Besten. Aber das
Mißbehagen und das Gefühl der Unsicherheit wurde dadurch in
dem Volke gesteigert.

Solche Verhältnisse einer Uebergangszeit aus dem alten
despotischen Staat in einen neuen gaben dem preußischen Wesen
allerdings ein unbehilfliches Aussehen. Sie waren in Wahrheit

---

*) Z. B. Gründliche Widerlegung des Gepriesenen Preußens. 1804.

durchaus kein Symptom tötlicher Schwäche, wie sie kurz darauf von eifrigen Preußen gedeutet wurden.

Denn außer der Kraft und Opferfähigkeit, welche im Volke noch wie im Schlummer lag, war auch in einem ansehnlichen Kreise bereits ein frisches hoffnungsvolles Leben sichtbar. Und zwar wieder in den preußischen Beamten. Die Obergerichte erhielten sich in dem hohen Ansehen, das sie seit den Organisationen der letzten Könige gewonnen hatten. Ihr Personal war zahlreich, sie umschlossen die Blüthe der preußischen Intelligenz, die stärkste Kraft des Bürgerthums, die höchste Bildung des Adels. Die älteren waren unter Cocceji, die jüngeren unter Carmer geschult; gescheute, redliche, feste Männer von großartiger Arbeitskraft, von stolzem Patriotismus und einer Unabhängigkeit des Charakters, welche sich in Handhabung der Justiz noch durch kein Ministerialrescript irren ließ. Noch wagten die Hofcoterien nicht die Unbequemen anzugreifen, und es war ein Verdienst des Königs, daß er seine Hände schützend über ihrer Integrität hielt. Sie stammten zum Theil aus Bürgerhäusern, welche seit mehren Generationen ihre Söhne in die Hörsäle der Rechtslehrer, im Osten nach Frankfurt und Königsberg, im Westen nach Halle und Göttingen gesandt hatten, ihre Familien bildeten eine fast erbliche Aristokratie des Beamtenstandes. Ihnen verbunden als Studiengenossen, Freunde, Gleichgesinnte waren die besten Talente der Verwaltung, auch Fremde, welche in preußischem Dienst heraufkamen. Aus diesem Kreise sind fast alle Beamte hervorgegangen, welche nach der Niederlage Preußens bei der Wiederbelebung des Staates thätig waren, die Stein, Schön, Vincke, Grolmann, Sack, Merkel und viele Andere, die Präsidenten der Regierungen und obersten Gerichtshöfe nach 1815.

Es ist eine Freude, in dieser Zeit umherflackernder Unsicherheit das Auge auf die stille Arbeit solcher Zuverlässigen zu richten. Manche von ihnen waren strenggeschulte Aktenmänner, ohne vielseitige Interessen, auf dem grünen Tisch des Collegiums lag Ehrgeiz und Arbeit ihres ganzen Lebens. Aber sie, die obersten Richter, die Verwalter der Provinzen, haben treu und dauerhaft ihr Bewußtsein, Preußen zu sein, durch schwere Zeit getragen, jeder von ihnen hat seiner Umgebung von der zähen Ausdauer, dem sicheren Urtheil mitgetheilt, das sie auszeichnete. Auch wo sie, von dem Körper ihres Staats abgelöst, unter fremder Herrschaft Recht sprechen mußten, arbeiteten sie in ihrem Kreise unverändert in der alten Weise fort, und gewöhnt an kalte Selbstbeherrschung, bargen sie in der Tiefe ihrer Seele die feurige Sehnsucht nach dem angestammten Herrn und vielleicht stille Pläne für bessere Zeit.

Wer diese Männer mit einzelnen kräftigen Talenten des Beamtenthums vergleicht, welche sich auf den Territorien Süd- deutschlands in dieser Zeit entwickelten, der wird einen wesent- lichen Unterschied nicht verkennen. Dort ist auch in den Bessern ein häufiger Zug, der uns verstimmt: Willkür in den politischen Gesichtspunkten, Gleichgiltigkeit wem und wofür sie dienen, eine innere Ironie, mit welcher sie die kleinen Verhältnisse ihrer Heimat betrachten. Fast alle leiden sie an dem Mangel eines Heimatstaates, welcher die Liebe eines Mannes verdient. Dieser Mangel giebt ihrem Urtheil, wie scharfsinnig es sei, leicht etwas Unsicheres, Halbes, Launenhaftes; man zweifelt nicht an ihrer bürgerlichen Redlichkeit, aber man empfindet dennoch lebhaft in vielen derselben eine moralische Unsicherheit, die sie Glücksrittern ähnlich macht, auch gelehrte und hochgebildete Männer. Freilich, wenn einmal ein Preuße sein Vaterlandsgefühl verlor, so wurde er schwächer als sie. Karl Heinrich Lang entbehrt, was Friedrich Gentz in sich verdorben hat.

Gewissenhafte Beamte hat aus dieser Zeit der Verwirrung jedes Land aufzuweisen, zumal der Norden; aber den Vorzug dürfen die Preußen mit Recht in Anspruch nehmen, daß in den Kreisen ihres Mittelstandes nicht die schönste, aber die gesündeste Bildung jener Zeit nicht einzeln, sondern als Regel zu finden war.

Das preußische Heer litt an denselben Mängeln, wie die Politik und Verwaltung des Staates. Auch hier war im Einzelnen manches gebessert, vieles Alte ward sorgfältig conservirt; was einst ein Fortschritt gewesen war, bestand jetzt zum Unheil. Die Uebelstände sind bekannt, niemand hat strenger darüber geurtheilt, als die preußischen Militärschriftsteller seit dem Jahr 1807.

Allerdings war die Behandlung der Soldaten noch überhart, an der knappen Montur, der schmalen Kost wurde unwürdig gespart, endlos war das Drillen, endlos die Paraden, das unvertilgbare Leiden der preußischen Heere; die Manöver waren unnütze Schauspiele geworden, bei denen jede Bewegung vorher überlegt und einstudirt war; unfähige Oberofficiere wurden bis in's höchste Greisenalter conservirt. Fast nichts war geschehen, die veränderte Methode der Kriegführung, welche in der Revolution aufgekommen war, dem alten preußischen System anzupassen.

Der Officierstand war eine geschlossene Kaste, welche fast ausschließlich durch den Adel ergänzt wurde. Nur wenige nichtadliche Officiere standen bei den Füselierbataillonen der Infanterie und etwa noch bei den Husaren. Schon unter Friedrich II. waren während des Menschenmangels des siebenjährigen Krieges junge Volontäre von bürgerlicher Herkunft zu Officieren gemacht worden. Dann wurden sie wenigstens in ihrer Bestallung und häufig in den Regimentslisten als adlich aufgeführt, nach dem Frieden, wie tüchtig sie sein mochten, fast immer von dem bevorzugten Bataillon entfernt. Das war unter den spätern Königen nicht besser geworden. Nur bei der Artillerie war schon 1806 die Mehrzahl der Officiere bürgerlich, aber sie galt eben deßhalb nicht für vollberechtigt. Es war herbe Ironie, daß ein französischer Artillerieofficier als Kaiser Frankreichs in derselben Zeit darauf sann, das preußische Heer und seinen Staat in Trümmer zu werfen, in welcher man in Preußen darüber stritt, ob ein Officier

der Artillerie in den Generalstab aufzunehmen sei, und dem
bürgerlichen Oberstlieutenant Scharnhorst diese Bevorzugung
sehr beneidete *). Es war natürlich, daß sich in dem preußischen
Officiercorps alle Fehler eines privilegirten Standes im Ueber-
maße zeigten: Hochmuth gegen den Bürger, Rohheit gegen die
Untergebenen, Mangel an Bildung und guter Sitte, und bei
den bevorzugten Regimentern eine zügellose Frechheit. Es ist
eine gewöhnliche Klage der Zeitgenossen, daß man in den Straßen
und Gesellschaften Berlins vor den Insulten der Gensdarmes, der
Elite des jungen Adels nicht sicher sei. Und bereits fingen diese
Anspruchsvollen beim Regierungsantritt Friedrich Wilhelm's III.
an, sich ihrer altfränkischen Uniform in Gesellschaft zu schämen,
und wo sie es wagten, mit der aufgebauschten weißen Halsbinde,
Stulpstiefeln und einem Stockdegen einherzuschlendern.

Aber trotz dieser Mängel lebte in dem preußischen Heere
doch noch viel von der tüchtigen Kraft alter Zeit. Noch war
der starke Stamm alter Unterofficiere nicht ausgestorben, denen
1786 die bittern Thränen über den Tod ihres großen Feldherrn
in den Schnurrbart gelaufen waren. Noch lebte auch in den
Gemeinen, trotz vermindertem Vertrauen zu den Führern, der
Stolz auf die erprobte Waffentüchtigkeit. Es sind uns davon
viele bezeichnende Züge erhalten, einer davon zeigt besonders
hübsch die Stimmung des Heeres. Wenn in der Campagne
von 1792 ein Preuße und Oesterreicher als gute Kameraden und
Mißvergnügte gegen einander klagen und der Preuße nicht zum
Lobe seines Königs spricht, so versetzt er doch dem Andern, der
seine Worte wiederholt, einen Backenstreich: „Du sollst nicht
über meinen König reden.“ Und als der erzürnte Oesterreicher ihm vorwirft, daß er ja dasselbe gesagt, da antwortet der
Angreifer: „Das darf ich sagen, aber nicht du, denn ich bin ein
Preuße.“ Und solcher Sinn war in den meisten Regimentern.

---

*) Buchholz, Gemälde des gesellschaftlichen Zustandes in Preußen I.

Nicht das verschlechterte Material des Heeres, auch nicht vor=
zugsweise die veraltete Taktik hat die schmachvollen Niederlagen
verschuldet. Ja grade in dem Sturz hat sich erwiesen, wie
große Tüchtigkeit in der Mannschaft und den Officieren lebte und
schändlich geopfert wurde. Bei der Auflösung, der Rohheit und
Räuberei, die in dem demoralisirten Kriegsvolk unvermeidlich
zu Tage kam, erfreute wieder grade unter den Kleinen oft der
tüchtigste Soldatensinn. Eine der vielen Nichtswürdigkeiten des
kopflosen Feldzugs von 1806 war die Uebergabe von Hameln.
Wie die verrathene Garnison sich verhielt, wird uns durch den
Brief eines Officiers berichtet. Der Erzähler war ein Emi=
grantenkind, Franzose von Geburt, aber er war einer der liebens=
werthesten Deutschen geworden, deren sich unser Volk freut; er
hatte als preußischer Officier seine Pflicht gethan, er hatte jede
Freistunde deutscher Literatur und Wissenschaft geschenkt, er
war ohne Freude in den Krieg gegen sein Heimatland gezogen
und hatte sich zuweilen aus dem ungeschickten Treiben der Cam=
pagne hinweggesehnt; aber in der Stunde, wo ein schlechter
Commandant brave Truppen verrieth, brannte in dem Adoptiv=
kind des deutschen Volkes der volle Zorn eines Altpreußen auf;
er versammelte seine Kameraden, er drängte zu gemeinsamer
Erhebung gegen den unfähigen General, jeder der Jüngeren
war in Leidenschaft wie er. Umsonst. Sie wurden hinter=
gangen, die Festung, trotz ihres Widerstandes, den Franzosen
überliefert. Furchtbar war die Verzweiflung der Soldaten.
Sie schossen ihre Patronen dem feigen Commandanten in die
Fenster, sie schossen in Wuth und Trunkenheit auf einander, sie
zerschellten ihre Gewehre an den Steinen, damit sie nicht von
fremder Hand rühmlicher geführt würden, weinend nahmen die
alten Brandenburger Abschied von ihren Officieren. In der
Compagnie des Capitän v. Britzke, Regiment v. Haack, standen
zwei Brüder Warnawa, Soldatensöhne; sie setzten sich wechsel=
seitig die Gewehre auf die Brust, drückten zugleich ab und fielen

einander in die Arme, die Schmach ihrer Waffen nicht zu
überleben*).

Und die an der Spitze standen und keine Männer waren,
wer waren sie? Versuchte Generäle aus der Schule des großen
Königs, Edelleute von gutem Adel, loyal und treu ihrem König,
in Ehren gealtert. Aber sie waren zu alt? Es ist wahr, sie
waren grau und müde. Sie waren als Knaben, vielleicht aus
der Dressur der Kadettenhäuser in's Heer gekommen, dort waren
sie abgerichtet worden, sie hatten auf Befehl marschirt und prä=
sentirt, hatten in zahllosen Paraden Linie und Distanz gehalten,
später hatten sie scharf darauf gehalten, daß Andere Linie und
Distanz hielten, daß die Knöpfe geputzt waren, der Zopf die
rechte Länge hatte. Sie hatten um Beförderung geworben und
nach Berlin gehorcht, ob Rüchel, ob Hohenlohe am meisten in
Gunst stehe, das war ihr Leben gewesen. Sie wußten wenig
mehr als das geistlose Einerlei des Dienstes, und daß sie ein
Rad in der großen Maschine des Heeres waren. Jetzt war ihr
Heer zerschlagen, die Trümmer in unaufhaltsamer Flucht nach
dem Osten. Was blieb noch, was für sie einen Werth hatte?

Es war auch nicht Feigheit, was sie so kläglich machte.
Sie waren ja sonst brave Soldaten gewesen, und die meisten
waren noch nicht so alt, um kindisch zu lallen. Es war etwas
Anderes. Sie hatten das Vertrauen zu ihrem Staat verloren.
Es schien ihnen unnütz, hoffnungslos, sich noch zu vertheidigen,

*) Der Erzähler ist Adelbert von Chamisso. Sein Brief vom 22. No=
vember 1806 ist eine der werthvollsten Ueberlieferungen des treuen Mannes.
Die Schlußworte verdienen wohl, daß der Deutsche sich ihrer erinnere: „O,
mein Freund, ich muß durch freies Bekenntniß das stille Unrecht büßen, das
ich diesem braven waffenfreudigen Volke that, Officiere und Gemeine im
Einklange hoher Begeisterung hegten nur einen Gedanken. Es galt, be=
drängt vom äußern und innern Feinde, den alten Ruhm zu behaupten, und
nicht ein Rekrut, nicht ein Tambourjunge wäre abgefallen. Ja, wir waren
ein festes, treues, ein gutes, starkes Kriegsvolk. O hätten Männer an
unserer Spitze gestanden!"

eine fruchtlose Menschenschlächterei. So empfanden die Unglücklichen. Sie waren ihr Lebelang mittelmäßige Männer
gewesen, nicht besser, nicht schlechter als Andere, dieselbe Mittelmäßigkeit herrschte, so weit ihr enger Gesichtskreis reichte, überall
in ihrem Staat. Wo war ein großer, kräftiger Zug, wo war
ein frisches Leben, das Begeisterung und Wärme abgab? Sie
selbst waren die Freude, der Umgang der Hohenzollern gewesen,
die Ersten im Staate, das Salz des Landes;, sie waren gewöhnt
worden auf den Bürger und den Beamten vornehm herabzusehen. Außer den Fürsten und dem Heer selbst, was hätten
sie in Preußen zu ehren gehabt? Jetzt war der König entfernt,
sie wußten nicht wo, sie standen in den Mauern ihrer Festung
allein, und sie fanden wenig in sich selbst, was sie zu scheuen
und zu ehren hatten, sie fühlten am besten, daß sie schwach waren.
So wurden sie in den Stunden der Prüfung sehr schlecht und
gemein, weil sie ihr ganzes Leben hindurch über ihr Verdienst
hoch gestellt worden waren. Es liegt eine fürchterliche Lehre
darin. Möge Preußen ihrer stets gedenken. Der Officierstand,
der als privilegirte Klasse dem Volke gegenübersteht, gesellig
abgeschlossen, mit dem Gefühl einer bevorzugten Stellung im
Staat, wird stets in Gefahr sein zwischen Uebermuth und
Schwäche zu schwanken. Nur der Officier, der außer seiner
Fahnenehre und der Treue gegen seinen Landesherrn noch vollen
Theil hat an dem, was den Bürger seiner Zeit erhebt und adelt,
wird in der Stunde schwerer Entscheidung die sichere Kraft in
der eigenen Brust finden.

Eine Periode geistesarmer Mittelmäßigkeit hat Preußen an
den Rand des Verderbens gebracht, die politische Leidenschaft
hat es wieder erhoben.

Hier aber soll von den Empfindungen berichtet werden,
welche ein preußischer Bürger bei dem Fall seines Staates hatte.
Er ist ein Mann aus dem Kreise jener preußischen Juristen,
von denen oben die Rede war. Was er mittheilt, ist zum Theil

24*

bereits durch andere Aufzeichnungen bekannt, seine ehrliche
Schilderung wird doch in ihrer juristischen Klarheit und
Schmucklosigkeit Antheil finden.

Christoph Wilhelm Heinrich Sethe, geb. 1767, gest. 1855
als Wirklicher Geheimer Rath und Chefpräsident des rheinischen
Revisionshofes, stammte aus einer der großen Juristenfamilien
im Herzogthum Cleve, schon sein Großvater und Vater waren
angesehene Beamte der Regierung gewesen, seine Mutter war
eine Grolmann. In bürgerlichem Wohlstand wuchs der Knabe
in seiner Vaterstadt auf, mit sechzehn Jahren sandte ihn sein
Vater auf die Universität Duisburg, dann nach Halle und Göttingen; bei seiner Rückkehr machte er die preußischen Dienststufen
bei der Regierung von Cleve-Mark durch, in vortrefflicher
Schule. Diese westlichen Landschaften, nicht von weitem Umfang, umfaßten doch einen guten Theil der Kraft des preußischen
Staates. Das feste, kernige Volk hing mit warmer Treue an
dem Hause seines Fürsten, es war in den Städten und unter
den Bauern, die dort frei auf ihrer Hufe saßen, viel Wohlstand,
das Obergericht war eins der besten Collegien Preußens. Sethe
war Geheimer Rath, glücklich verheirathet, mit seinem ganzen
Herzen an die Heimat gefesselt, als der Kriegslärm auch seiner
Vaterstadt und ihm das Leben verdüsterte: Truppenmärsche,
Einquartierungen, aufregende Gerüchte, endlich Besetzung der
Stadt durch die Franzosen, welche bekanntlich einige Jahre hindurch die Souveränetätsrechte Preußens bestehen ließen, bis der
Vertrag von Amiens auch den letzten Schein preußischen Besitzes
nahm. Da löste sich Sethe von seiner Heimat und siedelte zu
der preußischen Regierung des neuerworbenen Antheils an
Münster über.

Von hier soll er selbst erzählen, was er erfuhr.*)

*) Das Folgende ist aus einer Selbstbiographie genommen, welche
er seinen Kindern in Handschrift hinterließ; der Herausgeber ist für die
Mittheilung der Familie des Verewigten zu Dank verpflichtet.

„Ihr könnt euch leicht vorstellen, meine lieben Kinder, daß uns der Abschied von Cleve sehr schwer wurde. Es war ein bitteres Gefühl, auf diese Weise aus der Heimat zu wandern, und die Vaterstadt unter fremden Gesetzen und unter der Herrschaft eines welschen Volkes zurückzulassen.

Am 3. October 1803 reisten wir ab; wir fuhren von Cleve nach Münster drei Tage, die Fahrt von Emmerich ab war äußerst beschwerlich und langweilig, der Weg über alle Beschreibung schlecht, Knüppeldämme und regellos in den Weg geworfene Steine.*)

Unser erstes Leben in Münster war ebenfalls mit vielen Beschwerden verbunden. Wegen der vielen dorthin versetzten Beamten und des zahlreichen Militärs hatten wir nur eine sehr beschränkte Wohnung erhalten. Dann kamen wir gegen den Winter an; es fehlte uns an Vorräthen, in Münster war kein ordentlicher Markt, und die Frauen aus Cleve waren in Verzweiflung, weil sie nichts bekommen konnten. Dies gab sich indessen, und sie befanden sich nachher recht wohl.

Auf freundlichen Empfang und Zuvorkommen gegen uns einwandernde Fremdlinge hatten wir nicht gerechnet, weil wir wußten, wie sehr die Münsteraner ihrer Verfassung anhingen, mit welcher Festigkeit ein großer Theil von ihnen noch auf den erwählten Bischof Victor Anton rechnete, und wie ungern sie die neue preußische Herrschaft ertrugen. Ich habe ihnen dies nie verdacht, es war ein rühmlicher Zug in ihrem Charakter, daß sie sich ungern von einer Regierung trennten, unter welcher sie sich glücklich gefühlt hatten. Andere dagegen verübelten ihnen dies sehr und verlangten, daß sie die Preußen mit offenen Armen empfangen und sogleich mit Leib und Seele Preußen sein sollten,

---

*) In den alten preußischen Rheinlanden hatte Stein bereits die ersten Chausseen gebaut.

was doch nur von einem wetterwendischen Volk oder von denen zu erwarten ist, welche unter den Fesseln einer harten Regierung geseufzt haben.

Daher fand eine Spannung und Entfernung zwischen den angekommenen Altpreußen und den Münster'schen schon vor unserer Ankunft statt. Es geschah Manches, was nicht geeignet war, die Annäherung zu befördern und bei den Einwohnern eine gute Stimmung zu erwecken.

So wurde bei Auflösung des Münster'schen Militärs der größte Theil der Officiere mit Pension verabschiedet und aus seiner Lebensbahn herausgeworfen. Diese erste Maßregel der preußischen Besitznahme verwundete nicht allein die Verab-schiedeten tief in ihrem Gemüth, allgemein sah man dies als eine ungleiche Behandlung an, um so mehr, als unter den Officieren von Münster viel Bildung und wissenschaftliche Kenntniß herrschte und die damalige Masse der preußischen Officiere mit ihnen einen Vergleich nicht aushielt.

Die Einführung des Kantonwesens vermehrte das Miß-vergnügen, aber allgemeinen Unwillen erregten die Mißhand-lungen, welche die ausgehobenen Söhne der Bürger und Land-leute von jedem Unterofficier erdulden mußten. Ich selbst bin Augenzeuge gewesen, wie ein Unterofficier einen Rekruten mit Schimpfworten, Fußstößen und Fußtritten mißhandelte, ihn mit seinem Rohrstocke auf die Schienbeine schlug, daß dem armen Menschen vor Schmerz die Thränen über die Backen liefen. Auch war der Geist, welcher unter der größeren Masse der preußischen Officiere herrschte, und das daraus hervorgehende Betragen derselben sehr zurückstoßend und nicht geeignet, in einem neuen Lande Zuneigung für die neue Regierung zu er-wecken. Zwar hatte sich Blücher, welcher Commandant von Münster war, durch sein populäres Wesen, seinen offenen und biedern Charakter und sein Rechtsgefühl wirklich Achtung und

Zuneigung erworben, und der General von Wobeser, Chef eines
Dragonerregiments, ein sehr vernünftiger, gebildeter, gemäßigter
Mann, hielt hierin mit ihm gleichen Schritt. Allein, was diese
gut machten, wurde durch Andere, namentlich die Masse der
Subaltern - Officiere, verdorben.

Einst waren am Mauritz - Thor Händel zwischen einigen
Bürgern und der Wache entstanden: die Bürger sollten in die
Micken (die Pfähle, woran die Gewehre gelehnt sind) hinein-
gegangen sein und die Wache gestoßen haben. Blücher war
damals grade in Pyrmont. Unter der Unterschrift eines Generals von Ernest, jedoch aus anderer Feder, erschien ein Publi-
candum, wodurch jede Schildwache, welche von einem Bürger
berührt werde, autorisirt wurde, denselben niederzustoßen. Diese
unvernünftige Verfügung, welche jede Schildwache zum Herrn
über Leben und Tod eines Bürgers machte und diesen bei einer
unwillkürlichen Berührung der Schildwache ihren Bajonettstößen
aussetzte, machte eine unangenehme Sensation.

Dazu kam nun noch eine ärgerliche Geschichte zwischen drei
Officieren und drei Domherrn *). Es bestand zu Münster
ein sogenannter adlicher Damenclub, welcher Männer und
Frauen enthielt. Man hatte, gleich nach der ersten Besitznahme,
aus politischen Beweggründen die Generale Blücher und Wobeser,
den Präsidenten von Stein und andere preußische Officiere
darin aufgenommen, auch Blücher's Sohn Franz. Bei dem
Ballotiren über die Aufnahme eines andern preußischen Officiers
fiel dieser mit einer schwarzen Bohne durch. Unstreitig sprach
sich hierin eine Abneigung, entweder gegen die Preußen überhaupt, oder gegen die Aufnahme mehrer Officiere aus, denn
gegen die Person des Ausballotirten war sonst nichts zu erinnern.

---

*) Die drei Officiere waren die Lieutenants von Blücher, von Lepel
und von Treskow, die drei Domherren: von Korff, von Böselager zu
Eggermühlen, und von Merode.

Es konnte nicht fehlen, daß dies die üble Stimmung vermehrte und besonders die empfindlichen jungen Officiere in ihrem Dünkel höchlich verletzte. Dazu kam noch, daß der Ballotirte anfänglich für aufgenommen erklärt worden war, und erst durch eine Revision der Kugeln die Ausballotirung ermittelt wurde. Es hatte nämlich die Präsidentin des Klubs, die verwittwete Frau von Droste=Vischering, eine sehr würdige und gutmüthige Frau, entweder aus Irrthum oder aus wohlmeinender Absicht, um den unangenehmen Folgen der Ausballotirung vorzubeugen, eine weiße Kugel zu viel gezählt. Es wurde von einem der anwesenden Domherren bemerkt, daß die Zahl sämmtlicher Kugeln mit der Zahl der Stimmenden nicht übereinkomme. Bei genauer Nachzählung fand sich nun, daß der Ballotirte nicht aufgenommen sei. Die jüngeren Domherren mochten allerdings zu der beschlossenen Ausschließung mitgewirkt haben.

Der heftige Lieutenant Franz von Blücher ließ seine Empfindlichkeit darüber gegen einen der jüngeren Domherren aus, was zu einem Wortwechsel Veranlassung gab. Den folgenden Tag forderte Franz Blücher diesen Domherrn schriftlich, und zwei andere Officiere, deren einer der Ausballotirte war, forderten zwei andere junge Domherren auf gleiche Weise. Diese beiden, welche nicht die geringste feindselige Berührung mit den Fordernden gehabt hatten, gaben schriftlich ihr Befremden darüber zu erkennen. Der eine erhielt zur Antwort: er habe bei dem Wortwechsel des Lieutenants von Blücher mit dem Domherrn gelächelt, und dadurch sei er, der Herausfordernde, in der Person seines Freundes Blücher beleidigt worden. Dem andern konnte der Provocant noch nicht einmal einen solchen Vorwand angeben, er erklärte nur schriftlich: daß er sich von ihm beleidigt fühle und daß dies genug sei.

Die Domherren, welche vermöge ihres geistlichen Standes die Ausforderung nicht annehmen konnten, zeigten dem Könige unmittelbar den Vorfall an. Die Folge davon war die Nieder=

setzung einer gemischten Untersuchungs-Commission, unter dem Vorsitze des Generals von Wobeser und unseres Regierungs- Präsidenten v. Sobbe, wozu auch ich nebst dem Regiments- Quartiermeister Ribbentrop hinzugezogen wurde. Die Dom- herren wurden von dem Kammergericht, welchem das Erkenntniß gegen sie aufgetragen war, freigesprochen, und die Officiere von einem Kriegsgericht zu dreiwöchentlichem Arrest verurtheilt, welchen sie auf der Hauptwache in Gesellschaft ihrer Kameraden, und vor derselben spazieren gehend, verbrachten.

Nun wurden aber die drei Domherren noch durch einen boshaften Streich, welchen man ihnen spielte, auf das Empfind- lichste gekränkt. Sie wurden nämlich und zwar, bevor jene Untersuchungs-Commission niedergesetzt war, zu einer großen Abendgesellschaft bei dem General Blücher ohne dessen Wissen durch einen Livreebedienten eingeladen. Jeder von ihnen stutzte, vermuthete einen Irrthum und war bedenklich hinzugehen. Weil indessen alle drei und zwar durch einen Bedienten des Generals geladen waren, so konnten sie zuletzt doch kein Versehen an- nehmen; auch ihre Verwandten und Freunde, welche in dieser Einladung einen Schritt zur Beilegung des Geschehenen zu erkennen glaubten, riethen ihnen zu kommen. Der General Blücher, welcher nicht daran gedacht hatte sie einzuladen, war natürlich sehr entrüstet, die drei Domherren eintreten zu sehen. Gegen sie durch seinen Sohn Franz eingenommen, welcher damals viel Einfluß auf den Vater hatte, und vielleicht auch von dem Urheber der Intrigue durch gehässige Bemerkungen über das dreiste Erscheinen aufgereizt, ließ er ihnen sagen, daß sie nicht geladen wären und sich entfernen möchten. Erbittert ver- ließen nicht allein sie, sondern auch ihre Familien die Gesellschaft. Zu Fuß eilten die Frauen nach Hause, so tief fühlten sie die Kränkung. Ueberall wurde diese planmäßig angelegte Be- leidigung mit Unwillen aufgenommen, und trug sehr viel zur Vermehrung der üblen Stimmung bei.

Was aber eine wahre Erbitterung erregte, das war die in der Prozeßsache der Gebrüder Herren von der Reck gegen die Herren von Landsberg und von Böselager ausgeübte Cabinets-justiz. Durch eine von den Reck ausgewirkte Cabinets-Ordre vom 5. September 1805 wurden die zwischen jenen beiden Parteien bei dem Reichshofrath schwebenden Prozesse für rechtskräftig entschieden erklärt, und eine außerordentliche Executions-Commission niedergesetzt, welche die Herren von Landsberg und von Böselager von ihren Gütern exmittirte und die Herren von der Reck in den Besitz derselben setzte.

Diese unglückliche Geschichte mußte in einem Lande, wo man noch gar nicht preußisch gesinnt war, die Gemüther empören. In öffentlichen Schriften wurde dieses gewaltsame Eingreifen in den Lauf des Rechtes heftig angegriffen, und unsere preußische Justiz, wovon wir den Mund so voll genommen hatten, bekam einen häßlichen Flecken.

Man hatte es endlich darin versehen, daß man die ganze preußische Verfassung nicht auf einmal einführte; es wäre alsdann mit einem unangenehmen Gefühle abgemacht gewesen. Unter dem Neuen, was stückweise zugetheilt wurde, war Manches, was nicht zu den angenehmsten Dingen gehörte und den Münster'schen ungewohnt war, so der Stempel, das Kantonwesen und das Salz-Monopol. Auch die den Münsteranern aus den benachbarten preußischen Provinzen wohlbekannte Accise war vor der Thür. Schon waren die Häuser gebaut, und sie sollte 1807 eingeführt werden, als dies die Ereignisse des Jahres 1806 verhinderten. Die Erwartung aber gab den unangenehmen Vorgeschmack. Dadurch erhielt der Haß immer neuen Zündstoff. Endlich, viel zu spät, als schon der unglückliche Krieg begonnen war, wurde das Domcapitel aufgelöst.

Unter solchen Verhältnissen war freilich der Aufenthalt in Münster für uns Altpreußen nicht angenehm; indessen habe ich dies Unangenehme minder empfunden, ich habe mich vielmehr, nachdem ich etwas heimisch geworden, unter den Münsteranern wohl befunden, mir wahre Freunde erworben und von ihnen viele Freundschaft und Liebe empfangen. Wie in meinem Amte, bemühte ich mich auch im Verkehr gerecht zu urtheilen.

Aber das Jahr 1806 kam, und ein Schmerz folgte auf den andern. Zuerst wurde der diesrheinische Antheil des Herzog-thums Cleve, welcher bei Preußen geblieben war, an Napoleon abgetreten, er faßte diesseits des Rheins festen Fuß und kam zugleich in den Besitz der Festung Wesel, welche der jetzigen preußischen Landesgrenze nur zu nahe war. Sein Schwager Joachim Murat wurde Herzog in dem alten Stammlande des königlichen Hauses. Niemand konnte sich verhehlen, daß unser Staat, der von Osten nach Westen so lang gestreckt war, in eine sehr bedenkliche Lage gekommen war. Unsre Trauer wurde ge-steigert durch den Uebermuth, womit der neugeschaffene Herzog auch bis nach Münster übergriff.

Neue finstre Wolken stiegen auf. Briefe aus Berlin athmeten sämmtlich Krieg gegen Napoleon, Blücher verließ uns, wir sahen der unvermeidlichen Occupation entgegen. Zwar rückte der General Lecoq mit einem kleinen Corps in Münster ein, aber das gewährte uns geringe Beruhigung, denn er schien die mit breiten Gräben und Wällen versehene Stadt durch eine nutzlose Vertheidigung preis geben zu wollen. Nachdem er vor dem Egidienthore eine hübsche Baumpflanzung niedergehauen und nach dem Erscheinen unseres Kriegsmanifestes in einer Nacht durch plötzlichen Allarm die Stadt erschreckt hatte, um, wie er sagte, die Wachsamkeit seiner Soldaten zu prüfen, zog er in der Mitte des October plötzlich ab und überließ uns unserm Schicksal.

Dennoch blickten wir Altpreußen, auf die Tapferkeit des Heeres vertrauend, hoffnungsvoll nach Osten, und sahen mit ungeduldiger Erwartung einer Siegesnachricht entgegen. Und sie kam — als Napoleon schon auf seinem Siegeszuge nach

Berlin war, und sie trug so sehr das Gepräge der Wahrhaftig-
keit, daß Präsident von Vincke*) die Bekanntmachung durch den
Druck verfügte. Es war ein Jubel ohne Gleichen, jeder eilte
zum andern, um zuerst die frohe Nachricht zu überbringen. Aber
die tiefste Niedergeschlagenheit folgte, der Kelch, den wir jetzt
ausleeren mußten, wurde nach dem Taumel der Freude um so
bitterer. Wenige Tage darauf erhielten wir durch Flüchtlinge
nur zu gewisse Nachricht vom Verluste der Schlacht bei Jena.
Dennoch erholten wir uns von der ersten Betäubung und
gaben nicht alle Hoffnung auf. Eine verlorene Schlacht konnte
noch nicht über das Schicksal des ganzen Krieges entscheiden.
Als wir aber ausführliche Kunde erhielten von den schrecklichen Folgen dieser Niederlage, als der letzte Rest der Armee
in Lübeck das Gewehr strecken mußte, als die Festungen Hameln,
Magdeburg, Stettin und Küstrin mit beispielloser Feigheit ohne
Schwertstreich dem Feinde überliefert wurden und der ganze
preußische Staat in feindliche Gewalt kam, da sank uns aller
Muth, wir mußten, daß wir verloren waren.
Unterdeß war der traurigen Kunde von der verlorenen
Schlacht die feindliche Besitznahme auf dem Fuße gefolgt.
An einem frühen Morgen traf eine Abtheilung Cavalerie
von der Armee des Königs von Holland ein. Unser Groll und
Schmerz wurde vermehrt durch die Stimmung der Münsteraner,
welche von der unseren sehr abwich. Schon bei der Ankunft
des Vortrabes der holländischen Armee offenbarte sich der lange
genährte schlummernde Groll gegen die Preußen in einer un-
verhohlenen Freude. Mit offenen Armen wurden die Befreier
von preußischer Herrschaft empfangen und jubelnd bewirthet.
Gleich darauf traf der König von Holland an der Spitze seiner
Armee ein.
Wir hatten schwere Einquartierung, es waren zehntausend

---

*) Vincke war als Oberpräsident auf Stein gefolgt.

Mann in die Stadt gerückt. Doch wurde strenge Mannszucht gehalten, denn es lag unverkennbar in der Absicht des Königs von Holland, das Land nicht feindselig, sondern mit möglichster Schonung zu behandeln. Er schmeichelte sich, daß ihm die an das Königreich Holland grenzenden preußischen Provinzen zu Theil werden würden. Seine Handlungen und die Aeußerungen seiner Umgebung zeigten, daß er sich bereits als Besitzer des Landes betrachtete. Er errichtete ein oberstes Verwaltungs-conseil, an dessen Spitze er den General Daendels stellte, welchem die beiden Präsidenten der Regierung und Kammer beigeordnet wurden. Auch drängten sich an ihn sogleich die Münster'schen Abligen und traten mit ihren Klagen über die preußische Herrschaft vor, welche er anhörte. Obenan standen die Aufhebung des Domcapitels und die Ermission der Herren v. Landsberg und v. Böselager. Er übte einen wirklichen Sou-veränetäts-Akt aus, indem er das Capitel wieder herstellte und die Execution in der Sache der Herren von der Reck gegen die Verbannten sistirte.

Indessen sein Reich hatte bald ein Ende; er mußte auf Befehl Napoleon's abmarschiren, und dieser theilte die eroberten preußischen Länder in militärische Gouvernements ein, welchen er Generäle und General-Intendanten vorsetzte. Die Fürsten-thümer Münster und Lingen und die Grafschaften Mark und Tecklenburg nebst dem Gebiete von Dortmund machten das erste dieser Gouvernements aus. Nach Münster kam der General Loison.

So war ich denn zum zweiten Male in die Gewalt der französischen Herrschaft gerathen. Vergebens hatte ich ihr zu entfliehen gestrebt, vergebens waren die schweren Opfer, welche ich dafür gebracht hatte. Vaterland und Heimat, Eltern und Vermögen hatte ich verlassen, um hier in einem fremden Lande noch einmal die Katastrophe zu bestehn, welcher ich entwichen war, und die jetzt eine weit schlimmere Gestalt angenommen hatte. Als Cleve französisch wurde und ich von dort schied, fühlte ich in meinem Herzen die Freude, unter den Scepter des angeborenen Königs und unter die Herrschaft heimischer Gesetze zurückzukehren. Dieser einzige Anker, woran ich mich gehalten hatte, war jetzt auch abgerissen. Preußens Macht war zertrümmert, der ganze Staat bis auf einen kleinen Rest in der Gewalt eines Eroberers, dessen ehrsüchtige Pläne sich mehr und mehr offenbarten. Es war nur zu gewiß, daß wir abgetreten werden würden; aber was unser Schicksal sein sollte, darüber war ein dunkler Schleier gezogen. Der Gram, welcher in unserm Busen nagte, und die tiefe Trauer, worin wir versunken waren, wurde noch durch den Aerger vermehrt, womit wir den frohlockenden Jubel der Münsteraner über die Befreiung von preußischer Herrschaft und die Huldigungen ansehen mußten, mit denen sie dem welschen Eroberer und seinen Satelliten entgegenkamen. — Vorzüglich war es der Münster'sche Adel, welcher sich hierin auszeichnete und auf eine ganz unwürdige Weise benahm. Einige Züge mögen davon Urkunde geben.

Um die ihnen verhaßte preußische Farbe, womit die Schlagbäume, Brücken und öffentlichen Gebäude angestrichen waren, schleunigst wegzuschaffen und die alten Münster'schen Farben an die Stelle zu setzen, wurden die Kosten dazu durch eine Subscription aufgebracht und demnächst unsere Farben gelöscht. Einer der begütertsten Abligen begnügte sich nicht damit, seine warme Theilnahme an diesem Unternehmen durch die Unterschrift eines namhaften Betrages zu erkennen zu geben, er konnte sich nicht entbrechen, seine Freude daran bei der Subscription noch durch die Phrase: „mit Vergnügen" auszubrücken, damit niemand an seinem patriotischen Sinne zweifle.

Die Präsidenten, Directoren, Räthe, Assessoren und Referendarien der Regierung und der Kriegs- und Domänen-Kammer fuhren fort ihre Dienstuniform zu tragen. Auch dies Erinnerungszeichen an die preußische Landeshoheit war den

Augen dieses Adels ein Greuel. Es wurde daher bei dem General Loison dahin gearbeitet, daß er die Ablegung der Uniform verordnen solle. Allein die Intrigue gelang nur halb. Der General verstattete vielmehr ausdrücklich das Forttragen der Uniform und befahl nur, die preußischen Wappenknöpfe ab= zunehmen, welche wir mit glatten vertauschen mußten. So wurde die Uniform nicht abgelegt, und der Geh. Rath von Forkenbeck und ich haben sie noch im Jahre 1808, als wir nach Düsseldorf berufen wurden, dort im Staatsrath getragen.

Diese sonst so stolze Münster'sche Ritterschaft hofirte den französischen Generälen, wie ihrem ehemaligen Landesherrn, dem Fürstbischof.

Der von Napoleon vorgeschriebene Eid, welcher auch in Münster abgelegt werden mußte, war ihr so wenig zuwider, daß sie sich vielmehr bestrebte, die Eidesleistung recht feierlich zu machen und ihr den sonst nur bei Huldigungen gebräuchlichen Pomp zu geben. Auf dem großen Saal des Schlosses wurde ein Thronhimmel aufgebaut, unter welchem der General Loison die Eidesleistung empfing. Mit dem größten Erstaunen sahen wir diese Zurüstungen, aber mit noch größerem Befremden sahen wir den General Loison eintreten, begleitet von den Erb= und Hofbeamten des ehemaligen Bisthums Münster, welche in ihrem alten Staate dem französischen General gleich ihrem vormaligen Landesherrn ministrirten und ihm während der Handlung als Schildhalter zur Seite standen.

Dem Gouverneur wurden bedeutende Tafelgelder — wenn ich nicht irre, monatlich zwölftausend Thaler Conventionsmünze — ausgesetzt, welche durch eine extraordinäre Steuer aufgebracht wurden. Es wurde eine Hofhaltung gebildet, und die pensio= nirten Münster'schen Hofbeamten wurden wieder in Thätigkeit gesetzt. Der Hofmarschall v. Sch. fungirte in dieser Eigenschaft am Tische des Franzosen; er machte zur Tafel und zu den Abend= Assembleen die Einladungen, dabei trug er seine alte

Hofmarschalls-Uniform, seinen Marschallsstab in der Hand, und unter ihm der Hoffourier seinen Degen u. s. w. — Als wir diesen niederträchtigen Unfug zum ersten Mal sahen, nannte der Regierungs-Präsident von Cobbe gegen mich den einen den Stocknarrn, den andern den Hofnarrn.

Es wurde ferner eine Ehrengarde für den General Loison aus Freiwilligen errichtet, welche sich selbst equipirten. Sie bezog täglich die Wache auf dem Schlosse und begleitete den General, als er mit einer Schaar Soldaten einen Kreuzzug durch die Grafschaft Mark machte. An der Spitze dieser Ehren-garde standen ebenfalls Glieder der Münster'schen Ritterschaft.

In ihren abligen Damen-Klub, welcher sonst jedem ehren-werthen deutschen Mann, der nicht zu ihrer Kaste gehörte, ver-schlossen war, nahmen sie jetzt einen französischen General mit seiner nichtswürdigen Maitresse auf, um desto besser Einfluß auf ihn zu üben.

Dennoch wollte es ihnen mit dem General Loison nicht so recht glücken; er war ihnen zu klug, machte sich im geheimen über sie lustig und ließ sich nur die Spenden, welche ihm theils gereicht, theils versprochen waren, wohlgefallen. Sie hatten ihm einen kostbaren Degen zum Geschenk angeboten und er bestens acceptirt. Der Degen wurde auch in Frankfurt bestellt und verfertigt, er kam aber erst an, als Loison bereits vom Gouvernement abgegangen war. Jetzt war ihnen das voreilige Anerbieten leid geworden, und sie hatten keine Lust, ihm den Degen zu senden, weil sie bei ihm die Willfährigkeit, welche sie erwartet, nicht gefunden hatten. Was aus dem Degen ge-worden, habe ich nicht erfahren, man hielt die Sache geheim. Dem Franzosen Loison war das höfische Getreibe zuletzt so zuwider geworden, daß er selbst bei Napoleon seine Abberufung zur Armee auswirkte.

Bei seinem schwächern Nachfolger Canuel glückte es besser. Mein würdiger Freund, der Präsident von Vincke, mußte die erfte Erfahrung machen. Eine beiläufig von ihm in einer Remonstration hingeworfene Aeußerung, „daß er sonst seinem Amte nicht weiter würde vorstehen können", wurde mit beiden Händen ergriffen, als eine Dienstentsagung gebeutet und er seiner Stelle entlassen.

Um meinen Kummer über nicht zu ändernde Dinge zu überwinden, suchte ich in der Vertiefung einer großen Arbeit Zerstreuung, und ich fand sie. Das noch unvollendete Hypothekenwesen des Münsterlandes bot mir den nächsten und besten Stoff dar. Ich gab mich dieser weitläufigen Arbeit mit dem höchsten Eifer hin, und brachte mit Zuziehung mehrer Referendarien die Eintragung aller zum Hypothekenbuch der Regierung von Münster angemeldeten Realrechte zu Stande. Dadurch gelang es mir, mich gewissermaßen zu betäuben; ich habe damals an mir selbst erfahren, daß starke Arbeit in Wahrheit ein lindernder Balsam ist, welcher der langsamen Heilkraft der Zeit zuvoreilt.

So sehr ich aber auch durch dies Zurückziehen in meinen engen Geschäftskreis eine Art von philosophischer Ruhe errungen zu haben glaubte, so konnte ich doch erschütternden Gefühlen nicht entgehen, als der Tilsiter Friede uns wirklich vom preußischen Staat trennte und die Grenzen desselben sogar vierzig Meilen von uns nach Osten abrückte. Die rührenden Worte, womit unser unglücklicher König von seinen Unterthanen in den abgetretenen Provinzen Abschied nahm und die Beamten ihrer Eidespflicht entließ, machten uns die Größe unseres Verlustes noch tiefer empfinden. Liebe Kinder, es ist ein durchaus nicht zu beschreibendes schmerzliches Gefühl, wenn die alten Bande der Zugehörigkeit, der Liebe und des Vertrauens, welche uns, durch eine lange Reihe unserer Vorältern, an Staat und Landesherrn knüpfen, auf einmal gewaltsam zerrissen werden, wenn einem Volke ein neuer und fremder Herrscher aufgedrungen wird, für den kein Herz schlägt, den man mit zagendem Zweifel

empfängt und welcher auch seinerseits für die neuen Unter=
thanen nichts empfindet."

Soweit der Bericht des guten Preußen. Münster und die
Grafschaft Mark wurden zu dem neuen Großherzogthum Berg
geschlagen, Sethe selbst warb Generalprocurator des Appella=
tionshofes zu Düsseldorf. Aber nicht lange, und die feste
Redlichkeit des Deutschen erschien dem fremden Eroberer ver=
dächtig. Er hatte seine Hilfe nicht geboten, ungesetzliche Barbarei
der französischen Regierung zu unterstützen: dafür wurde er
unter Drohungen nach Paris gerufen und dort festgehalten, im
Grunde, weil man seinen Einfluß auf die patriotische Stimmung
des Landes fürchtete. Als er 1813 entlassen und die preußische
Herrschaft in seinem Vaterlande wieder hergestellt war, leitete
er die Organisation der richterlichen Behörden in den Rhein=
landen. Von da lebte er in langer segensreicher Thätigkeit
seinem Amte, einer der ersten preußischen Juristen, welche das
Geschworenengericht, Oeffentlichkeit und Mündlichkeit, und die
freieren Lebensformen des Rheins gegen die Staatsregierung
vertraten. Von fester Unabhängigkeit des Charakters, wahrhaft,
pflichtgetreu, in würdigem Ernst und bürgerlicher Einfachheit,
war er ein Musterbild altpreußischer Beamtenehre. Der Segen
seines Lebens ruht auf seinen Kindern.

Nicht ohne Absicht sind in diesem und dem vorhergehenden
Kapitel zwei Schilderungen aus dem Kreise des deutschen Bürger=
thums neben einander gestellt. Auch sie repräsentiren den Gegen=
satz, welcher sich im ganzen achtzehnten Jahrhundert bis zu den
Freiheitskriegen durch das deutsche Leben zieht: Pietisten und
Wolfianer, Klopstock und Lessing, Schiller und Kant, Deutsche
und Preußen, ein reiches Gemüth, das sich nach innen kehrt,
und geduldige Thatkraft, welche sich die Außenwelt unterwirft.

9.

Die Erhebung.

Der größte Segen, welchen die Reformatoren der Erde nachkommenden Geschlechtern hinterlassen, liegt selten auf dem, was sie selbst für die Frucht ihres Erdenlebens halten, nicht auf den Lehrsätzen, um die sie kämpfen, leiden und siegen, von ihren Zeitgenossen gesegnet und verflucht werden. Nicht ihr System ist das Bleibende, sondern die zahllosen Quellen eines neuen Lebens, welche unter ihrer Arbeit fröhlich aus der Tiefe der Volksseele ans Licht treten. Das neue System, welches Luther der alten Kirche entgegengestellt hatte, verlor wenige Jahre, nachdem er sein Haupt zur Ruhe gelegt hatte, einen Theil seiner bildenden Kraft. Aber was er während seinem großen Kampfe mit der Hierarchie gethan hatte, seinem Volke die Selbstthätigkeit des Geistes zu steigern, das Pflichtgefühl zu vermehren, die Sittlichkeit zu erhöhen, Zucht und Bildung zu gründen, dieser Abdruck seiner Seele in jedem Gebiete des idealen Lebens blieb in den schweren Kämpfen der folgenden Jahrhunderte ein unzerstörbarer Gewinn, aus welchem zuletzt eine Fülle neuen Lebens erwuchs. Auch das System Friedrich's des Großen wurde wenige Jahrzehnte nach seinem Tode durch fremde Sieger als eine unvollkommene menschliche Erfindung widerlegt. Aber das beste Resultat seines Lebens blieb wieder ein unvertilgbarer

25*

Erwerb für Preußen und Deutschland. Er hatte in Tausenden seiner Beamten und Krieger Eifer und Pflichttreue, in Millionen seiner Unterthanen Pietät gegen sein Haus lebendig gemacht, er hatte als ein weiser Haushalter überall die Saat des geistigen und materiellen Gedeihens ausgestreut. Das war das Bleibende seines Staats, der vortrefflich bearbeitete Boden, auf welchem das neue Leben aufblühte. Als sein Heer zerschlagen, das Land von Fremden überschwemmt war, als die bittere Noth zwang das Leben zu suchen, wo es zu finden war, da begann noch während die feindlichen Gewalten zerstörten, die frische Kraft der Nation ihre Arbeit. Sogar was in der Erscheinung am widerwärtigsten war, die Schnelle und Haltlosigkeit, mit welcher das Alte zusammenstürzte, wurde ein Glück, denn es beseitigte plötzlich zwar nicht alle Träger des alten Systems, aber doch die größte Gefahr ihres Widerstandes. Grade jetzt wurde deutlich, wie tüchtig das Material war, das sich in Preußen vorfand: Beamte und Officiere, vor allen das Volk selbst. Unerhört wie der Fall, ebenso unerhört war die Erhebung.

Unthätig, betäubt sieht das Volk den Bruch seines Staates, es ist gewöhnt, nur von oben herab seine Impulse zu empfangen. In der chaotischen Verwirrung, welche jetzt folgt, scheint nirgend eine Rettung, der Schwache verflucht die schlechte Regierung, schadenfroh sieht der Seichte die Niederlage der geistlosen und anmaßenden Privilegirten, der Schwächste folgt den Sternen des Siegers. Männer von warmem Gefühl, wie Steffens, schließen sich ein und dichten eine traurige Ode auf den Fall des Vaterlandes, Klügere untersuchen griesgrämig die Schäden des alten Systems und verurtheilen bitter das Gute mit dem Schlechten.

Größer wird die Noth, es ist die Absicht des Kaisers, auch dem Theil von Preußen, dem er ein Scheinleben lassen will, alle Adern zu öffnen, damit es sich verblute. Unerschwinglich sind die Contributionen, die französische Armee wird über das Land vertheilt, sie bezieht in Schlesien und den Marken Cantonnirungsquartiere, Officiere und Soldaten werden dem Bürger in die Häuser gelegt, sie sollen gefüttert und vergnügt werden. Auf Kosten der Kreise müssen gemeinschaftliche Tafeln eingerichtet und Bälle gegeben werden. Der Soldat soll sich für die Strapazen des Krieges entschädigen. Wir sind die Sieger, rufen übermüthig die Officiere. Kein Recht giebt es gegen ihre Brutalität und die Frechheit, womit sie den Frieden der Familien stören, in denen sie jetzt wie Herren regieren. Daß sie gegen die Frauen des Hauses artig sind, macht ihnen die Männer nicht geneigter. Noch ärger treiben es die Generäle und Marschälle. Prinz Hieronymus hat sein Hauptquartier in Breslau und hält dort einen üppigen Fürstenhof; noch jetzt erzählt dort das Volk, wie ausschweifend er gelebt und wie er sich täglich in einem Faß Wein gebadet. In Berlin spannt der Generalintendant Daru seine Forderungen mit jedem Monat höher. Auch die bemüthigenden Bestimmungen des Friedens sind noch zu gut für Preußen, höhnend verändern die Tyrannen seine Paragraphen. Sie geben die Festungen nicht zurück, wie sie gelobt haben, sie steigern die Millionen der Kriegs= kosten mit raffinirter Grausamkeit in's Ungeheure. Mehr als 300 Millionen haben sie in sechs Jahren aus dem Lande gezogen, das noch den Namen Preußen führen durfte.

Auch über Handel und Verkehr legt sich vernichtend das neue System. Durch die Continentalsperre wird Einfuhr und Ausfuhr fast aufgehoben. Die Fabriken stehen still, der Umlauf des Geldes stockt, die Zahl der Bankerotte wird übergroß, auch die Bedürfnisse des täglichen Lebens werden unerschwinglich; die Menge der Armen wächst zum Erschrecken, kaum vermögen die großen Städte die Schaaren der Hungernden, welche die Straßen durchziehen, zu bändigen. Auch der Wohlhabende zieht seine Bedürfnisse in's Kleine. Er beginnt die freiwillige Zucht des eigenen Lebens, indem er kleinen Genüssen, an die er gewöhnt war, entsagt. Auch er trinkt statt des Kaffees geröstete Eicheln, Schwarzbrod, Roggen; größere Gesellschaften vereinigen sich keinen Zucker mehr zu gebrauchen; die Hausfrauen sieden nicht mehr Früchte ein. Wie Ludwig von Vincke, der damals als Gutsbesitzer im neuen Großherzogthum Berg saß, hartnäckig den Huflattig statt Taback raucht und seinen Wein aus Johannis= beeren keltert, so verzichten auch Andere auf die Bedürfnisse, welche der fremde Tyrann mit seinem Monopol belegt hat.

Und die Wissenschaft beginnt ihr großes Werk, die ent= weihten Hallen des Staates wieder für den Dienst guter Götter zu segnen, sie entsühnt, reinigt, erhebt die Seelen. Während die französische Trommel durch die Straßen Berlins wirbelt und die Spione der Fremden um die Häuser lungern, hält Fichte seine Reden an die deutsche Nation: ein neues kräftiges Geschlecht müsse erzogen werden, den Nationalcharakter zu bessern, die verlorene Freiheit wieder zu erobern.

Und aus dem äußersten Osten des Staates, wo jetzt die größte Kraft des preußischen Beamtenthums an der Spitze der Geschäfte steht, beginnt eine neue Organisation des Volkes. Die Unterthänigkeit wird aufgehoben, das Grundeigenthum frei gemacht, die Städte erhalten Selbstregiment. Der alte Gegensatz der Stände wird gebrochen, die Privilegien abgeschafft. Auch im Heer bereitet Oberst Scharnhorst die Neubildung vor. Jetzt darf sich frei regen, was von Lebens= kraft im Volke ist.

Schon im Jahre 1808 steht der Preuße nicht mehr muth= los, schon hebt er erwartungsvoll das Haupt und sieht um sich nach Helfern. Die ersten politischen Gesellschaften bilden sich. Tugendbund, Bildungsverein, wissenschaftliche Kränzchen, Officierclub, sie alle haben denselben Zweck, ihr Vaterland von fremder Herrschaft zu befreien, das Volk heranzubilden zu einem nahen Kampfe. Noch ist Ungeschick, maßloser Eifer, auch

Spielerei dabei, aber sie verbinden doch eine große Anzahl patriotischer Männer. Emsig laufen die Boten mit Geheimschriften, schwer wird es den ungeübten Verbündeten die Späher des Feindes zu täuschen. Auch finstere Rachepläne werden in manchem Vereine berathen und Verzweifelte hoffen durch eine große Unthat das Vaterland zu retten.

Höher steigt die Hoffnung im nächsten Jahre; in Spanien hat der Krieg begonnen, Oesterreich rüstet zu dem heldenmüthigsten Kampf, den es je unternommen. Auch in Preußen ist der Boden unter dem Fremden unterwühlt, Alles ist zum Aufstande vorbereitet, der Polizeipräsident von Berlin, Justus Gruner, ist einer der thätigsten Leiter der Bewegung. Aber es gelingt nicht, Preußen mit Oesterreich zu verbinden, in einzelnen hoffnungslosen Versuchen verpufft die erste große Erregung des Volkes. Schill, Dörnberg, der Herzog von Braunschweig, der Aufstand in Schlesien zerschellen. Die Schlacht bei Wagram nimmt die letzte Hoffnung auf Oesterreichs Hilfe.

Vielen sinkt der Muth, nicht den Besten. Unablässig üben sich die Vaterlandsfreunde im Gebrauch der Schußwaffe, auch das preußische Heer, das nicht mehr als 42,000 Mann betragen soll, wird im geheimen auf mehr als die doppelte Zahl gebracht, in allen Militärwerkstätten sitzen die Soldaten aus dem Handwerkerstande und arbeiten an der Ausrüstung für einen künftigen Krieg.

Und zum zweiten Mal erhebt sich die Hoffnung des Volkes, Napoleon rüstet zum Kriege gegen Rußland. Wieder ist die Zeit gekommen, wo ein Kampf möglich wird, schon darf Hardenberg dem französischen Gesandten St. Marsan sagen, daß Preußen sich nicht ohne Todeskampf zerstören lasse, und mit hunderttausend Kriegern einem feindlichen Anlauf entgegentreten werde. Aber der König vermag nicht den Entschluß eines verzweifelten Widerstandes zu fassen, er giebt die Hälfte des stehenden Heeres als Verbündeter zu der großen Armee. Da verlassen dreihundert Officiere seinen Dienst und eilen nach Rußland, dort gegen Napoleon zu kämpfen. Und wieder wird in Preußen die Hoffnung klein, in unabsehbare Ferne scheint die Befreiung gerückt.

Gewaltig ist im nördlichen Deutschland der Haß gegen den fremden Kaiser geworden. Ueberall im Westen der Elbe, wo seine unaufhörlichen Kriege die männliche Jugend auf die Schlachtbank führen. Die Conscription wird dort als Todesloos betrachtet. Die Kosten eines Stellvertreters sind auf zweitausend Thaler gestiegen. Auf allen Straßen sind die Trauerkleider zu sehen, welche Eltern um die verlorenen Söhne tragen. Aber am gewaltigsten ist der Haß der Preußen, in jedem Lebensberuf, in jedem Hause ruft er unablässig zum Kampfe. Alles, was in dem Deutschen hold und herzlich ist, Sprache, Poesie, Wissenschaft, die Sitte des Hauses, arbeitet in der Stille gegen Napoleon und sein fremdes Wesen. Alles Schlechte, Verdorbene, Frevelhafte, alle Hinterlist und Grausamkeit, Verläumbung, Tücke und brutale Gewalt wird gallisch und corsisch gescholten. Wie der wunderliche Jahn nennen den Kaiser auch andere Eifrige nicht mehr beim Namen, er wird „Er" genannt, wie einst der Teufel, oder mit verächtlichem Ausdruck Bonaparte.

So werden die Charaktere in Preußen durch sechs Jahre gehärtet.

Es war nicht mehr ein großer Staat, welcher im Frühjahr 1813 zu seinem Kampf um Leben und Tod rüstete. Was von Preußen noch übrig war, umfaßte nur 4,700,000 Menschen. Dieses kleine Volk hat im ersten Feldzug ein Heer von 247,000 Mann in's Feld gestellt, von je neunzehn Menschen, Frauen, Kinder, Greise mitgerechnet, je einen. Was das bedeutet, wird klar, wenn man berechnet, daß eine gleiche Anstrengung des gegenwärtigen deutschen Reiches von 40 Millionen Einwohnern

die ungeheure Zahl von reichlich 2,000,000 Soldaten zur Feld=
armee geben würde.*) Und diese Summe drückt nur das
Verhältniß der Menschenzahl, nicht des damaligen und gegen=
wärtigen Wohlstandes aus.

Denn es war auch ein sehr armes Volk, welches in den
Krieg zog. Kaufleute, Fabrikanten, Handwerker kämpften seit
sechs Jahren fruchtlos gegen die eiserne Zeit; dem Landwirth
war mehr als einmal sein Getreideboden geleert, seine besten
Pferde aus dem Stall geführt worden, das verschlechterte Geld,
welches im Lande umrollte, störte den Binnenverkehr mit den
nächsten Nachbarn, die ersparten Thaler aus besserer Zeit waren
längst ausgegeben. In den Thälern des Gebirgs hungerte das
Volk, auf der Marschlinie der großen Armee war drückender
Mangel an nothwendigen Lebensmitteln, Gespanne und Saat=

---

*) Bei der Summe von 247,000 Kriegern sind die Freicorps ab-
gezogen, weil sie meist aus Nichtpreußen bestanden. Die Berechnung
Beitzke's, deren Ziffer hier festgehalten wurde, weil sie die niedrigste ist,
rechnet allerdings auch die Landwehrbataillone und Escadronen, welche im
Lauf des Feldzuges aus dem Terrain jenseit der Elbe formirt wurden, es
sind daher etwa 20,000 Mann von seiner Summe abzusetzen. Aber da
seine Rechnung nur die Stärke des ausrückenden Heeres begreift, nicht aber
die Ergänzungen, welche bis zur Schlacht bei Leipzig fast ganz aus dem
alten Terrain Preußens aufgebracht wurden, so ist doch die Ziffer eher zu
niedrig als zu hoch gegriffen. — Im Jahre 1815 war das Verhältniß der
Krieger zur Bevölkerung noch auffallender. Damals hatte Ostpreußen
sieben Procent seiner Einwohner, jeden siebenten Menschen männlichen Geschlechts in den Krieg gesandt, es waren fast nur Kinder und ältere Leute
im Lande, sehr wenig Männer von 18—40 Jahren.

Die Ziffer der Bevölkerung ist nach der letzten amtlichen Zählung von
1810 gerechnet. Preußen hatte nach dem Frieden von Tilsit noch Neu-
schlesien an Polen abgeben müssen, dadurch und in der elenden Zeit seit
1806 mehr als 300,000 Menschen verloren. Es ist deßhalb auch bis Frühjahr 1813 keine Zunahme der Bevölkerung anzunehmen. Außerdem waren
die Hauptfestungen in französischen Händen, und ihre Einwohnerzahl ist bei
einer Abschätzung der Leistungen des Volkes noch abzurechnen.

korn hatten schon 1807 dem Landmann gefehlt, im Jahre 1812 trat dieselbe Noth ein.

Es ist wahr, heißer Schmerz über den Sturz Preußens, tiefer Haß gegen den Kaiser Frankreichs arbeiteten in dem Volk. Aber großes Unrecht würde den Preußen thun, wer ihre Er= hebung vorzugsweise aus der finstern Gewalt des Ingrimms herleiten wollte. Mehr als einmal in alter und neuer Zeit hat eine Stadt, auch ein kleines Volk in Verzweiflung seinen Todes= kampf bis zum Aeußersten durchgekämpft, mehr als einmal setzt uns der wilde Heldenmuth in Erstaunen, welcher den frei= willigen Tod durch die Flammen des eigenen Hauses oder durch die Geschosse der Feinde der Ergebung vorzieht. Aber solche hohe Steigerung des Widerstandes ist sonst nicht frei von einem düstern Fanatismus, der die Seelen bis zur Raserei entflammt. Davon ist in Preußen kaum eine Spur. Im Gegentheil, durch das ganze Volk geht ein Zug von herzlicher Wärme, ja von einer stillen Heiterkeit, die uns unter all dem Großen der Zeit am meisten rührt. Es ist gläubiges Vertrauen zur eigenen Kraft, Zuversicht zu der guten Sache, überall eine unschuldige jugendliche Frische des Gefühls.

Beispiellos ist diese Stimmung, schwerlich, so lange es Geschichte giebt, hat ein civilisirtes Volk das Größte in so reiner Begeisterung geleistet. Für den Deutschen aber hat dieses Moment im Leben seiner Nation eine besondere Bedeutung. Seit vielen hundert Jahren geschah es zum ersten Mal, daß die politische Begeisterung im Volke zu hellen Flammen auf= schlug. Durch Jahrhunderte hatte der Einzelne in Deutschland unter der Herrschaft des fürstlichen Staates gestanden, oft ohne Liebe, Freude und Ehre, immer ohne thätigen Antheil. Jetzt in der höchsten Noth nahm das Volk sein altes unveräußer= liches Recht wieder in Anspruch. Seine ganze Kraft warf es freiwillig und freudig in einen tötlichen Krieg, um seinen Staat vom Untergange zu retten.

Und noch höhere Bedeutung hat der Kampf für Preußen und sein Königsgeschlecht. Durch hundertfünfzig Jahre hatten die Hohenzollern ihre Unterthanen zu einem Volt, unverbundene Landschaften zu einem Staat zusammengeschlossen. Ein großer Fürst, theure Siege, glänzende Erfolge des Hauses hatten dem neuen Volte Liebe zu seinen Fürsten gegeben. Jetzt war die Regierungskunst eines Hohenzollern zu schwach gewesen, das Erbe seiner Väter zu erhalten. Jetzt kam das Volk, das seine Ahnen geschaffen, und gab der letzten Anstrengung, die sein Fürst machen konnte, eine Richtung und eine Größe, welche den König fast wider seinen Willen aus der Niederlage emporriß. Mit seinem Blute zahlte das preußische Volk dem Geschlechte seiner Fürsten für das Große und Gute, das ihm die Hohenzollern gethan. Und diese Hingabe, so treu und pflichtvoll, ging aus der sichern Empfindung hervor, daß Leben und die wahren Interessen des Fürstenhauses und des Volkes eins waren. Auch diese Art von Erhebung ist ohne Beispiel in der Geschichte.

Wer aber das Aufglühen der Volkskraft im Jahre 1813 betrachtet, der findet noch einiges Besondere darin, was schon uns, den Söhnen, fremdartig erscheint. Wenn jetzt eine große politische Idee das Volk erfüllt, so vermögen wir genau die Stadien zu bestimmen, welche sie zu durchlaufen hat, bevor sie sich zu einem festen Wollen verdichtet. Die Presse beginnt zu belehren und zu erwärmen, Gleichgesinnte treten in öffentlichen Versammlungen zusammen, der Vortrag des begeisterten Redners übt sein Wirkung. Allmählich vergrößert sich die Zahl der Theilnehmenden, aus dem Streit verschiedener Ansichten, welche in der Oeffentlichkeit gegen einander kämpfen, entwickelt sich die Erkenntniß dessen, was Noth thut, Einsicht in Wege und Mittel, dann der Wille solche Forderung durchzusetzen, Opferlust, Hingabe. Von dieser allmählichen Steigerung der Volksstimmung durch ein öffentliches Leben ist im Jahre 1813 noch kaum eine

Spur. Was auf die Nation von außen wirkt, ist von anderer
Art: die Phantasie wird durch einzelne Bilder in Anspruch ge=
nommen, die Empfindung durch einzelne große Momente an=
geregt; im ganzen aber liegt eine Stille auf dem Volke, die
man wol episch nennen darf. Gleichzeitig bricht das Gefühl in
Millionen auf, nicht reich an Worten, ohne glänzenden Schein,
immer noch still und, wie eine Naturkraft, von unwiderstehlicher
Gewalt. Es ist eine Freude, diesen Verlauf in einzelnen
Hauptmomenten zu betrachten. Nicht wie er in hervorragenden
Personen, sondern wie er im Leben des kleinern Mannes sicht=
bar wurde, soll hier dargestellt werden.

Es war nach dem Neujahr 1813. Das scheidende Jahr
hatte dem neuen einen strengen Winter als Erbschaft zurück=
gelassen, aber in Haufen standen die Leute auch in einer mäßigen
Stadt vor dem Posthause. Glücklich, wer zuerst das Zeitungs=
blatt nach Hause trug. Kurz und vorsichtig war der Bericht
über die Ereignisse dieser Tage, denn in Berlin saß der fran=
zösische Militärgouverneur und bewachte jede Aeußerung der
verschüchterten Presse. Dennoch war längst die Kunde von
dem Schicksal der großen Armee bis in die entlegenste Hütte
gedrungen, zuerst dunkle Gerüchte von Noth und Verlust, dann
die Nachricht von einem ungeheuren Brande in Moskau und
den himmelhohen Flammen, die rings um den Kaiser aus dem
Boden gestiegen waren. Dann von einer Flucht durch Eis
und Wüsteneien, von Hunger und unsäglichem Elend. Vor=
sichtig sprach auch das Volk darüber, denn die Franzosen
lagerten nicht nur in der Hauptstadt und den Festungen des
Landes, sie hatten ihre Agenten auch in den Provinzen, Späher
und verhaßte Angeber, denen der Bürger aus dem Wege ging.
Seit den letzten Tagen wußte man, daß der Kaiser selbst von
seinem Heer geflohen war. In offenem Schlitten, nur einen Be=
gleiter neben sich, war er verhüllt, als Herzog von Vicenza, Tag
und Nacht durch preußisches Land gefahren. Am 12. December

war er um acht Uhr Abends in Glogau angelangt, dort hatte er eine Stunde geruht, und war um zehn Uhr in grimmiger Kälte aufgebrochen. Am nächsten Morgen war er zu Hainau in der alten Burg eingefahren, wo damals der Posthof war. Dort hatte die entschlossene Postmeisterin Gramsch ihn erkannt, in ihrer Küche mit den Löffeln geschlagen und geschworen, ihm keinen Thee zu gönnen, sondern einen andern Trank zu brauen. Durch die ängstlichen Vorstellungen ihrer Umgebung war sie endlich bis auf Kamillenthee erweicht worden, den sie mit hartem Fluch in die Kanne goß. Er hatte doch getrunken und war weiter gejagt, auf Dresden zu. Jetzt war er in Paris angekommen, man las in den Zeitungen, wie glücklich Paris war, wie zärtlich ihn seine Gemahlin und sein Sohn begrüßt hatten, wie wohl sich der Kaiser befinde, und daß er bereits am 27. December die schöne Oper „das befreite Jerusalem" angehört habe. Und man las weiter, daß die große Armee trotz Ungunst der Jahreszeit doch noch in furchtbaren Massen über Preußen zurückkehren solle, und daß der Kaiser von neuem rüste. Aber man las auch von der Untersuchung gegen General Malet. Und man wußte, wie frech sich die Lüge in den französischen Zeitungen breitete.

Man sah, was von der großen Armee übrig war. In den ersten Tagen des Jahres fielen die Schneeflocken; weiß wie ein Leichentuch war die Landschaft. Da bewegte sich ein langsamer Zug geräuschlos auf der Landstraße zu den ersten Häusern der Vorstadt. Das waren die rückkehrenden Franzosen. Sie waren vor einem Jahre der aufgehenden Sonne zugezogen mit Trompetenklang und Trommelgerassel, in kriegerischem Glanz und empörendem Uebermuth. Endlos waren die Truppenzüge gewesen, Tag für Tag ohne Aufhören hatte sich die Masse durch die Straßen der Stadt gewälzt, nie hatten die Leute ein so ungeheures Heer gesehen, alle Völker Europa's, jede Art von Uniformen, Hunderte von Generälen. Die Riesenmacht des Kaisers war tief in die Seelen gedrückt, das militärische Schauspiel mit seinem Glanz und seinen Schrecken füllte noch die Phantasie.

Aber auch die unbestimmte Erwartung eines furchtbaren Verhängnisses. Einen Monat hatte der endlose Durchzug ge= dauert, wie Heuschrecken hatten die Fremden von Kolberg bis Breslau das Land aufgezehrt. Denn schon im Jahre 1811 war eine Mißernte gewesen, kaum hatten die Landleute Samen= hafer erspart, den fraßen 1812 die französischen Kriegspferde, sie fraßen den letzten Halm Heu, das letzte Bund Stroh, die Dörfer mußten das Schock Häckselstroh mit sechzehn Thalern, den Centner Heu mit zwei Thalern bezahlen. Und gröblich, wie die Thiere, verzehrten die Menschen. Vom Marschall bis zum gemeinen Franzosen waren sie nicht zu sättigen. König Hieronymus hatte in Glogau, keiner großen Stadt, täglich vier= hundert Thaler zu seinem Unterhalt erpreßt, der Herzog von Abrantes vier Wochen lang täglich fünfundsiebenzig Thaler. Die Officiere hatten von der Frau des armen Dorfgeistlichen gefordert, daß sie ihnen die Schinken in Rothwein koche; den fettesten Rahm tranken sie aus Krügen und gossen Zimmtessenz darüber, auch der Gemeine bis zum Trommler hatte getobt, wenn er des Mittags nicht zwei Gänge erhielt, wie Wahn= sinnige hatten sie gegessen. Aber schon damals ahnte das Volk und die Frevelhaften, daß sie so nicht zurückkehren würden. Und die Franzosen sagten das selbst. Wenn sie sonst mit ihrem Kaiser in den Krieg gezogen waren, hatten ihre Rosse gewiehert, so oft sie aus dem Stall geführt wurden, damals hingen sie traurig die Köpfe; sonst waren die Krähen und Raben dem Heere des Kaisers entgegengeflogen, damals begleiteten die Vögel der Walstatt das Heer nach Osten, ihren Fraß erwartend*).

---

*) (Schlosser), Erlebnisse eines sächsischen Landpredigers von 1806 bis 1815. S. 66. Die fremden Nationen, Portugiesen, Italiener waren mäßiger.

Aber was jetzt zurückkehrte, das kam kläglicher, als einer im Volk geträumt hatte. Es war eine Heerde armer Sünder, die ihren letzten Gang angetreten hatten, es waren wandelnde Leichen. Ungeordnete Haufen aus allen Truppengattungen und Nationen zusammengesetzt, ohne Commandoruf und Trommel, lautlos wie ein Totenzug nahten sie der Stadt. Alle waren unbewaffnet, keiner beritten, keiner in vollständiger Montur, die Bekleidung zerlumpt und unsauber, aus den Kleidungsstücken der Bauern und ihrer Frauen ergänzt. Was jeder gefunden, hatte er an Kopf und Schultern gehängt, um eine Hülle gegen die markzerstörende Kälte zu haben: alte Säcke, zerrissene Pferdedecken, Teppiche, Shawls, frisch abgezogene Häute von Katzen und Hunden; man sah Grenadiere in großen Schafpelzen, Küraſſiere, die Weiberröcke von buntem Fries wie spanische Mäntel trugen. Nur wenige hatten Helm und Czacke, jede Art Kopftracht, bunte und weiße Nachtmützen, wie sie der Bauer trug, tief in das Gesicht gezogen, ein Tuch oder ein Stück Pelz zum Schutz der Ohren darüber geknüpft, Tücher auch über den untern Theil des Gesichts. Und doch waren der Mehrzahl Ohren und Nasen erfroren und feuerroth, erloschen lagen die dunklen Augen in ihren Höhlen. Selten trug einer Schuh oder Stiefel, glücklich war, wer in Filzsocken oder in weiten Pelzschuhen den elenden Marsch machen konnte, vielen waren die Füße mit Stroh umwickelt, mit Decken, Lappen, dem Fell der Tornister oder dem Filz von alten Hüten. Alle wankten auf Stöcke gestützt, lahm und hinkend. Auch die Garden unterschieden sich von den übrigen wenig, ihre Mäntel waren verbrannt, nur die Bärenmützen gaben ihnen noch ein militärisches Ansehn. So schlichen sie daher, Officiere und Soldaten durch einander mit gesenktem Haupt, in dumpfer Betäubung. Alle waren durch Hunger und Frost und unsägliches Elend zu Schreckensgestalten geworden.

Tag für Tag kamen sie jetzt auf der Landstraße heran, in

der Regel sobald die Abenddämmerung und der eisige Winter=
nebel über den Häusern lag. Dämonisch erschien das lautlose
Erscheinen der schrecklichen Gestalten, entsetzlich die Leiden,
welche sie mit sich brachten; die Kälte in ihren Leibern sei nicht
fortzubringen, ihr Hunger sei nicht zu stillen, behauptete das
Volk. Wurden sie in ein warmes Zimmer geführt, so drängten
sie mit Gewalt an den heißen Ofen, als wollten sie hinein=
triechen, vergebens müßten sich mitleidige Hausfrauen, sie von
der verderblichen Glut zurückzuhalten. Gierig verschlangen sie
das trockene Brod, einzelne vermochten nicht aufzuhören, bis
sie starben. Bis nach der Schlacht bei Leipzig lebte im Volke
der Glaube, daß sie vom Himmel mit ewigem Hunger gestraft
seien. Noch dort geschah es, daß Gefangene in der Nähe ihres
Lazareths sich die Stücke toter Pferde brieten, obgleich sie bereits
regelmäßige Lazarethkost erhielten; noch damals behaupteten
die Bürger, das sei ein Hunger von Gott, einst hätten sie die
schönsten Weizengarben ins Lagerfeuer geworfen, hätten gutes
Brod ausgehöhlt, verunreinigt und auf dem Boden gekollert,
jetzt seien sie verdammt, durch keine Menschenkost gesättigt zu
werden*).

Ueberall in den Städten der Heerstraße wurden für die
Heimkehrenden Lazarethe eingerichtet, und sogleich waren alle
Krankenstuben überfüllt, giftige Fieber verzehrten dort die letzte
Lebenskraft der Unglücklichen. Ungezählt sind die Leichen,
welche herausgetragen wurden, auch der Bürger mochte sich
hüten, daß die Ansteckung nicht in sein Haus drang. Wer von
den Fremden vermochte, schlich deßhalb nach nothdürftiger Ruhe,
milde und hoffnungslos der Heimat zu. Die Buben auf der
Straße aber sangen: „Ritter ohne Schwert, Reiter ohne Pferd,
Flüchtling ohne Schuh, nirgend Rast und Ruh. So hat sie
Gott geschlagen, mit Mann und Roß und Wagen", und hinter

---

*) Schlosser, Erlebnisse. S. 129.

den Flüchtlingen gellte der höhnende Ruf: „Die Kosaken sind da!" Dann kam in die flüchtige Masse eine Bewegung des Schreckens und schneller wankten sie zum Thore hinaus. Das waren die Eindrücke des Winters von 1813. Unterdeß hatte die Zeitung gemeldet, daß General York mit dem Russen Wittgenstein die Convention von Tauroggen abgeschlossen hatte. Und mit Schrecken hatte der Preuße gelesen, daß der König den Vertrag verwarf, den General seines Commandos entsetzte. Aber gleich darauf sagte man sich, daß das nicht Ernst werden könne, denn der König war aus Berlin, wo sein theures Haupt unter den Franzosen nicht mehr sicher war, nach Breslau ab= gereist. Jetzt hoffte man.

In der Berliner Zeitung vom 4. März las man unter den angekommenen Fremden noch französische Generäle, aber an demselben Tage betrat „Herr von Tschernischef, Comman= deur eines Corps Cavalerie", in friedlicher Ordnung die Hauptstadt.

Seit drei Monaten wußte man, daß der russische Winter und das Heer des Kaisers Alexander die große Armee verdorben hatten. Schon in der Weihnachtszeit hatte Gropius für die Berliner den Brand von Moskau im Diorama aufgestellt. Seit einigen Wochen waren unter den neuen Büchern häufig solche, welche russisches Wesen behandelten, Beschreibungen des Volkes, russische Dolmetscher, Hefte russischer Nationalmusik. Was von Osten kam, wurde verklärt durch den leidenschaftlichen Wunsch des Volkes. Niemand mehr, als die Vortruppen des fremden Heeres, die Kosaken. Nächst dem Frost und Hunger galten sie als die Besieger der Franzosen. Wunderbare Ge= schichten von ihren Thaten flogen ihnen voraus. Sie sollten halbwilde Männer sein, von großer Einfachheit der Sitten und von ausgezeichneter Herzlichkeit, von unbeschreiblicher Gewandt= heit, Schlauheit und Tapferkeit. Wie schnell ihre Pferde, wie unwiderstehlich ihr Angriff sei, wurde gerühmt, daß sie die größten Flüsse durchschwimmen, die steilsten Hügel erklettern, die grimmigste Kälte mit gutem Muth ertragen könnten.

Schon am 17. Februar waren sie in der Nähe von Berlin erschienen; seitdem erwartete man sie täglich in den Städten, welche weiter nach Westen lagen, täglich· zogen die Knaben aus den Thoren, um zu spähen, ob ein Trupp heranreite. Als endlich ihre Ankunft verkündet wurde, strömte Alt und Jung auf die Straßen. Mit fröhlichem Zuruf wurden sie bewillkommt, eifrig trugen die Bürger herbei, was das Herz der Fremden erfreuen konnte, man war der Ansicht, daß Branntwein, Sauer= kraut, Häringe ihrem nationalen Geschmack am meisten ent= sprechen würden. Alles an ihnen wurde bewundert, ihre starken Vollbärte, das lange dunkle Haar, der dicke Schafpelz, die weiten blauen Hosen und ihre Waffen: Pike, lange türkische Pistolen, oft von kostbarer Arbeit, die sie in breitem Ledergurt um den Leib trugen, und der krumme Türkensäbel. Erfreut sah man, wie sie sich auf die Pike stützten und behend über das dicke Sattelkissen schwangen, das ihnen zugleich als Mantelsack diente. Und wenn sie darauf die Pike einlegten und ihre magern Pferde mit lautem Hurrah antrieben, oder wenn sie gar ihre· Lanze mit einem Riemen am Arm befestigten und dahintrotteten, ein fremdes Werkzeug, den Kantschu, das Staunen der Jugend, in der rechten Hand schwingend, — dann trat jeder zur Seite und blickte ihnen achtungsvoll nach. Auch ihre Reiterkünste ent= zückten. Im Carriere beugten sie sich zur Erde und hoben die kleinsten Gegenstände auf. Im schnellsten Ritt drehten sie die Pike wirbelnd um den Kopf und trafen sicher den Gegenstand, nach dem sie zielten*). Das frohe Erstaunen wich bald ver= traulichen Empfindungen. Schnell gewannen sie das Herz des

---

*) Mehre Einzelheiten hier und im Folgenden nach einer handschrift= lichen Aufzeichnung des Appellationsrath Tepler in Naumburg, für deren gültige Mittheilung der Herausgeber dankbar ist.

Volkes. Sie waren besonders freundlich gegen die Jugend, hoben die Kinder auf ihre Pferde und ritten mit ihnen auf dem Platze umher. In den Familien wurde gesungen, wie der Behauptung nach die Kosaken sangen. Jeder Knabe wurde Kosak oder doch Kosakenpferd. Freilich wurden einige Gewohnheiten der heldenhaften Freunde empfindlich, sie hatten die Unart zu mausen, und in ihren Nachtquartieren merkte man's handgreiflich, daß sie gar nicht säuberlich waren. Dennoch blieb ihnen bei Freund und Feind lange noch ein phantastischer Schimmer, selbst als sie sich in den Kämpfen, die jetzt unter civilisirten Menschen geführt wurden, als räuberisch, unzuverlässig und wenig brauchbar erwiesen. Als sie später aus dem Kriege heimkehrten, bemerkte man, daß sie sich sehr verschlimmert hatten.

Nur dreimal in der Woche wurden die Zeitungen ausgegeben, und die Wege waren im Thauwetter des Frühjahrs schlecht; so zogen die Neuigkeiten nur langsam, in Absätzen durch die Provinzen, auch wo nicht Truppenmärsche und das Gewirr des Kampfes zwischen vordringenden Russen und weichenden Franzosen hinderte. Aber jedes Blatt, jedes Gerücht, das neue Kunde aus der Provinz Preußen zuführte, wurde mit gespannter Theilnahme aufgenommen. Es wurde auch darüber in den Familien, in den Gesellschaften der Stadt gesprochen, aber leidenschaftlichen Ausdruck hatte die Erregung selten. Es ist wahr, in den Seelen war ein pathetischer Zug, aber nicht mehr in Wort und Geberde kam er zu Tage. Hundert Jahre hatte der Deutsche seine Thränen mit Behagen betrachtet und um Nichts große Gefühle gehegt, jetzt trat das Größte mächtig an sein Leben, und es fand ihn still, ohne jede Phrase, mit verhaltenem Athem bändigte er sein unruhiges Herz. Kam eine große Nachricht, dann trat dem Hausherrn, der die Botschaft den Seinen verkündete, wol die Thräne in die Augen, er wischte sie heimlich ab. Diese Ruhe und Selbstbeherrschung ist für uns das Eigenthümlichste jener Zeit.

Was sonst noch von außen an den Einzelnen schlug, das wurde weit mehr deßhalb aufgenommen, weil es der eigenen Stimmung entsprach, als weil es eine höhere gab. Mit Er= bauung wurden einzelne kleine Flugschriften gelesen, am liebsten, was der treue Arndt so mannhaft seinem Volke zurief. Neue Lieder flatterten durch das Land, in kleinen Heften, nach dem Bänkelsängerbrauch, „gedruckt in diesem Jahr", in der Regel schlecht und roh, voll Haß und Spott, schon einzelne heiß= empfundene darunter, es waren Vorläufer der schönen Jünglings= poesie, welche wenige Monate darauf von den preußischen Bataillonen gesungen wurde, wenn sie in die Schlacht zogen. Die besseren dieser Lieder wurden in den Familien zum Clavier gesungen, oder der Gatte blies die Melodie auf der Flöte, die damals noch zur Hausmusik gehörte, und die Mutter mit den Kindern sang leise den Text. Durch Wochen war es das innigste Abendvergnügen. Stärker als auf den Gebildeten, wirkten die Verse auf die kleinen Kreise des Volkes, schnell verdrängten sie den alten Vorrath von Gassenliedern. Zuweilen kaufte der Städter auch eine der häßlichen Caricaturen auf Napoleon und seine Armee, welche damals als Flugblätter im Lande vertrieben wurden, oft aber durch den pariser Dialekt ihres Textes ver= rathen, daß sie von den Franzosen verfertigt sind. Die Roheit und schadenfrohe Gemeinheit, welche uns an den meisten ver= letzt, übersah man damals leicht, weil sie demselben Hasse dienten; sie haben nur in größeren Städten das Volk der Straße beschäftigt, im Lande selbst geringe Einwirkung geübt.

In solcher Stimmung empfing das Volk die großen Erlasse seines Königs, welche vom 3. Februar, wo die freiwilligen Jäger, bis zum 17. März, wo die Landwehr aufgerufen wurde, die gesammte Wehrkraft Preußens unter die Waffen stellten. Wie ein Frühlingssturm, der die Eisdecke bricht, fuhren sie durch die Seele des Volkes. Hoch wogte die Strömung, in Rührung, Freude, stolzer Hoffnung schlugen die Herzen. Und wieder in diesen Monaten des höchsten Schwunges dieselbe Einfachheit und ruhige Fassung. Es wurden nicht viele Worte gemacht, kurz war der Entschluß. Die Freiwilligen sammelten sich still in den Städten ihrer Landschaft und zogen mit ernstem Gesang aus den Thoren zur Hauptstadt, nach Königsberg, Breslau, Colberg, bald auch nach Berlin. Die Geistlichen verkündeten in der Kirche den Aufruf des Königs; es war das kaum nöthig, die Leute wußten bereits, was sie zu thun hatten. Als ein junger Theologe, der predigend seinen Vater vertrat, die Gemeinde von der Kanzel ermahnte ihre Pflicht zu thun, und zufügte, daß er nicht leere Worte spreche und sogleich nach dem Gottesdienst selbst als Husar eintreten werde, da stand sofort in der Kirche eine Anzahl junger Männer auf und erklärte, sie würden dasselbe thun. -Als ein Bräutigam zögerte sich von seiner Verlobten zu trennen, und ihr endlich doch seinen Entschluß verrieth, sagte ihm die Braut, sie habe in der Stille getrauert, daß er nicht unter den ersten aufgebrochen sei*). Es war in der Ordnung, es war nöthig, die Zeit war gekommen, niemand fand etwas Außerordentliches darin. Die Söhne eilten zum Herr und schrieben vor dem Aufbruch ihren Eltern von dem fertigen Entschluß; die Eltern waren damit einverstanden, es war auch ihnen nicht auffallend, daß der Sohn selbstwillig that, was er thun mußte. Wenn ein Jüngling sich zu einem der Sammelpunkte durchgeschlagen hatte, fand er wol seinen Bruder bereits ebendort, der von andrer Seite zugereist war, sie hatten einander nicht einmal geschrieben.

Die akademischen Vorlesungen mußten geschlossen werden, in Königsberg, Berlin, Breslau. Auch die Universität Halle, noch unter westfälischer Herrschaft, hörte auf, die Studenten waren einzeln oder in kleinen Haufen aus dem Thor nach Breslau gezogen. Die preußischen Zeitungen meldeten das

---

*) Denkniße eines Deutschen. S. 229.

latonisch in den zwei Zeilen: „Aus Halle, Jena, Göttingen
sind fast alle Studenten in Breslau angekommen, sie wollen
den Ruhm theilen, die deutsche Freiheit zu erkämpfen." Auf
den. Gymnasien waren die großen und alten nicht immer für
die besten Schüler gehalten worden, und mit geringer Achtung
hatten die Lehrer über die griechische Grammatik nach den
hinteren Bänken gesehen, wo die Recken mißvergnügt saßen;
jetzt waren sie die beneideten, der Stolz der Schule, herzlich
drückten die Lehrer ihnen die Hand, und mit Bewunderung
sahen die jüngeren den Scheidenden nach. Nicht nur die erste
blühende Jugend trieb es in den Kampf, auch die Beamten,
unentbehrliche Diener des Staats, Richter, Landräthe, Männer
aus jedem Kreise des Civildienstes. Auch die Stadtgerichte,
die Departements der Landesregierungen, die Bureaux der
Subalternen begannen sich zu leeren. Schon am 2. März
mußte ein königlicher Erlaß diesen Eifer einschränken, der Ordnung und Verwaltung des Staates ganz aufzuheben drohte;
der Civildienst dürfe nicht leiden, wer Soldat werden wolle,
bedürfe dazu der Erlaubniß seiner Vorgesetzten, wer die Ver-
weigerung seiner Bitte nicht tragen könne, müsse den Entscheid
des Königs selbst anrufen. Auch der Landadel, der in den
letzten Jahren grollend den Umsturz alter Privilegien getragen
hatte, jetzt fand er sich wieder. Die Stärkeren traten in allen
Kreisen an die Spitze der Bewegung, auch die Schwachen
folgten endlich dem übermächtigen Impulse. Wenige Familien,
die nicht ihre Söhne dem Vaterlande darboten, vieler Namen
stehen in gehäufter Zahl in den Listen der Regimenter. Vor
allen der Adel Ostpreußens. Derselbe Alexander Graf von
Dohna-Schlobitten, welcher 1802 Minister des Innern gewesen
war, war der erste Landwehrmann, welcher sich im Bataillon
des Mohrunger Kreises einschreiben ließ. Wilhelm Ludwig
Graf von der Gröben, Hofmarschall des Prinzen Wilhelm, trat
als Unterofficier in das Regiment Prinz Wilhelm Dragoner;

drei seines Geschlechts fielen auf den Schlachtfeldern dieses Krieges. Solches Beispiel wirkte auch auf das Landvolk. Unge= zählt ist die Menge der Kleinen, die mit ihren gesunden Gliedern dem Staate alles brachten, was sie besaßen. Während die Preußen an der Weichsel in dem Drange der Stunde ihre Rüstungen selbständiger, mit schnell gefundener Ordnung und unerhörter Hingabe betrieben, wurde Breslau seit Mitte Februar Sammelpunkt für die Binnenlandschaften. Zu allen Thoren der alten Stadt zogen die Haufen der Frei= willigen herein. Unter den ersten waren dreizehn Bergleute mit drei Eleven aus Waldenburg, Kohlengräber, die ärmsten Leute, ihre Mitknappen arbeiteten so lange umsonst unter der Erde, bis sie zur Ausrüstung für die Kameraden 221 Thaler zusammenbrachten; gleich darauf folgten die oberschlesischen Bergleute mit ähnlichem Eifer. Kaum wollte der König an solche Opferfähigkeit des Volkes glauben; als er aus den Fenstern des Regierungsgebäudes den ersten langen Zug von Wagen und Männern sah, welcher aus der Mark ihm nach= gezogen war und die Albrechtstraße füllte, den Zuruf hörte und die allgemeine Freude erkannte, rollten ihm die Thränen über die Wange, und Scharnhorst durfte fragen, ob er jetzt an den Eifer des Volkes glaube.

Mit jedem Tage steigt der Andrang. Die Väter bieten ihre gerüsteten Söhne dar, unter den ersten der Geheime Kriegs= rath Eichmann, der zwei Söhne, und der frühere Secretär von Haugwitz, Bürde, welcher drei Söhne bewaffnete. Landschaft= synbicus Elsner zu Ratibor stellt sich selbst und rüstet drei freiwillige Jäger, Geheimer Commerzienrath Krause in Swine= münde sendet einen reitenden Jäger ganz ausgerüstet mit vierzig Ducaten und dem Anerbieten, zwanzig Jäger zu Fuß zu rüsten und ein Jahr zu besolden, und zehn Molden Blei zu liefern; Justizrath Eckart in Berlin leistet auf seinen Gehalt von 1450 Thalern Verzicht und tritt als Cavalerist in Dienst, ein

Rothkirch stellt sich selbst und zwei equipirte Leute zur Cavalerie, außerdem fünf Pferde, dreihundert Scheffel Getreide und alle tauglichen Arbeitspferde seines Gutes zum Fuhrwesen. Unter den feurigsten war der wilde Heinrich von Krosigk, Senior eines alten Geschlechts auf Poplitz bei Alsleben. Sein Gut lag im Königreich Westfalen. Er hatte nach 1807 in seinem Park eine Säule von rothem Sandstein mit den eingegrabenen Worten errichtet: „Fuimus Troes", und hatte die Franzosen und das Königreich Westfalen mit herber Verachtung behandelt. Seiner Einquartierung hatte er stets den schlechtesten Wein hingesetzt, er selbst mit den Freunden hatte den bessern ge= trunken, sobald sich die Fremden entfernten, und wenn sich ein Franzose beklagt hatte, war er grob und zu jeder Genugthuung bereit gewesen, die geladenen Pistolen hatten immer auf seinem Tische gelegen. Zuletzt zwang er gar seine Bauern, die Gens= darmen ihres eigenen Königs zu arretiren. Jetzt war er gerade erst aus der Festung Magdeburg, wohin ihn die Franzosen geführt, ausgebrochen, und hatte sein Gut den Feinden preis= gegeben. Der heldenhafte Mann fiel bei Möckern.

So geht es in langer Reihe fort, bald folgen die Städte und Kreise. Schievelbein, damals der kleinste und ärmste Kreis Preußens, war der erste, welcher anzeigte, daß er dreißig Reiter stelle, ausrüste, auf drei Monate besolde; Stolpe war eine der ersten Städte, welche meldete, daß sie zur Ausrüstung der frei= willigen Jäger 1000 Thaler sogleich und fortan jeden Monat 100 zahle; Stargard hatte zu demselben Zweck schon am 20. März 6169 Thaler und 1170 Loth Silber gesammelt, ein einzelner Gutsbesitzer K. hatte 616 Loth gegeben. Immer größer und zahlreicher werden die Angebote, bis die Organisation der Landwehr den Kreisen volle Gelegenheit giebt, ihre Hingabe in dem eigenen Bezirk zu bethätigen.

Die Einzelnen blieben nicht zurück. Wer nicht selbst ins

Feld zog oder einen seiner Familie ausrüsten half, der suchte durch Gaben dem Vaterland zu helfen. Es ist eine holde Arbeit, die langen Verzeichnisse der eingelieferten Spenden zu durchmustern. Beamte verzichten auf einen Theil ihres Gehaltes, Leute von mäßigem Wohlstand geben einen Theil ihres Vermögens, Reiche senden ihr Silbergeschirr, Aermere bringen ihre silbernen Löffel, wer kein Geld zu opfern hat, bietet von seinen Habseligkeiten, seiner Arbeit. Gewöhnlich wird es, daß Gatten ihre goldnen Trauringe — sicher oft das einzige Gold, das im Hause war — einsenden (sie erhielten dafür zuletzt eiserne mit dem Bild der Königin Louise zurück), Landleute schenken Pferde, Gutsbesitzer Getreide, Kinder schütten ihre Sparbüchsen aus. Da kommen 100 Paar Strümpfe, 400 Ellen Hemdenleinwand, Stücke Tuch, viele Paar neue Stiefeln, Büchsen, Hirschfänger, Säbel, Pistolen. Ein Förster kann sich nicht entschließen, seine gute Büchse wegzugeben, wie er in lustiger Gesellschaft versprochen hat, und geht daher lieber selbst in's Feld. Junge Frauen senden ihren Brautschmuck ein, Bräute die Halsbänder, die sie von den Geliebten erhalten. Ein Mädchen, der ihr Haar gelobt worden war, schneidet es ab zum Verkauf an den Friseur, patriotische Speculation verfertigt daraus Ringe, wofür mehr als 100 Thaler gelöst werden. Was das arme Volk aufbringen kann, wird eingesendet, mit der größten Opferfreudigkeit grade von kleinen Leuten *).

---

*) Es sei verstattet, hier aus den Quittungen, welche Heun in den Zeitungen ausstellte, noch Einiges anzuführen. Es ist freilich zufällig, was grade in ihnen an die Spitze gestellt wird, zumal seine Listen nur einen sehr kleinen Theil der Gaben aufzählen, die ostpreußischen gar nicht. — Vor allen sei die erste patriotische Gabe aufgeführt, welche überhaupt im Jahr 1813 öffentlich erwähnt wird. Schon um Neujahr, lange bevor die freiwilligen Jäger gerüstet wurden, stellte die katholische Gemeinde zu Marienburg in Westpreußen alles entbehrliche Silberzeug ihrer Kirche,

Nicht selten hat seither der Deutsche zu patriotischem Zweck beigesteuert. Aber die Gaben des großen Jahres verdienen wol ein höheres Lob. Denn wenn man von jenen Sammlungen der alten Pietisten für ihre menschenfreundlichen Institute absieht, ist es zum ersten Mal, daß ein deutsches Volk in solcher Opferlust auflodert. Und überhaupt zum ersten Mal, daß dem Deutschen die Freude wird, für seinen Staat freiwillig hinzugeben.

Auch die Summen, welche damals aufgebracht wurden, würden zusammengezogen alles, was seither aus weiteren Landstrichen zusammengeschossen wurde, so weit übersteigen, daß sie kaum verglichen werden dürfen. Allein die Ausrüstung der freiwilligen Jäger und was für die Freischaaren in den alten

etwa 100 Mark, dem Staat zur Verfügung, und bat, weil sie Kirchengut nicht wegschenken dürfe, in Zukunft um die Zinsen des Silberwerths. Der erste Geldbeitrag aber, den Heun verzeichnet, war vom Schneidermeister Hans Hofmann in Breslau, 100 Thaler. — Die ersten, welche ein Pferd schenkten, waren die Bauern Johann Hinze in Deutsch-Borgh, Amt Saarmünd, und Meyer in Elsholz desselben Amts, der letztere hatte nur zwei Pferde. — Der erste, welcher Hafer schenkte, 100 Scheffel, war ein Axleben. — Die ersten, welche ihre goldenen Trauringe einsandten und die Hoffnung aussprachen, daß viel Gold zusammenkommen könne, wenn das jeder thue, waren der Lotteriecollecteur Rosin und Frau in Stettin. — Die ersten Beamten, welche auf einen Theil ihres Gehalts verzichteten, waren Professor Hermbstädt in Berlin, jährlich 250 Thaler, Professor Gravenhorst in Breslau, die Hälfte seines Gehalts, und Professor David Schulz, jährlich 100 Thaler. — Der erste, welcher einen Theil seines Vermögens gab, war ein ungenannter Beamter, von 4000 Thalern gab er 1000. — Der erste, welcher sein Silbergeschirr einsandte, war Graf Santretzky auf Manze in Schlesien, Werth 1700 Thaler, dazu 3 schöne Pferde. — Ein Kanzleidiener 4 silberne Eßlöffel. — Ein Ungenannter 2000 Thaler. — Das Schlächtergewerk von Berlin 1000 Thaler. — Ein Ungenannter 3 goldene Dosen mit Brillanten, Werth 5300 Thaler. — Ein alter Krieger sein einziges Goldstück, Werth 40 Thaler. — Eine alte Frau aus einer kleinen Stadt ein Paar wollene Strümpfe.

Provinzen gesammelt wurde, muß weit über eine Million gekostet haben. Und sie begreift nur einen kleinen Bruchtheil
der freiwilligen Gaben und Einsendungen, welche das Volk
brachte*). Und wie war das kleine Volk verarmt!

Nahe aneinander lagen auf der Schmiedebrücke in Breslau
die beiden Werbestellen für die freiwilligen Jäger und das
Lützow'sche Freicorps. Für die Jäger arbeitete Professor
Steffens, der als erster sich und einen Theil der Breslauer
Studenten darbrachte, für die Lützower sprach, gesticulirte und
schrieb Ludwig Jahn. Beide Truppen wurden ganz durch
patriotische Gaben Einzelner ausgerüstet. Die Beiträge für die
freiwilligen Jäger sammelte Heun, der hier bessere Geschichten
mit treuer Seele durchlebte, als er später in seinen weichlichen
Lieslinovellen den Lesern gegönnt hat. Zwischen den Lützowern
und den Jägern war ein Wettstreit, ein freundlicher und mannhafter; aber auch hier brach wieder der Gegensatz in den
Richtungen hervor: ob mehr deutsch, ob mehr preußisch; noch
waren es nur verschiedene Brechungen desselben Lichtstrahls.
Auch der alte Gegensatz des Gemüths, der bereits seit dem
vorigen Jahrhundert im Bürgerthum erkennbar ist, wurde sichtbar: ein weicher, enthusiastischer Sinn und höherer Schwung
und wieder feste, umsichtige, bescheidene Kraft. Die erstere
Richtung vertraten meist die patriotischen Jünglinge, welche aus
der Fremde herzugeeilt waren, die letztere die Preußen. Nicht
gleich war das Schicksal der beiden Freiwilligenbureaux. Aus
den 10,000 freiwilligen Jägern, welche jedem Regiment der

---

*) Es wurden 10,000 Mann freiwilliger Jäger und etwa die Hälfte
der Freischaaren mit 2500 Mann aus den alten Provinzen gerüstet,
darunter etwa 1500 Pferde. Schlägt man die Kosten eines Jägers zu
Fuß auf 60 Thaler, die eines Reiters auf 230 Thaler an — der Pferde-
preis war hoch, — so erhält man die Summe von 1,150,000 Thalern,
welche sicher zu niedrig ist. Dabei sind der Sold und die Zuschüsse, welche
den einzelnen Jägern von Privaten gezahlt wurden, gar nicht gerechnet.

Preußen zugetheilt wurden, ging die Kraft des preußischen Heeres hervor, sie waren das moralische Element der Armee, die Hilfe, Stärke und Ergänzung des Officiercorps, und sie haben dem preußischen Kriege von 1813 nicht nur die stürmische Tapferkeit, auch den Adel und hohen Sinn gegeben, welcher in der Kriegsgeschichte etwas ganz Neues war. Die Freischaar Lützow's dagegen erfuhr, daß rauhes Schicksal den Schöpfungen höchster Begeisterung gern feindlich gegenübertritt. Zumeist an sie hatte sich die Poesie der Gebildeten geheftet, sie enthielt einen großen Theil der deutschen Studentenschaft, leidenschaftlich Erregte, aber sie schwoll ebendeßhalb zu übergroßer Stärke an, die zu behendem Dienst im Rücken des Feindes kaum mehr geeignet war, und ihr Führer, ein braver Soldat, hatte nicht die Eigenschaften und das Glück eines verwegenen Partei-gängers. Ihre Kriegsthaten entsprachen nicht der hochgespannten Erwartung, womit man ihre Rüstung begleitete, sie hat später einen Theil ihrer tüchtigsten Kräfte an andere Heerkörper ab-gegeben. Aber unter ihren Officieren war der Dichter, der vor andern bestimmt war, kommenden Geschlechtern den hin-reißenden Zauber jener Tage im Liede zu überliefern, er selbst von vielen rührenden Jünglingsgestalten jenes Kampfes eine der reinsten und herzlichsten im Leben, Lied und Tod: Theodor Körner.

Auch in der großen Stadt, wo der Freiwillige sich die Aus-rüstung zu besorgen hatte, fand er nicht ein lärmendes Getöse aufgeregter Massen. Kurz und ernsthaft that jeder seine Pflicht, ebenso er selbst. Wer kein Geld hatte, den unterhielt der fremde Kamerad, der zufällig mit ihm zusammentraf. Die einzige Sorge des Ankommenden war, seine Armatur zu finden. Hatte er zwei Röcke, so ließ er als Lützower schnell den einen schwarz färben und zurichten, sein größter Kummer war, ob die Patrontasche auch zur Zeit fertig würde. Fehlte ihm alles, und konnte ihm das Bureau nicht sogleich den Bedarf geben, so wagte er nur selten ein Zeitungsinserat, in dem er bat. Sonst hatte ihm das Geld so wenig Bedeutung als seinen Kameraden. Er behalf sich dürftig, was lag jetzt daran, für tönende Phrasen und patriotische Reden hatte er keine Zeit und kein Ohr. Wer ja gespreizt einherging in kriegerischem Putz, wurde verlacht, alles Renommiren und Säbelklirren war verächtlich. So war die Stimmung der Jugend. Es war eine tiefe Begeisterung, eine innige Hingabe, ohne das Bedürfniß des lauten Ausdrucks. Schon damals stieß das Wichtigthun und die Schauspielerei des eifrigen Zahn Viele ab, kurz darauf brachte ihn dieselbe Unart sogar in den Ruf eines Poltrons.

In Manchen war ein Zug von schwärmerischer Frömmig= keit, nicht in der Mehrzahl. Aber jeder der Bessern war voll von dem Gedanken, daß er jetzt eine Pflicht übernehme, vor der jede andere Erbenpflicht nichts sei; darum kam zu der Freudig= keit, die ihn erfüllte, eine gewisse feierliche Ruhe. In solchem Sinne that er emsig, ehrbar, gewissenhaft seinen ernsten Dienst, übte sich unermüdlich auch auf der Zimmerecke, die er bewohnte, in Bewegung und Gebrauch der Waffen. Er sang unter Kame= raden mit feuriger Empfindung eines der neuen Kriegslieder, aber auch diese Lieder erwärmten ihn, weil sie ernst und feierlich waren, wie er selbst. Er wollte nicht Soldat heißen. Das Wort war berüchtigt aus der Zeit, in welcher der Stock herrschte. Er war ein Krieger. Daß er gehorchen müsse, seine Pflicht bis zum äußersten thun, auch den beschwerlichen Mechanismus des Dienstes, davon war er innig überzeugt. Auch daß er sich musterhaft halten müsse, als Beispiel für die weniger Gebildeten, die neben ihm standen. Er war entschlossen, streng wie er gegen sich war, auch auf die Ehre seiner Kameraden zu halten. In dem heiligen Kriege sollte keine Frechheit und keine Roheit der alten Soldaten die Sache schänden, für sie er focht. Er mit seinen „Brüdern“ hielt selbst das Ehrengericht und strafte den Unwürdigen. Aber er wollte nicht beim Heere bleiben. Wenn das Vaterland frei war und der Franzose gebändigt, dann wollte er zurückkehren zu seinen Vorlesungen, zu den Acten, in die Arbeitsstube. Denn dieser Krieg war nicht wie ein anderer. Jetzt stand er als Gemeiner in Reih und Glied, aber wenn er am Leben blieb, würde er über's Jahr wieder sein, was er vorher gewesen.

Neben solche Freiwillige trat der alte Officier aus der Zeit der Adelsherrschaft und des Stockes. Er hatte seine Pflicht im unglücklichen Kriege gethan, er war vielleicht als Gefangener, ausgeplündert, abgerissen durch die Straßen Berlins geschleppt worden, dort hatte das Volk der Straße ihn mit Schmähreden und Flüchen verfolgt und die Faust gegen ihn geballt; dann war nach dem Frieden ein Kriegsgericht über ihn gehalten worden, er war freigesprochen, aber auf elendes Wartegeld entlassen worden. Seitdem hat er gedarbt und in der Stille mit den Zähnen geknirscht, wenn die fremden Sieger ebenso übermüthig auf ihn herabsahen, wie einst er selbst auf die Civilisten. Er hatte, wenn er nicht Weib und Kind erhalten mußte, mit seinen Schicksalsgefährten jahrelang in dürftiger Wohnung gehaust, in unordentlichem Haushalt; einige von den Fehlern des alten Officierstandes hatte er nicht abgelegt, die Zeit der Entbehrungen hatte ihn nicht weicher und milder gemacht, die herrschende Empfindung seiner Seele war Haß, tiefer, grimmiger Haß gegen den fremden Eroberer. An unsichrer Hoffnung, vielleicht an eitlen Racheplänen hatte er lange gezehrt, jetzt kam die Zeit der Vergeltung. Auch in seinem Haupt hatte die Zeit der Knechtschaft einiges geändert. Er hatte gemerkt, wie ungenügend sein Wissen war, und er hatte in ernsten Stunden etwas für seine Bildung gethan, er hatte gelernt und gelesen, auch er war durch das edle Pathos Schiller's begeistert worden. Aber er sah doch mit Mißtrauen und Abneigung auf die neumodischen Krieger, die jetzt vor ihm im Gliede stehn sollten, der alte Groll gegen das Schreibervolk war noch sehr lebendig, das ungeschulte

Wesen mit seinen hohen Ansprüchen verletzte ihn. Derselbe Gegensatz stieß sich oben wie unten, unter den Generälen wie in der Compagnie. Es ist eine der merkwürdigen Erscheinungen dieses Krieges, daß er so gut gebändigt wurde; die Freiwilligen lernten schnell militärischen Gehorsam und wie werthvoll die Dienstkenntniß ihres Vorgesetzen sei; und der Officier verlor einiges von der Rauheit und Willkür, womit er sonst seine Mannschaft behandelt hatte. Und er hörte zuletzt behaglich zu, wenn ein verwundeter Jäger mit dem Arzt darüber stritt, ob ihm der flexor des Mittelfingers durchgehauen sei, oder wenn seine Gemeinen beim Bivouakfeuer etwa in Erinnerung an juristische Collegienhefte lebhaft erörterten, ob bei dem zweideutigen Verhältniß, in welches ein Kosak zu einer Gans getreten war, culpa lata oder dolus anzunehmen sei. Im ganzen erwies sich die Mischung als vortrefflich.

Aber unendlich größer als die freiwilligen Leistungen war der Gewinn, welcher für die Regierung Preußens daraus hervorging, daß sie jetzt erst erfuhr, was sie einem solchen Volke als Pflicht zumuthen dürfe. Die großartigen Dimensionen, welche der Kampf annahm, die imponirende Kriegsmacht Preußens, das Gewicht, welches dieser Staat durch die Bedeutung seines Heeres bei den Friedensverhandlungen erhielt, beruhen im letzten Grund auf dem hohen Sinn, der in den ersten Frühlingsmonden des Jahres die Welt überraschte. Durch ihn erhielt die Regierung den Muth, die Kräfte so hoch zu spannen, wie sie gethan. Daß Ostpreußen außer seinem Contingent zum stehenden Heer zwanzig Bataillone Landwehr und das berittene Nationalregiment aus eigener Kraft, fast ohne die Regierung zu fragen, in wenigen Wochen aufgestellt hatte, nur diese ungeheure Kraftentwicklung machte die Errichtung der Landwehr im ganzen Staatsgebiet möglich.

Und daß auf Befehl seines Königs das Volk dies zweite Heer in geordneter Weise gehorsam und willig schuf, daß es

in den alten Provinzen 120 Bataillone und 90 Schwadronen
Landwehr rüstete und verpflegte, ist wieder nur ein Theil seiner
Anstrengung.

Und wie treu hat es dem Befehl seines Königs gehorcht!
Die Landwehr des Frühjahrs 1813 hatte noch wenig von
dem kriegerischen Aussehen, welches sie durch die Schlachten und
die spätere Organisation erhielt*). Ihre Mannschaft bestand
aus solchen, welche zum Dienst im stehenden Heere nicht heran=
gezogen waren und jetzt aus der männlichen Bevölkerung bis zu
vierzig Jahren durch Loos und Wahl genommen wurden. Da
die gebildete Jugend, das erste Kriegsfeuer der Nation, zum
größten Theil bei den freiwilligen Jägern eingetreten war oder
die Lücken des stehenden Heeres ergänzt hatte, so wären die
Elemente der Landwehr wahrscheinlich von geringer Kriegs=
tüchtigkeit gewesen, wenn nicht auch hier ein Theil der Besitzenden
sich freiwillig eingereiht hätte. Es war die schwere Masse des
Krieges, die Gemeinen meist Landvolk, die Führer Landedelleute,
Beamte, ältere Officiere auf Halbsold, und wer sonst durch das
Vertrauen seines Kreises gewählt war, aber auch junge Frei=
willige. Ein ungewöhnliches, bunt zusammengewürfeltes Ma=
terial für den Felddienst, viele der Officiere ohne jede Kriegs=
erfahrung wie die Gemeinen. Auch die Ausrüstung war im
Anfang nur unvollkommen, sie wurde — bis auf einen Theil
der Waffen — von den Kreisen beschafft: die Litewka, lange
Hosen von grauer Leinwand, eine Tuchmütze mit weißem Blech=
kreuz, die Waffen im ersten Glied Piken, im zweiten und dritten
Gewehre, der Reiter führte eine Pistole, Säbel und Pike. In
der Kreisstadt wurde die Mannschaft eingereiht, exercirt und
nothdürftig ausgerüstet; bei der Eile geschah es, daß Bataillone
zum Heere commandirt wurden, die noch keine Waffen und kein

*) Für Mehres ist der Herausgeber einer Aufzeichnung des würdigen
Oberregierungsrath Häckel zu Dank verpflichtet.

Schuhwerk hatten, dann zogen die Leute barfuß, mit Stangen der Elbe zu, im Aussehn mehr einem Haufen Räuber als gesetztem Kriegsvolk zu vergleichen, auch sie willig, oft mit Gesang und dem kräftigen Hurrah, das sie von den Kosaken angenommen hatten. Durch einige Wochen sah die Linie, zumal der alte Officier, mit Verachtung auf die neue Einrichtung, niemand grimmiger als der strenge York. Als sich der würdige Oberst Putlitz zu Berlin ein Landwehrcommando ausbat, er, der schon tapfer in der französischen Campagne gefochten und im Jahr 1807 ein Schützencorps im schlesischen Gebirge gesammelt hatte, — da fragten ihn die Stabsofficiere spöttisch: ob er sich denn mit diesen Haufen zu schlagen gedenke. Nach dem Kriege erklärte der tapfre General die Zeit, in welcher er Landwehr commandirt, für die glücklichste seines Lebens. Denn in keiner neuen Organisation des Heeres hat sich die Gewalt des großen Jahres und die Tüchtigkeit des Volkes so glänzend bewährt, als in dieser. Diese Bauerknaben und linkischen Ackerknechte wurden in wenig Wochen zuverlässige und tapfre Soldaten. Es ist wahr, sie haben unverhältnißmäßigen Verlust an Menschen gehabt, sie haben auch in ihrem ersten Zusammentreffen mit dem Feind nicht immer feste Haltung gezeigt, sondern den schnellen Wechsel von Zagheit und Muth, welcher jungen Truppen eigen ist; aber sie haben, vom Pfluge und von der Werkstatt zusammengerufen, schlecht bekleidet, schlecht geübt, schlecht bewaffnet, wie sie waren, schon in den ersten Wochen alle schwere Feldarbeit kriegsgewohnter Truppen thun müssen. Daß sie das überhaupt vermocht, und daß sich schon damals einzelne Bataillone so brav geschlagen, daß sogar ihr Gegner York sie mit abgezogenem Hut begrüßte, dies ist, soviel bekannt, in der Kriegsgeschichte unerhört. Bald waren sie von den Truppen der Linie nicht zu unterscheiden, es was ein Wetteifer der Tapferkeit.

Billig rühmt der Sohn jener Zeit zuerst die Männer der Landwehr selbst, welche sich dem Rufe stellten. Aber nicht weniger wichtig war der Eifer, mit welchem das Volk daheim nach dem Gebot für den Krieg arbeitete. Jeder Beruf, jeder Bürger, die kleinsten Orte, entlegene Landkreise, trugen ihren Theil an dem Werk, oft war in ihnen, zumal wenn sie an der Grenze lagen, Leiden und Arbeit am größten. Eine einfache Einrichtung genügte für die Geschäfte in den Kreisen: eine Kreiscommiſſion aus zwei Rittergutsbeſitzern, einem Städter, einem Landbewohner gebildet, der Landrath des Kreiſes und der Bürgermeiſter der Kreisſtadt waren faſt immer die eifrigſten Mitglieder. Und es war allerdings eine Thätigkeit für einfache Männer, welche geeignet war, außergewöhnliche Kraft wach zu rufen. Die Reſte der franzöſiſchen Armee mit ihrem Hunger und Typhus, die nachdrängenden Ruſſen, durch mehre Monate in zweifelhafter Stellung, zwei Sprachen, die der neuen Freunde noch frembartiger als die der weichenden Feinde, dazu die Rohcit und Wildheit der neuen Bundesgenoſſen, deren Subaltern= officiere zum großen Theil nicht beſſer waren als ihre Leute, lüſtern nach Branntwein und wenigſtens bei den irregulären Truppen ebenſo räuberiſch und weit brutaler. Bald lernte der Kreiscommiſſar mit dem wilden Volk verkehren. Der Tabak= kaſten mit den Thonpfeifen ſtand geöffnet in der Amtsſtube, es war ein endloſes Kommen und Gehen der ruſſiſchen Officiere, ſie ſtopften und rauchten, forderten Branntwein und erhielten das unſchädliche Bier. Kam die Roheit bei den Fremden einmal zum Ausbruch, ſo lernte der preußiſche Beamte zuletzt die Un= artigen mit ihren eigenen Waffen ſchlagen, mit dem Kantſchu, den ihm vielleicht ein ruſſiſcher Stabsofficier zurückgelaſſen hatte, damit er mit ſeinen Leuten leichter fertig werde. Noch füllten die letzten Typhuskranken der Franzoſen das Hospital der Stadt, die Baſchkiren bivouakirten mit ihren Filzmützen auf dem Markt= platz, die Einwohner zankten ſich mit der fremden Einquar= tierung, jeden Tag wurden von den Ruſſen Lebensmittel und Fuhren requirirt, Courriere, ruſſiſche und preußiſche Officiere

forderten Vorspann, die Ackerbürger und die Bauern der nahen
Dörfer klagten, daß ihre Pferde abgetrieben seien, kein Knecht zu
finden und eine Bestellung des Ackers unmöglich. Und in solchem
Wirrwarr kamen Befehle der eigenen Regierung, dictatorisch und
gewaltsam, wie es die Zeit verlangte, und nicht immer praktisch,
wie es bei der Eile natürlich war. Die Tuchmacher sollten
Tuche liefern, die Schuhmacher Schuhwerk, Riemer und Sattler
Patrontaschen und Sättel, so viel hundert Paar Stiefeln und
Schuhe, so viel hundert Stück Tuch, so viel Sättel, alles in
kurzen Wochen, ohne Geld, gegen unsichere Anweisungen. Die
Handwerker aber waren zum größten Theil arme Leute, selbst
ohne Credit, wie sollte der Rohstoff beschafft werden, wie die
Arbeiter bezahlt, wie das Leben getragen in diesen Wochen, in
denen man den gewöhnlichen Verdienst, der jetzt grade kam, versäumte? Das ging nicht eine Woche, ein ganzes Jahr hindurch.
Wahrlich, der Opfermuth, welcher sich in Gaben bethätigte und
in Darbringung des eigenen Lebens, war in dieser großen Zeit
das Hohe und Schöne; aber nicht minder ehrenwerth war die
aufopfernde, anspruchslose und unbemerkte Pflichterfüllung von
vielen tausend Kleinen, welche, jeder in seinem Kreise, in der
Stadt, im Dorfe für dieselbe Idee des Staats arbeiteten bis
an die äußersten Grenzen der eigenen Kräfte.

Noch ungelöst ist die Frage, welche militärische Bedeutung
in einem civilisirten Lande die allgemeine Volksbewaffnung
haben könne. Bis an die letzte Möglichkeit der Forderung ging
das Gesetz über Errichtung des Landsturms. In dem ersten
Erlaß (21. April) ist eine fast fanatische Strenge, die bei der
spätern Aufnahme in die Gesetzsammlung (24. Juli) sehr ge-
mildert wurde. Das Edict übte eine große moralische Wirkung,
es war eine scharfe Mahnung an den Säumigen, daß es sich
jetzt für Alle um Tod und Leben handle. Es hat durch seine
drakonischen Paragraphen auch dem Feind imponirt. Aber es
wurde sogleich nach seinem Erscheinen von unbefangenem Urtheil

scharf getadelt, weil es Unmögliches forderte, und es hat eine
große praktische Wirkung nicht gehabt. Die Preußen waren von
je ein kriegerisches Volk, aber sie waren 1813 nicht in dem Sinne
kriegstüchtig, wie wol jetzt. Neben dem stehenden Heere saß vor
Einführung der allgemeinen Dienstpflicht der friedliche Bürger
ohne jede Uebung in Waffe und Massenbewegung, höchstens die
alten Schützengilden hantierten mit alterthümlichen Schußwaffen.
Jetzt aber hatte das Volk seine gesammte kampffähige Mannschaft
in's Feld gesandt, hoch war bereits die Kraft gespannt, jede
Familie hatte abgegeben, was sie von kriegerischem Muth besaß.
Die älteren Männer, welche zurückblieben, ohnedieß unentbehrlich
bei der täglichen Arbeit des Feldes und der Werkstatt, waren
durchaus nicht vorzugsweise befähigt, tapferen Waffendienst zu
thun. So war es kein Wunder, daß grade dieses furchtbare
Gesetz die heitere Kehrseite der großen Zeit zu Tage brachte,
neben unendlichem guten Willen auch Unbehilflichkeit und Spieß-
bürgerei. Es wurde mit großer Erbauung gelesen, daß das
ganze Volk in Waffen treten solle, dem andringenden Feinde
zu widerstehen. Auch daß Weiber und Kinder zu einzelnen
Geschäften verwendet werden sollten, war nach dem Herzen der
Leser, zumal der unerwachsenen. Bedenklicher war schon der
Satz, daß auf Feigheit Verlust der Waffen, Verdopplung der
Abgaben und körperliche Züchtigung gesetzt sei, denn wer Sklaven-
sinn zeige, solle als Sklave behandelt werden. Da war der arme
kleine Handwerker, der kümmerlich seine Kinder vor dem Hunger
bewahrte und nie ein Gewehr berührt hatte, auch jeder Balgerei
sein Lebtag ängstlich aus dem Wege gegangen war, allerdings in
der Lage, sich nachdenklich die schwierige Frage vorzulegen: was
ist Feigheit? zumal gegenüber feindlichen Gewehren? Und wenn
das Gesetz ferner verbot, in der Stadt, welche vom Feinde
besetzt war, irgend Schauspiel, Ball, Lustbarkeit zu besuchen,
nicht die Glocken zu läuten, keine Trauung zu vollziehen, zu
leben wie in tiefster Trauer, so erschien auch das dem unbe-

fangenen Sinn der Deutschen gewaltsam, mehr spanisch und polnisch, als deutsch.

Dennoch sah das Volk in der Begeisterung des Frühjahrs über die Härten weg, und rüstete sich zum Sturme. Schon vor dem Erlaß war in Ostpreußen durch patriotischen Sinn hier und da Aehnliches eingerichtet worden. Jetzt verbreitete sich der Eifer durch die Städte, weniger auf dem offenen Lande. Begonnen wurde die Organisation fast überall, durchgeführt an mehren Orten. Die Fanale wurden aufgerichtet, von Berlin bis zur Elbe und nach Schlesien ragten die Lärmstangen, harzige Kiefern, auf welche eine leere Theertonne genagelt war, mit getheertem Stroh umwunden. Neben ihnen hielt ein Posten die Wache; sie haben mehr als einmal ihren Dienst gethan. Jede Art Waffen wurde zusammengesucht, Jagdflinten und Pistolen, was auch §. 43 der Verordnung klug vorausgesehen hatte, wenn er bestimmte: „Zur Munition kann in Ermangelung von Kugeln jede Art von grobem Schrot benutzt werden, daher die Besitzer von Feuergewehren beständig Pulver und Blei hinreichend vorräthig haben müssen." Wer kein Gewehr hatte, ließ sich, wie eben erst die Landwehrmänner, jetzt auch für den Sturm die Pike anfertigen; in Compagnien wurde exercirt, die Fleischer, Brauer, Vorwerker bildeten Schwadronen. Das erste Glied des Fußvolks waren Lanzenträger, das zweite und dritte trug womöglich Gewehre. Auch hierbei gingen die geistigen Führer des Volkes mit gutem Beispiel voran, sie wußten wol, daß das nöthig war. Es wurde grade ihnen nicht immer leicht, zumal wenn sie nicht mehr in der ersten Jugend lebten. In Berlin saßen Savigny und Eichhorn bereits im Landwehrausschuß, beim Landsturm war niemand eifriger als Fichte, seine Pike und die seines Sohnes lehnten im Vorsaal an der Wand, und es war eine Freude den eifrigen Mann zu sehen, wenn er auf dem Exercirplatz die Waffe schwenkte und zur Attake ausfiel. Man hatte ihn zum Officier machen wollen, er hatte das mit den

Worten abgelehnt: „Hier tauge ich nur zum Gemeinen." Er, Buttmann, Rühs, Schleiermacher exercirten in derselben Compagnie; Buttmann aber, der große Grieche, vermochte durchaus nicht rechts und links zu unterscheiden, er erklärte das für das Schwerste. Rühs war in derselben Lage, und immer wieder begegnete den beiden Gelehrten, daß sie bei den Wendungen einander den Rücken zukehrten oder verbutzt in die Augen sahen. War dann einmal von dem Zusammentreffen mit dem Feind die Rede, und wie sich ein tapferer Mann dabei zu halten habe, dann hörte Buttmann zu, betrübt auf seinen Spieß gelehnt, und sagte endlich: „Ihr habt gut reden, ihr seid von Natur herzhaft*)."

Und sollte der Landsturm einmal mobil gemacht werden, zur Aufrechthaltung der Sicherheit im Kreise, oder zum Dienst im Rücken des Feindes, auch in der Nähe der Festungen, welche noch von Franzosen besetzt waren, dann läutete die Sturmglocke und die Stadt gerieth in stürmische Bewegung. Aengstlich packten die Hausfrauen Speise und Trank, Bandagen und Charpie in die Tornister, — denn nach §. 42 des Reglements durfte niemand Tornister, Brotsack und Feldflasche vergessen, und nach §. 54 war es seine Pflicht, Proviant für drei Tage bei sich zu tragen, — und nicht selten empfanden die weiblichen Einwohner, wie die Frau eines Messerschmiedes in Burg, welche vor dem Commando die Erklärung abgab, ihr Mann müsse zurückbleiben, denn er sei der einzige Messerschmied im Orte, oder wie die Frau eines Uhrmachers, die den Gatten gezwungen hatte sich zu verstecken. Er aber wurde von andern Frauen, deren Männer ausgezogen waren, erspürt, auf dem Kirchhof über ein Grab gelegt und mit der flachen Hand mütterlich abgestraft.

Wer als Kind jene Zeit durchlebt hat, der erinnert sich noch der Begeisterung, mit welcher auch die Knaben rüsteten. Die

---

*) Nach Familienerinnerungen.

größeren traten ebenfalls in Compagnien zusammen und bewaffneten sich mit Piken. Auch der kleinere mußte einen tüchtigen Knüttel bewahren. Ein armer Knabe, der in einer Fabrik arbeitete, wurde gefragt, weßhalb er keine Waffe führe. „Ich habe alle Taschen voll Steine", — die trug er gegen die Franzosen fortwährend mit sich herum *). Und keine Bestimmung der Landsturmordnung fand bei dem heranwachsenden Geschlecht so eifrigen Gehorsam, als §. 50: „Jeder Landstürmer trägt womöglich eine hellgellende Pfeife mit sich, um sich mit andern in der Dunkelheit zu erkennen und zu verständigen." Durch angestrengten Fleiß lernte die Jugend jeder Art von Signalpfeifen schrille Töne entlocken, und es ist Grund zu der Annahme, daß der virtuose Gebrauch der Pfeife, welche noch jetzt bei jeder Erregung der Straßen hörbar wird, zuerst durch den Franzosenhaß zu den geheimen Fertigkeiten unserer Jugend gefügt wurde. — Nur selten hat der Landsturm im Jahre 1813 militärischen Dienst geleistet. Er hat öfter die Landkreise von marodirendem Gesindel gesäubert, hat Wachen und Botendienste verrichtet; ernste Waffenarbeit gegen die Feinde hat er wol nur in demselben Büren gethan, welches schon unter Friedrich II. seine fahnenflüchtigen Söhne zum Heer des Königs zurückjagte. Dort trugen nach dem Frieden alle Männer die Kriegsmedaille. Aber fest haftet noch heut im Volk die Erinnerung an diese Einrichtung des großen Jahres, sie ist lebendiger geblieben, als andere von machtvollerer Wirkung. Noch heut rühmt sich der Alte, der damals nicht mit im Felde lag, daß er wenigstens daheim für das Vaterland die Waffe getragen hat. So ziemt auch den Söhnen daran zu gedenken. Denn von da an wurde in anderen Formen und mit strengerer Zucht der allgemeine

---

*) Aufzeichnung des Appellationsgerichtsrath Tepler, der selbst als Knabe mit dem Landsturm gegen die Franzosen in Magdeburg zu Felde zog.

Waffendienst des Volkes Stolz und Vorzug der deutschen
Wehrkraft.

Während aber in den Städten daheim das gefahrlose Spiel
dicht bei furchtbarem Ernste lag, war doch Ohr und Auge eines
Jeden unablässig in die Ferne gerichtet. Der wilde Krieg hatte
begonnen. Um die Lieben, die gegen den Feind rangen, um
das Geschick des Vaterlandes sorgten unablässig die Zurück=
gebliebenen. Kein Tag, der nicht Gerüchte, kein Posttag, der
nicht bedeutungsvolle Ereignisse verkündete. Das eigene Leben
schwand fast dahin vor der Sehnsucht und Erwartung, womit
man über die Stadtmauern in die Ferne sah. Jeder kleine
Erfolg der Waffen erfüllte mit Entzücken. An der Thür des
Rathhauses, in der Kirche, im Theater, wo sich irgend Menschen
zusammenfanden, wurde er verkündet. Am 5. April war das
Gefecht bei Zehdenick, der erste zweifellose Sieg der Preußen,
weit herum in der Landschaft eilten die Leute auf die Kirch=
thürme, zuerst eine Kunde zu erspähen. Und als der Geschütz=
donner schwieg und die frohe Botschaft durch die Landschaft lief,
da kannte die Freude keine Grenzen. Alles Löbliche wurde stolz
gerühmt, vor allem die tapfere Batterie, welche mit Geschütz
und Pulverwagen durch den brennenden Flecken Leitzkau auf den
Feind zugejagt war, mitten durch die Flammen, welche über
ihr zusammenschlugen; dann die schwarzen Husaren mit dem
Totenkopf, wackere Lithauer, welche die geputzten rothen Husaren
aus Paris beim ersten Ansprung überritten hatten. Und als
der Gutsherr des Fleckens darauf in den Zeitungen für seine
armen abgebrannten Leute sammelte und sich dabei entschuldigte,
daß er in solcher Zeit noch für Privatunglück Hilfe erbitte, da
vergaß man auch die Landsleute nicht, welche dort zuerst durch
den Krieg gelitten hatten.

Lauter wurde das Getöse des Krieges, grimmiger der Zu=
sammenstoß der Massen, Siegesjubel und bange Sorge nahmen
in schnellem Wechsel die Herzen der Zurückgebliebenen gefangen.

Nach der Schlacht bei Großgörschen wurde verkündet, daß den Verwundeten Hilfe Noth thue: Decken, Binden, Verbandzeug. Da begann überall im Volke ein Sammeln von Leinwand und ein Charpiezupfen. Unermüdlich zogen Kinder und Erwachsene die Fäden alter Leinwand auseinander, die Frauen schnitten Binden, der Lehrer sogar schnitt in der Schule mit der Papier= scheere die Lappen zurecht, welche ihm Mädchen und Knaben nach seiner Forderung von Hause mitgebracht hatten, und mit heißen Wangen zerzupften die Kinder, während er lehrte, ihre Stücke zu großen Ballen. Es wurde eine gewöhnliche Abend= arbeit der Familien. Es konnte den Kriegern doch ein wenig helfen.

In der Nähe der verbündeten Heere, in den Hauptstädten wurden große Lazarethe eingerichtet, überall traten die Frauen helfend dazu, Hofdamen, Schriftstellerinnen, wie Rahel Levin, treue Hausmütter. In einem großen Lazareth Berlins waren Frau Fichte und Frau Reimer die Vorsteherinnen der weiblichen Pflege. Das Lazareth war durch die heimkehrenden Franzosen zu einem Pestort geworden, bösartige Nervenfieber herrschten und die Phantasien der Kranken machten den Aufenthalt ent= setzlich. Der Gattin Fichte's graute vor dem Furchtbaren, er aber suchte sie in seiner großen Weise festzuhalten. Da wurde auch sie vom Nervenfieber befallen; er pflegte die Erkrankte, wurde angesteckt und fand selbst den Tod. Auch Reil, der große Arzt und Gelehrte, erlag dort in seiner menschenfreundlichen Arbeit. Frau Reimer aber hielt aus. Ihr Haus war vor dem Kriege ein Sammelpunkt für die preußischen Patrioten gewesen, jetzt stritt ihr Hausherr als märkischer Landwehrmann unter Putlitz. Die Sorge um den Gatten, um sein Geschäft, um ihre kleinen Kinder, das alles nahm der tapferen Frau nicht Muth, nicht Zeit; vom Morgen bis zum Abend, das Frühjahr, den Sommer war sie in der aufregenden Thätigkeit, unermüdlich theilte sie sich zwischen dem Hause und der Krankenpflege, unzerstörbar erschien ihr selbst ihr Leben*). Dem Gatten, den Freunden, den Zeitgenossen war dieser Eifer natürlich und selbstverständlich. In ähnlicher Weise haben deutsche Hausfrauen an allen Orten ihre Pflicht gefaßt, mit größter Selbstverleugnung, opferfreudig, in stiller dauerhafter Kraft.

Die furchtbare Schlacht bei Bautzen kam, der Waffenstillstand folgte. Sorgenvoller wurde der Blick der Preußen. Ströme von Blut waren geflossen, ihr Heer zurückgedrängt, der Kaiser schien für irdische Waffen unbesiegbar. Und doch, obgleich grade die Klügsten einige Wochen finster in die Zukunft schauten, dem Volke erhielt eine richtige Empfindung das Selbstgefühl und den gehobenen Entschluß. Vertrauen zu Gott, zur guten Sache, zur eigenen Kraft war die Grundstimmung. Jeder sah, daß die preußische Kraft in diesem Feldzug unvergleichbar stärker war, als im unseligen letzten Kriege. Nur noch wenig schien an Stärke zu fehlen und man warf den Thrannen; wenn man die Anstrengung noch um etwas erhöhte, so mochte er hinweggeschleudert werden. Die freiwilligen Beiträge gingen fort, noch im Spätherbst wurde über den Empfang quittirt. Die Ausrüstung der Landwehren wurde beendet, überall schnitt, nähte, pochte der Handwerker für seinen König und das Vaterland.

Und wieder begann der Drang des Krieges, Stoß und Gegenstoß, Flut und Rückschlag; hart drängten die Heere, bald sah man vom Thurm die Heerhaufen der Feinde, bald der Freunde heranziehen. Die Städte und Landschaften im Westen von Berlin und Breslau erfuhren jetzt selbst das Schicksal des Krieges. Ach, seine schrecklichen Bilder sind dem Deutschen nicht fremd, bis zur Zeit unserer Väter haben sie fast jeder Generation deutscher Bürger die Seele erschüttert.

Dumpfe kurze Schläge in der Luft; es ist ferner Kanonen-

*) Sie starb 1861 in Berlin als Mutter eines großen Geschlechts.

donner. Auf dem Markt, vor den Thoren stehen lauschende Haufen, wenig wird gesprochen, halbe Worte mit gedämpfter Stimme, als fürchte der Sprecher den Klang in der Luft zu übertönen. Vom Kranz der Thürme, vom Giebel der Häuser, welche dem Kampfplatz zu liegen, spähen die Augen der Bürger ängstlich in die Ferne. Am Rande des Horizonts liegt es wie eine weiße Wolke im Sonnenlicht, nur zuweilen regt es sich darin, ein helles Aufleuchten, ein dunkler Schatten. Aber auf den Seitenwegen, welche aus den nächsten Dörfern von der Landstraße seitab führen, bewegen sich dunkle Haufen. Es sind flüchtige Landleute, welche quer durch das Land in den Wald oder in die Berge ziehen. Jeder trägt auf den Schultern, was er zusammenraffte, nur Wenige vermögen ihre Habe zu fahren, denn Wagen und Pferde sind ihnen schon seit Wochen vom Kriegsvolk genommen, Buben und Männer treiben mit ängst= lichem Schlag ihre Heerden, laut jammernd tragen die Weiber ihre kleinsten Kinder. Und wieder ein Rollen in der Luft, deut= licher, heller. In wildem Rennen stürmt ein Reiter durch das Stadtthor und wieder einer. Die Unsern ziehen sich zurück. Die Haufen der Bürger fahren auseinander, angstvoll rennt das Volk in die Häuser und wieder auf die Straßen; auch in der Stadt beginnt die Flucht. Laut ertönt Schrei, Zuruf und Klage. Wer noch ein Gespann besitzt, reißt die Rosse zur Deichsel, die Tuchmacher werfen ihre Ballen, der Kaufmann die werthvollsten Kisten auf das Geflecht, oben darauf die eigenen Kinder und die der Nachbarn. Zu den abliegenden Thoren drängt Fuhrwerk und der Haufen flüchtiger Menschen. Ist ein sumpfiges Bruchland, schwer zugänglich, oder ein dichter Wald in der Nähe, so geht die Flucht dorthin. Unwegbare Verstecke, noch von der Schwedenzeit her bekannt, werden jetzt wieder auf= gesucht. Dort sammeln sich große Schaaren, enge gedrängt; unter Rindern und Füllen birgt sich der Städter und der Land= mann durch mehre Tage. Zuweilen noch länger. Nach der

Schlacht bei Bautzen hauste die Gemeinde Tillendorf bei
Bunzlau über eine Woche im nahen Walde, ihr treuer Seel-
sorger, Senftleben, begleitete sie und hielt in der Wildniß auf
Ordnung, auch ein Kind hat er dort getauft*).

Wer aber in der Stadt bei seinem Eigenthum oder in
seiner Pflicht zurückbleibt, der ist eifrig die Seinen und die Habe
zu verstecken. Lange ist der Fall überlegt und erfinderisch sind
Schlupfwinkel ausgedacht. Hat gar die Stadt den besonderen
Grimm des Feindes zu fürchten, weil sie durch preußischen Eifer
auffällig wurde, dann drohen ihr Brand, Plünderung, Verjagen
der Bürger. In solchem Fall tragen die einzelnen Mitglieder
der Familie das Geld fest eingenäht in ihren Kleidern.

Eine angstvolle Stunde verrinnt in fiebrigem Hoffen. Auf
der Straße rasseln die ersten Verkünder des Rückzugs, beschädigte
Geschütze, von Kosaken escortirt. Langsam ziehen sie zurück, ihre
Mannschaft ist unvollständig, von Pulver geschwärzt, mehr als
einer wankt verwundet. Die Infanterie folgt, Wagen überfüllt
mit wunden und halbtoten Kriegern. Die Nachhut postirt sich,
am Thor und den Straßenecken den Feind erwartend. Halb-
wüchsige Buben laufen aus den Häusern und tragen den
Kriegern noch zu, wornach sie gerufen, einen Trunk, ein Brot,
sie halten den Wunden die Tornister und helfen bei schnellem
Verbande.

Staubwolken auf der Landstraße. Der erste feindliche
Reiter nähert sich dem Thor, vorsichtig spähend, den Karabiner
auf dem rechten Schenkel; da fällt aus der Nachhut ein Schuß,
auch der Chasseur schießt seinen Karabiner ab, wendet das Pferd
und zieht sich zurück. Gleich darauf bringt der feindliche Vor-
trab im schnellen Trabe vor, die preußischen Tirailleurs ziehen
sich von Stellung zu Stellung zurück und feuern. Endlich hat
der letzte die Häuserreihe verlassen. Draußen am Thor sammeln

---

*) Aus dem Tagebuch des Pastor Fricke in Bunzlau.

sie sich noch einmal, die feindlichen Reiter, die sich wieder ge=
ordnet, aufzuhalten.

Leere Straßen, lautlose Stille. Auch die Knaben, welche
die preußischen Tirailleure begleitet haben, sind verschwunden,
die Vorhänge der Fenster werden herabgelassen, die Thüren
geschlossen, aber hinter Vorhang und Thor spähen ängstliche
Blicke auf den heranziehenden Feind. Plötzlich ein rauher tausend=
stimmiger Ruf: Vive l'empereur! und, wie eine Wasserflut
stürzt französisches Fußvolk in die Stadt. Sogleich dröhnen
die Kolbenschläge an den Hausthüren, öffnet sich eine Thür
nicht schnell, so wird sie zornig erbrochen. Und nun folgt der
wüste Streit, welchen der schutzlose Bürger mit dem gereizten
Feind auszumachen hat, unerschwingliche Forderungen, Drohung,
nicht selten Mißhandlung und Todesgefahr, überall Geschrei,
Jammern, Gewaltthat. Schränke und Truhen werden erbrochen,
Werthvolles und Werthloses geraubt, verdorben, zerschlagen,
am meisten bei solchen, welche geflohen sind, denn die Habe
ihres ungastlichen Hauses ist nach Soldatenbrauch dem Ein=
dringenden verfallen. Die Behörden der Stadt werden auf das
Rathhaus geschleppt, und über die Quartiere der Truppen, über
Lieferung von Lebensmitteln und Fourage und über eine un=
mögliche Contribution, welche die Stadt zahlen soll, beginnt
die peinliche Verhandlung.

Können die feindlichen Führer nicht durch Geschenke be=
friedigt werden, oder soll die Stadt eine Strafe erhalten, so
werden angesehene Einwohner zusammengetrieben, festgehalten,
bedroht, vielleicht beim Aufbruch als Geiseln fortgeführt.
Lagert ein größeres Corps um die Stadt, so bivouakirt auch
wol ein Bataillon auf dem Markt. Schnell ist der Franzose
eingerichtet, aus den Vorstädten hat er sich Stroh herbeigeholt,
die Lebensmittel hat er unterwegs geraubt, zum Brennholz zer=
schlägt er die Thüren und Möbeln, häßlich dröhnt das Krachen
der Aexte in den Balken und Schränken der Häuser. Hell

flackern die Lagerfeuer auf, lautes Lachen, französische Lieder klingen um die Flammen.

Und zieht am Morgen nach einer Nacht, die der Bürger ängstlich durchwachte, der Feind wieder ab, dann sieht der Städter erstaunt die schnelle Verwüstung in der Stadt, und vor dem Thor die plötzliche Verwandlung der Landschaft. Das unabsehbare Getreidemeer, welches gestern um seine Stadtmauern wogte, ist verschwunden, von Roß und Mann zerwühlt, niedergestampft, zertreten; die Holzzäune der Gärten sind zerbrochen, Sommerlauben, Gartenhäuser abgerissen, Fruchtbäume abgehauen. In Haufen liegt das Brennholz um die erlöschenden Wachtfeuer, der Bürger mag darin die Breter seines Wagens, die Thore seiner Scheuer finden; kaum erkennt er die Stelle, wo sein eigner Garten war, denn mit Lagerstroh und wüstem Unrath, mit dem Blut und Eingeweide geschlachteter Thiere ist der Platz bedeckt. Und in der Ferne, wo die Häuser des nächsten Dorfes aus dem Baumlaub ragten, erkennt er auch die Umrisse der Dächer nicht mehr, nur die Wände stehen, wie ein Trümmerhauf.

Herb war es, solche Stunden zu durchleben, und auf Tage fiel wol manchem der Muth. Auch dem Begüterten wurde jetzt schwer, den Seinen nur das Leben zu fristen. Alles war aufgezehrt und verwüstet, die Lebensmittel der Stadt und der Umgegend, und kein Landmann brachte das Unentbehrliche auf den Markt, weit in das Land mußte man senden, den Hunger zu stillen. Aber der Mensch wird bei einer schnellen Folge großer Ereignisse kälter, zäher, härter gegen sich selbst, der starke Antheil, welchen jeder Einzelne an dem Schicksal des Staates nahm, machte gleichgültiger gegen die eigene Noth. Nach jeder Gefahr empfand man mit Behagen, daß man das Letzte, das Leben, doch gerettet. Und man hoffte.

Nicht lange, und die verheerende Welle schlägt zurück. Wieder dröhnt der Geschützdonner, rasseln die Trommeln. Die

Unseren sind vorgedrungen, um die Stadt tobt der wilde Kampf. Gegen den Feind, der noch die westliche Vorstadt hält, dringen die preußischen Bataillone in die Straßen und auf den Markt. Es ist junge Landwehr, die heut ihre Bluttaufe erhalten soll. Die Kugeln pfeifen durch die Straßen, sie schlagen die Dach=ziegel und den Kalk von den Häusern, die Bürger haben Frauen und Kinder wieder in Kellern und abgelegenen Räumen ge=borgen. Auf dem Marktplatz halten die Bataillone, Munitions=wagen werden aufgefahren und geöffnet. Die ersten Compagnien dringen vor, an demselben Thor, durch welches vor wenigen Tagen der Feind in die Stadt stürzte, brennt der heiße Kampf, im Anlauf wird der Feind zurückgeworfen, aber neue Haufen setzen sich in den Häusern der Vorstadt fest und ringen um den Eingang in die Straßen. Schwer verwundete, verstümmelte Männer werden aus den Kampflinien zurückgetragen und auf dem Markte niedergelegt, mehr als einmal müssen die Kämpfen=den abgelöst werden. Wenn die Kameraden aus dem Gefecht zurückkehren, das Antlitz von Pulver geschwärzt, mit Schweiß und Blut bedeckt, da will der ungeübten Mannschaft fast der Muth entsinken, aber die Officiere, auch sie vielleicht zum ersten Male vor dem Handgemenge, springen vor: „Vorwärts, Kinder, das Vaterland ruft!" schallt es in die Reihen. Einmal ist dem Feind gelungen, das Oberthor zu erstürmen, aber kaum ist er in die erste Straße gedrungen, die zum Markte führt, so wirft sich ihm eine Compagnie Landwehr mit lautem Hurrah entgegen, treibt ihn zum Thore hinaus und hält das Thor fest*).

Der Donner dröhnt, der feurige Hagel schlägt durch Thüren und Fenster, die Toten liegen auf dem Pflaster und den Schwellen der Häuser. Da vermag, wer von den Bürgern ein mannhaftes Herz hat, nicht länger die geschlossene Luft seines

---

*) Scene aus dem Gefecht in Goldberg am 23. August, nach Mit=theilung eines Augenzeugen.

Verstecks zu ertragen. Dicht hinter den fechtenden Landsleuten drängt er sich in die Nähe des Kampfes. Die Verwundeten hebt er vom Pflaster und trägt sie sich auf dem Rücken in das Haus oder in's Lazareth. Nicht die letzten sind wieder die Knaben, sie holen Wasser und rufen in die Häuser nach einem Trunk, sie stützen die Verwundeten, sie klettern auf den Munitionswagen und reichen die Patronen herab, stolz auf ihre Arbeit, unbekümmert um das pfeifende Blei. Ja auch Frauen stürzen aus den Häusern, in den Schürzen geschnittenes Brot, in den Händen die gefüllten Krüge. Es mag doch etwas helfen für das Vaterland.

Das Gefecht ist vorüber, der Feind zurückgeschlagen. Da bewegt sich im heißen Sonnenschein ein trauriger Zug durch die Stadt, gefangene Feinde, von Kosaken escortirt. Hartherzig treiben die Reiter den ermatteten Haufen, auf dem freien Platz der Vorstadt wird kurze Rast gestattet. Erschöpft, wund, halb ohnmächtig legen sich die Gefangenen in den Staub der Landstraße, es ist der zweite Tag, daß sie nicht Speise, nicht Trank erhalten; nicht einmal einen Trunk aus Brunnen oder Graben haben die Treiber gestattet, mit Schlägen und Lanzenstößen haben sie die Ermatteten gemißhandelt. Jetzt flehen diese mit ausgestreckten Händen in ihrer Sprache zu den Städtern, welche neugierig und theilnahmvoll umherstehen. Es ist in der Mehrzahl junges Franzosenvolk, das hier wimmert, arme Knaben, bleich und verfallen die Gesichter. Wieder eilen die Bürger mit Speise und Trank herzu, reichliche Haufen von Brot werden herangetragen; aber die Russen hungern selbst, sie stoßen die herantretenden Leute rauh zurück und entreißen ihnen die Gaben. Da legen die Hausfrauen Körbe und Flaschen in die Hände ihrer Kinder, ein beherzter Knabe springt voran, die kleine Schaar, Mädchen und kleine Buben trippeln nach, mitten unter die liegenden Gefangenen, auch die kleinsten wanken tapfer von Mann zu Mann und theilen lächelnd aus, unbekümmert um die bärtigen Wächter*). Denn der Kosak thut den Kindern nichts zu Leibe. Der Deutsche aber ist auch gegen seine Feinde nicht unbillig.

Wer aber aus dem nahen Gefecht einen wunden Lands= mann in sein Haus geholt hat, wie treu und sorglich pflegt er ihn! Er ist dem Hause wie der eigne Sohn und Bruder, der fern beim Heere des Königs steht. Das beste Zimmer, ein weiches Lager wird ihm bereitet, selbst überwacht die Hausfrau Verband und Wartung.

Denn das ganze Volk fühlte sich wie eine große Familie. Der Unterschied der Stände, die Verschiedenheit des Berufes trennten nicht mehr, Freude und Leid war gemeinsam, auch von Habe und Erwerb ward williger mitgetheilt. Die Fürsten= tochter stand neben der Frau des Handwerkers in demselben Verein und beide beriethen eifrig und achtungsvoll miteinander, und der feste Landjunker, der noch vor wenig Monaten jeden bürgerlichen Mann in seiner Ressource als Eindringling be= trachtet hätte, ritt jetzt wol täglich vom Gute nach der Stadt, um bei seinem neuen Freunde, dem Rathsherrn oder Fabri= kanten, die Kriegspfeife zu rauchen und mit ihm über die Neuig= keiten und über das zu plaudern, was beiden das Liebste war, über das Regiment, in welchem ihre Söhne nebeneinander fochten. Freier, sicherer, besser wurden die Menschen in dieser Zeit, die grämliche Pedanterie des Beamten, der Hochmuth des Edelmannes, selbst der mißtrauische Eigennutz des Bauern waren den meisten wie Staub von gutem Metall weggeblasen, Selbstsucht wurde von jedermann verachtet, altes Unrecht, lange genährter Groll waren vergessen, der Kern des Menschen war für alle sichtbar zu Tage gekommen. Wie sich jeder gegen den

---

*) So am 22. Mai in Bunzlau während des Rückzuges nach der Schlacht bei Bautzen; die Gefangenen, rothe Husaren, lagen in der Vorstadt neben dem Galgenteich.

Staat gezeigt, darnach wurde er beurtheilt. Ueberraſcht ſahen die Leute in Stadt und Land, daß plötzlich neue Charaktere unter ihnen zur Geltung kamen; manch kleiner Bürger, der bis dahin wenig beachtet war, wurde Rathgeber, Freude und Stolz der ganzen Stadt. Wer ſich aber ſchwach gezeigt, dem gelang es ſelten, das Vertrauen ſeiner Mitbürger wiederzugewinnen, der Makel haftete an ihm, ſo lange die Generation lebte. Und dieſe freie und großartige Auffaſſung des Lebens, der herzliche geſellige Ton und der unbefangene Verkehr verſchiedener Stände dauerten noch Jahre nach dem Kriege. Aeltere der Mitlebenden wiſſen wol davon zu erzählen.

Und als nach dem Waffenſtillſtande die glorreiche Zeit der Siege kam, Großbeeren, Hagelsberg, die Katzbach, Dennewitz, als einzelne Geſtalten preußiſcher Feldherren ſich immer höher vor den Augen des Volkes erhoben, und Millionen die Freude wurde, ſtolz zu ſein auf das Heer und ſeine Führer; als endlich die Völkerſchlacht geſchlagen und das Größte erreicht war, die Niederlage und Flucht des verhaßten Kaiſers und die Befreiung des Landes von ſeinen Heeren, da wurde auch die höchſte Freude, wie in der Zeit lag, mit ſtiller Innigkeit genoſſen. Die Leute eilten in die Kirche und hörten ehrfürchtig die Danksworte des Geiſtlichen an, und am Abend ſetzten ſie, ihre Straße erleuchtend, die Lichter ans Fenſter.

Dieſe Feſtfeier war nicht neu. So oft in den letzten Jahren feindliche Truppen des Abends in die Stadt gerückt waren, hatten ſie nach Lichtern gerufen; wo franzöſiſche Beſatzung lag, hatten die Bürger bei jedem Siege, den der gehaßte „Verbündete" ihres Königs verkünden ließ, erleuchten müſſen. Jetzt geſchah das allerdings freiwillig. Jeder hatte Uebung darin und in jedem Hauſe ſtand die einfache Vorrichtung bereit. Vier Lichter am Fenſter waren damals ſchon eine anſehnliche Sache, auch der Aermſte ſparte die Kreuzer für zwei, und benützte, wo ihm die Leuchter fehlten, nach alter Gewohnheit die ſtets nützliche

Kartoffel; der Unternehmende wagte wol auch ein Transparent, und ein armes Mütterchen hing neben den Lichtern die beiden Briefe aus, die ihr Sohn aus dem Felde geschrieben hatte. Auch solche Feier war damals einfach und anspruchslos. Jetzt machen wir dergleichen weit glänzender.

In den östlichen Provinzen des preußischen Staates begann die große Erhebung; wie sie dort sich im Volke dargestellt, wurde zu schildern versucht. Aber dieselbe starke Strömung flutete auch in den Ländern jenseit der Elbe, nicht nur in den altpreußischen Landestheilen, nicht weniger kräftig an den Küsten der Nordsee, in Mecklenburg, Hannover, Braunschweig, Thüringen, Hessen, fast in jedem Gebiet bis zum Main. Sie umfaßte die Landschaften, welche im achtzehnten Jahrhundert größere Kriegstüchtigkeit bewährt haben. In den Ländern des alten Reichs ergriff sie nur Einzelne. Die neuen Staaten, welche dort unter französischem Einfluß entstanden waren, sollten erst später auf einem Umwege das Bedürfniß zu innigem Anschluß an den größeren Theil der Nation erhalten. Für Oesterreich aber war dieser Krieg ein Akt politischer Klugheit.

Noch zwei Jahre hoher Anspannung, blutiger Schlachten folgten, wieder drängte sich die aufblühende Jugend, der im ersten Jahre Alter und Kraft gefehlt hatten, mit starker Begeisterung in die Reihen des Heeres. Aber es war ein anderer Krieg und andere Siege, denn nicht mehr um das Leben Preußens und Deutschlands wurde gerungen, sondern um Leben und Untergang des fremden Kaisers.

Das Jahr 1813 hat Deutschland von der Herrschaft eines fremden Volkes befreit, wieder schwebte der preußische Adler jenseit des Rheins über den alten Thoren von Cleve. Es hat unerträglicher Knechtschaft ein blutiges Ende gemacht. Es hat die Mehrzahl der deutschen Stämme durch einen neuen Kreis sittlicher Interessen brüderlich verbunden. Es hat zum ersten Mal, seit es eine deutsche Geschichte giebt, durch eine gewaltige

Entwickelung der Volkskraft eine ungeheure politische Entscheidung herbeigeführt. Es hat die Stellung der Nation zu ihren Fürsten durchaus geändert. Denn es hat über den Interessen der Dynastien und dem Haber der Regierungen die Existenz einer stärkeren Gewalt erwiesen, welche sie alle scheuen, ehren, gewinnen müssen, um sich auf die Dauer zu behaupten. Es hat jedem einzelnen Manne einen größeren Inhalt gegeben, Theilnahme am Ganzen, politische Leidenschaft, die höchsten irdischen Interessen, ein Vaterland, einen Staat, für den er zu sterben, allmählich auch zu leben lernte.

Die Preußen haben den größten Antheil an der Arbeit dieses Jahres, das wird ihnen das übrige Deutschland nie vergessen.

Uns aber, den Söhnen des Geschlechts von 1813, ziemt nicht, den glorreichen Kampf unserer Väter zu verkleinern, weil sie auch uns zu thun übrig ließen.

Fast allen, welche die große Zeit kämpfend und opfernd durchlebt, blieb die Erinnerung daran der größte Besitz ihres spätern Lebens, vielen umgab sie wie mit einem verklärenden Scheine das Haupt. Und von Tausenden wurde dasselbe empfunden, was der warmherzige Arndt aussprach: „Wir können nun zu jeder Stunde sterben, wir haben auch in Deutschland das gesehen, weßwegen es allein werth ist zu leben, daß Menschen in dem Gefühl des Ewigen und Unvergänglichen mit der freudigsten Hingebung alle ihre Zeitlichkeit und ihr Leben darbringen können, als seien sie nichts." —

In den Kirchen des Landes aber wurde zur Erinnerung für das spätere Geschlecht eine einfache Tafel aufgehängt, darauf das eiserne Kreuz der großen Zeit und die Namen der gefallenen Männer. Es ist auch in mäßigem Kirchspiel eine lange Reihe von Namen.

Und da in diesen Blättern versucht wird, aus den Worten vergangener Menschen ein Bild der Zeit zu geben, in welcher sie athmeten, so soll auch hier eine Aufzeichnung aus dem Jahre 1813 mitgetheilt werden.

„Unser Sohn George wurde am 2. April in seinem zweiundzwanzigsten Jahre in dem ewig denkwürdigen Gefecht zu Lüneburg von einer Kugel getroffen. Als freiwilliger Jäger im leichten Bataillon des ersten Pommerschen Regiments focht er nach dem Zeugniß seines braven Chefs, des Hrn. Majors v. Borcke, nahe bei diesem mit Muth und Entschlossenheit und starb so den Tod für Vaterland, deutsche Freiheit, Nationalehre und unsern geliebten König. Ein so schneller Verlust ist hart, aber es ist tröstend, daß auch wir einen Sohn geben konnten zu dem großen heiligen Zweck. Wir fühlen tief die Nothwendigkeit solcher Opfer.

Berlin, den 9. April 1813.

Der Regierungsrath und Ober-Commissarius Häse und seine Gattin*).

Auch der Theil des Volkes, welcher nicht gewöhnt ist seine Empfindung der Schrift zu überliefern, fühlte dasselbe. Als der Lützower Gutike**) im Sommer 1813 von Berlin nach Perleberg abging, fand er in dem Orte Kletzke die Wirthin in Trauer; sie machte sich schweigend um den Gast zu thun, und sagte endlich mit der Hand nach der Erde weisend: „Ich habe auch einen dort unten, — aber die Peters hat zwei." Sie fühlte das bessere Recht der Nachbarin.

---

*) Vossische Zeitung Nr. 45 vom 15. April.
**) Gestorben als praktischer Arzt in Halle. Die Mittheilung ist aus dem Munde des verehrten Mannes.

10.

Erkrankung und Heilung.

Als die Freiwilligen des Jahres 1813 im Felde lagen, war ihre Hoffnung, einst in dem befreiten Vaterland mit ihren Freunden als Bürger zu leben, die Freiheit, den Frieden, das eroberte Glück genießend. So schrieben sie ihren Lieben in die Heimat. Aber es ist zuweilen leichter für die Freiheit zu sterben, als für sie zu leben.

Wenige Jahre, nachdem der Sieg erfochten war und Napoleon als Gefangener auf fernem Felseneiland saß, sagte Schleiermacher auf der Kanzel seiner Gemeinde: „Es war ein Irrthum, als wir hofften, nach dem Frieden behaglich aus= zuruhen. Jetzt ist eine Zeit gekommen, wo nicht selten schuld= lose und gute Männer verfolgt werden, nicht nur um ihrer Handlungen willen, auch weil man bei ihnen Absichten und Entwürfe voraussetzt. Der tapfere Christ aber soll nicht müde werden, und trotz Gefahr und Verfolgung der Tugend und Wahrheit treu bleiben." Und Spione der Polizei schrieben diese Worte nach und vergaßen nicht ihrem Bericht beizufügen, daß der und der in der Kirche gewesen, oder daß vier bärtige Studenten nach der Communion am Altar niedergekniet wären und inbrünstig gebetet hätten*).

Der tapfere Arndt wurde belauert und entsetzt, Jahn saß

---

*) Z. B. am 14. November 1819.

in Kerkerhaft, viele von den Führern der patriotischen Bewegung von 1813 wurden als gefährliche Männer verfolgt, Polizeibeamte drangen in den Frieden ihres Hauses, ihre Papiere wurden mit Beschlag belegt. Eine Immediatcommission verfuhr mit rohester Verletzung der Rechtsformen, mit kleinlichem Haß, willkürlich, tyrannisch, heimtückisch wie eine spanische Inquisition.

Es ist ein trauriges Blatt der deutschen Geschichte. Die unabhängigen Charaktere zogen sich verstimmt von dem eng-herzigen Regiment zurück, welches jetzt in den meisten Staaten Deutschlands begann, die gemeine Mittelmäßigkeit trat wie im Anfange des Jahrhunderts wieder an das Steuer. Preußens auswärtige Politik wurde in Wien und Petersburg dictirt, nicht lange, und sein politischer Einfluß auf die Geschicke Europas ward geringer, als er unter dem Kurfürsten Friedrich Wilhelm gewesen war. — Als das Volk sich zum Kriege gegen den fremden Feind erhob, da hatte es wenig nachgedacht, was dann werden solle, wenn die Unabhängigkeit des deutschen Landes gesichert wäre. Es brachte selbst eine maßlose Hingabe in den Streit, es setzte ähnliche Gesinnung bei allen voraus, welche die Zukunft zu gestalten hatten, bei seinen Fürsten, sogar bei den verbündeten Mächten. Kaum einem war deutlich, wie das neue Deutschland eingerichtet werden könne. Wer klarer sah, erkannte schon im ersten Jahr des Krieges, daß eine Neubildung Deutschlands, welche große Kraftentwicklung der Nation möglich mache, nicht zu hoffen sei. Denn nicht das Volk, nicht das patriotische Heer Blücher's hatte darüber zu entscheiden, sondern nach Lage der Sache die Dynastien und Cabinette von ganz Europa. Oesterreich, die neuen Staaten des Rheinbundes, das englische Hannover, Frankreich, Schweden, vor allen Rußland, jeder suchte dabei sein Interesse zu wahren. Der Gegensatz zwischen Preußen und Oesterreich brach schon bei den Verhandlungen überall hervor, die Preußen hatten durch eine ungeheure Anstrengung sich wieder eine achtungswerthe Stellung in

Deutschland erkämpft, aber sie waren weder in der Empfindung des Volkes noch der Cabinette die Partei, welche zum Principat berufen war. Kaum ein Nichtpreuße hätte den Gedanken gewagt, Oesterreich von einem neuen Bundesstaat auszuschließen, ja die Preußen selbst dachten nicht daran. Wir wissen, daß schon deßhalb die deutsche Frage hoffnungslos war, und wir betrauern nicht, daß das alte Reich unter seinem Kaiser nicht wieder hergestellt wurde.

Aber wie leicht es uns wird, die unüberwindlichen Schwierigkeiten zu verstehen, den Zeitgenossen war das Gefühl der Enttäuschung bitter, die unbefangene Würdigung ihrer Lage schwer. Unter den Patrioten des Jahres 1813 war eine kleine Minderzahl schon damals von einer schwärmerischen Sentimentalität erfüllt gewesen, sie hatte der schlechten Wirklichkeit gern poetische Bilder von alter Herrlichkeit des deutschen Reichs gegenübergestellt; diese „Deutschthümler", wie sie nach 1815 genannt wurden, waren in der Bewegung selbst ohne besonderen Einfluß gewesen, der große Bart Jahn's wurde selten bewundert, und der wackere Karl Müller fand keinen Anklang, als er begann, sämmtliche Fremdwörter aus der militärischen Sprache zu verbannen. Jetzt nach dem Frieden zogen sich diese Enthusiasten, meist Nichtpreußen, auf den deutschen Universitäten in kleine Gemeinden zusammen. Sie trauerten und hofften, zürnten heftig und beriethen eifrig, sie waren einverstanden, daß etwas Großes geschehen müsse, sie waren bereit Gut und Leben daran zu setzen. Nur was zu thun sei, blieb unklar. Ueber Stimmungen und schwankende Projecte kamen sie nicht heraus. Politisch betrachtet war diese Bewegung ungefährlich, erst die gehässige Verfolgung durch die Regierungen stachelte den Haß und Widerwillen, und verdüsterte Einzelnen die Seele bis zu fanatischem Entschluß.

Es war nicht Preußens Schuld, daß die Hoffnung des Volkes auf einen neuen deutschen Staat vereitelt wurde. Aber

eine andere Schuld lud die Regierung auf sich. Der König
hatte versprochen, seinem Volke eine Verfassung zu geben.
Wenn je ein Volk, hatte sich das preußische das Recht auf einen
Antheil am Staatsleben errungen. Aus tiefer Niederlage hatte
es seinem Könige den Staat wieder emporgehoben. Hätte der
größte Staat Deutschlands durch gesetzliche Formen die Mög=
lichkeit einer politischen Entfaltung seiner Kraft erhalten, so
wäre jeder verständige Preuße sehr bald befriedigt worden.
Presse und Tribüne hätten allmählich in dem loyalen Volke das
Gefühl des Gedeihens und eines sichern Fortschritts verbreitet,
offen hätten die Gegensätze einander bekämpft; auch die, welche
für Deutschland mehr forderten, als jetzt zu erreichen war,
hätten sich eng an Preußen angeschlossen. Der Charakter der
Deutschen hätte sich von Schwächen befreit, welche ihm durch
ein ganzes Menschenalter anhängen sollten. Auch durfte der
Staat selbst die Theilnahme des Volkes nicht mehr entbehren,
wenn er nicht in die alte Unkraft, die ihn vor wenigen Jahren
dem Untergange nahe gebracht, zurückfallen sollte. Es war
jetzt, wo neue Ideen um das Leben rangen, wo in Hundert=
tausenden leidenschaftlicher Antheil an dem Staate aufgeblüht
war, für die Krone selbst eine Verfassung die sicherste Stütze.
Denn die Preußen waren nicht mehr ein einsichtsloses und
willenloses Volk, über dessen Schicksal ein Einzelner selbstwillig
verfügen mag.

Der König aber, welcher in der alten Weise mit gefügigen
Beamten fortregieren wollte, war grade bei der neuen Weltlage
in Gefahr, wenn sein Wille noch so rein war, das Werkzeug
einer schädlichen Faction, ein Opfer fremder Einflüsse zu
werden. Grade er bedurfte gegen die Uebermacht Rußlands,
die diplomatische Ueberlegenheit Oesterreichs ein starkes Gegen=
gewicht. Er konnte das nirgend finden, als in der Kraft eines
treuen Volkes, welches mit ihm vereint über die Politik und
Haltung seines Staates berieth.

König Friedrich Wilhelm III. empfand selbst, so lange er lebte, nicht das Mißverhältniß, in welches er zu dem Bedürfniß seiner Zeit getreten war; sein Bild war eng verbunden mit den größten Erinnerungen des Volkes, und die Privattugenden seines Lebens machten ihn während einer langen Regierung auch der nachwachsenden Generation verehrungswürdig. Aber sein Nachfolger sollte furchtbar darunter leiden, daß er selbst, seine Beamten, sein Volk in einem verkümmerten Staatsleben herangewachsen waren.

Daß aber die Preußen von 1813 die getäuschte Hoffnung so still ertrugen, und daß, während schon in den Staaten des Rheinbundes die Parteien heftig gegen einander kämpften, der große Staat so leblos dalag, das hatte außer der Pietät gegen die Hohenzollern noch einen anderen Grund. Das Volk war durch den Krieg und was ihm vorausgegangen war, auf das äußerste erschöpft und bis zum Tode ermüdet. Kaum war ihm die Arbeitskraft geblieben, seine Aecker zu bauen. Jahre gingen vorüber, ehe nur das lebende Inventarium der Güter wieder vollständig ergänzt war, Städte und Dorfgemeinden, der Gutsherr und der Bauer waren tief verschuldet. Die Preise der Landgüter sanken tiefer, als sie vor 1806 gestanden hatten, es kam vor, daß Rittergüter durch mehre Jahre herrenlos lagen, wenn der letzte Besitzer das lebende Inventarium verdorben hatte, und daß wiederholte Versteigerungen des Gerichts keinen zahlungsfähigen Käufer erwerben konnten. Handel und Industrie waren unter der Continentalsperre verkommen, denn die alten Absatzwege für Linnen, Tuche und Eisenwaaren, die drei großen Industrien Preußens, waren verloren, fremde Völker hatten sie in Besitz genommen. Und auch hier fehlten die Capitalien. Der Verkehr mit dem slavischen Osten, für die alten Provinzen eine Lebensfrage, wurde durch das neue russische Handels= system allmählig fast ganz vernichtet. Aber weit größeres Hemmniß wurde der Verbrauch von Menschenkraft durch den

Krieg. Die gesammte Jugend war unter den Waffen gewesen, ein Theil war auf den Schlachtfeldern gefallen, die Ueberlebenden aus ihrer bürgerlichen Laufbahn herausgerissen. Viele blieben zuletzt doch im Heere, — wol der dritte Theil der preußischen Officiere, welche in den nächsten dreißig Jahren das Heer führten, bestand aus freiwilligen Jägern des Jahres 1813. Wer zu seinem frühern Beruf zurückkehrte, der fand sich zurückgekommen, seine Angehörigen ohne Hilfe, vielleicht verarmt. Er war zuletzt froh, bescheidener Beamter zu werden und in dem armen Lande für sich und die Seinen Unterhalt zu gewinnen. Ihm selbst hatte die Blutarbeit dreier Feldzüge und die Gewöhnung an soldatischen Gehorsam nicht die Kraft verringert, wol aber die frische Wärme, welche eroberungslustig in das Leben sieht. Er begann jetzt den Kampf um einen bürgerlichen Haushalt, wahrscheinlich mit Geduld und Pflichttreue; aber in den beschränkten Verhältnissen, in die er trat, blieb ihm der Sinn vorzugsweise an der mächtigen Vergangenheit hängen, welche er durchlebt. So war die männliche Kraft der Generation verwendet. Und die Jugend, welche in ihren Familien heranwuchs, hatte nicht mehr den Vortheil, große Eindrücke, Begeisterung und Hingebung zu erhalten.

Diese Leiden lasteten am schwersten auf den alten Landestheilen. Der neue Erwerb aber nahm wieder durch Jahrzehnte große Beamtenkraft und viele Sorge der Regierung in Anspruch, bevor er sich dem preußischen Wesen befreundete.

Offenbar waren freie Presse und eine Verfassung das beste Mittel, auch diese Schwäche schneller zu heilen, ein Gefühl der Genesung und Zusammengehörigkeit in das Volk zu bringen. Denn eine Nation bedarf zu ihrem Leben der Wärme und Begeisterung, wie die Pflanze das Licht des Himmels, den Thau der Wolken. Je weiter ihre Entwicklung fortschreitet, desto größer werden ihre Ansprüche auf erhebende Ideen und gemeinsame geistige Interessen. Damals als die Reformation zuerst das Volk zu einem geistigen Kampf erhoben hatte, war die Wirkung einem Wunder gleich gewesen, die Charaktere waren kräftiger, rie Sittlichkeit reiner, alle Processe des Gemüths, jede menschliche Thätigkeit war stärker geworden. Und als das erwachte Bedürfniß nach einem gemeinsamen Inhalt keine Befriedigung in dem Staatsleben des deutschen Reiches gefunden hatte, war das Volk erschlafft und schlechter geworden. Wieder hatte nach langer trüber Zeit ein großer Fürst wenigstens einem Theil der Deutschen neuen Schwung und idealen Inhalt gegeben. Der warme Antheil an dem Geschick eines Staates, welcher Friedrich's Zeitgenossen erhob, die Befreiung der Geister von der Bevormundung des Staates und der Kirche waren ein zweiter großer Fortschritt gewesen, wieder hatte dieser Fortschritt die entsprechende Erweiterung der gemeinsamen Interessen, Verstärkung der politischen Bewegung für sich gefordert. Aber in dem geistlosen und kraftlosen Regieren der nächsten Generation war wieder die Volkskraft hingewelkt. Der Sturz Preußens war die Folge. Jetzt hatte zum dritten Mal der größte Theil der Deutschen einen neuen Fortschritt gemacht, mit Gut und Blut hatte sich das Volk für seinen Staat erhoben, leidenschaftlich war sein Bedürfniß geworden, um das Vaterland zu sorgen, bei seinen Schicksalen mitzuwirken. Und da diese Sehnsucht wieder keine Befriedigung fand, sank das Volk auf einige Jahrzehnte in Schwäche zurück. Diesmal war die Verwirrung des Jahres 1848 die Folge.

Fast auf jedem Gebiete des idealen Lebens war das beginnende Siechthum zu erkennen; sogar in der Wissenschaft.

Groß war das Gebiet geworden, welches die deutsche Wissenschaft umfaßte; neue Disciplinen waren in überraschender Schnelle heraufgekommen, kaum ein vergangenes Volk in entferntem Erdtheil, dessen Geschichte, Leben, Kunst, Sprache nicht erforscht wurde. Vor allem die Vergangenheit der

Deutschen. Mit herzlicher Wärme wurde jede Lebensäußerung unserer Volksseele, von welcher eine Spur übrig geblieben ist, erfaßt. Eine wundervolle Fülle von Leben aus alter Zeit wurde aufgedeckt und in ihrer Besonderheit verstanden. Rings um den deutschen Forscher erhoben sich aus dem Boden die Geister der Nationen, welche einst gelebt; was jeder eigen= thümlich war, was allen gemeinsam ist, das Walten des Menschengeistes in den höchsten Bildungen der Erde, das lernte man begreifen. Eben so sehr steigerte sich die Kenntniß der gegenständlichen Natur. Die Schöpfungsgeschichte der Erde, das organische Gefüge alles Geschaffenen, Unzähliges, was dem unbewaffneten Auge unsichtbar ist, Unzähliges, was aus der Verbindung einfacher Stoffe entsteht, wurde erkannt, und wieder über die Grenzen des Erdballs hinaus das Leben des Sonnen= systems, die Welteninsel, von welcher das Sonnengebiet ein verschwindend kleiner Theil sein soll.

Es war eine glorreiche Arbeit, wunderschnell die Ent= deckungen und die Fortschritte; es war ein gemeinsamer Erwerb aller Culturvölker geworden; aber der Antheil der Deutschen war, wenn nicht dem Umfange nach, doch durch tiefsinniges Erfassen und gründliches Verarbeiten gewonnener Resultate der größte. Stolz durfte der Deutsche zu seinen Nachbarn hinübersehen, denn in einem großen Gebiete des geistigen Lebens war er Führer und Vorbild der Andern geworden.

Aber das Leben des Volkes ist auch darin ein einheitlicher Organismus, daß die Verkümmerung einzelner Richtungen, in denen eine schöpferische Kraft nach Neubildungen ringt, in der Regel alle übrigen Aeußerungen des Lebens beeinträchtigt. Es ist wahr, dem Fleiß und Scharfsinn des Einzelnen ist auch in der ungünstigsten Zeit möglich, für stille Arbeit ein Asyl zu finden. Kepler setzte seine großen Entdeckungen in den wildesten Stürmen des Krieges fort; in den Jahren des tiefsten Verfalls erhob sich der Geist des Leibnitz mit souveräner Freiheit;

während der Auflösung des deutschen Reiches entfaltete die
Poesie der Dichter von Weimar ihre schönsten Blüthen. Jeder,
der sich in einem abgegrenzten Gebiet des Forschens bewegt,
wird bei erträglichem Schutz des äußeren Lebens in seiner
Wissenschaft selbst vielleicht die Befriedigung und Heiterkeit
erlangen, welche dem schaffenden Menschen unentbehrlich ist.
Wer durch die Dämmerung des grauen Alterthums späht, die
Lebensgesetze fremder Sprachen feststellt, die Schichtung der
Erdmassen, Zellen der Pflanzen, Nervenfäden des Thierkörpers
beobachtet, der mag im Zusammenwirken mit seinen Genossen
auch in öder Zeit die höchsten Resultate gewinnen. So oft er
aber in seiner Arbeit auf eine Stelle kommt, wo die Resultate,
welche ihm die eigene Stellung in der bürgerlichen Gesellschaft
und im Staate gegeben hat, für seine wissenschaftliche Forschung
maßgebend werden, wird das Ungesunde im Leben seines
Volkes auch ihm die letzten Erfolge stören. Am fühlbarsten
werden deßhalb die Krankheiten der Zeit an dem Philosophen
und Geschichtsforscher. Beide sollen fest sein in Liebe und
Haß, sie sollen sichere politische Ueberzeugungen haben, sie sollen
verstehen, wie die großen Geschäfte betrieben werden und wie sich
bei solchem Betrieb die Charaktere bilden. Wenn sie Menschen=
leben vergangener Zeit beurtheilen, oder wenn sie dem lebenden
Geschlechte Sitte, Recht, Bildung dadurch weihen, daß sie Ver=
nunft und Unvernunft darin erweisen, so ist ihnen selbst nicht
nur reiches Wissen nöthig, noch mehr ein festgeschlossener
Charakter, wohlgeprüfte und bewährte Integrität des Gemüthes,
starke Manneskraft. Schwerlich werden diese höchsten Eigen=
schaften in einem unkräftigen Staatswesen gedeihen, wo der
Einzelne ohne die Prüfungen und die Zucht politischer Kämpfe
dahinlebt. Auch ein alles durchdringender Scharfsinn wird
den Philosophen nicht vor der Gefahr schützen, das mächtige
Schlechte, das um ihn herrscht, als ein nothwendiges Moment
des Lebens zu fassen', vielleicht zu rechtfertigen. Und der

Hiftoriker, kann er verftehen, wie von Staatsmännern ver=
handelt wird, wenn ihm die Geschäfte der Regierenden in
unnahbarer Ferne schweben? Kann er ein sicheres Urtheil haben
über Werth und Dauer der Verfaffungen und Staatsbildungen,
wenn er in seinem eigenen Leben nie darüber Erfahrungen ge=
sammelt hat? Es ist kein Zufall, daß es dem deutschen Gelehrten
so selten gelungen ist, eine deutsche Geschichte der letzten Jahr=
hunderte zu schreiben, kein Zufall, daß es ihm näher lag, Römer
und Inder, oder die verfunkene Zeit der Ottonen und Hohen=
staufen, Päbste und Reformatoren in großen Zügen darzustellen,
als die nächste Vergangenheit seines eigenen Volkes; kein Zufall
endlich, daß an den Werken der größten Gelehrten dieser Zeit,
an Niebuhr und Savigny, an Hegel und Schelling, um von
Lebenden zu schweigen, eine zuweilen befremdliche Unfertigkeit
der Ueberzeugungen, oder Willkür in den Gesichtspunkten, oder
eine unholde Resignation zu Tage kommt.

Und grade die unendliche Fülle von neuen Kenntniffen,
welche aus der Wiffenschaft in das Leben der Gebildeten drangen,
brachte den Charakteren eine Gefahr. Der Deutsche lernte fast
zahllose Perfönlichkeiten fremder Völker und Menschen verstehen,
die verschiedenartigste Bildung wurde ihm in ihrer innern
Nothwendigkeit und Berechtigung klar. Parteilos und mit leb=
hafter Theilnahme verfolgte er die Politik des Tiberius, die
Schwärmerei des Loyola, die allmähliche Entwickelung der
Sklaverei in Nordamerika, die Pedanterien und Träume von
Robespierre. Er kam in Gefahr, bei seinem achtungsvollen
Urtheil die sittlichen Grundlagen des eigenen Lebens zu vergessen.
Wer so viel fremde Seelen in die eigene aufnehmen will, der
bedarf nicht nur die Fähigkeit zu faffen, noch mehr die Kraft sich
frei zu halten von der Macht, welche fremde Zustände auf ihn
selbst gewinnen. Wer die relative Berechtigung eines fremden
Standpunktes unbefangen würdigen will, der muß zuvor in fester
Männlichkeit Sitte und Pflichtgefühl des eigenen Lebens zu

bewahren wissen. Und damit er dies vermöge, muß sein eigenes Leben ihm eine sichere Tüchtigkeit gegeben haben. Dies geschieht nur durch die Gewöhnung, die eigene Willkür durch pflichtvolles Zusammenarbeiten mit seinen Zeitgenossen zu bändigen, durch das Leben in freien Vereinen und durch freie Presse, durch dauernde Theilnahme an den größten politischen Bildungen seiner Zeit. Daß den Preußen, deren Hauptstadt in dieser Zeit Mittelpunkt deutscher Wissenschaft war, dieser Regulator versagt blieb, das gab den Gebildeten dieser Periode eine eigenthüm= liche Charakterschwäche, welche schon der nächsten Zukunft aben= teuerlich erscheinen wird. Sehr häufig wurden grade bei den Preußen Männer von umfangreicher Bildung, feinfühlend und gescheit, human und tolerant, von angenehmer Form und würdiger Haltung, aber von größter Unbehilflichkeit in un= gewöhnlicher Lage, unsicher und schwankend vor festem Entschluß, ungeschickt bei der Ausführung, ohne Energie, rathlos, kopflos, verzweifelt in der Gefahr. In Vielen ist noch heut solches Wesen zu erkennen, das unvertilgbare Gepräge einer thaten= armen Zeit.

Diese Schwäche der Willenskraft war freilich kein neues Leiden der gebildeten Deutschen. Sie war die zweihundert= jährige Krankheit eines Volkes, welches keinen Antheil am Staate hatte und seiner natürlichen Anlage nach nicht vorzugs= weise durch die Impulse der Leidenschaft fortgerissen wird, sondern sich besonnen zum Thun zusammenfaßt und auch bei heftiger Erregung selten das billige Abwägen unterläßt. Aber in der ersten Hälfte unseres Jahrhunderts wurde die alte Schwäche besonders auffallend durch den reichen Schatz des Wissens. Oefter als sonst zog das Originelle einer fremden Lebensform übermächtig an. Wenn es galt, einem abge= schlossenen Wesen zu widerstehen, mochte dies Metternich, Byron, Eugen Sue, Pabstthum, Simonismus oder polnischer Patriotis= mus heißen, so wurde das Fremde fast immer imponirend, das eigene Urtheil schwankend und unsicher. Es wurde auch den Besseren bequem, über das Verschiedenste klug zu sprechen, aber sehr schwer, sich zu einem consequenten Thun zu beschränken. Diese Krankheit ergriff fast alle, welche als geistig Genießende dem Volke gegenüberstanden. Die Blasirtheit des Salons, die Effecthascherei der Schriftsteller, Wissenlosigkeit der Staatsmänner, Energiemangel der Beamten sind verschiedene Formen desselben Leidens. Es verwüstete überall, nirgend mehr als in Preußen, es gab diesem Staate ein besonders unbehilfliches, ja greisenhaftes Aussehen, das in auffallendem Gegensatze zu der ehrlichen Tüchtigkeit stand, welche in den kleinen Kreisen des Volkes nicht verloren wurde.

Aber es kam die Heilung. Nach und nach und wieder auf einem Umwege, mit kurzen Anläufen und Rückschlägen, im ganzen seit 1830 ein unaufhaltsamer Fortschritt.

Denn zu derselben Zeit, in welcher die Julirevolution wieder in weiten Kreisen ein Interesse an dem Staate rege machte, begann auf anderen Gebieten neue Entwickelung deutscher Volkskraft, zunächst durch die fleißige Arbeit von zahllosen Einzelnen in Werkstatt und Comptoir. Der Zollverein, die größte Schöpfung Friedrich Wilhelm's III., warf einen Theil der Schranken nieder, welche die einzelnen deutschen Staaten getrennt hatten, die Schienenstränge und das Dampfschiff wurden die metallenen Leiter, auf welchen die technische Bildung unaufhaltsam von einem Ende des Landes zum andern dahinglitt. Mit der Entfaltung deutscher Fabrikthätigkeit kamen neue sociale Gefahren, und neue Heilmittel mußten durch Selbstthätigkeit des Volkes gefunden werden. Stück für Stück wurde das engherzige Regierungssystem der charakterschwachen Beamten zerbrochen. Die Nation erhielt die Empfindung, daß sie in eine lebhafte Bewegung gekommen war, überall junge Lebensinteressen, überall kräftigere Rührigkeit der Einzelnen. Neben dem Beamtenstande entwickelte sich eine freie Intelligenz unabhängiger Männer, andere Formen der Bildung, andere Bedürfnisse des Volkes. Schnell wurde die Arbeit auch des Kleinen werthvoller; seine Einsicht und seinen Wohlstand zu steigern war nicht mehr ein Problem für ruhige Menschenfreunde, es wurde eine Nothwendigkeit für Alle, Bedingung des Gedeihens auch für die Anspruchsvollen. Während man noch ängstlich klagte, daß die Kluft zwischen Arbeitgebern und Arbeitern immer größer, die Herrschaft des Capitals drückender werde, waren in der That der Eifer der Gelehrten, die Humanität der Gebildeten und der wohlverstandene Vortheil der Erwerbenden sorgfältig bemüht, die Kenntnisse des Volkes zu vermehren und seine Sittlichkeit zu bessern. Eine umfangreiche populäre Literatur begann ihre Wirkung, Gewerbe- und Ackerbauschulen wurden eingerichtet, in Vereinen organisirten sich die Interessen der einzelnen Kreise. Durch Lehre und Beispiel suchte man die Selbstthätigkeit der Schwächeren zu steigern, das große Princip der Association wurde verkündet, an die Stelle der früheren Isolirung trat auf jedem Gebiet irdischer Thätigkeit das Zusammenwirken Gleichgesinnter. Es war eine großartige Arbeit, der die Nation sich jetzt hingab, und ihr folgten die größten und schnellsten Wandlungen, welche der Deutsche bis dahin gemacht hatte.

Sowol der gesunde Egoismus dieser Arbeit, als die praktische Humanität derer, welche um das Wohl der arbeitenden Klassen sorgten, beide wurden seit dem Jahre 1830 Helfer, die Unsicherheit und Zerfahrenheit, welche in die Gebildeten gekommen war, zu heilen. Der Süden Deutschlands übte jetzt einen heilsamen Einfluß auf den Norden. Lange hatten die Länder des alten Reichs, mehr empfangend als abgebend, still vor sich hin gelebt, sie hatten einzelne große Dichter und Gelehrte nach dem Norden gesendet, aber auch diese gern als ihr besonderes Eigenthum betrachtet; sie hatten mit Liebe die heimische Landesart gegen das norddeutsche Wesen zu schützen gesucht, sie waren ohne besondere Freude durch Napoleon und den Wiener und Pariser Frieden unter die größeren Fürsten=häuser ihrer Landschaft vertheilt worden. Jetzt trat ihr Wesen ergänzend und fortbildend in den Vordergrund. Die Ver=fassungskämpfe ihrer kleinen Staaten schulten eine Anzahl politischer Führer, warme Patrioten, kräftige, warmherzige Männer, zuweilen von begränztem Gesichtskreis, aber eifrig, unermüdlich, frisch und hoffnungsreich. Die schwäbischen Dichter waren die ersten Künstlerseelen der Deutschen, welche durch Theilnahme an der Politik ihrer Heimat gekräftigt wurden. Auch der Charakter des Volkes schützte dort vor Blasirtheit, geistreichem Formalismus und Sophisterei, es schützte ein warmes Herz, ein massiver Menschenverstand, der für übergroße Fein=heiten wenig zugänglich war, und eine behagliche Laune. In der Zeit von 1830—1848 standen die Süddeutschen im Vorder=grund des deutschen Lebens.

Das liebevolle Eingehen in das Leben des Volkes fand auch in der Kunst der Süddeutschen seinen Abdruck. Aus dem Mißbehagen, welches in der Gesellschaft der Gebildeten immer noch empfunden wurde, flüchtete die schöne Erfindung in die kleineren Kreise des Volkes. Die Genremaler bemühten sich, Gestalten und Situationen des kleinen Lebens mit Laune und Gemüth darzustellen, die Dichter suchten mit herzlichem Interesse Charaktere und Zustände des Landmanns poetisch zu verklären. Ihre Dorfgeschichten und die Bedeutung, welche sie für die Leserwelt gewannen, werden in der Culturgeschichte immer für ein Symptom gelten, wie groß unter den Gebildeten die Sehn=sucht nach Behagen und fest umgränzter Tüchtigkeit war.

Aus dieser Periode, die unter dem Volke begann, wird auch hier eine Dorfgeschichte mitgetheilt. Denn das Leben des Süddeutschen, welcher hier erzählen soll, ist in vieler Beziehung charakteristisch für Schicksale und innere Wandlungen der Besten aus dieser nächsten Vergangenheit. Die Bewegung,

29*

welche nach der Julirevolution von 1830 über Europa hin-
zitterte, hatte auch ihn zu lebhafter Theilnahme an der nationalen Entwickelung des Vaterlandes angeregt. Die Kammer-
verhandlungen seiner engeren Heimat wurden ihm die erste
Handhabe. Die Kämpfe, welche dort aufbrannten, blieben
nicht ohne Frucht, sie brachten Ablösung der Lasten, welche
bis dahin den Boden und Bauer gedrückt hatten, Gemeinde-
ordnung, öffentliches und mündliches Verfahren, sogar ein
Preßgesetz ohne Censur. Aber der Bundestag schritt dagegen
ein. Das Preßgesetz wurde durch ihn vernichtet, die Klagen
der Grundherren gegen die Ablösungsgesetze fanden bei ihm
geneigtes Ohr; nach dem Frankfurter Attentat vom 3. April
1833 erhob sich wieder die Reaction. Da schied der Verfasser
aus seiner amtlichen Stellung bei einer Finanzbehörde und
widmete seine Thätigkeit der Presse. Als ihm auch dieser Antheil an den politischen Schicksalen seiner Heimat durch arge
Chikanen einer gesetzlosen Partei verhindert wurde, siedelte er
auf einige Jahre nach der Schweiz über. Es hatte ihm sein
ganzes Leben lang Freude gemacht zu lehren. Als Student, als
Aspirant für den Staatsdienst und als Schriftsteller hatte er
Jüngere unterrichtet. Er war deßhalb nicht unvorbereitet für
das Lehramt, welches er in der Fremde antrat. Das Folgende
erzählt er selbst.

„Am Ostermontag 1838 wurde in der Kirche zu Grenchen
im Kanton Solothurn der katholischen Gemeinde als Lehrer an
der neuerrichteten Bezirksschule ein Protestant, ein Deutscher
vorgestellt. Die Gemeinde hatte ihn gewählt, die Regierung
bestätigt; der Lehrer war ich.

Es war ein rauher Frühlingsmorgen. Das einförmige
Grau der Wolken deckte die Wände und Gipfel des Jura, große
Schneeflocken fielen in dichtem Gestöber und umhüllten den
Zug, der sich nach der Kirche bewegte. Die Worte, welche

Pater Zweili, Guardian der Franziskaner von Solothurn, Präsident des Erziehungsraths, an die Versammelten richtete, würden jedem Geistlichen wol angestanden haben. Mir äußerte er, ich möge keinen Anstand nehmen, mit den Schülern über Religion zu sprechen: „Sie brauchen ja die wenigen Unterscheidungslehren, die uns trennen, nicht zu berühren."

Die Franziskaner waren gelehrte, fleißige Männer; sie wohnten und lebten wie Lehrer der Wissenschaft, darum aber auch in offener Fehde mit den Jesuiten. An ihnen fand die Regierung kräftige Stützen und Mitarbeiter ihrer Bestrebungen für die Bildung des Volkes; auf diesem Gebiete war alles zu thun, da die 1830 gestürzte Patrizierherrschaft nichts gethan hatte. Zunächst warb für die Errichtung von Anfangsschulen, die Bildung von Lehrern, die Beaufsichtigung und Leitung des Schulwesens gesorgt. Nicht gering waren die Schwierigkeiten, welche überwunden werden mußten; aber es geschah innerhalb eines Zeitraums von vier Jahren. Anfang 1837 hatte jede Gemeinde ihre Schule, jede Schule ihren Lehrer und ihre Dotation, jedes Kind den nothwendigen Unterricht, das Gesetz strafte die Eltern, welche ihre schulpflichtigen Kinder nicht zum regelmäßigen Besuche anhielten. Kaum waren die Anfangsschulen geordnet, so wurden, als Fortsetzung derselben, die Bezirksschulen angefügt. Hier war kein Zwang; die Errichtung war der Gemeinde, der Besuch den Schülern, die aus der Anfangsschule entlassen waren und die nöthigen Vorkenntnisse besaßen, freigestellt; der Staat erleichterte durch Zuschüsse die Errichtung und führte die Aufsicht. Grenchen war eine der ersten Gemeinden, welche den Beschluß faßten, die Mittel für eine Bezirksschule aufzuwenden; die Regierung gab einen Beitrag von jährlich 800 Schweizerfranken (etwa 305 Thalern). Das Verdienst dieses Gemeindebeschlusses gebührt vor allen dem Arzte, Dr. Girard, meinem lieben Freunde. Den Nutzen der Sache konnte er nur einer kleinen Minderheit seiner Mit-

bürger deutlich machen; denn diese hatten nicht den Unterricht
der gegenwärtigen Generation genossen; aber sie vertrauten
dem Manne, der ihnen so oft bewiesen, daß er uneigennützig
das Gute wolle. Den Ausschlag jedoch gab bei dem von
Natur aufgeweckten Volke der Trieb, sich vor anderen Ge=
meinden hervorzuthun. Als ihnen vorgehalten wurde, daß die
Frage nur sei, ob Grenchen oder etwa Selzach die neue
Schule erhalten solle, da war die Sache entschieden; die An=
stalt mußte in den Ort, möge sie sein, was sie wolle. Ich
aber hatte Freude am Lehren, und die Stelle sicherte mir den
Aufenthalt mehr noch als den Unterhalt, für welchen auch
andere Arbeiten ausreichten.

Das Dorf, in dem ich jetzt lehren sollte, die größte Land=
gemeinde des Kantons, mit mehr als zweitausend Einwohnern
und vierhundert stimmberechtigten Bürgern, liegt in den Vor=
hügeln des Jura. Gegen Süden senken sich saftige Wiesen
und wohlbestellte Felder nach der Aar hinab, welche raschen
Laufes durch die Thalebene dem Rheine zueilt. Jenseits der
Aar steigt das Gelände wieder sanft hinan zu dem hügeligen
Emmenthal, und hinter ihm erhebt sich die Alpenkette, die
Urner und Schwyzer Berge im Osten, der Rigi als einzeln
stehende Vormacht, in der Mitte Finsteraarhorn, Eiger, Mönch,
Jungfrau, bis zu den Savoyer Alpen, aus denen der Mont=
blanc gewaltig hervorragt. Nach Westen glänzen die Spiegel
der Seen von Biel, Neuenburg und Murten. Schwerlich wird
irgendwo eine Landschaft gleich lieblichen und dabei großartigen
Charakter dem Auge darbieten.

Die Häuser im Dorfe ziehen sich vereinzelt und in Gruppen
zerstreut, bis hoch an dem Berge hinauf, fast jedes mit einem
Gärtchen und einer Hausmatte umgeben, von Obstbäumen be=
schattet; durch das Dorf schlängelt sich in mehren Verzweigungen
der klare Bach. Ungern weichen die Strohdächer dem vor=
geschriebenen Ziegeldache. Die Wirthschaft der Einwohner

umfaßt Feld= und Wiesenbau, Wald= und Sennwirthschaft, die
Butter= und Käsebereitung auf dem kostbarsten Besitze, den
Bergweiden. Auch Wein wird gebaut. Die Grenchener
leugnen nicht, daß in gewöhnlichen Jahren ihr Wein sauer
ist, sie bespötteln ihn in Lied und Schwank, aber sie trinken ihn
doch und befinden sich wohl dabei. Es ist ein kräftiger Menschen=
schlag vom Stamm der Alemannen, die Männer meist schlank,
aber stark, zum Theil von ungewöhnlich hohem Wuchse; unter
den Frauen und Mädchen nicht selten jene Altarbildschönheiten,
wie auch sonst in katholischen Ortschaften. Sie sind heiter, mit
Humor begabt, dabei von ausdauerndem Fleiße, geschickt sich
in jede Lage zu finden und sich selbst zu helfen. Es ist bei
ihnen nicht Sitte, die Thüren verschlossen zu halten. Als
einen unerhörten Vorfall erzählte man, daß vor drei Jahren im
Dorfe eine Taschenuhr gestohlen war. Die Oertlichkeit ist
aber auch für Diebe nicht günstig, wehe dem, der sich fangen
läßt, er kömmt nicht unversehrt in die Hände der Justiz.

Denn die Grenchener standen damals noch in dem Rufe
unbändiger Wildheit, die sich in Streithändeln und starker
Neigung zur unerlaubten Selbsthilfe offenbarte, nicht selten
wurden die Messer gebraucht und floß Blut. War der Aus=
gang nicht gerade tötlich, so wurde von den Betheiligten alles
aufgeboten, um die Obrigkeit fern zu halten. Der Thäter und
der Verletzte unterhandelten durch „Anschickmänner" über billige
Schadloshaltung, und mit dem Abschlusse des Vertrages hatte
die Feindschaft ein Ende. Das Geld war zu meiner Zeit noch
nicht der Werthmesser für den Menschen, sondern die Arbeit.
Ich schätze dort einen Bürger, der durch mißlungene Unter=
nehmungen sein Vermögen eingebüßt hatte und als Straßen=
knecht arbeitete. Seine Mitbürger achten ihn nach wie vor
und loben ihn, weil er seinen Dienst recht gut versehe. — Für
Burschen, denen die Arbeit des Friedens nicht gefiel, bot da=
mals der fremde Dienst noch einen häufig betretenen Ausweg,

den die Gemeinde nicht ungern sah, weil er sie von manchem störenden Elemente befreite; allein er brachte ihr auch manchen Wildfang nicht gebessert wieder.

Als in den neunziger Jahren die Franzosen in die Schweiz einbrangen, fanden sie die Kantone in einem lockern Verbande; die Schweizer führten ihre Streitkräfte vereinzelt dem Feinde entgegen, die Berner schlugen sich gut bei Neuenegg, die Urkantone am Vierwaldstädtersee, aber einer nach dem andern mußte der Uebermacht erliegen. Auch die Grenchener waren verwegen genug, ihr Dorf gegen die andrängenden Franzosen zu vertheidigen; sie zogen, zum Theil mit Hellebarden und altem Rüstzeug bewaffnet, dem Feinde entgegen und stürzten zum Handgemenge. Noch lebt im Munde der Bewohner der Name der „Jungfer Schürer (Scheuerer)", und man zeigt noch die Stelle, wo sie im Kampfe ihr Leben ließ. Der französische Officier, ihr Gegner, wurde verwundet in das Spital nach Solothurn gebracht, und soll dort reuig geklagt haben, daß er gezwungen gewesen sei ein Mädchen zu töten; er habe jedoch nur die Wahl gehabt, dies zu thun oder unter ihren Streichen zu fallen.

Getrennt vom Dorfe liegt in einem kleinen versteckten Seitenthale das Bad, ein Gebäude mit langer Front, zwischen Teichen und Gartenanlagen mit schattigen Baumgruppen. Dahinter die Quelle, ein eisenhaltiges klares Wasser. Im Sommer ist das Bad von Gästen aus der Schweiz, vorwiegend wälscher Zunge, von Elsäffern und von einzelnen Fremden besucht, die zufällig den Aufenthalt entdecken und liebgewinnen. Noch in diesem Jahrhundert war das kleine Thal Eigenthum der Gemeinde, Sumpf und Schilf. Da erwarb Vater Girard um mäßigen Preis das Land, baute darauf seine Hütte, entwässerte den Grund, faßte die Quelle und richtete das Bad ein, anfänglich in sehr bescheidenen Verhältnissen, die Anlage erweiternd, als die Mittel sich mehrten. Vater und Mutter

mühten sich im Schweiße ihres Angesichts, Söhne und Töchter
wuchsen zur Hilfe heran; ein Sohn studirte auf deutschen
Universitäten und wurde Arzt; ihm verdankt die Anstalt ihr
rasches Aufblühen.

Das war der Ort, welchem ich in der Kirche als Schul=
lehrer vorgestellt war. Nicht ohne Widerspruch einer frommen
Partei.

Alle Kräfte des Widerstandes wurden von den Ultra=
montanen auf's äußerste angestachelt, öffentlich durch die Presse,
auf Privatwegen durch alle möglichen Mittel. Ein Ketzer als
einziger Lehrer an einer katholischen Schule, das war unerhört!
Die Regierung, der Gemeinderath, ich selbst wurden mit
Schmähungen überhäuft. Die Geistlichkeit in Grenchen wurde
scharf getadelt, daß sie den Wolf in die Heerde habe einbrechen
lassen, und es ward ihr — nicht allein durch die Zeitungen —
zur Pflicht gemacht, alles aufzubieten, um das Teufelsnest im
Keime zu ersticken.

Der Pfarrer des Orts war ein stattlicher, schöner Mann,
Liebling der Frauen und dadurch von Einfluß. Aber ein
Streiter war er nicht, er liebte die Ruhe und das Violinspiel,
und hätte daher lieber nichts gethan. Er hielt, so weit sein
Einfluß reichte, Knaben vom Besuche der Schule ab, setzte
niemals seinen Fuß in dieselbe, ertheilte daher auch keinen
Religionsunterricht, und die dafür bestimmten Stunden wurden
mit einem andern Lehrgegenstande ausgefüllt. Persönlich stand
ich mit ihm auf erträglichem Fuße. Es hatte ihn gefreut, daß
ich ein Töchterlein, welches mir zwei Monate vorher im
Grenchenbade geboren worden war, von ihm hatte taufen lassen,
und er hatte daran leise Bekehrungsversuche geknüpft, indem er
mir ein angeblich von einem Protestanten geschriebenes Buch
zur Verherrlichung der katholischen Kirche zu lesen gab. —
Noch weniger als der Pfarrer war sein Kaplan als Sturmbock
gegen die Schule zu brauchen. Er war in Würzburg Theologe

geworden und wußte, daß Leipzig ein „Büchernest" ist. Er war ein guter Landwirth und Bienenzüchter, und stand damals ganz auf gleicher Bildungsstufe mit dem Volke, welches aber nicht darauf stehen geblieben ist. Nicht immer gelang es ihm, die geistliche Würde zu wahren und Rügen von oben zu vermeiden. Sein theologisches Wissen über das zum Gebrauche Noth= wendigste auszudehnen hatte er sich nicht veranlaßt gefühlt, und ich staunte zuweilen über das Chaotische seiner Erinnerungen, wenn er z. B. erzählte, wie der heilige Ludwig Rom gegen die Hunnen vertheidigt hatte. War von Büchern die Rede, so unterließ er nie, einen Missionsbericht aus Otaheiti zu preisen, und ich kam bald dahinter, daß dieser Band so ziemlich seine ganze Bibliothek ausmachte. Trotz alledem war er ein guter Mensch, und es schadet ihm heute nicht mehr, wenn ich erzähle, warum ich ihn liebe. Wir sprachen von der ewigen Seligkeit und ihrem Gegentheil. Ich redete ihm in's Gemüth, wie ich doch für unmöglich halte, daß der liebe Gott so grausam sein könne, mich ewig in der Hölle brennen zu lassen. Der Herr, nicht ich, sei schuld, daß ich reformirt getauft, unterrichtet und confirmirt worden sei. Unsere Lehre weise uns an, die Nebenmenschen zu lieben, ihnen Gutes zu thun. Ich bemühe mich nach Kräften, diese Lehre zu befolgen, und dennoch soll ich ewig verdammt sein? Dem Kaplan that das leid, und er fand eine theologische Antwort: „Ich hoffe, Gott wird euch be= handeln wie einen Heiden, von denen geschrieben steht: sie werden gerichtet werden nach ihren Werken." Er war der Schule nicht gefährlich.

Wäre die geistliche Führung energischer gewesen, so war das Gefolge, welches aus der Mitte der Bevölkerung gegen die Schule aufgeboten werden konnte, nicht zu verachten. Ab= gesehen von den Frauen, welche großentheils dem Pfarrer an= hingen, zählten hierher Männer, welche durch die neue Ordnung aus den Gemeindeämtern verdrängt worden waren. Ansehen und Familienverbindungen reichten ihnen immer noch weit, und sie waren von ihren „alten Herren" angeleitet, der kräftigeren Jugend vorzuspiegeln, daß die neue Verfassung ihr noch lange nicht genug Freiheit, dagegen mehr Lasten gegeben habe, daß sie keine Ursache habe, zufrieden zu sein mit einem Zustande, welchen die neuen Führer ausschließlich zu ihrem Vortheil wendeten. Diese Gegner waren gefährlich. Von einem derselben nahm ich die Milch für den Hausbedarf. Die Kinder erkrankten, sie glühten im Fieber; wir erfuhren, daß uns die Milch von einer kranken Kuh gegeben werde, und daß die Verkäufer sich dessen rühmten.

Da die erst auf dem politischen Felde besiegte Partei gegen den Gemeinderath und die Mehrzahl der Bürger keinen offenen Kampf bestehen konnte, suchte sie die Eltern abzuhalten, und sie war zufrieden, als die Schule im Anfang nicht mehr als ein Dutzend Schüler zählte, wenig für eine große Gemeinde, umgeben von anderen Dörfern, deren Söhnen die Bezirksschule ebenfalls offen stand. Gegen die Gefahr der Abzehrung gab es nur ein specifisches Mittel, die Leistungen der Schule. Allein noch bevor es möglich war zu zeigen, daß hier wirklich nützliche Kenntnisse erworben werden konnten, kam ein Umstand zu Hilfe.

Grenchen liegt an der Grenze gegen den Kanton Bern, eine halbe Stunde entfernt von dem Berner Dorfe Lengnau. Der (reformirte) Gemeinderath von Lengnau richtete an die (katholischen) Solothurner Nachbarn die Frage: ob und unter welchen Bedingungen Knaben aus ihrem Orte der Besuch der Bezirksschule gestattet werde. Die Antwort lautete: man werde ihre Söhne willkommen heißen, der Unterricht sei unentgeltlich, nur habe Lengnau zu sorgen, daß die Schüler Ruhe und Ordnung halten. Alsbald erschien ein Zuwachs von acht bis zehn Knaben aus Lengnau; einen darunter hatte der Ortsvorstand zum Obmann gesetzt und für Erhaltung der

Mannszucht verantwortlich gemacht; sie marschirten in militärischer Ordnung, zwei und zwei, zogen ebenso wieder heim, und niemals hat zwischen ihnen und den Grenchenern der geringste Streit stattgefunden. Dieses Beispiel wirkte auf die benachbarten Orte des Kantons; einzelne Schüler kamen aus Staad, Bettlach, Selzach, später selbst aus dem französischen Jura. Einer von ihnen verdient besondere Erwähnung. Er war ein großer, starker Mann von zweiunddreißig Jahren (ein Jahr älter als ich) aus der Gemeinde Ely in den Freibergen, zwei Stunden hinter dem Weißenstein, in einer rauhen, einsamen Gegend des Berner Juragebirges, die er verlassen hatte, um an der neuen Landstraße von Solothurn nach Grenchen zu arbeiten. Als er von der Bezirksschule hörte, änderte er seinen Entschluß: er verdrang sich als Knecht bei einem Bauern um Wohnung und Kost und verzichtete auf Lohn gegen die Befugniß, die Schule besuchen zu dürfen. Sein Trieb nach Wissen und eiserner Fleiß halfen ihm alle Schwierigkeiten überwinden, er war bald einer der besten Schüler, besuchte später das Lehrerseminar in Münchenbuchsee (Bern), und kehrte dann in seine Heimat zurück, wo er Ortsvorstand, Lehrer, kurz alles in allem ist. Nur Familienvater ist Xaver Rais nicht geworden, denn er studirt noch immer fort und — wie er mir später vertraute — kauft lieber Bücher als eine Frau. Die Grenchener zählen ihn noch heut zu den Ihrigen, und noch jetzt, wenn ich in den Ort komme, wird ihm Botschaft gesendet; dann hängt er seine Tasche um, greift zum Stabe und steigt mit langen Schritten über die Berge.

Der Zuzug von außen verfehlte seine Wirkung auf die Gegner im Orte nicht; manchem Knaben gelang es, den Widerstand der Eltern zu besiegen und vergnügt in die Anstalt einzutreten, welche bald zwischen dreißig und vierzig Schüler zählte. Um den Unterricht nach dem Bedürfnisse einzurichten, mußte ich den vorgeschriebenen Plan umändern. Ich that es

auf meine Verantwortung, und als ich am Schlusse des ersten
Jahres darüber an die Regierung berichtete, wurde, was ich
gethan, gutgeheißen und der Wunsch ausgesprochen, daß es an
den übrigen Bezirksschulen eben so gehalten werden möchte.
Im Sommer hielt ich nur von 6 bis 10 Uhr früh Schule,
damit die Knaben noch zu Haus- und Feldarbeiten verwendet
werden konnten. Die großen Arbeiten, Heu- und Getreideernte,
fielen ohnehin in die Ferien. Die Lehrgegenstände beschränkte
ich in der Zahl, gab ihnen aber einen größern Inhalt. Daß
der Pfarrer keinen Religionsunterricht ertheilte, bedauerte ich
aufrichtig, denn die Knaben kamen aus der Anfangsschule in
diesem wichtigen Zweige sehr verwahrlost; man hatte ihnen
nur zwei Sätze eingeprägt, von der Unentbehrlichkeit des geistlichen Standes und von dem Werthe der Reliquien; biblische
Geschichte war ihnen fast gänzlich unbekannt. — Lehrte der
Pfarrer nicht Religion, so lehrte ich keine Politik, sondern
überließ die „vaterländischen Staatseinrichtungen" der Schule
des Lebens. Dagegen wurden deutsche und französische Sprache
nebst Stilübungen, Geschichte und Geographie, Arithmetik und
Geometrie mit allem Eifer betrieben, und es machte mir Freude
zu beobachten, wie weit man in kurzer Zeit fähige, naturwüchsige Knaben bringen kann, wenn man allen Schwulst
wegläßt, die Dinge einfach darstellt und den Einzelnen in
seiner geistigen Arbeit zweckmäßig unterstützt.

Ich hatte das Glück, eine ziemliche Anzahl fähiger Schüler
zu erhalten, und für diese wollte ich etwas mehr thun, als vor-
geschrieben war. Ihnen gab ich daher in besonderen Stunden
Unterricht im Lateinischen, und ich benutzte denselben, um ihren
Gesichtskreis zu erweitern, den Lerntrieb anzuregen und zu
leiten. Sie bildeten einen Kern, welcher der Schule einen
festen Halt gab. Ihnen verdanke ich, daß mir die Schulzucht
keine Sorge machte, denn ihr ernstes, gesetztes Wesen imponirte
allen. Ich habe in den drei Jahren meines Lehramtes nie eine

Strafe verhängt. Verhielt sich ein Knabe faul oder unwahr, so pflegte ich der Ermahnung zur Besserung die Andeutung beizufügen, daß die übrigen Schüler keine schlechten Burschen unter sich dulden würden. Es ist wol vorgekommen, daß nach Beendigung der Stunde, in welcher eine solche Warnung nöthig geworden war, von geringer Entfernung her Töne, die nicht gerade Jubel bedeuteten, zu meinen Ohren drangen; allein ich unterließ es, mich nach der Ursache zu erkundigen. Die Anstalt war wegen Zunahme der Schülerzahl aus „Güggi's Stock" nach „Häni's Haus" *) verlegt worden; das Schulzimmer war eine Treppe hoch, unmittelbar über unserem Wohnzimmer, und meine Frau sprach öfter ihr Erstaunen aus, daß sie von oben, wo dreißig Bauernknaben versammelt waren, nicht das mindeste Geräusch höre, und daß unsere kleinen Kinder in ihrem Morgenschlummer nicht gestört würden.

Ein Jahr war noch nicht verflossen, da merkte man im Dorfe, daß die Schule nütze. Die Knaben, besonders die von der „Garde", wie sich meine Elite nannte, wurden vielfach in Anspruch genommen, um deutsche und französische Briefe, wie sie im Verkehre mit den Landesproducten vorkamen, zu lesen und zu schreiben, Rechnungen zu prüfen und zu stellen u. dergl. Gern sah ich es nach, wenn einer oder der andere mit solchen Nebenarbeiten hie und da eine Stunde versäumte, denn diese Versäumniß brachte ihnen und der Schule Gewinn. Die Leute sahen uns auf dem Felde Messungen vornehmen, Höhen und Entfernungen mit selbstgefertigten Instrumenten trigonometrisch bestimmen. Den stärksten Eindruck aber machte ein Knabe von fünfzehn Jahren, der um die Erlaubniß bat, vor versammelter Gemeinde für seinen Vater sprechen zu dürfen. Der Vater, ein wackerer, um die Gemeinde verdienter Mann, war durch

---

*) Ein Wohngebäude, nur für Menschen, ohne Scheuer und Stallung, heißt nicht „Haus" sondern „Stock".

Unglück in Gant gerathen. Das Schlimmste drohte, wenn der stärkste Gläubiger nicht Nachsicht übte, und dieser Gläubiger war die Gemeinde selbst. Der Sohn trat vor die Versammlung und bat um Nachlaß der Schuld. Er schilderte die Verdienste, das Unglück, den Gemüthszustand des Vaters, seine Sorgen um die Familie, die trostlose Zukunft, die Vortheile, welche es der Gemeinde selbst bringen würde, wenn sie der Familie den Ernährer, sich selbst den nützlichen Bürger erhalte. Er sprach mit einem Ausdrucke, einer Wärme und Innigkeit, daß den harten Männern die Thränen in den Bart rollten — ich versichere, das will dort viel sagen — und daß zuletzt für den Nachlaß der Schuld nicht eine Stimme fehlte. Der Knabe ist jetzt längst Professor der Naturwissenschaften und Doctor der Philosophie. — Seine Rede galt dem Orte mehr als die That eines andern Schülers, welcher einem tollen Hunde mit der Waldart den Kopf zerschmettert hatte. Das, meinten sie, sei keine Kunst, das hätte jeder thun können; aber der junge Redner! „So lernen sie reden in der Schule.“ Von da an stand die Anstalt fest. Mir aber fehlte noch etwas.

Vergebens hatte ich im ersten Jahre die Regierung um Vornahme einer Prüfung gebeten. Man hatte erwidert, daß man über den Gang der Schule unterrichtet sei und mir Vertrauen schenke. Im zweiten Jahre wiederholte ich bringender meine Bitte und stellte vor, es werde der Schule nützen, wenn der Staat sie beachte. Die Prüfung wurde anberaumt, es erschienen der Landammann Munzinger, mehre Mitglieder des Regierungsrathes, Guardian Zweili, verschiedene Lehrer und angesehene Männer aus Solothurn. Alles ging gut; die Knaben fühlten sich gehoben und angefeuert durch die Zeichen der Zufriedenheit der höchsten Staatsbeamten. Nach gethaner Arbeit vereinigten sich die Mitglieder des Gemeinderathes und andere Honoratioren mit den Beamten und den Freunden der Schule zu einem Mahle. Als die Fremden sich entfernt hatten, blieben die Einheimischen noch lange beisammen, selbst frühere Gegner hatten sich angeschlossen; sehr gern wäre auch der Kaplan erschienen, wenn er sich nicht vor dem Pfarrer gefürchtet hätte, und selbst der Pfarrer, wenn er sicher gewesen wäre, daß seine Oberen es nicht erführen. Bis tief in die Nacht kreiste der Becher und ich war nicht in der Lage, diese Kelche an mir vorübergehen zu lassen, um so weniger, als in den Augen der Männer, wer nicht mit ihnen trinken konnte, als Schwächling angesehen und keiner tüchtigen Leistung fähig erachtet wurde. — Vom Tage der Prüfung an durfte ich die Schule als eingelebt in die Gemeinde betrachten. Die Zeit war vorüber, wo meine Freunde und Bekannten in Solothurn mir erklärt hatten, daß die Nachricht sie eben nicht überraschen würde, ich sei von den wilden Grenchenern erschlagen worden.

Ich hatte zwar ein so durchgreifendes Verfahren von den Anhängern der „Schwarzen" nie besorgt, aber jetzt erst erwärmte mich das Gefühl der Sicherheit. Manche kleine aber deutliche Züge ließen mich erkennen, daß die Leute auch mich und die Meinigen nicht mehr als Fremde betrachteten. Und das war eine Annäherung, die sich hier zuweilen erst in einigen Menschenaltern vollzog. So war vor der Eröffnung der Anstalt im Schulrathe über die Anschaffung von Bänken und anderen Requisiten verhandelt und dabei bemerkt worden, daß die Gegenstände nicht bei den „fremden" Schreinern bestellt werden sollten. Geraume Zeit nachher kam einer derselben — es waren zwei Brüder — zu mir und bat, ihm eine Eingabe an die Regierung aufzusetzen, daß sie in Grenchen bleiben und das Bürgerrecht erwerben dürften. Eine neue Verordnung gebe den Ortsvorständen auf, die „Schriften" der Eingesessenen zu prüfen und alle, deren Papiere nicht in Ordnung seien, in ihre Heimat zu weisen. Sie hätten keine Schriften und seien in Gefahr, ihren Wohnsitz in Grenchen zu verlieren. Auf meine Frage, wie lange sie am Orte wohnten, erwiderte der Mann: er und sein Bruder

seien hier geboren, bie· Eltern ebenfalls, bie Großeltern seien
als junge Leute hier eingewandert, unb zwar nicht aus einem
fremben Lanbe ober aus einem anbern Kantone, sonbern aus
einem solothurner Dorfe, vier Stunben von Grenchen, wo man
aber von ihnen nichs mehr wissen wolle. Die Gemeinbe habe
sie gut behanbelt, ihnen auch gleichen Antheil an ben Nutzungen,
wie ben Bürgern, bewilligt, aber bas Bürgerrecht weigere sie
ihnen. Die Regierung bebeutete bann auch ber Gemeinbe, baß
sie versäumt habe, ben Großeltern bei ihrem Einzuge ihre
Schriften abzuforbern, unb baß bie Enkel barunter nicht leiben
bürften. Sie wurben Bürger, blieben aber boch bie „fremben"
Schreiner.

Mir war nach Jahresfrist bas Glück geneigter. Die
Kinber ber Nachbarn wählten meine Kinber zu Gespielen, bie
Frauen suchten ben Umgang meiner Frau, unb mehre Männer
bestimmten mich einem Verein beizutreten, welcher gemein=
nützige Zwecke verfolgte, balb eine große Ausbehnung gewann,
unb für bie Verwaltung unb Bewirthschaftung bes Gemeinbe=
vermögens manches Gute stiftete. Viele tüchtige Lanbleute
lernte ich bort achten; manche sinb in ber Kraft ihre Jahre hin=
übergegangen. Friebensrichter Vogt, ein echter Alemanne, von
langer, hagerer Gestalt unb bunklem Haar, burch natürlichen
Verstanb unb Scharfblick zum Vorkämpfer für bie aufhellenbe
Richtung geartet, wurbe vor kurzem von einem Baumstamm er=
schlagen, ber unter seinen Axthieben auf ihn nieberfank. Der
Gemeinberath Schmieb Girarb verunglückte in blühenber
Manneskraft bei einem Freubenfeuer, welches auf ber Wann=
fluh, hoch oben am Ranbe einer steilen Felswanb angezünbet
worben war, um ben Berner Nachbarn weithin bie Theilnahme
an ber Feier ihres Verfassungsfestes zu bezeigen. Er stieß mit
bem Fuß ein mächtiges Scheit in bie Flamme, glitt aus unb
stürzte rücklings über bie Felswanb in bie Tiefe. Er war ein
rücksichtsloser Gegner ber verrotteten Wirthschaft, hatte sich

nicht gescheut, Sympathien für David Strauß, dessen Berufung
nach Zürich 1839 den vielbesprochenen „Züricher Putsch" veranlaßt hatte, kund zu geben und die Ueberzeugung auszusprechen,
es werde nicht eher besser werden, als bis die Gemeinden ihre
Pfarrer wählen dürften, und zwar nicht länger als auf fünf Jahre.
Kein Wunder, wenn die ultramontane Partei in ihren Blättern
seinen Tod als den Finger Gottes, den Guten zur Erbauung,
den Gottlosen zur Warnung ausrief. Die Grenchener antworteten auf den vergänglichen Fluch der frommen Presse durch eine
bleibende Schrift in Stein. In dem Dorfe, am Rande der
Landstraße, an einer Stelle, die jeder Wanderer, der des Weges
zieht, bemerkt, erhebt sich ein einfacher Gedenkstein. Die In-
schrift besagt, daß er der Erinnerung an Gemeinderath Girard
gewidmet sei, der von seinen Mitbürgern geachtet und geliebt,
für Freiheit, Recht und Licht im Leben gearbeitet und den Tod
gefunden habe. Mir war er ein guter Nachbar und eine kräftige
Stütze gewesen; meine Frau hatte den Mann angestaunt, wenn
er ihren Stahl aus seinem Kohlenfeuer mit bloßer Hand faßte
und in das Plätteisen schob.

Unter den Schülern bildete sich schnell ein Corpsgeist im
guten Sinne, sie fühlten sich als eine angesehene Körperschaft.
Ich unternahm mit ihnen Ausflüge, unter anderem nach Neuenburg, wo ihnen die Merkwürdigkeiten der Stadt, besonders die
reichen naturhistorischen Sammlungen mit dankenswerther Be-
reitwilligkeit gezeigt wurden. Ein ander Mal folgten wir der
freundlichen Einladung eines Lehrers in Solothurn zu einer
Reihe von physikalischen Experimenten. In die Hauptstadt des
Landes wollten die Knaben nicht zu Fuß gehen, sondern als
stolze Grenchener auf laubgeschmückten Wagen mit stattlichen
Rossen einziehen. In dem Hörsaale zeigten sie ruhige Haltung,
Aufmerksamkeit und Verständniß, sie schauten dort manches, was
ich ihnen, aus Mangel an Hilfsmitteln, nur hatte beschreiben
können. Die Schule wurde der Mittelpunkt ihres Lebens und

ihr Sammelplatz bei allen ungewöhnlichen Vorfällen. Als in einer Nacht die Sturmglocke eine Feuersbrunst in dem nahen Dorfe Bettlach ankündigte, kamen alle ungerufen zu mir; wir ordneten uns, eilten im Laufschritte nach der Brandstätte, bildeten eine Kette bis zum nahen Bach und erhielten unsern Antheil an dem Lobe bei der „Abdankung" des Pfarrers; denn wenn das Feuer gelöscht ist, entläßt der Geistliche dankend die zur Hilfe herbeigekommenen Nachbarn. Den Fähigern wurde ich der Vertraute für manchen Zug ihrer innern Entwicklung. Eben der Knabe, welcher als Fürsprecher für seinen Vater vor der Gemeinde auftrat, war bei seinem ersten Erscheinen in der Schule von so unbändiger Ueberkraft, so unbeleckt von jeglicher Kultur, daß er, statt auf dem gewöhnlichen Wege nach seinem Platze zu gehen, stets über Tisch und Bänke hinwegsetzte; dem Wildfange hielten kaum die Hosen am Leibe. Sehr bald änderte sich dies. Sepp wurde still und ernst, seine ganze Kraft sammelte sich zum Nachdenken und im Lernen. Ich gab ihm meine Freude über die Aenderung zu erkennen, und er erzählte mir: Eine Nacht habe er nicht schlafen können, und da sei ihm der Gedanke gekommen: du bist bisher kein Mensch gewesen sondern ein Vieh; jetzt, durch die Schule, kannst du ein Mensch werden und du mußt es werden. Seit jener Nacht fühle er sich wie umgewandelt. Ein anderer — jetzt tüchtiger Forstmann und Geometer — war mir ebenfalls durch ein fast plötzliches Uebergehen von wenig ergiebigem Abmühen zu leichtem Fassen und raschem Fortschreiten aufgefallen. Später gab er mir die Erklärung: „Mir ist auf einmal Licht aufgegangen. Sie hatten uns eine Gleichung aufgegeben, ich grübelte, konnte aber die Lösung nicht finden. So war ich im Stalle und melkte die Kuh, immer in Gedanken; das Blatt hatte ich mitgenommen, neben mich auf einen Klotz gelegt, und sah jeden Augenblick darnach hin. Da fuhr es mir wie ein Blitz durch den Kopf: So mußt du's machen! Ich ließ Kuh und Kübel stehen, nahm mein Blatt, lief in das Zimmer, setzte mich an den Tisch, und ich löste die Gleichung. Seither geht alles Lernen besser."

Das Jahr 1839 ging zu Ende, das Wintersemester, die eigentliche Arbeitszeit der Schule, hatte begonnen mit ver= mehrter Schülerzahl. Da kamen eines Sonntags einige ältere Schüler zu mir und trugen vor: die Grenchener hätten einst von Zeit zu Zeit eine große Komödie aufgeführt. Diese alte Sitte sei aber seit lange außer Uebung gekommen, man habe nichts mehr gesehen als zur Fastnacht den „Doctor von Padua", den „Pulcinell" und ihre alten Hanswurstenspäße — die aus den italienischen Soldkriegen von Kriegsknechten heimge= bracht und in die Dörfer verpflanzt sind; — sie aber wollten wieder „ein großes Spiel" haben und bäten mich, ihnen zu helfen. Ich verlangte Bedenkzeit und erkundigte mich bei ältern Leuten, namentlich bei dem alten „Hans Vik", der an der letzten Aufführung, vor mindestens vierzig Jahren, als Jüngling mitgewirkt und, wie er mir verschämt gestand, die „Mutter Gottes" gespielt hatte. Von ihm erfuhr ich, daß jene letzte dra= matische Leistung die Genovefa gewesen sei. Er bezweifelte, daß das jüngere Geschlecht ähnliches zu Stande bringe, denn einen so prächtigen Aufzug mit vielen Rossen, so gewaltige Sprünge frei über die Pferde weg, werde man heut zu Tage nicht mehr sehen. Besonders anstrengend sei die Rolle des Grafen ge= wesen; ein Mann habe dazu nicht ausgereicht, sie hätten deß= halb drei Grafen gehabt, die abwechselnd ihre gymnastischen Künste verrichteten. Auf meine Frage, ob denn nicht auch ge= sprochen worden sei, und ob ihm nicht irgend eine Stelle im Gedächtnisse geblieben, die er mir vorsagen könne, hob der Alte an zu declamiren, anderthalb Töne über der natürlichen Stimm= lage, singend, scandirend, mit einförmigem, gehacktem Rhyth= mus und Tonfall. Sicher war diese Art des Vortrages eine uralt überlieferte, und die Rede bei jenen Darstellungen Neben= sache, die Sprünge, Ringkämpfe und Leibesübungen Hauptsache gewesen. Aus den Erzeugnissen neuer Kunst, die mir zu Gebote standen, wählte ich ein vaterländisches Trauerspiel „Hans Waldmann, Bürgermeister von Zürich", von Wurstemberger aus Bern. Der Held, Führer in den Burgunderkriegen, bemühte sich in seiner Vaterstadt die Adelsherrschaft zu brechen und zeitgemäße Reformen einzuführen. Manche Neuerungen waren dem Bürger unbequem. Der „Mann des Volkes" wurde unpopulär, eine Adelsverschwörung stürzte ihn, er wurde hingerichtet. An der nöthigen Handlung fehlte es dem Stücke nicht, Zweikämpfe, Volksaufstand, Gefecht, Kerkerscenen würzten die Speise, längere Dialoge fielen dem Rothstift. Die Schüler erschienen, als meine Bedenkfrist abgelaufen, mit militärischer Pünktlichkeit, und nahmen mit Acclamation das vorgeschlagene Stück zur Aufführung an.

Die Jugend gab sich rüstig an's Werk und bewährte die angeborene, durch Erziehung und Uebung ausgebildete Begabung zur Selbstregierung. Die Theilnehmer — Sekundärschüler und ältere — versammelten sich in dem Lokale der Volksschule, gründeten einen Verein und constituirten ihn durch Erwählung eines Präsidenten, eines Seckelmeisters und eines Schreibers. Sofort wurde zur Vertheilung der Rollen geschritten. Dies geschah folgendermaßen. Der Präsident richtete an die Versammelten die Frage: „Wer will den Hans Waldmann spielen?" Drei oder vier Bewerber erhoben sich und jeder machte seine Ansprüche geltend: Körperlänge, laute Stimme, Schulbildung; dann mußten sie abtreten und die Discussion wurde eröffnet. Jeder Bewerber hatte seine Anhänger und seine Gegner. Die Verhandlung wurde geschlossen und eine an Einstimmigkeit grenzende Mehrheit theilte dem Lehrer Tschui die Titelrolle zu. So ging es der Reihe nach weiter, und die übrig bleibende Masse verständigte sich untereinander über ihre Vertheilung unter Soldaten, Bauern, Seewiber (Bauerfrauen vom Züricher See). Mit der Abstimmung hatte jeder Streit ein

Ende, nicht das leiseste Murren erhob sich gegen die Entscheidung
der Mehrheit. Ich hatte der Versammlung beigewohnt, ohne
ein Wort zu sprechen; denn so willig die Knaben auf meinen
Rath hörten, ja mir oft einen Wunsch an den Augen absahen,
so unlieb wäre es ihnen gewesen, wenn ich mich in den Kreis
ihrer ausführenden Thätigkeit hätte eindrängen wollen. Die
Vertheilung der Rollen befriedigte vollständig; hätte ich sie
vornehmen dürfen, sie wäre keinenfalls besser, wahrscheinlich
nicht so gut ausgefallen. Gleich darauf ersuchte mich eine
Anzahl älterer Burschen zwischen zwanzig und dreißig Jahren,
sie als Soldaten mitspielen zu lassen; es seien doch ein paar
wilde Gesellen unter den Schauspielern, es könnten auch unter
den Zuschauern ungezogene Burschen Unfug treiben, dann möchte
es doch gut sein, wenn sie gleich bei der Hand wären, um Ord=
nung zu halten. Ihrem Begehren wurde gern willfahrt, und
das Erscheinen dieser Starken mag hingereicht haben, ihre
Dienste unnöthig zu machen.

Nachdem die Rollen ausgeschrieben und gelernt waren,
nahmen die Proben ihren Anfang und den ganzen Winter
hindurch ihren Fortgang. Die meisten Schauspieler waren nur
bis zu einem gewissen Punkte der Ausbildung zu bringen, auf
welchem sie standhaft beharrten. Einige jedoch, und grade die
Darsteller der Hauptfiguren, lohnten reichlich die aufgewendete
Mühe und ernteten bei der Aufführung und noch lange nachher
höchstes Lob. Wahrhaft erfreulich aber war die moralische
Einwirkung des künstlerischen Fleißes der Jugend auf das
Leben im Dorfe. Die Gemeinderäthe berichteten mit frohem
Erstaunen, daß diesen Winter, was seit Menschengedenken un=
erhört, keine Schlägerei, nicht der geringste Unfug vorkomme.
Die Burschen saßen nicht in den Wirthshäusern, betranken sich
nicht; sie übten im Hause ihre Rollen, Nachbarn und Bekannte
hörten zu. Obgleich das weibliche Geschlecht von der Bühne
ausgeschlossen war, da Ritterfräulein und Bauerweiber von

Knaben dargestellt wurden, sahen doch die Frauen und Mädchen
ihre mitwirkende Thätigkeit in anderer Weise in Anspruch
genommen.

Denn auch für Theater, Decorationen, Costüme, Orchester
mußte Rath geschafft werden. Zum Theater wurde der neu
angebaute Flügel des Badhauses ausersehen; dieser Flügel
enthält den Speisesaal und den anstoßenden Tanzsaal, der erstere
ein längliches Viereck, der andere ein etwas kleineres Quadrat,
die Wand, welche beide trennte, in der Mitte offen, die Oeffnung
ein Bogen in Form eines Thorgewölbes. Der Tanzsaal mußte
die Bühne werden, den Thorbogen ein Vorhang bedecken,
der Speisesaal den Zuschauerraum abgeben. Ein Podium
und Bänke schafften über eintausend Plätze, eine Gallerie an
der Wand, die dem Vorhange gegenüber lag, diente als Loge
einzigen Ranges. Den Plan der Bühneneinrichtung erdachte
ein echter Künstler, Maler Disteli in Solothurn, bekannt
durch seine Bilder der Schweizerschlachten; für die Ausführung
sorgte der Verein. Er bat den Gemeinderath, für das nöthige
Zimmerholz die Waldbäume anzuweisen; in hellen Haufen ging's
hinan, die Bäume stürzten unter den Axthieben, die Burschen
spannten sich davor, hingen ihr Schlittengeschell um und
schleppten jubelnd die Stämme den steilen Bergpfad herab zur
Sägemühle. Dann kamen die Zimmerleute des Dorfes, Hilfs-
mannschaft genug arbeitete mit ihnen, in kurzem war das
Theater fertig. — Zu den Decorationen half das Unglück eines
Schauspieldirectors, welcher mit seiner Truppe in der nah-
gelegenen Stadt Biel längere Zeit Vorstellungen gegeben, dann
aber vor dem Andrange — nicht des Publicums, sondern der
Gläubiger — mit Hinterlassung sämmtlicher Theaterrequisiten
das Weite gesucht hatte. Die Decorationen befanden sich in
städtischem Verwahrsam und es gelang dem Theaterverein,
gegen eine billige Miethe zu erlangen, was man brauchte: ein
Zimmer, eine Straße, einen Wald, sogar ein finstres Gefängniß.

—- Die Costüme zeichnete Maler Disteli, er colorirte nicht nur
die einzelnen Anzüge treu nach den Trachten des Ortes und
der Zeit, sondern er gab auch an, wie dieselben mit Benutzung
vorhandener Kleidungsstücke, der Schürzen, Mieder, Umschlage-
tücher und Mäntel der Frauen, am billigsten herzustellen waren.
Während der Dorfschneider mit verstärkten Arbeitskräften rastlos
an den Costümen schaffte, welche nur höherer Kunstfertigkeit gelingen konnten, mühten sich die Mädchen wochenlang mit den
Prachtgewändern der Ritterfräulein, mit den einfachern und
malerischen Trachten der Frauen aus dem Volke, und mancher
Held verdankte Federbaret und Mantel, der ihn zum Gegenstand
der Bewunderung machte, dem Geschmack und der Geschicklichkeit einer Schwester oder einer künftigen Braut. Ließen die
Kleider fast weniger als ihre Träger zu wünschen übrig, so
gaben die Rüstungen der Krieger dieser Aufführung einen eigen-
thümlichen Vorzug. Denn der Verein richtete an die Regierung
des Kantons die Bitte, ihm aus dem reichen Schatze des Zeug-
hauses zu Solothurn Rüstungen und Waffen aus den Burgunderkriegen zu überlassen, so viele Helme, Harnische, Arm- und Bein-
schienen, Schwerter, Speere und Hellebarden; für richtige Rück-
lieferung und Schadenersatz wurden zahlungsfähige Bürgen
angeboten. Die Regierung gewährte nicht allein die Bitte,
sondern ihre sachverständigen Mitglieder halfen mit Rath und
That, und beglückten die Truppe mit einer alten Feldschlange
und den kohlschwarzen Rüstungen der burgundischen Kanoniere
aus dem letzten Drittheil des fünfzehnten Jahrhunderts.
Als wir im Februar so weit gekommen waren, daß die
Tage der Aufführungen festgesetzt werden konnten, — denn
mindestens drei an drei aufeinander folgenden Sonntagen
mußten es sein, um einigermaßen die gewaltigen Zurüstungen
zu lohnen, — da machte ich nach einer Generalprobe die Vor-
steher des Vereins aufmerksam, daß es wol an der Zeit wäre,
Theaterzettel drucken zu lassen. „Zettel?" meinte der Präsident,

„das kann nicht schaden, die Leute wissen dann auch, wen sie vor sich haben." Es ergab sich, daß die Schauspieler dabei an einen Streifen Papier dachten, den jeder etwa an seine Kopfbedeckung klebe, auf dem das Publicum in großen Buchstaben den Namen der Person lesen könne. Das Mißverständniß veranlaßte mich, auf dem Zettel außer dem üblichen Inhalte noch eine kurze Angabe der Handlung in jedem Acte beizufügen. Der Verein aber entsendete seine Boten, und ich zweifle, ob fünf Stunden in der Runde ein Städtchen, ein Dorf oder ein Weiler war, wohin sie nicht die Zettel getragen haben. Zu dem Eifer für die Verbreitung trieb aber nicht allein die Lust, sich recht vielen Menschen zu zeigen, sondern auch die Berechnung, daß nur bei zahlreichem Besuch die Eintrittsgelder den Ausgaben gleich= kommen, vielleicht einen Ueberschuß liefern könnten, für dessen Verwendung ein Vereinsbeschluß sorgen würde.

Wieder kamen die Schauspieler und erbaten einen Aufzug. „Das Stück hat fünf Aufzüge, wie ihr wißt." — „Wir meinen einen Aufzug, wie er immer gewesen ist, wo wir reiten, wo die Soldaten marschiren und die Weibsleute und das Volk in ver= zierten Wagen fahren." Die Mitwirkenden sollten sich also im Dorfe sammeln und in geordnetem Zuge nach dem eine Viertel= stunde entfernten Bade bewegen. Aber die Jugend, die sich in unzähligen Proben abgemüht hatte, die Höhen der Kunst zu erklimmen, wollte nun auch Proben ihres Aufzugs halten, die Rüstungen und schönen Kleider anlegen. Ich überließ das ihnen allein. Zu spät erfuhr ich, daß mit der harmlosen Freude auch ein Racheplan verbunden wurde. Dem Verein war zu Ohren gekommen, daß die Geistlichkeit dem Werke, an welchem die weltliche Obrigkeit ihr Wohlgefallen hatte, nicht hold sei. Der Pfarrer habe nach Solothurn gegen das gottlose Vorhaben, an Sonntagen ein „weltlich Stück" aufzuführen, berichtet, und Bischof und Capitel drängten die Regierung, den Unfug zu verhindern. Darüber zürnte die Jugend. An einem Sonntags=

nachmittag, als die Glocken zur Christlehre in die Kirche läuteten, mischte sich in ihre feierlichen Klänge der Mißton einer Trommel. Es war der Gemeindebiener, der als Tambour in frembem Dienste alt geworden, sein Instrument mit seltener Meisterschaft handhabte, diesmal aber nicht im Dienste des Raths, sondern um die Schauspieler zur Probe des „Aufzugs" zu rufen. Die ungewöhnliche Kraft, welche der Veteran in unmittelbarer Nähe der Kirche verwendete, und das vergnügte Blinzen seiner Augen verrieth, daß ihm in Rom und Neapel jeder Respect vor der Geistlichkeit abhanden gekommen, und den „Pfaffen" zu ärgern ein besonderes Vergnügen war. Hatte er mir doch schon früher gestanden, er glaube nicht, daß alle Reformirten in der Hölle brennen müßten; er habe dem Pfarrer in der Beichte gesagt, daß er mit seinen Berner Kameraden immer gut Freund gewesen, und daß der liebe Gott so brave Knaben gewiß nicht dem Teufel in den Rachen jagen werde; als ihm darauf der Pfarrer die Absolution verweigerte, sei er mit den Worten weggegangen: „Gut, Herr Pfarrer, dann g'hei ich (werfe ich) alle meine Sünden euch auf den Buckel." So marschirte er um das Gotteshaus, übertäubte die Stimme des lehrenden Predigers und war schuld, daß die Jugend aus der Kirche lief, um den Zug zu sehen. Jetzt hatte die Geistlichkeit einen Grund zur Klage, die Anbacht hatte wirklich gelitten. Balb erschienen Abgeordnete der Regierung um die Sache zu untersuchen: nicht ohne Mühe wurde sie gütlich ausgetragen, der Verein gelobte, den Gottesdienst nicht mehr zu stören, die Geistlichkeit ließ ihre Einsprache gegen die Aufführung fallen.

Endlich erschien der große Tag der ersten Aufführung. Es war Sonntag der 15. März 1840. Schon am Mittag war das Dorf in Bewegung; um zwei Uhr ordnete sich der Zug und setzte sich in Marsch auf der alten Landstraße, die vom Dorfe an dem Babe eine Höhe entlang zieht. Noch bedeckte Schnee den Boden, aber die Sonne schien hell. Voran ein Wagen mit

einer Blechmusikbande aus Fulda, welche grade die westliche
Schweiz bereiste, und jetzt einen feierlichen Marsch spielte.
Dann die Ritter und Reisigen, zwei und zwei, in glänzenden
Burgunder Harnischen, wol gegen vierzig Pferde; dann wieder
Wagen geschmückt mit Tannenzweigen und Bändern, besetzt mit
den Frauen und Jungfrauen aus Adel und Volk und mit den
aufständischen Bauern; den Schluß des Zuges bildete das
Fußvolk mit seiner Kanone. Es war kein schlechtes Bild aus
alter Zeit, die Waffen erglänzten im Sonnenschein, und die
Gestalten hoben sich scharf von der blendenden Schneedecke.

Die Aufführung begann gegen drei Uhr und dauerte vier
Stunden. Der Erfolg übertraf jede Erwartung. Das Haus
war gefüllt und wurde zu lautem Beifall hingerissen. Ich
verlebte hinter den Coulissen peinliche Augenblicke, wenn die
kämpfenden Helden, trotz aller Ermahnungen, mit den langen,
scharfen Schwertern auf einander hieben, daß die Funken stoben,
und ich mußte zufrieden sein, daß nicht mehr Blut floß als
einige Tropfen aus einer leichten Wunde an der Hand. Dem
Spiele folgte ein Abendessen der Mitwirkenden und der
Honoratioren des Dorfes, endlich ein Tanz. Noch um Mitternacht tanzten die Ritter in ihren Rüstungen, die sie um die
Mittagsstunde angelegt hatten. Ich schloß daraus, daß dies
Geschlecht an Körperkraft den Vätern, die bei Murten und
Granson fochten, nicht nachstehe.

Glücklich, wie die erste Vorstellung, verliefen die beiden
folgenden. Von nah und fern strömte die Bevölkerung herbei,
Reisende aus Basel, Zürich und andern Städten. Einund-
zwanzig Jahre sind vergangen; im neuen Schulgebäude des
Dorfes steht jetzt ein Theater, auf welchem die Schüler kleine
Stücke aufführen; aber mit Stolz sehen heute noch die wackeren
Männer auf ihre große Jugendleistung zurück.

Das Spiel hatte die Folge, daß der Lehrer auch in die
fröhlichen Erinnerungen des Schweizerdorfes hineinwuchs. Das

Haus, welches die Gemeinde für Anstalt und Lehrerwohnung gemiethet hatte, ein provisorisches Lokal, stand mit der Vorderseite gegen die alte Landstraße, im Rücken lag der kleine Garten, dahinter, mit Obstbäumen bepflanzt, die Hausmatte, welche Futter für zwei Ziegen lieferte. Zu ebener Erde war meine Wohnung, im ersten Stock, zu welchem die enge steile Treppe führte, das Schulzimmer und eine Fremdenstube. — Im Sommer kamen häufig Bekannte aus der Nähe, auch Verwandte aus der Heimat besuchten uns, freuten sich der Gegend und der wohlgesinnten Menschen. Die Ferienzeit wurde gern zu Streifzügen über die Berge benutzt. Der nähere Umgang mit den Männern des Dorfes kam auch der Schule zu gut, für deren Bedürfnisse immer reichlicher gesorgt wurde. Unaufgefordert ließ mir der Gemeinderath sagen, daß das gesetzliche Quantum Holz ihm zu gering scheine; ich möge mich daran nicht kehren, sondern nur angeben, wie viel ich brauche; sie wollten mir „Holz gnue (genug)“ geben. Die Schüler wetteiferten in Aufmerksamkeiten gegen meine Kleinen und den freiwilligsten Dienstleistungen für unsere kleine Haus- und Landwirthschaft; sie bestellten den Garten, mähten das Gras, brachten das Heu ein; von ihnen erhielt ich die frühesten Erdbeeren und Kirschen, und wenn der Bach gefischt wurde, die schönsten Forellen. Seit der Prüfung war ihr Eifer im Lernen noch gestiegen. Die deutschen und französischen Aufsätze der Fähigeren durften sich sehen lassen; sie lösten Gleichungen zweiten Grades mit Leichtigkeit, erklärten die Einrichtung der Uhr, der Mühle und der Dampfmaschine wie die Gesetze, auf denen ihre Wirkung beruht; außerdem lasen sie im Cornelius Nepos und Cäsar. Der Unterricht in der vaterländischen Geschichte wird in der Schweiz überall sorgfältig betrieben, aber nur in den glänzendern Partien. Die Schlachten bei Morgarten, Sempach, Murten kennt jedes Kind, aber die Unterthänigkeit ihrer Regenten, die französischen Pensionen und Gnadenketten werden gewöhnlich

mit Stillschweigen übergangen. Mir schien es zweckmäßig, das
Licht nicht ohne den Schatten zu geben.

Mit dem Entlassungs-Zeugniß hielt ich meine Verpflich=
tung gegen diejenigen Schüler, deren Lerntrieb nun erst rege
geworden war, nicht für abgethan. Ich wollte sie weiter
bringen, zunächst auf die Kantonsschule in Solothurn, die neben
der gelehrten eine technische Abtheilung erhalten hatte. Zu
diesem Zwecke mußte für ihren Unterhalt gesorgt werden, denn
es waren fast durchgehends Söhne unbemittelter Eltern; bei
anderen ließ das Bewußtsein, dereinst Aecker, Wiesen und Vieh
zu besitzen, selten den Drang aufkommen, mehr als die noth=
wendigen Kenntnisse zu erwerben. Schon vor dem Schlusse des
zweijährigen Cursus zeigten sich zwei Schüler reif für die Kan=
tonsschule. Ich ging nach Solothurn und sprach mit Landammann
Munzinger und mit dem Rath für das Erziehungswesen, Dr. F.
Die beiden wackern Männer sorgten für die Knaben größten=
theils aus eigenen Mitteln. Bald brachte ich ein zweites, dann
ein drittes Paar. Auch für diese fand sich die nöthige Unter=
stützung, zumal da alle Eingetretenen sich bewährten. Doch
bemerkte mir Dr. F., daß er für weiteren Zuwachs keine Unter=
kunft mehr wisse, die Gemeinde sei wohlhabend und könne selbst
etwas leisten. Ich erwiderte, daß dies ohne Zweifel geschehen
werde, sobald einmal der Nutzen der Schule und der Heran=
bildung fähiger Jünglinge von den Bürgern an lebenden Bei=
spielen mit den Händen gegriffen werden könne. Bis dahin
müsse die Regierung sorgen, daß solche lebende Zeugen ge=
schaffen werden. Eine etwas frostige und trockene Antwort trieb
mir das Blut nach dem Kopfe: Wenn ihr nicht alles Mögliche
thut, Kenntnisse und Bildung im Volke zu fördern, dann steigt
herab von euren Stühlen und laßt die Patrizier wieder darauf
sitzen, denn das „Regieren" verstehen diese besser als ihr! —
Doch mußte ich für die nächsten Schüler, welche in die höhere
Anstalt befördert werden sollten, andere Mittel suchen. Ich gab

ihnen den Rath, sich an die Kapuziner in Solothurn zu wenden, da diese durch ihre Vorschriften verbunden seien, armen Studirenden Wohnung und Kost zu geben. Sie hatten es nicht zu bereuen.

Es war ein lustiges Völkchen im Kloster. Der Bürgerkrieg in Spanien hatte sie in zwei Parteien gespalten, in Karlisten und Christinos, welche sich gegenseitig mit Spottliedern andichteten. Der schlimmste Satiriker, ein junger Urner, führte die Feder der Christinos; gegen seine Stachelverse konnte das Haupt der Karlisten nicht aufkommen, ein stämmiger Alter, welcher lange den heiligen Stuhl bewacht und erst spät die päpstliche Uniform mit der Kutte vertauscht hatte. Dieser häusliche Streit hielt sich aber strenge innerhalb der Klostermauern, nach außen waren die Väter gute Brüder und überall gern gesehen. Sie lebten mit dem Volke, theilten seine Freuden, spendeten Trost den Unglücklichen, kannten alle Familien und besuchten vorzugsweise die Häuser, deren Frauen den besten Kaffee bereiteten. Der Karlisten-Häuptling hatte den Wahlspruch: „Nichts über guten Kaffee und die Seel' selig machen." Jedes Frühjahr kamen zwei Patres nach Grenchen; wie hinter dem Rattenfänger von Hameln, sammelte sich hinter ihnen die männliche Jugend; die ersten riefen: „ho, ho, go Schnäcke ufläse" (Schnecken lesen). Der Ruf zog die Knaben aus allen Häusern in den Wald. Die reiche Beute gab im Kloster ein leckeres Gericht. Die jungen Sammler aber wurden mit „Helgen" (Heiligenbildern) belohnt.

Die Kunde, daß ich zwei Schüler zu den Kapuzinern gewiesen, drang bald zu Landammann Munzinger, und bei meinem nächsten Besuch fragte er, ob ich nicht wisse, daß dort den Knaben Grundsätze eingeprägt würden, die nicht die unsrigen seien. „Das weiß ich wol," erwiderte ich, „aber ich weiß noch mehr. Einmal, daß Schüler leben müssen, wenn sie lernen sollen; dann, daß Knaben, welche zwei Jahre bei mir gewesen, so verdorben sind, daß ihnen kein Kapuziner mehr hilft." — „Dann bin ich auch zufrieden", sagte Herr Munzinger.

Ich kann von diesem trefflichen Manne nicht scheiden, ohne seinem Andenken einige Worte zu widmen. Er war Kaufmann und hatte einen offenen Laden in Solothurn. Dabei war er wissenschaftlich gebildet, musikalisch, ein Mann von echter Humanität. Selbstlos, von angenehmen Formen, unerschütterlich, wo es dem Gemeinwohl galt, war er ein Gegner des Regiments der alten „Geschlechter", welche die heimische Macht wie den fremden Dienst für ihren Nutzen ausbeuteten und für die Interessen des Volkes keinen Sinn hatten. Im Jahr 1830 stand Munzinger an der Spitze der Bewegung, und sein Auftreten in der Volksversammlung zu Balsthal am 5. December entschied den Sturz der Patrizierherrschaft im Kanton Solothurn. Beim Aufbau der neuen Verfassung und Gesetzgebung, bei der Organisation der Verwaltung und ihrer Thätigkeit für Befreiung des Bodens von Grundlasten, für Schulwesen, Straßenbau, Landwirthschaft, Rechtspflege bewährte er sich als Staatsmann von ungewöhnlicher Begabung. Zählte auch der Staat nur wenige Quadratmeilen mit einigen sechzigtausend Einwohnern, so waren doch die Schwierigkeiten des Umbaus nicht geringer als in einem großen Lande. Die alten Geschlechter und ihr Anhang, unterstützt von der Geistlichkeit, benutzten die freie Presse, das Versammlungsrecht, ihre reichen geistlichen und weltlichen Mittel, um das Volk gegen die neue Ordnung der Dinge aufzureizen. An Handhaben fehlte es nicht, da die Einrichtungen für gute Zwecke immer Mittel erfordern, also Lasten auflegen. So wurden z. B. die Gemeinden durch ein Gesetz angehalten, Schulen zu errichten und dieselben ausreichend mit Grund und Boden zu dotiren; wo Gemeinde-Eigenthum fehlte, da mußte Land für die Schule angekauft werden. Mehre Dörfer widersetzten sich, aber ihr Widerstand wurde mit Gewalt gebrochen. Später dankten die Ortsvorstände dem

Landammann, daß er sie zum Guten gezwungen habe. Anders
verhielt sich die Regierung gegen widerspenstige Geistliche.
Ihnen wurde kein Zwang angethan, aber es wurde gesorgt, daß
durch ihre Unbotmäßigkeit das Familienglück nicht getrübt
wurde. Die Regierung wählte zum Domprobst einen frei-
sinnigen Geistlichen, Rom versagte die Bestätigung, die Stelle
blieb unbesetzt und die Einkünfte flossen in den Schulfond. Versagte der Geistliche die Einsegnung einer gemischten Ehe oder
die Taufe der Kinder, so durfte das Paar anderwärts Trauung
oder Taufe vornehmen, der Bezirksbeamte aber besorgte die
Einträge in die bürgerlichen Standesbücher. — Wie Munzinger
die republikanische Freiheit verstand, mag ein Beispiel lehren.
Die Gemeinde Grenchen besitzt ausgedehnte Waldungen, deren
Eigenthum zwischen ihr und dem Staate getheilt war. Die
Gemeinde hatte das Recht, sich daraus zu beholzen, der übrige
Ertrag fiel dem Staate zu, ein Verhältniß, welches bekanntlich
der Forstcultur nicht günstig ist. Die Regierung machte daher
der Gemeinde den Vorschlag, den Wald im Verhältniß zu den
beiderseitigen Nutzungsrechten zu theilen, und sandte zu näherer
Ermittlung eine Commission nach Grenchen. Der Bauer, von
Alters gewohnt, durch die Regierung übervortheilt zu werden,
argwöhnte auch hier eine Beeinträchtigung und jagte die Commission zum Dorfe hinaus. Am andern Morgen erschienen
Landjäger von Solothurn, holten die angesehensten Landleute
aus ihren Wohnungen und führten sie nach der Stadt in das
Gefängniß. Dabei war es nicht ohne herzbrechende Scenen
abgegangen, Frauen hatten vom Schreck Schaden genommen,
die Kinder jammerten, das Dorf war in Trauer und Wuth.
Unter dem Eindrucke dieser Begebenheit kam ich bald darauf zum
Landammann und bedauerte die Härte des Verfahrens. Man
hätte die Männner vorladen können, keiner wäre ausgeblieben;
sie gehören nicht zu denen, die davonlaufen. — „Ja,“ sagte
Munzinger, „ich war leider nicht hier.“ — „Dachte ich's doch“,

erwiderte ich, „die Sache wäre anders gegangen." — „Aller=
dings," rief der Landammann, und seine Wangen rötheten sich,
„ich hätte Militär hinausgeschickt und das Dorf besetzen lassen,
sie hätten jetzt noch die Execution!" Ich konnte meine Ver=
wunderung über diesen Zornesausbruch nicht bergen. — „Ja,
Sie," fuhr Munzinger fort, „Sie mit Ihren monarchischen
Begriffen können Rücksichten nehmen, Nachsicht üben; da sind
immer Gensdarmen und Soldaten genug zur Hand, um ein=
zuschreiten, wenn es nöthig wird. Wir haben diese Mittel
nicht; der Einzelne, das Volk hat ein großes Maß von Freiheit,
aber wir dürfen nicht dulden, daß in einem einzigen Falle nur
ein Haarbreit darüber hinausgegangen wird, sonst sind wir ver=
loren!" — Ein wahres und mannhaftes Wort.

Wie der Kanton, so lag das Wohl der Eidgenossenschaft
dem Landammann am Herzen, und wie sich daheim das Volk
seiner Zucht fügte, weil es erkannte, daß sie zum Guten führe,
so folgte es auch seiner Leitung in eidgenössischen Dingen. Im
Sonderbundkriege stand Solothurn, obgleich katholisch (nur
ein vom Berner Gebiet umschlossener Bezirk, Bucheggberg, ist
reformirt), auf der Seite der Tagsatzung, seine Artillerie
zeichnete sich im Gefechte aus und ließ manchen wackern Mann
auf dem Schlachtfelde. Munzinger arbeitete mit an der neuen
Verfassung, ward in die Bundesversammlung und von dieser
in den Bundesrath gewählt. Die Schweiz ehrte einen ihrer
besten Bürger durch die Erwählung zum Bundespräsidenten,
und er widmete dem Vaterlande, dem er zu früh entrissen wurde,
seine ganze Kraft bis zum letzten Augenblicke seines Lebens.

Das Jahr 1840 brachte Deutschland und der Schweiz den
Franzosenlärm; General Ahmar war von Lyon ausmarschirt
und die Eidgenossen zogen ihm entgegen an ihre Grenze. Das
solothurner Bataillon Disteli, welches durch Grenchen mar=
schirte, wurde von den Bewohnern mit Speise und Trank er=
quickt und mit dem Zuruf: „Schlagt recht drauf", „Fürchtet euch

nicht!" angefeuert. Das Wetter verzog sich, da Ludwig Napoleon aus freien Stücken die Schweiz verließ, um ihr den Krieg mit Frankreich zu ersparen. Auch über Deutschland schwanden die Kriegswolken, aber sie hinterließen eine nachhaltige Bewegung in den Gemüthern, welche der Ausgangspunkt einer Reihe politisch erregter Jahre wurde. Diese Zeit führte auch mich nach Deutschland zurück, Anträge der Freunde, Gefühl der Pflicht. Aber es kostete längeren inneren Kampf.

Unser Abzug mußte an Weihnachten stattfinden, der Abschied ward uns schwer. Die Trennung von den Schülern machte ich kurz ab: ich schenkte jedem ein Buch, sagte ihnen Lebewohl und entfernte mich schnell. Ein junger Mann, der zwar nicht in der Schule gewesen, aber als Soldat im „Hans Waldmann" gedient hatte, fragte, von welchem Kutscher in Solothurn ich den Wagen nehmen werde. Ich nannte ihm den Mann. Am folgenden Tage kam er wieder und zeigte mir an, er habe sich bei diesem Fuhrherrn als Knecht verdungen und am Lohne nachgelassen, dafür aber sich ausgebeten, uns nach Deutschland zu fahren, denn er wolle sorgen, daß wir gut fortkämen, und sehen, ob wir dort so gut aufgehoben wären, wie in Grenchen.

Es war ein kalter dunkler Wintermorgen, als wir vom Wirthshause, in dem wir die letzte Nacht zugebracht hatten, abfuhren. Groß war unsere Ueberraschung, als wir in der frühen Stunde und der grimmigen Kälte die Bevölkerung, Männer, Weiber und Kinder, gedrängt vor dem Hause und längs der Landstraße stehen sahen. Sie wollten uns noch einmal die Hand drücken, sie riefen Lebewohl zu, und noch andere Rufe vernahm ich: „Es ist gefehlt, daß ihr von uns fortgeht", „ihr müßt wieder kommen", „ihr sollt das Bürgerrecht haben"; sie hoben die Kinder in die Höhe: „Seht ihn noch einmal, seht sie noch einmal!" — Die Peitsche knallte, und der Wagen fuhr davon!"

So weit die Erzählung des früheren Schullehrers von Grenchen. — Der Herausgeber vermag sie nach gedruckten Blättern und Briefen fortzusetzen.

Mehr als zwanzig Jahre waren vergangen, seit der deutsche Lehrer aus dem Dorfe der Schweiz geschieden war. Er war in den politischen Kämpfen Deutschlands ein starker und maßvoller Führer gewesen, gern hatte er da gestanden, wo die größte Gefahr drohte, sein Name war oft mit warmer Verehrung und bitterem Groll genannt worden. Als die Jahre schwacher Reaction kamen, war er nach dem Norden Deutschlands gezogen und hatte wieder in angestrengter bürgerlicher Thätigkeit gelebt. Da erkrankte die treue Gefährtin seines Lebens; die Aerzte riethen zu längerem Aufenthalt in reiner Gebirgsluft, und die Gatten beschlossen nach dem Dorfe zu reisen, um welches beiden viele holde Erinnerungen aus ver= gangener Zeit schwebten.

Das Dorf hatte sein Aussehen verändert. Man reist nicht mehr auf der Landstraße, sondern auf der Centralbahn nach Grenchen; die Industrie ist eingezogen, die Uhren= fabrikation, eine Parquetfabrik, Cementbereitung und andere Zweige in aufsteigender Entwickelung. Aber die Reisenden fanden die alte Gesinnung wieder, nicht nur bei den alten Menschen, sondern wie durch Ueberlieferung auch bei jüngeren. Am Sonntag nach ihrer Ankunft bewegte sich des Abends vom Dorfe nach dem Bade ein langer Zug. Voran die Militär= musik zweier Bataillone, welche unter der Leitung des neuen Bezirkslehrers aus Grenchenern gebildet wird, dann die Träger buntfarbiger Laternen, ein großer Theil der Bevölkerung. Vor dem Balkon des Hauses, in dem sie einst den Hans Waldmann aufgeführt, ordnete sich die Menge. Große Feuerbecken warfen ein rothes Licht über die Teiche, über springende Fontänen und die Gartenanlagen des Bades, Raketen stiegen und erhellten auf Augenblicke den dunkeln Hintergrund, die Berge des Jura.

Auf dem Balkon mußten sich die Gäste aufstellen. Die Musik schwieg, unten aus der Reihe trat ein' früherer Schüler, jetzt Arzt in Grenchen. Er leitete den Gruß mit der Erinnerung ein, daß grade am Tage ihrer Ankunft eine große Sonnenfinsterniß gewesen sei; vor zweiundzwanzig Jahren aber seien die Gäste in einer Periode geistiger Finsterniß unter sie getreten, sie hätten geholfen, dem Lichte den Sieg zu verschaffen; er schloß mit der Versicherung, daß Grenchen die beiden Fremden stets als Angehörige betrachten würde. Als sich aber später das Volk des Dorfes fröhlich um die Freunde aus der Ferne tummelte, wiesen die Eltern auf ein Geschlecht junger Riesen, das unterdeß in den Familien aufgeschossen war. „Seht, das sind die ganz Kleinen, die mit euren Kindern spielten und noch nicht zu euch in die Schule kommen konnten." Der Deutsche aber holte sich seinen ältesten Schüler, den Xaver Rais, der wieder über die Berge zu ihm herabgestiegen war, an die Seite.

Die Bezirksschule besteht jetzt mit drei Lehrern und reicheren Hilfsmitteln. Vor der Kirche ragt auf der Höhe das neue Schulhaus, weit sichtbar im Lande. Die Schule hat sich selbst ihre Vertheidiger und Erhalter gezogen.

Der Lehrer aber, welcher hier erzählt hat, ist Karl Mathy, zuletzt badischer Staatsminister, im Jahre 1848 Mitglied des Reichsministeriums, da er lebte, einer der besten und stärksten Vorkämpfer der preußischen Partei.

Mit Schilderung des deutschen Bauernlebens in der Urzeit begannen diese Bilder, mit einer wahrhaften Dorfgeschichte aus der nächsten Vergangenheit sollten sie schließen. Es ist ein Schweizerdorf, allerdings von deutschem Stamme, in welches der Leser geführt wurde. Lebhaft gemahnen manche Zustände desselben, die tüchtige Kraft der Bewohner und ihr Selbstregiment an eine deutsche Zeit, welche viele Jahrhunderte von

uns abliegt. Auch zwischen Alpen und Jura hatte Miß=
regierung lange die Bildung des Landvolkes zurückgehalten,
aber der Druck war unschädlich im Vergleich zu dem Schicksale
des deutschen Volkes: der Hörigkeit und dem dreißigjährigen
Kriege.

Es war eine von den Aufgaben dieser Blätter, die Er=
hebung der deutschen Volksseele aus der Vernichtung jenes
Krieges und aus der tyrannischen Herrschaft von Privilegirten
darzustellen. Die Befreiung ist den Deutschen geworden, die
alte Stärke noch nicht auf jedem Gebiet des Lebens wieder=
gewonnen. Wir aber haben das Recht zu hoffen, denn wir
leben mitten in mannhafter Arbeit, den alten Gegensatz zwischen
Volk und Gebildeten aufzuheben, und nicht nur den Bauer,
auch den Fürsten und den Mann von altem Landgeschlecht mit
dem Segen der freien bürgerlichen Bildung zu erfüllen.

In dem Getöse und der Verwirrung des Jahres 1848
begannen die Stämme des deutschen Volkes vereint den Kampf
um eine neue politische Gestaltung des Vaterlandes. Die
Reichsversammlung von Frankfurt dürfen wir schon jetzt als
eine charakteristische Bildung unseres Lebens auffassen, welche
in solcher Würde und maßvollen Besonnenheit nur in Deutsch=
land möglich war. Nicht als Resultat, sondern als Beginn
des höchsten Kampfes, als einen großartigen dialektischen Prozeß,
in welchem die Nation Bedürfnisse und Sehnsucht zu einer
politischen Idee, zum Wollen und Entschluß abklärte. Was
1815 noch undeutliche Phantasie Einzelner gewesen war, wurde
durch sie zu einer formulirten Forderung des Volkes, um
welche seitdem die Bewegung in auf= und absteigenden Wellen
daherwogt.

Seit dem Jahre 1840 gewann auch in Preußen die
Sehnsucht nach politischem Leben Ausdruck. Es entstand dort

ein häuslicher Zwist zwischen den Hohenzollern und ihrem
Volke, arm an großen Erscheinungen, durch einige Zeit besonders
peinlich und widerwärtig; aber aus ihm erwuchs das Verfassungsleben Preußens, der Beginn einer Neubildung des
Staates, ein unendlicher Fortschritt für Fürsten und Volk.
Wieder wurde offenbar, daß es nicht immer große Zeiten und
große Charaktere sind, welche die wichtigsten Fortschritte vorbereiten.

Aber wie kommt es doch, daß die Lieblinge ihres Volkes,
das Fürstengeschlecht, an welchem Hoffnung und Zukunft
Deutschlands hängt, daß die Hohenzollern so zögernd und
mißtrauisch die neue Stellung betrachteten, welche ihnen das
Verfassungsleben ihres Staates, die Unionspartei Deutschlands
darbot? Keinem Fürstengeschlecht war der Staat so sehr eine
Domaine ihres Schwertes, als ihnen. Ihre Ahnen haben das
Volk großgezogen, ihre Ahnen haben den Staat geschaffen, ihre
Größe, ihr Kriegsruhm stammt ganz aus der Zeit der fürstlichen Machtfülle. So empfinden sie leicht als Verlust, was
wir als Gewinn und Erhebung auch für sie betrachten.

Aber der gesammte politische Streit der Gegenwart, der
Kampf gegen die Privilegien, die Verfassungsfragen, die deutsche
Frage, sie alle sind im letzten Grunde nur innere preußische
Fragen. Und die letzte Schwierigkeit ihrer Lösung liegt
zunächst in der Stellung, welche das preußische Königshaus zu
ihnen einnimmt. An dem Tage, wo die Hohenzollern sich
warm und willig den Bedürfnissen der Gegenwart hingeben,
wird ihrem Staate die langentbehrte Empfindung der Stärke
und Gesundheit kommen, von da wird die Führung der deutschen
Interessen, die oberste Leitung des deutschen Lebens ihnen fast
mühelos, wie von selbst zufallen. Das wissen Freunde und
Feinde.

Wir aber denken treu daran, wie viel wir ihnen verdanken.
Und wir wissen wol, daß der letzte Grund unseres Verhältnisses

zu ihnen unzerstörbar ist, wenn sie auch einmal zürnen, weil wir zu dreist fordern, oder wenn wir grollen, weil sie zu zögernd gewähren. Denn es ist eine alte herzliche Freundschaft zwischen ihnen und dem Geist der deutschen Nation. Und es ist eine männliche Freundschaft, welche wol einige Stöße vertragen kann. Der deutsche Bürger aber empfindet auch ihnen gegenüber mit Stolz, daß er Ehre und Größe ihrer Stellung, Ehre und Glück des Vaterlandes gar nicht niedriger faßt, als sie selbst.

Der deutsche Bürger ist in der glücklichen Lage, die Familien von altem Landgeschlecht mit warmem, menschlichem Antheil zu betrachten. Sie sind ihm mit theuern Erinnerungen verwachsen, sie sind in großer Zahl gute und zuverlässige Mitarbeiter im Staat, in Wissenschaft, für Cultur und Volksbildung geworden. Er wird nachsichtig gegen sie sein, wenn Einzelnen von ihnen noch ein unsicheres Hängen in alten Standesüberlieferungen das Urtheil befangen macht, er wird mit Lächeln zusehen, wenn sich ihr Blick sehnsüchtig in die geschwundene Zeit zurückwendet, wo ihre Vorrechte zahlreich und unbestritten waren, er wird vielleicht geschickter als sie selbst, die Vergangenheit ihres Geschlechts durchforschen, wo wirklich in ihm Tüchtigkeit und Gemeinsinn zu Tage kam. Aber er wird ein unerbittlicher Gegner aller der politischen und socialen Vorrechte sein, durch welche sie noch jetzt eine Sonderstellung im Volke beanspruchen. Nicht weil er ihnen diese Gewohnheiten mißgönnt oder sich selbst an ihre Stelle drängen möchte, sondern weil er ohne Freude erkennt, daß ihnen dadurch die Unbefangenheit des Urtheils, Verständniß der Welt, zuweilen die Festigkeit des Charakters verringert wird, und weil einige dieser abgelebten Traditionen, wie ihre Privilegien des Hofes, sogar unsere Fürsten in die Gefahr setzen, in dem engen Gesichtskreis deutscher Junker zu verkümmern.

Denn in dem deutschen Bürgerthum liegt die edelste

Kraft, die Führerschaft auf dem Gebiet idealer und praktischer Interessen. Es ist seit dem Beginn des Jahrhunderts keine Kaste mehr, nach oben und unten abgeschlossen, es ist sehr unähnlich der Bourgeoisie Frankreichs, es ist sowohl Gentry als Volk. Die Entwickelung der Deutschen aber, welche hier in kleinen Bildern dargestellt wurde, ist zugleich die Zeit des Wachsthums und der Befreiung des deutschen Bürgers.

In zweihundert Jahren von 1648 bis 1848 vollzieht sich die merkwürdige Erhebung des deutschen Volkes. Nach einer beispiellosen Zerstörung wächst seine Seele herauf an Glauben, Wissenschaft, politischem Enthusiasmus. Sie ist jetzt mitten in starker Anstrengung, sich das höchste irdische Besitzthum, den Staat, zu bilden.

Es ist große Freude in solcher Zeit zu leben. Eine herzliche Wärme, das Gefühl junger Kraft erfüllt Hunderttausende. Es ist eine Freude geworden, Deutscher zu sein; nicht lange, und es mag auch bei fremden Nationen der Erde als eine hohe Ehre gelten.

Schluß.

Dieses Buch schließt in bescheidenem Rahmen Lebensäußerungen deutscher Menschen aus zwei Jahrtausenden ein, von der Zeit, wo das Bandum am Speer des deutschen Häuptlings flog, bis zur dreifarbigen Flagge eines deutschen Staates; von der Wagenburg der Kimbrer, in welcher die Frauen ihr Beschwörungslied über den Wunden der Krieger sangen, bis zu den Lazarethen, in denen unsere Frauen die Verwundeten pflegten; von der Zeit, wo der Teutone die Kunst eines römischen Genrebildes verächtlich fand, bis zu den Jahren, in denen die Völker Europa's die werthvollsten Erzeugnisse ihrer Kunst und Industrie in großen Palästen vereinigen.

Es ist das Recht der Lebenden, alle Vergangenheit nach dem Bedürfniß und den Forderungen ihrer eigenen Zeit zu deuten. Denn das Ungeheure und Unerforschliche des geschichtlichen Lebens wird uns nur dann erträglich, wenn wir einen Verlauf darin erkennen, der unserer Vernunft und der Sehnsucht unseres Herzens entspricht, in gehäufter Zerstörung einen unendlichen Quell neuen Lebens, aus dem Vergehenden das Werdende. Darum liebt ein Volk, welches sich seiner Gegenwart freut, auch der vergangenen Zeit zu gedenken, weil es in ihr die geworfene Saat seines blühenden Halmenfeldes erkennt, und darum schwankt unsicher der Geschichtschreiber eines Volkes, dem seine Gegenwart verkümmert ist, denn Liebe und Haß sind ihm zufällig, und sein Urtheil über den Werth des Geschehenen bleibt in vielen Fällen willkürlich. Darum hat auch jede Zeit ihr eigenes Urtheil über die Vergangenheit, in Vielem größere Hoheit und Sicherheit, und darum hat jede Zeit Recht und Pflicht, die Geschichte vergangener Perioden neu zu schreiben nach ihrem Bedürfniß.

Wir meinen, für den Deutschen ist jetzt die Zeit gekommen, wo seine Seele über die Vergangenheit des eigenen Volkes dahinfliegen darf, wie die Lerche am Frühlingsmorgen über den dämmerigen Grund. Frohlockend fühlen wir, daß wir etwas werden, wir begreifen jetzt, wie wir geworden sind, und wir vermögen in den zweitausend Jahren unseres geschichtlichen Lebens eine Weisheit und Vernunft zu ahnen, deren Walten uns glücklich macht.

Möge auch dieses Buch ein wenig dazu helfen, daß uns Kampf und Verlust unserer Ahnen verständlich werde, Kampf und Sieg der Gegenwart aber groß und glückverheißend.

Inhalt.

Seite

MIX
Papier | Fördert
gute Waldnutzung
FSC® C083411

Zeitfracht Medien GmbH
Ferdinand-Jühlke-Straße 7
99095 Erfurt, Deutschland
produktsicherheit@kolibri360.de